吴江水 著

《民法典》合同编通则
合同实务解读及应用

Interpretation And Application
Of Contract Practice
In General Rules Of
Contract Compilation Of Civil Code

北京大学出版社
PEKING UNIVERSITY PRESS

图书在版编目（CIP）数据

《民法典》合同编通则合同实务解读及应用 / 吴江水著. --北京：北京大学出版社，2025.2. -- ISBN 978-7-301-35844-3

Ⅰ. D923.65

中国国家版本馆 CIP 数据核字第 20255MT643 号

书　　名	《民法典》合同编通则合同实务解读及应用
	《MINFADIAN》HETONGBIAN TONGZE HETONG SHIWU JIEDU JI YINGYONG
著作责任者	吴江水　著
策划编辑	陆建华
责任编辑	费　悦
标准书号	ISBN 978-7-301-35844-3
出版发行	北京大学出版社
地　　址	北京市海淀区成府路 205 号　100871
网　　址	http://www.pup.cn　http://www.yandayuanzhao.com
电子邮箱	编辑部 yandayuanzhao@pup.cn　总编室 zpup@pup.cn
新浪微博	@北京大学出版社　@北大出版社燕大元照法律图书
电　　话	邮购部 010-62752015　发行部 010-62750672　编辑部 010-62117788
印刷者	天津中印联印务有限公司
经销者	新华书店
	720 毫米×1020 毫米　16 开本　42.5 印张　759 千字
	2025 年 2 月第 1 版　2025 年 2 月第 1 次印刷
定　　价	158.00 元

未经许可，不得以任何方式复制或抄袭本书之部分或全部内容。
版权所有，侵权必究
举报电话：010-62752024　电子邮箱：fd@pup.cn
图书如有印装质量问题，请与出版部联系，电话：010-62756370

序

感谢我最需要感谢的那一位！其恩典让我远离功利、是非，一览无余地看世界、平心静气地写本书，在淡泊宁静中求真、求善、求美。

自从《完美的合同》第一版于2005年12月问世，直到2024年的第四版，二十年间每个版本所写的都是合同理论和合同技能。虽涉及大量合同相关法律和司法解释的理解与应用，但都用于解释合同条款应当如何理解、设定及表述，并不讨论相关法律及司法解释本身，也从未系统、深入地研究合同相关法律和司法解释及其相互关系。

随着《中华人民共和国民法典》（以下简称《民法典》）于2020年5月颁布、各类合同司法解释在修订后于同年年底重新颁布，以及《最高人民法院关于适用〈中华人民共和国民法典〉总则编若干问题的解释》于2022年2月颁布、《最高人民法院关于适用〈中华人民共和国民法典〉合同编通则若干问题的解释》于2023年12月颁布，全新的合同法律及司法解释体系终于全面形成，《完美的合同》唯有大幅度核对、修改才能保证其在实务中的准确性和实用性。

早在2022年，北京大学出版社已提出解读合同编的初步建议。但系统、全面地解读法律条款向来不是我的研究方向，许多条款在实务中也根本不会涉及，加之解读法律条款的法律调研工作工程浩大、著书立说的容错率极低，因此一直未下决心。但在设计合同合规风险数据库时，我曾尝试着解读合同编通则条款，深感相关法律和司法解释条款在实务理解上的不易和实际应用上的不知所措，以及相关学理解释对于合同实务价值的局限性。

《民法典》合同编分为通则、典型合同、准合同三个分编，共29章、526个条款。其中，通则部分的132个条款是合同法律秩序的基础、合同行为的基本规则，但内容也最为错综复杂、抽象枯燥，尤其是那些"法律另有规定"的情形分布极广、内容各异，需要从合同实务角度加以解读，并为实际运用提供方法论上的参考。

经过不断尝试和三次大幅度调整，本书对于每个条款的解读分为"合同实务解读"和"风险点及建议"两个部分。前者用于解读法律条款在合同实务方面的理解方式，尤其是明确"法律另有规定"等情形的确切含义以及相关法律条款，以便读者理解条款内涵及其同其他法律条款之间的关系；后者则是列明该法律条款涉及的法律风险点，尤其是结合相关司法解释对于实务运用提出建议和注意事项。

基于通则部分的内容归类和顺序安排以及查找、理解的方便，本书仍按法律条款编号顺序加以解读和建议。但为方便检索，通过内容归纳为每一条款加上了标题。同理，为了便于依照主题查找司法解释中的相关条款，也为所附的司法解释各条款加设了标题。这些标题均非法律或司法解释原文所有，仅为便于查询条款内容而设，因此仅供参考。

在内容定位方面，本书的重点不在于讨论合同通则各条款涉及的法理问题，而在于深度挖掘、广泛连接现行法律环境下的不同法律条款、不同法律、不同司法解释中的规则及其相互关系，从商务规律、法律整体环境、实务操作角度看问题，以达到深度理解、融会贯通、熟练运用的目的。

受能力、资源所限，书中的缺陷、谬误等在所难免。各位读者如有发现，敬请及时通过电子邮箱（solothinker@msn.com）予以指正。

衷心祝愿每一位读者朋友万事如意、心想事成！

吴江水

2024 年 7 月 30 日

于密歇根湖畔

内容提要

经济是社会发展的命脉,资源的流通、利用则是命脉的脉动,而合同则是资源流通、利用的必经之路。经济行为以营利为目的,因此合同法律工作的目标是既要确保交易目的的充分实现,又要尽可能地利用合同法律规则,以实现交易利益的最大化和法律权益的最大化。

合同是交易的组成部分,交易是民事主体间的经济行为。为保证交易的顺利进行、市场经济的稳定发展,合同法律体系为交易主体、交易标的、交易行为所建立的秩序日益精细、复杂、规范,但在合同通则之外也散见于不同的法律、行政法规,甚至地方性法规、部门规章、地方政府规章中。但各院校的法科教育中,合同并非独立学科,因此这类知识并未广为人知。

合同实务与合同诉讼在知识储备、思维模式上存在很大不同。合同诉讼的工作性质,通常是在争议发生后从有限的合同条款、法律规定中寻找争议的解决之道,而合同实务则要事先预见到将来可能发生的问题并在合同中预设解决方案以避免不利结果的发生。因此,合同实务工作对于合同法律体系需要有更高、更广、更深的视角。

《民法典》合同编的通则部分共计 8 章、132 个条款,涵盖了合同生命周期中的一般规定、合同的订立、合同的效力、合同的履行、合同的保全、合同的变更和转让、合同的权利义务终止,以及违约责任。其内容不仅前后关联,还与总则编条款、其他法律规定相关联。同时由于现实中交易的多样性,仅从学理角度解释相关条款难以满足实务需求。正因如此,从合同实务角度进行的解读和建议,其内容和篇幅范围远远超过合同编通则本身。

合同法律体系以《民法典》合同编的通则部分为核心,涉及行政法、民法、刑法三大体系的相关规定,另外还有最高人民法院相关司法解释所设立的规则作为补充,仅仅通读合同通则远不足以驾驭合同实务领域。许多条款本身并不复杂且篇幅有限,但涉及诸多其他条款、其他法律、司法解释的规定,并在合同实务中存在不同的理解和运用方式,以至于本书中对于某些条款的解读、建议涉及大量条款以外的内容。

在内容方面,《完美的合同》一书侧重合同的技能和方法,而本书则侧重合同生命周期中的法律环境要求及运用。两书内容互为补充,构成完整的合同实务知识体系,使合同的商务安排、法律安排、内容安排充分实现交易利益的最大化、法律安全的最大化。

本书读者定位于直接从事合同实务工作的律师、法务人员,以及法律专业的合同实务研究人员,力求突破学理视角的局限性、商务视角的局限性、合同通则的局限性,为合同实务提供更为广泛和深入的对合同法律环境的理解及合同实务运用的思路及方法。尤其是强化了合同通则以外的法律规定、法律知识以外的商务规律,以从合同实务领域对相关法律条款进行更为深入、广泛的理解,并在实务中熟练运用。

目 录
CONTENTS

第一章　一般规定 ……………………………………………………… **001**

〔第一部分　调整范围及定义〕…………………………………………… 001

001. 第四百六十三条　〔调整范围〕………………………………… 001
【合同实务解读】…………………………………………………… 001
一、民事关系及合同编的内容构成……………………………… 001
二、合同民事关系的法律适用…………………………………… 003
【风险点及建议】…………………………………………………… 005

002. 第四百六十四条　〔定义及适用〕……………………………… 005
【合同实务解读】…………………………………………………… 006
一、合同与"协议"……………………………………………… 006
二、合同成立的标准……………………………………………… 006
三、本编对身份关系协议的适用………………………………… 007
【风险点及建议】…………………………………………………… 008

〔第二部分　解释及适用〕………………………………………………… 009

003. 第四百六十五条　〔合同的相对性〕…………………………… 009
【合同实务解读】…………………………………………………… 009
一、依法成立的合同……………………………………………… 009
二、仅对当事人具有法律约束力………………………………… 012
【风险点及建议】…………………………………………………… 014
一、"依法成立"与司法解释…………………………………… 014
二、合同相对性与涉他合同……………………………………… 015

004. 第四百六十六条 〔合同的解释〕 …………………………………… 017
　【合同实务解读】 ……………………………………………………… 017
　　一、确定合同条款理解争议的法律依据 …………………………… 017
　　二、对于两种以上文字的争议 ……………………………………… 019
　【风险点及建议】 ……………………………………………………… 019
　　一、争议条款的解读方法 …………………………………………… 019
　　二、避免理解争议的表述 …………………………………………… 020

005. 第四百六十七条 〔非典型等合同的法律适用〕 ……………… 022
　【合同实务解读】 ……………………………………………………… 022
　【风险点及建议】 ……………………………………………………… 023
　　一、合同架构上的参照适用 ………………………………………… 024
　　二、交易规则方面的参照适用 ……………………………………… 024

006. 第四百六十八条 〔非合同之债的法律适用〕 ………………… 025
　【合同实务解读】 ……………………………………………………… 026
　　一、非因合同产生的债权债务关系 ………………………………… 026
　　二、根据非合同之债性质不能适用本编规定的情形 ……………… 027
　【风险点及建议】 ……………………………………………………… 028

第二章　合同的订立 …………………………………………………… 029

〔第一部分　合同订立的形式与方式〕 ………………………………… 029

007. 第四百六十九条 〔订立合同的形式〕 ………………………… 029
　【合同实务解读】 ……………………………………………………… 029
　　一、订立书面合同的"其他形式" …………………………………… 029
　　二、电子数据交换的定义 …………………………………………… 031
　【风险点及建议】 ……………………………………………………… 031
　　一、遵守法定要求采用书面形式 …………………………………… 032
　　二、通过协商约定采用书面形式 …………………………………… 034

008. 第四百七十条 〔合同一般包括的条款〕 ……………………… 035
　【合同实务解读】 ……………………………………………………… 036
　　一、合同一般包括条款的解读 ……………………………………… 036
　　二、对合同示范文本的解读 ………………………………………… 051

【风险点及建议】 …… 054
　　　　一、合同一般包括条款的风险控制 …… 054
　　　　二、对合同示范文本的处理 …… 074
009. 第四百七十一条　〔订立合同的方式〕 …… 076
　　【合同实务解读】 …… 076
　　【风险点及建议】 …… 077

〔第二部分　要约〕 …… 078
010. 第四百七十二条　〔要约应符合的条件〕 …… 078
　　【合同实务解读】 …… 078
　　【风险点及建议】 …… 080
011. 第四百七十三条　〔要约邀请及要约〕 …… 081
　　【合同实务解读】 …… 081
　　　　一、不同类型的要约邀请 …… 081
　　　　二、商业广告和宣传构成要约的情形 …… 085
　　【风险点及建议】 …… 086
012. 第四百七十四条　〔要约的生效时间〕 …… 086
　　【合同实务解读】 …… 086
　　【风险点及建议】 …… 088
013. 第四百七十五条　〔要约的撤回〕 …… 088
　　【合同实务解读】 …… 088
　　【风险点及建议】 …… 089
014. 第四百七十六条　〔要约的撤销〕 …… 091
　　【合同实务解读】 …… 091
　　【风险点及建议】 …… 092
015. 第四百七十七条　〔要约的撤销方式〕 …… 093
　　【合同实务解读】 …… 094
　　【风险点及建议】 …… 094
016. 第四百七十八条　〔要约的失效〕 …… 096
　　【合同实务解读】 …… 096
　　【风险点及建议】 …… 097

〔第三部分　承诺〕……………………………………………………… 098
　017. 第四百七十九条　〔承诺的定义〕……………………… 098
　　【合同实务解读】……………………………………………… 098
　　【风险点及建议】……………………………………………… 099
　018. 第四百八十条　〔承诺的方式〕………………………… 100
　　【合同实务解读】……………………………………………… 100
　　　一、以三种不同方式作出的承诺…………………………… 100
　　　二、接受对方履行主要义务的合同成立方式……………… 101
　　【风险点及建议】……………………………………………… 102
　019. 第四百八十一条　〔承诺应当到达的期限〕…………… 103
　　【合同实务解读】……………………………………………… 103
　　　一、对于确定承诺期限的要约……………………………… 104
　　　二、对于没有确定承诺期限的要约………………………… 104
　　【风险点及建议】……………………………………………… 105
　020. 第四百八十二条　〔承诺期限的起算〕………………… 106
　　【合同实务解读】……………………………………………… 106
　　　一、以信件或者电报作出要约……………………………… 107
　　　二、以快速通讯方式作出要约……………………………… 107
　　　三、期间和期限的计算……………………………………… 108
　　【风险点及建议】……………………………………………… 109
　021. 第四百八十三条　〔承诺生效与合同成立〕…………… 110
　　【合同实务解读】……………………………………………… 110
　　　一、关于承诺的生效………………………………………… 110
　　　二、关于合同成立…………………………………………… 111
　　　三、法律另有规定或当事人另有约定……………………… 113
　　【风险点及建议】……………………………………………… 114
　022. 第四百八十四条　〔承诺的生效时间〕………………… 115
　　【合同实务解读】……………………………………………… 115
　　　一、以通知方式作出的承诺的生效时间…………………… 115
　　　二、根据交易习惯或要约要求作出行为的承诺生效时间…… 116
　　【风险点及建议】……………………………………………… 117

023. 第四百八十五条 〔承诺的撤回〕 …………………………… 118
　　【合同实务解读】 …………………………………………… 118
　　【风险点及建议】 …………………………………………… 119

024. 第四百八十六条 〔承诺逾期超期到达〕 ………………… 121
　　【合同实务解读】 …………………………………………… 121
　　【风险点及建议】 …………………………………………… 122

025. 第四百八十七条 〔承诺意外超期到达〕 ………………… 123
　　【合同实务解读】 …………………………………………… 123
　　【风险点及建议】 …………………………………………… 124

026. 第四百八十八条 〔承诺内容与实质性变更〕 …………… 125
　　【合同实务解读】 …………………………………………… 125
　　【风险点及建议】 …………………………………………… 127
　　　一、交易地位与承诺或实质性变更 ……………………… 127
　　　二、要约与承诺或实质性变更 …………………………… 128

027. 第四百八十九条 〔承诺的非实质性变更〕 ……………… 129
　　【合同实务解读】 …………………………………………… 129
　　【风险点及建议】 …………………………………………… 130

〔第四部分　合同的成立〕 …………………………………………… 131

028. 第四百九十条 〔签订成立与行为成立〕 ………………… 131
　　【合同实务解读】 …………………………………………… 131
　　　一、合同书与书面形式合同 ……………………………… 132
　　　二、盖章或者按指印 ……………………………………… 132
　　　三、代表人签名和当事人签名 …………………………… 134
　　　四、合同的成立 …………………………………………… 135
　　【风险点及建议】 …………………………………………… 137
　　　一、单位合同主体的名称 ………………………………… 137
　　　二、自然人合同主体的名称和身份 ……………………… 139
　　　三、合同主体的印章 ……………………………………… 139
　　　四、接受对方履行主要义务的合同成立 ………………… 140

029. 第四百九十一条 〔签订确认书成立与提交订单成立〕 … 141
　　【合同实务解读】 …………………………………………… 141

一、签订确认书时合同成立 ·················· 141
　　二、提交订单成功时合同成立 ·················· 142
【风险点及建议】 ·················· 143
　　一、签订确认书的实务操作 ·················· 143
　　二、网络平台交易的合同成立操作 ·················· 144

030. 第四百九十二条 〔合同成立的地点〕 ·················· 145
【合同实务解读】 ·················· 145
　　一、合同成立地与合同签订地 ·················· 145
　　二、数据电文合同的成立地点 ·················· 146
【风险点及建议】 ·················· 147

031. 第四百九十三条 〔书面合同的成立地点〕 ·················· 148
【合同实务解读】 ·················· 148
【风险点及建议】 ·················· 149

〔第五部分　特殊性质的合同〕 ·················· 150

032. 第四百九十四条 〔国家订货或指令性任务〕 ·················· 150
【合同实务解读】 ·················· 150
【风险点及建议】 ·················· 152

033. 第四百九十五条 〔预约合同〕 ·················· 153
【合同实务解读】 ·················· 153
　　一、预约合同与本约合同 ·················· 153
　　二、预约合同与意向书 ·················· 154
　　三、预约合同的违约责任 ·················· 155
【风险点及建议】 ·················· 155
　　一、预约合同的基本内容 ·················· 156
　　二、预约合同的相关问题 ·················· 157

034. 第四百九十六条 〔格式条款及使用要求〕 ·················· 158
【合同实务解读】 ·················· 158
　　一、格式条款的使用原理 ·················· 158
　　二、对格式条款定义的解读 ·················· 159
　　三、格式条款的提示及说明义务 ·················· 160
　　四、未尽提示或说明义务的后果 ·················· 160

【风险点及建议】 161
　　　　一、影响格式条款效力的因素 162
　　　　二、提示和说明的合理方式 162
　　　　三、格式条款的实际使用 164
　　　　四、格式条款与霸王条款 165
　035. 第四百九十七条 〔格式条款无效〕 165
　　【合同实务解读】 166
　　　　一、民事法律行为无效 166
　　　　二、合同无效 167
　　　　三、格式条款无效 167
　　【风险点及建议】 168
　　　　一、格式条款对于民事法律行为无效的避免 168
　　　　二、格式条款对于合同无效的避免 172
　　　　三、格式条款原因无效的避免 172
　　　　四、接收格式条款方的应对 174
　036. 第四百九十八条 〔格式条款的解释〕 175
　　【合同实务解读】 175
　　　　一、不同理解或解释的产生原因 176
　　　　二、格式条款的理解和解释原则 178
　　　　三、其他法律和司法解释的规定 179
　　【风险点及建议】 180
　　　　一、避免不同理解的合同语言 180
　　　　二、语言歧义与表述质量 182
　　　　三、提高权利义务明确性的要点 184
　037. 第四百九十九条 〔悬赏完成人的报酬〕 186
　　【合同实务解读】 186
　　【风险点及建议】 187
〔第六部分　其他的合同责任〕 188
　038. 第五百条 〔缔约过失责任〕 188
　　【合同实务解读】 189
　　　　一、缔约过失责任 189

二、缔约过失行为……………………………………………………189

　【风险点及建议】……………………………………………………192
　　一、商业秘密保护……………………………………………………192
　　二、相对人信息核查…………………………………………………194
　　三、设定前置义务……………………………………………………194
　　四、事后的补救措施…………………………………………………195

039. 第五百零一条 〔保密义务〕……………………………………196
　【合同实务解读】……………………………………………………196
　　一、商业秘密和其他应当保密的信息………………………………196
　　二、泄露和不正当使用………………………………………………197
　　三、部门规章和刑法的保护…………………………………………198
　　四、司法解释方面的保护……………………………………………199

　【风险点及建议】……………………………………………………202
　　一、可能并行的法律适用……………………………………………203
　　二、可能采取的保护措施……………………………………………203
　　三、商业秘密被侵犯的补救措施……………………………………204

第三章　合同的效力 …………………………………………………**206**

〔第一部分　生效与代理〕……………………………………………206
040. 第五百零二条 〔合同的生效〕…………………………………206
　【合同实务解读】……………………………………………………206
　　一、合同生效的法律意义……………………………………………206
　　二、依法成立与合同生效……………………………………………207
　　三、法律另有规定或当事人另有约定………………………………208
　　四、办理批准等手续…………………………………………………208

　【风险点及建议】……………………………………………………211
　　一、依法成立时生效的除外情形……………………………………211
　　二、办理批准等手续…………………………………………………212
　　三、办理批准等手续的其他问题……………………………………213

041. 第五百零三条 〔无权代理的行为追认〕………………………214
　【合同实务解读】……………………………………………………214

【风险点及建议】……………………………………………………… 216

042. 第五百零四条 〔越权代理的效力〕…………………………… 218
　【合同实务解读】……………………………………………………… 218
　　一、不得对抗善意相对人原则………………………………… 218
　　二、司法解释对于超越权限的规定…………………………… 220
　【风险点及建议】……………………………………………………… 221

〔第二部分　几类条款效力与法律适用〕…………………………… 222

043. 第五百零五条 〔超越经营范围的合同〕……………………… 222
　【合同实务解读】……………………………………………………… 222
　　一、经营范围……………………………………………………… 222
　　二、市场主体……………………………………………………… 223
　　三、超越经营范围的行政处罚………………………………… 225
　　四、超越经营范围与合同效力………………………………… 227
　　五、最高人民法院相关司法解释……………………………… 227
　【风险点及建议】……………………………………………………… 229
　　一、许可经营的经营范围……………………………………… 229
　　二、可能采取的防范措施……………………………………… 231

044. 第五百零六条 〔免责条款的无效〕…………………………… 232
　【合同实务解读】……………………………………………………… 232
　　一、法定规定的免责情形……………………………………… 232
　　二、其他法律中的免责无效…………………………………… 233
　　三、免责条款无效的一致思路………………………………… 233
　【风险点及建议】……………………………………………………… 234
　　一、绝对免责和相对免责……………………………………… 235
　　二、产品销售者的免责………………………………………… 235
　　三、自甘风险行为的归责……………………………………… 236

045. 第五百零七条 〔解决争议条款的效力〕……………………… 237
　【合同实务解读】……………………………………………………… 237
　　一、合同不生效…………………………………………………… 238
　　二、合同无效……………………………………………………… 240
　　三、合同被撤销…………………………………………………… 242

四、合同终止·· 244
　　五、解决争议方法的条款··· 245
【风险点及建议】··· 245
　　一、不生效问题的解决方案··· 245
　　二、无效问题的解决方案··· 246
　　三、可被撤销合同的解决方案··· 247
　　四、合同终止的解决方案··· 248
　　五、合同不生效、无效、被撤销的解决方案····················· 250

046. 第五百零八条　〔适用民事法律行为规则〕······················ 252
【合同实务解读】··· 252
　　一、对本条款中各关键词的理解··· 252
　　二、第一编第六章的合同效力规定····································· 253
【风险点及建议】··· 257

第四章　合同的履行

〔第一部分　履行的基本规定〕··· 259

047. 第五百零九条　〔合同履行原则〕·· 259
【合同实务解读】··· 259
【风险点及建议】··· 260

048. 第五百一十条　〔未约定或约定不明确的处理〕················ 262
【合同实务解读】··· 262
　　一、本条款的适用范围··· 262
　　二、确定内容的基本原则··· 263
【风险点及建议】··· 264
　　一、协议补充与问题排查··· 265
　　二、无法补充协议时的内容确定··· 265

049. 第五百一十一条　〔约定不明的规则适用〕························ 268
【合同实务解读】··· 269
　　一、质量要求不明确时的质量标准····································· 269
　　二、价款或报酬不明确时的履行价格································· 272
　　三、履行地点不明确时的履行地点····································· 272

四、履行期限不明确的履行期限 ……………………………… 273

　　五、履行方式不明确时的履行方式 …………………………… 274

　　六、履行费用负担不明确时的负担 …………………………… 276

【风险点及建议】 ………………………………………………… 278

　　一、质量要求不明确时的注意事项 …………………………… 278

　　二、价款或报酬不明确时的注意事项 ………………………… 279

　　三、履行地点不明确时的注意事项 …………………………… 281

　　四、履行期限不明确时的注意事项 …………………………… 282

　　五、履行方式不明确时的注意事项 …………………………… 284

　　六、履行费用负担不明确时的注意事项 ……………………… 289

050. 第五百一十二条 〔电子合同的履行时间〕 ……………………… 290

【合同实务解读】 ………………………………………………… 290

　　一、电子合同与经营者 ………………………………………… 291

　　二、电子合同的交付方式及凭证 ……………………………… 291

　　三、电子合同的标的物和履行 ………………………………… 292

　　四、方式或时间的另行约定 …………………………………… 293

【风险点及建议】 ………………………………………………… 293

　　一、时间上违约的判断标准 …………………………………… 294

　　二、期间的起算时间 …………………………………………… 294

051. 第五百一十三条 〔政府定价或政府指导价〕 …………………… 297

【合同实务解读】 ………………………………………………… 297

　　一、政府定价或政府指导价的概念 …………………………… 297

　　二、政府定价的经营服务性收费目录清单 …………………… 298

【风险点及建议】 ………………………………………………… 299

052. 第五百一十四条 〔金钱之债与法定货币〕 ……………………… 300

【合同实务解读】 ………………………………………………… 300

　　一、金钱之债及法定货币 ……………………………………… 300

　　二、外币不得在中国流通 ……………………………………… 301

【风险点及建议】 ………………………………………………… 301

　　一、合法的计价与结算 ………………………………………… 301

　　二、计价方面约定不明的处理 ………………………………… 302

三、违反外汇管理规定的法律风险 …………………………………… 302

053. 第五百一十五条 〔多项标的履行选择权〕 …………………… 303
【合同实务解读】 …………………………………………………… 303
【风险点及建议】 …………………………………………………… 305

054. 第五百一十六条 〔选择权的通知和标的选择〕 ……………… 305
【合同实务解读】 …………………………………………………… 306
【风险点及建议】 …………………………………………………… 306

〔第二部分 按份之债与连带之债〕 ………………………………… 307

055. 第五百一十七条 〔按份债权与按份债务〕 …………………… 307
【合同实务解读】 …………………………………………………… 308
【风险点及建议】 …………………………………………………… 308

056. 第五百一十八条 〔连带债权与连带债务〕 …………………… 309
【合同实务解读】 …………………………………………………… 309
【风险点及建议】 …………………………………………………… 311
一、作为担保人 …………………………………………………… 311
二、作为债权人 …………………………………………………… 313

057. 第五百一十九条 〔连带债务份额及履行〕 …………………… 314
【合同实务解读】 …………………………………………………… 314
【风险点及建议】 …………………………………………………… 315

058. 第五百二十条 〔连带债务人的债务处理〕 …………………… 316
【合同实务解读】 …………………………………………………… 317
一、履行、抵销债务或者提存标的物 …………………………… 317
二、部分连带债务的免除 ………………………………………… 319
三、债权债务同归于一人 ………………………………………… 320
四、债权人受领迟延 ……………………………………………… 320
【风险点及建议】 …………………………………………………… 322
一、担保形成的连带债务人 ……………………………………… 322
二、超过份额履行的追偿 ………………………………………… 323
三、债权人对连带债务人的债务免除 …………………………… 324
四、债权人的受领迟延 …………………………………………… 324

059. 第五百二十一条 〔连带债权份额及返还〕 325
　　【合同实务解读】 325
　　【风险点及建议】 326

〔第三部分　向第三人履行与由第三人履行〕 327

060. 第五百二十二条 〔向第三人履行债务〕 327
　　【合同实务解读】 327
　　【风险点及建议】 328
　　　一、因向第三人履行而需补充的约定 329
　　　二、合同相对性与涉他 329
　　　三、向第三人履行时的争议处理 330

061. 第五百二十三条 〔由第三人履行债务〕 331
　　【合同实务解读】 331
　　【风险点及建议】 332
　　　一、约定由第三人履行 332
　　　二、明确定位三方关系 333

062. 第五百二十四条 〔第三人代位履行债务〕 334
　　【合同实务解读】 334
　　　一、第三人的合法利益 334
　　　二、只能由债务人履行的情形 335
　　　三、另有约定除外 335
　　【风险点及建议】 335
　　　一、具有合法利益的第三人 336
　　　二、担保制度的相关解释 336
　　　三、第三人的可约定事项 337

〔第四部分　履行抗辩权〕 338

063. 第五百二十五条 〔同时履行抗辩权〕 338
　　【合同实务解读】 339
　　【风险点及建议】 340

064. 第五百二十六条 〔后履行抗辩权〕 341
　　【合同实务解读】 341
　　【风险点及建议】 343

065. 第五百二十七条 〔先履行方的不安抗辩权〕 …………………… 344
　【合同实务解读】 …………………………………………… 344
　【风险点及建议】 …………………………………………… 346
　　一、行使不安抗辩权所需要的确切证据 ………………… 347
　　二、不安抗辩权的变通 …………………………………… 347

066. 第五百二十八条 〔中止履行的后续处理〕 …………………… 348
　【合同实务解读】 …………………………………………… 348
　　一、中止履行和及时通知 ………………………………… 348
　　二、提供担保和恢复履行 ………………………………… 349
　　三、解除合同和违约责任 ………………………………… 349
　【风险点及建议】 …………………………………………… 350
　　一、中止履行通知的应有内容 …………………………… 350
　　二、不安抗辩权的合同处理 ……………………………… 351

〔第五部分　履行中的特殊处理〕 ……………………………………… 352

067. 第五百二十九条 〔债务中止履行或提存〕 …………………… 352
　【合同实务解读】 …………………………………………… 352
　【风险点及建议】 …………………………………………… 353

068. 第五百三十条 〔提前履行的处理原则〕 ……………………… 354
　【合同实务解读】 …………………………………………… 354
　【风险点及建议】 …………………………………………… 355

069. 第五百三十一条 〔部分履行的处理原则〕 …………………… 356
　【合同实务解读】 …………………………………………… 356
　【风险点及建议】 …………………………………………… 357

070. 第五百三十二条 〔不影响履行的变更〕 ……………………… 357
　【合同实务解读】 …………………………………………… 357
　【风险点及建议】 …………………………………………… 358

071. 第五百三十三条 〔情势变更的构成及处理〕 ………………… 359
　【合同实务解读】 …………………………………………… 359
　　一、相关内容的通常理解 ………………………………… 359
　　二、继续履行明显不公平 ………………………………… 360
　　三、合同的变更与解除 …………………………………… 361

【风险点及建议】 361
 一、情势变更与不可抗力 362
 二、情势变更的条款化 363
072. 第五百三十四条 〔合同违法的监督处理〕 363
【合同实务解读】 363
【风险点及建议】 364

第五章 合同的保全 366

〔第一部分 债权人的代位权〕 366
073. 第五百三十五条 〔债权人到期债权与代位权〕 366
【合同实务解读】 366
 一、怠于行使债权或其从权利 366
 二、专属于债务人自身的权利 367
 三、争取代位权的诉讼 367
【风险点及建议】 368
074. 第五百三十六条 〔债权人未到期债权与代位权〕 370
【合同实务解读】 370
 一、未到期债权的代位权 370
 二、诉讼时效期间即将届满 370
 三、未及时申报破产债权 371
 四、未到期债务代位权的行使 371
【风险点及建议】 372
075. 第五百三十七条 〔代位权成立的后果〕 373
【合同实务解读】 373
【风险点及建议】 374

〔第二部分 债权人的撤销权〕 376
076. 第五百三十八条 〔债权人对债务人无偿处分的撤销权〕 376
【合同实务解读】 376
 一、无偿处分与恶意延期 376
 二、影响债权实现与撤销 377
【风险点及建议】 378

一、债权人的撤销权等保护措施……………………………… 378
　　二、正常处分权益和正常延期…………………………………… 379
　077. 第五百三十九条 〔债权人撤销债务人不合理处分〕………… 380
　　【合同实务解读】……………………………………………… 380
　　【风险点及建议】……………………………………………… 382
　　一、债权人撤销权的行使………………………………………… 382
　　二、债务人与债务人相对人的权益……………………………… 384
　078. 第五百四十条 〔撤销权行使范围及费用负担〕……………… 385
　　【合同实务解读】……………………………………………… 385
　　【风险点及建议】……………………………………………… 386
　079. 第五百四十一条 〔撤销权的行使期限〕……………………… 387
　　【合同实务解读】……………………………………………… 387
　　【风险点及建议】……………………………………………… 388
　080. 第五百四十二条 〔撤销权实现的后果〕……………………… 389
　　【合同实务解读】……………………………………………… 389
　　【风险点及建议】……………………………………………… 390

第六章　合同的变更和转让 ……………………………………… 392

〔第一部分　合同的协商变更〕……………………………………… 392
　081. 第五百四十三条 〔合同可以协商变更〕……………………… 392
　　【合同实务解读】……………………………………………… 392
　　【风险点及建议】……………………………………………… 393
　082. 第五百四十四条 〔合同变更不明确〕………………………… 394
　　【合同实务解读】……………………………………………… 394
　　【风险点及建议】……………………………………………… 395
〔第二部分　债权人的债权转让〕…………………………………… 396
　083. 第五百四十五条 〔债权转让及除外规定〕…………………… 396
　　【合同实务解读】……………………………………………… 396
　　一、债权转让的除外情形………………………………………… 396
　　二、债权转让与第三人…………………………………………… 397
　　【风险点及建议】……………………………………………… 398

一、实务中的债权转让 398
　　二、债权转让合同 399
084. 第五百四十六条〔债权转让的通知〕 400
　【合同实务解读】 400
　【风险点及建议】 401
　　一、约定及债权转让通知 401
　　二、转让中不同情形的处理 402
085. 第五百四十七条〔从权利随债权转让〕 403
　【合同实务解读】 404
　【风险点及建议】 405
086. 第五百四十八条〔债权转让后的抗辩对象〕 406
　【合同实务解读】 406
　【风险点及建议】 407
087. 第五百四十九条〔债务人的债务抵销〕 408
　【合同实务解读】 408
　【风险点及建议】 409
088. 第五百五十条〔债权转让履行费用的负担〕 410
　【合同实务解读】 411
　【风险点及建议】 411

〔第三部分　债务人的债务转移〕 412
089. 第五百五十一条〔转移债务须经债权人同意〕 412
　【合同实务解读】 412
　【风险点及建议】 413
090. 第五百五十二条〔第三人加入债务〕 414
　【合同实务解读】 415
　　一、加入债务与连带责任 415
　　二、追偿权与公司加入债务 415
　【风险点及建议】 417
091. 第五百五十三条〔债务转移后新债务人的抗辩〕 418
　【合同实务解读】 418
　【风险点及建议】 419

一、债务转移的相关事项 ··· 419
　　二、债务转移合同内容 ··· 420
　　三、新债务人的抗辩 ··· 421
 092. 第五百五十四条 〔债务转移时的从债务承担〕············· 422
　【合同实务解读】··· 422
　【风险点及建议】··· 422

〔第四部分　合同权利义务的一并转让〕··································· 423
 093. 第五百五十五条 〔合同权利义务的一并转让〕············· 423
　【合同实务解读】··· 423
　【风险点及建议】··· 425
 094. 第五百五十六条 〔合同权利义务一并转让的法律适用〕··· 426
　【合同实务解读】··· 426
　　一、一并转让中的规则适用 ·· 426
　　二、一并转让部分权利义务 ·· 428
　【风险点及建议】··· 428

第七章　合同的权利义务终止 ··· 430

〔第一部分　债权债务的终止与清偿〕······································ 430
 095. 第五百五十七条 〔债权债务的终止〕······························ 430
　【合同实务解读】··· 430
　　一、法定或约定的债权债务终止 ·································· 430
　　二、合同解除的债权债务终止 ······································ 433
　【风险点及建议】··· 435
　　一、债权债务终止的其他规则 ······································ 435
　　二、解除合同时的相关事项 ·· 440
 096. 第五百五十八条 〔债权债务终止后的义务〕·················· 443
　【合同实务解读】··· 443
　【风险点及建议】··· 445
 097. 第五百五十九条 〔债权债务终止时的从权利〕·············· 445
　【合同实务解读】··· 446
　【风险点及建议】··· 447

098. 第五百六十条 〔数项债务的清偿顺序〕 ……………………… 447
　【合同实务解读】 ……………………………………………… 447
　【风险点及建议】 ……………………………………………… 449
099. 第五百六十一条 〔主从债务的履行顺序〕 …………………… 449
　【合同实务解读】 ……………………………………………… 450
　【风险点及建议】 ……………………………………………… 451
〔第二部分　合同的解除〕 ………………………………………………… 452
100. 第五百六十二条 〔合同的合意解除〕 ………………………… 452
　【合同实务解读】 ……………………………………………… 452
　　一、协商解除 ……………………………………………… 452
　　二、约定解除 ……………………………………………… 452
　　三、需要批准的解除 ……………………………………… 453
　【风险点及建议】 ……………………………………………… 453
　　一、协商解除 ……………………………………………… 453
　　二、约定解除 ……………………………………………… 454
101. 第五百六十三条 〔合同的法定解除权〕 ……………………… 455
　【合同实务解读】 ……………………………………………… 455
　　一、法定解除与合同目的 ………………………………… 455
　　二、通用的几类法定解除情形 …………………………… 456
　　三、持续履行的不定期合同的解除 ……………………… 460
　【风险点及建议】 ……………………………………………… 460
　　一、法定解除需要合意解除 ……………………………… 461
　　二、法定解除中的可约定项 ……………………………… 462
　　三、持续履行不定期合同的可约定项 …………………… 465
102. 第五百六十四条 〔解除权行使期限〕 ………………………… 466
　【合同实务解读】 ……………………………………………… 466
　【风险点及建议】 ……………………………………………… 467
103. 第五百六十五条 〔解除合同的通知和异议〕 ………………… 468
　【合同实务解读】 ……………………………………………… 468
　　一、以通知的方式解除合同 ……………………………… 468
　　二、以诉讼或仲裁的方式解除合同 ……………………… 469

【风险点及建议】 ··· 469
　一、解除权通知的准备与发出 ·· 469
　二、解除合同通知中的内容 ··· 472

104. 第五百六十六条 〔合同解除的后果〕 ····························· 473
【合同实务解读】 ··· 473
　一、合同解除的通用规则 ··· 473
　二、合同解除与违约、担保责任 ··· 474
【风险点及建议】 ··· 475

105. 第五百六十七条 〔权利义务终止与结算清理条款〕 ······· 476
【合同实务解读】 ··· 477
【风险点及建议】 ··· 478

〔第三部分　互负债务的抵销〕 ··· 479

106. 第五百六十八条 〔相同债务的法定抵销〕 ······················· 479
【合同实务解读】 ··· 479
　一、双方互负到期债务 ··· 479
　二、债务种类品质相同 ··· 480
　三、债务具备可抵销性 ··· 480
　四、通知对方抵销主张 ··· 481
【风险点及建议】 ··· 482
　一、可以考虑的约定和通知 ··· 482
　二、抵销过程中的异议处理 ··· 482
　三、抵销涉及的其他问题 ··· 483

107. 第五百六十九条 〔不相同债务的合意抵销〕 ··················· 484
【合同实务解读】 ··· 484
【风险点及建议】 ··· 484

〔第四部分　标的物提存〕 ··· 485

108. 第五百七十条 〔标的物提存〕 ··· 485
【合同实务解读】 ··· 486
　一、提存与提存公证 ··· 486
　二、可以提存的情形 ··· 486
　三、提存的不同方式 ··· 487

【风险点及建议】……488
　　　一、保留难以履行原因证据……488
　　　二、提存及其他解决方案……489
109. 第五百七十一条 〔提存的成立及后果〕……490
　　【合同实务解读】……490
　　【风险点及建议】……491
110. 第五百七十二条 〔提存后的通知及对象〕……492
　　【合同实务解读】……492
　　【风险点及建议】……493
111. 第五百七十三条 〔提存后的风险、孳息、提存费用〕……494
　　【合同实务解读】……494
　　【风险点及建议】……494
112. 第五百七十四条 〔提存物的领取等处理〕……495
　　【合同实务解读】……495
　　　一、债权人承担费用、提取提存物……496
　　　二、提存部门拒绝债权人提取……496
　　　三、提存物的领取期限及收归国家……497
　　　四、债务人领取提存物……497
　　【风险点及建议】……498
〔第五部分　债务免除和同归于一人〕……499
113. 第五百七十五条 〔债权人免除债务的后果与拒绝〕……499
　　【合同实务解读】……499
　　【风险点及建议】……501
114. 第五百七十六条 〔债权债务的主体归一〕……502
　　【合同实务解读】……502
　　【风险点及建议】……503

第八章　违约责任……**505**

〔第一部分　违约行为与违约责任〕……505
115. 第五百七十七条 〔履行义务与违约责任〕……505
　　【合同实务解读】……505

一、全面违约和部分违约……………………………………………505
　　二、承担违约责任的方式……………………………………………506
　【风险点及建议】………………………………………………………508
　　一、违约行为范围的约定……………………………………………509
　　二、责任承担方式的约定……………………………………………510
　　三、违约责任条款的延伸问题………………………………………511

116. 第五百七十八条 〔预期违约责任请求权〕……………………512
　【合同实务解读】………………………………………………………512
　【风险点及建议】………………………………………………………513

117. 第五百七十九条 〔金钱债务的请求支付〕……………………514
　【合同实务解读】………………………………………………………514
　【风险点及建议】………………………………………………………515

118. 第五百八十条 〔非金钱债务的请求履行及除外〕……………516
　【合同实务解读】………………………………………………………516
　　一、非金钱债务的继续履行…………………………………………516
　　二、解除合同和追究违约责任………………………………………517
　【风险点及建议】………………………………………………………518
　　一、对合同解除的设定………………………………………………519
　　二、对违约责任的设定………………………………………………519

119. 第五百八十一条 〔第三人替代履行的费用〕…………………521
　【合同实务解读】………………………………………………………521
　【风险点及建议】………………………………………………………522

120. 第五百八十二条 〔不完全履行违约责任的判定〕……………523
　【合同实务解读】………………………………………………………523
　　一、按照约定承担违约责任…………………………………………524
　　二、协议补充、按相关条款或交易习惯……………………………524
　　三、合理选择对方承担违约责任的方式……………………………524
　【风险点及建议】………………………………………………………525

121. 第五百八十三条 〔赔偿其他损失的责任〕……………………526
　【合同实务解读】………………………………………………………526
　【风险点及建议】………………………………………………………527

〔第二部分　违约责任及定金〕 ·· 529
 122. 第五百八十四条　〔违约造成的损失与可得利益〕············· 529
  【合同实务解读】··· 529
   一、计算可得利益的各类情形·· 529
   二、持续履行合同的可得利益计算··································· 530
   三、违约方对违约可能造成的损失的预见·························· 530
   四、可得利益的其他判断方法·· 531
  【风险点及建议】··· 531
   一、包括可得利益的损失赔偿额····································· 531
   二、对于违约可能造成的损失的预见································ 532
 123. 第五百八十五条　〔违约金及其过高过低〕···················· 533
  【合同实务解读】··· 534
   一、违约金和损失赔偿额计算方法··································· 534
   二、违约金的调整·· 535
   三、迟延履行违约金与履行债务····································· 536
  【风险点及建议】··· 537
 124. 第五百八十六条　〔定金合同及其成立、数额〕··············· 538
  【合同实务解读】··· 538
  【风险点及建议】··· 540
 125. 第五百八十七条　〔定金的处理原则〕·························· 541
  【合同实务解读】··· 541
   一、定金在履行债务过程中的正常使用····························· 542
   二、对违约导致不能实现合同目的的罚则·························· 542
  【风险点及建议】··· 542
   一、必须明确款项性质是定金·· 543
   二、适用定金罚则时的特殊情形····································· 543
 126. 第五百八十八条　〔定金和违约金〕····························· 545
  【合同实务解读】··· 545
   一、定金与违约金的选择适用·· 545
   二、赔偿损失的补充适用·· 546
  【风险点及建议】··· 546

〔第三部分 特定情形的责任分配〕 ………………………………… 547
  127. 第五百八十九条 〔债权人受领迟延〕 ………………………… 547
    【合同实务解读】 ………………………………………………… 547
      一、依约履行和拒绝受领 ……………………………………… 548
      二、受领迟延及法律后果 ……………………………………… 548
    【风险点及建议】 ………………………………………………… 549
  128. 第五百九十条 〔不可抗力及处置原则〕 ……………………… 550
    【合同实务解读】 ………………………………………………… 550
      一、不可抗力涉及的相关内容 ………………………………… 550
      二、受不可抗力影响时的应有举措 …………………………… 551
    【风险点及建议】 ………………………………………………… 552
  129. 第五百九十一条 〔防止损失扩大原则〕 ……………………… 553
    【合同实务解读】 ………………………………………………… 554
      一、违约方的通知义务 ………………………………………… 554
      二、防止损失扩大的适当措施 ………………………………… 554
    【风险点及建议】 ………………………………………………… 555
  130. 第五百九十二条 〔双方违约各自承担责任〕 ………………… 556
    【合同实务解读】 ………………………………………………… 556
    【风险点及建议】 ………………………………………………… 557
  131. 第五百九十三条 〔第三人原因造成违约〕 …………………… 558
    【合同实务解读】 ………………………………………………… 558
    【风险点及建议】 ………………………………………………… 559
  132. 第五百九十四条 〔特定争议时效期间〕 ……………………… 560
    【合同实务解读】 ………………………………………………… 561
    【风险点及建议】 ………………………………………………… 561

附录:《民法典》合同编通则相关司法解释(增加条款标题版) …………… **563**
  最高人民法院关于适用《中华人民共和国民法典》总则编若干问题的
    解释 ……………………………………………………………… 563

最高人民法院关于适用《中华人民共和国民法典》合同编通则若干问题的
　　解释 …………………………………………………………………… 571
最高人民法院关于适用《中华人民共和国民法典》有关担保制度的解释 …… 592

关键词索引 ……………………………………………………………… 613

后　记 …………………………………………………………………… 619

CONTENTS

Chapter I General rules ·· 001

{Part I. Scope of adjustment and definitions} ······························ 001

  001. Article 463 [Scope of adjustment] ······································ 001

    [Interpretation of contract practices] ·· 001

      I. Civil relations and the contents of the contract part in code ············ 001

      II. Legal application of contractual civil relations ························ 003

    [Risk points and recommendations] ·· 005

  002. Article 464 [Definitions and application] ····························· 005

    [Interpretation of contract practices] ·· 006

      I. Contracts and "agreements" ··· 006

      II. Criteria for the establishment of a contract ···························· 006

      III. Application of this Part to identity relationship agreements ············ 007

    [Risk points and recommendations] ·· 008

{Part II. Interpretation and application} ······································ 009

  003. Article 465 [Relativity of contracts] ···································· 009

    [Interpretation of contract practices] ·· 009

      I. Contracts concluded by law ·· 009

      II. Being legally binding on parties only ·································· 012

    [Risk points and recommendations] ·· 014

      I. "Concluded by law" and judicial interpretation ························ 014

      II. RELATIVITY of contracts and contracts related with third person ··· 015

  004. Article 466 [Interpretation of contracts] ······························· 017

    [Interpretation of contract practices] ·· 017

      I. Legal basis for determining disputes over the understanding of

contractclauses ·· 017
　　Ⅱ. Disputes over more than two versions ·· 019
　[Risk points and recommendations] ·· 019
　　Ⅰ. Methods for interpretation of the disputed clauses ······················ 019
　　Ⅱ. Formulations to avoid the disputes of understanding ·················· 020
　005. Article 467 [Legal application of non-typical contracts etc.] ··············· 022
　[Interpretation of contract practices] ·· 022
　[Risk points and recommendations] ·· 023
　　Ⅰ. Application of reference to the contract structure ························ 024
　　Ⅱ. Application of reference in respect of trading rules ···················· 024
　006. Article 468 [Application of law to non-contractualobligations] ············ 025
　[Interpretation of contract practices] ·· 026
　　Ⅰ. Claims and liabilities not arising from contracts ························ 026
　　Ⅱ. Circumstances belong to non-contractual obligations and cannot be
　　　 applied in this Part ·· 027
　[Risk points and recommendations] ·· 028

Chapter Ⅱ. Conclusion of contracts ·· 029
　{Part I. Contracts and forms and methods of conclusion} ··························· 029
　007. Article 469 [Forms of contracting] ·· 029
　[Interpretation of contract practices] ·· 029
　　Ⅰ. "Other forms" of concluding written contracts ·························· 029
　　Ⅱ. Definition of electronic data interchange ···································· 031
　[Risk points and recommendations] ·· 031
　　Ⅰ. Compliance with statutory requirements for written form ············· 032
　　Ⅱ. Agreeing on written form through consultation ·························· 034
　008. Article 470 [Clauses generally included in contracts] ··························· 035
　[Interpretation of contract practices] ·· 036
　　Ⅰ. Interpretation of the general clauses of the contract ···················· 036
　　Ⅱ. Interpretation of the model contract ·· 051
　[Risk points and recommendations] ·· 054

Ⅰ. Risk control about general clauses of contracts ··················· 054
　　Ⅱ. Interpretation of the model contract texts ························· 074
009. Article 471 [Methods of contracting] ····························· 076
　　[Interpretation of contract practices] ································ 076
　　[Risk points and recommendations] ································ 077
{Part Ⅱ. Offers} ··· 078
010. Article 472 [Conditions to be met of offering] ··················· 078
　　[Interpretation of contract practices] ································ 078
　　[Risk points and recommendations] ································ 080
011. Article 473 [The invitation of offer and offer] ··················· 081
　　[Interpretation of contract practices] ································ 081
　　　Ⅰ. Different types of invitations of making offers ················ 081
　　　Ⅱ. The constituents of offers in commercial advertising ·········· 085
　　[Risk points and recommendations] ································ 086
012. Article 474 [Timefor the offer to take effect] ····················· 086
　　[Interpretation of contract practices] ································ 086
　　[Risk points and recommendations] ································ 088
013. Article 475 [Withdrawal of an offer] ····························· 088
　　[Interpretation of contract practices] ································ 088
　　[Risk points and recommendations] ································ 089
014. Article 476 [Revocation of an offer] ····························· 091
　　[Interpretation of contract practices] ································ 091
　　[Risk points and recommendations] ································ 092
015. Article 477 [Methods of revocation of an offer] ·················· 093
　　[Interpretation of contract practices] ································ 094
　　[Risk points and recommendations] ································ 094
016. Article 478 [Invalidation of an offer] ····························· 096
　　[Interpretation of contract practices] ································ 096
　　[Risk points and recommendations] ································ 097
{Part Ⅲ. Acceptances} ··· 098
017. Article 479 [Definition of acceptance] ···························· 098

［Interpretation of contract practices］ ·· 098

［Risk points and recommendations］ ··· 099

018. Article 480［Methods of acceptance］ ·· 100

　　［Interpretation of contract practices］ ·· 100

　　　Ⅰ. Three different methods to make acceptances ·············· 100

　　　Ⅱ. Contract conclusion methods of accepting performance from the
　　　　other party's main obligation ·· 101

　　［Risk points and recommendations］ ··· 102

019. Article 481［The time limit of acceptance］ ································ 103

　　［Interpretation of contract practices］ ·· 103

　　　Ⅰ. Offer with a definite period of acceptance ················· 104

　　　Ⅱ. Offer with no definite period of acceptance ·············· 104

　　［Risk points and recommendations］ ··· 105

020. Article 482［Commencement of the acceptance period］ ······················ 106

　　［Interpretation of contract practices］ ·· 106

　　　Ⅰ. Offering by letter or telegram ·· 107

　　　Ⅱ. Offering by fast communication method ························ 107

　　　Ⅲ. Calculation of period and duration ···································· 108

　　［Risk points and recommendations］ ··· 109

021. Article 483［Acceptance take effect and conclusion of the contract］······ 110

　　［Interpretation of contract practices］ ·· 110

　　　Ⅰ. Acceptance take effect ··· 110

　　　Ⅱ. The conclusion of contracts ·· 111

　　　Ⅲ. Otherwise stipulated by law or agreed by the parties ······················ 113

　　［Risk points and recommendations］ ··· 114

022. Article 484［Time of the acceptance to take effect］ ······················· 115

　　［Interpretation of contract practices］ ·· 115

　　　Ⅰ. The time acceptance take effect by notification ··················· 115

　　　Ⅱ. The time acceptance take effect by performing an act in accordance
　　　　with the custom of the trade or the requirement of an offer ············ 116

　　［Risk points and recommendations］ ··· 117

023. Article 485 [Withdrawal of an acceptance] ········ 118
　　[Interpretation of contract practices] ········ 118
　　[Risk points and recommendations] ········ 119
024. Article 486 [Late arrival of an acceptance] ········ 121
　　[Interpretation of contract practices] ········ 121
　　[Risk points and recommendations] ········ 122
025. Article 487 [Unexpected overdue arrival of an acceptance] ········ 123
　　[Interpretation of contract practices] ········ 123
　　[Risk points and recommendations] ········ 124
026. Article 488 [Contents and material alterations of acceptances] ········ 125
　　[Interpretation of contract practices] ········ 125
　　[Risk points and recommendations] ········ 127
　　　　I. Trading status and commitments or material alteration ········ 127
　　　　II. Offers and commitments or material alteration ········ 128
027. Article 489 [Non-material alteration of acceptances] ········ 129
　　[Interpretation of contract practices] ········ 129
　　[Risk points and recommendations] ········ 130
{Part IV. Conclusion of contracts} ········ 131
028. Article 490 [Establishment of signature and establishment ofacts] ········ 131
　　[Interpretation of contract practices] ········ 131
　　　　I. Contracts and written form of contracts ········ 132
　　　　II. Stamping or fingerprinting ········ 132
　　　　III. Signatures of representatives and parties ········ 134
　　　　IV. Conclusion of contracts ········ 135
　　[Risk points and recommendations] ········ 137
　　　　I. Name of thecompany subject in contracts ········ 137
　　　　II. Name and identity of the natural person subjectin contract ········ 139
　　　　III. Seal of the subject in contract ········ 139
　　　　IV. Acceptance of the conclusion of a contract for the performance of the other party's main obligation ········ 140
029. Article 491 [Conclusion of the signing of the confirmation and conclusion

　　　　of the submission of the order〕 ………………………………… 141

　〔Interpretation of contract practices〕 ……………………………… 141

　　Ⅰ. Contract forming while signing confirmation ……………………… 141

　　Ⅱ. Contract forming while successfully submit order …………… 142

　〔Risk points and recommendations〕 ………………………………… 143

　　Ⅰ. Practical operation of signing confirmation ……………………… 143

　　Ⅱ. Operation of contractconclusion for online platform trading ………… 144

030. Article 492〔Place of conclusion of the contract〕 ……………… 145

　〔Interpretation of contract practices〕 ……………………………… 145

　　Ⅰ. Place of conclusion of the contract and place of signing of the
　　　contract ………………………………………………………………… 145

　　Ⅱ. Place of conclusion of the electronic contract ………………… 146

　〔Risk points and recommendations〕 ………………………………… 147

031. Article 493〔Place of conclusion of the written contract〕 …………… 148

　〔Interpretation of contract practices〕 ……………………………… 148

　〔Risk points and recommendations〕 ………………………………… 149

{Part V. Contracts with special nature} ………………………………… 150

032. Article 494〔State order or mandatory plan〕 ……………………… 150

　〔Interpretation of contract practices〕 ……………………………… 150

　〔Risk points and recommendations〕 ………………………………… 152

033. Article 495〔Precontracts〕 ………………………………………… 153

　〔Interpretation of contract practices〕 ……………………………… 153

　　Ⅰ. Precontracts and contracts ………………………………………… 153

　　Ⅱ. Precontracts and letter of intent ………………………………… 154

　　Ⅲ. Responsibility of breaching precontracts ………………………… 155

　〔Risk points and recommendations〕 ………………………………… 155

　　Ⅰ. Basic contents of precontracts …………………………………… 156

　　Ⅱ. Issue related to precontracts ……………………………………… 157

034. Article 496〔Standard clauses and requirements for use〕 ………… 158

　〔Interpretation of contract practices〕 ……………………………… 158

　　Ⅰ. Principles of the use ofstandard clauses ………………………… 158

II. Interpretation of the definition of standard clauses ········· 159
  III. Obligation to remind and explain standard clauses ········· 160
  IV. Consequences of not to comply with the obligation to remind
      or explain ·· 160
  [Risk points and recommendations] ·· 161
    I. Factors affecting the validity of standard clauses ············· 162
    II. Reasonable ways to determine or explain ························· 162
    III. Practical use of standard clauses ·· 164
    IV. Standard clauses and overlord clauses ······························ 165
035. Article 497 [Invalidity of standard clauses] ························· 165
  [Interpretation of contract practices] ·· 166
    I. Invalidity of civil legal acts ·· 166
    II. Invalidity of contracts ·· 167
    III. Invalidity of standard clauses ··· 167
  [Risk points and recommendations] ·· 168
    I. Avoiding invalidity of standard clauses for civil legal acts ············ 168
    II. Avoiding invalidity of standard clauses for contracts ········ 172
    III. Avoiding invalidity for reasons of standard clauses ········ 172
    IV. Response to the party accepting standard clauses ··········· 174
036. Article 498 [Interpretation of standard clauses] ··················· 175
  [Interpretation of contract practices] ·· 175
    I. Reasons for different understandings or interpretations ········· 176
    II. Principles of understanding and interpretation of standard clauses ······ 178
    III. Provisions of other laws and judicial interpretations ········· 179
  [Risk points and recommendations] ·· 180
    I. Avoiding language that can be understood differently in contracts ··· 180
    II. Language ambiguity and quality of presentation ··············· 182
    III. Elements to improve the clarity of rights and obligations ············· 184
037. Article 499 [Remuneration to the person who has preformed the act
      to the reward] ·· 186
  [Interpretation of contract practices] ·· 186

[Risk points and recommendations] ……………………………………… 187

{Part Ⅵ. Other contract obligations} ……………………………………… 188

038. Article 500 [Contracting fault liability] ……………………………… 188

[Interpretation of contract practices] ……………………………………… 189

Ⅰ. Contracting fault liability ……………………………………………… 189

Ⅱ. Contracting fault acts ………………………………………………… 189

[Risk points and recommendations] ……………………………………… 192

Ⅰ. Trade secrets protection ……………………………………………… 192

Ⅱ. Verification of Relative parties' information ………………………… 194

Ⅲ. Setting prior obligations ……………………………………………… 194

Ⅳ. Remedial measures …………………………………………………… 195

039. Article 501 [Confidentiality obligations] …………………………… 196

[Interpretation of contract practices] ……………………………………… 196

Ⅰ. Trade secrets and other confidential information …………………… 196

Ⅱ. disclose and improperly use ………………………………………… 197

Ⅲ. Protection from administrative regulations and criminal law ………… 198

Ⅳ. Protection from judicial interpretations ……………………………… 199

[Risk points and recommendations] ……………………………………… 202

Ⅰ. Application of laws that are probably parallel ……………………… 203

Ⅱ. Protection measures that are probably used ………………………… 203

Ⅲ. Remedies for infringement of trade secrets ………………………… 204

Chapter Ⅲ. Effect of contracts ……………………………………………… 206

{Part I. Take effect and agency} ………………………………………… 206

040. Article 502 [Contracts take effect] ………………………………… 206

[Interpretation of contract practices] ……………………………………… 206

Ⅰ. Legal significance of the entry into force of contracts ……………… 206

Ⅱ. Established by law and contracts take effect ………………………… 207

Ⅲ. Otherwise stipulated by law or agreed by the parties ……………… 208

Ⅳ. Authorization and other procedures ………………………………… 208

[Risk points and recommendations] ……………………………………… 211

Ⅰ. Exceptions that take effect upon invalidity by law ······················ 211
Ⅱ. Authorization and other procedures ······················ 212
Ⅲ. Other issues aboutauthorization and other procedures ······················ 213
041. Article 503〔Recognition of acts without authority〕······················ 214
〔Interpretation of contractual practices〕······················ 214
〔Risk points and recommendations〕······················ 216
042. Article 504〔Effect of ultra vires representation〕······················ 218
〔Interpretation of contract practices〕······················ 218
Ⅰ. The principle of can not challenge any bona fide third party ······················ 218
Ⅱ. Provisions of judicial interpretations on exceeding the limitations of rights ······················ 220
〔Risk points and recommendations〕······················ 221
{Part Ⅱ. Validity and legal application of certain types of clauses} ······················ 222
043. Article 505〔Contracts beyond the scope of business〕······················ 222
〔Interpretation of contract practices〕······················ 222
Ⅰ. Scope of business ······················ 222
Ⅱ. Market entities ······················ 223
Ⅲ. Administrative penalty for exceeding the scope of business ······················ 225
Ⅳ. Beyond the scope of business and the validity of contracts ······················ 227
Ⅴ.Relevant judicial interpretations by the Supreme Court ······················ 227
〔Risk points and recommendations〕······················ 229
Ⅰ. Scope of licensed business ······················ 229
Ⅱ. Possible preventive measures ······················ 231
044. Article 506〔Invalidity of exculpatory clauses〕······················ 232
〔Interpretation of contract practices〕······················ 232
Ⅰ. Exculpatory situations set by law ······················ 232
Ⅱ. Invalidate exculpatory situations set by other law ······················ 233
Ⅲ. Common way of thinking about invalidate exculpatory clauses ······················ 233
〔Risk points and recommendations〕······················ 234
Ⅰ. Absolute and relative exemptions ······················ 235
Ⅱ. Exemptions for sellers of products ······················ 235

Ⅲ. The responsibility of assumption of risk ·················· 236

045. Article 507〔Effectabout the settlement of dispute clauses〕············· 237

　〔Interpretation of contract practices〕 ·················· 237

　　Ⅰ. Contracts that do not take effect ·················· 238

　　Ⅱ. Contracts that are void ·················· 240

　　Ⅲ. Contracts that are revoked ·················· 242

　　Ⅳ. Contracts that are terminated ·················· 244

　　Ⅴ.Clauses concerning dispute resolution ·················· 245

　〔Risk points and recommendations〕 ·················· 245

　　Ⅰ. Solutions to the problem of not taking effect ·················· 245

　　Ⅱ. Solutions to the problem of being void ·················· 246

　　Ⅲ. Solutions to the problem of contracts being revoked ·················· 247

　　Ⅳ. Solutions to the problem of contracts being terminated ·················· 248

　　Ⅴ.Solutions to the problem of contracts not taking effect,being void and being revoked ·················· 250

046. Article 508〔Application of rules on juridical acts〕·················· 252

　〔Interpretation of contract practices〕 ·················· 252

　　Ⅰ. Understanding of key words in this article ·················· 252

　　Ⅱ. Provisions on the validity of contracts in part Ⅰ, chapter Ⅵ ············ 253

　〔Risk points and recommendations〕 ·················· 257

Chapter Ⅳ. Performance of contracts ·················· 259

　{Part Ⅰ. Basic provisions of performance} ·················· 259

　047. Article 509〔Principles of contract performance〕·················· 259

　　〔Interpretation of contract practices〕 ·················· 259

　　〔Risk points and recommendations〕 ·················· 260

　048. Article 510〔Not agreed or unclear treatment〕·················· 262

　　〔Interpretation of contract practices〕 ·················· 262

　　　Ⅰ. Scope of application of the present clauses ·················· 262

　　　Ⅱ. Basic principles for determining content ·················· 263

　　〔Risk points and recommendations〕 ·················· 264

Ⅰ. Supplementary agreement and problem identification ………… 265
Ⅱ. Determination of the contentwhen supplementary agreements can not be made ………………………………………………… 265
049. Article 511 [Application of unclear rules ofagreement] ……………… 268
[Interpretation of contract practices] ………………………………… 269
　　Ⅰ. Quality standards when quality requirements are unclear …………… 269
　　Ⅱ. Price of performance in case of uncertainty as toprice or remuneration ……………………………………………… 272
　　Ⅲ. Place of performance when not clear ……………………… 272
　　Ⅳ. Period of performance when not clear ……………………… 273
　　Ⅴ. Mode of performance when not clear ……………………… 274
　　Ⅵ. Expense of performance when not clear ……………………… 276
[Risk points and recommendations] ………………………………… 278
　　Ⅰ. Considerations when the quality Requirements is unclear …………… 278
　　Ⅱ. Considerations when the price or remuneration is unclear …………… 279
　　Ⅲ. Considerations when the place of performance is unclear …………… 281
　　Ⅳ. Considerations when the period of performance is unclear ………… 282
　　Ⅴ. Considerations when the mode of performance is unclear …………… 284
　　Ⅵ. Considerations when the expenses of performance is unclear ………… 289
050. Article 512 [Time of performance of electronic contracts] ……………… 290
[Interpretation of contract practices] ………………………………… 290
　　Ⅰ. Electronic contracts and operators ……………………………… 291
　　Ⅱ. Methods of delivery and certification of electronic contracts ………… 291
　　Ⅲ. Subject matter and performance of electronic contracts …………… 292
　　Ⅳ. Other agreement of mode and time ……………………………… 293
[Risk points and recommendations] ………………………………… 293
　　Ⅰ. Criteria for determining the violations of time …………………… 294
　　Ⅱ. Commencement of the period ……………………………… 294
051. Article 513 [Government-set or government-guided price] ……………… 297
[Interpretation of contract practices] ………………………………… 297
　　Ⅰ. The concept of government-set or government-guided price ………… 297

Ⅱ. List of government-priced fees for business services ········· 298

［Risk points and recommendations］ ················· 299

052. Article 514 ［Pecuniary obligation and lawful currency］ ············ 300

［Interpretation of contract practices］ ················ 300

　Ⅰ. Pecuniary obligation and lawful currency ············ 300

　Ⅱ. Foreign currencies may not circulate in China ·········· 301

［Risk points and recommendations］ ················· 301

　Ⅰ. Legal valuation and settlement ················ 301

　Ⅱ. Solution when valuation is unclear ·············· 302

　Ⅲ. Legal risks of violatingForeign Exchange Administration ······· 302

053. Article 515 ［Multiple objects Options for Performance］ ············ 303

［Interpretation of contract practices］ ················ 303

［Risk points and recommendations］ ················· 305

054. Article 516 ［Notice of option and choice ofobject］ ············ 305

［Interpretation of contract practices］ ················ 306

［Risk points and recommendations］ ················· 306

{Part Ⅱ. Obligations by share and joint and several performance} ············ 307

055. Article 517 ［Claims by share and obligations by share］ ············ 307

［Interpretation of contract practices］ ················ 308

［Risk points and recommendations］ ················· 308

056. Article 518 ［Joint and several obligations and joint and several claims］ ·· 309

［Interpretation of contract practices］ ················ 309

［Risk points and recommendations］ ················· 311

　Ⅰ. As a guarantor ······················· 311

　Ⅱ. As a creditor ························ 313

057. Article 519 ［Share and performance of joint and several obligations］ ··· 314

［Interpretation of contract practices］ ················ 314

［Risk points and recommendations］ ················· 315

058. Article 520 ［Settlement of obligations of joint and several debtors］ ······ 316

［Interpretation of contract practices］ ················ 317

Ⅰ. Performance, offset or place the subject matter in escrow ·············· 317
Ⅱ. The discharge of partially joint and several liabilities ············· 319
Ⅲ. Claim and joint and several liabilities are held by the same person ·· 320
Ⅳ. Creditor delays in accepting the performance ················· 320
[Risk points and recommendations] ···································· 322
Ⅰ. Joint and several debtors formed by guarantee ················· 322
Ⅱ. The right to contribution to the excess of the share ············· 323
Ⅲ. Offset from creditor to debtor assuming joint and several liabilities ·· 324
Ⅳ. Creditor delays in accepting the performance ················· 324
059. Article 521 [Share of joint and several claims and return] ············· 325
[Interpretation of contract practices] ···································· 325
[Risk points and recommendations] ···································· 326
{Part Ⅲ. Performance to and by a third persons} ························· 327
060. Article 522 [Performance to a third person] ·························· 327
[Interpretation of contract practices] ···································· 327
[Risk points and recommendations] ···································· 328
Ⅰ. Agreements to be supplemented by performance to a third person ··· 329
Ⅱ. The privity of Contract and other-related ····················· 329
Ⅲ. Handling disputes in performance to a third person ············· 330
061. Article 523 [Performance obligation by a third person] ··············· 331
[Interpretation of contract practices] ···································· 331
[Risk points and recommendations] ···································· 332
Ⅰ. Agree to perform by a third person ··························· 332
Ⅱ. Clear the position of the tripartite relationship ················· 333
062. Article 524 [Entitled obligation performance by a third person] ········· 334
[Interpretation of contract practices] ···································· 334
Ⅰ. Lawful interest of the third person ··························· 334
Ⅱ. Situation when obligation can only performed by the debtor ········· 335
Ⅲ. Unless otherwise agreed ···································· 335

[Risk points and recommendations] ·· 335
  I. Third person with lawful interest ······································ 336
  II. Interpretations of theguarantee system ····························· 336
  III. Agreeable matters of third person ·································· 337
{Part IV. Defenses to performance} ··· 338
 063. Article 525 [Simultaneous performance defenses] ············· 338
  [Interpretation of contract practices] ··································· 339
  [Risk points and recommendations] ··································· 340
 064. Article 526 [First fulfil the right of defense] ···················· 341
  [Interpretation of contract practices] ··································· 341
  [Risk points and recommendations] ··································· 343
 065. Article 527 [Unsafe right of defense of the first performing party] ······ 344
  [Interpretation of contract practices] ··································· 344
  [Risk points and recommendations] ··································· 346
   I. Evidence required for unsafe right of defense ··················· 347
   II. Flexiblity of unsafe right of defense ····························· 347
 066. Article 528 [Subsequent treatment of suspension of performance] ········ 348
  [Interpretation of contract practices] ··································· 348
   I. Suspend performance and timely notification ···················· 348
   II. Provide bond and resume performance ·························· 349
   III. Cancel conrtracts and default liability ·························· 350
  [Risk points and recommendations] ··································· 350
   I. Proper content of a notice of suspension of performance ······ 350
   II. Treatment of contract with the unsafe right of defense ······· 351
{Part V. Special treatment in performance} ································ 352
 067. Article 529 [Suspension or escrowin performance of obligation] ········ 352
  [Interpretation of contract practices] ··································· 352
  [Risk points and recommendations] ··································· 353
 068. Article 530 [Principles with early performance] ················· 354
  [Interpretation of contract practices] ··································· 354
  [Risk points and recommendations] ··································· 355

069. Article 531 〔Principles with partial performance〕 ……………………… 356
　〔Interpretation of contract practices〕 ………………………………………… 356
　〔Risk points and recommendations〕 …………………………………………… 357
070. Article 532 〔Changes that do not affect performance〕 ………………… 357
　〔Interpretation of contract practices〕 ………………………………………… 357
　〔Risk points and recommendations〕 …………………………………………… 358
071. Article 533 〔Composition and treatment of change of circumstances〕 … 359
　〔Interpretation of contract practices〕 ………………………………………… 359
　　Ⅰ. General understanding of relevant contents ………………………… 359
　　Ⅱ. Continued performance is obviously unfair ………………………… 360
　　Ⅲ. Rectify and rescind of the contract ………………………………… 361
　〔Risk points and recommendations〕 …………………………………………… 361
　　Ⅰ. change of circumstances and force majeure ………………………… 362
　　Ⅱ. Clausalization of the change of circumstances …………………… 363
072. Article 534 〔Supervision of contract violations〕 ……………………… 363
　〔Interpretation of contract practices〕 ………………………………………… 363
　〔Risk points and recommendations〕 …………………………………………… 364

Chapter V. Preservation of contracts ……………………………………… 366

　{Part I. Subrogation rights of creditors} ………………………………………… 366
　073. Article 535 〔Creditors' due claims and subrogation rights〕 …………… 366
　　〔Interpretation of contract practices〕 ………………………………………… 366
　　　Ⅰ. Indolence of claiming claims or due claims ………………………… 366
　　　Ⅱ. Claims belong exclusively to the debtor …………………………… 367
　　　Ⅲ. Litigation for subrogation rights ……………………………………… 367
　　〔Risk points and recommendations〕 ………………………………………… 368
　074. Article 536 〔Creditors' unexpired claims and subrogation rights〕 ……… 370
　　〔Interpretation of contract practices〕 ………………………………………… 370
　　　Ⅰ. Subrogation rights of unexpired claims ……………………………… 370
　　　Ⅱ. Imminent expiration of the period of limitation …………………… 370
　　　Ⅲ. Failure to file Bankruptcy claim in time …………………………… 371

Ⅳ. Exercise of subrogation rights of unmatured obligations ……… 371

[Risk points and recommendations] ……………………………… 372

075. Article 537 [Consequences of the establishment of subrogation rights] …………………………………………………………… 373

[Interpretation of contract practices] …………………………… 373

[Risk points and recommendations] ……………………………… 374

{Part Ⅱ. The revocation right of creditor} …………………………… 376

076. Article 538 [Creditor's right to revoke gratuitous dispositions] ……… 376

[Interpretation of contract practices] …………………………… 376

Ⅰ. Gratutious dispositions and extend maliciously ……………… 376

Ⅱ. Affecting the realization and revocation of claims …………… 377

[Risk points and recommendations] ……………………………… 378

Ⅰ. Creditors' rights of revocation and other protections ………… 378

Ⅱ. Normally dispose interests and normally extend period ……… 379

077. Article 539 [Creditor's right to revoke unreasonable dispositions] ……… 380

[Interpretation of contract practices] …………………………… 380

[Risk points and recommendations] ……………………………… 382

Ⅰ. Exercise of the creditor's right of revocation ………………… 382

Ⅱ. Interests of the debtor and the debtor's counterparties ……… 384

078. Article 540 [Scope of the exercise to revoke and costs] ……………… 385

[Interpretation of contract practices] …………………………… 385

[Risk points and recommendations] ……………………………… 386

079. Article 541 [Time period for the exercise of the right of revocation] … 387

[Interpretation of contract practices] …………………………… 387

[Risk points and recommendations] ……………………………… 388

080. Article 542 [Consequences of the realization of the right to revoke] …… 389

[Interpretation of contract practices] …………………………… 389

[Risk points and recommendations] ……………………………… 390

Chapter Ⅵ. Modification and assignment of contracts ……………… 392

{Part Ⅰ. Modify the contracts through consultation} ………………… 392

081. Article 543 [Contractscan be modified through consultation] ········· 392
　　[Interpretation of contract practices] ··· 392
　　[Risk points and recommendations] ·· 393
082. Article 544 [Unclear modification of contracts] ···························· 394
　　[Interpretation of contract practices] ··· 394
　　[Risk points and recommendations] ·· 395
{Part II. Assignment of creditors' claims} ·· 396
083. Article 545 [Assignment of claims and exclusions] ······················· 396
　　[Interpretation of contract practices] ··· 396
　　　Ⅰ. Exclusions situation of the assignment of claims ················· 396
　　　Ⅱ. Assignment of claims and the third person ························· 397
　　[Risk points and recommendations] ·· 398
　　　Ⅰ. Assignment of claims in practice ······································· 398
　　　Ⅱ. Contracts for the assignment of claims ······························· 399
084. Article 546 [Notification of assignment of claims] ························ 400
　　[Interpretation of contract practices] ··· 400
　　[Risk points and recommendations] ·· 401
　　　Ⅰ. Agreement and notification of assignment of claims ··············· 401
　　　Ⅱ. Treatment of different situations in assignments ···················· 402
085. Article 547 [Accessory rights transferred with claims] ···················· 403
　　[Interpretation of contract practices] ··· 404
　　[Risk points and recommendations] ·· 405
086. Article 548 [Object of defense after the assignment of claim] ········· 406
　　[Interpretation of contract practices] ··· 406
　　[Risk points and recommendations] ·· 407
087. Article 549 [Offset debtors' obligations] ······································ 408
　　[Interpretation of contract practices] ··· 408
　　[Risk points and recommendations] ·· 409
088. Article 550 [Costs of performance about the assignment of claims] ······ 410
　　[Interpretation of contract practices] ··· 411
　　[Risk points and recommendations] ·· 411

{Part III. Delegation of the debtors' obligations} ········ 412

089. Article 551 [Consent of the creditor is required to delegate the obligation] ········ 412

[Interpretation of contract practices] ········ 412

[Risk points and recommendations] ········ 413

090. Article 552 [Accession of a third person into obligation] ········ 414

[Interpretation of contract practices] ········ 415

 I. Accession into obligation and joint and several liability ········ 415

 II. The right to contribution and accession of companies into obligation ········ 415

[Risk points and recommendations] ········ 417

091. Article 553 [Defenses of the new debtor after delegate the obligation] ········ 418

[Interpretation of contract practices] ········ 418

[Risk points and recommendations] ········ 419

 I. Matters relating to the delegation of the obligation ········ 419

 II. Contents of the obligation delegate contract ········ 420

 III. Defenses of the new debtor ········ 421

092. Article 554 [Assumption of accessory obligation of deligation] ········ 422

[Interpretation of contract practices] ········ 422

[Risk points and recommendations] ········ 422

{Part IV. Assignment of rights and obligations together} ········ 423

093. Article 555 [Assignment of rights and obligations together] ········ 423

[Interpretation of contract practices] ········ 423

[Risk points and recommendations] ········ 425

094. Article 556 [Legal application to the assignment of rights and obligations together] ········ 426

[Interpretation of contract practices] ········ 426

 I. Application of the rules of both assign rights and delegate obligations ········ 426

 II. Assign part of rights and delegate part of obligations together ········ 428

［Risk points and recommendations］ ················ 428

Chapter Ⅶ. Termination of rights and obligations under a contract ············ 430

{Part Ⅰ. Termination and discharge of claims and obligations} ···················· 430

   095. Article 557 ［Termination of claims and obligations］ ······················ 430

     ［Interpretation of contract practices］ ·· 430

       Ⅰ. Lawful or agreed termination of claims and obligations ············· 430

       Ⅱ. Termination of claims through contracts ································ 433

     ［Risk points and recommendations］ ·· 435

       Ⅰ. Other provisions on termination of claims and obligations ············ 435

       Ⅱ. Matters relating to the termination of contracts ························ 440

   096. Article 558 ［Obligations after termination of claims and debts］············ 443

     ［Interpretation of contract practices］ ·· 443

     ［Risk points and recommendations］ ·· 445

   097. Article 559 ［Accessory rights upon termination of claims and

      obligations］ ·· 445

     ［Interpretation of contract practices］ ·· 446

     ［Risk points and recommendations］ ·· 447

   098. Article 560 ［Order of liquidation of multiple obligations］ ·················· 447

     ［Interpretation of contract practices］ ·· 447

     ［Risk points and recommendations］ ·· 449

   099. Article 561 ［Order of performance of principal andaccessory

      obligations］ ·· 449

     ［Interpretation of contract practices］ ·· 450

     ［Risk points and recommendations］ ·· 451

{Part Ⅱ. Rescission of contracts} ·· 452

   100. Article 562 ［Rescission of contracts through consultation］ ··············· 452

     ［Interpretation of contract practices］ ·· 452

       Ⅰ. Rescission through consultation ·· 452

       Ⅱ. Rescission through agreement ··· 452

       Ⅲ. Rescission for approval ·· 453

[Risk points and recommendations] ·············· 453
 Ⅰ. Rescission through consultation ·············· 453
 Ⅱ. Rescission through agreement ·············· 454
101. Article 563 [Lawful right to rescind a contract] ·············· 455
[Interpretation of contract practices] ·············· 455
 Ⅰ. Lawful rescind and the purpose of the contract ·············· 455
 Ⅱ. Common types of lawful rescission ·············· 456
 Ⅲ. Rescission of contracts that need continuously performance ·············· 460
[Risk points and recommendations] ·············· 460
 Ⅰ. Lawful rescissionrequires consultation agreements ·············· 461
 Ⅱ. Agreeable elements in a lawful rescission ·············· 462
 Ⅲ. Agreeable elements of continuing performance in contracts that need continuously performance ·············· 465
102. Article 564 [Time limit for exercising the right to rescind] ·············· 466
[Interpretation of contract practices] ·············· 466
[Risk points and recommendations] ·············· 467
103. Article 565 [Notice of termination and objections] ·············· 468
[Interpretation of contract practices] ·············· 468
 Ⅰ. Rescission by notification ·············· 468
 Ⅱ. Rescission by litigation or arbitration ·············· 469
[Risk points and recommendations] ·············· 469
 Ⅰ. Preparation and sending the notification of rescission ·············· 469
 Ⅱ. Contents in the notification of rescission ·············· 472
104. Article 566 [Consequences ofrescission of contracts] ·············· 473
[Interpretation of contract practices] ·············· 473
 Ⅰ. General rules for the rescission of contracts ·············· 473
 Ⅱ. Rescission and breach of contracts, liability for guarantees ·············· 474
[Risk points and recommendations] ·············· 475
105. Article 567 [Termination of rights and obligations and settlement and liquidation clauses] ·············· 476
[Interpretation of contract practices] ·············· 477

［Risk points and recommendations］ ……………………………………… 478
{Part Ⅲ. Offset mutual obligations} ………………………………………… 479
　106. Article 568 ［Lawful offset the equal obligations］ …………………… 479
　　［Interpretation of contract practices］ ……………………………………… 479
　　　Ⅰ. Mutual maturing obligations to each other …………………………… 479
　　　Ⅱ. Same quality and type of obligations ………………………………… 480
　　　Ⅲ. Availability of obligations for set-off ………………………………… 480
　　　Ⅳ. Notify the other party of set-off claims ……………………………… 481
　　［Risk points and recommendations］ ……………………………………… 482
　　　Ⅰ. Agreementsand notifications to be considered ……………………… 482
　　　Ⅱ. Settlement of objections in the set-off process ……………………… 482
　　　Ⅲ. Other issues involved in set-off ……………………………………… 483
　107. Article 569 ［Consultation of set-off about dissimilar obligations］ ……… 484
　　［Interpretation of contract practices］ ……………………………………… 484
　　［Risk points and recommendations］ ……………………………………… 484
{Part Ⅳ. Place the subject matter in escrow} ………………………………… 485
　108. Article 570 ［Place the subject matter in escrow］ …………………… 485
　　［Interpretation of contract practices］ ……………………………………… 486
　　　Ⅰ. Escrow and escrow notarization ……………………………………… 486
　　　Ⅱ. Circumstances in which escrow may be made ……………………… 486
　　　Ⅲ. Different ways for escrow …………………………………………… 487
　　［Risk points and recommendations］ ……………………………………… 488
　　　Ⅰ. Evidence preservation of reasons for difficulties of performance …… 488
　　　Ⅱ. Escrow and other solutions …………………………………………… 489
　109. Article 571 ［Establishment and consequences of escrow］ …………… 490
　　［Interpretation of contract practices］ ……………………………………… 490
　　［Risk points and recommendations］ ……………………………………… 491
　110. Article 572 ［Notification and object after escrow］ …………………… 492
　　［Interpretation of contract practices］ ……………………………………… 492
　　［Risk points and recommendations］ ……………………………………… 493
　111. Article 573 ［Risks,fruits,costs of after escrow］ ……………………… 494

[Interpretation of contract practices] ·· 494

　　　　[Risk points and recommendations] ·· 494

　　112. Article 574 [Collect the subject matter etc.] ····························· 495

　　　　[Interpretation of contract practices] ·· 495

　　　　　Ⅰ. Creditor's costs and escrow of subject matter ················· 496

　　　　　Ⅱ. Refusal of creditors to escrow by the escrow agency ············· 496

　　　　　Ⅲ. Deadlines for the collection of subject matter and escheat to

　　　　　　the State ··· 497

　　　　　Ⅳ. Debtor's collection of the subject matter ·············· 497

　　　　[Risk points and recommendations] ·· 498

　　{Part V. Exemption and merger of obligations} ·············· 499

　　113. Article 575 [Consequencesand refusal of creditor's exemption] ············· 499

　　　　[Interpretation of contract practices] ·· 499

　　　　[Risk points and recommendations] ·· 501

　　114. Article 576 [Merger of the subject of rights and obligations] ············· 502

　　　　[Interpretation of contract practices] ·· 502

　　　　[Risk points and recommendations] ·· 503

Chapter Ⅷ. Default liability ·· 505

　{Part I.Breach of contracts and liability} ·· 505

　　115. Article 577 [Obligations of performance and liability for breach] ········ 505

　　　　[Interpretation of contract practices] ·· 505

　　　　　Ⅰ. Fully and partially breaching ·············· 505

　　　　　Ⅱ. Measures to bear default liability for breaching ·············· 506

　　　　[Risk points and recommendations] ·· 508

　　　　　Ⅰ. Agreements on the scope of breaching ·············· 509

　　　　　Ⅱ. Agreements on the ways to bear liability ·············· 510

　　　　　Ⅲ. Extension of the default liability clause ·············· 511

　　116. Article 578 [Claims of anticipatory breach of liability] ·············· 512

　　　　[Interpretation of contract practices] ·· 512

　　　　[Risk points and recommendations] ·· 513

117. Article 579 〔Requests for payment of pecuniary obligations〕 ……………… 514
   〔Interpretation of contract practices〕 ………………………………………… 514
   〔Risk points and recommendations〕 ………………………………………… 515
118. Article 580 〔Requests for performance of non-pecuniary obligations
   and exceptions〕 ……………………………………………………………… 516
   〔Interpretation of contract practices〕 ………………………………………… 516
      Ⅰ. Continued performance of non-pecuniary obligations ………………… 516
      Ⅱ. Rescission of the contract and the default liability to be borne ……… 517
   〔Risk points and recommendations〕 ………………………………………… 518
      Ⅰ. Setting of the rescission of the contract ……………………………… 519
      Ⅱ. Setting of liability for breach of contract …………………………… 519
119. Article 581 〔Costs of substitute performance by a third person〕 ………… 521
   〔Interpretation of contract practices〕 ………………………………………… 521
   〔Risk points and recommendations〕 ………………………………………… 522
120. Article 582 〔Determination of liability for incomplete performance〕 …… 523
   〔Interpretation of contract practices〕 ………………………………………… 523
      Ⅰ. Liability for breach of contract due to agreements …………………… 524
      Ⅱ. Supplemented agreements, by relevant clauses or trade usage ……… 524
      Ⅲ. Reasonable choice of the methods in which the other party bears
         default liability ………………………………………………………… 524
   〔Risk points and recommendations〕 ………………………………………… 525
121. Article 583 〔Liability for other losses〕 ……………………………………… 526
   〔Interpretation of contract practices〕 ………………………………………… 526
   〔Risk points and recommendations〕 ………………………………………… 527
{Part Ⅱ. Liability for breach of contracts and earnest money} ………………… 529
122. Article 584 〔Losses and benefits resulting from breach of contracts〕 …… 529
   〔Interpretation of contract practices〕 ………………………………………… 529
      Ⅰ. Types of situations for calculating foreseeable benefits …………… 530
      Ⅱ. Calculation of the benefits foreseeable for the continued performance
         of contracts …………………………………………………………… 530
      Ⅲ. Foreseeability by the breaching party of the loss that may result from the

breach ······ 530

IV. Alternative methods of determining foreseeable benefits ······ 531

[Risk points and recommendations] ······ 531

I. Amount of compensation for losses including foreseeable benefits ··· 531

II. Foreseeability of possible losses resulting from breach of contract ··· 532

123. Article 585 [Liquidated damages and overly high or low about liquidated damages] ······ 533

[Interpretation of contract practices] ······ 534

I. Methods for calculating liquidated damages and compensation for losses ······ 534

II. Adjustments for liquidated damages ······ 535

III. Delayed performance of liquidated damages and performance of obligations ······ 536

[Risk points and recommendations] ······ 537

124. Article 586 [Contracts for earnest money and their formation, amount] ······ 538

[Interpretation of contract practices] ······ 538

[Risk points and recommendations] ······ 540

125. Article 587 [Principles for the treatment of earnest money] ······ 541

[Interpretation of contract practices] ······ 541

I. Common use of earnest money in the performance of obligations ··· 542

II. Penalties for breach of contracts resulting in failure to achieve the purpose of contracts ······ 542

[Risk points and recommendations] ······ 542

I. The nature of the payment must be earnest money ······ 543

II. Special circumstances in the application of penalties of earnest money ······ 543

126. Article 588 [Earnest money and liquidated damages] ······ 545

[Interpretation of contract practices] ······ 545

I. Optional application of earnest money and liquidated damages ······ 545

II. Supplementary application of compensation for losses ······ 546

[Risk points and recommendations] …… 546
{Part Ⅲ. Allocation of responsibility in specific situations} …… 547
127. Article 589 [Creditor's delay of accepting the performance] …… 547
　　[Interpretation of contract practices] …… 547
　　　　Ⅰ. Performance according to contracts and refuse to accept …… 548
　　　　Ⅱ. Delay of accepting and legal consequences …… 548
　　[Risk points and recommendations] …… 549
128. Article 590 [Principles of force majeure and disposition] …… 550
　　[Interpretation of contract practices] …… 550
　　　　Ⅰ. Relevant contents of force majeure …… 550
　　　　Ⅱ. Measures required when affected by force majeure …… 551
　　[Risk points and recommendations] …… 552
129. Article 591 [Principle of prevent the expansion of losses] …… 553
　　[Interpretation of contract practices] …… 554
　　　　Ⅰ. Obligation to notify the defaulting party …… 554
　　　　Ⅱ. Appropriate measures to prevent the expansion of losses …… 554
　　[Risk points and recommendations] …… 555
130. Article 592 [Each party is responsible forits own breaching.] …… 556
　　[Interpretation of contract practices] …… 556
　　[Risk points and recommendations] …… 557
131. Article 593 [Default by a third person] …… 558
　　[Interpretation of contract practices] …… 558
　　[Risk points and recommendations] …… 559
132. Article 594 [Limitation period for specific disputes] …… 560
　　[Interpretation of contract practices] …… 561
　　[Risk points and recommendations] …… 561

Appendix: RelevantJudicial Interpretation of the General Rules of Contract Compilation in the Civil Code of the People's Republic of China (Version with additional clause titles) …… 563

Judicial Interpretation of the Application of the General Part of the Civil Code of the

People's Republic of China ·· 563

Judicial Interpretation of the Application of the Contract Part of the Civil Code of the People's Republic of China ·· 571

Judicial Interpretation Applying the Guarantee System of the Civil Code of the People's Republic of China ·· 592

Keyword Index ·· 613

Postscript ·· 619

第一章 一般规定

〔第一部分 调整范围及定义〕

001. 第四百六十三条 〔调整范围〕
本编调整因合同产生的民事关系。

【合同实务解读】

本条定义了整个合同编所调整的民事关系范围,即在众多的民事关系中本编调整"因合同产生"的部分。

《民法典》(2020年)分为七编,从不同领域调整平等主体的自然人、法人和非法人组织之间产生或可能产生的各类民事关系,合同民事关系只是其中的一种(详见表1-1)。

表1-1 《民法典》(2020年)各编标题

第一编	总则	第五编	婚姻家庭
第二编	物权	第六编	继承
第三编	合同	第七编	侵权责任
第四编	人格权	——	

一、民事关系及合同编的内容构成

"民事关系"是《民法典》(2020年)的主要调整内容。《民法典》(2020年)的七编内容中,除了"第一编 总则",其余各编按照其编名和各编第一条的规定,分别调整物权、合同、人格权、婚姻家庭、继承、侵权责任民事关系(详见表1-2)。

表 1-2 《民法典》(2020年)各编调整的民事关系

各编标题	民事关系条款
第一编 总则	第一条 为了保护民事主体的合法权益,调整民事关系,维护社会和经济秩序,适应中国特色社会主义发展要求,弘扬社会主义核心价值观,根据宪法,制定本法。
第二编 物权	第二百零五条 本编调整因物的归属和利用产生的民事关系。
第三编 合同	第四百六十三条 本编调整因合同产生的民事关系。
第四编 人格权	第九百八十九条 本编调整因人格权的享有和保护产生的民事关系。
第五编 婚姻家庭	第一千零四十条 本编调整因婚姻家庭产生的民事关系。
第六编 继承	第一千一百一十九条 本编调整因继承产生的民事关系。
第七编 侵权责任	第一千一百六十四条 本编调整因侵害民事权益产生的民事关系。

甚至在《民法典》(2020年)"第一编 总则"中,第一条的立法目的也规定了调整民事关系,即"为了保护民事主体的合法权益,调整民事关系,维护社会和经济秩序,适应中国特色社会主义发展要求,弘扬社会主义核心价值观,根据宪法,制定本法。"

"第三编 合同"分为"第一分编 通则""第二分编 典型合同""第三分编 准合同"三个组成部分,各个组成部分分别包括:

"第一分编 通则"从第一章到第八章共计八章内容,共一百三十二个条款。

"第二分编 典型合同"从第九章到第二十七章共计十九章内容、三百八十四个条款,包括了十九种典型合同。

"第三分编 准合同"从第二十八章到第二十九章共计两章、十条内容,分别为两种准合同(详见表1-3)。

表 1-3 "第三编 合同"内容分布

第三编 合同				
第一分编 通则	第一章	一般规定	第五章	合同的保全
	第二章	合同的订立	第六章	合同的变更和转让
	第三章	合同的效力	第七章	合同的权利义务终止
	第四章	合同的履行	第八章	违约责任

(续表)

	第三编　合同		
第二分编 典型合同	第九章　买卖合同	第十九章　运输合同	
	第十章　供用电、水、气、热力合同	第二十章　技术合同	
	第十一章　赠与合同	第二十一章　保管合同	
	第十二章　借款合同	第二十二章　仓储合同	
	第十三章　保证合同	第二十三章　委托合同	
	第十四章　租赁合同	第二十四章　物业服务合同	
	第十五章　融资租赁合同	第二十五章　行纪合同	
	第十六章　保理合同	第二十六章　中介合同	
	第十七章　承揽合同	第二十七章　合伙合同	
	第十八章　建设工程合同	(注:典型合同共计19种)	
第三分编 准合同	第二十八章　无因管理	(注:准合同共计2种)	
	第二十九章　不当得利		

事实上,从合同编所包括的内容也可以看出,本编不仅"调整因合同产生的民事关系",还包括了债法的主要内容。尤其是在"第一分编　通则"中,已经包括了债的法律关系方面的一般原则。而"第三分编　准合同",在传统上更是属于债法范围。

二、合同民事关系的法律适用

合同,是民事主体之间最为主要的资源再分配渠道,也是整个社会优化资源配置、发展市场经济的基本途径。它不仅涉及面广、错综复杂,还是法律人最主要的工作对象,其重要性不言而喻。

作为《民法典》(2020年)中的第三编,本编内容围绕合同的设立、变更、终止等"全合同生命周期"行为中的权利义务关系展开,旨在调整各类合同相关的民事关系,堪称合同事务的"交易规则法"。

(一)其他编的规定也适用于合同编

合同编属于内容最为集中的"交易规则法",但《民法典》(2020年)对于合同的规定并不仅限于合同编。在《民法典》(2020年)的其他编,"第一编　总则"中便有大量合同事务中需要遵守的规则,而"第二编　物权"更是与交易标的、担保密切相关。

除此之外,《民法典》以外的其他法律、行政法规、强制性标准,以及地方性法规、部门规章、地方政府规章等各类强制性规定均对合同相关行为具有约束力,贯穿于合同的主体、标的、交易方式,以及合同的签订、生效、履行等环节。虽然法律、行政法规以外的其他法律并不影响合同效力,但违反相关规定的交易行为存在行政处罚风险。

对于法律适用问题,《最高人民法院关于适用〈中华人民共和国民法典〉总则编若干问题的解释》(2022年,以下简称《总则编司法解释》)在第一条也作出了相关解释,即:

第一条 民法典第二编至第七编对民事关系有规定的,人民法院直接适用该规定;民法典第二编至第七编没有规定的,适用民法典第一编的规定,但是根据其性质不能适用的除外。

就同一民事关系,其他民事法律的规定属于对民法典相应规定的细化的,应当适用该民事法律的规定。民法典规定适用其他法律的,适用该法律的规定。

民法典及其他法律对民事关系没有具体规定的,可以遵循民法典关于基本原则的规定。

(二)合同编的内容也适用于其他编

合同编是合同领域交易规则的集大成者,但处理合同事务的思维模式对其他领域也同样适用。

首先,本编通则规定了非典型合同的法律适用原则。《民法典》(2020年)第四百六十七条第一款也明确规定:"本法或者其他法律没有明文规定的合同,适用本编通则的规定,并可以参照适用本编或者其他法律最相类似合同的规定。"

其次,本条所规定的"本编调整因合同产生的民事关系",其实还涉及婚姻、收养、监护等领域。依据《民法典》(2020年)第四百六十四条的规定,"婚姻、收养、监护等有关身份关系的协议,适用有关该身份关系的法律规定;没有规定的,可以根据其性质参照适用本编规定"。即法律对这些协议没有规定之处,也可根据其性质参照适用合同编的规定。

最后,甚至与合同无关的领域也会适用本编通则。依据《民法典》(2020年)第四百六十八条的规定:"非因合同产生的债权债务关系,适用有关该债权债务关系的法律规定;没有规定的,适用本编通则的有关规定,但是根据其性质不能适用的除外。"

除此之外,本编"第二分编 典型合同"中的"第九章 买卖合同"第六百四十六条赋予了买卖合同"准通则"的地位,即"法律对其他有偿合同有规定的,依照其规定;没有规定的,参照适用买卖合同的有关规定"。

【风险点及建议】

同本条规定相关的法律风险,是在合同工作中对于具体事务存在法律方面的不当理解或不当适用。

具体交易中的合同可能比较简单,但合同涉及的领域和合同应用方式、交易方式等可谓千变万化。主体、标的、交易方式的不同都会涉及不同领域、不同层级的法律等强制性规范,包括强制性标准、司法解释等。这些规则有的属于交易规则、有的属于主体规则、有的属于标的规则,涉及面非常广泛。

如要彻底确保合同的合法性,某些合同的主体、标的所涉及的法律问题需要细致的法律检索。尤其是要注意"法律另有规定"的情形,并用足"当事人另有约定除外",以实现法律风险的最小化和交易利益的最大化。

总体而言,合同的法律适用问题应注意以下几点:

1.《民法典》(2020年)"第三编 合同"规定了绝大部分的交易基本规则和典型合同规则,但具体交易的主体、标的、方式等,往往需要参见不同行业的行政法规、强制标准。

2. 合同规则并不仅限于合同编,还包括《民法典》(2020年)"第一编 总则"和不同层级的法律、行政法规、地方性法规、部门规章、地方政府规章,外加司法解释、可参照适用的买卖合同规则。

3. 处理合同法律事务的原则并非简单地不违反法律相关规定,而是要充分利用法律赋予的权利实现利益最大化、风险最小化。

4. 合同行为有时涉及多部法律,处理合同纠纷未必只能依据合同法律通过诉讼或仲裁解决,某些合同还可以通过侵权法、公司法、破产法等多种非合同法律方式处理。

此外需要理解的是,本编通则对于合同行为并非仅有刚性的规定。大量的"另有约定的除外"等表述,充分体现了当事人意思自治优先的原则。在相对刚性地规定各方面的基本秩序、责任分配规则之外,还规定了在双方约定不明或没有约定时适用的默认规则。因此在实际工作中,可充分发挥意思自治原则设定权利义务。

002. 第四百六十四条 〔定义及适用〕

合同是民事主体之间设立、变更、终止民事法律关系的协议。

婚姻、收养、监护等有关身份关系的协议,适用有关该身份关系的法律规定;没有规定的,可以根据其性质参照适用本编规定。

【合同实务解读】

本条给出了合同的定义,并确定了本编规定可根据性质参照适用于"婚姻、收养、监护等有关身份关系的协议"。

合同是"民事主体之间设立、变更、终止民事法律关系的协议",但"设立、变更、终止民事法律关系"的行为不仅仅是合同。

一、合同与"协议"

"民事主体",按照《民法典》(2020年)第二条的规定,"民法调整平等主体的自然人、法人和非法人组织之间的人身关系和财产关系"。因此,该法中的民事主体就是指作为平等主体的"自然人、法人和非法人组织"。据此,合同其实就是:平等主体的自然人、法人和非法人组织之间"设立、变更、终止民事法律关系的协议"。

"设立、变更、终止民事法律关系"并非合同编中独有。《民法典》(2020年)总则编第一百三十三条即规定:"民事法律行为是民事主体通过意思表示设立、变更、终止民事法律关系的行为。"因此,本编的内容是对总则编的具体化,在合同领域优先执行本编的规定。

"协议"用于本条第一款的合同定义,容易与实务中常用的协议发生混淆。"协议"并无法定定义,通常理解是指"国家、政党或团体间经过谈判、协商后取得的一致意见"[①]。在合同实务中,习惯上将内容相对简单、篇幅相对较小的约定命名为"协议"。但这些"协议"的法律地位与合同并无不同,是合同的另一种称谓或体现形式。

定义中的"协议",实际上应按"一致"理解。即"合同是民事主体之间就设立、变更、终止民事法律关系经协商所达成的一致"。只要符合这一定义,则无论双方所达成的一致被称为合同还是协议或是其他,均可认定其为合同。即不应仅按照名称来判断合同的类别、性质,而要根据其权利义务的指向。

二、合同成立的标准

合同能否成立,是合同与非合同的根本区别。《最高人民法院关于适用〈中华

---

① 中国社会科学院语言研究所词典编辑室编:《现代汉语词典》(第7版)("协议"词条),商务印书馆2016年版,第1449页。

人民共和国民法典）合同编通则若干问题的解释》（2023年，以下简称《合同编通则司法解释》）第十五条规定："人民法院认定当事人之间的权利义务关系，不应当拘泥于合同使用的名称，而应当根据合同约定的内容。当事人主张的权利义务关系与根据合同内容认定的权利义务关系不一致的，人民法院应当结合缔约背景、交易目的、交易结构、履行行为以及当事人是否存在虚构交易标的等事实认定当事人之间的实际民事法律关系。"

本编的内容也并不仅限于合同文本。因为本编的内容不仅包括合同，还包括合同的签订、履行及争议处理等行为；不仅包括书面合同，也包括口头合同、其他形式的合同。因此实务中的"合同管理"并不只是合同文本管理，还包括合作商管理、签订履行管理等。

依据《民法典》（2020年）第四百六十九条，"当事人订立合同，可以采用书面形式、口头形式或者其他形式"。可见合同书只是合同形式的一种。而本条定义中的"协议"，也并非仅指书面形式达成的一致，同样也包括口头形式甚至其他形式。

依据《总则编司法解释》（2022年）第十八条："当事人未采用书面形式或者口头形式，但是实施的行为本身表明已经作出相应意思表示，并符合民事法律行为成立条件的，人民法院可以认定为民法典第一百三十五条规定的采用其他形式实施的民事法律行为。"

三、本编对身份关系协议的适用

如前所述，合同只是《民法典》中物权、合同、人格权、婚姻家庭、继承、侵权责任六种民事关系中的一种，而其他编民事关系中，也同样会涉及当事人之间的协议。本条第二款规定了本编内容对于婚姻、收养、监护等有关身份关系的协议同样适用。这使得这些领域的合同行为有了参照依据，但应优先适用的婚姻、收养、监护等有关身份关系的法律规定以及密切相关的司法解释等，没有其他规定的才可根据其性质"参照适用本编规定"。

例如，"第五编 婚姻家庭"中的第一千零五十四条即规定了财产分割协议："无效的或者被撤销的婚姻自始没有法律约束力，当事人不具有夫妻的权利和义务。同居期间所得的财产，由当事人协议处理；协议不成的，由人民法院根据照顾无过错方的原则判决。对重婚导致的无效婚姻的财产处理，不得侵害合法婚姻当事人的财产权益。当事人所生的子女，适用本法关于父母子女的规定。

婚姻无效或者被撤销的，无过错方有权请求损害赔偿。"

又如,"第六编 继承"中的第一千一百二十三条规定遗赠扶养协议:"继承开始后,按照法定继承办理;有遗嘱的,按照遗嘱继承或者遗赠办理;有遗赠扶养协议的,按照协议办理。"

【风险点及建议】

同本条规定相关的法律风险,包括设立、变更、终止民事法律关系不合法,以及身份关系协议未依法参照适用合同相关法律规定或是适用不当。

合同实务中与交易相关的文件有的是合同、有的不是合同,判断的标准是合同的定义。用于"设立、变更、终止民事法律关系"且由双方签署的是最为常规的书面合同,无论其名称是合同、协议或是合约、契约甚至是会议纪要。在实务操作层面,存在着将相对正式、重要的文本称为合同,将相对随意、次要的文本称为协议的习惯。但这并非判断是否为合同的法定标准。

为了防范风险,那些并非用于"设立、变更、终止民事法律关系"的文件必须明确其并非合同。尤其是这类文件不应以合同命名,也不能具备合同一般包括的条款,至少不应同时具备"当事人姓名或者名称、标的和数量"。

因为《合同编通则司法解释》(2023年)第三条规定,"当事人对合同是否成立存在争议,人民法院能够确定当事人姓名或者名称、标的和数量的,一般应当认定合同成立。但是,法律另有规定或者当事人另有约定的除外"。遵循这一解释,才能避免非合同性文件被当成合同。

"婚姻、收养、监护等有关身份关系的协议"在《民法典》(2020年)的"第五编 婚姻家庭"和"第六编 继承"中已有充分的规定,参照适用本编规则之处并不多。但这些有关身份关系的协议如果涉及财产的交付、工作的完成等类合同关系的事项,则参照合同关系的思维模式和处理方法,比如按照交易目的细分和明确双方的权利义务以及履行的时间、地点及方式甚至违约责任等细节,实属技术上的必需。

具备了"当事人姓名或者名称、标的和数量"通常可以使合同成立,但并不足以顺利实现交易。如果存在合同条款没有约定或者约定不明确之处、合同的变更与转让、权利义务的终止等,只要相关身份关系的法律没有规定,均可根据其性质参照适用本编规定。

例如,对于合同中存在的没有约定或约定不明确的事项,可依照《民法典》(2020年)第五百一十条的规定解决,即"合同生效后,当事人就质量、价款或者报酬、履行地点等内容没有约定或者约定不明确的,可以协议补充;不能达成补充协议的,按照合同相关条款或者交易习惯确定"。

如果适用《民法典》(2020年)第五百一十条后并不足以解决"没有约定或者约定不明确"的问题,则还可以适用第五百一十一条的规定,即在双方无法达成一致时适用默认的法律规则处理。

〔第二部分　解释及适用〕

003. 第四百六十五条　〔合同的相对性〕
依法成立的合同,受法律保护。
依法成立的合同,仅对当事人具有法律约束力,但是法律另有规定的除外。

【合同实务解读】

本条规定了合同的合法性问题和相对性问题。"依法成立"的合同才能实现法律保护的最大化,但合同的约束力在某些情况下可以及于当事人以外的其他人。

合同行为在民法、行政法、刑法三大法律领域均有所规定。不当交易行为的法律后果可能是构成违约责任、侵权责任,也可能因违法而受到行政处罚,更为严重的还有可能承担刑事责任。而在三大法律领域之外,相关司法解释也会对合同的理解和法律适用作出规定,因此"依法成立"涉及面相当广泛。

一、依法成立的合同

"依法成立的合同",不只适用合同编的内容,因为"法"和"成立"都涉及非常广泛的法律规定。合同需要全面符合法律对于交易主体、交易内容、交易方式、争议解决方式、生效程序等的合法性要求才能完全合法,并不仅指其外在形式上的合法或只要符合本编或《民法典》(2020年)的规定即可,而是个牵涉大量法律、法规等规则,包括从条款到合同整体甚至交易环境的整体问题。

(一)合同所要依据的法律

"法律"有广义与狭义之分,而合同所涉及的"法律"是广义上的法律,即《立法法》层面的法律。根据《立法法》(2023年修正)第二条的规定:"法律、行政法规、地方性法规、自治条例和单行条例的制定、修改和废止,适用本法。国务院部门规章和地方政府规章的制定、修改和废止,依照本法的有关规定执行。"可见,合同所要依据的"法律"包括国家法律、国务院行政法规、地方性法规、国务院部门规章、地方政府规章。

例如,在法律层面,《劳动合同法》是关于劳动合同方面最为具体的规定;在行政法规层面,有国务院于2008年颁布的国务院令第535号《劳动合同法实施条例》;在部门规章层面,有农业农村部于2023年颁布的农业农村部令2023年第1号《农村土地承包合同管理办法》等。

在地方性法规层面,有上海市人大常委会颁布的《上海市合同格式条款监督条例》(2020年修正)、浙江省人大常委会颁布的《浙江省合同行为管理监督规定》(2021年修正)等;在地方政府规章层面,有广州市政府发布的《广州市政府合同管理规定》(2023年修正)、江苏省政府发布的《江苏省合同监督管理办法》(2022年修正)等。

从法律效力来看,所有这些《民法典》以外的各层级法律均对其规范范围内的合同行为具有约束力。而从合同效力来看,合同的有效性固然仅涉及国家法律和国务院行政法规层级,但其他层级的法律却完全可能导致合同无法按照预想履行甚至招致行政处罚。这些法律风险,都是合同法律事务处理中必备的关注内容。

(二)合同的依法成立

合同的成立除了内容需要符合法律要求,其外在形式和成立程序也要符合法律上的要求。依据《民法典》(2020年)第四百八十三条的规定:"承诺生效时合同成立,但是法律另有规定或者当事人另有约定的除外。"《民法典》(2020年)第一百四十三条规定:"具备下列条件的民事法律行为有效:

(一)行为人具有相应的民事行为能力;

(二)意思表示真实;

(三)不违反法律、行政法规的强制性规定,不违背公序良俗。"

除了这些问题,合同的交易安全问题包括但并不限于合同有效性问题。例如,国家市场监督管理总局修订出台的《合同行政监督管理办法》(2023年)出于对消费者利益的保护,对合同的内容、形式等作出了更多的细节性规定。例如,其中第五条规定了经营者禁止从事的行为:

第五条 经营者不得利用合同从事下列违法行为,扰乱市场经济秩序,危害国家利益、社会公共利益:

(一)虚构合同主体资格或者盗用、冒用他人名义订立合同;

(二)没有实际履行能力,诱骗对方订立合同;

(三)故意隐瞒与实现合同目的有重大影响的信息,与对方订立合同;

(四)以恶意串通、贿赂、胁迫等手段订立合同;

(五)其他利用合同扰乱市场经济秩序的行为。

而在合同订立过程中以及合同的保存形式方面,《合同行政监督管理办法》甚至对于合同的份数、提交方式作出了明确、具体的规定以保护消费者的利益,即:

第十一条 经营者与消费者订立合同时,一般应当包括《中华人民共和国民法典》第四百七十条第一款规定的主要内容,并明确双方的主要权利和义务。

经营者采用书面形式与消费者订立合同的,应当将双方签订的书面合同交付消费者留存,并不少于一份。

经营者以电子形式订立合同的,应当清晰、全面、明确地告知消费者订立合同的步骤、注意事项、下载方法等事项,并保证消费者能够便利、完整地阅览和下载。

合同编的"第一分编 通则"是合同方面通用的交易规则,具有普适性。而"第二分编 典型合同"则规定了各典型合同的交易规则,具有特定性但与之近似的合同可能参照。前者及《民法典》(2020年)总则部分的规定是适用于所有行业的"通用规则",后者是主要适用于部分特定行业或特定行为的典型合同的"专用规则"。因而"第一分编 通则"属于合同行为最主要的"通用规则",而分散于不同部门法、适用于不同领域或行为的行业准入、资格资质、经营主体责任、交易规范等要求,则属于"专用规则"。后者范围十分广泛且法律检索工作量大,在合同实务中常被忽略。

(三)合同的受法律保护

"受法律保护"意味着法律保护双方通过合同设定的各方权利义务,如有违约则可依法追究违约责任。依据《民法典》(2020年)第一百一十九条的规定:"依法成立的合同,对当事人具有法律约束力。"这种约束力并不能够保证违约、侵权等行为不会发生,但在事发后依法追究违约责任、侵权责任并主张赔偿损失的请求可以得到法律上的支持,且对于拒不履行债务的行为可申请由法院强制执行。

当合同规则适用于其他领域时,法律对于依法成立的合同的保护也延伸到相关领域。当合同规则适用于本编之外的其他编,例如"第二编 物权"中涉及的担保合同,关于婚姻、收养、监护等有关身份关系编涉及的协议,如果没有相关法律规定则可以根据协议性质参照适用本编规定。在使其他民事法律行为有法可依的同时,也使法律对于依法成立的合同的保护延伸到了相关合同之中。

二、仅对当事人具有法律约束力

"仅对当事人具有法律约束力",是对合同相对性原则的强调。通常情况下,合同当然只能约束签署合同的当事人。但法律也可以另行规定、合同双方也可以另行约定,使合同对第三人有效。

"法律另有规定"的除外情形,主要分为以下几类:

(一)涉他合同

涉他合同是权利义务指向合同以外第三人的合同,即由第三人履行的合同和向第三人履行的合同。这些合同由于"法律另有规定"而对合同以外的第三人有约束力,实际应用也并不鲜见。

其法律依据是《民法典》(2020年)第五百二十二条第一款和第五百二十三条,分别为"当事人约定由债务人向第三人履行债务,债务人未向第三人履行债务或者履行债务不符合约定的,应当向债权人承担违约责任"和"当事人约定由第三人向债权人履行债务,第三人不履行债务或者履行债务不符合约定的,债务人应当向债权人承担违约责任"。

(二)紧急情况下的转委托

通常情况下,代理人的转委托需要经过被代理人的同意或追认,但紧急情况下的转委托直接对被代理人有效。

即《民法典》(2020年)第一百六十九条所规定的:"代理人需要转委托第三人代理的,应当取得被代理人的同意或者追认。

转委托代理经被代理人同意或者追认的,被代理人可以就代理事务直接指示转委托的第三人,代理人仅就第三人的选任以及对第三人的指示承担责任。

转委托代理未经被代理人同意或者追认的,代理人应当对转委托的第三人的行为承担责任;但是,在紧急情况下代理人为了维护被代理人的利益需要转委托第三人代理的除外。"

(三)代位权和撤销权

代位权和撤销权,均为第三人经法院认定参与某合同后,代债权人行使债权或撤销债权人不当交易行为的权利。

1. 代位权

代位权,是当债务人怠于行使其债权或债权的从权利从而影响债权人到期债权实现时,或是上述权利的诉讼期间即将届满、债务人未及时申报破产债权等情形下,债权人可向法院请求以自己的名义代位行使债务人对相对人的权利。其法律依据为《民法典》(2020年)第五百三十五条到第五百三十七条关于代位权的规定:

第五百三十五条 因债务人怠于行使其债权或者与该债权有关的从权利,影响债权人的到期债权实现的,债权人可以向人民法院请求以自己的名义代位行使债务人对相对人的权利,但是该权利专属于债务人自身的除外。

代位权的行使范围以债权人的到期债权为限。债权人行使代位权的必要费用,由债务人负担。

相对人对债务人的抗辩,可以向债权人主张。

第五百三十六条 债权人的债权到期前,债务人的债权或者与该债权有关的从权利存在诉讼时效期间即将届满或者未及时申报破产债权等情形,影响债权人的债权实现的,债权人可以代位向债务人的相对人请求其向债务人履行、向破产管理人申报或者作出其他必要的行为。

第五百三十七条 人民法院认定代位权成立的,由债务人的相对人向债权人履行义务,债权人接受履行后,债权人与债务人、债务人与相对人之间相应的权利义务终止。债务人对相对人的债权或者与该债权有关的从权利被采取保全、执行措施,或者债务人破产的,依照相关法律的规定处理。

2.撤销权

撤销权,是当债务人恶意无偿处分财产权益、延长到期债权,或以明显不合理的价格交易影响债权人的债权实现时,债权人向法院申请撤销债务人不当行为的权利。其法律依据是《民法典》(2020年)第五百三十八条到第五百四十二条关于撤销权的规定。主要包括:

第五百三十八条 债务人以放弃其债权、放弃债权担保、无偿转让财产等方式无偿处分财产权益,或者恶意延长其到期债权的履行期限,影响债权人的债权实现的,债权人可以请求人民法院撤销债务人的行为。

第五百三十九条 债务人以明显不合理的低价转让财产、以明显不合理的高价受让他人财产或者为他人的债务提供担保,影响债权人的债权实现,债务人的相对人知道或者应当知道该情形的,债权人可以请求人民法院撤销债务人的行为。

上述几种情形均突破了合同的相对性原则,有的可以提高交易效率、降低交易成本,有的便于保护委托人的利益,有的可使债权人阻止债务人的不当行为。但代位权和撤销权均依据法律的强制性规定而产生,且需经过法院认定,一般不属合同可约定范围。

【风险点及建议】

同本条规定相关的法律风险,是合同的内容或生效程序存在法律缺陷而无法受到法律保护,或是依法成立的合同因法律另有规定而对当事人无法律约束力。

合同的合法性问题和相对性问题,均在合同实务中频繁出现,以前者为甚。尤其是标的种类繁多,涉及的法律体系方方面面,根本无法逐一深入研究。而合同相对性问题,则常常涉及采用两方合同还是三方合同的问题。

一、"依法成立"与司法解释

合同是否"依法成立",除了依据《立法法》(2023年修正)中的法律,即依据与交易相关的全国人大及其常委会法律、国务院行政法规,地方性法规、自治条例和单行条例,有时还要依据最高人民法院在司法解释中对于合同问题的理解。

例如,关于签订合同的"其他形式"问题,需要将《民法典》(2020年)中的规定与司法解释相结合,才能全面掌握。《民法典》(2020年)第四百六十九条规定了"当事人订立合同,可以采用书面形式、口头形式或者其他形式",但对何为"其他形式"则未作解释。

对此,最高人民法院的司法解释有助于对这一关键词的理解。《总则编司法解释》(2022年)第十八条规定:"当事人未采用书面形式或者口头形式,但是实施的行为本身表明已经作出相应意思表示,并符合民事法律行为成立条件的,人民法院可以认定为民法典第一百三十五条规定的采用其他形式实施的民事法律行为。"

截至2023年12月,最高人民法院对《民法典》(2020年)所作的司法解释中包括合同问题的共有11件之多,还有一些将陆续发布。其中,针对各编的合同相关司法解释如下:

1.《最高人民法院关于适用〈中华人民共和国民法典〉总则编若干问题的解释》(2022年);

2.《最高人民法院关于适用〈中华人民共和国民法典〉合同编通则若干问题的解释》(2023年);

3.《最高人民法院关于适用〈中华人民共和国民法典〉有关担保制度的解释》(2020年);

4.《最高人民法院关于适用〈中华人民共和国民法典〉物权编的解释(一)》

(2020年)。

针对《民法典》(2020年)项下各类典型合同,最高人民法院已经全面更新了原有的司法解释,现行有效的合同相关司法解释如下:

1.《最高人民法院关于审理建设工程施工合同纠纷案件适用法律问题的解释(一)》(2020年);

2.《最高人民法院关于审理技术合同纠纷案件适用法律若干问题的解释》(2020年修正);

3.《最高人民法院关于审理融资租赁合同纠纷案件适用法律问题的解释》(2020年修正);

4.《最高人民法院关于审理城镇房屋租赁合同纠纷案件具体应用法律若干问题的解释》(2020年修正);

5.《最高人民法院关于审理涉及国有土地使用权合同纠纷案件适用法律问题的解释》(2020年修正);

6.《最高人民法院关于审理买卖合同纠纷案件适用法律问题的解释》(2020年修正);

7.《最高人民法院关于审理商品房买卖合同纠纷案件适用法律若干问题的解释》(2020年修正)。

上述司法解释尽管仍在不断丰富之中,但已经形成了完整的体系。在合同实务中许多在立法中没有解决的问题,可从司法解释中寻找答案。

二、合同相对性与涉他合同

合同主体通常情况下只是当事人双方,但在实务中经常出现三方甚至更多。此处,为了表述方便,以买卖合同为例,可以将多出来的当事人分为以下几种情形:

(一)两方多位当事人

某些合同会同时存在多位买方或多位卖方,但在交易中仍旧分属于买方或卖方。此类合同事实上仍为两方当事人。

出现这种情形,多是买家或卖家"抱团取暖"地"团购"或"团销",目的在于取得价格优势或供应量优势。这类情形下,除了需要明确标的物交付和价款支付时如何分配权利义务、共同买方或共同卖方在合同中是否承担连带责任、违约责任单独承担还是共同承担,与双方当事人的合同并无本质区别。

对于这类交易,通常买方之间就支付承担连带责任、卖方之间就交付承担连带责任,以使权利义务简单明了。如果交易可以拆分,也可以拆分成一对一的合同由交易方各自承担责任,以此降低合同复杂程度。

还可以采用"总承包制"。由为首的或实力最强的一方作为该方的"总承包方",代表所在的买方或卖方在履行期间负责联络和决策,并自行协调与同一方其他当事人之间的关系。但仍旧需要同一方的当事人结为一体,对合同的全面履行共同承担连带责任。

(二)三方或多方当事人

某些合同存在三方甚至多方当事人。这些买卖双方以外的第三方,大多是依附于买方或卖方参与合同履行过程中的从属性工作。例如,为卖方履行主合同义务提供关键性原材料或元器件、物流配送、检测安装、维护保养等。有的则并不参与主合同义务的履行,例如为合同中的买方或卖方提供担保、为其中的买方提供资金周转支付等。

将第三方拉入合同以适用合同相对性原则,有利于合同的履行。这些第三方与合同中的买方或卖方存在着资源互补、合作共赢的关系,如不锁定他们对合同一方的权利义务则难以确保合同的全面、顺利履行和交易目的的实现。将第三方直接列入合同,使他们不仅受合同约束,还在签订时知道或应该知道其违约可能造成的损失,如有违约可有机会向他们追究可得利益损失。如将第三方置于合同之外,则合同中约定的第三方义务对于合同外的第三方并无约束力,不利于合同的顺利履行。

曾有真实案例,施工合同虽指定了特定材料的供应商却未对供应商进行任何合同约束。后因该供应商得知消息后将材料漫天涨价,最终导致承包方根本无法履行合同。

(三)向第三人履行和由第三人履行

向第三人履行或由第三人履行可以简化交易流程、降低周转时间及成本。为了方便,甚至可以约定相关方与第三人直接结算。但交易证据要充分保留,以备税务部门审查。

如果涉及标的物交付,这类交易尤其需要明确第三人的身份事项。如向第三人履行时,第三人的姓名或单位名称、履行地点、履行时间、联系方法等事项;向第三人支付时,第三人的姓名或单位名称、开户银行、银行账号、发票要求等事项。由第三人履行的情况与此类似,以避免履行中的差错使得履行行为与主合同无法对接。

依据《民法典》(2020年)第五百二十二条第一款的规定:"当事人约定由债务

人向第三人履行债务,债务人未向第三人履行债务或者履行债务不符合约定的,应当向债权人承担违约责任。"

> **004. 第四百六十六条　〔合同的解释〕**
> 当事人对合同条款的理解有争议的,应当依据本法第一百四十二条第一款的规定,确定争议条款的含义。
> 合同文本采用两种以上文字订立并约定具有同等效力的,对各文本使用的词句推定具有相同含义。各文本使用的词句不一致的,应当根据合同的相关条款、性质、目的以及诚信原则等予以解释。

【合同实务解读】

本条规定了在当事人对合同条款的理解存在争议时确定条款含义的原则,以及两种以上文字文本所用词句不一致时的解释原则。

对合同理解存在争议在交易过程中经常发生,甚至可以说是"常态"。这些争议有的属于表述和理解问题,有的则是契约精神问题。而从合同技术角度考虑,防止发生理解上的争议是合同工作的基本职能,而且可以通过提高表述水平的方式尽量避免产生不同的理解。

一、确定合同条款理解争议的法律依据

本条第一款规定的"当事人对合同条款的理解有争议"时应当依据的"本法第一百四十二条第一款"并未直接给出解决方案,而是提供了判断的依据和解释原则。同时,第一百四十二条的第二款也与合同意思表示有关。该条的规定为:

有相对人的意思表示的解释,应当按照所使用的词句,结合相关条款、行为的性质和目的、习惯以及诚信原则,确定意思表示的含义。

无相对人的意思表示的解释,不能完全拘泥于所使用的词句,而应当结合相关条款、行为的性质和目的、习惯以及诚信原则,确定行为人的真实意思。

(一)有相对人的意思表示

本条第一款的规定是针对"对合同条款的理解有争议"时的情形,因而属于"有相对人的意思表示"。这些"有相对人的意思表示"适用《民法典》(2020年)"第六章　民事法律行为"中"第二节　意思表示"的第一百三十七条"以对话方式作出的意思表示"和"以非对话方式作出的意思表示"的相关规定。该条款的内容为：

第一百三十七条　以对话方式作出的意思表示，相对人知道其内容时生效。

以非对话方式作出的意思表示，到达相对人时生效。以非对话方式作出的采用数据电文形式的意思表示，相对人指定特定系统接收数据电文的，该数据电文进入该特定系统时生效；未指定特定系统的，相对人知道或者应当知道该数据电文进入其系统时生效。当事人对采用数据电文形式的意思表示的生效时间另有约定的，按照其约定。

"以对话方式作出的意思表示"毫无疑问会有相对人的意思表示出现，例如同意、部分同意、不同意等。而"以非对话方式作出的意思表示"，既可能由于不特定相对人的回复而有相对人的意思表示，也可能因没有任何回复而没有相对人的意思表示。

"有相对人的意思表示的解释"和"无相对人的意思表示的解释"并无太大区别，二者均需"结合相关条款、行为的性质和目的、习惯以及诚信原则"。但前者需要最终确定的是"意思表示的含义"，也就是整个合同条款的含义；而后者需要最终确定的则是"行为人的真实意思"，因为只有单方的意思表示。

(二)无相对人的意思表示

由于合同书只是合同成立的方式之一，因而无相对人的意思表示也是合同成立的前置条件之一。而"有相对人的意思表示"和"无相对人的意思表示"均与后续的第一百三十八条、第一百三十九条相关，分别涉及"无相对人的意思表示"和"以公告方式作出的意思表示"，二者均为没有相对人的意思表示。即：

第一百三十八条　无相对人的意思表示，表示完成时生效。法律另有规定的，依照其规定。

第一百三十九条　以公告方式作出的意思表示，公告发布时生效。

(三)最高人民法院的相关解释

对于合同条款的理解问题，《合同编通则司法解释》(2023年)第一条规定："人民法院依据民法典第一百四十二条第一款、第四百六十六条第一款的规定解释合同条款时，应当以词句的通常含义为基础，结合相关条款、合同的性质和目的、习惯以及诚信原则，参考缔约背景、磋商过程、履行行为等因素确定争议条款的含义。

有证据证明当事人之间对合同条款有不同于词句的通常含义的其他共同理解，一方主张按照词句的通常含义理解合同条款的，人民法院不予支持。

对合同条款有两种以上解释，可能影响该条款效力的，人民法院应当选择有利于该条款有效的解释;属于无偿合同的,应当选择对债务人负担较轻的解释。"

二、对于两种以上文字的争议

随着对外经济交流的扩大,双语合同文本早已屡见不鲜。由于词义和表述逻辑等方面的不同,不同语言文字表述的合同文本会存在词句上的差异,涉及内涵、外延、逻辑等方面。

这类"不一致"比上一条款的"理解有争议"更难处理。因为上一条款针对的是同一文本而这一条款针对的是不同文本,即使"各文本使用的词句不一致的,应当根据合同的相关条款、性质、目的以及诚信原则等予以解释",不同文本间词句上的不同仍会导致不同文本权利义务、内涵外延上的差异。

相较于第一款规定的对理解争议的含义确定原则,第二款规定的对各文本词句不一致的解释原则并无明显不同。二者确定真实含义所依据的要素,均包括相关条款、行为性质、合同目的、交易习惯和诚信原则。

【风险点及建议】

同本条规定相关的风险点,是合同因表述缺陷而产生理解争议或理解争议未依照本条规定的原则理解,以及两种以上文字的合同文本所用词句不一致或存在不一致时未根据本条规定的原则解释。

要从根本上解决这些问题,一方面是理解和解释的方法问题,另一方面是如何提高表述质量的问题。

一、争议条款的解读方法

基于前述归纳,对于合同条款的理解争议或两种文字文本词句不一致的解释,大致有以下思路可供参考。这些方法需要综合运用,才符合法律和司法解释的规定。

1. 相关条款解释

合同条款需要完整理解其基本意思表示,再结合所在章节标题、其他相关条款内容、合同目的等各种要素,综合理解、确定其具体语义。

2. 行为性质解释

合同履行可细为分不同的行为,如生产、包装、运输、交付、支付等。根据条款所述的行为判断,更容易明确方向和相关的权利义务指向。

3. 合同目的解释

当事人签订履行合同的交易目的，或是合同中反映出来的合同目的，是分配权利义务和判定约定不明确的内容、解决理解争议的重要方向。

4. 交易习惯解释

交易习惯是既往交易中形成的习俗、惯常做法，既存在于交易双方间，也存在于某个地域、行业中。这些习俗、惯常做法，同时也是解释合同的"不成文法"。

对于交易习惯，《合同编通则司法解释》（2023年）第二条第一款规定："下列情形，不违反法律、行政法规的强制性规定且不违背公序良俗的，人民法院可以认定为民法典所称的'交易习惯'：

（一）当事人之间在交易活动中的惯常做法；

（二）在交易行为当地或者某一领域、某一行业通常采用并为交易对方订立合同时所知道或者应当知道的做法。"

同时，《总则编司法解释》（2022年）中也有如下规定：

第二条　在一定地域、行业范围内长期为一般人从事民事活动时普遍遵守的民间习俗、惯常做法等，可以认定为民法典第十条规定的习惯。

当事人主张适用习惯的，应当就习惯及其具体内容提供相应证据；必要时，人民法院可以依职权查明。

适用习惯，不得违背社会主义核心价值观，不得违背公序良俗。

5. 诚信原则解释

诚信原则又称诚实信用原则，它要求民事主体在行使民事权利、履行民事义务、承担民事责任等方面秉承诚实守信原则，不隐瞒真相、不提供虚假信息并重承诺、守信用等。

除此之外，如果合同条款的理解争议是没有约定或约定不明确所致，还可参照《民法典》（2020年）第五百一十条、第五百一十一条的规定，依法分配双方的权利义务。

二、避免理解争议的表述

绝大部分的条款理解争议可能通过更为严谨的表述避免，而这涉及标点符号、措辞、句法、语法、结构等诸多方面的综合功底。简单概括，以下方法可有效提高条款的严谨性、明确性，避免理解争议：

1. 关键词语规范化

规范使用合同中涉及的各类术语,尤其是有明确定义的专业用语或语义明确的关键词。

2. 关键词给出定义

如果合同中的关键词与通常理解不同或与通常定义不同,则应给出合同关键词的定义及明确的内涵、外延。

3. 选择可衡量用语

以精确、可客观衡量或有明确量化标准的词组代替主观、无统一标准的程度、时间等用词。

4. 标点符号规范化

参照 GB/T15834-2011《标点符号用法》,规范使用标点符号以划分语句内涵外延、适用范围等。

5. 使用限制性句子成分

句子成分有限制性和修饰性之分,使用限制性定语、状语、补语更能明确内涵外延及语句含义。

6. 规范使用复句关联词

复句关联词是判断复句中句间关系的依据,规范使用复句关联词以使句子含义更为明确、完整。

7. 不同主题分开表述

每个自然段只表述一个主题、不同主题使用不同自然段,必要时按主题拆分为不同段落以分隔语义。

8. 相同主题组成意群

条款有主题之分,主题关联或相近的段落集中组成意群,共同主题的条款可加上标题形成各级主题模块。

9. 按照顺序建立秩序

条款主题可按前因后果、工作顺序、重要性等秩序排列顺序、层级,使之符合阅读理解习惯并建立标题体系。

10. 确定合同基准文本

如果合同文本使用双语,则约定两种语言的文本表述不一致或有不同理解时以哪种语言的文本为准。

上述措施有利于减少理解争议,能否形成条款取决于双方的合同理念和交易地位。例如，双语合同文本如有冲突以哪一种语言文本为准问题常常增加谈判的难度。

005. 第四百六十七条 〔非典型等合同的法律适用〕

本法或者其他法律没有明文规定的合同，适用本编通则的规定，并可以参照适用本编或者其他法律最相类似合同的规定。

在中华人民共和国境内履行的中外合资经营企业合同、中外合作经营企业合同、中外合作勘探开发自然资源合同，适用中华人民共和国法律。

【合同实务解读】

本条规定了非典型合同的法律适用原则，即适用本编通则、参照本编或其他法律最相类似合同的规定。同时，还特别列举了中外合资、中外合作、中外合作勘探三种涉外合同适用中华人民共和国法律。

"本法或者其他法律没有明文规定的合同"即非典型合同，结合《民法典》（2020年）第二条所规定的"民法调整平等主体的自然人、法人和非法人组织之间的人身关系和财产关系"，是指除典型合同以外的其他合同。在原《合同法》（已失效）被《民法典》（2020年）取代之前，"典型合同"和"无名合同"被称为"有名合同"和"无名合同"。《民法典》（2020年）合同编的"第二分编 典型合同"中列举了十九种典型合同，但实务中存在着大量非典型合同。

根据内容的不同，非典型合同可分为纯粹的非典型合同、混合合同以及准混合合同三种。纯粹的非典型合同适用本条第一款的规定；混合合同又分为主从型、双重典型、类型结合型以及类型融合型四种，其中典型合同部分可适用典型合同的相关规定；准混合合同为在典型合同中加入了非典型合同事项，典型合同的相关规定适用于这类合同并用于判断非典型合同部分的效力。

这些非典型合同中，个别的会在其他法律中有相关规定。例如，《农村土地承包法》（2018年修正）、农业农村部的《农村土地承包合同管理办法》（2023年）、国家网信办的《个人信息出境标准合同办法》（2023年），即属于"其他法律"。但由于非典型合同的涉及面过于广泛，绝大多数非典型合同无论是在《民法典》（2020年）还是在其他法律中，均无具体规定。

非典型合同由于类型繁多，因而其法律适用近乎"步步为营"。只有在"本法或者其他法律没有明文规定",且本编通则也没有规则可以适用时,才可参照适用本编及其他法律"最相类似合同的规定"。例如,代工生产用的OEM合同、多种服务混合的信用卡合同等常见的非典型合同,在参照了一系列的相关规定之余,才可参照适用本编及其他法律"最相类似合同的规定"。

具有身份关系的协议也是如此,同样需要参照适用本编的规定。依据《民法典》(2020年)第四百六十四条的规定:"合同是民事主体之间设立、变更、终止民事法律关系的协议。

婚姻、收养、监护等有关身份关系的协议,适用有关该身份关系的法律规定;没有规定的,可以根据其性质参照适用本编规定。"

同时可供参照适用的,还有买卖合同的规则。在本编"第二分编 典型合同"中的"第九章 买卖合同"部分的第六百四十六条,规定了"法律对其他有偿合同有规定的,依照其规定;没有规定的,参照适用买卖合同的有关规定"。因此买卖合同相关规定,对有偿合同起着"准通则"的作用,无论其为典型合同还是非典型合同。

本条第二款针对"中外合资经营企业合同、中外合作经营企业合同、中外合作勘探开发自然资源合同"的规定实际上是对于属地管辖原则的重申。因为《民法典》(2020年)第十二条即已规定:"中华人民共和国领域内的民事活动,适用中华人民共和国法律。法律另有规定的,依照其规定。"本条以重申、落实的方式,进一步明确了在中国境内履行的中外合资经营、中外合作经营、中外合作勘探开发自然资源这三类合同适用中华人民共和国法律。

【风险点及建议】

同本条规定相关的法律风险,是非典型合同未参照适用本编通则、本编最相类似合同的法律规定,或是非典型合同未参照适用其他法律最相类似合同的法律规定。如果是涉外合同,风险点则是中国境内履行的中外合资经营企业合同、中外合作经营企业合同、中外合作勘探开发自然资源合同未适用中华人民共和国法律。

根据前面的讨论,非典型合同需要适用以合同编为主的《民法典》(2020年)的规定、其他法律的规定,并参照适用买卖合同的相关规定、最相类似的典型合同的相关规定、其他法律最相类似合同的相关规定。而在具体的合同运用上,还有一些可供参考的方法。

一、合同架构上的参照适用

在条款构成方面，非典型合同可以参照本编"第一分编　通则"和"第九章　买卖合同"中对于合同条款的规定。这两处对于合同条款的规定，分别为第四百七十条和第五百九十六条中关于合同"一般包括"条款的规定。两个条款的内容分别为：

第四百七十条　合同的内容由当事人约定，<u>一般包括下列条款</u>：

（一）当事人的姓名或者名称和住所；

（二）标的；

（三）数量；

（四）质量；

（五）价款或者报酬；

（六）履行期限、地点和方式；

（七）违约责任；

（八）解决争议的方法。

当事人可以参照各类合同的示范文本订立合同。

第五百九十六条　买卖合同的内容一般包括标的物的名称、<u>数量</u>、<u>质量</u>、<u>价款</u>、履行期限、履行地点和方式、包装方式、检验标准和方法、结算方式、合同使用的文字及其效力等条款。

比较可知，二者均以工业品买卖为典型的适用场景，其合同架构逻辑完全相同。例如，买卖合同一般包括的条款中，标的物、包装方式等条款未必适用于非典型合同。但条款所代表的合同要素的逻辑，如标的、数量、质量、对价、履行期限、履行地点和方式、检验标准和方法、结算方式等条款，以及通则部分合同"一般包括"条款中的违约责任、解决争议的方法等条款，仍适用于几乎所有的非典型合同。

二、交易规则方面的参照适用

合同实务离不开非典型合同的大量运用，许多典型合同的实际运用也是通过非典型的"典型合同"方式。因为出于交易效率或交易成本的考虑，实际交易中的典型合同往往会加入其他类别合同的因素而以混合合同的方式出现。例如，大宗交易中的买卖合同已很少是"纯正"的买卖交易，而是包括了诸如运输、保管等服务的混合合同，甚至连生活用品也大量存在着"购买+送货上门"之类的以买卖合同为主的混合合同交易方式。

如果混合合同中存在典型合同,则可以将合同定位为"主合同吸收从合同"的典型合同。许多非典型合同属于混合合同,并且含有典型合同的成分。例如,信用卡使用合同多由借款合同、保管合同、服务合同、保证合同等混合形成。只要非典型合同中混合了典型合同且根据交易目的和交易性质可以适用典型合同相关规则,则可将混合合同定位为典型合同,并参照适用典型合同的相关规定。

例如,前述以买卖合同为主的混合合同交易,之所以被称为买卖合同,是因为其主合同义务是买卖合同,其他合同义务是从合同义务。其他类型的非典型合同,也可以借鉴这一方式设定合同权利义务,使交易秩序有法可依,以提高确定性和安全性。

如果非典型合同无法以典型合同的方式出现,则可参照买卖合同的逻辑设计交易模式。只要是有偿合同,其基本特征都或多或少与买卖合同相近。而只要是有偿合同,就同样是一方支付价款或报酬、一方交付物品或工作成果。其中,如果交易符合《民法典》(2020年)第五百九十五条所规定的一方"转移标的物的所有权"、另一方"支付价款",则可确定为买卖合同。而买卖合同,即使是其他的典型合同在实际运用中也同样需要参考。

在完善非典型合同时,合同的定位和约定非常重要。如果非典型合同可以参照适用两种甚至以上的法律规范,则需要区别哪一种法律的参照适用更为有利,并在表述权利义务时以明显的方式体现合同所参照适用的法律,避免出现争议时被适用不利的法律规范。

值得注意的是,设置非典型合同的权利义务时比设置典型合同的权利义务要求更高。典型合同有相关的法律配套,某些内容不加约定也对交易双方具有法律效力。但非典型合同难有这类强制性规定,完全依靠交易双方的约定来设定双方的权利义务,也就需要有更为细致、明确的解决方案以确保合同的顺利履行和合同争议的顺畅解决。

006. 第四百六十八条　〔非合同之债的法律适用〕
非因合同产生的债权债务关系,适用有关该债权债务关系的法律规定;没有规定的,适用本编通则的有关规定,但是根据其性质不能适用的除外。

【合同实务解读】

本条的规定将本编通则的适用范围扩大到了非因合同产生的债权债务关系，其原则是有相关规定适用相关规定、没有相关规定适用本编通则部分的规定，但根据性质不能适用者除外。

"第三编 合同"在《民法典》(2020年)中本为合同民事关系而设。但在其他编所规范的民事关系中，即"非因合同产生的债权债务关系"中仍旧存在与合同相关或类似的民事关系，因此除了其本身性质上无法适用的情况，统一适用本编通则的有关规定，为这类法律事务处理提供了秩序基础。

一、非因合同产生的债权债务关系

"非因合同产生的债权债务关系"涉及债权问题。依据《民法典》(2020年)第一百一十八条的规定："民事主体依法享有债权。债权是因合同、侵权行为、无因管理、不当得利以及法律的其他规定，权利人请求特定义务人为或者不为一定行为的权利。"因此，可以理解为债权债务主要来源于"合同、侵权行为、无因管理、不当得利以及法律的其他规定"。

其中因"法律的其他规定"而产生的非因合同产生的债权债务，以单方允诺之债为典型。"合同以外的债权债务关系，依照民法典总则编第118条第2款的规定，包括无因管理之债、不当得利之债、侵权责任之债以及法律规定的其他债，如单方允诺之债。"[1]

无因管理之债、不当得利之债、侵权责任之债、单方允诺之债在《民法典》(2020年)中均有规定。这些债权债务的产生并非基于双方所达成的意思表示一致，不符合通过合同设立债权债务关系的基本特征，因而也无关于合同，主要依据《民法典》(2020年)合同编"第三分编准合同"以及其他编的规定以及其他法律的规定处理。

无因管理之债，其法律依据是《民法典》(2020年)第九百七十九条，即"管理人没有法定的或者约定的义务，为避免他人利益受损失而管理他人事务的，可以请求受益人偿还因管理事务而支出的必要费用；管理人因管理事务受到损失的，可以请求受益人给予适当补偿。

---

[1] 杨立新：《中华人民共和国民法典条文要义》(第四百六十八条条文要义)，中国法制出版社2020年版，第343页。

管理事务不符合受益人真实意思的,管理人不享有前款规定的权利;但是,受益人的真实意思违反法律或者违背公序良俗的除外"。因此,管理人的管理行为没有法定或约定的义务,并因其管理行为"可以请求受益人偿还因管理事务而支出的必要费用"债权。

不当得利之债,依据《民法典》(2020年)第九百八十五条,基于"得利人没有法律根据取得不当利益"而产生,因此"受损失的人可以请求得利人返还取得的利益"。其中,"没有法律根据"和"取得不当利益"是衡量不当得利的两个关键词。第九百八十五条的具体规定为:"得利人没有法律根据取得不当利益的,受损失的人可以请求得利人返还取得的利益,但是有下列情形之一的除外:

(一)为履行道德义务进行的给付;

(二)债务到期之前的清偿;

(三)明知无给付义务而进行的债务清偿。"

侵权责任之债,依据《民法典》(2020年)第一千一百六十五条,基于"行为人因过错侵害他人民事权益造成损害"而产生,包括《民法典》(2020年)第一千一百六十六条规定的"行为人造成他人民事权益损害,不论行为人有无过错,法律规定应当承担侵权责任"的情形。

除了上述三种情形,以"单方允诺之债"为代表的基于"法律的其他规定"而产生债权债务,属于第四种"非因合同产生的债权债务关系"。按照主流观点,悬赏广告、遗赠、幸运奖等未经协商而基于单方允诺所产生的义务,属于这类债务。其中,悬赏行为和遗赠行为最为典型。相关的法律规定如下:

第四百九十九条 悬赏人以公开方式声明对完成特定行为的人支付报酬的,完成该行为的人可以请求其支付。

第一千一百三十三条第三款 自然人可以立遗嘱将个人财产赠与国家、集体或者法定继承人以外的组织、个人。

二、根据非合同之债性质不能适用本编规定的情形

依据本条款的规定,非因合同产生的债权债务在法律适用上分为两个层面。首先是适用相关债权债务关系的法律规定,其次是适用本编通则的规定,但根据其性质不能适用的除外。

前者比较容易理解,因为非因合同产生的债权债务均有相关具体规定。其中,侵权行为可参见《民法典》(2020年)"第七编 侵权责任"第一千一百六十四条至第一千二百五十八条的规定,共95条;无因管理可参见本编"第三分编 准合同"中的"第二十八章 无因管理"第九百七十九条至第九百八十四条,共6条;不当得利可参见本编"第三分编 准合同"中的"第二十九章 不当得利"第九百八十五条至第九百八十八条,共4条。至于单方允诺之债则并无集中规定,可参见前面引述过的法律条款及分散于其他部分的相关条款。

"根据其性质不能适用的除外",是指非因合同产生的债权债务不适用于合同之债的特有规定。例如,要约、承诺、合同成立、合同履行、违约责任等均为合同之债才会涉及的内容,非因合同产生的债权债务没有合意的过程和结果,也就并不涉及这些规定。尤其是其中的"第二章 合同的订立"和"第八章 违约责任"均与双方所达成的一致密切相关,近乎完全不能适用。

除这些情形外,非因合同产生的债权债务没有法律规定部分才适用本编通则的有关规定。但此类情形较少出现,在合同实务中的运用也并不常见。

【风险点及建议】

同本条规定相关的法律风险,包括非因合同产生的债权债务在该债权债务关系的法律中没有规定时,未适用本编通则的有关规定,或者适用了根据性质不能适用的规定。

无因管理、不当得利、侵权责任、"法律的其他规定"是四种比较典型的"非因合同产生的债权债务关系"。其"非因合同产生",因此没有合同依据,只有依法处理。而本编通则由于围绕着民事主体之间双务的"设立、变更、终止民事法律关系的协议"而展开,能够直接适用于非因合同产生之债的条款有限而且只有原理性或原则性的规定,基本仍以通过这些债权债务相关的规定处理为主。

由于这四种债权债务关系"非因合同产生",因而不存在任何约定的机会。但处理相关事务过程中所达成的协议或相关法律中的某些规定,则可以适用本编通则中的相关规定。以"第三分编 准合同"中的无因管理为例,《民法典》(2020年)第九百八十四条规定了"管理人管理事务经受益人事后追认的,从管理事务开始时起,适用委托合同的有关规定,但是管理人另有意思表示的除外"。而委托合同属于典型合同,除另有具体规定外仍需适用本编通则的规定。

第二章 合同的订立

〔第一部分 合同订立的形式与方式〕

007. 第四百六十九条 〔订立合同的形式〕

当事人订立合同,可以采用书面形式、口头形式或者其他形式。

书面形式是合同书、信件、电报、电传、传真等可以有形地表现所载内容的形式。

以电子数据交换、电子邮件等方式能够有形地表现所载内容,并可以随时调取查用的数据电文,视为书面形式。

【合同实务解读】

本条是对合同订立形式的规定,在列举了书面形式、口头形式、其他形式之余,还列举了"书面形式"的具体形态,尤其是强调了将"电子数据交换"视为书面形式。

现实中的商事合同绝大部分是书面形式,口头合同仅在部分小额民事合同和小金额、即时结清或小金额、多频次的交易中采用。由于交易的标的、金额及复杂程度、重要性等方面的不同,即使是同类的书面形式的合同也存在篇幅、复杂度等方面的巨大差异。其中的某些交易模式简单、交易金额小的合同,甚至并不完全具备法律规定的合同一般应包括的条款,未尽事宜完全以交易习惯作为补充。

一、订立书面合同的"其他形式"

对于订立合同的"其他形式",《民法典》(2020年)第一百三十五条已有规定,即"民事法律行为可以采用书面形式、口头形式或者其他形式;法律、行政法规规定或者当事人约定采用特定形式的,应当采用特定形式"。

而在合同编,订立合同的"其他形式"主要是以行为作出承诺和依据交易习惯两类。依据《民法典》(2020年)第四百八十条所规定的"承诺应当以通知的方式作出;但是,根据交易习惯或者要约表明可以通过行为作出承诺的除外"。结合第四百八十三条所规定的"承诺生效时合同成立,但是法律另有规定或者当事人另有约定的除外",可知合同订立的"其他形式"包括"交易习惯或者要约表明可以通过行为作出承诺"两类情形。

(一)最高人民法院对于交易习惯和习惯的解释

交易习惯具有不确定性,适用对象可以是书面合同也可以是口头合同。而最高人民法院对于"交易习惯"和"习惯"的两个司法解释也有重叠之处。

《总则编司法解释》(2022年)规定:

第二条 在一定地域、行业范围内长期为一般人从事民事活动时普遍遵守的民间习俗、惯常做法等,可以认定为民法典第十条规定的习惯。

当事人主张适用习惯的,应当就习惯及其具体内容提供相应证据;必要时,人民法院可以依职权查明。

适用习惯,不得违背社会主义核心价值观,不得违背公序良俗。

而《合同编通则司法解释》(2023年)的相关规定则为:

第二条 下列情形,不违反法律、行政法规的强制性规定且不违背公序良俗的,人民法院可以认定为民法典所称的"交易习惯":

(一)当事人之间在交易活动中的惯常做法;

(二)在交易行为当地或者某一领域、某一行业通常采用并为交易对方订立合同时所知道或者应当知道的做法。

对于交易习惯,由提出主张的当事人一方承担举证责任。

上述两个不同的司法解释分别解释了"习惯"和"交易习惯"。尽管适用范围不同但仍旧有一定的重叠。在合同实务中,应当以最高人民法院对于合同编的司法解释为主、总则编的为辅。

(二)以行为作出的意思表示的不同情形

围绕着以行为方式作出意思表示订立合同,《民法典》(2020年)和相关司法解释各有规定。

《民法典》(2020年)第四百九十条规定了两种以接受对方履行主要义务而导致合同成立的情形:"当事人采用合同书形式订立合同的,自当事人均签名、盖章或者按指印时合同成立。在签名、盖章或者按指印之前,当事人一方已经履行主要义务,对方接受时,该合同成立。法律、行政法规规定或者当事人约定合同应当采用书面形式订立,当事人未采用书面形式但是一方已经履行主要义务,对方接受时,该合同成立。"

相关司法解释则对此规定了判断标准。即依据《总则编司法解释》(2022年)

第十八条的规定:"当事人未采用书面形式或者口头形式,但是实施的行为本身表明已经作出相应意思表示,并符合民事法律行为成立条件的,人民法院可以认定为民法典第一百三十五条规定的采用其他形式实施的民事法律行为。"

二、电子数据交换的定义

对于"电子数据交换",按照百度百科的解读,"电子数据交换(Electronic data interchange,缩写 EDI)是指按照同一规定的一套通用标准格式,将标准的经济信息通过通信网络传输,在贸易伙伴的电子计算机系统之间进行数据交换和自动处理。

由于使用 EDI 能有效地减少直到最终消除贸易过程中的纸面单证,因而 EDI 也被俗称为'无纸交易'。它是一种利用计算机进行商务处理的新方法。

EDI 是将贸易、运输、保险、银行和海关等行业的信息,用一种国际公认的标准格式,通过计算机通信网络,使各有关部门、公司与企业之间进行数据交换与处理,并完成以贸易为中心的全部业务过程。"①

现行法律体系和司法解释体系均大量使用"电子数据交换"的提法,但没有给出具体的定义,且在使用该关键词时看似有时采用狭义、有时采用广义。上述内容系从技术角度给出的解释,可供遇到相关问题时参考。

在实务中,采用前述定义的电子数据交换早已投入使用。在接触到电子数据交换时,应参照相关规定执行。例如,前交通部早在 1997 年即发布了《海上国际集装箱运输电子数据交换管理办法》。

【风险点及建议】

同本条规定相关的法律风险是合同未遵照法律规定或双方约定的形式订立、订立合同的形式不规范、书面形式订立的合同不能有形地表现所载内容,以及数据电文不能有形地表现所载内容或不能随时调取查用。

合同订立的形式通常没有问题,只要达成一致即可。但商务合同通常采用比较正式的书面形式,甚至是纸质合同书的方式,以确保其合法性和充分的证据效力。《民法典》(2020 年)还直接规定了某些合同必须采用书面形式,从而保证其权

---

① 百度百科"电子数据交换"词条,https://baike.baidu.com/item/% E7% 94% B5% E5% AD% 90% E6% 95% B0% E6% 8D% AE% E4% BA% A4% E6% 8D% A2? fromModule = lema_search - box,检索日期 2023 年 12 月 31 日。

利义务的明确性。

一、遵守法定要求采用书面形式

以书面形式订立某些合同既是商务上的需要,也是《民法典》(2020年)中的法定要求。这些法律规定必须采用书面形式订立的合同,大多履行要求相对复杂、履行周期相对较长,不用书面形式难以确切记录和追溯合同的具体内容。这类合同,即使从技术角度考虑也必须采取书面形式订立。主要有:

1. 借款合同

《民法典》(2020年)第六百六十八条规定:"借款合同应当采用书面形式,但是自然人之间借款另有约定的除外。

借款合同的内容一般包括借款种类、币种、用途、数额、利率、期限和还款方式等条款。"

2. 保证合同

《民法典》(2020年)第六百八十五条规定:"保证合同可以是单独订立的书面合同,也可以是主债权债务合同中的保证条款。

第三人单方以书面形式向债权人作出保证,债权人接收且未提出异议的,保证合同成立。"

3. 租赁合同

《民法典》(2020年)第七百零七条规定:"租赁期限六个月以上的,应当采用书面形式。当事人未采用书面形式,无法确定租赁期限的,视为不定期租赁。"

4. 融资租赁合同

《民法典》(2020年)第七百三十六条规定:"融资租赁合同的内容一般包括租赁物的名称、数量、规格、技术性能、检验方法,租赁期限,租金构成及其支付期限和方式、币种,租赁期限届满租赁物的归属等条款。

融资租赁合同应当采用书面形式。"

5. 保理合同

《民法典》(2020年)第七百六十二条规定:"保理合同的内容一般包括业务类型、服务范围、服务期限、基础交易合同情况、应收账款信息、保理融资款或者服务报酬及其支付方式等条款。

保理合同应当采用书面形式。"

6. 建设工程合同

《民法典》(2020年)第七百八十九条规定："建设工程合同应当采用书面形式。"

7. 建设工程监理合同

《民法典》(2020年)第七百九十六条规定："建设工程实行监理的,发包人应当与监理人采用书面形式订立委托监理合同。发包人与监理人的权利和义务以及法律责任,应当依照本编委托合同以及其他有关法律、行政法规的规定。"

8. 技术开发合同

《民法典》(2020年)第八百五十一条规定："技术开发合同是当事人之间就新技术、新产品、新工艺、新品种或者新材料及其系统的研究开发所订立的合同。

技术开发合同包括委托开发合同和合作开发合同。

技术开发合同应当采用书面形式。

当事人之间就具有实用价值的科技成果实施转化订立的合同,参照适用技术开发合同的有关规定。"

9. 技术转让合同

《民法典》(2020年)第八百六十三条规定："技术转让合同包括专利权转让、专利申请权转让、技术秘密转让等合同。

技术许可合同包括专利实施许可、技术秘密使用许可等合同。

技术转让合同和技术许可合同应当采用书面形式。"

10. 技术许可合同

《民法典》(2020年)第八百六十三条规定："技术转让合同包括专利权转让、专利申请权转让、技术秘密转让等合同。

技术许可合同包括专利实施许可、技术秘密使用许可等合同。

技术转让合同和技术许可合同应当采用书面形式。"

11. 物业服务合同

《民法典》(2020年)第九百三十八条规定："物业服务合同的内容一般包括服务事项、服务质量、服务费用的标准和收取办法、维修资金的使用、服务用房的管理和使用、服务期限、服务交接等条款。

物业服务人公开作出的有利于业主的服务承诺,为物业服务合同的组成部分。

物业服务合同应当采用书面形式。"

二、通过协商约定采用书面形式

书面、口头、其他三种合同形式中，书面形式有着不可比拟的优势。只有书面合同才能精确记载双方的约定、无限记录复杂的内容，且具备记载内容长期不变、不受经手人变动影响的证据效力，同时还具有内容直观、读取方便、形式庄重、仪式感强的特点，法律也因此才规定某些交易必须采用书面形式。以口头方式或其他方式订立的合同都或多或少存在合同内容不确定以及举证方面的问题，只有在个别情况下才会被商务行为所采纳。

传统的商务合同，通常采用以合同书为代表的书面形式。法律虽然规定了数据电文同样属于书面形式，但举证要求略有不同。依据《最高人民法院关于民事诉讼证据的若干规定》（2019年修正，以下简称《民诉证据规定》）第十五条第二款："当事人以电子数据作为证据的，应当提供原件。电子数据的制作者制作的与原件一致的副本，或者直接来源于电子数据的打印件或其他可以显示、识别的输出介质，视为电子数据的原件。"

而且司法解释中对于电子数据真实性的认定有着诸多的要求，涉及生成、传输、存储、保存、提取等环节。可以认定为真实的条件要求见《民诉证据规定》（2019年修正）第九十四条，即："电子数据存在下列情形的，人民法院可以确认其真实性，但有足以反驳的相反证据的除外：

（一）由当事人提交或者保管的于己不利的电子数据；

（二）由记录和保存电子数据的中立第三方平台提供或者确认的；

（三）在正常业务活动中形成的；

（四）以档案管理方式保管的；

（五）以当事人约定的方式保存、传输、提取的。

电子数据的内容经公证机关公证的，人民法院应当确认其真实性，但有相反证据足以推翻的除外。"

但随着电子商务的迅猛发展，书面形式中的数据电文形式日益普及。数据电文不仅带来了书面形式合同的多样化和合同签署方式的多样化，还带来了以互联网交易平台为代表的新交易模式。在其签订不受时间、物理地点限制的同时，其非即时、非现场的签署模式虽为文本构成、交易安全带来了挑战，但也提供了更大的便利。因此数据电文合同是未来合同的发展方向，也是合同领域需要被更多研究的内容。

为了充分应对这一挑战,需要在合同业务中熟悉并充分运用数据电文合同的规则。例如,《民法典》(2020年)第四百九十一条第二款规定:"当事人一方通过互联网等信息网络发布的商品或者服务信息符合要约条件的,对方选择该商品或者服务并提交订单成功时合同成立,但是当事人另有约定的除外。"如果涉及以这种方式成立合同,则需要充分考虑合同成立方式的利弊,并依此决定是否需要通过"另有约定"来扬长避短。

如果签署数据电文合同存在一定的风险,则可以考虑附加确认书以提高安全系数。数据电文合同的签署,往往是双方不在同一时空进行,因而存在着无法现场核查的风险。为了提高保险系数,如果能够实现,则可以为数据电文合同嵌入确认书模式。即数据电文合同签署后,需要签订确认书后合同才能成立。这为合同审查、尽职调查提供了更多的准备时间,也增加了安全程度。

这一措施的法律依据是《民法典》(2020年)第四百九十一条的第一款,即"当事人采用信件、数据电文等形式订立合同要求签订确认书的,签订确认书时合同成立"。

总之,商务合同仍应以书面形式为主,但可以结合实际情况采用纸质合同书的形式或是数据电文的形式。为了提高交易效率、降低交易成本,还可以采用由对方依据要求作出承诺行为的方式使合同成立。甚至在确有需要且条件允许的情况下,可以考虑用签署确认书的方式提高交易的安全度。

至于交易习惯,由于其内容具有不确定性,因而在实际交易中不可依赖。因为交易习惯可以发生在书面合同交易中,也可以发生在口头合同交易中,且一旦发生诉讼或仲裁则需要承担举证责任,其实际运用效果远不及以书面形式直接约定交易的具体规则。

008. 第四百七十条 〔合同一般包括的条款〕

合同的内容由当事人约定,一般包括下列条款:

(一)当事人的姓名或者名称和住所;

(二)标的;

(三)数量;

(四)质量;

(五)价款或者报酬;

> （六）履行期限、地点和方式；
> （七）违约责任；
> （八）解决争议的方法。
> 当事人可以参照各类合同的示范文本订立合同。

【合同实务解读】

本条是对合同普适性的、通常包括的基本条款的列举，以及对示范文本作用的规定。

合同"一般包括"的条款是在合同运用基本规律之上高度概括而成的抽象合同条款，各实际交易中的合同条款是这些条款结合交易需求而进行的具体运用，因而这些条款具有普适性。

一、合同一般包括条款的解读

"合同的内容由当事人约定"充分体现了自愿原则，也强调了《民法典》（2020年）第五条在合同领域的运用。即"民事主体从事民事活动，应当遵循自愿原则，按照自己的意思设立、变更、终止民事法律关系"。

合同"一般包括"的条款来自合同的共同规律。本编"第二分编 典型合同"列举的19种典型合同各有自己的"一般包括"条款，非典型合同的条款更是不胜枚举，较之典型合同条款要复杂得多。

根据内容和功能，合同"一般包括"的条款可以被归为四个大类：(1)交易主体条款，包括"当事人的姓名或者名称和住所"；(2)交易内容条款，包括"标的""数量""质量""价款或者报酬"；(3)交易方式条款，包括"履行期限、地点和方式"；(4)问题处理条款，包括"违约责任""解决争议的方法"。

（一）当事人的姓名或者名称和住所

"当事人的姓名或者名称和住所"属于交易主体条款。其中的"当事人的姓名或者名称"是合同成立的必备内容，没有交易主体的合同无法成立。其中，"姓名"用于自然人合同主体，以合法身份证件为准。"名称"用于法人合同主体和非法人组织合同主体，以批准其设立的行政许可文件为准。

"住所"，按照《最高人民法院关于适用〈中华人民共和国民事诉讼法〉的解释》（2022年修正，以下简称《民诉法司法解释》）第三条第一款："公民的住所地是指公民的户籍所在地,法人或者其他组织的住所地是指法人或者其他组织的主要办事机构所在地。"

在经济活动中,"住所"的正常作用是经营场所和通信联络地址,同时也是政府部门行政管辖的依据,但未必是合同履行地点。在出现争议时,住所被用于发出正式的通知、确定管辖地点。

但"住所"有时会与实际的居住地、办事机构所在地不一致。为此,根据《民诉法司法解释》(2022年修正)第四条:"公民的经常居住地是指公民离开住所地至起诉时已连续居住一年以上的地方,但公民住院就医的地方除外。"第三条第二款规定:"法人或者其他组织的主要办事机构所在地不能确定的,法人或者其他组织的注册地或者登记地为住所地。"

具备"当事人的姓名或者名称和住所"只是满足了合同成立的部分基本要求,合同主体还需要取得各类行政许可才能合法经营。

(二)标的

"标的"与"数量""质量""价款或者报酬"同属合同四大主题内容中的交易内容条款。标的是合同成立的基本要素之一,没有标的的合同不能成立。

标的,是合同双方权利义务所指向的对象,大致可以分为财产和行为两类。只要不违反法律、不滥用民事权利、不违背公序良俗,各类资源均可交易。

财产,或者称之为标的物,既可以是工业产品等有形物、知识产权等无形物、游戏装备等虚拟物,又可以是物的所有权或使用权。同时,其交付方式既有实物交付也有提货凭证、提取密码等方式的交付。

行为,可以是作为也可以是不作为,可以体现为提供服务、完成工作,也可以体现为通过交易放弃某种权利、停止某种行为。

在合同中,标的是用于交换的资源、价款或报酬的对价。但从双方当事人的交易利益来看,标的可以是交易的终极目标,例如以收藏为目的收购的艺术品;也可以只是实现终极目标的手段,例如某些交易并非为了获利而只是为了积累行业上的从业经历。

从合同文本中体现的合同目的来看,无非是一方希望以卖出财产或行为获取价款或报酬,另一方则是支付价款或报酬以换取财产或行为。但一方真正的交易目的,可能并非通过交换得到的对价本身。因此交易的核心利益是实现交易目的,标的及权利义务等安排均应以实现交易目的为核心。而交易目的,可以体现为合同目的,也可以在合同中不加披露。

(三)数量

数量是衡量交易标的的总量并借以衡量价格的重要依据,分为数和量,即数额和计量方法。计量方法有公斤、米、升等法定单位,也有捆、套、箱等单位不明的非法定单位。

1. 数额

数额用于确定标的的总量。交易的数额与当事人的交易需求相关,属于当事人需要自行决定的事项。而且并不需要专业技能即可识别、表述,通常不属于法律人的工作范围。

实际交易中,并非所有合同都有具体的数额。未定装包装的产品或没有统一规格的产品,往往需要以实际称重、测量为准,因而只有单价、大致的总量而无确切数额,只能按实结算。钢材、煤灰的大宗交易即是如此,商品房面积方面也是如此。

2. 计量单位

计量单位是用于度量事物重量、体积、尺寸、时长等属性的衡量标准。《计量法》(2018年修订)规定了国际计量单位的使用方式,即:

第三条 国家实行法定计量单位制度。

国际单位制计量单位和国家选定的其他计量单位,为国家法定计量单位。国家法定计量单位的名称、符号由国务院公布。

因特殊需要采用非法定计量单位的管理办法,由国务院计量行政部门另行制定。

具体的计量单位,则体现在《中华人民共和国法定计量单位》(1984年)的各项规定中。

国内的交易毫无疑问应采用法定计量单位,但国际贸易中难免使用国际计量单位。当今所谓的公制、英制,其实是法制与英制,而国际计量单位也基于公制发展形成。在国际贸易领域还有更为生僻的计量单位,如计量重量的公吨、长吨、短吨,某些国家仍旧采用磅、英尺、华氏度等;计量数量的件、双、套、打、罗、令、卷等。

数量与标的共同影响合同的成立。如果合同仅有标的而没有数量,除非标的是不需要标注数量的特定物甚至唯一物,否则标的不特定、合同无法成立。《合同编通则司法解释》(2023年)第三条第一款也规定:"当事人对合同是否成立存在争议,人民法院能够确定当事人姓名或者名称、标的和数量的,一般应当认定合同成立。但是,法律另有规定或者当事人另有约定的除外。"

(四)质量

标的质量关乎交易目的能否实现,同时它也对交易价格、质量检验、质量责任有决定性的影响。质量要求越高,则价格越高、质量责任越大。为了控制质量,人们发展出不同层级、不同领域的质量标准和检测手段,使质量有了可度量的客观标准。

1. 质量与质量标准

质量,在不同的学科、语境下有着不同的定义。日常工作、生活中所说的质量,是指对于事物某种属性的优劣程度的评价角度。在商品交易领域,它是指"用户对产品的使用要求的满足程度,反映在对产品的性能、经济特性、服务特性、环境特性和心理特性等方面。因此,质量是一个综合的概念。它并不要求技术特性越高越好,而是追求诸如:性能、成本、数量、交货期、服务等因素的最佳组合,即所谓的最适当"①。

合同领域的质量,则以质量标准为主。它包括物的质量标准和工作成果的质量标准,不仅用于质量控制也用于某些产品在规格上的统一,以提高产品的互换性和资源的利用率。《标准化法》(2017 年修订)及依照该法设立的质量标准体系,尤其是强制标准体系被运用于各类产品生产领域,还起着保障人们在日常生活和工作中人身、财产安全的作用。

质量标准分为不同层面。依据《标准化法》(2017 年修订)第二条的规定:"本法所称标准(含标准样品),是指农业、工业、服务业以及社会事业等领域需要统一的技术要求。标准包括国家标准、行业标准、地方标准和团体标准、企业标准。国家标准分为强制性标准、推荐性标准,行业标准、地方标准是推荐性标准。强制性标准必须执行。国家鼓励采用推荐性标准。"

其中的"国家鼓励采用推荐性标准",是指在没有强制性标准的情形下国家鼓励采用推荐性标准。如果有强制性标准则必须执行强制性标准,即该法第二十五条所规定的:"不符合强制性标准的产品、服务,不得生产、销售、进口或者提供。"

2. 质量标准与《标准化法》

《标准化法》(2017 年修订)中的标准分为不同层级。合同中较多提及的是国家标准和行业标准,但企业标准等其他标准也有被采用。

对于强制性国家标准,该法第十条第一款规定:"对保障人身健康和生命财产

---

① MBA 智库百科"质量"词条,https://wiki.mbalib.com/wiki/质量,检索日期2024 年 1 月 4 日。

安全、国家安全、生态环境安全以及满足经济社会管理基本需要的技术要求,应当制定强制性国家标准。"

对于推荐性国家标准,该法第十一条第一款规定:"对满足基础通用、与强制性国家标准配套、对各有关行业起引领作用等需要的技术要求,可以制定推荐性国家标准。"

对于行业标准,该法第十二条第一款规定:"对没有推荐性国家标准、需要在全国某个行业范围内统一的技术要求,可以制定行业标准"。

对于地方标准,该法第十三条第一款规定:"为满足地方自然条件、风俗习惯等特殊技术要求,可以制定地方标准。"

对于团体标准,该法第十八条第一款规定:"国家鼓励学会、协会、商会、联合会、产业技术联盟等社会团体协调相关市场主体共同制定满足市场和创新需要的团体标准,由本团体成员约定采用或者按照本团体的规定供社会自愿采用。"

对于企业标准,该法第十九条规定:"企业可以根据需要自行制定企业标准,或者与其他企业联合制定企业标准。"第二十条还规定:"国家支持在重要行业、战略性新兴产业、关键共性技术等领域利用自主创新技术制定团体标准、企业标准。"

3. 质量标准的合同意义

质量标准直接关系到交易目的。不仅是买方有不同的交易目的,如用于生产、囤积、零售等,卖方也有不同的交易目的,如用于获取利润、处理库存、挤占市场等。不同的交易目的需要不同质量的产品或服务,质量无法满足则无法实现交易目的。

质量要求与交易价格密切相关。除了非市场原因,不同的质量要求意味着不同的原材料、不同的工艺、不同的性能或功能,因而有着不同的价格。质量标准是衡量价款或报酬的基础,在这个基础之上讨论价格的高低才有实际意义。

尤其是没有相应质量标准的产品或服务,在没有锁定质量标准的情形下商讨价格几乎没有意义。因为低价成交的优势完全可以被实际履行时的低质量所抵消,甚至因质量低劣而无法实现交易目的。

(五)价款或者报酬

价款和报酬都是在交易中体现为货币金额的交易对价,是价值的货币化表现。价款通常用于表述购买有形物或无形物的对价,报酬通常用于表述提供服务或完成工作的对价。但在合同领域,价款或者报酬涉及更为深层的内容。

1. 计价范围

合同中的价款或报酬都涉及所包含的范围,也就是价款或报酬的对价范围,尤其是要确定是含税价格还是不含税价格。

由于流转环节中存在着增值税等税种,因此该税由谁承担往往成为价格上的敏感问题。依据《增值税暂行条例》(2017年修订)第一条的规定:"在中华人民共和国境内销售货物或者加工、修理修配劳务(以下简称劳务),销售服务、无形资产、不动产以及进口货物的单位和个人,为增值税的纳税人,应当依照本条例缴纳增值税。"

增值税存在多种税率,因交易所属行业、是否为小额纳税人而有所不同,但计算方法相同。依据《增值税暂行条例》(2017年修订)第六条第一款的规定:"销售额为纳税人发生应税销售行为收取的全部价款和价外费用,但是不包括收取的销项税额。"

通常情况下,价格由成本、利润、税金三部分组成。某些交易还会涉及政府收取的费用,可按对待税金的思路处理。由于增值税的最高税率可达增值部分的17%,因而税金会直接提高纳税方的交易成本。为此,无论是报价还是约定价格,首先需要确认价格是否含税、税率计算是否正确,以便正确核算交易成本和交易收益。

除了交易所涉及的各类税金,价格所包括的其他对价范围也至关重要。某些标的的交易环节本身就涉及价外的各种费用,如高速公路的收费、装卸费用、保险费等。还有一些交易本就属于混合合同交易,涉及标的以外的其他费用,例如买卖合同附带安装服务、送货上门服务、售后技术服务、软件更新等。

如果能够事先约定这些费用的承担方则可减少不必要的争议,如果不加约定则将适用《民法典》(2020年)第五百一十一条第一款第(六)项的责任分配规则:"履行费用的负担不明确的,由履行义务一方负担;因债权人原因增加的履行费用,由债权人负担。"

而实务中常用的应对方式,是直接约定某一价格为签订履行合同所包括的一切费用,不在合同范围内的任何其他因签订履行合同而产生的费用均由另一方承担。

2. 计量标准

价款或报酬与合同一般包括的"数量"条款关系密切。"数量"一词既包含了数额也包含了计量单位,前者是按所采用的计量单位所衡量出的标的数额,后者是计量合同标的数额的衡量标准。

标的通常按照法定计量单位生产和销售,但交易过程中却离不开非法定计量单位。依据《计量法》(2018年修正)第三条,"国家实行法定计量单位制度。国际单位制计量单位和国家选定的其他计量单位,为国家法定计量单位。国家法定计量单位的名称、符号由国务院公布"。但交易中的计量表述,如"箱""套""副"等,并无法定衡量标准,需要明确其概念和计量标准。

某些合同会在履行过程中存在一定的误差或是事先无法预见的费用,因此在签订合同时无法确认具体的总价。例如,某些散装货物在装货过程中会存在一定的磅差、建设工程中的实际工程量与预算量有所不同等,均为这些行业的"交易习惯"。因此这类交易往往注明计价方法、核实数量的方法,甚至约定出现误差时的计价范围限度,以防止价款或报酬的不明确。

3. 价格与成本

价款或报酬作为交易的对价,一般都会高于成本。正常的价款或者报酬包括成本和利润,因此正常交易的标的定价会高于成本,卖方通过交易获得的利润继续投资生产以及个人生活消费。

但成本核算本身较为复杂,而定价也并非不可以低于成本。在市场经济时代,除了各种特殊情形下供需失衡导致的价格暴涨或暴跌,价格不仅可以同市场行情存在一定的差距,甚至可以低于成本。除了因遭遇突发事件等政府出面依法干预物价的情形,这些价格波动均属正常市场规律作用范围,由市场主体自行定价。

例如,企业在新产品刚刚进入市场时、在产品存储空间紧张时、在质保期临近前,都会以低价甚至低于成本的价格销售。而在市场上严重供应不足时,价款或报酬又很有可能远远高于成本。

4. 市场价与政府价

确定价格属于市场主体自主决定的事务,一般基于成本、价格战略和市场行情。但在特定情况下也会出现公权力的干预,即政府指导价或政府定价。

依据《价格法》(1997年)的相关规定:

第三条 国家实行并逐步完善宏观经济调控下主要由市场形成价格的机制。价格的制定应当符合价值规律,大多数商品和服务价格实行市场调节价,极少数商品和服务价格实行政府指导价或者政府定价。

市场调节价,是指由经营者自主制定,通过市场竞争形成的价格。

本法所称经营者是指从事生产、经营商品或者提供有偿服务的法人、其他组织和个人。

政府指导价,是指依照本法规定,由政府价格主管部门或者其他有关部门,按照定价权限和范围规定基准价及其浮动幅度,指导经营者制定的价格。

政府定价,是指依照本法规定,由政府价格主管部门或者其他有关部门,按照定价权限和范围制定的价格。

政府指导价、政府定价在实际交易中很少遇到,因为随着市场经济的发展、资源的丰富,各类商品已经以市场调节价为主。对于这两类价格,该法相关规定如下:

第十八条　下列商品和服务价格,政府在必要时可以实行政府指导价或者政府定价:

(一)与国民经济发展和人民生活关系重大的极少数商品价格;

(二)资源稀缺的少数商品价格;

(三)自然垄断经营的商品价格;

(四)重要的公用事业价格;

(五)重要的公益性服务价格。

在总体上,执行政府指导价或政府定价的商品和服务并不多见,但这两种价格作为一种法律制度在合同相关法律中多次出现,在合同事务中需要保持关注。

价款或报酬直接关系到成本或利润,因此在合同实务中极需明确。依据《民法典》(2020年)第五百一十一条第一款第(六)项的规定:"履行费用的负担不明确的,由履行义务一方负担;因债权人原因增加的履行费用,由债权人负担。"在交易前要认真核算履行成本,需要另计的应在合同中明确约定。同时也要明确履行方式与履行成本的关系,避免履行方式对价款或报酬的影响。

(六)履行期限、地点和方式

本条款属于合同交易主体、交易内容、交易方式、问题处理四大主题内容中的交易方式条款。

履行的期限、地点和方式,是从静态的标的到资源交换完成所不可缺少的三要素。合同履行所必需的标的交接、对价支付等,大多需要有明确、具体的时间、地点和方式才能顺利完成。

1. 履行的期限

期限,有时是指一段时间,有时是指截止时间,在《民法典》(2020年)中也是如此。履行期限,则是将合同义务的履行划定在特定时间长度之内或特定时间点之前。

履行的期限是履行合同义务的时间限制。交易所依赖的供需关系、市场前景、商业规划、生产运作等无时不处于变化之中,超过限定的时间很可能导致交易目的无法实现,或是成本的提升、收益的减少甚至使交易毫无意义。因此所有的权利义务均有时效性,必须限定时间并在规定的期间内完成才有经济上的意义。

在法律层面,超出履行期限未能履行便是违约。如果没有法律依据或其他约定,履行期限届满之时便是违约行为起算之时,违约需要承担违约责任。超出履行期限的违约行为不仅可被按日追究违约责任,甚至可以直接导致合同的解除以及被追究可得利益损失。任何义务的履行、权利的提起都要有明确的时间限制,因为资源、权利都有时限。

履行期限的表述和设立与《民法典》(2020年)"第一编 总则"中的"第十章 期间计算"有关。平时使用的"工作日""工作时间"在各单位之间未必通用,仍以具体的年、月、日、时表述为宜,必须使用时应加以定义或说明。但《民法典》(2020年)第二百零四条也规定:"期间的计算方法依照本法的规定,但是法律另有规定或者当事人另有约定的除外。"

如果期限有明确的起始时点、截止时点,则期限表述比较精确。如果期限只有一个时点,缺少起始时点的是向前开放的期限、缺少截止时点的是向后开放的期限。向后开放的时间由于没有截止期限,会给履行义务方带来极大的风险。

2. 履行的地点

履行的地点是履行合同义务的空间限制。通常情况下,履行地点是交付标的或支付对价的地点、标的风险转移的地点,也很有可能是诉讼管辖的地点。

选择履行地点的选定首先是资源方面的考虑,不同地点会有不同的运输、仓储等成本以及履行风险。任何一方承担都会增加支出、花费精力,所以履行方式直接影响交易成本并关乎合同总价。以至于许多交易的买方会直接要求卖方送货到第三方,避免因经手而产生的费用和风险。而履行地点的最后决定权,往往取决于双方的交易地位。

典型的履行地点是有形标的物的交付地点。约定这类地点需要明确到双方人员可以面对面交接,以免因地点不明确而增加时间、运输、管理等成本和标的物毁损、灭失风险。如果履行地点约定不明确,依照《民法典》(2020年)第五百一十一条第一款第(三)项的规定:"履行地点不明确,给付货币的,在接受货币一方所在地履行;交付不动产的,在不动产所在地履行;其他标的,在履行义务一方所在地履行。"

同时,履行地点也是标的物风险随交付而转移的地点。通常情况下,标的物的所有权及风险随交付而转移,但双方如有特别理由也可另行约定。依据《民法典》

(2020年)第六百零四条关于买卖合同的规定:"标的物毁损、灭失的风险,在标的物交付之前由出卖人承担,交付之后由买受人承担,但是法律另有规定或者当事人另有约定的除外。"由于买卖合同是所有有偿合同的参照,这一原则也适用于其他合同,除非另有规定。

此外,履行地点也可作为确定诉讼管辖地的依据。在约定解决争议方法时,可以约定合同履行地为诉讼管辖地。在合同中没有约定管辖地点时,依据《民事诉讼法》(2023年修正)第二十四条的规定:"因合同纠纷提起的诉讼,由被告住所地或者合同履行地人民法院管辖。"

3. 履行的方式

履行的方式是履行合同义务的方法限制。它关系到交易目的能否实现、交易成本是否合理,以及对标的质量和标的毁损、灭失等风险的控制。由于合同种类和标的不同,合同履行方式存在很大的不同。支付标的物的履行方式和交付工作成果的履行方式、支付价款或报酬的履行方式与交付标的物或工作成果的履行方式有很大不同。

标的不同,则履行方式不同。交付不同的标的物,履行方式不同,如产品、财产、租赁物、软件使用许可等;交付不同工作成果,履行方式也存在很大的差异,如完成代理工作、完成技术开发、建造建筑物、按约放弃从事某类行为等。

支付价款或者报酬同样有履行方式问题。支付的前提、发票要求、支付途径、收款人的银行账户、付款批次、结算方式等,同样是需要双方选择、约定的履行方式问题。

履行方式主要包括履行义务的程序性和技术性要求。前者旨在控制交付环节中的过程风险,确保交付过程没有法律上的瑕疵,包括交付前的通知、交付时的清点和签收、运输方式、产品的包装要求等条款;后者旨在控制合同履行的质量风险,确保合同履行的质量符合要求,包括标的的原料、工艺、方法和质量的验收、检验、检测等条款。

履行方式涉及履行成本。例如,买卖交易有不同的包装方式、运输方式和检验方式、售后服务方式,建设工程交易也有不同的建造方法、建筑材料、技术规范,而技术开发合同甚至还存在开发失败的风险等。因此采用不同的方式履行,意味着不仅是履行成本不同,还有技术风险、履行风险的差异。

履行方式还可用于控制交易风险。向第三人履行和由第三人履行的履行模式可以简化履行环节、降低履行成本、提高履行效率。调整履行顺序为己方义务后履行或与相对方义务同时履行,便产生了同时履行抗辩权和后履行抗辩权,无形中增加了风险控制力、提高了交易安全度。即使简单地分批交付或分批支付并逐批结算,也可以分散风险。

依照《民法典》(2020年)第五百一十一条第一款第(五)项的规定:"履行方式不明确的,按照有利于实现合同目的的方式履行。"

(七)违约责任

本项内容与"解决争议的方法"同属于合同四大内容中的问题处理主题。

违约责任,是违反合同约定时所要依照法律和约定承担的责任。违约责任条款的设计,一是以足够的违约成本迫使对方依约履行,二是将对方违约造成的己方损失转由对方承担。法律上的违约责任较笼统,细化违约情形、明确损失计算方法等才能使己方得到更好的保护。

1.违约责任的基本规定

法定的承担违约责任的方式包括但不限于继续履行、采取补救措施、赔偿损失三种。《民法典》(2020年)第五百七十七条规定:"当事人一方不履行合同义务或者履行合同义务不符合约定的,应当承担继续履行、采取补救措施或者赔偿损失等违约责任。"

其中的"继续履行、采取补救措施"并不免除赔偿损失的责任。《民法典》(2020年)第五百八十三条规定:"当事人一方不履行合同义务或者履行合同义务不符合约定的,在履行义务或者采取补救措施后,对方还有其他损失的,应当赔偿损失。"

对于违约造成的损失,赔偿有其法定前提条件要求。《民法典》(2020年)第五百八十四条规定:"当事人一方不履行合同义务或者履行合同义务不符合约定,造成对方损失的,损失赔偿额应当相当于因违约所造成的损失,包括合同履行后可以获得的利益;但是,不得超过违约一方订立合同时预见到或者应当预见到的因违约可能造成的损失。"因此,赔偿违约造成的损失,一要有约在先,二要证明损失,三要在预见之内。

除了这三种主要形式,承担"等违约责任"可以是依据法律规定,也可以是依据合同约定。《民法典》(2020年)第五百八十二条即规定:"履行不符合约定的,应当按照当事人的约定承担违约责任。对违约责任没有约定或者约定不明确,依据本法第五百一十条的规定仍不能确定的,受损害方根据标的的性质以及损失的大小,可以合理选择请求对方承担修理、重作、更换、退货、减少价款或者报酬等违约责任。"

2.违约责任的承担方式

承担违约责任的方式中,"继续履行"相对简单但有条件限制,"采取补救措施"克服不利影响的方式、方法不限,"赔偿损失等"违约责任用得较多。

在实务中,"继续履行"受到一定限制。《民法典》(2020年)第五百八十条为此规定:"当事人一方不履行非金钱债务或者履行非金钱债务不符合约定的,对方可以请求履行,但是有下列情形之一的除外:

(一)法律上或者事实上不能履行;

(二)债务的标的不适于强制履行或者履行费用过高;

(三)债权人在合理期限内未请求履行。

有前款规定的除外情形之一,致使不能实现合同目的的,人民法院或者仲裁机构可以根据当事人的请求终止合同权利义务关系,但是不影响违约责任的承担。"

但《民法典》(2020年)第五百八十一条又作出了对相对方有利的替代履行规定,即:"当事人一方不履行债务或者履行债务不符合约定,根据债务的性质不得强制履行的,对方可以请求其负担由第三人替代履行的费用。"

承担违约责任的前提是违约,造成损失并非必要条件。但违约行为也可能使相对方获利,在这种情形下显然无法主张赔偿损失,但可适用合同中对于违约金、定金的约定。如果要求赔偿损失,从违约中获得的利益也将会被计算。

依据《合同编通则司法解释》(2023年)第六十三条第三款的规定:"在确定违约损失赔偿额时,违约方主张扣除非违约方未采取适当措施导致的扩大损失、非违约方也有过错造成的相应损失、非违约方因违约获得的额外利益或者减少的必要支出的,人民法院依法予以支持。"

3.违约责任与赔偿损失

因相对方违约而获利的情形也存在,但大部分情况是因相对方违约而蒙受直接、间接损失,包括可得利益损失。因此"赔偿损失等违约责任"应用较多,且有不同形式。

(1)违约金

违约金的设定,以违反交易内容、交易方式条款中的各类约定为基础。按程度可分为全部未履行、部分未履行,按类型可分为标的质量、数量等违约和履行的时间、地点、方式等违约。约定的重点,在于最可能违约的情形和违约影响最大的情形。

违约金的额度可以两种方式设定。依照《民法典》(2020年)第五百八十五条第一款:"当事人可以约定一方违约时应当根据违约情况向对方支付一定数额的违约金,也可以约定因违约产生的损失赔偿额的计算方法。"前者直接、简单地以具体的违约金金额表示,追究违约责任无须举证计算依据;后者设定计算基数及比例,例如逾期付款的违约金按照未付金额每日万分之五等比例计算等,即使需要举证也非常简单容易。

但违约金的设定受到一定限制。《民法典》(2020年)第五百八十五条第二款规定:"约定的违约金低于造成的损失的,人民法院或者仲裁机构可以根据当事人的请求予以增加;约定的违约金过分高于造成的损失的,人民法院或者仲裁机构可以根据当事人的请求予以适当减少。"需要注意的是,"低于造成的损失"即可请求增加,但必须"过分高于造成的损失"才可以请求"适当减少",因此在设定时可以就高不就低。

根据《合同编通则司法解释》(2023年)第六十五条第二款的规定:"约定的违约金超过造成损失的百分之三十的,人民法院一般可以认定为过分高于造成的损失。"

(2)定金

定金本身并不属于违约责任,而是与保证、抵押、质押、留置一道同属担保方式。但定金可用于承担违约责任,即《民法典》(2020年)第五百八十七条规定的"债务人履行债务的,定金应当抵作价款或者收回。给付定金的一方不履行债务或者履行债务不符合约定,致使不能实现合同目的的,无权请求返还定金;收受定金的一方不履行债务或者履行债务不符合约定,致使不能实现合同目的的,应当双倍返还定金"。因此定金的适用比起违约金更简单、方便。

同时,定金还可与赔偿损失并用。依据《民法典》(2020年)第五百八十八条的规定:"当事人既约定违约金,又约定定金的,一方违约时,对方可以选择适用违约金或者定金条款。定金不足以弥补一方违约造成的损失的,对方可以请求赔偿超过定金数额的损失。"

但定金的约定需要符合法定的限度。依据《民法典》(2020年)第五百八十六条第二款的规定:"定金的数额由当事人约定;但是,不得超过主合同标的额的百分之二十,超过部分不产生定金的效力。实际交付的定金数额多于或者少于约定数额的,视为变更约定的定金数额。"

(3)赔偿损失

赔偿损失是承担民事责任最常用的作法和基本原则,也是《民法典》(2020年)

所规定的承担违约责任的方式之一。但对损失范围的约定和对损失的举证较之违约金更为复杂。

约定赔偿损失范围时,一般应尽可能扩展到所有可能范围。例如约定为"因违约行为而给相对方造成的一切损失,包括但不限于差旅费、调查取证费用、合理的律师费、消除不利影响的费用以及因此而减少的收入等",更详细的约定还包括对各类费用的进一步说明、计算方法等,但律师费能否得到支持可能取决于各地的审判观念。

赔偿损失与定金可以同时约定。《民法典》(2020年)第五百八十八条规定:"当事人既约定违约金,又约定定金的,一方违约时,对方可以选择适用违约金或者定金条款。定金不足以弥补一方违约造成的损失的,对方可以请求赔偿超过定金数额的损失。"

(八)解决争议的方法

本项内容与"违约责任"同属于合同四大内容中的问题处理主题。

"解决争议的方法"有狭义与广义两种不同理解。前者将其理解为约定以诉讼还是仲裁解决争议以及管辖地。

司法实践则采用了广义理解。从可以公开查阅的法院判决中可以看到各级人民法院将合同中约定的律师费负担方式、最终结算方式、损失的计算范围及方法、补偿款分配、利息计算、保证金退还等,全部作为解决争议方法条款处理。

因而解决争议的方法包含很多内容。虽然主要用途是约定在协商不成时以仲裁或是诉讼解决争议以及具体的管辖地或仲裁委员会,但这一条款可以约定更多解决善后问题的条款,如损害赔偿、返还财产、结算方法。协商最为简单方便但双方随时可以发起,无须在合同中特别约定。

1. 诉讼或仲裁解决

诉讼和仲裁都是最为常见的通过第三方解决争议的途径,而且相关法律体系完善、处理流程成熟。

(1)诉讼解决争议

如果双方决定通过诉讼解决争议,首选依法约定管辖法院。依据《民事诉讼法》(2023年修正)第三十五条的规定:"合同或者其他财产权益纠纷的当事人可以书面协议选择被告住所地、合同履行地、合同签订地、原告住所地、标的物所在地等与争议有实际联系的地点的人民法院管辖,但不得违反本法对级别管辖和专属管辖的规定。"

但无论合同中是否约定了管辖法院,任何一方均可直接提起诉讼。双方已经约定了管辖法院的,应向该法院提起诉讼;双方没有约定管辖法院的,可依照《民事诉讼法》(2023年修正)第二十四条:"因合同纠纷提起的诉讼,由被告住所地或者合同履行地人民法院管辖。"

某些合同习惯于约定协商不成方可起诉,但诉讼是当事人法定的权利,即使约定后未经协商直接提起诉讼,法院也同样会依法受理。

(2)仲裁解决争议

如果双方决定通过仲裁解决争议,则需依法约定仲裁机构。依据《仲裁法》(2017年修正)第六条的规定:"仲裁委员会应当由当事人协议选定。仲裁不实行级别管辖和地域管辖。"因此合同双方可约定在任何仲裁机构仲裁解决争议。

如果双方既未在合同中约定仲裁协议,也未能在发生争议后达成仲裁协议,依照《仲裁法》(2017年修正)第四条的规定,"当事人采用仲裁方式解决纠纷,应当双方自愿,达成仲裁协议。没有仲裁协议,一方申请仲裁的,仲裁委员会不予受理。"

但某些仲裁委员会也会征求被申请人意见。如果被申请人接受仲裁协议,则仲裁程序启动,不接受则仲裁申请将不予受理。

对于一方申请仲裁、一方提起诉讼的,该法第五条规定:"当事人达成仲裁协议,一方向人民法院起诉的,人民法院不予受理,但仲裁协议无效的除外。"而仲裁协议无效的情形,依照该法第十七条:"有下列情形之一的,仲裁协议无效:

(一)约定的仲裁事项超出法律规定的仲裁范围的;

(二)无民事行为能力人或者限制民事行为能力人订立的仲裁协议;

(三)一方采取胁迫手段,迫使对方订立仲裁协议的。"

2. 其他争议解决方法

除了诉讼、仲裁,实务中还通过第三方鉴定、审计、调解等方式解决争议。这些解决方式,通常是基于双方能够就解决方案达成一致,而且仅对争议焦点问题存在不同意见。如果这些方法无法解决争议,则诉讼或仲裁便是最终解决方案。

第三方的鉴定主要是针对标的质量。双方一般认可其余的解决方案,但对质量存在不同的理解。为此双方共同委托权威的第三方机构鉴定,不同的鉴定结果适用不同的解决方案,一切以鉴定结果为准承担责任。

第三方的审计主要是针对财务数据。这类方法在建设工程等票据、费用复杂的项目决算过程中采用。双方委托独立第三方机构审计预算、票据、签证、初步决算报告等,通过剔除不成立或无合法依据的项目等方式确定最终的结算额,并由双方按照审计结果结算。

第三方的调解主要是通过共同上级。如果两个合同主体之间产生了合同争议，有时会同意由共同的主管部门或上级公司调解解决，同行业企业间的争议有时还会通过行业协会的调解解决。这种调解并无强制力，有的主管部门甚至没有这一职能，但双方愿意基于调解人的权威共同遵守。

更有实际意义的可能还是那些广义的解决争议方法，这些方法即使在诉讼、仲裁中也会作为解决争议的依据。例如前面所提及的合同不生效、无效、被撤销、终止时律师费负担方式、最终结算方式、财物返还方式、损失的计算范围及方法、补偿款分配方式、利息计算、保证金退还等。

二、对合同示范文本的解读

合同示范文本，狭义的是指由政府部门起草的、供相关行业在交易中作为样本使用的合同文本；广义的还包括一些商业化运营的自行收集、整理、设计并成套提供以作为交易时参照使用的非官方合同文本。

通常情况下，这些文本均为参考使用的文本而非强制使用的文本。但在特定情形下，示范文本也有可能被指定为标准文本以便于政府部门的集中管理、审批。

(一)政府部门合同示范文本的属性

对于政府部门的合同示范文本，原国家工商行政管理总局(已撤销)于2015年发布了《关于制定推行合同示范文本工作的指导意见》，以规范合同示范文本的制定、发布等行为。该意见至今仍旧有效，其中的一些内容代表了政府部门合同示范文本的主要特点：

1. 示范文本的概念

本意见所称合同示范文本，是指工商和市场监管部门根据《合同法》及相关法律法规规定，针对特定行业或领域，单独或会同有关行业主管部门制定发布，供当事人在订立合同时参照使用的合同文本。

2. 制定、推行原则

合同示范文本的制定推行工作应遵循以下原则：

(1)合法合规。合同示范文本内容应当符合各项法律法规规定。对于法律法规未作具体规定的，应当符合相关法律原则以及行业惯例。

(2)公平合理。合同示范文本的制定应当持中立立场，对合同当事人的权利义务进行合理分配，确保各方当事人权利义务对等。

(3) 尊重意思自治。合同示范文本供当事人参照使用，合同各方具体权利义务由使用人自行约定；使用人可以根据自身情况，对合同示范文本中的有关条款进行修改、补充和完善。

(4) 主动公开。制定机关应当主动公开其制定的合同示范文本，供社会各界参照使用。

3. 合同示范文本的推行和使用

(1) 免费提供

工商和市场监管部门可以通过提供电子版下载、印制发放纸质文本等方式向社会免费提供合同示范文本。

(2) 自愿参照使用

合同示范文本供合同当事人自愿参照使用，工商和市场监管部门不得强制要求当事人使用合同示范文本。

(3) 合同条款的解释

当事人参照合同示范文本订立合同的，应充分理解合同中条款的内容，并自行承担合同订立履行所发生的法律后果。

当事人对合同条款理解发生争议时，应按照有关法律法规规定对条款进行解释。工商和市场监管部门不负责对当事人订立的合同内容进行解释。

(二) 政府部门合同示范文本的现状

政府部门出台的合同示范文本门类众多且持续多年，既促进了交易也引导了交易的规范化。各政府部门颁布的合同示范文本多在其主管范围内依据相关的法律、法规、部门规章制定和颁布，许多政府主管部门都颁布了示范文本，许多示范文本甚至由多个行政部门共同发布。例如：

市场监管总局办公厅、中央网信办秘书局、教育部办公厅、公安部办公厅、应急管理部办公厅、国家邮政局办公室于2023年11月13日发布了《危险化学品生产经营企业自建网站销售合同（示范文本）》（市监网监发〔2023〕103号）；

市场监管总局办公厅于2023年2月24日发布了《医疗美容消费服务合同（示范文本）》（市监网监发〔2023〕13号）；

农业农村部办公厅于2022年2月10日发布了《农村土地（耕地）承包合同（家庭承包方式）示范文本》（2022修订，农办政改〔2022〕2号）等。

各政府部门发布的示范文本大多在各自行业领域内相对内容完整、条款权威。尤其是大多加入了相关领域特有的条款，比较切合相关交易的实际需要，甚至作为相关行政部门的行业管理辅助手段。

例如,由住房和城乡建设部、国家工商行政管理总局(已撤销)于2014年4月9日联合发布的《商品房买卖合同示范文本》(2014修订,建房〔2014〕53号),曾被各地房地产市场作为辅助监管手段使用,当地的商品房买卖合同必须具备相关的条款。

但政府部门颁布、推行的合同示范文本在被广泛使用的同时,也因其产生机制等而存在一些不足之处。

首先,所有示范文本都建立在基础性的交易场景之上以力求通用。但因缺乏现实交易中千变万化的具体需求,细节会约定不足甚至没有约定,或是与现实用的交易场景不同,因而通用性越强其实用性越差。

其次,由行业主管部门主导的合同示范文本往往更有利于其管理的相关行业。这类合同由于其内容的专业性和管理对象的行业性,在制订过程中必然会考虑相关行业中出现过的问题,因而其条款内容往往对于相关行业更容易理解和操作,也更为有利。

再次,政府部门的主要职能是行政管理,处理合同事务的经验有限。政府部门和当事人对于合同的理解不同、运用方式不同,因而政府部门的合同示范文本制作水平各不相同,通常能够解决常用交易中的问题但难以适应更高的要求。

最后,政府部门的合同示范文本试图维护双方利益,但实际上很难平衡。主管部门或监管部门试图以中立的立场制订示范合同文本,但现实中的交易需求都有一定的倾向性而且最终由交易地位决定条款形态,因而会出现合同条款适用性不足的情形。

(三)其他各类合同示范文本

《民法典》(2020年)中的"合同示范文本"显然是指政府部门提供的合同示范文本,或是以该类文本为主,但现实中的示范文本也大量来源于商业化运营的合同文本经营机构或企业、法律服务等机构自身的合同文本分享机制。

商业化的合同示范文本多由商业机构收集、整理而成,以会员制等方式付费使用。随着样本的积累和整理,这类文本的数量越来越多、分类也越来越细致,可借鉴范围也越来越大。但这类文本取材不同,因而在实际使用时首先需要判断其文本的利益倾向性,避免使用倾向于保护相对方利益的文本。

其他合同示范合同文本来源于企业、律师事务所等机构内部掌握和流传的合同文本。这些文本只是来源于实际使用过的文本,因此可以称之为先例文本。这类文本未经统一整理，只是出于其曾被使用或被推荐而作为参考样本使用。这些文本有的因其较为成功、实用而流传，有的只是因为别无先例而采用，在实际使用时更需要先甄别其适用性。

总之，无论是政府部门提供的示范合同文本还是其他来源的示范合同文本，如果内容较为齐全、结构较为合理、专业性内容足够，都可以大大节省合同的设计、谈判、完善的时间。但每份合同都有具体的交易目的和应用场景、利益倾向性，因此示范文本可能会存在交易立场不同、交易场景不符和文本适用性不足等情况。

【风险点及建议】

同本条规定相关的法律风险，是在整体上有合同"一般包括"条款的缺失而导致约定不明确，以及未充分识别示范文本的法律、表述、适用性缺陷而采用等。每项条款涉及的具体风险点及解决方案，将在各个相关内容部分中分别展开。

除了"第一分编 通则"中的抽象合同，"第二分编 典型合同"中的每个典型合同也有其"一般包括"条款。准确理解和熟练把握这些条款的商务意义和法律意义，才能在交易中作出最为适合的合同条款安排。

一、合同一般包括条款的风险控制

同本条第一款相关的法律风险，是合同一般包括条款的缺失或不明确导致合同无法正常履行甚至无法成立，以及当事人资格、标的存在合法性瑕疵。

实际交易中的条款会随着交易的不同而千变万化。通常情况下，那些精细化程度高、履行期限长、履行过程复杂、交易金额大的合同会增加行业性、技术性、细节性条款，而小额、高频的简单交易则会简化合同内容，甚至以表单代替。

合同"一般包括"条款是每份合同都会涉及的基本工作。这些条款本为实现资源交换的商业目的而产生，但由于每个条款均涉及复杂的法律问题，所以都可以成为法律风险源。控制这些条款，同时也是在控制交易中的法律风险。

(一)当事人姓名/名称和住所的约定

同本项规定相关的法律风险，是姓名或名称并非法定或者与实不符、当事人住所地缺失或不明确、市场主体身份存在合法性瑕疵。

当事人姓名或名称上的瑕疵容易导致交易主体不明甚至是诉讼主体不明，住所的缺失或不明确会导致当事人身份无法核实或无法正式发出重要通知。但更为重要且复杂的，则是民事主体作为市场主体时的合法性问题。

1. 市场主体登记管理

合同合法性的首要条件，是合同主体的合法性。《民法典》(2020年)中的三类民事主体自然人、法人、非法人组织均可成为合同主体，但要成为合法的市场主体往往需要依法登记、取得许可。公司在现实中是最为主要的市场主体，但市场主体却并不仅限于公司，甚至并不仅限于法人。同样，自然人也并不可以直接成为市场主体。

依据《市场主体登记管理条例》(国务院令第746号，2021年)第二条，"本条例所称市场主体，是指在中华人民共和国境内以营利为目的从事经营活动的下列自然人、法人及非法人组织"。该条还规定，应当登记注册的市场主体有以下几类：

（一）公司、非公司企业法人及其分支机构；

（二）个人独资企业、合伙企业及其分支机构；

（三）农民专业合作社（联合社）及其分支机构；

（四）个体工商户；

（五）外国公司分支机构；

（六）法律、行政法规规定的其他市场主体。

除此之外，外国企业的常驻代表机构即使不从事经营活动也需要登记。依据《外国企业常驻代表机构登记管理条例》(2024年修订)的规定，设立外国企业常驻代表机构必须登记。该条例第二条规定，"本条例所称外国企业常驻代表机构（以下简称代表机构），是指外国企业依照本条例规定，<u>在中国境内设立的从事与该外国企业业务有关的非营利性活动的办事机构</u>"。

2. 经营范围管理制度

经营范围是市场主体的登记内容之一，也曾经是严格管理的对象。随着《市场主体登记管理条例》(2021年)的生效，超越经营范围行为只有违反了许可经营项目的管理规定时才会受到依据许可经营管理相关法律法规的处罚。

根据《市场主体登记管理条例》(2021年)第十四条第一款的规定："市场主体的经营范围包括一般经营项目和许可经营项目。经营范围中属于在登记前依法须经批准的许可经营项目，市场主体应当在申请登记时提交有关批准文件。"

其中，一般经营项目是指不需要另行批准即可经营的项目，许可经营项目是指必须依据法律、行政法规等报经有关部门批准方可经营的项目。许可经营项目又分为前置许可经营项目、后置许可经营项目两类，前置许可经营项目必须在市场主体登记前取得批准。但无论是前置还是后置，许可经营项目都必须同时具备经许可和营业执照方为合法经营。

3. 许可证书管理制度

许可证书问题是经营范围问题的延伸。依据《行政许可法》(2019年修正)第三十九条第一款第(一)项,"许可证、执照或者其他许可证书"属于同类的行政许可。这些许可应用广泛且产生依据繁杂,有的直接依据《行政许可法》(2019年修正)的明确规定,有的则依据该法第十二条规定的"法律、行政法规规定可以设定行政许可的其他事项"。

许多行业都实行许可证管理制度。如废物经营行业有《危险废物经营许可证管理办法》(2016年修订)、药品行业有《药品经营和使用质量监督管理办法》(2023年)、银行保险业有《银行保险机构许可证管理办法》(2021年),以及烟草行业有《烟草专卖许可证管理办法》(2016年)等。只有查验相关企业的许可证,才能确定其是否具备合法的交易资格。未取得许可证而从事相关经营活动的直接后果是行政处罚,甚至构成刑事责任,而且很容易导致合同无效。

其中,《工业产品生产许可证管理条例》(2023年修订)及《工业产品生产许可证管理条例实施办法》(2022年修订)是工业企业接触最多的许可制度。依据该条例第一条,其制定目的是"保证直接关系公共安全、人体健康、生命财产安全的重要工业产品的质量安全,贯彻国家产业政策,促进社会主义市场经济健康、协调发展"。因此,工业产品生产企业均会涉及。

对工业产品实行生产许可证管理的范围体现在《工业产品目录》之内。《工业产品生产许可证管理条例》(2023年修订)第三条规定,"国家实行生产许可证制度的工业产品目录(以下简称目录)由国务院工业产品生产许可证主管部门会同国务院有关部门制定,并征求消费者协会和相关产品行业协会的意见,报国务院批准后向社会公布"。

4. 资格证、资质证或者其他合格证书

资格资质的行政许可属于《行政许可法》(2019年修正)第十二条第一款第(三)项所规定的"提供公众服务并且直接关系公共利益的职业、行业,需要确定具备特殊信誉、特殊条件或者特殊技能等资格、资质的事项",其证书属于该法第三十九条第一款第(二)项规定的"资格证、资质证或者其他合格证书"。

在行政处罚方面,该法第八十一条规定:"公民、法人或者其他组织未经行政许可,擅自从事依法应当取得行政许可的活动的,行政机关应当依法采取措施予以制止,并依法给予行政处罚;构成犯罪的,依法追究刑事责任。"

该条不仅规定许多行业需要资格资质才能经营,有些资格资质还分为不同等级。建筑、广告、房地产等是典型的资质管理行业,监理、律师等是典型的资格管理职业。没有相关资格资质或超越资格资质签订的合同,合同效力需要参照相关许可管理规定的具体内容加以核实,并很可能会被认定为无效。

5. 专业人员从业资格

合同履行人员有无从业资格不属于合同主体本身的问题,但与履行的合法性及履行能力相关。依据人力资源和社会保障部等部门发布的《中华人民共和国职业分类大典》(2022年版),职业分类结构为8个大类、79个中类、449个小类、1636个细类(职业)。其中与合同履行人员的专业技术资格相关的内容,主要是第二个大类中的"专业技术人员"。

由此可知,如果合同的履行涉及上述职业资格而实际履行人员却无法提供相关证书,则可以判定履行方可能存在履行能力瑕疵,履行质量难以保证。

6. 法定代表人及委托代理人

法定代表人及委托代理人并非合同主体本身但代表合同主体。前者的代表权来自法律规定、后者的代理权来自授权委托,代表权和代理权限的合法有效是合同合法成立、有效的关键。因而在许多合同中,法定代表人身份、委托代理人的授权委托书,均为重要的合同附件。

即使是在商务谈判过程中,也需要首先核实相对方业务人员是否具备商务洽谈的代理权。如果由代理人而非法定代表人签署合同,则代理人还必须拥有签署合同的合法授权。

(二)标的条款的约定

同本项规定相关的法律风险,是标的没有约定或约定不明确而导致合同无法成立,或是标的本身不合法、没有处分权。

作为交易对象,标的既有商务层面的意义也有法律层面的意义,尤其是涉及标的合法性、处分权等诸多法律问题需要在实务中重点关注。

1. 标的的合法性

标的的合法性,与标的是否属于法律上禁止生产或禁止流通的物品,以及禁止从事的行为有关。这些被法律禁止的交易标的,分布在多个法律领域。

禁止生产、销售的产品,不具有标的的合法性。这类规定主要与产品质量标准有关,在《产品质量法》和《标准化法》上均有规定。

例如,《产品质量法》(2018年修正)第十三条第二款规定:"禁止生产、销售不符合保障人体健康和人身、财产安全的标准和要求的工业产品。具体管理办法由国务院规定。"

同样,《标准化法》(2017年修订)第二十五条也规定:"不符合强制性标准的产品、服务,不得生产、销售、进口或者提供。"

禁止生产、销售、进口的产品等多以国务院部门规范性文件的方式出现,相对比较分散。但对于某些产品,可参照《刑法》(2023年修正)中与产品生产、销售有关的罪名。经营合法性存在瑕疵的标的,轻则由政府主管部门予以行政处罚,重则构成刑事犯罪,而相关合同也通常会被认定为无效合同。

2. 经营许可

同标的有关的另一情形是经营许可问题。没有取得合法的许可而擅自经营或超越经营范围经营许可经营项目,均有可能受到行政处罚甚至被追究刑事责任。这同上一主题的市场主体合法性是同一问题的两个体现,主体合法性是基于合法的行政许可,而标的合法性在这类情形下仍旧是行政许可问题。

这类项目并非绝对不可以经营,市场主体只要取得合法的相关行政许可即可合法经营。但某些领域的经营可能会由于宏观控制等原因而实际上难以取得行政许可。

同标的合法性问题一样,哪些领域的经营属于许可经营项目往往需要查询。而且相关规定同样相对分散,要保证标的的合法性也同样需要查询相关法律、行政命令、清单才能得出结论。

3. 所有权或处分权

提供标的物或工作成果的一方对于交易标的是否有所有权或处分权,对于交易双方同等重要。处分财产的一方如果没有处分权,其最终结局很有可能因对方无法实现物权而承担违约责任。而接收财产的一方,则很有可能因对方没有所有权或处分权而最终无法成交,在支付了价款或报酬后无法得到对价,甚至牵涉第三人最终取得标的物的行为是否善意之争。

这种情形也被称为无权处分或权利瑕疵。前者是指不存在所有权或处分权却处分了依据法律无权处分的标的,后者是指交易虽然完成但标的权利无法完全实现,或是标的上仍旧存有第三人权利的情形。

对于所有权或处分权的核实通常并不复杂。如果标的存在物权等登记信息则查询相关信息予以核实,没有相关登记信息甚至没有相关登记制度的,可直接要求对方提供所有权证明或处分权证明。

4. 可识别性

标的的可识别性，是指对合同标的的描述具体到足以产生特定性，得以将其从其他标的尤其是同类标的中识别出来。

这在工业品交易中尤其典型。在许多情形下，某些产品之间只有细微的区别甚至是外观上无法体现的内在区别。这些区别包括功能上的差异、材料上的不同，以及尺寸、重量、零件质量等方面的区别，但最终均会在价格差异上体现。如不加以详细描述和约定，容易在履行中出错，甚至出现标的物被低价产品替代的情形。

因此对于标的的描述，需要有详细的规格、型号、花色，甚至主要成分、功能等对其予以锁定，确定此物非彼物、此行为非彼行为。如果标的的质量鲜为人知，则承诺的质量应在合同标的描述条款中明确，必要时还需要将相关质量标准、技术参数、材料成分等作为合同附件直接列明，以确保得到所需的标的物。

（三）数量条款的约定

本项规定相关的法律风险，是合同中的计量单位不明确、合同中总量的计算方法不明确、具体数量无法核验，甚至因缺少数量条款而导致合同不成立。

通常情况下，交易数量由业务部门确定，并不需要律师或法务人员参与决策或审核。由于这部分内容纯属商业行为，工作态度严谨的律师甚至会在审核意见中明确强调技术条款、数量条款等纯商务条款不在律师专业知识和工作领域之内，提醒当事人自行审核。

标的数量是不可或缺的合同条款，一旦缺失将导致合同无法成立。按照《合同编通则司法解释》（2023年）第三条第一款的规定，"能够确定当事人姓名或者名称、标的和数量的，一般应当认定合同成立"。因此当事人、标的、数量是合同成立最基本的要素，缺一不可。

至于其他条款的缺失或不明确，则可按《民法典》（2020年）第五百一十条、第五百一十一条的专门规定处理。《合同编通则司法解释》（2023年）第三条第二款也规定："根据前款规定能够认定合同已经成立的，对合同欠缺的内容，人民法院应当依据民法典第五百一十条、第五百一十一条等规定予以确定。"

某些合同可能在订立时无法确定具体的数量，如某些土方工程、散货交易、持续履行的原材料供应合同等。对于这些交易，可以约定计量标准和单价，以及对于数量的认定标准及方法，以便于在需要时准确计算出数量。如有必要还可以设立误差范围条款，即数量向上、向下浮动的百分比，百分比内按实结算、多退少补。超出部分则不再计量或必须调整到范围之内，以此锁定数量区间，避免计量误判畸高或畸低。

除此之外，则是非法定计量单位的定义问题。如果在合同中出现了非法定的计量单位，尤其是日常性的计量单位，如箱、车、捆、套等，必须详细描述其包含的内容、计量标准、数额，以免在合同履行过程中产生无谓的争议。

(四)质量条款的约定

本项规定相关的法律风险，是标的没有质量标准、质量标准不明确、质量标准违法，或因质量标准不符合需求而无法实现交易目的。

质量条款通常也不属于法律专业人员的工作范围，而应由当事人的业务部门或技术部门负责。但某些业务人员并不熟悉质量标准体系，因此质量条款约定得较为笼统以至于毫无意义。

1. 交易目的决定质量标准

标的质量直接关系到交易价格和交易目的的实现，因而合同中的质量标准不仅要合法、明确，还要符合交易目的。依据《标准化法》(2017年修订)，质量标准依次分为强制性国家标准、推荐性国家标准、行业标准、地方标准、团体标准、企业标准，其中的强制性标准即使不加约定也必须执行。

接收标的物或工作成果并支付价款或报酬的一方，可结合交易目的了解标的相关的质量标准和自身的需求，在不违反法律规定的前提下将个性化要求一并设定为质量标准，以确保标的质量、实现交易目的。而卖方则需要依法标注质量标准、全面履行合同，确保产品质量符合标准。

2. 质量标准与到货检验

质量检验是确保标的质量符合合同约定标准的保障措施。在约定质量条款时，必然要联想到货检验、质量违约责任等条款。因此交付后的检验期限、对于检验不合格品的处理方法、质量争议是否委托第三方签订、质量违约责任、不合格品退货标准及赔偿标准、质量异议的解决方案等条款水到渠成。

标的质量验收因标的用途而不同。大部分民用产品的到货检验实为数量清点和根据外在质量的验收，因为一般没有内在质量检测、验收的能力，或是无法承受检验内在质量的成本，因而可以强化质量保证条款。生产设备、食品原料等标的由于质量要求高，不仅要有外在质量的验收还要有内在技术指标、能耗、成分等方面的检验，甚至还要区分不同阶段的检验、约定是否由第三方检验，以及质量不符合约定时的更换、修理、退货、解除合同等质量责任条款。

3. 质量保证期与保修期

某些标的物会随着使用或年限增加而逐渐无法达到原有的质量标准,因此合同中需要约定质保期、保修期等期限。

质量保证期,通常是指产品在正常保管、维护和使用的情况下能够达到所承诺质量标准的期限。超过质量保证期限的产品未必会失去使用价值,甚至未必会达不到原有的质量标准,但超过质量保证期限意味着质量责任的消灭。例如,若因使用超过质量保证期限的设备而发生事故,如果生产者或经营者没有另外的承诺则无须承担责任。

质量保修期,通常是指由生产者或经营者承担免费维修义务以使产品达到承诺的或法定的质量标准的期限。在确定质量标准之余,保修期同样是涉及重大商业利益的重要条款。质量保修期的延长也是一种交易利益,当买方处于优势交易地位时,可以向卖方提出延长质量保修期的要求;而当卖方处于优势地位时,质量保修期也可以作为一种附加服务供买方选购。

这两种期限视具体标的而定。某些商品或服务有法定的质量保证期,如建筑和工业品等。如果自行约定这类商品或服务的质量保证期,只能长于法定期限而不能低于法定期限,不加约定则执行法定期限。

4. 质量保证金

质量保证金在买卖合同、建设工程合同中均有广泛使用,在合同实务中也常常是被关注的焦点,但在《民法典》(2020年)中并无相关规定。

依据住房和城乡建设部、财政部颁布的《建设工程质量保证金管理办法》(2017年修订)第二条的规定:"本办法所称<u>建设工程质量保证金(以下简称保证金)是指发包人与承包人在建设工程承包合同中约定,从应付的工程款中预留,用以保证承包人在缺陷责任期内对建设工程出现的缺陷进行维修的资金</u>。

缺陷是指建设工程质量不符合工程建设强制性标准、设计文件,以及承包合同的约定。

缺陷责任期一般为1年,最长不超过2年,由发、承包双方在合同中约定。"

对于工程质量保证金的支付方式和限额,该管理办法第七条规定了:"发包人应按照合同约定方式预留保证金,保证金总预留比例不得高于工程价款结算总额的<u>3%</u>。合同约定由承包人以<u>银行保函替代预留保证金的,保函金额不得高于工程价款结算总额的3%</u>。"

这种保证金具有担保性质。即在承包人不履行维修义务时,发包人可动用该保证金来支付维修等费用。具体规定为该管理办法的第九条:"缺陷责任期内,由承包人原因造成的缺陷,承包人应负责维修,并承担鉴定及维修费用。如承包人不维修也不承担费用,发包人可按合同约定从保证金或银行保函中扣除,费用超出保证金额的,发包人可按合同约定向承包人进行索赔。承包人维修并承担相应费用后,不免除对工程的损失赔偿责任。

由他人原因造成的缺陷,发包人负责组织维修,承包人不承担费用,且发包人不得从保证金中扣除费用。"

买卖合同中设置保证金的方式与此类似。质量保证金仅用于对方质量违约或售后服务违约时抵作违约金、赔偿金,或用于支付由第三人替代履行时的维护、修理等费用,目的是在质量保证期内能够得到免费、及时、保证质量的更换、修理等服务。如果质量保证期满没有出现违约情形,则保证金会如数退还,是否连带利息按双方的合同约定执行。

5. 质量要求不明确的处理

合同的质量条款在某些情况下也会同其他条款一样,出现没有约定或约定不明确的情形。在《民法典》(2020年)第五百一十一条规定的各类条款没有约定或约定不明确的情形中,质量要求不明确被列为第一位。

如果双方既无法达成一致又无法按照《民法典》(2020年)第五百一十条的规定协议补充或判定,则按该法第五百一十一条第一款第(一)项的规定确定质量标准,即:

(一)质量要求不明确的,按照强制性国家标准履行;没有强制性国家标准的,按照推荐性国家标准履行;没有推荐性国家标准的,按照行业标准履行;没有国家标准、行业标准的,按照通常标准或者符合合同目的的特定标准履行。

在设计合同条款时,是否约定、如何约定质量条款会产生不同的法律适用。约定则可以使权利义务更加明确,不约定则适用默认的强制性国家标准、推荐性国家标准,或是行业标准、通常标准、符合合同目的的特定标准。因此可以参照这一条款的规定,决定如何约定、是否约定质量标准条款。

对于质量条款的解读,参见本条款解读的上半部分,以及对《民法典》(2020年)第五百一十一条的解读。

(五)价款或者报酬的约定

本项内容可能涉及的法律风险,价款或报酬本身没有约定或约定不明确,以及价款或报酬的计算标准、对价不明确,从而导致合同无法顺利履行并产生争议。

价款或者报酬是通过签订履行合同换取物或工作成果时所支付的对价。它与标的及数量密切相关,是标的价值的量化体现。但它也可以作为一种象征性的对价,而与标的价值没有直接关系。

实务中的价款或者报酬通常由当事人的业务部门或财务部门自行决定,法律部门很少过问具体金额,但价款或者报酬也涉及诸多法律风险。

1. 金额数字的大写与小写

目前,许多合同文本在表示金额时仍旧在阿拉伯数字之外以大写汉字的"壹""贰""叁""肆""伍""陆""柒""捌""玖""拾""佰""仟""萬"等重复书写同样的金额,并视之为传统。

但在法律层面,目前仅有《票据法》(2004年修正)第八条规定了:"票据金额以中文大写和数码同时记载,二者必须一致,二者不一致的,票据无效。"其余规定则散见于金融、海关等领域的部门规章中,民法体系中并无此类要求。

这种以中文大写表示金额的做法,唐代开始流行、明代开始强制使用,在手写时代能够充分起到防止篡改的作用。但在如今的打印时代,在打印稿上加打数字或以其他方式篡改的可能性已经近乎为零,本身已并不需要以这类方式防止篡改。

因此,大写复述合同中金额数字的做法对于大部分合同主体而言既非法律规定,也非必备要求。

2. 有对价与无对价

实务中的合同几乎全为有对价的有偿合同,只有极个别合同是无对价的无偿合同。在这类合同中,提供产品或工作成果方不收取价款或者报酬作为对价,整个交易类似于无对价的赠与行为。

以《民法典》(2020年)为核心的民事法律体系并未将对价作为合同成立的条件,但有偿合同与无偿合同所承担的责任并不相同。例如,《民法典》(2020年)第九百二十九条规定,"有偿的委托合同,因受托人的过错造成委托人损失的,委托人可以请求赔偿损失。无偿的委托合同,因受托人的故意或者重大过失造成委托人损失的,委托人可以请求赔偿损失"。由此可见,无偿委托合同受托人的责任要明显轻于有偿委托合同的受托人。

同样,《民法典》(2020年)第九百三十三条也规定:"委托人或者受托人可以随时解除委托合同。因解除合同造成对方损失的,除不可归责于该当事人的事由外,无偿委托合同的解除方应当赔偿因解除时间不当造成的直接损失,有偿委托合同的解除方应当赔偿对方的直接损失和合同履行后可以获得的利益。"即有偿委托合同的解除,赔偿的范围远远大于无偿委托合同的解除。

但无对价的交易存在票据支付方面的法律障碍。对此,《票据法》(2004年修正)的相关规定为:

第十条　票据的签发、取得和转让,应当遵循诚实信用的原则,具有真实的交易关系和债权债务关系。

票据的取得,必须给付对价,即应当给付票据双方当事人认可的相对应的代价。

第十一条第一款　因税收、继承、赠与可以依法无偿取得票据的,不受给付对价的限制。但是,所享有的票据权利不得优于其前手的权利。

尽管这一领域的实际执行情况并未如规定那样严格,但其规定只是要求不得无对价地支付,并不涉及无对价地交付。换言之,不能无货付款,却可收货不付。

如果这种无偿合同同时又是非典型合同,则法律适用问题更为复杂。《民法典》(2020年)第六百四十六条规定了:"法律对其他有偿合同有规定的,依照其规定;没有规定的,参照适用买卖合同的有关规定。"因此无偿合同如有争议甚至无法参照买卖合同处理。

无偿合同的另一个风险,是可能因涉及损害国家、社会、他人利益而被认定为不生效。《民法典》(2020年)第一百三十二条规定:"民事主体不得滥用民事权利损害国家利益、社会公共利益或者他人合法权益。"而《总则编司法解释》(2022年)第三条第二、三款则分别规定:"行为人以损害国家利益、社会公共利益、他人合法权益为主要目的行使民事权利的,人民法院应当认定构成滥用民事权利""构成滥用民事权利的,人民法院应当认定该滥用行为不发生相应的法律效力。滥用民事权利造成损害的,依照民法典第七编等有关规定处理。"

因此从实用角度考虑,无偿合同应尽可能设计成有偿合同以使法律关系、权利义务清晰。这种"有偿化"可以用较低的成本,例如欧美采用的"一美元收购""一欧元收购"等方式,也可以描述其他交易已使相对方受益并因此本合同不再支付对价等。真正无偿的交易很难遇到,赠与行为也完全可以通过赠与合同解决。

3. 价格与市场竞争违法

价格除了用于计算交易利益,也是最简单、直接的竞争手段。为此,多部法律对于企业的定价行为有所约束。

例如,《价格法》(1997年)对于价格行为有如下规定:

第十四条　经营者不得有下列不正当价格行为:

（一）相互串通，操纵市场价格，损害其他经营者或者消费者的合法权益；

（二）在依法降价处理鲜活商品、季节性商品、积压商品等商品外，为了排挤竞争对手或者独占市场，以低于成本的价格倾销，扰乱正常的生产经营秩序，损害国家利益或者其他经营者的合法权益；

（三）捏造、散布涨价信息，哄抬价格，推动商品价格过高上涨的；

（四）利用虚假的或者使人误解的价格手段，诱骗消费者或者其他经营者与其进行交易；

（五）提供相同商品或者服务，对具有同等交易条件的其他经营者实行价格歧视；

（六）采取抬高等级或者压低等级等手段收购、销售商品或者提供服务，变相提高或者压低价格；

（七）违反法律、法规的规定牟取暴利；

（八）法律、行政法规禁止的其他不正当价格行为。

第十一条 经营者进行价格活动，享有下列权利：

（一）自主制定属于市场调节的价格；

（二）在政府指导价规定的幅度内制定价格；

（三）制定属于政府指导价、政府定价产品范围内的新产品的试销价格，特定产品除外；

（四）检举、控告侵犯其依法自主定价权利的行为。

在这一方面，《反不正当竞争法》（1993年）第十一条曾规定"经营者不得以排挤竞争对手为目的，以低于成本的价格销售商品"，但现行《反不正当竞争法》（2019年修正），已经删除这一规定，不再规定价格问题。

4. 价格与垄断行为风险

当企业发展到一定规模和程度时，其价格行为会逐渐对整个市场产生影响力，因此需要关注反垄断方面的法律风险。依据《反垄断法》（2022年修正）第三条："本法规定的垄断行为包括：

（一）经营者达成垄断协议；

（二）经营者滥用市场支配地位；

（三）具有或者可能具有排除、限制竞争效果的经营者集中。"

由以上内容可以看出，垄断行为与价格密切相关，第（一）项、第（二）项均涉及价格,也分别是该法调整的对象。

但更为困扰企业的是价格垄断协议问题。根据《反垄断法》(2022年修正)第十七条第一款第(一)项的规定,禁止具有竞争关系的经营者达成"固定或者变更商品价格"的垄断协议。而根据第十八条第一款第(一)项、第(二)项的规定,禁止经营者与交易相对人达成"固定向第三人转售商品的价格""限定向第三人转售商品的最低价格"的垄断协议。

因此,当企业面临反垄断风险时,固定转售价格、限定转售最低价的行为不仅不能达到预期目标,甚至其本身即存在反垄断行政处罚风险。

(六)履行期限、地点和方式的约定

同本项规定相关联的法律风险,是履行期限、履行地点、履行方式的缺失或不明确导致的合同无法顺利履行,或是无法实现交易目的。

履行的期限、地点和方式是不可或缺但又十分普通的商务条款,与合同主体的生产经营安排和财务安排紧密相关。从法律视角需要关注的,是与约定的权利义务相关的法律规定、法律风险。

1. 履行期限的约定

履行期限中最为重要的是履行义务或行使权利的截止时间。没有截止时间的合同义务和没有截止时间的合同权利,都相当于履行义务方需要无限期地继续履行义务,这会给履行义务方带来巨大的履行成本和履行风险。

约定履行截止时间有多种方式。常规的以具体年、月、日、时表示的截止时间最为明确、没有异议。如果具体的履行期限无法确定,可以设定大致的时间范围并约定"具体的履行时间以×方通知为准",或以"具体时间以买方提前七天通知为准"的方式留出履行方的准备时间。

需要长期持续履行的合同仍应设定履行的期限,或设定合同调整、终止的条款。这类合同往往用于长期供应原材料、零部件等,但需求、行情、技术、法律均处于不断变化之中,因此必须设定履行期限,或设定价格调整条款、合同终止条款,以便合同已无法继续履行时适时调整或予以终止。

为了操作方便,也可以在合同中约定较短的合同期限,同时约定期限届满后如双方均未提出终止合同,则合同不定期延长至一方书面通知合同终止时止。即使供用电、水、气、热之类公共事业服务,虽然具有一定的资源独占性,但事实上也应通过合同约定双方之间的权利义务界限,使之成为"附条件的长期履行合同"。

设定合同履行期限的另一种方法是附条件。这种方式一般用于终止合同,而

不是用于设定具体交易的履行期限。按照《民法典》(2020年)第一百五十八条的规定,这类"附条件的民事法律行为"的条件,生效条件成就则合同生效、失效条件成就时合同失效。设置了这类条款,当合同履行期内约定的不适于继续履行的条件成就时,合同自然终止履行。如果条件没有成就,则合同履行到期限届满。

如果在合同中没有约定具体的履行期限,且事后无法达成一致,则适用《民法典》(2020年)第五百一十一条第一款第(四)项规定的默认期限,即"债务人可以随时履行,债权人也可以随时要求履行,但是应当给对方必要的准备时间"。

2. 履行地点的约定

履行地点从商务角度考虑,涉及履行成本和履行风险;从法律角度考虑,涉及标的的交付地、风险的转移地,以及可能的诉讼管辖地。通常情况下,与不动产相关的交易履行地点在不动产所在地,与动产相关的交易由双方另行约定地点。

对于履行地点,通过第三方运输所完成的动产交付,同样的运输方式也可能存在不同的履行地点。按照最高人民法院以往司法解释的思路,如果卖方代办托运至买方、运费买方承担,则履行地点在卖方;如果卖方自行托运至买方且承担运费,则履行地点在买方。

基于《民事诉讼法》(2023年修正)第二十四条的规定:"因合同纠纷提起的诉讼,由被告住所地或者合同履行地人民法院管辖。"如果双方在合同中没有约定诉讼管辖地,则上述履行地点的不同决定着管辖地的不同。

另外需要注意的是风险转移与标的物转移的关系。如果没有其他法律规定或双方约定,标的物毁损、灭失的风险也随着标的物的交付转移给买方。如果特别在意标的物毁损、灭失的风险,可以在交付地点之外另行约定风险转移时间。对于这个问题,《民法典》(2020年)第六百零四条规定:"标的物毁损、灭失的风险,在标的物交付之前由出卖人承担,交付之后由买受人承担,但是法律另有规定或者当事人另有约定的除外。"

如果履行地点没有约定或约定不明确,且其他方法无法确认或达成一致,则依照《民法典》(2020年)第五百一十一条第一款第(三)项的规定执行,即"履行地点不明确,给付货币的,在接受货币一方所在地履行;交付不动产的,在不动产所在地履行;其他标的,在履行义务一方所在地履行"。

3. 履行方式的约定

履行方式,从商务角度考虑,涉及控制交易成本、确保标的物交付时的质量,以及便于接收、验收、储存和便于对履行过程的监管等因素。从法律角度考虑,则还涉及法定要求、不同履行方式的法律后果等。

对于履行方式，首先需要考虑有无法定要求。法定的履行方式，是各类法律规范、强制性标准、技术规范等确定的"规定动作"，在涉及人身财产安全的建筑、危险品生产运输等领域普遍存在，即使在合同中未加约定也必须遵守。但当事人可以在法定要求的基础上外加合法的个性化要求，以满足实际交易所需。

在法定的履行方式要求之外，当事人可根据自身的实际需要和相关地区、行业的交易习惯等自行约定履行方式。例如，某些交易会对包装方式、包装规格、外包装上的图案及文字等有具体要求。

对于具有默认合同履行地的交易方式，需要考虑是否另行约定。《民诉法司法解释》（2022年修正）第二十条规定："以信息网络方式订立的买卖合同，通过信息网络交付标的的，以买受人住所地为合同履行地；通过其他方式交付标的的，收货地为合同履行地。合同对履行地有约定的，从其约定。"对于这类交易，如果另有需要则应另行约定合同履行地，以避免默认的合同履行地对己方不利。

约定履行方式时，还要关注履行费用没有约定或约定不明确时的后果。依据《民法典》（2020年）第五百一十一条第一款第（六）项的规定："履行费用的负担不明确的，由履行义务一方负担；因债权人原因增加的履行费用，由债权人负担。"因此对于履行成本要认真核算，需要另计的应在合同中明确约定。对方同意以较高标准履行并愿意承担成本的，必须在合同中注明以避免由己方承担增加的费用。

履行地点、履行方式都涉及履行成本、交易效率和风险高低。如果成本较高还会成为交易中的敏感问题，甚至是谈判焦点。让步较大的一方往往是在交易中处于相对劣势地位的一方。这种优势或劣势，主要取决于一方对另一方用于交换的资源的需求程度。越是需要相对方的资源，越是处于劣势地位。

（七）违约责任的约定

本项规定相关的法律风险，是双方在合同中没有约定违约责任，或约定的违约范围、责任承担方式过于笼统而无实际意义，以及在己方违约可能性极大的情形下约定了细致、严厉的违约责任条款。

是否约定违约责任取决于谈判双方对于违约责任条款的可接受程度、约定违约责任条款能够增加多少保护，以及己方在交易中违约的可能性大小。现实中的交易，双方均有扩大相对方违约范围和责任、减少己方违约范围和责任的倾向。而违约责任条款的最终形态，往往取决于处于优势交易地位一方。

1. 定金需要明确定金性质

定金具有明确的法律性质和适用规则，但实务中的许多合同由于并不了解定金的专业性质和法律意义而使用极不规范。例如，将定金约定为留置金、担保金、保证金、订约金、押金、订金等名目，往往在法律上起不到定金的作用。

按照《合同编通则司法解释》（2023年）第六十七条的规定，使用其他名义的定金时必须注明属于定金性质。如果能进一步约定所担保的违约类型，如售后服务履约定金、违约定金、解约定金等，则合同权利义务会更加明确。该条的具体规定为：

第六十七条　当事人交付留置金、担保金、保证金、订约金、押金或者订金等，但是没有约定定金性质，一方主张适用民法典第五百八十七条规定的定金罚则的，人民法院不予支持。当事人约定了定金性质，但是未约定定金类型或者约定不明，一方主张为违约定金的，人民法院应予支持。

当事人约定以交付定金作为订立合同的担保，一方拒绝订立合同或者在磋商订立合同时违背诚信原则导致未能订立合同，对方主张适用民法典第五百八十七条规定的定金罚则的，人民法院应予支持。

当事人约定以交付定金作为合同成立或者生效条件，应当交付定金的一方未交付定金，但是合同主要义务已经履行完毕并为对方所接受的，人民法院应当认定合同在对方接受履行时已经成立或者生效。

当事人约定定金性质为解约定金，交付定金的一方主张以丧失定金为代价解除合同的，或者收受定金的一方主张以双倍返还定金为代价解除合同的，人民法院应予支持。

更多定金方面的细节性讨论，详见对《民法典》（2020年）第五百八十六条至第五百八十八条的解读。

2. 可得利益的判断

可得利益损失通常是违约造成的最大损失，但举证较为复杂且往往由仲裁或审判机关认定。对于可得利益，《合同编通则司法解释》（2023年）第六十三条第一款、第二款规定：

在认定民法典第五百八十四条规定的"违约一方订立合同时预见到或者应当预见到的因违约可能造成的损失"时，人民法院应当根据当事人订立合同的目的，综合考虑合同主体、合同内容、交易类型、交易习惯、磋商过程等因素，按照与违约方处于相同或者类似情况的民事主体在订立合同时预见到或者应当预见到的损失予以确定。

除合同履行后可以获得的利益外,非违约方主张还有其向第三人承担违约责任应当支出的额外费用等其他因违约所造成的损失,并请求违约方赔偿,经审理认为该损失系违约一方订立合同时预见到或者应当预见到的,人民法院应予支持。

基于上述解释,可得利益损失问题可以在合同条款中以声明知悉的方式加以披露,也可在合同中披露交易背景、"合同的目的"等信息以形成"订立合同时预见到或者应当预见到的因违约可能造成的损失"。

对于可得利益的计算,《合同编通则司法解释》(2023年)的相关解释可供参考,并在设计合同文本、合同履行管理过程中实际运用。即:

第六十条 人民法院依据民法典第五百八十四条的规定确定合同履行后可以获得的利益时,可以在扣除非违约方为订立、履行合同支出的费用等合理成本后,按照非违约方能够获得的生产利润、经营利润或者转售利润等计算。

非违约方依法行使合同解除权并实施了替代交易,主张按照替代交易价格与合同价格的差额确定合同履行后可以获得的利益的,人民法院依法予以支持;替代交易价格明显偏离替代交易发生时当地的市场价格,违约方主张按照市场价格与合同价格的差额确定合同履行后可以获得的利益的,人民法院应予支持。

非违约方依法行使合同解除权但是未实施替代交易,主张按照违约行为发生后合理期间内合同履行地的市场价格与合同价格的差额确定合同履行后可以获得的利益的,人民法院应予支持。

3. 逾期付款违约金

逾期付款的情形在各类合同的履行中均有出现,在合同中约定逾期付款的违约责任并无法律障碍。但只有《最高人民法院关于审理买卖合同纠纷案件适用法律问题的解释》(2020年修正,以下简称《买卖合同司法解释》)对于计算方法作出了解释。该解释第十八条第四款规定:"买卖合同没有约定逾期付款违约金或者该违约金的计算方法,出卖人以买受人违约为由主张赔偿逾期付款损失;违约行为发生在2019年8月20日之后的,人民法院可以违约行为发生时中国人民银行授权全国银行间同业拆借中心公布的一年期贷款市场报价利率(LPR)标准为基础,加计30%~50%计算逾期付款损失。"

这一解释虽然只是针对买卖合同,但其他合同中的逾期付款违约责任可以参照约定。

4.违约责任的提醒性条款

除了约定违约行为的范围、违约责任的承担方式,某些法律规定还可以写入合同作为履行时的提醒。这些法律规定无论当事人是否在合同中约定均对当事人具有约束力,但在合同条款中加以复述,有利于提醒当事人避免因缺乏法律知识而怠于履行义务造成损失。

例如,《民法典》(2020年)第五百九十条所规定的"因不可抗力不能履行合同的,应当及时通知对方,以减轻可能给对方造成的损失,并应当在合理期限内提供证明"。第五百九十一条规定:"当事人一方违约后,对方应当采取适当措施防止损失的扩大;没有采取适当措施致使损失扩大的,不得就扩大的损失请求赔偿。当事人因防止损失扩大而支出的合理费用,由违约方负担。"

除上述注意事项外,对于违约责任,本编"第八章 违约责任"中的第五百七十七条至第五百九十四条、《合同编通则司法解释》(2023年)中还有许多细节性规定,详见相关条款的解读以及具体司法解释。

总体上,对于违约责任条款的约定重在违约责任范围和责任承担方式的细节化具体约定。这项工作需要前瞻性地分析最容易发生及最不希望发生的违约情形,并通过足够高的违约成本敦促相对方依约履行或在违约后承担损失。

(八)解决争议方法的选择

同本项规定相关的法律风险,是解决争议方式条款没有作出或未明确作出对己方有利的约定,或未通过约定管辖地排除对己方不利的默认争议管辖地,以及未约定合同不生效、无效、被撤销、终止时各类财产或账务等情形时的解决方案。

合同中约定的解决争议方法,主要是指当双方无法通过其他途径解决争议时应由哪一个法院管辖或哪一个仲裁机构仲裁;以及出现合同不生效、无效、被撤销、终止时各类财产或账务等情形时,财产或账务的处理、损失的计算与承担等。如双方在争议发生后能够达成共识,则仍可以协商等方式解决。

1.仲裁或诉讼的选择

仲裁与诉讼均为由法定的第三方依法审理纠纷案件、给出具有强制力的解决方案的争议解决途径。但二者的处理程序差异较大,需要分析二者的优势、劣势以及己方所要达成的目标,然后作出对己方有利选择。

(1)机构性质不同

理论上,仲裁委员会并非公权力机构,仲裁也不属于"打官司"。其性质类似于民间争议双方为解决争议而共同选定第三方从中分辨是非曲直、给出解决方案,然后双方各自按照承诺遵守。仲裁委员会依据《仲裁法》设立,各仲裁委员会彼此独立,并无隶属关系。

而法院作为公权力机构依据《人民法院组织法》设立并具有完整的上下级系统,以国家的强制力为后盾实现对社会秩序的维护,包括对于仲裁协议的强制执行。诉讼属于正式的"打官司",因而双方的对抗性强。

理解了这一点的当事人之间,更容易保持双方关系的和谐。

(2)审理程序不同

全国各个法院的诉讼程序均依照《民事诉讼法》的规定进行,基本无须考虑地方差异。诉讼必须依照法定的地域管辖、级别管辖和专属管辖相关规定,不能任意选择管辖法院。诉讼时当事人无权选择法官,代理人数量依照《民事诉讼法》的限定只能一至二人。

仲裁委员会没有地域、级别的限制,有时还会有自己的仲裁规则,因此在选择仲裁机构时最好事先确认其仲裁规则。尽管仲裁员并不代表任何一方利益,但当事人可以选择仲裁员。仲裁的代理人数量也没有限制,可以超出两人。

(3)审级制度不同

诉讼采取两审终审制,一审判决后如有不服可在法定期限内提起上诉。即使判决已经生效,也还有申诉的机会。但审判如以调解书结案则不能上诉,确有证据证明内容错误损害利益的可以申诉。尽管双方均有上诉机会,但也未必属于诉讼解决争议的优势。

仲裁则采取一裁终局制,裁决书自作出之日起发生法律效力。尽管当事人在法院判决生效后还可以申诉、在仲裁裁决生效后也可以向法院申请撤销裁决,但法院事实上并不干预仲裁的实体裁决结果。

(4)强制力不同

两种解决争议方式的最大区别,在于仲裁机构无权进行财产保全和强制执行。仲裁机构不属于公权力机构、不具备国家强制力,因此对于被申请人的财产保全、对生效裁决的强制执行,均需当事人申请后委托法院实施。

由于二者属于完全不同的解决争议体系,更多细节差异可参见相关法律。如因仲裁协议的有效性、撤销裁决等问题需要在法院解决,还需参见《最高人民法院关于适用〈中华人民共和国仲裁法〉若干问题的解释》(2008年调整)。

2. 仲裁地或诉讼管辖地的选择

仲裁委员会或诉讼管辖地的选择,主要考虑交通、解决争议的便利,有时还要考虑仲裁委或法院的违约责任理念。

仲裁委员会不存在地域管辖或级别管辖问题。依照《仲裁法》（2017年修正）第十条，"仲裁委员会可以在直辖市和省、自治区人民政府所在地的市设立，也可以根据需要在其他设区的市设立，不按行政区划层层设立"。因此选择仲裁委员会不存在级别管辖、地域管辖问题，仲裁程序开始后双方还可从仲裁员名册中选择人数相等的仲裁员。

诉讼管辖地的不同带来诉讼便利性的不同。原告住所地、被告住所地之类的选择方式，双方机会均等，可根据己方起诉和被诉的概率以及是否希望掌握主动权而定。其中，"原告住所地"对主动维权方相对有利，"被告住所地"对被诉可能性大的一方相对有利。而"合同签订地""合同履行地""标的物所在地"的选择，则可以参照对于己方最为有利的管辖地加以约定。

许多诉讼，如果不约定管辖地则有默认的管辖地。这类风险比较隐蔽，也容易被忽略。依据《民事诉讼法》（2023年修正），相关的地域管辖规定如下：

第二十四条　因合同纠纷提起的诉讼，由被告住所地或者合同履行地人民法院管辖。

第二十五条　因保险合同纠纷提起的诉讼，由被告住所地或者保险标的物所在地人民法院管辖。

第二十六条　因票据纠纷提起的诉讼，由票据支付地或者被告住所地人民法院管辖。

第二十七条　因公司设立、确认股东资格、分配利润、解散等纠纷提起的诉讼，由公司住所地人民法院管辖。

第二十八条　因铁路、公路、水上、航空运输和联合运输合同纠纷提起的诉讼，由运输始发地、目的地或者被告住所地人民法院管辖。

第三十四条　下列案件，由本条规定的人民法院专属管辖：

（一）因不动产纠纷提起的诉讼，由不动产所在地人民法院管辖；

（二）因港口作业中发生纠纷提起的诉讼，由港口所在地人民法院管辖；

……

主动约定诉讼管辖地，可以避开对己方不利但法律上默认的管辖地点。例如，如果"合同履行地"管辖对己方不利，则可约定在其他地点管辖以避免不加约定时合同履行地成为法律默认的诉讼管辖地。

依据《民事诉讼法》(2023年修正)第三十五条:"合同或者其他财产权益纠纷的当事人可以书面协议选择被告住所地、合同履行地、合同签订地、原告住所地、标的物所在地等与争议有实际联系的地点的人民法院管辖,但不得违反本法对级别管辖和专属管辖的规定。"

需要提醒的是,某些合同领域的法律问题也可以在合同之外解决,或是通过其他法律体系解决。例如,某些欠款问题最终可能会通过向其股东主张出资填补义务的方式解决,某些合同争议可以通过侵权法或消费者权益保护法加以解决。

3. 其他解决争议方法的约定

当双方所签订的合同出现不成立、无效、被撤销、终止的情形时,首先面临的并不是应诉讼还是应仲裁的问题,而是因签订合同及准备履行而产生的各类成本、损失如何分担的问题。如果这一问题能够得到妥善解决,诉讼或仲裁根本无须提起。

约定这类条款的出发点,是结合合同内交易目的,预先假设如果合同签订后出现了不成立、无效、被撤销、终止的情形,已经投入的成本、做好的准备以及造成的损失应该如何处理。

例如,甲公司采购乙公司发电设备准备建设火力发电站,设备陆续到货后因未取得行政许可而最终不得不解除合同,从而给双方均造成损失。

从合同技术角度来看,甲公司应当预见到行政许可存在不被批准的可能性,并约定以取得行政许可为买卖合同生效条件。乙公司则同样需要考虑行政许可不被批准可能造成的影响,例如甲公司延迟办理申请手续或最终未能获得行政许可时,已发货产品的处理、半成品的处理、产成品的处理、未生产部分的生产准备损失等,并约定返还设备的成本、设备贬值损失、生产准备损失赔偿、未履行部分的损失赔偿等各种细节。

二、对合同示范文本的处理

同《民法典》(2020年)第四百七十条第二款相关的法律风险,是未能充分识别示范文本的利益倾向性和适用性而盲目使用,从而导致权利义务体系对己方不利或无法实现交易目的。

由于交易主体、交易目的、交易标的、交易环境的不同,即使是同类交易也大多需要"个性化"文本。因此对于示范文本,大多需要在充分理解其原理的基础之上,补充、修改后使用。直接套用难以实现利益最大化和风险最小化,甚至会增加风险。

（一）合同的利益倾向性

合同文本的利益倾向性,是指合同条款在权利义务设置上侧重于保护其中某一方利益的偏向。实际交易中的合同,都是某一方基本自身的利益和关注的内容而起草,因此会自然而然地维护自己一方的利益。合同中的双方都是如此,在合同的审查、修改、起草中从维护己方利益的角度设立、调整双方权利义务的边界。

最为典型的利益倾向性体现在格式条款的使用上。比较极端的情形,是《民法典》(2020年)第四百九十七条对于格式合同的限制,即"不合理地免除或者减轻其责任、加重对方责任、限制对方主要权利"的条款无效。只是一般的合同条款需要经过协商的过程,因此通常不至于严重到无效的程度。

文本的利益倾向性体现在提交文本的一方在文本中保护己方权利、限制己方责任并增加对方义务、限制对方权利的倾向。这种利益倾向性条款可以分布在交易内容、交易方式、问题处理方面的任何一个条款,甚至文本的"弦外之音"中。

这一般不属于民事权利的滥用,而是相关人员正常履行职责的体现。因为交易角色的不同,各方都只熟悉和关注己方需要考虑的问题。而交易双方在交易中的风险类型和种类各不相同,例如生产工业品的卖方存在着时间、数量、质量、售后服务等方面的违约风险,而买方只存在未能按期如数付款的风险。

政府部门提供的示范文本虽一直定位于中间立场维护交易双方的利益,但交易双方这种存在着对立关系的利益很难平衡,而脱离了具体交易角色和交易背景的合同即使没有明显的利益倾向性问题也更容易产生条款适用性问题。

因此在使用示范文本作为辅助时,首先要识别出合同的利益倾向性。如果交易角色相反、文本维护对方利益则需要加以调整,以免用错文本损害己方利益。

（二）文本的适用性

所谓的文本适用性,是指示范文本的内容与实际交易的需求是否大致相同。如果条款的精细、明确程度,以及合同各类权利义务分配、交易过程细节、争议处理方式等条款的设置能够充分满足交易需求,则说明该示范文本适合用于相关交易。这样的示范合同,只要依据交易目的适当调整即可作为合同文本使用。

除了批量使用格式合同的交易,每笔交易都有其特殊性。特定的交易主体、交易内容、交易目的需要特定的条款,照搬合同文本或简单地将交易"塞进"示范文本"削足适履",难以充分维护交易利益、实现交易目的,甚至"文不对题"。

例如,身为买方却使用了侧重于保护卖方利益的合同文本、需要强调食品安全的交易使用了电器交易的条款等,都会使己方利益无法得到充分保护。

从原有规定上看,即使是政府部门提供的合同示范文本也并非强制使用,当事人完全可以根据自己的实际情况进行修改、调整。但也有一些涉及政府监管的交易,如以前的商品房买卖合同等,监管部门有时为了监管上的便利而要求企业使用指定的、标准化的示范文本,但允许企业以附件的方式补充、细化某些实际交易所需的条款。

因此对于示范文本的使用,需要结合己方的实际需求和示范文本使用要求加以调整。如果允许改动示范文本,则应结合实际需要加入更具实用性、解决实际问题的"个性化"条款并删除不适用的条款。如果只能以补充协议的方式进行调整,则需要系统化地补充需要设定的权利义务,并以细化、具体化的方式尽可能避免与示范文本产生冲突。

009. 第四百七十一条 〔订立合同的方式〕

当事人订立合同,可以采取要约、承诺方式或者其他方式。

【合同实务解读】

本条是对订立合同方式的规定。其中的"要约、承诺方式"是最为传统、普及的方式,而"其他方式"虽外延很广但在其他条款中确有规定。

"订立"是指当事人双方从接洽、谈判到把商定的交易方案签订下来的整个过程。其中,要约、承诺方式最为传统、由来已久,也是成交的基本原理。现实中的成交,几乎全是通过一方发出要约,另一方承诺接受的方式成交。从要约到承诺,往往要经历双方不断"高开低走"、步步为营的商业谈判,直到各方降低交易条件到各方利益均可接受后达成交易,即从开价到成交"漫天要价、就地还钱"过程。

要约、承诺在《民法典》(2020 年)合同编中均有定义。

要约,根据《民法典》(2020 年)第四百七十二条的规定:"要约是希望与他人订立合同的意思表示,该意思表示应当符合下列条件:

(一)内容具体确定;

(二)表明经受要约人承诺,要约人即受该意思表示约束。"

承诺,根据《民法典》(2020 年)第四百七十九条的规定:"承诺是受要约人同意要约的意思表示。"

订立合同的"其他方式"在《民法典》(2020 年)的"第一编 总则"中早有规定。

《民法典》(2020年)第一百二十九条的规定即为:"民事权利可以依据民事法律行为、事实行为、法律规定的事件或者法律规定的其他方式取得。"合同权利作为民事权利的一种,同样适用于在"要约—承诺"的订立合同方式之外,以"法律规定的其他方式取得",要约、承诺即为法律行为。

在合同实务中,订立合同的"其他方式"主要体现在依据交易习惯或行为订立合同方面。依据《民法典》(2020年)第四百八十条的规定:"承诺应当以通知的方式作出;但是,根据交易习惯或者要约表明可以通过行为作出承诺的除外。"

现实中订立合同的"其他方式",其要约、承诺的过程不够明显甚至不存在。例如,某些证券交易平台完全由平台软件在接到买方、卖方的授权后通过自动配对的来完成交易,根本无法判断哪一方是要约方、哪一方是承诺方,也难以区分何为要约、何为承诺。

对无权代理等既成事实的追认、接受对方履行主要义务的行为、拍卖人居中才能完成的交易等,均不符合要约定义的内容,但均为法律认可的合同订立方式。即使是招标、投标的过程或拍卖时竞价的过程,也与传统的、典型的要约、承诺的方式不同。

随着科技和交易模式的发展,作为订立合同传统方式的要约、承诺大概率会进一步减少、模糊,而"其他方式"则会日新月异。

【风险点及建议】

同本条规定相关的法律风险,是订立合同所采用的要约、承诺或其他方式不规范而合同因此未按预期成立或不成立,或某种行为被理解为以"其他方式"订立合同。

现实中的商务合同多经过双方反复磋商、修改,以正式签署经双方共同确认的合同书的方式订立,很少刻意涉及要约、承诺问题。甚至一方在完成所有过程、承诺签订合同后并未订立合同也很少有企业会予以追究。

采取"要约、承诺方式"还是采取"其他方式"订立合同,在现实中通常并不重要。按照当下促进交易的司法理念,能够认定合同成立则尽量认定合同成立,能够认定合同有效则尽量认定合同有效。是否成立、是否有效才是重点,以什么形式订立合同只有极个别的情况下才会被涉及。

真正需要注意的并非合同以何种方式订立,而是市场主体之间的互动是否被认定为合同以"其他方式"订立。换言之,需要熟知合同成立的几种方式,进而以规章制度规范业务行为以避免合同的意外成立。同时在业务接触过程上"有言在先",以避免因误解、不熟悉规则等原因导致合同的"被订立"。

此外,还可以通过合同条款排除洽谈过程中可能额外构成的要约或承诺。例如,约定"本合同自双方盖章、法定代表人签字之日起生效,双方商务谈判过程中提及的任何权利和义务、要约或承诺均为阶段性方案并在合同成立后失效,具体权利义务均以本合同中的约定为准"之类的条款。

在《民法典》(2020年)和其他法律中,某些合同的订立方式即属于"其他方式"。在从事相关交易时,应当清晰地理解合同订立的条件,从而促成合同的成立或避免合同的意外成立。这些规定包括:

《招标投标法》(2017年修正)第四十六条:"招标人和中标人应当自中标通知书发出之日起三十日内,按照招标文件和中标人的投标文件订立书面合同。招标人和中标人不得再行订立背离合同实质性内容的其他协议。

招标文件要求中标人提交履约保证金的,中标人应当提交。"

《拍卖法》(2015年)第五十一条:"竞买人的最高应价经拍卖师落槌或者以其他公开表示买定的方式确认后,拍卖成交。"

〔第二部分　要约〕

010. 第四百七十二条　〔要约应符合的条件〕

要约是希望与他人订立合同的意思表示,该意思表示应当符合下列条件:
(一)内容具体确定;
(二)表明经受要约人承诺,要约人即受该意思表示约束。

【合同实务解读】

本条规定了要约的定义和所应符合的条件,不仅需要具有希望与他人订立合同的意思表示,还要满足内容具体确定、表明一经对方承诺即受约束的条件。

要约和要约邀请在商务行为中均被频繁使用,而本条对要约的定义和《民法典》(2020年)第四百七十三条对于要约邀请的定义,是区分二者的判断标准。即发出要约的目的是订立合同,而发出要约邀请的目的是邀请对方向自己发出要约。

要约是以"要约—承诺"模式订立合同的第一步,是交易的发起,也是最为典型的订立合同的方式。依据《民法典》(2020年)第四百七十一条的规定:"当事人订立合同,可以采取要约、承诺方式或者其他方式。"而从商务角度理解,要约属于向潜在客户发起的以某种条件进行交易的建议。

交易中的任何一方都可以发出要约。以典型的买卖合同为例,买方可以问询卖方是否愿意以某个价格出售,卖方也可以向买方发出以某个价格交易的建议,其目的都是得到受要约人的承诺以实现交易,都属于要约。要约是交易的开始,没有交易就无法进行资源交换,也就无法得到交易利益。

《民法典》(2020年)第四百七十二条中的"内容具体确定",可理解为合同具备了交易所需的各类条款,以至于一经承诺即可交易。如果按照合同"一般包括"的条款理解,合同"内容具体确定"至少应当包括当事人的姓名或者名称和住所、标的、数量、质量、价款或报酬、履行期限、地点和方式且内容明确。因交易的对象、标的不同,某些交易实际中所需要的条款内容可以更少。

例如,商场购物只需要知道标的、数量、价格即可成交,其余条款甚至连双方的姓名或名称都根本不重要。而根据《合同编通则司法解释》(2023年)第三条第一款的规定:"当事人对合同是否成立存在争议,人民法院能够确定当事人姓名或者名称、标的和数量的,一般应当认定合同成立。但是,法律另有规定或者当事人另有约定的除外。"可见,最简单的"内容具体确定"可以只包括当事人、标的、数量三要素。

至于欠缺的其他交易所需要素,则可按照《民法典》(2020年)关于合同条款没有约定或约定不明确时的处理规则加以解决。《合同编通则司法解释》(2023年)第三条第二款也给出了同样答案,即"根据前款规定能够认定合同已经成立的,对合同欠缺的内容,人民法院应当依据民法典第五百一十条、第五百一十一条等规定予以确定"。

《民法典》(2020年)第四百七十二条中的"表明经受要约人承诺,要约人即受该意思表示约束",是要约最为根本性的特征。通常情况下,要约一经受要约人承诺则合同成立,合同成立则要约人受其要约内容约束,如果未按要约履行则需承担违约责任。

如前所述,虽然要约必须"内容具体确定",但只要合同能够成立,要约中欠缺的内容可以依照《民法典》(2020年)的规定解决。这些规定主要体现在《民法典》(2020年)第五百一十条、第五百一十一条,包括对合同没有约定或约定不明确时的处理原则,以及双方仍旧无法达成一致时适用的默认责任分配规则。

【风险点及建议】

同本条规定相关的法律风险,在于要约内容未具体确定或要约人未表示经受要约人承诺则要约人即受约束,以及受要约人混淆了要约与要约邀请。

要约与要约邀请虽在法律上有着不同的内涵外延和法律后果,但在市场环境中仍有许多不加细致区分、概念模糊的运用。只有那些非常严谨的市场主体,会在广告上注明其为要约邀请而非要约。而概念不清地随意使用,存在很大法律风险。

要约的"内容具体确定"并不等于交易内容不可变动。"内容具体确定"的要约既包括没有可选择项且"内容具体确定"的要约,也包括有可选择项但各可选择项同样"内容具体确定"的要约。

例如,笔记本电脑的线上销售方式,许多是在基本配置、基本定价之外可以加价选择性能更好或质量更佳的配置。这些可选择的硬件配置有确切的型号、性能参数、差价,商家按照客户选择的配置替换标准的配置后发货。这种情形,属于"内容具体确定"的另一种体现形式。某些网购可以选择不同价格的投递方式和服务内容,同样也是一种"内容具体确定"。

发出要约邀请时,要避免要约邀请被当成要约。以免要约邀请被对方"承诺"后,在毫无准备的情况下合同成立。要约邀请,依照《民法典》(2020年)第四百七十三条第一款的规定:"要约邀请是希望他人向自己发出要约的表示。拍卖公告、招标公告、招股说明书、债券募集办法、基金招募说明书、商业广告和宣传、寄送的价目表等为要约邀请。"因此,可在要约邀请中注明所发内容为要约邀请,以隔离风险。

发出要约邀请人可通过调整要约邀请的内容使之不具备可履行性。要约邀请并不具备交易所必需的具体、确定的条款,需要由要约人(受要约邀请人)发出具体、确定的要约,并经受要约人(发出要约邀请人)承诺后合同才能成立。为了消除要约邀请因表述不慎被认定为要约的风险,要约中可以加入"面议"或"另行协商"等表述,使之不具备直接的可履行性。

如果是通过网络平台发布交易信息,尤其需要注意要约与要约邀请的区别。依据《民法典》(2020年)第四百九十一条第二款:"当事人一方通过互联网等信息网络发布的商品或者服务信息符合要约条件的,对方选择该商品或者服务并提交订单成功时合同成立,但是当事人另有约定的除外。"

但这种通过网络平台发布的商品或服务信息,是否为要约邀请也很容易控制。

如果发出的只是要约邀请，可以充分利用该条规定中的"当事人另有约定的除外"，即可约定对方"选择该商品或者服务并提交订单成功时"合同并不成立，需要经过确认合同才成立。

这种做法相当于将"提交订单成功"的行为从承诺转为要约，将合同成立方式改为签订确认书时成立。即《民法典》（2020年）第四百九十一条第一款规定："当事人采用信件、数据电文等形式订立合同要求签订确认书的，签订确认书时合同成立。"从而为卖方提供更多控制权以提高安全系数。

此外，要约的"内容具体确定"并不等于要约必须没有瑕疵。因为其内容是否具体、是否确定，基于交易双方在交易之前的主观判断。这种主观判断完全可能考虑不周甚至出现低级错误。一旦出现此类情况，则需要依据《民法典》（2020年）第五百一十条、第五百一十一条等规定处理。

> **011. 第四百七十三条　〔要约邀请及要约〕**
>
> 要约邀请是希望他人向自己发出要约的表示。拍卖公告、招标公告、招股说明书、债券募集办法、基金招募说明书、商业广告和宣传、寄送的价目表等为要约邀请。
>
> 商业广告和宣传的内容符合要约条件的，构成要约。

【合同实务解读】

本条规定定义了要约邀请的性质并列举了几类常见的要约邀请，同时还规定了广告宣传符合条件则构成要约。

要约邀请是对潜在商业机会的招徕。市场主体通过发出可交易的资源信息的方式，吸引潜在的客户前来发出要约。要约邀请与要约的不同，是发出的要约需要对方承诺才能成交，发出的要约邀请则需要对方发出要约、己方承诺才能成交。

一、不同类型的要约邀请

"要约"，按照《民法典》（2020年）第四百七十二条的规定，是"是希望与他人订立合同的意思表示"，而且需要符合"内容具体确定"和"表明经受要约人承诺，要约人即受该意思表示约束"这两个条件。而对于要约邀请，除定义以外法律上并没有细节性要求。

"拍卖公告、招标公告、招股说明书、债券募集办法、基金招募说明书、商业广告和宣传、寄送的价目表等",在商业上是常见的向目标群体发出的邀请参与交易的资源信息,在法律上则是要约邀请。这些信息通常并不具备直接的可履行性,收到要约邀请的群体中只有一部分人会发出要约,能够成交者则更少。

从相关法律规定上,就能看出"拍卖公告、招标公告、招股说明书、债券募集办法、基金招募说明书、商业广告和宣传、寄送的价目表"等信息无法直接用于交易,而且发出信息方才是承诺方,因而这些均为要约邀请而非要约。

1. 拍卖公告

依据《拍卖法》(2015年修正),关于拍卖公告的相关规定如下:

第四十六条 拍卖公告应当载明下列事项:

(一)拍卖的时间、地点;

(二)拍卖标的;

(三)拍卖标的展示时间、地点;

(四)参与竞买应当办理的手续;

(五)需要公告的其他事项。

第四十七条 拍卖公告应当通过报纸或者其他新闻媒介发布。

拍卖的公告内容、交易方式和法律性质,决定了只有成交之时才能确定具体的交易价格,要约实际上是在拍卖开始之时才被提出、成交之前买方身份尚不确定,因此这类公告只能属于要约邀请。

2. 招标公告

依据《招标投标法》(2017年修正),招标公告的相关规定为:

第十六条 招标人采用公开招标方式的,应当发布招标公告。依法必须进行招标的项目的招标公告,应当通过国家指定的报刊、信息网络或者其他媒介发布。

招标公告应当载明招标人的名称和地址、招标项目的性质、数量、实施地点和时间以及获取招标文件的办法等事项。

由此可知,招标公告仅是发布招标信息而不是交易本身。发出招标公告旨在吸引潜在的投标人参与投标,仅凭招标公告中的信息根本无法交易。

3. 招股说明书

根据《公司法》(2023年修订),招股说明书的要求如下:

第一百五十四条 公司向社会公开募集股份,应当经国务院证券监督管理机构注册,公告招股说明书。

招股说明书应当附有公司章程,并载明下列事项:

(一)发行的股份总数;

(二)面额股的票面金额和发行价格或者无面额股的发行价格;

(三)募集资金的用途;

(四)认股人的权利和义务;

(五)股份种类及其权利和义务;

(六)本次募股的起止日期及逾期未募足时认股人可以撤回所认股份的说明。

公司设立时发行股份的,还应当载明发起人认购的股份数。

从内容上看,招股说明书确实是名副其实的"说明书",旨在吸引资金前去发出认股要约。

4. 债券募集办法

根据《公司法》(2023年修订),债券募集办法的相关规定如下:

第一百九十五条　公开发行公司债券,应当经国务院证券监督管理机构注册,公告公司债券募集办法。

公司债券募集办法应当载明下列主要事项:

(一)公司名称;

(二)债券募集资金的用途;

(三)债券总额和债券的票面金额;

(四)债券利率的确定方式;

(五)还本付息的期限和方式;

(六)债券担保情况;

(七)债券的发行价格、发行的起止日期;

(八)公司净资产额;

(九)已发行的尚未到期的公司债券总额;

(十)公司债券的承销机构。

与"招股说明书"类似,"债券募集办法"其实也是一种"说明书",旨在吸引资金前去发出购买债券的要约。

5. 基金招募说明书

根据《证券投资基金法》(2015年修正),基金招募说明书的相关规定如下:

第五十三条　公开募集基金的基金招募说明书应当包括下列内容:

（一）基金募集申请的准予注册文件名称和注册日期；

（二）基金管理人、基金托管人的基本情况；

（三）基金合同和基金托管协议的内容摘要；

（四）基金份额的发售日期、价格、费用和期限；

（五）基金份额的发售方式、发售机构及登记机构名称；

（六）出具法律意见书的律师事务所和审计基金财产的会计师事务所的名称和住所；

（七）基金管理人、基金托管人报酬及其他有关费用的提取、支付方式与比例；

（八）风险警示内容；

（九）国务院证券监督管理机构规定的其他内容。

《证券投资基金法》（2015年修正）第二条规定其适用范围为，"公开或者非公开募集资金设立证券投资基金(以下简称基金)，由基金管理人管理，基金托管人托管，为基金份额持有人的利益，进行证券投资活动"。因此完全属于投资行为，等待资本投资人发出要约。

6. 商业广告和宣传

《广告法》（2021年修正）中没有给出广告的定义，但从其第二条的规定，"在中华人民共和国境内，商品经营者或者服务提供者通过一定媒介和形式直接或者间接地介绍自己所推销的商品或者服务的商业广告活动，适用本法"，可反推出广告的定义大致应当为"商品经营者或者服务提供者通过一定媒介和形式直接或者间接地介绍自己所推销的商品或者服务的商业活动"。

但在广告准则方面，其规定为：

第八条　广告中对商品的性能、功能、产地、用途、质量、成分、价格、生产者、有效期限、允诺等或者对服务的内容、提供者、形式、质量、价格、允诺等有表示的，应当准确、清楚、明白。

广告中表明推销的商品或者服务附带赠送的，应当明示所附带赠送商品或者服务的品种、规格、数量、期限和方式。

法律、行政法规规定广告中应当明示的内容，应当显著、清晰表示。

除此之外，在行业管理范畴内，互联网广告、商品房广告、农药广告、兽药广告，以及"药品、医疗器械、保健食品、特殊医学用途配方食品广告"等，均另有行政法规或部门规章方面的规定。但这些规定毫无疑问都是针对广告内容、广告行为等，并不管辖广告所介绍的商品或服务，更不涉及相关商品或服务的交易。

商业广告之外的"宣传"则范围甚广、形式多样。但宣传中对产品或服务的直接描述一般会少于广告，其作用比较间接，无法构成要约。

7. 寄送的价目表

寄送的价目表多体现为产品或服务的列表或清单。价目表上通常注明可供选择的产品或服务的类型、单价，以及交易方式、联系方法、有效期限、交易说明等，并向不特定的对象发出。

虽然其内容如《民法典》(2020年)第四百七十二条所规定的那样"内容具体确定"且"表明经受要约人承诺，要约人即受该意思表示约束"，但由于其罗列的是多个产品或服务，既未确定是何种商品或服务也无具体的数量、期限、地点等信息，属于标准的要约邀请而难以构成要约。

二、商业广告和宣传构成要约的情形

在要约邀请中，"商业广告和宣传"比较容易与要约相混淆。商业宣传有多种手段，大多属于间接地刺激需求、引导消费而并不过多介绍产品或服务的细节。二者相互配合，共同促进商业信息的传播、引导消费需求。

商业广告和宣传构成要约的情形，一般是其"内容具体确定"且"表明经受要约人承诺，要约人即受该意思表示约束"。具备了这些条件，且发出的是"希望与他人订立合同的意思表示"，如果对方的意思表示或行为构成了法律意义上的承诺，则合同成立。即"商业广告和宣传的内容符合要约条件的，构成要约"。

例如，当商业广告中注明了直接向某指定账号支付特定金额款项并注明地址，即可通过快递获得原价若干元的某种商品时，这一广告就已经构成了要约。只要对方向指定账号付款并注明地址，即以行为完成了承诺，则合同已经订立。

此外，《最高人民法院关于审理商品房买卖合同纠纷案件适用法律若干问题的解释》(2020年修正，以下简称《商品房买卖合同司法解释》)对于商品房的销售有同类规定。即：

第三条　商品房的销售广告和宣传资料为要约邀请，但是出卖人就商品房开发规划范围内的房屋及相关设施所作的说明和允诺具体确定，并对商品房买卖合同的订立以及房屋价格的确定有重大影响的，构成要约。该说明和允诺即使未载入商品房买卖合同，亦应当为合同内容，当事人违反的，应当承担违约责任。

但从本质上来看，该条司法解释其实是规定相关内容作为要约的组成部分，而不是要约本身。

【风险点及建议】

同本条规定相关的法律风险,是因混淆了要约邀请与要约的区别而导致不利后果,尤其是商业广告和宣传内容因符合要约条件而构成要约。

在常规的合同实务工作中,对于商业广告和宣传的审查以内容、形式是否违法为主。这类工作更偏向于广告法律事务而非合同法律事务,多以审查是否构成虚假宣传、是否存在禁用表述、是否侵犯知识产权、是否构成不正当竞争等为主。

为了避免广告和宣传构成要约并带来不利后果,需要审查它们作为要约邀请是否符合了要约的构成要件,以及是否具有直接的可承诺性。

要约与要约邀请的根本区别在于,要约希望他人承诺、要约邀请希望他人发出要约。构成要约的要件包括合同基本条款之类的"内容具体确定"且"表明经受要约人承诺,要约人即受该意思表示约束",且发出的信息是"希望与他人订立合同的意思表示"。而要约邀请发出的信息主要是交易的标的、交易方式等,发出的只是"希望他人向自己发出要约的表示"。因此,要约经过对方承诺则合同成立,要约邀请需要对方发出要约、己方承诺后合同成立。

避免要约邀请成为要约的关键在于使其不具备可直接承诺性。即收到要约邀请方均无法直接通过口头、书面、行为等方式表达承诺、达成意思表示一致,以至于合同无法成立。为了避免广告和宣传构成要约,可参考如下方法:

1. 直接注明该信息为要约邀请,详询店家信息或与店家洽谈;
2. 广告主并非交易方,交易需与具体的经销商完成;
3. 网络交易平台上注明订单经确认后方可成交。

012. 第四百七十四条 〔要约的生效时间〕

要约生效的时间适用本法第一百三十七条的规定。

【合同实务解读】

本条是对要约生效时间的规定,但并未直接规定各类要约的生效时间而是指明适用《民法典》(2020年)第一百三十七条的规定。

依据《民法典》(2020年)第四百七十二条,"要约是希望与他人订立合同的意思表示"。确定这种意思表示的生效时间,其意义在于确定承诺的开始时间。而自其生效时起,要约人就需要承担起受要约约束的责任。

本条所引用的"本法第一百三十七条"是对各类方式作出的意思表示的生效时间的规定,即:"以对话方式作出的意思表示,相对人知道其内容时生效。

以非对话方式作出的意思表示,到达相对人时生效。以非对话方式作出的采用数据电文形式的意思表示,相对人指定特定系统接收数据电文的,该数据电文进入该特定系统时生效;未指定特定系统的,相对人知道或者应当知道该数据电文进入其系统时生效。当事人对采用数据电文形式的意思表示的生效时间另有约定的,按照其约定。"

概括起来,"本法第一百三十七条"列举了以下几种作出意思表示的方式,以及意思表示的生效时间。

1."以对话方式作出的意思表示,相对人知道其内容时生效。"

2."以非对话方式作出的意思表示,到达相对人时生效。"

3."以非对话方式作出的采用数据电文形式的意思表示,相对人指定特定系统接收数据电文的,该数据电文进入该特定系统时生效。"

4.以非对话方式作出的采用数据电文形式的意思表示,"未指定特定系统的,相对人知道或者应当知道该数据电文进入其系统时生效"。

5."当事人对采用数据电文形式的意思表示的生效时间另有约定的,按照其约定。"

由于要约、承诺均为意思表示,甚至某些法律有明文规定的行为也属于意思表示。因此条款中的"意思表示"完全可用"要约"替换,从而将本条规定视为对于要约的直接规定。

从时间节点上看,除了第五种为"另有约定",前四种事实上均为到达相对人时生效。即要约生效时间分别为对话方式下相对人知道时、非对话方式下到达相对人时、非对话的数据电文方式下到达指定系统、非对话方式下数据电文进入相对人知道的系统时。

本条中的"到达",完全忽略意思表示的发出时间,只以到达相对人的时间作为判断标准。以对话的方式作出的意思表示,其到达时间通常也是相对人"知道其内容"的时间;其余方式除"另有约定"外,均以到达相对人或到达相对人系统时生效。

其中,非对话方式中的数据电文方式又分为两种情形,一种是数据电文进入相对人指定的特定系统时生效,一种是未指定特定系统时相对人知道或应当知道数据电文进入其系统时生效。

【风险点及建议】

同本条规定相关的法律风险,是发出要约时并不了解不同方式发出要约的生效时间,或是未对数据电文要约生效时间作出有利的约定。

从商务角度考虑,向合适的对象发出合适的要约即可。而从法律风险控制角度考虑,则要约的内容和发出需要有证据能够证明,且熟悉各类要约发出方式的生效时间,并在管理流程、业务要求上预设风险控制措施。

在保存证据方面,以数据电文方式发出的要约最便于保存和证明发出的内容、对象和时间。不仅因为数据电文属于法律规定的书面形式,也因为这些信息都保留在系统中,便于查找和举证。尤其对于目前应用越来越广泛的数据电文线上交易,以这种方式交易不仅便捷也利于判断责任。

要约生效所带来的风险,在于一经承诺则合同成立。如果要约上存在瑕疵,则在合同成立后可能面临经济损失或违约责任。如有这方面的考虑,则可利用《民法典》(2020年)第一百三十七条中的规定,另行约定数据电文要约的生效时间。即"当事人对采用数据电文形式的意思表示的生效时间另有约定的,按照其约定"。

《民法典》(2020年)第一百三十七条中的"意思表示"并不仅仅指要约。虽然本法没有给出"意思表示"的定义,但本法中的要约、承诺以及要约的撤回及撤销、承诺的撤回等均为意思表示。因此,只要是"采用数据电文形式的意思表示",包括要约、承诺、撤回要约的通知、撤销要约的通知等,均可依据"意思表示的生效时间另有约定"的规定,自行约定对其有利的生效时间。

013. 第四百七十五条 〔要约的撤回〕

要约可以撤回。要约的撤回适用本法第一百四十一条的规定。

【合同实务解读】

本条规定了要约人的要约撤回权,并引用《民法典》(2020年)第一百四十一条规定了要约撤回的通知应当先于或同时于要约到达相对人。

要约的意思表示,或者说是"希望与他人订立合同的意思表示",按照《民法典》(2020年)第一百三十七条的规定,通常是一经发出即生效。其中,"以对话方式作出的意思表示,相对人知道其内容时生效","以非对话的方式作出的意思表示,到达相对人时生效"，除非双方另有约定。

"要约可以撤回"，是在要约发出后、生效前以撤回的方式使要约不生效，以免存在缺陷的要约被相对人承诺后给要约人带来不利后果。例如，足以导致亏损的价格错误、超出履行能力范围而足以导致违约等。如果能以撤回要约的方式阻止要约的生效，就能避免这类不利后果的发生。

"本法第一百四十一条的规定"，是对撤回意思表示在时间上的要求。按照《民法典》（2020年）第一百四十一条的规定："行为人可以撤回意思表示。撤回意思表示的通知应当在意思表示到达相对人前或者与意思表示同时到达相对人。"这就要求撤回要约的通知必须先于或同时于要约到达，才能避免生效后的要约被承诺而产生的一系列不利后果。

如果撤回要约的通知未能先于或同时于要约到达，则要约会生效并一经受要约人承诺，合同成立，要约人将因此面临不利后果。但此时要约人仍有机会依照《民法典》（2020年）第四百七十六条的规定，在受要约人承诺之前撤销生效要约。

但这种撤销有法律上的限制，不符合规定的情形则撤销无法成立。依照《民法典》（2020年）第四百七十六条的规定："要约可以撤销，但是有下列情形之一的除外：

（一）要约人以确定承诺期限或者其他形式明示要约不可撤销；

（二）受要约人有理由认为要约是不可撤销的，并已经为履行合同做了合理准备工作。"

总之，撤回要约是一种绝对性的权利，只要撤回的通知先于或同时于要约到达受要约人即可撤回要约。而撤销要约是一种相对性的权利，某些要约撤销的通知即使先于要约到达受要约人，也仍旧不可以撤销。

【风险点及建议】

同本条规定相关的法律风险，是要约人撤回要约的通知未先于要约或同时于要约到达，以至于要约未被有效撤回。

在合同实务中，因发现价格、商品信息、条款错误而紧急撤销要约的情形在线上、线下均有发生。但撤回要约的情形相对较少，因为撤回要约的时间极为有限。

依照《民法典》（2020年）第一百三十七条的规定："以对话方式作出的意思表示，相对人知道其内容时生效。

以非对话方式作出的意思表示，到达相对人时生效。以非对话方式作出的采用数据电文形式的意思表示,相对人指定特定系统接收数据电文的,该数据电文进入该特定系统时生效;未指定特定系统的,相对人知道或者应当知道该数据电文进入其系统时生效。当事人对采用数据电文形式的意思表示的生效时间另有约定的,按照其约定。"

通过分析上述条款内容可知,以对话方式、非对话方式中以数据电文方式发送到相对人指定的特定系统的要约,几乎没有机会发出撤回的通知。以这类方式发出的要约,一经发出即已到达、一经到达即已生效,没有机会使撤销要约的通知先于或同时于要约到达受要约人。

唯有那些在途时间较长的发出要约方式,才有机会撤回。例如,以传统的信函方式发出要约、以数据电文方式发往未指定特定系统的受要约人的要约,才有可能以更快的方式发出撤回要约的通知并使通知先于或同时于要约到达受要约人。

基于《民法典》(2020年)第一百三十七条,各类要约撤回可能性分析如下(详见表2-1):

表2-1 不同要约方式的可撤回可能性分析

	要约方式	生效标准	可撤回性
1	对话方式	受要约人知道要约内容	无
2	非对话、非数据电文方式	到达受要约人时生效	有
3	非对话、数据电文、指定系统	电文进入指定的特定系统	无
4	非对话、数据电文、未指定系统	受要约人知或应知电文已进入系统	有
5	非对话、数据电文、另有约定	按约定时间生效	有

撤回要约的目的是控制要约风险,但控制要约风险可有多种途径。

1. 变更交易模式

发出要约和发出要约邀请会面临不同的法律风险,但就要约阶段的风险而言,要约内容及发送环节上的风险大于要约邀请及发送环节中的风险。如果可以承受交易效率的降低和交易成本的增加,将发出要约改为发出要约邀请可将要约风险转移给受要约人,要约人只有承诺风险而无要约风险,增加了控制风险环节。

2. 控制要约内容

发出要约方拥有设定要约内容的主动权,可在深思熟虑的基础上完善要约内容以防范不必要的要约风险、承诺风险等交易风险,方法包括但不限于:

(1)在要约中设定通过数据电文发送要约、接收承诺的要求及方法,并以依据

《民法典》(2020年)第一百三十七条的规定在要约中设定要约的生效时间。

(2)在"要约—承诺"环节之后依据《民法典》(2020年)第四百九十一条增加签订确认书的环节,即在要约中明确对方承诺后经己方签订确认书后合同才能成立。

(3)在要约中设定可以视为表示承诺的行为以及应当达到的标准,当对方作出相关行为时视为作出承诺。

(4)如果交易可以通过交易习惯作出承诺,则将交易习惯的行为方式、判断标准规范化后明确作为表示受要约人作出承诺的行为,避免交易习惯的不确定性。

在风险管理层面,可在交易管理制度或合同管理制度中增加撤回要约、撤销要约的管理制度及流程。确保要约内容的准确无误,才能从根本上避免撤回要约和撤销要约的情形发生。提前准备成熟的预案和流程以及文本,以提高撤回和撤销的效率和及时性等只是补救措施,无法绝对杜绝风险产生。

014. 第四百七十六条　〔要约的撤销〕

要约可以撤销,但是有下列情形之一的除外:

(一)要约人以确定承诺期限或者其他形式明示要约不可撤销;

(二)受要约人有理由认为要约是不可撤销的,并已经为履行合同做了合理准备工作。

【合同实务解读】

本条规定了要约人的要约撤销权,同时也规定了要约不可撤销的两类情形。

要约的撤销与要约的撤回都是为了消除要约发起交易的作用,二者的不同之处在于撤回发生在要约生效之前,而撤销发生在要约生效之后、受要约人承诺之前。

"要约可以撤销",是指要约人有权依据法律规定消灭已生效要约的效力,使其恢复到自始没有要约效力的状态。除非另有法律规定或双方另有约定,要约在到达时即已生效。为了避免因要约生效而产生的一系列后果,法律授权要约人可以在受要约人作出承诺之前按照法律规定撤销要约的效力。但生效的要约能否有效撤销,取决于要约中是否表明了不可撤销,以及受要约人是否已在撤销要约的通知到达前发出了承诺。

"要约人以确定承诺期限或者其他形式明示要约不可撤销",是基于要约内容而不可撤销,判断依据完全是基于要约中的表述。例如,要约中注明了要约有效期限则表示有效期内不可撤销、注明"货源充足,长期供应"则表明长期履行、不可撤销。

由于此类不可撤销的判断依据是要约的表述,因此要约风险与其表述水平密切相关。在现实的交易中,价格、货源等都处于不断的变化之中,未注明有效期限的要约或不可撤销的要约,属于风险较大的要约。

"受要约人有理由认为要约是不可撤销的,并已经为履行合同做了合理准备工作",是基于受要约人对于要约内容的合理判断。"有理由认为要约是不可撤销的"且"已经为履行合同做了合理准备工作",虽然是基于主观判断,但已经做了合理准备工作,如果撤销要约会给受要约人造成损失。

要约被视为"有理由认为要约是不可撤销"的情形之一,是其没有注明有效期限。如果受要约人据此为履行合同而做了"合理准备工作",如添置了设备等,则要约被视为不可撤销以避免给受要约人造成损失。

实际上,只有要约邀请才有可能不设有效期限。因为要约邀请不必"内容具体确定",可以随时变更交易条件。而且对于对方根据要约邀请而发出的要约,可以承诺也可以不承诺。而要约如果"内容具体确定"且不设承诺期限,一定会由于外部环境的变化而导致无法继续履行。

因此,要约必须注明承诺期限或有效条件,例如注明具体的截止日期或注明"售完为止",或者改发出要约为发出要约邀请。

【风险点及建议】

同本条规定相关的法律风险,是要约人撤销了以确定承诺期限或者其他形式明示不可撤销的要约,或是要约人撤销了受要约人有理由认为不可撤销并已为履行做了合理准备工作的要约。

要约的撤销既可以作为要约无法撤回时的补救措施,也可以在要约生效后发现要约瑕疵时的补救措施。但能否成功地撤回要约,既取决于该要约可否依法撤销,也取决于受要约人有无在撤销通知到达前发出承诺。

以买卖合同为例,要约可以由买方发出也可以由卖方发出。但无论买方还是卖方,只要发出要约都存在对方承诺后实际履行起来对己方不利的情形。例如,原材料价格的突然暴涨可能导致卖方无法按要约价格履行,原材料行情的突然暴跌可能导致买方按原来的要约履行会成本过高。在此类情形下,如果不能撤回要约则需要在受要约方承诺前及时撤销要约。

需要强调的是,要约发生在合同成立之前,不可抗力、情势变更的相关规定适用于合同生效之后。因此要约并不适用不可抗力、情势变更的相关规定,但可借鉴不可抗力、情势变更的某些处理思路融入要约之中,预设规避风险的手段。

对于撤销要约事务的风险管理,涉及撤销要约的通知方式、通知内容。同时还涉及对要约内容、要约邀请的管理,使要约可以撤销是撤销要约的基础。

对于要约本身的风险管理方式大致可以分为两种:一种是减少要约的内容要素,使其成为要约邀请,从而有充分的机会决定是否承诺要约方发出的要约;另一种是在要约中注明成交需经要约人确认,使承诺经过确认后合同才能成立。后一种方法在国外的交易平台中被大量采用,有效地规避了要约人的风险。

这一方法在现行法律中也有规定。《电子商务法》(2018年)第四十九条第一款规定:"电子商务经营者发布的商品或者服务信息符合要约条件的,用户选择该商品或者服务并提交订单成功,合同成立。当事人另有约定的,从其约定。"但该条第二款又规定:"电子商务经营者不得以格式条款等方式约定消费者支付价款后合同不成立;格式条款等含有该内容的,其内容无效。"因此在电子商务领域,可由经营者与用户另行约定合同成立时间。

综合以上要约本身及要约撤销的应对措施,在要约撤销方面可有以下方法可供选择:

(1)将发送要约改为发送要约邀请,以便灵活选择是否交易;

(2)缩短要约承诺期限并注明截止日期,将风险控制在可承受或可掌控范围内;

(3)要约中加入价格等变量的调整机制,便于结合情况变化进行调整;

(4)要约中注明"售完为止"或"以售完日期为准"等限定有效期的声明;

(5)建立客户资料,便于及时、快捷地向受要约人发出撤销要约的通知。

015. 第四百七十七条 〔要约的撤销方式〕

撤销要约的意思表示以对话方式作出的,该意思表示的内容应当在受要约人作出承诺之前为受要约人所知道;撤销要约的意思表示以非对话方式作出的,应当在受要约人作出承诺之前到达受要约人。

【合同实务解读】

本条是对撤销要约的意思表示作出方式的规定,以对话方式作出撤销要约的意思表示要在受要约人作出承诺前使其知道,以非对话方式作出撤销要约的意思表示要在受要约人承诺之前到达。

撤销要约的意思表示,无论是经对话方式还是非对话方式,均强调应在"受要约人作出承诺之前"让受要约人知道或到达受要约人。对话方式的意思表示是即时的,因此在受要约人承诺前让其知道即可;非对话方式的意思表示是非即时的,因此要在受要约人承诺前到达。

本条规定与《民法典》(2020年)第一百三十七条的规定有着同样的逻辑,即"以对话方式作出的意思表示,相对人知道其内容时生效","以非对话方式作出的意思表示,到达相对人时生效"。虽未重新规定该条规定的"以非对话方式作出的采用数据电文形式的意思表示"如何处理,但应遵循统一原则对待。

如果撤销要约的意思表示未能在"受要约人作出承诺之前"让受要约人知道内容或到达受要约人,会存在极大的风险。除非另有规定或约定,要约一经对方承诺则合同成立,要消灭已成立合同的效力只有通过法定解除或合意解除的途径。如果无法解除,则要约人只能违背意愿、承受不利后果地依约履行,或努力以协商的方式变更合同。

【风险点及建议】

同本条规定相关的法律风险,是要约人撤销要约的意思表示以对话方式作出时未在受要约人承诺之前让其知道、以非对话方式作出时未在受要约人承诺前到达受要约人,以及受要约人未在撤销要约的意思表示到达前及时发出承诺。

在线下和线上交易中,因无法及时撤销要约而导致的合同成立确有发生。而有缺陷的要约一旦经对方承诺而合同成立,则要约方不得不与受要约方协商变更合同或是以付出某种代价或违约责任的方式解除合同。B2C的电子商务平台由于交易便捷、高效,更容易发生此类情形。

受要约人作出承诺后合同成立,变更或解除均需对方同意或承担一定的违约责任。但刚成立的合同因尚未开始履行,不会有太多的成本投入或其他损失,违约责任较轻、合同容易解除。因此要约方可在要约中预置变更、解除合同的条款,交易平台也可以通过客户协议设定要约方解除合同的政策,但是否可行视实际情况而定。

两种撤销方式各有不同的证据意义。以对话方式作出的意思表示,包括要约、撤回要约、撤销要约、承诺等,多用于即时、小额的交易。无论是要约还是撤销要约,按照交易习惯都难有证据保留也很少需要证据保留。而以非对话方式作出的意思表示,无论是要约、撤回要约、撤销要约,都会留下书面或数据电文证据。

商务活动中发出的撤销要约的通知应尽量保持与发出要约时的方式一致,并保留已经发出撤销要约通知的证据以供不时之需。以数据电文方式发出的撤销要约通知本身会在系统中留下证据,既便捷又快速,但应与发出要约时采用相同的己方、对方账号及系统。对于无法留下确切证据的通知方式,如果意义巨大则可以考虑对撤销要约的方式加以公证。

发出撤销要约通知的方式应与发出要约的方式一致,以确保通知方式的合理性和正当性。尤其是要按照《民法典》(2020年)第一百三十七条中所提到的方式通过与发出要约时相同的系统发出通知,即"<u>以非对话方式作出的采用数据电文形式的意思表示,相对人指定特定系统接收数据电文的,该数据电文进入该特定系统时生效;未指定特定系统的,相对人知道或者应当知道该数据电文进入其系统时生效</u>"。

但撤销要约能否成功还取决于要约可否撤销。依照《民法典》(2020年)第四百七十六条的规定:"要约可以撤销,但是有下列情形之一的除外:

(一)要约人以确定承诺期限或者其他形式明示要约不可撤销;

(二)受要约人有理由认为要约是不可撤销的,并已经为履行合同做了合理准备工作。"

除了在撤销要约措施方面的努力,法律上还有一些其他异曲同工的解决方案可供选择。

例如,可以在要约中设定数据电文意思表示的生效时间以替代对有瑕疵要约的撤销。其法律依据是《民法典》(2020年)第一百三十七条所规定的,"当事人对采用数据电文形式的意思表示的生效时间另有约定的,按照其约定"。

同时,也可以预设合同的合意解除条款以应对有瑕疵的要约被承诺后合同成立的后果。其法律依据是《民法典》(2020年)第五百六十二条第二款所规定的"当事人可以约定一方解除合同的事由。解除合同的事由发生时,解除权人可以解除合同"。

016. 第四百七十八条 〔要约的失效〕

有下列情形之一的,要约失效:
(一)要约被拒绝;
(二)要约被依法撤销;
(三)承诺期限届满,受要约人未作出承诺;
(四)受要约人对要约的内容作出实质性变更。

【合同实务解读】

本条规定了要约生效后的四种失效情形,包括因承诺期限届满后无受要约人承诺而自然失效,因拒绝要约、作出实质性变更等受要约人原因的失效,以及要约人原因的撤销要约所导致的失效。

要约失效是对于生效的要约而言。被撤回的要约尚未生效,不存在失效问题,因此未包括在失效情形之列。

在正常的交易中,要约失效的数量远高于要约被承诺的数量。由于交易双方都在寻求交易利益的最大化,因此要约被拒绝、未被承诺、被作出实质性变更的情形非常普遍。尤其是其中的实质性变更,在商务谈判的"讨价还价"环节中总是反复发生。而撤销要约的情形虽时有发生,但整体上并不普遍。

本条的重点在于实质性变更。按照《民法典》(2020年)第四百八十八条的规定,"有关合同标的、数量、质量、价款或者报酬、履行期限、履行地点和方式、违约责任和解决争议方法等的变更,是对要约内容的实质性变更"。

与之相对应的,是《民法典》(2020年)第四百七十条规定的合同"一般包括"的条款,即"当事人的姓名或者名称和住所""标的""数量""质量""价款或者报酬""履行期限、地点和方式""违约责任""解决争议的方法"。

对比合同"一般包括"的条款和实质性变更涉及的条款可知,除了"一般包括"条款中的"当事人的姓名或者名称和住所",任何对于"一般包括"的变更均属"实质性变更"。两个条款所涉内容的比较如下(详见表2-2):

表2-2 实质性变更条款与合同一般包括条款对照表

序号	构成实质性变更的条款	合同一般包括的条款	对比结果
01	—	当事人的姓名或者名称和住所	不同

(续表)

序号	构成实质性变更的条款	合同一般包括的条款	对比结果
02	标的	标的	相同
03	数量	数量	相同
04	质量	质量	相同
05	价款或者报酬	价款或者报酬	相同
06	履行期限	履行期限	相同
07	履行地点和方式	(履行)地点和方式	相同
08	违约责任	违约责任	相同
09	解决争议方法	解决争议方法	相同

同样依据《民法典》(2020年)第四百八十八条的规定,"承诺的内容应当与要约的内容一致。受要约人对要约的内容作出实质性变更的,为新要约"。既然作出实质性变更的要约为新要约,则整个的交易环节进入新的"要约—承诺"阶段。

【风险点及建议】

同本条规定相关的法律风险,是要约的各种失效情形由于通知等方面的争议而处于不确定状态,或是因受要约人对要约内容作出实质性变更而导致承诺失效。

要约失效属于极为正常的商务活动结果。市场上供需的不平衡和市场主体对于交易利益最大化的追求,都有可能导致要约失效。正常的要约失效本属意料之中,需要避免的是由于沟通或通知的原因而对是否失效产生争议。因此发出要约时需要一并考虑通知和沟通的畅通及方式的确定性。

"要约被拒绝""承诺期限届满,受要约人未作出承诺"和"受要约人对要约的内容作出实质性变更"均属于受要约人原因而导致的要约失效,而失效的原因在于要约与受要约人的需求不匹配,因此受要约人才会以拒绝、不予承诺、实质性变更的方式回应要约。

如何使要约接近受要约人的需求属于商务条款需要考虑的问题,不属于合同相关法律事务处理的工作范围。但合同相关的法律工作可以最大化地利用法律规则所赋予市场主体的权利,确保企业的各类经营管理举措既能最大化地释放市场主体所拥有的能力,又完全符合法律以依法受到充分的保护。

〔第三部分 承诺〕

017. 第四百七十九条 〔承诺的定义〕
承诺是受要约人同意要约的意思表示。

【合同实务解读】

本条是从法律角度对承诺作出的定义。

在合同的生命周期中,要约是交易的发起、承诺是合同的达成。由于承诺比要约有着更为重要的意义、承诺从作出到生效的过程中充满各种变数并牵涉更多法律关系,《民法典》(2020年)对于承诺的规定自本条开始共有11条之多。

"受要约人同意要约",是指受要约人完全同意要约。《民法典》(2020年)后续条款中提到的对于要约的实质性变更和非实质性变更,均不属于完全同意。但由于实质性变更对合同"一般包括"的条款有着重大的改变,因此被视为新要约。

而非实质性变更虽然不被视为新要约而是被视为承诺,但要约人仍旧有权以"及时表示反对"的方式使其失效。即《民法典》(2020年)第四百八十九条所规定的:"承诺对要约的内容作出非实质性变更的,除要约人及时表示反对或者要约表明承诺不得对要约的内容作出任何变更外,该承诺有效,合同的内容以承诺的内容为准。"

对于"意思表示",《民法典》(2020年)并未加以解释。按照王泽鉴先生的著述:意思表示,指向外部表明意欲发生一定私法上效果的意思的行为。意思表示由客观要件与主观要件构成。客观要件是指在客观上可认识其在表示某种法律效果意思。主观要件,是指内心的意思,更可分为行为意思、表示意思与效果意思。因此,这里的"同意要约的意思表示",完全可以被理解为接受要约提出的条件、愿意进行交易的意愿。

转换为较为熟悉的法律语境,意思表示可以被理解为民事主体将其设立、变更、终止民事法律关系的内在意愿对外部作出的表达。这种表达可以语言、文字或者行为,甚至可以默示。在合同成立前的阶段,要约的撤回或撤销、承诺的撤回等对于设立、变更、终止某种民事法律关系的愿望的表达,均为意思表示。

从后续的《民法典》(2020年)条款可以看出,承诺涉及非常多的法律问题。例如,承诺的方式、承诺的生效时间、承诺的生效地点,此外还有承诺的撤回、承诺超过期限到达、承诺的实质性变更、承诺的非实质性变更等。这些细节性内容对于正常的交易活动几乎没有影响，但往往在合同争议处理中起着决定性的作用，亦对经济利益有着巨大影响。

【风险点及建议】

同本条规定相关的法律风险，是承诺对于同意要约的意思表示不明确，或是承诺的意思表示不符合法律规定或要约要求从而不构成有效承诺。

同发出要约的风险类似，发出承诺的后果一般情况下同样是合同成立，不履行已经成立的合同，通常需要承担违约责任。因此，发出承诺的方式、承诺的表达方式都需要足够的谨慎。

作为"同意要约的意思表示"，承诺从内容上可分为完全同意的承诺和带有变更的承诺，后者还可进一步分为带有实质性变更的承诺和带有非实质性变更的承诺。只有意思表示为完全同意的承诺才是毫无异议的承诺，直接产生合同成立的后果。带有实质性变更的承诺属于新要约、带有非实质性变更的承诺要约人有权拒绝。要约人甚至可以直接依据《民法典》（2020年）第四百八十九条在要约中约定"表明承诺不得对要约的内容作出任何变更"，以排除任何对要约加以变更的承诺的有效性。

对于受要约人如何作出这类"同意要约的意思表示"，《民法典》（2020年）第四百八十条规定："承诺应当以通知的方式作出；但是，根据交易习惯或者要约表明可以通过行为作出承诺的除外。"即承诺一般应当用通知的方式作出，但根据交易习惯、要约表明可以通过行为作出的，则根据交易习惯和要约的要求发出承诺。

至于以对话的方式还是以非对话的方式作出承诺的意思表示，相关规定只是在发生争议时判断责任的标准。只要不违反法律、要约中对于承诺的相关规定，承诺一般都能促成合同的成立。

但承诺必须完全接受的原则，并不妨碍受要约人质疑要约内容。在实际的商务活动中，要约和承诺一般都由业务部门完成。对要约提出实质性变更的情况非常普遍，这是商务洽谈过程中"讨价还价"的常见方式。各方不断对相对方提出的要约进行实质性变更，直到最终达到双方均能接受的程度，再通过相对方的承诺完成合同的订立。

因此，法务人员或法律顾问在参与商务谈判过程中应按商业规律行事。如果相对方的要约与可接受的范围差距较大，则可尝试根据对交易目的、市场环境、标的物的稀缺程度、交易地位等因素的分析，对于不可接受的要约作出实质性变更以向相对方提出新的要约，直到双方达成一致。

对商务活动而言，交易方案是要约还是承诺、是承诺还是新要约等法律问题其实并不十分重要。法律服务于交易，重要的是使当事人既能实现交易利益的最大化又能实现法律安全的最大化。

018. 第四百八十条 〔承诺的方式〕

承诺应当以通知的方式作出；但是，根据交易习惯或者要约表明可以通过行为作出承诺的除外。

【合同实务解读】

本条是对承诺作出方式的规定。承诺应当以通知的方式作出，但也可以根据交易习惯或者按照要约表明的以行为作出。

承诺作为受要约人同意要约的意思表示，必须到达要约人才有意义。而向要约人作出承诺，又必须按照法律规定和要约表明的方式向要约人表达才能确保合法有效。"根据交易习惯"作出承诺或通过"要约表明可以通过行为"作出承诺，都是简化交易环节、提高交易效率的措施，也是对以通知方式作出承诺的补充。

一、以三种不同方式作出的承诺

"以通知的方式作出"承诺，是法律规定作出承诺最规范、最正式的方式。即使以通知的方式作出承诺的意思表示时，有以对话的方式和以非对话的方式两类，也都要按照法律和要约人的要求作出承诺。例如，通过要约中指定的联系方法向要约人发出承诺通知、按要约中表明的方式作出行为等。

"根据交易习惯"作出承诺并非以某种特定的方式，而是"当事人之间在交易活动中的惯常做法"或"交易对方订立合同时所知道或者应当知道的做法"。因此交易习惯可以是任何合法方式，依照交易习惯作出承诺也并不需要通知要约人。依照《合同编通则司法解释》（2023年）第二条的规定："下列情形，不违反法律、行政法规的强制性规定且不违背公序良俗的，人民法院可以认定为民法典所称的'交易习惯'：

（一）当事人之间在交易活动中的惯常做法；

（二）在交易行为当地或者某一领域、某一行业通常采用并为交易对方订立合同时所知道或者应当知道的做法。

对于交易习惯，由提出主张的当事人一方承担举证责任。"

例如，长期以来的钢材交易，实际重量都是以装车后过磅称重为准，双方根据称重结果按实际装载重量结算。因为钢材交易很难精确到预定的重量，总会有或多或少的重量误差，久而久之便形成了实际交易的重量以称重为准的交易习惯。

以"要约表明可以通过行为"作出的承诺，通常属于另一种无须通知的承诺方式。例如，如果要约中已经注明"款到发货"或"到货后当场检验合格付款"，则受要约人直接付款到要约人的账号或直接送货到要约人指定的地点便是以"要约表明可以通过行为作出"的承诺，只需行为、无须通知。

对于这种承诺方式，《民法典》（2020年）第四百八十四条有着同样的规定，即："以通知方式作出的承诺，生效的时间适用本法第一百三十七条的规定。

承诺不需要通知的，根据交易习惯或者要约的要求作出承诺的行为时生效。"

二、接受对方履行主要义务的合同成立方式

但即使不按上述方式作出承诺，合同仍旧可能成立。这种情形见于《民法典》（2020年）第四百九十条、第四百九十一条的规定。前者以"一方已经履行主要义务，对方接受"作为合同成立的依据，即：

第四百九十条　当事人采用合同书形式订立合同的，自当事人均签名、盖章或者按指印时合同成立。在签名、盖章或者按指印之前，当事人一方已经履行主要义务，对方接受时，该合同成立。

法律、行政法规规定或者当事人约定合同应当采用书面形式订立，当事人未采用书面形式但是一方已经履行主要义务，对方接受时，该合同成立。

后者则分别规定了签订确认书和提交订单成功两种合同成立方式，即：

第四百九十一条　当事人采用信件、数据电文等形式订立合同要求签订确认书的，签订确认书时合同成立。

当事人一方通过互联网等信息网络发布的商品或者服务信息符合要约条件的，对方选择该商品或者服务并提交订单成功时合同成立，但是当事人另有约定的除外。

对此，《总则编司法解释》（2022年）第十八条也作出了相同的解释，即："当事人未采用书面形式或者口头形式，但是实施的行为本身表明已经作出相应意思表

示,并符合民事法律行为成立条件的,人民法院可以认定为民法典第一百三十五条规定的采用其他形式实施的民事法律行为。"

由此可见,以发出通知、按照交易习惯作出行为、按照要约表明的要求作出行为进行承诺的不同方式。以这三种方式作出承诺均可构成合同的成立,但合同成立的方式却不仅限于通过承诺。

这种双方没有依据规定或约定以书面形式订立合同,但"一方已经履行主要义务,对方接受"而构成的合同成立,是法律对于既成事实的认可,也是法定的合同成立的特殊方式。

【风险点及建议】

同本条规定相关的法律风险,是承诺未按法定或约定的要求发出通知,无须通知的承诺未遵循交易习惯或不符合要约表明的行为方式,导致承诺未成立。

在实际交易中,以通知、交易习惯、行为作出承诺的情形均有存在,但交易的层面有所不同。以通知方式作出的承诺最为正式,多为管理要求高、交易金额大的市场主体采用。以交易习惯方式作出的承诺,多发生在管理要求较低的主体之间,且多为金额相对较小的交易。这主要是因为交易金额大则风险随之增加,需要付出更高的管理成本以抵御风险,严格的管理便是以承担风险控制成本的方式抵御风险。

依照交易习惯作出承诺可简化交易流程、降低管理成本。这种承诺模式在具体的地区、领域、行业或特定的交易双方之间普遍存在。但交易习惯存在一定的模糊性,甚至会由于多种"交易习惯"并存而很难界定交易习惯的内涵外延。

交易习惯通常还存在举证责任问题。依据交易习惯签订和履行的合同如果要通过诉讼或仲裁解决争议,往往需要举证以证明交易习惯的存在和内容。《合同编通则司法解释》(2023年)第二条也作出了同样的规定。即:"下列情形,不违反法律、行政法规的强制性规定且不违背公序良俗的,人民法院可以认定为民法典所称的'交易习惯':

(一)当事人之间在交易活动中的惯常做法;

(二)在交易行为当地或者某一领域、某一行业通常采用并为交易对方订立合同时所知道或者应当知道的做法。

对于交易习惯,由提出主张的当事人一方承担举证责任。"

由此可见,无所作为地沿用交易习惯在解决争议时会面临取证、举证交易习惯方面的困难。为了确保交易权利义务的清晰可辨,可将交易习惯内容列为合同条款载入合同,从而既沿用了交易习惯又使其成为合同义务,即使发生争议也可免去交易习惯方面的举证责任。

通过要约中表明的行为作出承诺属于对交易流程的简化,有利于提高交易效率、降低交易成本。但这种模式更需要详细的规则建立起基本秩序,否则只能从事履行过程相对简单的交易。《民法典》(2020年)第四百九十一条第二款所规定的"当事人一方通过互联网等信息网络发布的商品或者服务信息符合要约条件的,对方选择该商品或者服务并提交订单成功时合同成立",即是以要约表明的行为作出承诺。

以要约表明的行为作出承诺不同于法律意义上的默示。默示是明示的对称,指那些当事人没有直接、明确表示的意思表示,但从其作为或不作为中可以推断出其间接表达的意思表示。依照《民法典》(2020年)第一百四十条的规定:"行为人可以明示或者默示作出意思表示。沉默只有在有法律规定、当事人约定或者符合当事人之间的交易习惯时,才可以视为意思表示。"而受要约人按照要约人在要约中表明的行为作出承诺属于主动的作为,并不属于默示或沉默。

除此之外,某些基于管理不善而形成的交易习惯并不可取,而是应当改变。例如,许多企业与外围合作商之间存在着先履行、后补合同结算的"交易习惯"。这种模式的形成部分基于双方间长期合作、互相信任的愿望,部分是由于合同管理制度不完善。这样的"交易习惯"尽管简化了管理流程、降低了审批成本,但整个履行过程并无明确的书面形式的权利义务界定、事后补订的合同又很容易与实不符,因而十分容易产生争议。从风险控制角度而言,属于需要整改的对象。

019. 第四百八十一条 〔承诺应当到达的期限〕
承诺应当在要约确定的期限内到达要约人。
要约没有确定承诺期限的,承诺应当依照下列规定到达:
(一)要约以对话方式作出的,应当即时作出承诺;
(二)要约以非对话方式作出的,承诺应当在合理期限内到达。

【合同实务解读】

本条规定了承诺应当在要约确定的期限之内到达要约人的原则,并设定了要约没有确定承诺期限时的期限判定规则。

由于资源、行情甚至法律环境都处于不断变化之中,合同只有在资源足够且能够从履行中获得预期利益时才有履行价值。而为承诺划定期限,有利于及时确定是否承诺,以降低交易的不确定性、降低资源的无端消耗。

一、对于确定承诺期限的要约

"在要约确定的期限内到达要约人",是承诺有效的基本条件。承诺期限届满而受要约人未作出承诺,是要约失效的情形之一。依照《民法典》(2020年)第四百七十八条的规定:"有下列情形之一的,要约失效:

(一)要约被拒绝;

(二)要约被依法撤销;

(三)承诺期限届满,受要约人未作出承诺;

(四)受要约人对要约的内容作出实质性变更。"

但对于逾期到达的承诺,如果一律界定为无效未必有利于要约人。因此基于对要约人利益的考虑,是否接收逾期到达要约的选择权应该在于要约人。

为此,《民法典》(2020年)第四百八十六条规定:"受要约人超过承诺期限发出承诺,或者在承诺期限内发出承诺,按照通常情形不能及时到达要约人的,为新要约;但是,要约人及时通知受要约人该承诺有效的除外。"

因此逾期到达的承诺被默认为已经失效,在法律上将其视为新要约,由要约人根据自己的意愿决定是否接受。如果要约人认为该承诺可以接受并及时通知受要约人该承诺有效,则该承诺为有效承诺。

二、对于没有确定承诺期限的要约

当要约中没有确定承诺的期限时,按照本条规定,需要根据作出承诺的方式适用不同的规则。对于以对话方式作出的承诺,法定规则为"应当即时作出承诺";对于以非对话方式作出的承诺,"应当在合理期限内到达"。

"要约以对话方式作出的,应当即时作出承诺",是以对话方式作出承诺时的默认规则。但这一默认规则的适用前提是,本条第二款所规定的"要约没有确定承诺期限的,承诺应当依照下列规定到达"。如果双方以对话的方式另行约定了作出承诺的期限,则适用本条第一款的"承诺应当在要约确定的期限内到达要约人"。

这一规定比较符合商务习惯。在面对面的以对话方式进行的商务谈判中,对于要约可以询问细节、可以提出新要约、可以拒绝,只要没有"即时作出承诺"或是没有约定承诺时间,则双方两不相欠,各自寻找下一个潜在客户。

"要约以非对话方式作出的,承诺应当在合理期限内到达",是因为非对话方式进行的意思表示是非即时的,必须留有一定的反应时间。例如,以电子邮件、商业信函、特快专递、交易系统作出的承诺,到达时间上会有很大差异。因此,"合理期限"视发出要约的方式、要约要求的承诺方式而定,具有一定的不确定性。

其他方面的"合理期限"通常也是需要综合各种因素进行判断的期限。例如,《买卖合同司法解释》(2020年修正)第十二条关于检验方面的"合理期限"规定,"应当综合当事人之间的交易性质、交易目的、交易方式、交易习惯、标的物的种类、数量、性质、安装和使用情况、瑕疵的性质、买受人应尽的合理注意义务、检验方法和难易程度、买受人或者检验人所处的具体环境、自身技能以及其他合理因素,依据诚实信用原则进行判断"。

由此可见,何为"合理期限"虽然通俗易懂但具有一定的不确定性,甚至只有在诉讼或仲裁时才会被认定。为了解决争议方便,要约以确定承诺期限为宜。

【风险点及建议】

同本条规定相关的法律风险,是承诺未在要约确定的期限内到达要约人,或是在要约没有确定承诺期限时对于以非对话方式作出的要约未即时予以承诺、以非对话方式作出的要约未在合理的期限内到达要约人。

在市场主体之间的商务交往中,要约和承诺很少以纯粹的对话方式作出。以线上、线下混合的方式作出要约、承诺才是主流的交易方式。在双方通过对话基本达成一致后,由一方根据洽谈结果起草书面合同作为要约发给另一方,另一方针对这一要约可以承诺也可以发出新要约。

对于发出要约的一方,在要约中明确承诺期限可以提高工作效率、避免久拖不决,是商务谈判中的成熟做法。那些交易金额大、履行周期长或履行过程复杂的合同的谈判过程更是如此,通常每轮谈判结束时都会明确下一轮谈判的时间或给出受要约方承诺的期限。

对于决定承诺的一方,对于信息属实且安全有保障的要约及时作出承诺是对其决策能力和风控水平的考验。早作回应可以进一步核实信息、衡量利弊以便早作决断。

"要约确定的期限"必须是明确的承诺期限。期限包括了留给对方作出承诺的准备时间和承诺期间截止期限,比较方便的表述是具体的日期和时间,例如"2024年12月31日17点前"。以这种"绝对"的方式确定期限,可避免起算时间、期间、截止时间在计算上的复杂性和不同理解产生的争议。

需要注意的是,对于期间问题如果没有另行约定则适用《民法典》(2020年)中的相关规定,即《民法典》(2020年)第二百零三条所规定的:"期间的最后一日是法定休假日的,以法定休假日结束的次日为期间的最后一日。

期间的最后一日的截止时间为二十四时;有业务时间的,停止业务活动的时间为截止时间。"

以及《民法典》(2020年)第二百零四条所规定的:"期间的计算方法依照本法的规定,但是法律另有规定或者当事人另有约定的除外。"

在网络平台交易日益普及的今天,承诺期限问题也呈现出了新的形式。通过网络平台发布的限时促销等要约,不仅可以注明要约的有效期限并以倒计时的方式显示,还可以在期限届满后及时关闭交易、更新要约。而高度简化和标准化的交易模式之下,选择品种、数量、交货地点后付款并下单成功即意味着承诺生效、合同成立,免去了复杂的决策、发出承诺、确认承诺是否有效的过程。

网络平台上的交易之所以能够高度简化、标准化,又与会员注册制度相关。网络平台上的交易多在会员之间进行,会员注册过程所保留甚至核实的会员信息最大程度地满足了责任的可追溯性、提高了安全系数。而交易条件的高度标准化有技术手段的加持,才使得网络平台上的交易既便捷又安全。

这些做法可以视为传统"要约—承诺"交易模式的新发展,也是今后交易模式的发展方向。它提供了更为高效、便捷、低成本的交易模式,其发出要约和发出承诺的方式,值得传统交易模式借鉴。

020. 第四百八十二条 〔承诺期限的起算〕

要约以信件或者电报作出的,承诺期限自信件载明的日期或者电报交发之日开始计算。信件未载明日期的,自投寄该信件的邮戳日期开始计算。要约以电话、传真、电子邮件等快速通讯方式作出的,承诺期限自要约到达受要约人时开始计算。

【合同实务解读】

本条规定了以"信件或者电报"和以"电话、传真、电子邮件等快速通讯方式"作出要约的承诺期限起算时间,前者以发出时间开始计算,后者以到达时间开始计算。

随着电子商务和互联网技术的普及,以"信件或者电报"方式进行的交易日益减少。信件用于发送广告等要约邀请的主要功能已逐渐被网页、电子邮件取代,电报业务则更是早已从人们的视野中消失多年,电报科室自进入21世纪以来基本取消殆尽以至于无须讨论。但以"电话、传真、电子邮件等快速通讯方式"作出要约已是常态,要充分理解并熟练应用相关法律规则。

一、以信件或者电报作出要约

以"信件或者电报作出"的要约中,"信件"是比较特殊的存在。以信件作出的要约需要一定的在途时间才能到达受要约人,如果必须以同样的方式作出承诺,同样也需要一定的在途时间才能到达要约人。这种慢节奏、低速度的"要约—承诺"模式之所以仍旧存在,是因为仍有交易需要以信件方式寄送合同书、通知书等纸质原件。

"信件载明的日期"的表述比较宽泛,其实是指信件落款上的签署时间。"信件载明的日期,是指发信人在书写载有要约内容的信件时所签署的日期,是信封内的内容。"[1]只有信件中没有载明日期时,才使用投寄该信件的邮戳日期作为承诺期限的起算时间。

但"信件载明的日期"很可能不是投寄日期,甚至与投寄日期相去甚远。以这样的日期开始计算承诺期限,会使实际留给受要约人的承诺时间与信件载明的日期存在些许甚至巨大的差距。

因此"承诺期限自信件载明的日期"开始计算,如果载明的日期早于投寄日期多日,且要约中确定的承诺期限不是具体日期而是一段时间,例如"接到本函后两周内",则受要约人的承诺既有实际承诺期限短于信函上载明的期间的问题,甚至还会产生实际起算时间的争议。

二、以快速通讯方式作出要约

以"电话、传真、电子邮件等快速通讯方式"发出的要约,按照现代的通信技术水平几乎没有在途时间,可实现即时到达。甚至在系统上既可以看到作出要约的

---

[1] 杨立新:《中华人民共和国民法典条文要义》,中国法制出版社,2022年版,第354页。

时间,也可以看到要约进入受要约人系统的时间。以要约进入受要约人系统的时间作为承诺期限的起算时间,远比识别信件的发出时间容易。

这些"快速通讯方式"分属不同的意思表示方式。以"传真、电子邮件"作出的承诺毫无疑问属于以非对话的方式作出的承诺。而以"电话"作出的承诺,既可能属于以对话的方式即时作出的承诺,也可能属于以事后通知的方式发出的非对话方式的承诺。而本条规定显然属于后果者的情形。

因此这三种方式的承诺适用《民法典》(2020年)第一百三十七条第二款的规定,即:

以非对话方式作出的意思表示,到达相对人时生效。以非对话方式作出的采用数据电文形式的意思表示,相对人指定特定系统接收数据电文的,该数据电文进入该特定系统时生效;未指定特定系统的,相对人知道或者应当知道该数据电文进入其系统时生效。当事人对采用数据电文形式的意思表示的生效时间另有约定的,按照其约定。

三、期间和期限的计算

期间和期限既是法律上的常用语,也是每份合同都无法回避的内容。就合同上的意义而言,期间是用于履行或准备履行的时间段,长则数年甚至数十年、短则数小时甚至更短;期限则是权利义务截止的时间限度,具体到日期甚至小时、分钟。

对于期间,在合同中可以自行约定也可以参照《民法典》(2020年)"第一编 总则"中"第十章 期间计算"中的各条规定,以免因表述错误或理解错误而带来不必要的风险。相关规定分别为:

第二百零一条 按照年、月、日计算期间的,开始的当日不计入,自下一日开始计算。

按照小时计算期间的,自法律规定或者当事人约定的时间开始计算。

第二百零二条 按照年、月计算期间的,到期月的对应日为期间的最后一日;没有对应日的,月末日为期间的最后一日。

第二百零三条 期间的最后一日是法定休假日的,以法定休假日结束的次日为期间的最后一日。

期间的最后一日的截止时间为二十四时;有业务时间的,停止业务活动的时间为截止时间。

第二百零四条 期间的计算方法依照本法的规定,但是法律另有规定或者当事人另有约定的除外。

【风险点及建议】

同本条规定相关的法律风险,是要约人或受要约人对于承诺期限的错误表述或错误理解、错误计算,以及未能选择最为有利的方式作出要约或承诺。

《民法典》(2020年)设立本条规则的目的,是为承诺期间的计算提供统一的标准。如果在要约中以固定的日历日期的方式确定承诺期限,则不存在本条所规定的期限开始计算时间的问题。

合同中任何权利义务的设置都需要有时间限制。这种时间限制既是生产经营安排所需,又是避免承担因时间延伸而产生的不必要风险的需要。因此发出的要约中应明确承诺期限的截止时间,并以具体的日历日期甚至外加具体的时、分表述。有了明确、易识别的时间界限,就可以避免时间界限不明或理解不一致引发的争议。

例如,"有效期至××××年××月××日24时"的表述方式,远比"自收到之日起××日止"的表述方式更直观、简单明了,也根本不必在意期限的开始时间。

现代通信方式和技术水平,也足够支持以日历日期设定承诺期限。按照目前的技术水平和稳定性,"电话、传真、电子邮件等快速通讯方式"的在途时间可以忽略不计,完全可以确定到达时间并为受要约人指定以日历日期表示的承诺期限。即使是以"信件"的方式作出的要约,也可以通过快递的方式在极短且确定的时间内送达,同样可以指定具体的日历日期作为承诺期限。

要约人对于承诺期限的设定可以精确到日,也可以精确到时。按照《民法典》(2020年)第二百零三条第二款的规定:"期间的最后一日的截止时间为二十四时;有业务时间的,停止业务活动的时间为截止时间。"但在合同实务中这种差异并不大,不加约定则最迟以最后一日的二十四时截止,有约定时间按约定时间。但作为受要约人则需要知道,在没有约定的情形下,承诺的截止时间是其停止业务活动的时间,而不是当日的二十四时。

另外一个需要关注的是,承诺期限最后一日为节假日的问题。依据《民法典》(2020年)第二百零三条第一款:"期间的最后一日是法定休假日的,以法定休假日结束的次日为期间的最后一日。"如果不同意这种计算方式,则可以在合同中特别强调不予适用该规定。因为《民法典》(2020年)第二百零四条规定:"期间的计算方法依照本法的规定,但是法律另有规定或者当事人另有约定的除外。"

受要约人的承诺必须按要约中指定的方式作出。例如,要约中表明的电子邮箱地址、通信地址、通信软件平台等。除了要约中指定的接收承诺的联系方法,要约人没有关注义务,向非指定联系方法发出的承诺并不产生承诺的效力。而对于要约人,其要约中也应当明确具体的接收承诺的联系方法,以便受要约人发出承诺和要约人的承诺管理。

在承诺期限主题之外,发出承诺的证据问题十分重要。所有与交易相关的资料,如函件及信封、投递收据、电子邮件等均需妥善保存以备不时之需。尤其是对于作出的承诺,不仅要有原始证据证明其内容,还要有证据证明在何时、何地以何种方式种发出了承诺,必要时甚至需要以标明内件内容的投递回执、受要约人盖章的签收凭证、公证书加以证明。

021. 第四百八十三条 〔承诺生效与合同成立〕

承诺生效时合同成立,但是法律另有规定或者当事人另有约定的除外。

【合同实务解读】

本条规定了"承诺生效"与"合同成立"之间的关系,除法律另有规定或双方另有约定外,承诺生效时合同成立。

承诺在《民法典》(2020年)中占有很大篇幅,第四百七十九条到第四百八十九条均与承诺相关,而第四百九十条到第四百九十三条则与合同成立相关。

一、关于承诺的生效

"承诺生效"总体上发生在承诺到达要约人时,但具体分为不同的情形。按照《民法典》(2020年)第四百八十四条的规定:"以通知方式作出的承诺,生效的时间适用本法第一百三十七条的规定。承诺不需要通知的,根据交易习惯或者要约的要求作出承诺的行为时生效。"

其中提到的《民法典》(2020年)第一百三十七条,是关于意思表示生效时间的规定,原文内容为:

第一百三十七条 以对话方式作出的意思表示,相对人知道其内容时生效。

以非对话方式作出的意思表示,到达相对人时生效。以非对话方式作出的采用数据电文形式的意思表示,相对人指定特定系统接收数据电文的,该数据电文进入该特定系统时生效;未指定特定系统的,相对人知道或者应当知道该数据电文进入其系统时生效。当事人对采用数据电文形式的意思表示的生效时间另有约定的,按照其约定。

对该条内容加以整理,"承诺生效"的方式可以归纳为以下几种:

1. 以对话方式作出承诺

以对话方式向要约人作出承诺,要约人知道承诺内容时生效。

2. 以非对话、非数据电文方式作出承诺

以非对话、非数据电文方式向要约人作出承诺,到达要约人时生效。

3. 以非对话的数据电文方式作出承诺

(1)以非对话方式的数据电文向指定特定系统的要约人作出承诺,数据电文进入要约人指定的特定系统时生效;

(2)以非对话方式的数据电文向未指定特定系统的要约人作出承诺,要约人知道或应当知道该数据电文已经进入其系统时生效;

(3)以非对话方式的数据电文向要约人作出承诺,双方另有约定的,承诺按双方另有约定的时间生效。

4. 不需要另行通知的承诺

(1)承诺不需要通知的,根据交易习惯作出承诺的行为时生效;

(2)承诺不需要通知的,根据要约的要求作出承诺的行为时生效。

同时,基于对《民法典》(2020年)第一百三十七条规定的意思表示生效方式的分析,承诺的意思表示生效的情形分析如下图(详见图2-1):

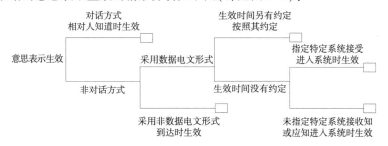

图2-1 承诺作为意思表示生效的各种情形

二、关于合同成立

除了前面的列举,还有其他法定的合同成立方式。这些方式集中在《民法典》

(2020年)的第四百九十条、第四百九十一条,分别为:

第四百九十条 当事人采用合同书形式订立合同的,自当事人均签名、盖章或者按指印时合同成立。在签名、盖章或者按指印之前,当事人一方已经履行主要义务,对方接受时,该合同成立。

法律、行政法规规定或者当事人约定合同应当采用书面形式订立,当事人未采用书面形式但是一方已经履行主要义务,对方接受时,该合同成立。

第四百九十一条 当事人采用信件、数据电文等形式订立合同要求签订确认书的,签订确认书时合同成立。

当事人一方通过互联网等信息网络发布的商品或者服务信息符合要约条件的,对方选择该商品或者服务并提交订单成功时合同成立,但是当事人另有约定的除外。

《民法典》(2020年)第四百九十条所规定的因接受对方履行主要义务行而合同成立的情形,《总则编司法解释》(2022年)对其加以认可,即:

第十八条 当事人未采用书面形式或者口头形式,但是实施的行为本身表明已经作出相应意思表示,并符合民事法律行为成立条件的,人民法院可以认定为民法典第一百三十五条规定的采用其他形式实施的民事法律行为。

归纳前述两个《民法典》(2020年)条款中所描述的各类情形,两个条款所规定的合同成立包括如下几种方式:

1. 订立合同书

以合同书形式订立合同时的签名、盖章或者按指印。

2. 接受对方履行主要义务

未按法律或约定采用书面形式订立合同,接受另一方履行主要义务行为。

3. 签订确认书

以信件、数据电文等形式订立合同,依照约定签订确认书。

4. 信息网络提交订单成功

在商品或者服务信息构成要约的信息网络选择商品或服务并提交订单成功。

上述四类合同订立形式在合同实务中均有存在。其中法定代表人签字、单位加盖公章的方式最为传统,也使用最多;通过交易平台在线提交订单、支付款项的交易模式随着电子商务的发展越来越普及;接受对方履行主要义务的行为大多存在于大型企业与外围合作商之间;以信件、数据电文订立合同后签订确认书的方式使用较少,不是对所有交易都适用。

在书面合同上签名、盖章的行为,仍旧可以理解为承诺生效、合同成立的体现。当双方约定了签订书面合同书时,谈判过程中的要约、新要约、承诺将以双方最终签订的文本为准,则在书面合同书上完成签名盖章或按指印的过程,也可以理解为要约和承诺以及承诺生效、合同成立的过程。如果以口头的方式发出要约或作出承诺,承诺生效时合同更是毫无疑问地成立。

三、法律另有规定或当事人另有约定

本条的"法律另有规定或者当事人另有约定的除外",意味着当法律另有规定或当事人另有约定时,即使承诺生效合同也仍不成立。

《民法典》(2020年)中的许多合同因"法律另有规定"而在承诺生效后仍不成立。例如,《民法典》(2020年)第五百八十六条规定"定金合同自实际交付定金时成立",意味着合同在承诺生效后需要交付定金才成立。又如,《民法典》(2020年)第八百九十条规定:"保管合同自保管物交付时成立,但是当事人另有约定的除外。"同样说明承诺生效后,如果没有另行约定,则合同需要交付保管物后才成立。除此之外,无权代理、越权代理行为,在未得到追认前合同同样不成立。

合同缺少当事人、标的、数量条款之一的,一般也被认为合同不成立。依据《合同编通则司法解释》(2023年)第三条第一款、第二款规定:"当事人对合同是否成立存在争议,人民法院能够确定当事人姓名或者名称、标的和数量的,一般应当认定合同成立。但是,法律另有规定或者当事人另有约定的除外。根据前款规定能够认定合同已经成立的,对合同欠缺的内容,人民法院应当依据民法典第五百一十条、第五百一十一条等规定予以确定。"即只有具备了当事人、标的、数量这三个条款,对于"没有约定或者约定不明确的"的情形才可以援引《民法典》(2020年)第五百一十条、第五百一十一条的规定,确定不明事项。

"当事人另有约定"的承诺生效后合同不成立的情形也与此类似。例如,《民法典》(2020年)第四百九十一条规定的"当事人采用信件、数据电文等形式订立合同要求签订确认书的,签订确认书时合同成立"。而在签订确认书之前,合同实际上并未成立。

又如,如果要约中注明了以行为表示承诺的"款到发货"或"货到后经验收合格后付款",受要约人即使向要约人作出了承诺,只要未履行要约中规定的付款或发货义务,即使其他方式的承诺生效,只要未能履行所要求的行为,合同同样不能

成立。

【风险点及建议】

同本条规定相关的法律风险,是承诺已生效但因法律另有规定或双方另有约定而导致合同并未成立。

在合同实务中,合同从成立到生效的过程既是合同顺利履行的风险点也是控制合同风险的手段。如果合同不成立,则不存在承担违约责任的法律后果,但同时也无法获得预期中的交易利益。

在合同成立之前,只要业务洽谈活动没有违反《民法典》(2020年)第五百条关于缔约过失责任的规定,即没有恶意磋商、故意隐瞒重要事实或提供虚假情况,以及其他违背诚信原则的行为,甚至无须承担缔约过失责任。

《民法典》(2020年)关于合同成立的相关规定,为交易风险控制提供了极大的便利。控制了合同的成立就控制了合同的生效,也就能避免无谓的违约责任风险。《民法典》(2020年)第五百零二条规定,"依法成立的合同,自成立时生效,但是法律另有规定或者当事人另有约定的除外",可以为合同风险控制带来更大的合法操作空间、更为多样化的手段。这使得某些风险较大的交易可以在符合利益或得到更多安全保障的情形下才生效、履行,避免不必要的风险。

一方面,可以充分利用典型合同等方面的"法律另有规定"控制合同的成立。例如,将无定金要求的合同转变为设立定金要求的合同,并将定金条款的生效作为合同生效的前提条件。从而适用前面提到的《民法典》(2020年)第五百八十六条的规定,即"定金合同自实际交付定金时成立"。

另一方面,可以充分利用"当事人另有约定"来控制合同的成立。例如,充分利用前面所提到的《民法典》(2020年)第四百九十一条的规定"当事人采用信件、数据电文等形式订立合同要求签订确认书的,签订确认书时合同成立",根据实际情况需要以是否签订确认书的方式来控制合同是否成立。

而与此相反,合同风险管理过程中应尽最大努力避免合同的意外成立。尤其是《民法典》(2020年)第四百九十条所规定的在订立之前"一方已经履行主要义务,对方接受时,该合同成立"的两种情形,即:"当事人采用合同书形式订立合同的,自当事人均签名、盖章或者按指印时合同成立。在签名、盖章或者按指印之前,当事人一方已经履行主要义务,对方接受时,该合同成立。

法律、行政法规规定或者当事人约定合同应当采用书面形式订立,当事人未采用书面形式但是一方已经履行主要义务,对方接受时,该合同成立。"

如果某些合同既有统一规则又有任意性规则,则可通过约定控制合同的成立。例如,《民法典》(2020年)第八百九十条规定:"保管合同自保管物交付时成立,但是当事人另有约定的除外。"如果"自保管物交付时成立"这个统一规则可以被接受则无须另行约定,如需控制合同的成立则要另行约定。例如约定合同在签署后成立,或是发出交付通知时成立等。

还有一些合同可以依法被默认成立且一般不会带来不利后果,但是否被接受则视实际需求而定。例如,《民法典》(2020年)第六百八十五条第二款规定:"第三人单方以书面形式向债权人作出保证,债权人接收且未提出异议的,保证合同成立。"如果保证合同因此而成立会给债权人带来不利后果,则债权人应及时提出异议以阻止该保证合同的成立。

> **022. 第四百八十四条 〔承诺的生效时间〕**
> 以通知方式作出的承诺,生效的时间适用本法第一百三十七条的规定。
> 承诺不需要通知的,根据交易习惯或者要约的要求作出承诺的行为时生效。

【合同实务解读】

本条是对承诺生效时间的总体性规定,以通知方式作出的承诺适用以对话和非对话方式作出意思表示时的生效规定,承诺不需要通知的则根据交易习惯或要约要求作出承诺行为时生效。

这一条款的规定与《民法典》(2020年)第四百八十条的规定一脉相承。该条款规定了:"承诺应当以通知的方式作出;但是,根据交易习惯或者要约表明可以通过行为作出承诺的除外。"两个条款的规定基于同样的行为,但第四百八十四条规定了承诺的生效时间,第四百八十条规定作出承诺的方式。

一、以通知方式作出的承诺的生效时间

"以通知方式作出的承诺"所适用的"本法第一百三十七条的规定",主要内容是细分了以对话方式作出的意思表示和以非对话方式作出的意思的不同生效方式,并进一步将以非对话方式作出的意思表示细分为普通的非对话方式和数据电文的非对话方式,原文内容为:

第一百三十七条 以对话方式作出的意思表示,相对人知道其内容时生效。

以非对话方式作出的意思表示,到达相对人时生效。以非对话方式作出的采用数据电文形式的意思表示,相对人指定特定系统接收数据电文的,该数据电文进入该特定系统时生效;未指定特定系统的,相对人知道或者应当知道该数据电文进入其系统时生效。当事人对采用数据电文形式的意思表示的生效时间另有约定的,按照其约定。

其中的"当事人对采用数据电文形式的意思表示的生效时间另有约定的,按照其约定",赋予了当事人自主决定承诺生效时间的权利。当事人可据此充分约定有利的数据电文承诺的生效时间。

概括《民法典》(2020年)第一百三十七条的内容以及解读第四百八十三条时的分析,承诺生效主要分为以下几种方式:

1. 以对话方式作出承诺

以对话方式向要约人作出承诺,要约人知道承诺内容时生效。

2. 以非对话、非数据电文方式作出承诺

以非对话、非数据电文方式向要约人作出承诺,到达要约人时生效。

3. 以非对话的数据电文方式作出承诺

(1)以非对话方式的数据电文向指定特定系统的要约人作出承诺,数据电文进入要约人指定的特定系统时生效;

(2)以非对话方式的数据电文向未指定特定系统的要约人作出承诺,要约人知道或应当知道该数据电文已经进入其系统时生效;

(3)以非对话方式的数据电文向要约人作出承诺,双方另有约定的,承诺按双方另有约定的时间生效。

4. 不需要另行通知的承诺

(1)承诺不需要通知的,根据交易习惯作出承诺的行为时生效;

(2)承诺不需要通知的,根据要约的要求作出承诺的行为时生效。

二、根据交易习惯或要约要求作出行为的承诺生效时间

根据《民法典》(2020年)第四百八十四条第二款的规定,"承诺不需要通知的,根据交易习惯或者要约的要求作出承诺的行为时生效"。这两种承诺是以行为的方式作出,作出行为时承诺即已生效,因而不需要另行将承诺通知给要约人。

"交易习惯",根据《合同编通则司法解释》(2023年)第二条的规定,主要是"当事人之间在交易活动中的惯常做法"和"在交易行为当地或者某一领域、某一行业通常采用并为交易对方订立合同时所知道或者应当知道的做法"。该条原文内容为：

第二条　下列情形，不违反法律、行政法规的强制性规定且不违背公序良俗的，人民法院可以认定为民法典所称的"交易习惯"：

（一）当事人之间在交易活动中的惯常做法；

（二）在交易行为当地或者某一领域、某一行业通常采用并为交易对方订立合同时所知道或者应当知道的做法。

对于交易习惯，由提出主张的当事人一方承担举证责任。

与此同时，《总则编司法解释》（2022年）还对"习惯"作出了解释，即：

第二条　在一定地域、行业范围内长期为一般人从事民事活动时普遍遵守的民间习俗、惯常做法等，可以认定为民法典第十条规定的习惯。

当事人主张适用习惯的，应当就习惯及其具体内容提供相应证据；必要时，人民法院可以依职权查明。

适用习惯，不得违背社会主义核心价值观，不得违背公序良俗。

两个司法解释适用范围、内容均不相同且有一定的交叉内容，但在合同领域应以针对合同编的司法解释为准。

至于根据"要约的要求作出承诺的行为"而产生的承诺生效，则完全视要约人在合同中的要求而定。只要该要求不违反法律规定，受要约人依照该要求作出承诺行为时承诺即生效。

【风险点及建议】

同本条规定相关的法律风险，是未按法定的对话方式和非对话方式作出承诺的生效时间设定双方的权利义务，或未根据法律授权对数据电文承诺的生效时间作出更为有利的约定，以及对不需要通知的承诺未按交易习惯或要约要求作出承诺的行为以使承诺生效。

因承诺而产生的风险远大于因要约而产生的风险。因为要约因受要约人承诺而导致合同成立仅是一种可能性，受要约人可能承诺也可能不承诺。但承诺生效则直接导致合同成立，甚至合同成立之时即为合同生效之时。合同成立或生效后即使发现了合同缺陷也需要经过对方的同意方可调整，增加了控制风险的难度。

承诺所带来的法律风险，主要源于要约的内容。对要约人而言，来源于要约中对要约人不利的缺陷;对受要约人而言,来源于对受要约人不利的条款,二者情况类似。有缺陷的要约一经发出可以考虑撤回或撤销,标准的承诺并不改变要约内容,而且一经发出只能撤回而无法撤销。因为承诺到达之时即为生效之时,同时也是合同成立之时,根本无法撤销。

如果受要约人对于要约只能选择承诺,则其能够采取的风险控制措施只有非实质性变更,但其结果既可能是变更成功也可能是连同承诺被一并拒绝。因为《民法典》(2020年)第四百八十九条规定:"承诺对要约的内容作出非实质性变更的,除要约人及时表示反对或者要约表明承诺不得对要约的内容作出任何变更外,该承诺有效,合同的内容以承诺的内容为准。"

如果受要约人有足够的交易优势,或是对于要约并非必须承诺而是有着众多选择余地,则有多种手段可以控制承诺可能带来的风险。

首先,受要约人可以实质性变更的方式"承诺",即对要约人提出新要约。要约人接受则按照新要约执行,要约人不接受则另选交易机会。

其次,无论是以对话方式还是以非对话方式,均可尝试另行约定承诺期限以便有更充分的时间理解要约信息、了解交易背景、作出最终决策。

最后,可以同要约人协商改变承诺方式。例如,将交易习惯、表示承诺的行为固化为合同条款、指定发出数据电文通知的特定系统等。

在当前这种产能过剩的时代,对于要约只能选择接受的情形鲜有发生。因此许多要约只不过是个交易方案,除了具有一定垄断地位的市场主体出具的格式条款要约或是公共事业单位市场主体出具的格式条款要约,几乎对所有的要约均可以通过谈判获得更好的交易条件,除非在交易中处于力量对比悬殊的交易劣势地位。

023. 第四百八十五条 〔承诺的撤回〕

承诺可以撤回。承诺的撤回适用本法第一百四十一条的规定。

【合同实务解读】

本条为承诺设立了撤回制度,承诺的撤回适用《民法典》(2020年)对于撤回意思表示的相关规定。

撤回承诺是为了阻止承诺生效,从而阻止合同成立、合同生效。这一制度同要约撤回相同,都是在意思表示生效之前将其撤回以使其不生效。

承诺生效,可以直接导致合同生效。承诺生效后,依据《民法典》(2020年)第四百八十三条的规定,"承诺生效时合同成立"。而依据《民法典》(2020年)第五百零二条的规定,"依法成立的合同,自成立时生效,但是法律另有规定或者当事人另有约定的除外"。由此可见,承诺生效合同成立后如果没有法律的特别规定或双方的另行约定,则合同生效。而有缺陷的合同的生效,将直接导致不利后果。

为避免不利后果的发生,可依照本条规定撤回承诺。承诺的撤回所要适用的"本法第一百四十一条的规定",其内容为"行为人可以撤回意思表示。撤回意思表示的通知应当在意思表示到达相对人前或者与意思表示同时到达相对人"。即承诺可以撤回、撤回应当发出通知、通知应当先于或同时于承诺到达要约人。

依照《民法典》(2020年)第四百八十条的规定:"承诺应当以通知的方式作出;但是,根据交易习惯或者要约表明可以通过行为作出承诺的除外。"因此承诺可分为通知的方式与不需要通知的方式。在现代通信手段下,尤其是以数据电文为代表的快速通信方式发出的承诺通知已经很难撤回。

不需要通知的承诺,同样少有撤回的机会。依据《民法典》(2020年)第四百八十四条第二款的规定:"承诺不需要通知的,根据交易习惯或者要约的要求作出承诺的行为时生效。"如果承诺行为已经完成则承诺已经生效,同样没有撤回的时间。只有可能在作出承诺行为的过程中终止完成表明承诺的行为。

以网络交易平台为代表的电子商务交易更是如此。依据《民法典》(2020年)第四百九十一条第二款的规定:"当事人一方通过互联网等信息网络发布的商品或者服务信息符合要约条件的,对方选择该商品或者服务并提交订单成功时合同成立,但是当事人另有约定的除外。"

因此,唯有以信件为代表的慢速通信方式发出的承诺,或是以行为表示的承诺的行为作出过程中,才有可能撤回承诺。由于撤回承诺的适用面非常窄,对于要约仍以实质性变更或非实质性变更的方式消除隐患更为现实。

【风险点及建议】

同本条规定有关的法律风险,是未及时撤回有缺陷的承诺,或是撤回承诺的通知未先于或同时于承诺到达要约人导致承诺生效。

撤回承诺的原因同撤回要约的原因基本相同,主要是要约中存在对自己不利的情形,尤其是承诺发出后才发现的情形,以及承诺发出后情势有了对合同履行非常不利的变化。

承诺能否撤回取决于承诺的生效方式。以通知方式作出的承诺,承诺即时到达即时生效,根本没有撤回的时间。只有那些需要较长时间才能到达要约人的承诺意思表示,才有可能以更快的通信方式发出撤回通知,并使通知先于或同时于承诺到达要约人,从而顺利、有效地撤回承诺。

至于"根据交易习惯或者要约表明可以通过行为作出"的承诺,则存在不同的可能性。理论上,《民法典》(2020年)第四百八十五条规定的是"承诺的撤回适用本法第一百四十一条的规定"。而第一百四十一条的规定是,"撤回意思表示的通知应当在意思表示到达相对人前或者与意思表示同时到达相对人"。即该条款的适用对象是"撤回意思表示的通知",只适用于以通知方式作出的承诺。

但以行为的方式作出的承诺,作出行为的时间有长短之分,因此仍有机会阻止承诺的生效。行为完成时固然已经作出承诺,而且无须另行通知要约人承诺便已生效、合同便已成立,同样没有时间撤回承诺。但需要较长时间才能完成的承诺行为,则完全有机会通过在行为过程中停止承诺行为、终止完成承诺的方式阻止承诺的生效。

基于上述分析以及此前对于《民法典》(2020年)第四百八十四条所规定的承诺生效时间所作的整理,撤回承诺的可能性分别如下表(详见表2-3):

表2-3 撤回承诺可能性分析

	承诺方式	生效标准	可撤回性
1	对话方式	要约人知道承诺内容	无
2	非对话、非数据电文方式	到达要约人时生效	有
3	非对话、数据电文、指定系统	电文进入指定的特定系统	无
4	非对话、数据电文、未指定系统	要约人知或应知已进入系统	有
5	非对话、数据电文、另有约定	按约定时间生效	有
6	承诺不需要通知,根据交易习惯	作出承诺行为	无/有
7	承诺不需要通知,根据要约要求	作出承诺行为	无/有

总结前述分析和上表概括的内容,不同的承诺方式有不同的可撤回程度。对于以通知的方式作出的承诺,上表中第2、4、5三种承诺通知方式有机会撤回承诺。因为以这三类方式作出的承诺,通常存在或可能存在较长的在途时间,因而更有机

会撤回。其余两种均为即时生效,因而并无撤回时间。

为了便于以撤回承诺的方式控制合同风险,可在合同条款中约定承诺生效的方式。尤其是以非对话、数据电文方式发出承诺的,可依据《民法典》(2020年)第一百三十七条规定的"当事人对采用数据电文形式的意思表示的生效时间另有约定的,按照其约定",另行约定承诺生效的时间。

除此之外,控制承诺生效的目的不外乎是控制合同的成立、生效。为此可以参照关于合同成立、合同生效条款的解读采用多种方式加以控制,包括合同的附条件生效、条款的附条件生效,以及合同条款的调整权、违约责任的豁免或减轻等。而在此之外,则更应完善合同管理制度及流程,避免需要撤回承诺情形的发生。

承诺生效后合同成立,因此民法体系中不存在撤销承诺的制度规定。而在最高人民法院关于《民法典》(2020年)的司法解释中,甚至没有关于要约、承诺的内容。

024. 第四百八十六条 〔承诺逾期超期到达〕

受要约人超过承诺期限发出承诺,或者在承诺期限内发出承诺,按照通常情形不能及时到达要约人的,为新要约;但是,要约人及时通知受要约人该承诺有效的除外。

【合同实务解读】

本条是关于逾期承诺及其处理方式的规定,承诺超过期限发出或虽在期限内发出但预期无法及时到达时,为新要约;但要约人有权及时通知受要约人该承诺有效。

承诺在受要约人明知的情形下逾期到达要约人时,要约人已经不再受要约意思表示的约束,因此并不需要回复。但要约人有权基于自己的利益确认该承诺有效、受要约约束,但需要及时通知受要约人。

本条款与紧随其后的第四百八十七条,分别规定了承诺逾期到达的两种不同情形。依据《民法典》(2020年)第四百八十七条的规定:"受要约人在承诺期限内发出承诺,按照通常情形能够及时到达要约人,但是因其他原因致使承诺到达要约人时超过承诺期限的,除要约人及时通知受要约人因承诺超过期限不接受该承诺外,该承诺有效。"

结合本条款及第四百八十七条的规定，承诺的逾期到达分为受要约人原因的超期到达和非受要约人原因的超期到达。本条的"超过承诺期限发出承诺"和"承诺期限内发出承诺，按照通常情形不能及时到达"，均属受要约人原因造成的超期到达。而第四百八十七条规定的"承诺期限内发出承诺，按照通常情形能够及时到达"则属于非受要约人原因造成的超期到达。

受要约人原因的承诺超期到达不构成有效承诺。《民法典》(2020年)第四百八十一条规定了"承诺应当在要约确定的期限内到达要约人"。因此无论何种原因，只要承诺未在要约确定的期限内到达要约人，则要约依照《民法典》(2020年)第四百七十八条的规定"承诺期限届满，受要约人未作出承诺"而失效，只能被视为新要约。

对于承诺的超期到达，发出时的预期不同其法律上的处理规则也不同。对于受要约人原因的超期到达，超期的责任在于受要约人，因而法律规定其为新要约，但要约人有权确认该承诺有效。而对非受要约人原因的超期到达，超期到达的责任不在于受要约人，因此法律规定该承诺有效但要约人有权不接受。二者的处理结果都取决于要约人，但效力的倾向性不同。

在合同实务中，要约人大多并不在意超期到达的承诺的法律性质，而是在意有无交易利益。因此对于受要约人原因逾期到达的承诺，要约人有权不予接受也有权及时通知受要约人该承诺有效。

【风险点及建议】

同本条规定相关的法律风险，在于受要约人超过承诺期限发出承诺或虽在承诺期限内发出但预计会超期到达的承诺，以及要约人对于可以接受的逾期承诺未能及时通知受要约人该承诺有效。

对于预计超期到达的承诺，本条及第四百八十七条为双方达成后续交易提供了更多机会，使受要约人有机会补救承诺逾期到达的后果，要约人也可利用受要约人发出新要约的机会，令双方可以通过交易实现商业利益的最大化。

逾期发出承诺和发出预计会超期到达的承诺属合同管理上的低级错误，一般均由市场主体的业务部门自行处理和内部问责，并不涉及与要约人之间的争议。但从法律风险角度来看，这种情形属于造成单方权益丧失的法律风险，需要通过合同管理制度、管理流程的完善和信息化水平的提高等手段加以避免。

逾期承诺往往与市场主体的规模和管理模式相关。对于多数大型企业而言，其决策审批流程、速度远不足以对面临的商业机会作出迅速的反应。但其面对中小企业时的优势交易地位,却常常可以为之争取更长的决策期限甚至延长承诺期限,从而避开要约、承诺过程中的一系列复杂的期限问题。要约因未被承诺而任其失效,也属于市场行为中的正常现象。

法律对于逾期承诺的规定与企业的实际处理方式基本相同。企业很少会将收到的逾期承诺当成法律问题,其处置方法也极为简单,对企业有利则交易,对企业不利则协商变更,协商不成则拒绝。但当发出的承诺很可能逾期到达时,可以主动通过其他方式提醒要约人承诺可能逾期到达,以争取得到期限上的豁免。

要约人对于逾期到达的承诺,如果决定接受则应及时通知受要约人该承诺有效。这种通知也是一种确认,在法律上构成双方之间的承诺生效、合同成立,要约人的合法权益受法律保护。不通知而直接履行,在要约人与受要约人之间有可能产生承诺效力方面的争议。

025. 第四百八十七条 〔承诺意外超期到达〕

受要约人在承诺期限内发出承诺,按照通常情形能够及时到达要约人,但是因其他原因致使承诺到达要约人时超过承诺期限的,除要约人及时通知受要约人因承诺超过期限不接受该承诺外,该承诺有效。

【合同实务解读】

本条是对承诺迟到及其处理方式所作的规定。非受要约人原因而逾期到达的承诺通常被认定为有效,但要约人可及时通知受要约人因承诺超期不予接受。

《民法典》(2020年)第四百八十六条规定,受要约人原因而超期到达的承诺通常被认定为无效。本条则规定,非受要约人原因超期到达的承诺通常被认定为有效。

非受要约人原因而超期到达的承诺,只是因为本条规定才具有了承诺的效力。按照《民法典》(2020年)第四百八十一条的规定,"承诺应当在要约确定的期限内到达要约人"。《民法典》(2020年)第四百七十八条也规定了"承诺期限届满,受要约人未作出承诺"是要约失效的情形之一。因此这类超期到达的承诺本应无效,只是本条规定的"除要约人及时通知受要约人因承诺超过期限不接受该承诺外,该承诺有效"才赋予了其承诺效力。

认定"该承诺有效",是因为本条规定的情形同上一条的情形相对。在本条规定的情形中,受要约人已经及时发出了按通常情况能够及时到达的承诺,因而对承诺的超期到达不存在过错。所以法律上才视其为如期到达,并将这类承诺认定为有效。

但本条规定同时也保留了要约人的选择权,即通常认定此类非受要约人原因而超过期限到达的承诺为有效,但要约人仍有权根据自己的利益和实际情况决定按正常的承诺生效、合同成立处理,或者及时通知受要约人不接受该超过期限的承诺。

本条规定赋予要约人的决定权非常重要。因为承诺的逾期到达很可能导致原来的要约已无法履行,或继续按原要约履行已不符合要约人利益。在此情形下,要约人有权"及时通知受要约人因承诺超过期限不接受该承诺"。

【风险点及建议】

同本条规定相关的法律风险,是发出的承诺非受要约人原因而超过期限到达要约人、受要约人的承诺被要约人以超过承诺期限为由不予接受,以及要约人未及时通知受要约人因超过承诺期限而不接受该承诺。

非受要约人原因而超过期限到达的承诺在法律上被认为有效,是因为受要约人对于承诺的超期到达没有过错,甚至作出了履行准备。因此对于承诺的效力在认定上采取对受要约人有利的原则。如果超过期限到达的原因无法证实,则验收适用本条对于受要约人相对有利的规定。

承诺的超期到达会带来极大的不确定性。在要约确定的期限内到达的承诺,一经到达即承诺生效、合同成立。而超过期限到达的承诺,其效力取决于要约人是否愿意接受。对于受要约人原因而超期到达的、被认为不产生效力的承诺,要约人有权"及时通知受要约人该承诺有效";对于非受要约人原因而超期到达的、被认定为有效的承诺,要约人有权"及时通知受要约人因承诺超过期限不接受该承诺"。

在现代通信技术条件下,承诺长时间无法到达的情形几乎不存在。以至于使用数据电文形式发出要约和作出承诺也并不需要预留过多日期。而现代的电子邮件系统、网络平台等也大多具备记录内容和时间的功能,甚至能够查看邮件何时已经到达对方系统、对方何时已经查阅邮件,为核实工作进展、保留交易证据提供了极大的便利。加之相关证据被审判机构认可,因此值得大力推广使用。

对于要约人,不同的逾期到达原因在处理上并无本质区别,都需要结合要约人的实际情况及交易利益。要约人既可以及时通知受要约人其接受受要约人原因逾期到达的承诺,也可以及时通知受要约人因其承诺逾期到达而不予接受,反之亦然。

如果不希望处理复杂的要约、承诺问题,还可以采用以行为作出承诺和实践性合同的做法。

前者是在要约中明确规定承诺方式为在承诺有效期限内作出具体的承诺行为,以绕开承诺通知问题。即《民法典》(2020年)第四百八十条所规定的:"承诺应当以通知的方式作出;但是,根据交易习惯或者要约表明可以通过行为作出承诺的除外。"

后者是以履行某一义务作为合同成立的条件,而不是或不仅仅是以承诺作为合同成立的条件。这类方式许多典型合同也在采用,例如,《民法典》(2020年)第五百八十六条即规定,"当事人可以约定一方向对方给付定金作为债权的担保。定金合同自实际交付定金时成立"。

026. 第四百八十八条 〔承诺内容与实质性变更〕

承诺的内容应当与要约的内容一致。受要约人对要约的内容作出实质性变更的,为新要约。有关合同标的、数量、质量、价款或者报酬、履行期限、履行地点和方式、违约责任和解决争议方法等的变更,是对要约内容的实质性变更。

【合同实务解读】

本条是对承诺内容方面的要求,以及对要约内容进行实质性变更的含义、性质的规定。有实质性变更的承诺属于新要约。

实质性变更的情形在商务谈判中比承诺的情形更为普遍。商务谈判的"讨价还价"过程,正是一方不断针对另一方提出的要约发出带有实质性变更的新要约的过程,其目标都是争取商业利益的最大化。只有双方的交易方案趋同、双方对利益分配均可接受,才会以最终的要约和承诺达成交易。一次性通过要约和承诺达成的交易,多见于线上交易平台中针对标准化产品或服务的交易。

"实质性变更",按照本条的规定涉及"合同标的、数量、质量、价款或者报酬、履行期限、履行地点和方式、违约责任和解决争议方法等的变更"。

而《民法典》(2020年)第四百七十条所规定的合同"一般包括"的条款为"当事人的姓名或者名称和住所""标的""数量""质量""价款或者报酬""履行期限、地点和方式""违约责任""解决争议的方法"。

由于二者完全重合,任何对"一般包括"的条款的变更,均为实质性变更(详见表2-4)。

表2-4 实质性变更条款与一般包括条款的比较

序号	构成实质性变更的条款	合同一般包括的条款	对比结果
01	—	当事人的姓名或者名称和住所	不同
02	标的	标的	相同
03	数量	数量	相同
04	质量	质量	相同
05	价款或者报酬	价款或者报酬	相同
06	履行期限	履行期限	相同
07	履行地点和方式	(履行)地点和方式	相同
08	违约责任	违约责任	相同
09	解决争议方法	解决争议方法	相同

由于"承诺的内容应当与要约的内容一致",带有实质变更的承诺已不再是承诺而是新要约。交易环节也因实质性变更而再次回到"要约—承诺"循环,由受要约人决定是承诺、提出新要约还是拒绝。

实质性变更虽不涉及"当事人的姓名或者名称和住所",但当事人身份事项的变更值得讨论。如果当事人主体未变只是变更姓名或名称,则其承诺仍应有效。因为《民法典》(2020年)第五百三十二条规定:"合同生效后,当事人不得因姓名、名称的变更或者法定代表人、负责人、承办人的变动而不履行合同义务。"

即使一方主体发生了分立、合并的情形,在法律上也仍无实质性影响。依据《民法典》(2020年)第六十七条的规定:"法人合并的,其权利和义务由合并后的法人享有和承担","法人分立的,其权利和义务由分立后的法人享有连带债权,承担连带债务,但是债权人和债务人另有约定的除外。"

如果一方当事人只是变更了住所地,只要不影响合同的履行地点、履行方式、价款或者报酬等足以构成实质性变更的条款,仍旧不属于实质性变更。

【风险点及建议】

同本条规定相关的法律风险,是承诺含有对要约作出实质性变更的内容而构成新要约,从而失去承诺生效、合同成立的机会。

对要约作出实质性变更在商务谈判中十分常见,其目的是在双方均可接受的前提下以最低的交易成本争取最多的交易利益,同时兼顾交易安全。

一、交易地位与承诺或实质性变更

实务中的要约和承诺、新要约等多为当事人自行决定的商务条款,律师或法务人员参与的至多是对承诺前的文本进行审查、修改,甚至连定稿也由当事人自行决定。只有重大项目才需要律师或法务人员的全程参与,但也并不参与标的、价格、质量标准等方面的谈判磋商,只是负责相关的法律条款以及存在不合理风险的条款。

作出承诺还是作出实质性变更,首先取决于需求。交易的实质,是利用已有的资源与所需要的资源进行资源交换。这种交换不仅涉及标的的质量和功能是否满足需要,还涉及交易成本在经济上是否合算等因素。只有当双方的需求能够基本匹配时才会开启"要约—承诺"程序,并在经过博弈达成利益平衡后才会成交,否则只有继续寻找资源、交易对象。在商业行为中,直接对要约作出承诺的情形并不多见,以"讨价还价"为代表的实质性变更反倒更为普遍。

承诺还是提出新要约,还取决于交易地位。在交易中,如果一方的交易资源远比另一方的交易资源稀缺,就会处于相对优势的交易地位。相对劣势方比相对强势方更需要进行交易,因此愿意放弃部分交易权利以获得交易机会。而无论是对方稀缺的标的物还是稀缺的订单,都可以构成己方的优势交易地位。

交易地位常常决定合同的最终形态。为了提高交易效率、得到更多交易利益,处于优势交易地位方常常提出对其更为有利的交易条件或使用己方文本等要求,也时常对另一方的要约提出实质性变更或不同意变更己方的要约,而且常常能够做到。而处于劣势交易地位方,常明知不甚理想却也只能选择接受优势方的要求,以使交易能够实现。

这种对优势交易地位的利用通常并未超出法律的限度,即使明知也无从改变。律师或法务的职责是在其职责范围内和可行范围内实现风险的最小化,而不是决定是否交易。对于经营管理事务,当事人有最终决定权,是否交易以及交易条件,最终由当事人决定。

二、要约与承诺或实质性变更

在合同订立过程中,要约人是首先向对方提出自己交易方案的一方。这种交易方案通常是对其最为有利的方案,既有商务也有交易安全等方面的综合考虑,因此可以在要约中提出许多对己方有利的方案、制定对己方有利的规则。

要约人可以在要约中设立要约不可变更的条款。依据《民法典》(2020年)第四百八十九条规定:"承诺对要约的内容作出非实质性变更的,除要约人及时表示反对或者要约表明承诺不得对要约的内容作出任何变更外,该承诺有效,合同的内容以承诺的内容为准。"这就意味着要约人有权在要约中设定对要约内容进行变更的幅度,甚至可以设定"不得对要约的内容作出任何变更"。

利用B2B的形式同样可以实现这一目的。对于那些已经高度标准化的产品或服务,当通过网络交易平台以数据电文的方式达成交易时,只能选择承诺或放弃,不能选择变更,从而保证交易的高度标准化并降低管理成本。

受要约人可以毫无压力地提出实质性变更。交易的目的是实现交易利益,交易条件是交易利益状况的体现。对于并不理想的交易条件,要么通过讨价还价争取到满意的条件,要么另寻交易机会。是否属于实质性变更并不重要,重要的是能否以满意的交易条件达成交易并借此获得交易利益。只有国家订货任务、指令性任务,才存在必须提出要约、必须作出承诺的义务。

提出实质性变更可采用多种方式。例如,某些市场主体会因管理体制等原因,不允许对其标准合同文本进行改变,但可以对其标准合同文本中的未尽事宜增加补充条款。在这种情形下,通过增加补充条款的方式提出实质性变更,表面上并未改变要约因此更容易被接受,尽管总体上仍是实质性变更。

这种方式类似于《建设工程施工合同(示范文本)》(GF-2017-0201)中通用合同条款与专用合同条款并列的使用方式。即对标准合同条款如有改变则写入专用合同条款,以作为对通用合同条款的修正。在实际执行该《建设工程施工合同》时,若有专用合同条款则优先适用专用合同条款,没有专用合同条款则适用标准化的通用合同条款。

受要约人提出实质性变更大多属于商业行为,通常由业务部门直接处理。只有其变更涉及法律条款或会产生不同法律后果时,如涉及违约责任和解决争议方法等的变更,才由律师或法务人员介入。对于此类"实质性变更",一般的判断标准是只要交易风险仍在可承受或可控制范围之内,别无选择时只有接受。但是否接受应由企业自行决定,因为企业才是风险的承担者,没有交易就没有生存机会。而专业的法律后果等分析,此时只是供企业决策时参考。

对于通过承诺作出实质性变更的新要约,要约人同样可以实质性变更。除了承诺新要约,要约人对于超出可承受、可控制范围的新要约同样可以用实质性变更予以回应。

受要约人还可以用增加附件的方式降低交易成本。这种方式属于拒绝与接受的中间道路,即一方面接受要约,一方面以增加合同附加约定的方式加入原本属于新要约的合同变更。本质上这仍旧属于一种实质性变更,但有时可以让新要约变得简单,甚至可以绕过相对方的管理体制。以额外增加权利义务的方式提出新要约,既保证了承诺与原要约部分的一致性和承诺的有效性,又为维护自己一方的交易利益提出新方案。

但需要注意的是,是否提出实质性变更还要考虑后果。因为实质性变更意味着不是作出承诺而是提出新要约,可能会因要约人的拒绝而失去交易机会。

027. 第四百八十九条 〔承诺的非实质性变更〕

承诺对要约的内容作出非实质性变更的,除要约人及时表示反对或者要约表明承诺不得对要约的内容作出任何变更外,该承诺有效,合同的内容以承诺的内容为准。

【合同实务解读】

本条规定了非实质性变更的效力、除外情况,以及要约人接受非实质性变更后的合同内容的确定。

"非实质性变更"是除了实质性变更的其他变更。而实质性变更,对比《民法典》(2020年)第四百八十八条和《民法典》(2020年)第四百七十条,除"当事人的姓名或者名称和住所"以外对于合同任何"一般包括"条款的变更均为实质性变更[两个条款列举内容的对比,请参见对《民法典》(2020年)第四百八十八条的解读]。

非实质性变更的空间并不大,因为法定"一般包括"条款之外的条款已经非常有限。例如,合同以几种文字写就、合同书一式几份等,只是调整要约外围没有实质性影响的要求或措辞,并不改变合同法律关系与合同权利义务。

虽然法律规定非实质性变更的承诺有效，但要约人仍旧可以拒绝。因为非实质性变更毕竟不符合《民法典》（2020年）第四百八十八条所规定的"承诺的内容应当与要约的内容一致"，如果要约人不接受非实质性变更则可以依据本条的规定"及时表示反对"，也可以在要约中"表明承诺不得对要约的内容作出任何变更"。

由于非实质性变更为有效承诺，加之本法第四百八十三条规定了"承诺生效时合同成立"，承诺中非实质性变更的内容也成为合同内容，"合同的内容以承诺的内容为准"也因此顺理成章。

如果要约中未"表明承诺不得对要约的内容作出任何变更"，要约人依据本条法律规定"及时表示反对"需要通知受要约人。最终的处理结果是，要么受要约人放弃非实质性变更，要么因要约人反对非实质性变更而承诺失效。

【风险点及建议】

同本条规定相关的法律风险，是受要约人带有非实质性变更的承诺被要约人及时反对，或是要约人未在要约中表明承诺不得对要约进行任何变更。

在条款功能上，合同"一般包括"的条款对合同权利义务体系有着重大影响。而除此之外进行的非实质性变更对于交易的影响非常有限。而改变交易主体则违反了合同相对性原则，承诺即使完全同意要约也并不产生效力；能够非实质性变更的，只有合同主体的通信地址、联系方法等身份事项条款。

通常情况下，非实质性变更不产生权利义务上的实质性变化、不改变双方间的法律关系、不改变权利义务的法律后果，主要体现在以下条款：

1. 复述法律强制性规定

法律强制性条款不允许当事人另行约定或改变，无论双方是否在合同中复述法律规定，相关法律规定均对当事人具有强制性的约束力。因此在合同中加入的法律强制性规定只起到提醒作用，并不改变双方间的权利义务关系和法律关系。

2. 提高文本严谨性

这类条款主要用于细化、澄清某些权利义务的细节，如对产品具体型号的明确、对详细技术指标的明确、对合同履行期间联系方式方法的具体化等，并不实质性改变双方间的权利义务，只是为了履行上的便利而增加细节，提高严谨度。

3. 增加非权利义务条款

合同的权利义务条款，是依照法律规定或双方约定而必须履行的条款。即使没有约定具体的违约责任，违反这些条款仍可依据法律、司法解释追究责任。而增加建议性、非权利义务的"应尽可能""努力实现"等,本质上仍属非实质性变更。

4. 在要约选项中选择

某些要约本身带有可选择项,尤其是一些并不改变数量、价格和其他义务的选择项,如不同的赠品、颜色、外观设计等。这些选择并未实质性改变合同义务,甚至可以理解为对要约的具体化,因此仍属非实质性变更。

5. 争取额外的附加利益

额外的附加利益,是指基于双方之间的交易关系而在交易之外以非实质性变更的方式提出某种额外的利益。这种利益与交易中的权利义务没有关系,或没有产生实质性影响的关系,如要求下次交易时的优惠、要求赠品等,通常价值不高、对交易无实质性影响。

非实质性变更同样存在失去交易机会的风险。即使要约中未表明承诺不得对要约的内容作出任何变更,要约人仍可通过"及时表示反对"使带有非实质性变更的承诺失效。因此,即使作出的是非实质性变更,受要约人仍有失去交易机会的风险[实质性变更的相关内容,请参见对《民法典》(2020年)第四百八十八条的解读及建议]。

〔第四部分　合同的成立〕

> **028. 第四百九十条**　〔签订成立与行为成立〕
>
> 当事人采用合同书形式订立合同的,自当事人均签名、盖章或者按指印时合同成立。在签名、盖章或者按指印之前,当事人一方已经履行主要义务,对方接受时,该合同成立。
>
> 法律、行政法规规定或者当事人约定合同应当采用书面形式订立,当事人未采用书面形式但是一方已经履行主要义务,对方接受时,该合同成立。

【合同实务解读】

本条规定了合同书形式的合同的成立要件,以及签订前通过接受对方履行主要义务而构成的合同成立。同时还规定了虽未按法定或约定要求订立书面合同,但接受对方履行主要义务仍旧构成合同成立。

作为合同成立部分的第一个条款,本条的关键词涉及"合同书""书面形式"

"盖章或者按指印""签名""合同成立",需要分别探讨。

一、合同书与书面形式合同

"合同书"是最为常见的"书面形式"合同,在商务合同中使用最为普遍。通常情况下它体现为纸质形式,并由双方法定代表人签字、单位盖章后成立。为了确保合同书的真实性,许多合同书还会在各页之间盖上骑缝章。

"书面形式",根据《民法典》(2020年)第四百六十九条的规定,"书面形式是合同书、信件、电报、电传、传真等可以有形地表现所载内容的形式。以电子数据交换、电子邮件等方式能够有形地表现所载内容,并可以随时调取查用的数据电文,视为书面形式"。

"法律、行政法规规定"应当采用书面形式订立的合同较多,但这类规定分散在《民法典》(2020年)的"第三篇 合同""第二分编 典型合同"及其他行政法规中。

例如,第六百六十八条规定"借款合同应当采用书面形式,但是自然人之间借款另有约定的除外"。

又如,第七百零七条规定:"租赁期限六个月以上的,应当采用书面形式。当事人未采用书面形式,无法确定租赁期限的,视为不定期租赁。"

再如,第七百三十六条规定,"融资租赁合同应当采用书面形式"。

二、盖章或者按指印

"签名、盖章或者按指印"是传统的合同成立的标志,往往也是合同成立仪式中的重点环节。在国民总体文化水平低下甚至许多人不会写字的时代,按指印代表着对他人代书的契约的认可。现代商业活动则以签名、盖章为主,甚至出现了无须物理签名、盖章的网络平台交易。

"盖章"一般用于法人、非法人组织对合同内容的同意和确认,某些自然人间的合同也会采用个人私章。

"按指印"是传统的自然人之间订立契约的标准方式。它以合同主体留下生物印记的方式,表示意思表示真实、契约真实。这种方式现在自然人之间仍有采用,但多与签名、身份证号码一并使用。

对于单位之间的商务合同,法定代表人或授权代表签名、单位盖公章是书面合同最为常见的成立方式。为了体现合同订立的正式、隆重,当事人甚至需要举行签约仪式完成合同签署。签名后加盖私章或加按指印的方式比较传统,一般用于自然人合同主体参与签订的合同。但签订合同时的印章，则是个非常重要的话题。

法人、非法人组织的印章并不可以随意刻制、使用。根据现行有效的《国务院关于国家行政机关和企业事业单位社会团体印章管理的规定》（1999年），"国家行政机关和企业事业单位、社会团体的印章为圆形，中央刊国徽或五角星"，并有明确的直径、字体、文字限制。

而且，"国家行政机关和企业事业单位、社会团体刻制印章，应到当地公安机关指定的刻章单位刻制"，"国家行政机关和企业事业单位、社会团体的印章，如因单位撤销、名称改变或换用新印章而停止使用时，应及时送交印章制发机关封存或销毁，或者按公安部会同有关部门另行制定的规定处理"。

为了加强行业管理，公安部还于2000年批准发布了《印章治安管理信息系统》的八项行业标准，规定了印章的信息编码、信息代码、图像的数据格式、数据结构、数据交换格式、主页规范、基本功能、印章自动识别系统的性能指标和检测方法。

1993年公布的《国务院关于国家行政机关和企业、事业单位印章的规定》（1993年）是对1979年公布的同名法规的修订，相关条款同样规定"制发印章的机关，对印章的刻制和发送必须加强管理，严格手续。刻制印章的工厂或刻字社，必须取得用章单位的上级委托书和公安部门的准许，才能刻制。对伪造印章和使用伪造印章者，应当依法惩处"，以及"各单位的印章，如因机构变动停止使用时，应当将原印章缴回制发机关封存或销毁"。因此，印章的刻制和使用一直需要遵守相关法规。

在各种法人、非法人组织的登记管理规定中，同样有对印章的要求。例如，民政部发布的《社会团体印章管理规定》（2010年修订）和《民办非企业单位印章管理规定》（2010年修正），均规定必须经登记管理机关和公安部门备案后方可刻制、启用。

但2021年发布的《市场主体登记管理条例》（2021年）作为统一的市场主体登记管理法规，却未对印章管理作出规定。原《公司登记管理条例》（2016年修订，已失效）等行政法规均已失效，沿袭多年的企业印章刻制管理要求已经终结。

除了公安部于2000年颁布的技术性的《印章治安管理信息系统》系列标准，目前尚未设立全国统一的印章刻制、使用管理制度，但许多省、自治区、直辖市却早已通过地方政府规章加强印章行业管理、规范印章的刻制。

例如，地方政府规章《浙江省印章刻制治安管理办法》（2023年修正）、《上海市印章刻制业治安管理办法》（2018年修正）、《广东省印章刻制管理规定》（1997年修正）等。这些规章基本都规定了印章刻制行业的行政许可要求、印章刻制需要审查身份证件、印章刻制的规范和取件要求等。而在浙江省的相关规定中，甚至直接规定了成品图章需要备案至印章治安管理信息系统。

经过法定程序备案、刻制、启用的公章，不仅完全合法有效而且有案可查，有利于识别真伪、提高交易的安全度。法人、非法人组织的这类印章一经加盖就意味着合同被单位认可、单位对合同承担责任。

而个人私章的刻制、使用则相对随意。由于没有严格的刻制审查要求和备案启用要求，其可信度也无法与单位印章相提并论，甚至无法确定印章与使用者之间是否存在关联。加上同名同姓之人众多，仅凭个人印章其实很难证明其代表哪一位自然人。

后续内容将介绍《合同编通则司法解释》(2023年)中对于印章的使用效力的各种规定。

三、代表人签名和当事人签名

在合同上签名有三种情形：一是法人、非法人组织的法定代表人代表单位在合同上签名；二是自然人当事人代表自己在合同上签名；三是代理人依照法律授权或当事人授权而代表单位或自然人在合同上签名。

法定代表人在履行职务时的签名代表其所在单位。依据《民法典》(2020年)第六十一条的规定，"法定代表人以法人名义从事的民事活动，其法律后果由法人承受"。同样依据该条的规定，"依照法律或者法人章程的规定，代表法人从事民事活动的负责人，为法人的法定代表人"，而且"法人章程或者法人权力机构对法定代表人代表权的限制，不得对抗善意相对人"。即对于法定代表人超越法人章程或法人权力机构的权限设置而代表法人的行为，法人仍需对外承担责任，然后再对内追究法定代表人的越权行为。

代理人可以分为法定代理人和委托代理人。依据《民法典》(2020年)第二十三条的规定："无民事行为能力人、限制民事行为能力人的监护人是其法定代理人。"而依据第一百六十三条的规定，"委托代理人按照被代理人的委托行使代理权。法定代理人依照法律的规定行使代理权"。只要法律及授权上没有加以限制，代理人履行职责时的签名属于其职责的一部分，其后果由被代理人承担。

委托代理人一般通过《授权委托书》得到代理权，并在签订合同时向相对方出具注明代表权限、代理期限的授权文件以示代理权的合法性。他们在授权范围内的签名代表被代理的法人、非法人组织或自然人，超越代理权限的签名很可能受到被代理人的追究。

自然人当事人在合同上的签名仅代表自己。法定代表人未以法人名义从事的民事活动也仅代表本人,并不代表由其担任法定代表人的单位。而按指印也为自然人当事人签订合同或签署文件时所独有,以增加可识别性、排除不确定性并辅助证明签名的真实性和主体的真实性。

四、合同的成立

承诺生效,意味着双方已经达成了意思表示上的一致,除法律另有规定或当事人另有约定外,合同成立。这一点与《民法典》(2020年)第一百三十四条的规定相同,即"民事法律行为可以基于双方或者多方的意思表示一致成立"。第四百八十三条也规定:"承诺生效时合同成立,但是法律另有规定或者当事人另有约定的除外。"

(一)签订合同书的合同成立

以签署合同书订立合同的方式是最为传统、正式的合同成立方式,也是"要约—承诺"模式的典型。《民法典》(2020年)规定的"自当事人均签名、盖章或者按指印时合同成立",是对传统和习惯做法的肯定。

法人、非法人组织这些单位当事人,可以在合同中约定最为稳妥的签订方式作为合同成立的标准要件,例如既有法定代表人或授权代理人的签名又有单位的盖章。

当合同上只有法定代表人签名或只有单位公章时,如果没有特别的规定或明确的约定,依据《合同编通则司法解释》(2023年)第二十二条,只要能够证明确系未超越权限的职务行为,则相关合同仍旧成立。即:"……

合同系以法人、非法人组织的名义订立,但是仅有法定代表人、负责人或者工作人员签名或者按指印而未加盖法人、非法人组织的印章,相对人能够证明法定代表人、负责人或者工作人员在订立合同时未超越权限的,人民法院应当认定合同对法人、非法人组织发生效力。但是,当事人约定以加盖印章作为合同成立条件的除外。

合同仅加盖法人、非法人组织的印章而无人员签名或者按指印,相对人能够证明合同系法定代表人、负责人或者工作人员在其权限范围内订立的,人民法院应当认定该合同对法人、非法人组织发生效力。

……"

法定代表人的权限来自法律规定或法人章程授权。按照《民法典》(2020年)第六十一条的规定:"依照法律或者法人章程的规定,代表法人从事民事活动的负责人,为法人的法定代表人。

法定代表人以法人名义从事的民事活动,其法律后果由法人承受。

法人章程或者法人权力机构对法定代表人代表权的限制,不得对抗善意相对人。"

(二)接受对方履行主要义务的合同成立

"法律、行政法规规定或者当事人约定合同应当采用书面形式订立,当事人未采用书面形式"的情形下,以及"当事人采用合同书形式订立合同"但"签名、盖章或者按指印之前",合同本来并未成立。但作为一种法定成立条件,"一方已履行主要义务,而对方接受时"双方已经以行为完成了要约和承诺,合同依然成立。

最高人民法院的司法解释也作出了类似的规定。《总则编司法解释》(2022年)第十八条规定:"当事人未采用书面形式或者口头形式,但是实施的行为本身表明已经作出相应意思表示,并符合民事法律行为成立条件的,人民法院可以认定为民法典第一百三十五条规定的采用其他形式实施的民事法律行为。"

《买卖合同司法解释》(2020年修正)中也持同类的观点,例如其第一条第一款就规定,对于"没有书面合同,一方以送货单、收货单、结算单、发票等主张存在买卖合同关系的","应当结合当事人之间的交易方式、交易习惯以及其他相关证据,对买卖合同是否成立作出认定"。而对于"对账确认函、债权确认书等函件、凭证没有记载债权人名称,买卖合同当事人一方以此证明存在买卖合同关系的"的情形,则规定"人民法院应予支持"。

(三)其他的合同成立方式

除了前述方式,其实还有其他合同成立的方式。例如《民法典》(2020年)第一百三十四条所规定的,民事法律行为"也可以基于单方的意思表示成立"。而具体的规定则是第六百八十五条第二款,即"第三人单方以书面形式向债权人作出保证,债权人接收且未提出异议的,保证合同成立"。

合同成立最为基本的要素是当事人、标的、数量。《合同编通则司法解释》(2023年)第三条第一款规定:"当事人对合同是否成立存在争议,人民法院能够确定当事人姓名或者名称、标的和数量的,一般应当认定合同成立。但是,法律另有规定或者当事人另有约定的除外。"

至于其他条款的欠缺,该条解释的第二款与《民法典》(2020年)上的规定相同,即"根据前款规定能够认定合同已经成立的,对合同欠缺的内容,人民法院应当依据民法典第五百一十条、第五百一十一条等规定予以确定"。

除了对合同成立的基本规定,该解释还对招标、现场拍卖或网络拍卖等公开竞价、产权交易所等机构主持拍卖或挂牌交易方式订立合同的成立要件作了解释。因此对于某些特殊交易模式,需要进一步确认其合同成立方式。

【风险点及建议】

同本条规定相关的法律风险,是在合同签订前已开始履行主要义务而未被对方接受,或是在合同签订前对方已经开始履行主要义务但未拒绝,以及依照法律或约定订立合同应采用书面形式但在未签署前已经开始履行。

合同成立大多意味着合同生效、双方的权利义务关系形成。此时要修补合同缺陷、调整权利义务、解除合同等均需征得相对方同意,采取补救措施的成本增加、难度增大、可能性降低、合同法律风险正式生成。因此,细化、具体化合同签订管理过程中的审核、审查、审批,以及合同发起、合同签署管理,才能控制风险。

一、单位合同主体的名称

法人或非法人组织作为单位合同主体,其单位的名称、合法性等以批准设立的行政许可为准。具体的类型如下:

(一)法人的名称

依据《民法典》(2020年)第五十七条的规定:"法人是具有民事权利能力和民事行为能力,依法独立享有民事权利和承担民事义务的组织。"依据《民法典》(2020年),法人分为三种:

1. 营利法人

根据《民法典》(2020年)第七十六条的规定:"以取得利润并分配给股东等出资人为目的成立的法人,为营利法人。

营利法人包括有限责任公司、股份有限公司和其他企业法人等。"

2. 非营利法人

根据《民法典》(2020年)第八十七条的规定:"为公益目的或者其他非营利目的成立,不向出资人、设立人或者会员分配所取得利润的法人,为非营利法人。

非营利法人包括事业单位、社会团体、基金会、社会服务机构等。"

3. 特别法人

根据《民法典》(2020年)第九十六条的规定:"本节规定的机关法人、农村集体经济组织法人、城镇农村的合作经济组织法人、基层群众性自治组织法人,为特别法人。"

以上法人的名称和身份事项,以经合法批准的《企业法人营业执照》《事业单位法人证书》等行政许可为准。

(二)非法人组织的名称

依据《民法典》(2020年)第一百零二条的规定:"非法人组织是不具有法人资格,但是能够依法以自己的名义从事民事活动的组织。

非法人组织包括个人独资企业、合伙企业、不具有法人资格的专业服务机构等。"

《民法典》(2020年)中的相关规定分别为:

1. 个人独资企业

依据《个人独资企业法》(1999年)第二条的规定:"本法所称个人独资企业,是指依照本法在中国境内设立,由一个自然人投资,财产为投资人个人所有,投资人以其个人财产对企业债务承担无限责任的经营实体。"

2. 合伙企业

依据《合伙企业法》(2006年修订)第二条的规定:"本法所称合伙企业,是指自然人、法人和其他组织依照本法在中国境内设立的普通合伙企业和有限合伙企业。

普通合伙企业由普通合伙人组成,合伙人对合伙企业债务承担无限连带责任。本法对普通合伙人承担责任的形式有特别规定的,从其规定。

有限合伙企业由普通合伙人和有限合伙人组成,普通合伙人对合伙企业债务承担无限连带责任,有限合伙人以其认缴的出资额为限对合伙企业债务承担责任。"

该法第三条对国有企业合伙人有特别规定:"国有独资公司、国有企业、上市公司以及公益性的事业单位、社会团体不得成为普通合伙人。"

3. 不具有法人资格的专业服务机构

专业服务机构遍布于各个行业、各个领域,目前尚无全国统一的法律规范。即使是在国务院部门规章的层面,相关立法也并未涵盖所有部门。但这类机构的成立同样需要各专业服务主管部门的行政许可,其中具有法人资格的部分适用法人相关法律规范,不具有法人资格部分适用非法人组织相关的法律规范。

非法人组织的名称和身份事项,以经合法批准的《个人独资企业营业执照》《合伙企业营业执照》等行政许可为准。

二、自然人合同主体的名称和身份

合同中,自然人当事人的姓名应以其合法有效的身份证件上的姓名为准,不同身份的自然人有着不同的身份证件。

1. 居民身份证和户口簿

根据《居民身份证法》(2011年修正)和《户口登记条例》(1958年)等规定,中国籍自然人以居民身份证、户口登记簿上的姓名和身份为准。

2. 军人相关证件

根据《现役军人和人民武装警察居民身份证申领发放办法》(2007年),军人、武装警察等既可以身份证为准,也可以军官证、文职干部证、士兵证、学员证、军队离退休干部证等证件上的姓名和身份为准。

3. 中国港、澳、台地区居民相关证件

中国香港地区居民、澳门地区居民和台湾地区居民的合法身份证明一般以其所在地颁发的身份证件,及中国大陆相关部门颁发的有效通行证为准。

4. 外国人相关身份证件

外国人在中国大陆从事合法活动,必须同时拥有其国籍所在国签发的护照和中国签发的入境签证,并以护照及签证上的姓名为准。

理论上,各个国家的自然人合同主体中均包括无国籍人。但在中国法律体系中,未见无国籍人身份证件方面的相关规定。

三、合同主体的印章

单位合同主体的印章往往有多种,如单位公章、合同专用章、财务专用章等。代表公司在合同上盖章的一般为公章,其次为合同专用章。财务专用章等并非处理合同事务时专用,不应用于签订合同。由于上级管理部门要求或内部管理制度的不同,一些单位只与法人交易且只认可公章的效力,当事人为了稳妥起见可在合同谈判阶段提出主体身份资格要求和印章使用要求。

自然人的签名存在可辨识度的问题。如果签名过于潦草或过于艺术化以至于难以识别合同上所签的名字,会因涉及意思表示的真实性而给合同的效力带来问题。为便于识别并确保合同的效力,可采用同时书写印刷体和手写体的两种方式签名。某些合同签署过程中的合影、录像,既有记录重要时刻的作用,也有证明合同签署过程真实性的意义。

尤其需要强调的是，自然人签名需要按照其合法身份证件上的姓名，不能使用艺名、昵称、法号等，同时还需要附上身份证号码以避免因重名而引发问题。某些单位为了确保签名的真实性，还会以照片、视频为辅助证据，但这类签名的手续过于复杂，并不适用于所有的合同订立过程。

关于单位印章在合同领域不同使用方式下的效力，《合同编通则司法解释》（2023年）中有详细解释可供参考：

第二十二条　法定代表人、负责人或者工作人员以法人、非法人组织的名义订立合同且未超越权限，法人、非法人组织仅以合同加盖的印章不是备案印章或者系伪造的印章为由主张该合同对其不发生效力的，人民法院不予支持。

合同系以法人、非法人组织的名义订立，但是仅有法定代表人、负责人或者工作人员签名或者按指印而未加盖法人、非法人组织的印章，相对人能够证明法定代表人、负责人或者工作人员在订立合同时未超越权限的，人民法院应当认定合同对法人、非法人组织发生效力。但是，当事人约定以加盖印章作为合同成立条件的除外。

合同仅加盖法人、非法人组织的印章而无人员签名或者按指印，相对人能够证明合同系法定代表人、负责人或者工作人员在其权限范围内订立的，人民法院应当认定该合同对法人、非法人组织发生效力。

在前三款规定的情形下，法定代表人、负责人或者工作人员在订立合同时虽然超越代表或者代理权限，但是依据民法典第五百零四条的规定构成表见代表，或者依据民法典第一百七十二条的规定构成表见代理的，人民法院应当认定合同对法人、非法人组织发生效力。

四、接受对方履行主要义务的合同成立

能够签订书面合同却通过接受对方履行主要义务的方式使合同成立的做法存在许多弊端。这种情形在许多大型企业与中小型合作商之间的交易中广泛存在，但由于合同未签订则权利义务不明确，合同双方均有风险。

对于合同签订前已经履行主要义务的一方来说，其履行行为存在被对方拒绝，并因合同不成立而蒙受损失的风险；对于接受对方履行主要义务方来说，对方履行的主要义务可能存在与需求不符、价格不确定等导致损失的风险。这些风险都是由这种合同成立方式引起，不确定的权利义务容易产生不必要的争议。

这两种情形在大中型企业中多以事后补签合同的方式解决验收、结算等问题，合同内容容易与实际不符。如果因为管理效率问题而难以杜绝这两种合同成立方式，可采用持续履行合同、小额采购、供应商管理等方式解决，至少需要由双方签署的载明履行情况、质量情况、履行价格的记录作为履行和结算的佐证，以便为质量控制和争议处理提供便利。

> **029. 第四百九十一条　〔签订确认书成立与提交订单成立〕**
>
> 　　当事人采用信件、数据电文等形式订立合同要求签订确认书的，签订确认书时合同成立。
>
> 　　当事人一方通过互联网等信息网络发布的商品或者服务信息符合要约条件的，对方选择该商品或者服务并提交订单成功时合同成立，但是当事人另有约定的除外。

【合同实务解读】

本条分别规定了签订确认书的合同成立方式，和在信息网络平台上提交订单成功的合同成立方式。前者针对以信件、数据电文等形式订立合同，后者针对通过互联网等信息网络发布商品或服务信息且符合要约条件的情形。

这两种合同成立的方式中，前一种在《民法典》(2020年)颁布以前已经存在于法律体系中，后一种为《民法典》(2020年)新增但在网络交易平台中早已成熟使用多年。

一、签订确认书时合同成立

本条所规定的"信件、数据电文等方式"，在《民法典》(2020年)中已有明确的解释。《民法典》(2020年)第四百六十九条第二、三款规定："书面形式是合同书、信件、电报、电传、传真等可以有形地表现所载内容的形式。以电子数据交换、电子邮件等方式能够有形地表现所载内容，并可以随时调取查用的数据电文，视为书面形式。"

尤其是数据电文，依据《电子签名法》(2019年修正)第二条第二款的规定："本法所称数据电文，是指以电子、光学、磁或者类似手段生成、发送、接收或者储存的信息。"因此，信件、数据电文均为书面形式的合同。

同传统的双方当事人面对面订立书面合同的方式不同,采用信件、数据电文等形式订立合同时双方并不处于同一物理地址,甚至不在同一时间。受这种物理上无法面对面直接磋商的限制,以信件、数据电文方式订立的合同不仅存在信息传递在时间上的延迟,还会带来沟通效率低下、准确性不高等问题,并因此给这类合同的订立双方带去额外的风险。

以信件方式订立合同的要约方,需要先将内容已定、印章已盖的合同寄给目标客户,许多还是未填写对方当事人的合同。这种合同俗称"空白合同",只需受要约方签名、盖章作为承诺,合同即可成立并生效。但这类合同订立方式存在极大的风险,寄出的空白合同是否会被超期承诺、条款是否会被变更、是否会被其他主体盖章、是否会被变造、是否会被不正当使用等都存在着极大的不确定性。

"签订确认书时合同成立"则可以有效防范这些风险。在收到对方签字、盖章的合同后,要约人可以在审查无误后签署确认书以促成合同的成立,如果合同被不当使用则不再签订确认书、合同不成立。借此,要约人可以排除那些无法接受的要约变更、难以履行的合同、恶意损害要约人利益的合同,从而降低空白合同可能带来的各种不利后果。

随着电子商务时代的到来,合同签订也可以使用电子签名的形式。依据《电子签名法》(2019 年修正)第二条的规定:"本法所称电子签名,是指数据电文中以电子形式所含、所附用于识别签名人身份并表明签名人认可其中内容的数据。

本法所称数据电文,是指以电子、光学、磁或者类似手段生成、发送、接收或者储存的信息。"

二、提交订单成功时合同成立

以提交订单的方式作为承诺,属于目前电子商务平台上广泛采用的交易方法。无论是商家对商家的 B2B 还是商家对消费者的 B2C,其销售模式都是卖方在页面上发出要约,买方选择商品或服务后点击提交订单成功时合同成立。

《民法典》(2020 年)第四百九十一条第二款的规定与《电子商务法》(2018 年)第四十九条第一款的规定相同,其规定"电子商务经营者发布的商品或者服务信息符合要约条件的,用户选择该商品或者服务并提交订单成功,合同成立"。能够以这类方式高效交易的前提,是产品或服务的高度标准化、相关信息详细透明,以及商品或者服务信息构成要约。

构成要约的要件,按照《民法典》(2020 年)第四百七十二条的规定,是要明确表达出希望与他人订立合同的意愿,且"内容具体确定"并"表明经受要约人承诺,要约人即受该意思表示约束"。但随着交易平台的日益成熟,这些要求早已不再是问题,甚至许多规则无须表述也已约定俗成。

"提交订单成功时合同成立",通常是基于交易平台发出的下单结果通知。通知下单成功则合同成立,通知下单失败则合同不成立。其作用相当于订立合同后只有签订确认书合同才能成立,增加了一个确认是否成交的过程,提高了卖方和平台的交易安全系数。

以面向消费者的B2C网上交易平台为例。当消费者点击选择了商品或服务并支付货款后,系统会自动核对存货是否足够、款项是否进入指定系统等情形。如果出现订单传输失败、相关区域无货、货款支付未成功等问题,系统会发出交易失败通知并注明原因、给出建议。如果是缺货所致,系统会建议消费者订阅到货通知;如果是传输问题,系统会提醒消费者重新下单;如果是款项未到,系统也会提醒消费者重新支付等。

当自检完成且一切正常,系统会立即发出成交通知,此时意味着合同已经成立。由于平台销售的产品或服务与实体店销售的产品或服务并无本质区别,绝大多数并无合法性问题,因此合同的成立也就意味着合同的生效。

"当事人另有约定的除外",是指某些在线交易平台对于是否成交会有另外的交易规则。这些规则大多通过注册时的客户协议统一设立,有时则在统一的平台上由卖家直接与买家另行约定交易规则。有的卖家还会明确告知暂时无货,但可以下单并付款,是否成交以某个时间节点是否实际到货为准,买方接受则下单。

【风险点及建议】

同本条规定相关的法律风险,是以信件、数据电文订立合同时未能通过签订确认书的方式控制合同成立的风险,以及通过互联网等信息网络发布的商品或者服务的要约邀请信息构成要约,或未能另行约定互联网在线交易的合同成立条件。

本条规定的适用对象主要是数据电文形式的合同成立。签订确认书的合同成立方式虽始于纸质合同,但在电子商务大行其道的时代,以确认书作为合同成立标志的情形远多于纸质合同。

一、签订确认书的实务操作

在采用信件、数据电文等形式订立合同时加入签订确认书环节,在法律上形同附生效条件的合同,即只有签订了确认书后合同才成立。

依据《民法典》(2020年)第一百五十八条的规定:"民事法律行为可以附条件,但是根据其性质不得附条件的除外。附生效条件的民事法律行为,自条件成就时生效。附解除条件的民事法律行为,自条件成就时失效。"

签订确认书作为一种风险控制手段,可以帮助以信件、数据电文形式订立合同的企业广泛发出要约以增加交易机会,再通过审核承诺与要约的一致性、权衡哪些承诺适合履行等,筛选更符合其利益的交易,以提高企业的交易安全度。如果在签订确认书之前已经发生了某种无法接受的实质性变更或是实际履行行为,要约方可以不再签订确认书并明确拒绝。

虽然本条法律的规定为"签订确认书",但实际操作往往是以要约人向受要约人发出确认书为准。这一点可由要约人在要约中加以说明,而且并不违反法律的相关规定。《民法典》(2020年)第四百八十三条规定:"承诺生效时合同成立,但是法律另有规定或者当事人另有约定的除外。"

二、网络平台交易的合同成立操作

对于通过互联网等信息网络平台进行的交易,"提交订单成功时合同成立,但是当事人另有约定的除外"提供了提升网络交易安全的两种手段。一种是对提交订单是否成功的确认;一种是对合同成立的"另有约定"。

前者可以理解为同"签订确认书"类似的合同成立方式,后者则再次强化了"当事人另有约定"的合同成立方式,都属于交易规则的精细化运用。既降低法律风险,也顺应了时代关于合同技术的发展。

网上交易增加确认环节可大大降低交易环节的出错风险。网上交易时,服务器故障、黑客攻击、信息丢失、网页bug、信息传输错误、付款失败等均会导致交易信息错误。而且线上交易模式统一,一旦出错便容易批量造成违约等损失。早期的网上交易由于库存、物流等信息采集与分享技术比较初级,所以经常需要增加确认环节。而目前的确认环节,则更像是自动化的例行检查。

互联网等信息网络平台的优势,在于交易规则可以及时优化并在客户访问时自动提醒。可以随时在"提交订单成功时合同成立"与"签订确认书时合同成立"之间调整,并可以及时细化整个平台的交易规则和设立适合自己平台的交易规则,以避免因交易中出现某种错误而给各方带来不必要的损失。

> **030. 第四百九十二条 〔合同成立的地点〕**
>
> 承诺生效的地点为合同成立的地点。
>
> 采用数据电文形式订立合同的,收件人的主营业地为合同成立的地点;没有主营业地的,其住所地为合同成立的地点。当事人另有约定的,按照其约定。

【合同实务解读】

本条是对合同成立地点的规定。同时还规定了以数据电文形式订立合同时收件人主营业地、住所地为合同成立地点,以及与数据电文合同成立地点的关系。

承诺生效的地点对于交易本身并无实际影响,只对法律适用有一定影响。但承诺生效的地点往往是合同签订地,与诉讼管辖法院有一定的关联。

一、合同成立地与合同签订地

"承诺生效地点",是传统书面合同最后一方签名、盖章的地点。同时,也是承诺地点、合同成立地点、合同签订地点。依照《民法典》(2020年)第四百九十三条的规定:"当事人采用合同书形式订立合同的,最后签名、盖章或者按指印的地点为合同成立的地点,但是当事人另有约定的除外。"

合同签订地点,是民事诉讼法律体系中的概念,也是约定管辖权的选项之一。依据《民事诉讼法》(2023年修正)第三十五条的规定:"合同或者其他财产权益纠纷的当事人可以书面协议选择被告住所地、合同履行地、合同签订地、原告住所地、标的物所在地等与争议有实际联系的地点的人民法院管辖,但不得违反本法对级别管辖和专属管辖的规定。"

《民事诉讼法》(2023年修正)第二百七十六条也规定,"因涉外民事纠纷,对在中华人民共和国领域内没有住所的被告提起除身份关系以外的诉讼,如果合同签订地、合同履行地、诉讼标的物所在地、可供扣押财产所在地、侵权行为地、代表机构住所地位于中华人民共和国领域内的,可以由合同签订地、合同履行地、诉讼标的物所在地、可供扣押财产所在地、侵权行为地、代表机构住所地人民法院管辖"。

民事诉讼法律体系中的合同签订地,其实就是合同法律体系中的合同成立地。如前所述,依据《民法典》(2020年)第四百九十三条的规定:"当事人采用合同书形式订立合同的,最后签名、盖章或者按指印的地点为合同成立的地点,但是当事人另有约定的除外。"即当事人另有约定则以约定为准,否则"最后签名、盖章或者按指印的地点为合同成立的地点",也就是合同成立地点、合同签订地点。

二、数据电文合同的成立地点

数据电文合同虽也属于书面形式,但其订立方式与传统的合同书不同。传统的合同书通常由双方同地、同时签署,而数据电文合同恰恰不需要双方同时、同地签署。由于以通知方式的承诺在到达要约人时生效,收到数据电文承诺的地点即为承诺生效的地点,同时也是合同订立的地点、诉讼上的合同签订地。

"承诺生效的地点为合同成立的地点"将合同成立地指向了承诺生效地。对于承诺生效,《民法典》(2020年)第一百三十七条第二款规定了"以非对话方式作出的意思表示,到达相对人时生效。以非对话方式作出的采用数据电文形式的意思表示,相对人指定特定系统接收数据电文的,该数据电文进入该特定系统时生效;未指定特定系统的,相对人知道或者应当知道该数据电文进入其系统时生效。当事人对采用数据电文形式的意思表示的生效时间另有约定的,按照其约定。"由此可见,数据电文承诺的生效地点都在接收方地点,但数据电文意思表示的生效时间可以另行约定。

对于"主营业地",《电子签名法》(2019年修正)第十二条规定:"发件人的主营业地为数据电文的发送地点,收件人的主营业地为数据电文的接收地点。没有主营业地的,其经常居住地为发送或者接收地点。当事人对数据电文的发送地点、接收地点另有约定的,从其约定。"这些与《民法典》(2020年)第四百九十二条的规定相同。

对于"住所",《民法典》(2020年)第二十五条规定:"自然人以户籍登记或者其他有效身份登记记载的居所为住所;经常居所与住所不一致的,经常居所视为住所。"第六十三条又规定:"法人以其主要办事机构所在地为住所。依法需要办理法人登记的,应当将主要办事机构所在地登记为住所。"这两条,为判断自然人和法人的住所提供了依据。

对于"住所地",《民诉法司法解释》(2022年修正)第三条也明确规定:"公民的住所地是指公民的户籍所在地,法人或者其他组织的住所地是指法人或者其他组织的主要办事机构所在地。法人或者其他组织的主要办事机构所在地不能确定的,法人或者其他组织的注册地或者登记地为住所地。"第四条还进一步补充:"公民的经常居住地是指公民离开住所地至起诉时已连续居住一年以上的地方,但公民住院就医的地方除外。"

对于合同的成立地点,《电子签名法》(2019 年修正)中虽不解决管辖问题,但也有类似规定。即:

第十二条　发件人的主营业地为数据电文的发送地点,收件人的主营业地为数据电文的接收地点。没有主营业地的,其经常居住地为发送或者接收地点。

当事人对数据电文的发送地点、接收地点另有约定的,从其约定。

对于采用数据电文形式订立合同时的合同成立地点,"当事人另有约定的,按照其约定"意味着合同成立地点可以另行约定。这一规定与《民法典》(2020 年)第一百三十七条第二款中的规定相符,即"……当事人对采用数据电文形式的意思表示的生效时间另有约定的,按照其约定"。

【风险点及建议】

同本条规定相关的法律风险,包括但不限于约定了合同签订地为管辖地时未理解承诺生效地即为合同签订地,尤其是以数据电文形式订立合同时未理解签订地为收件人的主营业地或住所地,或是以数据电文形式订立合同时未约定有利的合同成立地点。

如果约定了由合同签订地法院管辖却没有约定具体的签订地点,则承诺生效地,即合同成立地便会成为合同签订地、争议管辖地。依据《民法典》(2020 年)第一百三十七条的规定,以通知方式作出的承诺,其生效的时间、合同成立的地点分别如下(详见表 2-5):

表 2-5　承诺生效的时间与合同成立的地点

	承诺发出方式	承诺生效时间	合同成立地点
1	对话方式	受要约人知道要约内容	受要约人处
2	非对话、非数据电文方式	到达受要约人时生效	受要约人处
3	非对话、数据电文、指定系统	电文进入指定的特定系统	特定系统处
4	非对话、数据电文、未指定系统	受要约人知或应知电文进入系统	受要约人系统
5	非对话、数据电文、另有约定	按约定时间生效	约定的地点

由于合同成立地点的规定出现在《民法典》(2020 年)中,很多人并未意识到合同成立地点与合同签订地点、诉讼管辖地点之间的关联,因而具有一定隐蔽性的风险。如果希望避免落入这种默认的管辖地点,只要不违反级别管辖和专属管辖规定,可用以下方式变更管辖地点。主要有:

1. 对管辖不作约定

合同中没有约定管辖地点,则争议解决的地点默认为被告所在地和合同履行地。即《民事诉讼法》(2023年修正)第二十四条所规定的:"因合同纠纷提起的诉讼,由被告住所地或者合同履行地人民法院管辖。"

2. 约定合同签订地以外地点管辖

如果不希望在合同签订地解决争议,可依法选择其他管辖地。即《民事诉讼法》(2023年修正)第三十五条中所规定的"被告住所地、合同履行地、原告住所地、标的物所在地等与争议有实际联系的地点的人民法院"。

3. 另行约定合同成立地点

根据"当事人另有约定的,按照其约定"的规定,可以另行约定数据电文合同的成立地点,从而避免合同成立地点为原来的合同签订地。但成立地点应当符合《民事诉讼法》(2023年修正)第三十五条的要求,即"与争议有实际联系的地点"。

"采用数据电文形式订立合同"时的履行地同样值得关注。《民诉法司法解释》(2022年修正)第二十条规定:"以信息网络方式订立的买卖合同,通过信息网络交付标的,以买受人住所地为合同履行地;通过其他方式交付标的,收货地为合同履行地。合同对履行地有约定的,从其约定。"即如果约定合同履行地管辖,需要首先明确两种交易的履行地点对于己方解决争议是否有利。

通常情况下,承诺生效的地点或合同成立的地点对于交易中的权利义务关系并无影响。即使作为合同签订地也只有管辖上的意义,不如直接约定某地管辖更为简单明了。但在合同实务中,如果是合同中没有约定管辖或只约定了合同签订地、履行地管辖而无具体地点,都需要判断实际的管辖地点以权衡利弊,然后再根据利弊分析决定是否约定管辖地、约定何处为管辖地。

031. 第四百九十三条 〔书面合同的成立地点〕

当事人采用合同书形式订立合同的,最后签名、盖章或者按指印的地点为合同成立的地点,但是当事人另有约定的除外。

【合同实务解读】

本条是对于以合同书形式订立合同时合同成立地点的规定,但当事人可以另行约定合同成立地点。

合同成立地点，如果没有其他约定，通常会直接被当成诉讼时的合同签订地点。本条内容在以前的司法解释中，正是被用于确定何地为合同签订地的。但随着这些解释直接被吸纳进立法中，相关司法解释也被废止。

"合同成立"，依据《民法典》（2020年）第四百八十三条的规定，"承诺生效时合同成立"。结合第四百九十二条所规定的"承诺生效的地点为合同成立的地点"，以及第四百九十条第一款规定的"当事人采用合同书形式订立合同的，自当事人均签名、盖章或者按指印时合同成立"，于是有了本条规定。

合同成立地点的法律意义在于，有时会涉及地方法规、地方政府规章的适用，而更主要的作用是作为诉讼管辖地中的合同签订地。但合同签订地只有被约定为管辖地时才起作用，没有约定其为管辖地则以默认规则为准，即《民事诉讼法》（2023年修正）第二十四条的："因合同纠纷提起的诉讼，由被告住所地或者合同履行地人民法院管辖。"

除了合同签订地，还有多个地点可被约定为诉讼管辖地。依据《民事诉讼法》（2023年修正）第三十五条的规定："合同或者其他财产权益纠纷的当事人可以书面协议选择被告住所地、合同履行地、合同签订地、原告住所地、标的物所在地等与争议有实际联系的地点的人民法院管辖，但不得违反本法对级别管辖和专属管辖的规定。"可见只要是"与争议有实际联系的地点"，均可以约定为诉讼管辖地。

对于合同成立地点"另有约定"的情形比较少见。这种约定通常只有将合同签订地约定为诉讼管辖地时才起作用，不如以其他方式直接约定争议管辖地点的情形。如果"另有约定"的合同签订地点与实际的合同签订地点不一致则以约定为准，因为《民法典》（2020年）第四百九十三条已经规定"最后签名、盖章或者按指印的地点为合同成立的地点，但是当事人另有约定的除外"。

【风险点及建议】

同本条规定相关的法律风险，包括但不限于以合同书的方式订立的合同，而是适用于所有书面形式的合同，体现在约定了合同签订地管辖后并未理解"最后签名、盖章或者按指印的地点"即为合同签订地点、未意识到合同签署顺序可能引发合同成立地点的不同，以及未根据需要另行约定合同的成立地点。

合同成立地点通常只有确定合同签订地的作用，以及随之而来的法律适用问题。但按照现行的《民事诉讼法》（2023年修正），如果未约定合同签订地管辖，则合同成立地点并不作为确定管辖的依据。

但需要注意的是，某些意外变动会导致合同签订地成为管辖依据。该规定见于《民诉法司法解释》(2022年修正)第三十二条："管辖协议约定由一方当事人住所地人民法院管辖，协议签订后当事人住所地变更的，由签订管辖协议时的住所地人民法院管辖，但当事人另有约定的除外。"

通常情况下，签订合同书的传统方式是合同双方在同一时间、同一地点同时对所要签署的合同文本签名、盖章，合同成立地点为双方共同的合同签订地点。但也有许多合同是由一方签名、盖章后交给另一方，再由另一方签名、盖章。这种情形就会导致合同签订地点的不同，而且这种不同通常对处于优势交易地位的合同方有利。他们不仅能够决定是否签名、盖章使合同成立，还顺势决定了合同签订地。

合同双方在合同条款中的排名顺序并不代表合同签订的前后顺序。签署栏中虽有甲方、乙方或买方、卖方，以及买受人、出卖人之类的身份事项，而且有前后顺序或上下顺序，但这并不代表也不能证明签名、盖章的顺序，也无从证明具体的合同签订地点。合同成立地点，以"最后签名、盖章或者按指印的地点"为准。

证明实际合同成立地点，可分为证据的方式和约定的方式。所谓证据的方式，就是通过交易习惯、往来通知、信件、邮件等证据证明由哪一方在何地完成了最终的签名、盖章或按指印；所谓约定的方式，就是避开所有复杂的法律关系和可能性，直接约定管辖地，而不再约定合同签订地以及合同签订地管辖。

〔第五部分　特殊性质的合同〕

032. 第四百九十四条　〔国家订货或指令性任务〕

国家根据抢险救灾、疫情防控或者其他需要下达国家订货任务、指令性任务的，有关民事主体之间应当依照有关法律、行政法规规定的权利和义务订立合同。

依照法律、行政法规的规定负有发出要约义务的当事人，应当及时发出合理的要约。

依照法律、行政法规的规定负有作出承诺义务的当事人，不得拒绝对方合理的订立合同要求。

【合同实务解读】

本条规定了依据国家订货任务、指令性任务需要订立合同时，相关合同主体必须依据相关法律法规规定的权利义务订立合同。负有发出要约义务的当事人应当及时发出合理要约,负有作出承诺义务的当事人不得拒绝合理要约。

国家订货任务、指令性任务两者性质相近但分属不同的合同订立方式。这些合同一般基于政府对于物资的需求而产生,分别以下达订单或任务计划的方式出现,但最终由企业执行而且企业必须执行。这一制度早在《经济合同法》(1981—1999年,已失效)中便已出现,并历经《合同法》(1999—2020年,已失效)一直保留至今。

早在1993年,当时的国家计委、国家经贸委、国家体改委就联合颁布了《国家指令性计划和国家订货的暂行规定》(已失效)。该暂行规定已于2011年废止,目前仅有个别关于指令性计划的部门规章存在,缺乏统一的法律或行政法规。

"国家订货",一般由国家下达物资需求后由具体的执行部门向企业订货。国家订货的价格由供需双方自行协商、生产条件由企业自行解决,其目的是满足国家对于某些物资的储存、使用等需求。

国家订货不同于政府采购。依据《政府采购法》(2014年修正)第八十五条的规定:"对因严重自然灾害和其他不可抗力事件所实施的紧急采购和涉及国家安全和秘密的采购,不适用本法。"

"指令性任务"是由政府部门下达的强制性的、必须完成的生产或供应任务。这类合同通常由企业与对口需求单位签订,政府给予一定的物质条件保障。这本是计划经济时代的常规做法,目前已经很少采用。但指令性任务还见于医疗卫生、公共交通、国有金融等行业的规章等要求中。

类似的规定是在抢险救灾、疫情防控等紧急情况下,政府可以直接依法征用急需的物资。依据《突发事件应对法》(2024年修订)第十二条规定:"县级以上人民政府及其部门为应对突发事件的紧急需要,可以征用单位和个人的设备、设施、场地、交通工具等财产。被征用的财产在使用完毕或者突发事件应急处置工作结束后,应当及时返还。财产被征用或者征用后毁损、灭失的,应当给予公平、合理的补偿。"

《民法典》(2020年)第二百四十五条对此也有类似的规定:"因抢险救灾、疫情防控等紧急需要,依照法律规定的权限和程序可以征用组织、个人的不动产或者动产。被征用的不动产或者动产使用后,应当返还被征用人。组织、个人的不动产或者动产被征用或者征用后毁损、灭失的,应当给予补偿。"

而《民法典》(2020年)第一百一十七条对于补偿的规定则更为明确,"为了公共利益的需要,依照法律规定的权限和程序征收、征用不动产或者动产的,应当给予公平、合理的补偿",以维护被征用者的利益不受损失。

随着商品经济的发展和管理体制的转换,指令性任务和国家采购已经越来越少,国家根据抢险救灾、疫情防控或者其他需要下达国家订货、指令性任务的情形也比较少,通过市场机制调配资源的方法已经越来越成熟并被广泛运用。

但类似于指令性任务的要求仍旧存在并深入某些行业的立法中,例如《电信条例》(2016年修订)第四十三条即规定:

电信业务经营者必须按照国家有关规定履行相应的电信普遍服务义务。

国务院信息产业主管部门可以采取指定的或者招标的方式确定电信业务经营者具体承担电信普遍服务的义务。

电信普遍服务成本补偿管理办法,由国务院信息产业主管部门会同国务院财政部门、价格主管部门制定,报国务院批准后公布施行。

【风险点及建议】

同本条规定相关的法律风险,是收到国家订货任务或指令性任务的各方未依据相关法律规定订立合同,以及负有法定发出要约义务的当事人未依法发出合理的要约、负有法定承诺义务的当事人未依法作出承诺。

指令性任务、国家订货任务多以保证军工生产、重点项目、战略储备为主,范围有限且发生概率不高。但基于法律的规定,依法负有发出要约义务的当事人、依法负有作出承诺义务的当事人均应依法履行义务,发出要约或作出承诺。

在指令性任务和国家订货任务的实施过程中,下达任务的国家部门一般并非合同主体。此类合同的当事人双方并非完全商业意义上的交易双方,除了正常遵守商务合同所要遵守的规则,还要额外遵守指令性任务、国家订货方面的强制性法律要求。如果政府部门作为直接的合同主体参与其中且同时履行监督、管理义务,则该合同属于行政协议并适用行政协议相关的法律。

由于相关的法律法规有的年代久远、有的相对分散,因此民事主体在接到"国家根据抢险救灾、疫情防控或者其他需要下达国家订货任务、指令性任务"时,如果未提供相关的法律依据作为需要遵守的要求,可请求政府部门提供相关的法律规定,以便全面履行"依照有关法律、行政法规规定的权利和义务订立合同"。

"有关法律、行政法规"的法律层级,是《立法法》意义上的国家"法律"和国务院"行政法规",不包括地方法规、部门规章、地方政府规章。因此"依照法律、行政法规的规定负有发出要约义务的当事人,应当及时发出合理的要约"和"依照法律、行政法规的规定负有作出承诺义务的当事人,不得拒绝对方合理的订立合同要求",均需明确以国家法律、国务院行政法规为依据。

如果合同主体因国家订货任务、指令性任务而影响到其他合同的正常履行,应及时向原合同相对方和发出任务的政府部门说明以求得谅解和支持。如果在签订合同时已经预期可能发生这两类任务,还可以直接在合同条款中约定此类情形下的违约责任豁免,使得在完成任务的同时减少原合同相对方的损失和对其产生的不利影响,同时也免除已方因执行两类任务而产生的违约责任。

033. 第四百九十五条 〔预约合同〕

当事人约定在将来一定期限内订立合同的认购书、订购书、预订书等,构成预约合同。

当事人一方不履行预约合同约定的订立合同义务的,对方可以请求其承担预约合同时违约责任。

【合同实务解读】

本条是关于预约合同的性质、构成,以及违反预约合同时违约责任的规定。

预约合同是以将来订立某一合同为标的而签订的合同,是订立本约合同的预备。而标的指向的将来要订立的合同,则被称为本约合同。

一、预约合同与本约合同

预约合同的标的不是物或工作成果,而是签订本约合同的行为。这种交易模式下,买方可以通过签约保留交易权、锁定交易机会,有充分时间完成尽职调查、经济核算、资金安排或完成审批、作出决策等。因此它有利于促进重大交易的成交,也可作为前置合同试探行情。

这类合同曾被广泛用于商品房销售领域。商品房买受人在选定房屋、签订预约合同并支付定金后,在本约合同订立之前会对商品房本身及物业周边环境等进行全面了解,并评估商品房的价值、自身的支付能力、安排资金等。而卖方则需要为买方预留房源至其订立本约合同或明确放弃订立本约。如果买方在约定期限内无合同中约定的正当理由而放弃订立本约,则需承担预约合同的违约责任,赔偿卖方为其保留房源、优先购买权的损失。

这种交易模式可为双方带来交易上的便利。对于买方而言,预约合同能够帮助其及时锁定交易机会,如果符合其利益则签订本约合同以获得预期的交易利益,如果不符合其利益则放弃签订本约合同。即使以承担违约责任的方式放弃交易,其损失也远小于违反本约合同放弃履行而产生的违约成本。对于卖方而言,预约合同有助于提前锁定潜在客户,并可通过预约合同的签订数量感知市场动态,及时调整营销策略和销售预期。

现实中的"认购书、订购书、预订书"等并不都是预约合同。它们之中,部分属于普通合同、部分属于意向,只有以订立本约为目的的合同才是预约合同。而作为合同,其主体、标的、数量属于合同成立的必备条款,签订本约的具体时间、地点以及对本约标的、本约的描述等属于应有条款,使合同具备可履行性。

预约合同还可以附违约金条款。包括未能如约签订本约合同则标的保留权丧失、违约责任、损失赔偿的金额、损失计算方法,以及哪些情形可以免除违约责任等。违约放弃签订本约,则需承担预约合同的违约责任。

二、预约合同与意向书

对于预约合同,《民法典》(2020年)第四百九十五条及《合同编通则司法解释》(2023年)第六条,均以"认购书、订购书、预订书等"作为预约合同可能存在的形式,并不拘泥于名称。

预约合同的成立要件,在该司法解释的第六条第一款也有规定,即:"当事人以认购书、订购书、预订书等形式约定在将来一定期限内订立合同,或者为担保在将来一定期限内订立合同交付了定金,能够确定将来所要订立合同的主体、标的等内容的,人民法院应当认定预约合同成立。"

同时,该司法解释的第六条第二款也规定了预约合同不成立的判断标准,即:"当事人通过签订意向书或者备忘录等方式,仅表达交易的意向,未约定在将来一定期限内订立合同,或者虽然有约定但是难以确定将来所要订立合同的主体、标的等内容,一方主张预约合同成立的,人民法院不予支持。"

在《民法典》(2020年)颁布之前,意向书也曾被认为是预约合同的一种形式,但在《民法典》(2020年)及相关司法解释中已经不再出现。通常情况下,意向书只用于表述各方的设想、态度、意愿等,并不用于设定双方间的权利义务,因为"意向"本为意图、打算之意。意向书并不描述具体条款和实施的细节、没有必须履行的义务,也就不具备可履行性,无法构成预约合同,只可能成为合同的素材。

意向书是否为预约合同还可依据合同的定义来判断。依据《民法典》(2020年)第四百六十四条的规定,"合同是民事主体之间设立、变更、终止民事法律关系的协议"。如果签订意向书的目标是签订本约合同,就必须制作以签订本约合同为目的并明确时间、条件、违约责任等合同一般包括条款且具备可履行性的预约合同。

如果只是表明意向、展现姿态,则意向书的用途就只是表达意愿、设想,不应设立民事法律关系,不应具备合同应当具备的条款,从而不具备可履行性。还可以约定双方就此问题进一步协商和可行性论证,并以论证、协商的结果为准等。

三、预约合同的违约责任

预约合同的违约责任在法律适用方面与其他合同完全相同。根据《民法典》(2020年)第五百七十七条的规定:"当事人一方不履行合同义务或者履行合同义务不符合约定的,应当承担继续履行、采取补救措施或者赔偿损失等违约责任。"而对于预约合同而言,一般只会选择以赔偿损失的方式承担违约责任。

理论上,这种赔偿损失可以包括可得利益损失。依据《民法典》(2020年)第五百八十四条的规定:"当事人一方不履行合同义务或者履行合同义务不符合约定,造成对方损失的,损失赔偿额应当相当于因违约所造成的损失,包括合同履行后可以获得的利益;但是,不得超过违约一方订立合同时预见到或者应当预见到的因违约可能造成的损失。"

这条规定虽然在后半段设定了损失赔偿额的限度,但金额较大的交易其可得利益损失也相当巨大,而且签订合同时一般都可以通过合同金额预见到可能造成的损失。

但预约合同毕竟不是本约合同。本约合同的可得利益损失可按本约正常履行后可以获得的利益推算,而预约合同在签订时"预见到或者应当预见到的因违约可能造成的损失"则大多只与预约的定金、违约金相关。

【风险点及建议】

同本条规定相关的法律风险,在于预约合同中约定订立本约的条件不当,以及签订预约合同后违约拒签本约合同。

预约合同的特殊性,在于交易目的是签订本约合同。"预约—本约"模式曾在商品房销售中大量使用,但其模式也足以运用到其他合同上。

一、预约合同的基本内容

预约合同是完整、独立的合同。由于其标的是签订本约合同,因此比其他合同简单。但由于牵涉与本约合同之间的关联关系,又增加了一定的复杂性。以本约合同为买卖合同的卖方角度为例,预约合同中应包括以下内容以利于交易及风险防范。

1. 概述本约情况

预约合同可以合同条款或合同附件的方式描述本约合同的标的、数量、质量、价款或价格,履行的时间、地点和方式等交易所必须了解的条款,采用格式条款的预约合同更是如此。在预约合同中披露本约合同交易信息,可避免本约合同信息告知不完整、标的信息不明确等嫌疑,也便于相对方了解和决策,同时也为签订本约合同提供便利。

《合同编通则司法解释》(2023年)第八条也规定了考虑内容完备度、订立本约合同条件满足度与损失赔偿的关系,即:"预约合同生效后,当事人一方不履行订立本约合同的义务,对方请求其赔偿因此造成的损失的,人民法院依法予以支持。

前款规定的损失赔偿,当事人有约定的,按照约定;没有约定的,人民法院应当综合考虑预约合同在内容上的完备程度以及订立本约合同的条件的成就程度等因素酌定。"

2. 明确签订本约合同

预约合同应明确表达签订本约合同的目的,并细化签订本约合同的时间、地点、方式等要求,锁定签订本约合同的义务并明确签订本约合同所需的准备。

这类准备的内容一般以清单的方式列出。例如,签约代表的授权委托书,身份证明,其他需要查验或作为合同附件的各类文件、证明文件,以及是否需要当场支付定金、预付款、开户银行和账号等均应列明以确保本约合同的顺利签订。

如果本约合同的价格并未锁定,还应注明届时的计价方法、价格范围等。

3. 设定违约责任

预约合同中还可约定签订本约合同的前提条件、违约责任、除外责任等。由于预约合同的标的是签订本约合同而非本约合同标的,因而其违约责任一般远小于本约合同的违约责任,但要足够弥补买方违约而给卖方带来的人工费、物质损耗、资金占用等方面的损失。

通常情况下，如果签订预约合同是为了方便买方在购买前进一步了解标的信息、权属信息等购买的先决条件，则允许买方在标的物或权属存在缺陷时放弃签订本约且无须承担违约责任。如果签订本约合同只是为了锁定交易机会以便于完成资金准备、项目审批等手续，则买方不签订本约合同时应承担违约责任。

对此，《合同编通则司法解释》（2023年）第七条也规定了区别对待的原则，即："预约合同生效后，当事人一方拒绝订立本约合同或者在磋商订立本约合同时违背诚信原则导致未能订立本约合同的，人民法院应当认定该当事人不履行预约合同约定的义务。

人民法院认定当事人一方在磋商订立本约合同时是否违背诚信原则，应当综合考虑该当事人在磋商时提出的条件是否明显背离预约合同约定的内容以及是否已尽合理努力进行协商等因素。"

对于预约合同违约责任的追究，也不必等到签订本约合同的期限届满。按照《民法典》（2020年）第五百七十八条的规定："当事人一方明确表示或者以自己的行为表明不履行合同义务的，对方可以在履行期限届满前请求其承担违约责任。"而在预约合同中，也可以约定违约不签订本约合同的通知到达越迟则违约金越高，以督促买方及早通知从而避免给卖方造成更多损失。

二、预约合同的相关问题

"预约—本约"的交易模式，在技术上可用签订确认书、附条件的合同或附期限的合同替代。预约合同交易模式的设定本身是为了克服信息不对称、准备时间不足等因素带来的不确定性，而附生效时间或生效条件的合同完全可以胜任。甚至签订确认书的方式也可用于应对锁定交易机会后的不确定性。

与此同时，还要避免将预约合同签成本约合同。这种情形主要发生在虽以"认购书、订购书、预订书"的方式订立预约合同，却因未约定另行订立合同或履行行为，而使预约合同变成本约合同。

《合同编通则司法解释》（2023年）对此作了相关规定，即：

第六条 当事人以认购书、订购书、预订书等形式约定在将来一定期限内订立合同，或者为担保在将来一定期限内订立合同交付了定金，能够确定将来所要订立合同的主体、标的等内容的，人民法院应当认定预约合同成立。

当事人通过签订意向书或者备忘录等方式，仅表达交易的意向，未约定在将来一定期限内订立合同，或者虽然有约定但是难以确定将来所要订立合同的主体、标的等内容,一方主张预约合同成立的,人民法院不予支持。

当事人订立的认购书、订购书、预订书等已就合同标的、数量、价款或者报酬等主要内容达成合意,符合本解释第三条第一款规定的合同成立条件,<u>未明确约定在将来一定期限内另行订立合同,或者虽然有约定但是当事人一方已实施履行行为且对方接受的</u>,人民法院应当认定<u>本约合同成立</u>。

"预约—本约"模式可以得到更广泛地运用。这种交易模式虽在房地产销售中得到推广、普及,但其作用不止于此。在商务活动中,为了吸引潜在客户或进行业绩宣传,卖方可以用不设违约金条款的预约合同鼓励签约、积累潜在客户。而为了了解市场行情、促进销售,那些金额大、内容复杂的交易也可以使用签订预约合同的方式促进销售,在展销会、促销活动中尤其如此。

> **034. 第四百九十六条** 〔格式条款及使用要求〕
>
> 格式条款是当事人为了重复使用而预先拟定,并在订立合同时未与对方协商的条款。
>
> 采用格式条款订立合同的,提供格式条款的一方应当遵循公平原则确定当事人之间的权利和义务,并采取合理的方式提示对方注意免除或者减轻其责任等与对方有重大利害关系的条款,按照对方的要求,对该条款予以说明。提供格式条款的一方未履行提示或者说明义务,致使对方没有注意或者理解与其有重大利害关系的条款的,对方可以主张该条款不成为合同的内容。

【合同实务解读】

本条给出了格式条款的定义和使用格式条款合同时的公平原则、提示义务、说明义务,以及提供格式合同方未尽提示、说明义务时可能导致格式条款不成为合同内容的后果。

格式条款通常是为了与数量庞大的客户高效率地签订、履行合同而预先拟定,签订前未曾与对方协商,事实上也不做改动的条款。完全由格式条款构成的合同也被称为格式合同。

一、格式条款的使用原理

格式条款的使用首先是基于经济学上效率和成本的考虑。当合同主体面对为数众多的客户时,使用预先拟定的、标准化的格式条款可大幅提高合同订立效率、降低订立成本。由于合同内容一致,还可大幅降低合同履行成本和管理成本。

尤其是客户数量庞大的移动通信、电力、自来水等公共事业单位,根本无法一一洽谈并使用不同文本,只有使用统一的格式条款才能保证效率和成本。互联网商务的快速发展,也得益于以格式条款与客户签署各类平台的使用规则、使用许可、免责声明等,而且是以弹窗、点击同意的方式签署,保证了高效率、低成本。

格式条款合同签约效率高、数量大,同时也为其带来更大风险。合同中的任何一个缺陷都可能带来大批量的投诉、索赔。加上法律为了平衡交易双方利益而对提供格式条款方提出了额外要求,因而提供格式条款方有着更大的法律风险,更需要注重合同的内在和外在质量、排查法律或表述缺陷,并加强签约过程管理。

尤其是向消费者提供格式条款的经营者,因消费者深受《消费者权益保护法》《产品质量法》《食品安全法》等各类法律、法规和地方性法规、部门规章、地方政府规章的保护,经营者更容易因交易模式、条款表述考虑欠周而与复杂的法律环境不兼容。尽管争议金额不大,但其涉及面广,对正常经营的影响大。

二、对格式条款定义的解读

格式条款的"为了重复使用而预先拟定",是指为了反复使用而提前准备好。尽管重复使用的频率、总量有所不同,但格式条款都是以标准化文本的反复使用为目标,以提高签订效率、降低管理成本。

"在订立合同时未与对方协商",是指格式条款的内容不仅为事先拟定而且不可协商,对方只能选择接受或放弃,而不能协商修改。提供格式条款方不同意修改,有时是为了降低履行管理成本和风险,有时是因为修改格式条款对其不利。

在对格式条款的认定方面,《合同编通则司法解释》(2023年)专门作了解释:

第九条　合同条款符合民法典第四百九十六条第一款规定的情形,<u>当事人仅以合同系依据合同示范文本制作或者双方已经明确约定合同条款不属于格式条款为由主张该条款不是格式条款的,人民法院不予支持。</u>

<u>从事经营活动的当事人一方仅以未实际重复使用为由主张其预先拟定且未与对方协商的合同条款不是格式条款的,人民法院不予支持。但是,有证据证明该条款不是为了重复使用而预先拟定的除外。</u>

三、格式条款的提示及说明义务

提供格式条款方不仅有设置权利义务条款的便利,往往还有交易方面的信息优势,这就使得格式条款或多或少会"厚此薄彼",有些甚至还会预设陷阱。其目的是在以格式条款提高交易效率、降低管理成本的同时,实现利益最大化、风险最小化。因此法律对提供格式条款的一方规定了诸多限制,并提出了遵循公平原则、合理提示、予以说明义务等要求。

"提供格式条款的一方应当遵循公平原则",是指遵循《民法典》(2020年)第六条所规定的民事活动基本原则:"民事主体从事民事活动,应当遵循公平原则,合理确定各方的权利和义务。"

对于提供格式条款方应当履行的"合理的方式提示"和"对该条款予以说明"义务,《合同编通则司法解释》(2023年)有专门的解释:

第十条 提供格式条款的一方在合同订立时采用通常足以引起对方注意的文字、符号、字体等明显标识,提示对方注意免除或者减轻其责任、排除或者限制对方权利等与对方有重大利害关系的异常条款的,人民法院可以认定其已经履行民法典第四百九十六条第二款规定的提示义务。

提供格式条款的一方按照对方的要求,就与对方有重大利害关系的异常条款的概念、内容及其法律后果以书面或者口头形式向对方作出通常能够理解的解释说明的,人民法院可以认定其已经履行民法典第四百九十六条第二款规定的说明义务。

提供格式条款的一方对其已经尽到提示义务或者说明义务承担举证责任。对于通过互联网等信息网络订立的电子合同,提供格式条款的一方仅以采取了设置勾选、弹窗等方式为由主张其已经履行提示义务或者说明义务的,人民法院不予支持,但是其举证符合前两款规定的除外。

四、未尽提示或说明义务的后果

法律规定提供格式条款方必须履行提示或说明义务,目的在于让对方完全注意并充分理解了与其有重大利益关系的条款后再作决定。

或者说,提供格式条款方履行了提示和说明义务后,如果对方签署了格式条款合同,则视为对方认可了与其有重大利害关系的相关权利义务设置,这类条款对其有约束力。如果提供格式条款方未履行提示和说明义务,且推定对方"没有注意或者理解与其有重大利害关系的条款",则对方"该条款不成为合同的内容"的主张很可能获得人民法院或仲裁机构的支持。

对于提供格式条款方的义务,其他法律的相关规定也是如此。例如,《消费者权益保护法》(2013年修正)第二十六条也明确规定,"经营者不得以格式条款、通知、声明、店堂告示等方式,作出排除或者限制消费者权利、减轻或者免除经营者责任、加重消费者责任等对消费者不公平、不合理的规定,不得利用格式条款并借助技术手段强制交易。

格式条款、通知、声明、店堂告示等含有前款所列内容的,其内容无效"。

《保险法》(2015年修正)第十七条则同样规定:"订立保险合同,采用保险人提供的格式条款的,保险人向投保人提供的投保单应当附格式条款,保险人应当向投保人说明合同的内容。

对保险合同中免除保险人责任的条款,保险人在订立合同时应当在投保单、保险单或者其他保险凭证上作出足以引起投保人注意的提示,并对该条款的内容以书面或者口头形式向投保人作出明确说明;未作提示或者明确说明的,该条款不产生效力。"

最高人民法院在其司法解释中还强化了格式条款对于管辖权的提示和说明义务。《民诉法司法解释》(2022年修正)第三十一条规定:"经营者使用格式条款与消费者订立管辖协议,未采取合理方式提请消费者注意,消费者主张管辖协议无效的,人民法院应予支持。"

【风险点及建议】

同本条规定相关的法律风险,在于将格式条款与示范文本混淆、格式条款内容未遵守法律规定设立、提供格式条款方未履行提示和说明义务、未充分了解格式条款法律风险而使用或签订格式合同,以及对方未依据本条及相关法律的规定向提供格式条款方主张权利。

格式条款的风险既体现在合同内容安排上,也体现在合同签署过程中。由于格式条款非常容易被用于损害对方的利益,为了维护合同双方的利益平衡,《民法典》(2020年)不仅在本条规定了提供格式条款方的遵循公平原则义务、提示说明义务,还在后续条款中规定了格式条款无效等情形。

一、影响格式条款效力的因素

公平原则是普适性的民事活动原则。依照《民法典》(2020年)第六条的规定："民事主体从事民事活动,应当遵循公平原则,合理确定各方的权利和义务。"但如何遵循公平原则确定各方的权利义务,却有着不同的处理方式。

严重违反公平原则的情形,如《民法典》(2020年)第五百零六条描述的对造成对方人身损害免责的条款、对因故意或者重大过失造成对方财产损失的免责的条款,均为无效。

中度违反公平原则的情形,如《民法典》(2020年)第四百九十六条第二款中所规定的,"提供格式条款的一方未履行提示或者说明义务,致使对方没有注意或者理解与其有重大利害关系的条款的,对方可以主张该条款不成为合同的内容"。换言之,既不有效也不无效,而是不适用。

轻度违反公平原则的情形,如完成了《民法典》(2020年)第四百九十六条第二款所规定的"采取合理的方式提示对方注意免除或者减轻其责任等与对方有重大利害关系的条款,按照对方的要求,对该条款予以说明",则该类"免除或者减轻其责任等与对方有重大利害关系的条款"属于有效。

综合合同通则中对于格式条款的相关规定,在合法性或公平原则方面可能影响格式条款效力的主要有以下情形:

(1)违反法律法规的强制性规定;
(2)造成对方人身损害免责、因故意或者重大过失造成对方财产损失免责;
(3)提供格式条款方不合理地免除或者减轻其责任;
(4)加重对方责任、排除或限制对方主要权利;
(5)免除或减轻己方责任等与对方有重大利害关系的条款未提请对方注意;
(6)格式条款不能按通常方式理解、存在不利于己方的第二种及以上的解释;
(7)已按相对方要求履行说明义务的声明缺少对方签字确认栏;
(8)双方的权利或责任形式上不对等,或是义务没有对价;
(9)非格式条款与格式条款存在不一致。

二、提示和说明的合理方式

格式条款的法律风险主要分为条款内容、签署过程两部分。

在内容方面,格式条款不仅要符合法律上的各类要求,还要面临为数众多的签约对象从各个角度的审视,任何关键词定义、文字表述、条款搭配、权利义务设定、交易模式选择、合同与其他文本的匹配等方面的思维盲区都有可能构成整体性缺陷,并带来巨大的争议和损失。

在签署方面,履行签订前的提示、说明,是格式条款不被主张"不成为合同的内容"的保障。提供格式条款方在履行法定的提示、说明义务之余还要留下足够的证据,提示和说明环节对于格式条款的效力至关重要。只要这一环节符合法律要求,即使该条款对对方不利也仍可被视为双方合法有效的真实意思表示。

提供格式条款方为了配合在签署过程中履行提示、说明义务,在条款设计和签订过程中可采取以下方法防范法律风险:

1. 均衡设置权利义务

权利义务设置应尽可能对等、平衡,至少在形式上对等、平衡,尽量减少"免除或者减轻其责任、排除或者限制对方权利等与对方有重大利害关系的异常条款"。市场主体的风险管控应通过内部的管理制度、管理流程解决,而非将风险、损失全部推给相对方。

2. 语言通俗表述严谨

以通俗易懂但严谨明确的语言表述与相对方有重大利害关系的条款,尤其要避免因语言歧义等产生不同理解。必要时可事先在合同中对于"异常条款的概念、内容及其法律后果"作出书面说明,既履行了说明义务也可减轻签订时的工作压力。

3. 综合使用提示方式

参照《合同编通则司法解释》(2023年)第十条第一款,以特别的字体、下划线、颜色、注解等手段"采用通常足以引起对方注意的文字、符号、字体等明显标识,提示对方注意免除或者减轻其责任、排除或者限制对方权利等与对方有重大利害关系的异常条款的",同时作为履行提示义务的依据。

4. 综合采用说明方式

说明义务需要通过合同外的管理制度加以规范化,并符合《合同编通则司法解释》(2023年)第十条第二款的规定:"提供格式条款的一方按照对方的要求,就与对方有重大利害关系的异常条款的概念、内容及其法律后果以书面或者口头形式向对方作出通常能够理解的解释说明的,人民法院可以认定其已经履行民法典第四百九十六条第二款规定的说明义务。"

同时,合同单列"本人声明××已按我的要求对免除或者减轻其责任等与我方有重大利害关系的相关条款加以解释"之类的声明并单独签署,作为已履行说明义务的依据。

5. 充分保留相关证据

提供格式条款方对于履行提示、说明义务负有举证义务，因此在设计文本条款、管理制度、管理流程时均需考虑符合要求且保留证据。同时还要注意，不同的行业可能需要遵守不同的提示、说明要求。

依据《合同编通则司法解释》（2023年）第十条第三款的规定："提供格式条款的一方对其已经尽到提示义务或者说明义务承担举证责任。对于通过互联网等信息网络订立的电子合同，提供格式条款的一方仅以采取了设置勾选、弹窗等方式为由主张其已经履行提示义务或者说明义务的，人民法院不予支持，但是其举证符合前两款规定的除外。"

三、格式条款的实际使用

出于履行管理方面的考虑，提供格式条款方很少以修改条款的方式妥协。尤其是同一格式条款的客户众多时，提供格式条款方宁可给予个别客户额外补偿或打折优惠也不愿意变更格式条款。为个别客户修改格式条款权利义务，会使管理复杂化并增加管理成本，也容易引起混乱、失误，并因此带来更多风险损失。

但某些高度标准化的格式条款，允许以补充协议的方式"个性化"。例如，某些保险合同中的术语、责任范围、除外责任范围，以及出险后的理赔条件、方式和获赔比例等均为标准化条款且条款间关系错综复杂。但其适用对象千差万别，固定的条款有时无法满足现实需要。这类合同往往可以通过补充协议调整权利义务范围，以不改变格式条款本身的方式达成交易。

实际使用中，标准化文本与格式合同有时会难以区分。企业自行拟定的标准化合同文本同样是为了重复使用，如果在订立合同时与对方协商并调整合同条款，则该合同文本仍旧不属于格式合同；如果签订前未经协商、条款不得变动，则为格式条款。如果并非格式合同，企业应表里如一地称其为标准化文本，而不应自称为格式合同，避免承担格式条款风险。

对此，《合同编通则司法解释》（2023年）第九条规定："合同条款符合民法典第四百九十六条第一款规定的情形，当事人仅以合同系依据合同示范文本制作或者双方已经明确约定合同条款不属于格式条款为由主张该条款不是格式条款的，人民法院不予支持。

从事经营活动的当事人一方仅以未实际重复使用为由主张其预先拟定且未与

对方协商的合同条款不是格式条款的，人民法院不予支持。但是，有证据证明该条款不是为了重复使用而预先拟定的除外。"

四、格式条款与霸王条款

格式条款大多由处于优势交易地位的企业使用。企业在交易中的优势地位可由多种情形构成，常出现于大型企业针对上游供应商或下游分销商的合同中。例如，持续大额采购方可给供应商带去丰厚的利润，垄断资源方可使分销商卖出更好的业绩，因而这两类企业在合同中有着更多的话语权，而相对方为了维护交易关系以获得利益而不得不妥协。

正因如此，处于优势交易地位方往往在其格式条款中增加自己的权利、减少自己的义务，同时增加相对方的义务、减少相对方的权利。如果过分将风险和义务推给对方、将权利和利益归于自己，并以有利的管辖地点巩固其合同利益，甚至苛刻到己方只有权利、对方只有义务的程度，则格式合同已经属于违反公平原则的"霸王条款"。

但霸王条款看似"完善"却忽略了由此引发的更大的法律风险。为了平衡格式条款双方的利益、维护公平原则，《民法典》（2020年）第四百九十七条第一款规定"不合理地免除或者减轻其责任、加重对方责任、限制对方主要权利"或"排除对方主要权利"的格式条款无效。

事实上，合同条款完全可以既严厉又不"霸王"。依据《民法典》（2020年）第四条的规定："民事主体在民事活动中的法律地位一律平等。"即提供格式条款方可以对质量控制、履行环节、违约责任等提出严格的要求，但从法律层面不应损害双方民事法律地位的平等性，至少应保持双方在地位上的平等和权利义务的形式对等，以及合理的尊重。

035. 第四百九十七条 〔格式条款无效〕

有下列情形之一的，该格式条款无效：

（一）具有本法第一编第六章第三节和本法第五百零六条规定的无效情形；

（二）提供格式条款一方不合理地免除或者减轻其责任、加重对方责任、限制对方主要权利；

（三）提供格式条款一方排除对方主要权利。

【合同实务解读】

本条规定了格式条款无效的三种情形,包括通用的民事法律行为无效的情形、格式条款不合理分配双方权利和责任、排除对方主要权利。

按照本条的规定,从通用的民事法律行为无效、合同无效再到格式条款无效,格式条款的无效涉及《民法典》(2020年)中三个不同层面的原因。除关于格式条款的规定外,还涉及合同编的其他规定与《民法典》(2020年)总则中的规定。

一、民事法律行为无效

本条第一款第(一)项规定的"本法第一编第六章第三节"所规定的无效情形包括许多种。其中所提的第三节规定的内容为"民事法律行为的效力",始于第一百四十三条、终于第一百五十七条,用15条的内容规定了民事法律行为的有效、无效和撤销。

对于民事法律行为有效,《民法典》(2020年)第一百四十三条规定:"具备下列条件的民事法律行为有效:

(一)行为人具有相应的民事行为能力;

(二)意思表示真实;

(三)不违反法律、行政法规的强制性规定,不违背公序良俗。"

但该节关于民事法律行为无效的情形分别规定在不同的法律条款中。其无效类型与法律依据分别为:

(一)无民事行为能力人实施的民事法律行为

第一百四十四条 无民事行为能力人实施的民事法律行为无效。

(二)行为人与相对人以虚假的意思表示实施的民事法律行为

第一百四十六条 行为人与相对人以虚假的意思表示实施的民事法律行为无效。

以虚假的意思表示隐藏的民事法律行为的效力,依照有关法律规定处理。

(三)违反法律、行政法规的强制性规定的民事法律行为

第一百五十三条 违反法律、行政法规的强制性规定的民事法律行为无效。但是,该强制性规定不导致该民事法律行为无效的除外。

……

(四)违背公序良俗的民事法律行为

第一百五十三条　……

违背公序良俗的民事法律行为无效。

(五)行为人与相对人恶意串通,损害他人合法权益的民事法律行为

第一百五十四条　行为人与相对人恶意串通,损害他人合法权益的民事法律行为无效。

二、合同无效

这类无效的情形是本条第一款第(一)项所规定的"本法第五百零六条规定的无效情形"。此类无效与合同中免责条款的设置有关。《民法典》(2020年)第五百零六条的规定为:"合同中的下列免责条款无效:

(一)造成对方人身损害的;

(二)因故意或者重大过失造成对方财产损失的。"

三、格式条款无效

这类是本条第一款第(二)、(三)项规定的格式条款无效的情形,均属双方权利义务边界设立不当。分别是:

(一)提供格式条款一方不合理地免除或者减轻其责任、加重对方责任、限制对方主要权利;

(二)提供格式条款一方排除对方主要权利。

除《民法典》(2020年)中的上述规定外,容易被忽略的是,合同条款无效的规定也存在于其他与交易相关的法律之中。

例如,《消费者权益保护法》(2013年修正)第二十六条第二、第三款规定:"经营者不得以格式条款、通知、声明、店堂告示等方式,作出排除或者限制消费者权利、减轻或者免除经营者责任、加重消费者责任等对消费者不公平、不合理的规定,不得利用格式条款并借助技术手段强制交易。

格式条款、通知、声明、店堂告示等含有前款所列内容的,其内容无效。"

又如,《保险法》(2015年修正)第十七条第二款也规定:"对保险合同中免除保险人责任的条款,保险人在订立合同时应当在投保单、保险单或者其他保险凭证上作出足以引起投保人注意的提示,并对该条款的内容以书面或者口头形式向投保人作出明确说明;未作提示或者明确说明的,该条款不产生效力。"

再如,《电子商务法》(2018年)第四十九条也规定了电子商务中格式条款无效的情形,即:"电子商务经营者发布的商品或者服务信息符合要约条件的,用户选择该商品或者服务并提交订单成功,合同成立。当事人另有约定的,从其约定。

电子商务经营者不得以格式条款等方式约定消费者支付价款后合同不成立;格式条款等含有该内容的,其内容无效。"

格式条款无效会使提供格式条款方精心构建的权利义务体系失去作用。不仅无法按照原来的意图实现交易利益,甚至因此而承担民事责任。而接收格式条款方在人民法院或仲裁机构认定合同无效的过程中,同样会产生损失。

【风险点及建议】

同本条规定相关的法律风险,是格式条款设计违反民事法律行为而无效、合同无效、因与格式条款无效的相关规定而导致无效,或接收格式条款方未充分利用格式条款无效相关规定维护合法权益。

格式条款无效分为三个不同的层面,涉及合同内容管理和合同签订管理,格式条款双方都有可能因此受到损失。从提供格式条款方角度出发,需要以综合手段避免格式条款无效,以促进交易顺利完成、避免社会资源浪费和不必要损失。

一、格式条款对于民事法律行为无效的避免

前述解读中,已根据《民法典》(2020年)第一百四十三条到第一百五十七条的内容,将格式条款因民事法律行为无效而无效归纳为五种不同的情形。针对不同的情形,提供格式条款方在设计和签署时可采取不同的控制措施。

1. 对于无民事行为能力人主体

《民法典》(2020年)第一百四十四条所规定的"无民事行为能力人实施的民事法律行为无效",属于无可回避的刚性规定。这类无效的情形并非合同条款可以控制,即使约定了主体资格等条款也会因相对人无民事行为能力而随着合同一并无效。

合同相对人是否具备民事行为能力,需要通过合同签署前管理制度和流程甄别。而该管理制度和流程还应规定合同无效时的补救措施,如催告、追认等。

而在合同条款中,可以以解决争议条款的方式约定善后事宜。因为《民法典》(2020年)第五百零七条规定:"合同不生效、无效、被撤销或者终止的,不影响合同中有关解决争议方法的条款的效力。"

2.对于意思表示虚假的合同

《民法典》(2020年)第一百四十六条规定了"行为人与相对人以虚假的意思表示实施的民事法律行为无效",并规定"以虚假的意思表示隐藏的民事法律行为的效力,依照有关法律规定处理"。

"行为人与相对人"共同以虚假意思表示实施的民事行为一般含有不当动机。例如,通过签订意思表示虚假的合同谋取第三人利益或社会公共利益。这类交易行为大多直接为行政法律法规所禁止,情形严重的还会直接触犯《刑法》相关规定。

例如,《刑法》(2023年修正)第一百九十三条所规定的构成"贷款诈骗罪"的情形之一,便是使用虚假的经济合同,以非法占有为目的诈骗银行或者其他金融机构的贷款。其处罚为"数额较大的,处五年以下有期徒刑或者拘役,并处二万元以上二十万元以下罚金;数额巨大或者有其他严重情节的,处五年以上十年以下有期徒刑,并处五万元以上五十万元以下罚金;数额特别巨大或者有其他特别严重情节的,处十年以上有期徒刑或者无期徒刑,并处五万元以上五十万元以下罚金或者没收财产"。

对于这类问题不是应当如何避免,而是应当绝对禁止。甚至疑似意思表示虚假的行为都应当杜绝,以免带来不必要的法律风险。

对于虚假意思表示问题,《合同编通则司法解释》(2023年)有专门的司法解释:

第十四条 当事人之间就同一交易订立多份合同,人民法院应当认定其中以虚假意思表示订立的合同无效。当事人为规避法律、行政法规的强制性规定,以虚假意思表示隐藏真实意思表示的,人民法院应当依据民法典第一百五十三条第一款的规定认定被隐藏合同的效力;当事人为规避法律、行政法规关于合同应当办理批准等手续的规定,以虚假意思表示隐藏真实意思表示的,人民法院应当依据民法典第五百零二条第二款的规定认定被隐藏合同的效力。

依据前款规定认定被隐藏合同无效或者确定不发生效力的,人民法院应当以被隐藏合同为事实基础,依据民法典第一百五十七条的规定确定当事人的民事责任。但是,法律另有规定的除外。

当事人就同一交易订立的多份合同均系真实意思表示,且不存在其他影响合同效力情形的,人民法院应当在查明各合同成立先后顺序和实际履行情况的基础上,认定合同内容是否发生变更。法律、行政法规禁止变更合同内容的,人民法院应当认定合同的相应变更无效。

3. 对于违反法律法规强制性规定的合同

《民法典》(2020年)第一百五十三条第一款规定了"违反法律、行政法规的强制性规定的民事法律行为无效",但"该强制性规定不导致该民事法律行为无效的除外"。

"法律、行政法规的强制性规定"分散于《民法典》(2020年)之外的法律、行政法规两个层级,因此只能一一检索相关规定的禁止事项是否涉及合同效力。这些合同效力性的规定主要集中在许可经营项目中。已经正常经营的企业通常在注册登记阶段已经取得了此类生产、经营许可。

对于这一条款,《合同编通则司法解释》(2023年)有详细的解释,应按该解释去理解。

第十六条 合同违反法律、行政法规的强制性规定,有下列情形之一,由行为人承担行政责任或者刑事责任能够实现强制性规定的立法目的的,人民法院可以依据民法典第一百五十三条第一款关于"该强制性规定不导致该民事法律行为无效的除外"的规定认定该合同不因违反强制性规定无效:

(一)强制性规定虽然旨在维护社会公共秩序,但是合同的实际履行对社会公共秩序造成的影响显著轻微,认定合同无效将导致案件处理结果有失公平公正;

(二)强制性规定旨在维护政府的税收、土地出让金等国家利益或者其他民事主体的合法利益而非合同当事人的民事权益,认定合同有效不会影响该规范目的的实现;

(三)强制性规定旨在要求当事人一方加强风险控制、内部管理等,对方无能力或者无义务审查合同是否违反强制性规定,认定合同无效将使其承担不利后果;

(四)当事人一方虽然在订立合同时违反强制性规定,但是在合同订立后其已经具备补正违反强制性规定的条件却违背诚信原则不予补正;

(五)法律、司法解释规定的其他情形。

法律、行政法规的强制性规定旨在规制合同订立后的履行行为,当事人以合同违反强制性规定为由请求认定合同无效的,人民法院不予支持。但是,合同履行必然导致违反强制性规定或者法律、司法解释另有规定的除外。

依据前两款认定合同有效,但是当事人的违法行为未经处理的,人民法院应当向有关行政管理部门提出司法建议。当事人的行为涉嫌犯罪的,应当将案件线索移送刑事侦查机关;属于刑事自诉案件的,应当告知当事人可以向有管辖权的人民法院另行提起诉讼。

4. 对于违背公序良俗的合同

《民法典》(2020年)第一百五十三条第二款规定了"违背公序良俗的民事法律行为无效"。但法律本身并未对"公序良俗"作出定义,而《合同编通则司法解释》(2023年)则作出了详尽的解释:

第十七条　合同虽然不违反法律、行政法规的强制性规定,但是有下列情形之一,人民法院应当依据民法典第一百五十三条第二款的规定认定合同无效:

(一)合同影响政治安全、经济安全、军事安全等国家安全的;

(二)合同影响社会稳定、公平竞争秩序或者损害社会公共利益等违背社会公共秩序的;

(三)合同背离社会公德、家庭伦理或者有损人格尊严等违背善良风俗的。

人民法院在认定合同是否违背公序良俗时,应当以社会主义核心价值观为导向,综合考虑当事人的主观动机和交易目的、政府部门的监管强度、一定期限内当事人从事类似交易的频次、行为的社会后果等因素,并在裁判文书中充分说理。当事人确因生活需要进行交易,未给社会公共秩序造成重大影响,且不影响国家安全,也不违背善良风俗的,人民法院不应当认定合同无效。

该解释中的"公序良俗"涉及面广泛,但也规定了不认定合同无效的情形,可在合同管理工作中作为不违背该条规定的判断标准。

5. 对于恶意串通损害他人合法权益的合同

《民法典》(2020年)第一百五十四条规定的"行为人与相对人恶意串通,损害他人合法权益的民事法律行为无效",目的在于阻止交易双方针对合同以外第三方的恶意行为。行为人与相对人所订立的合同影响他人利益的情形较多,但正常的商业行为、市场竞争行为并不属于本条所规定的损害他人合法权益的恶意串通行为。

《合同编通则司法解释》(2023年)中并未包含这一行为,但其第二十三条第二款解释了恶意串通订立合同损害本单位利益行为的判断方式:"根据法人、非法人组织的举证,综合考虑当事人之间的交易习惯、合同在订立时是否显失公平、相关人员是否获取了不正当利益、合同的履行情况等因素,人民法院能够认定法定代表人、负责人或者代理人与相对人存在恶意串通的高度可能性的,可以要求前述人员就合同订立、履行的过程等相关事实作出陈述或者提供相应的证据。其无正当理由拒绝作出陈述,或者所作陈述不具合理性又不能提供相应证据的,人民法院可以认定恶意串通的事实成立。"

二、格式条款对于合同无效的避免

《民法典》(2020年)第四百九十七条所规定的"本法第五百零六条规定的无效情形",是:"合同中的下列免责条款无效:

(一)造成对方人身损害的;

(二)因故意或者重大过失造成对方财产损失的。"

"造成对方人身损害"或"因故意或者重大过失造成对方财产损失"时的赔偿等责任在其他法律中早已有规定。这些损害、损失以及由此而起的赔偿等责任,既可能基于侵权产生,也可能基于合同的履行而产生。

例如,《产品质量法》(2018年修正)第四十四条规定了产品责任的赔偿责任:"因产品存在缺陷造成受害人人身伤害的,侵害人应当赔偿医疗费、治疗期间的护理费、因误工减少的收入等费用;造成残疾的,还应当支付残疾者生活自助具费、生活补助费、残疾赔偿金以及由其扶养的人所必需的生活费等费用;造成受害人死亡的,并应当支付丧葬费、死亡赔偿金以及由死者生前扶养的人所必需的生活费等费用。

因产品存在缺陷造成受害人财产损失的,侵害人应当恢复原状或者折价赔偿。受害人因此遭受其他重大损失的,侵害人应当赔偿损失。"

又如,《保险法》(2015年修正)第十九条规定了保险人的某些免责条款无效:"采用保险人提供的格式条款订立的保险合同中的下列条款无效:

(一)免除保险人依法应承担的义务或者加重投保人、被保险人责任的;

(二)排除投保人、被保险人或者受益人依法享有的权利的。"

在合同领域,最为常见、交易量最大的合同是买卖合同。而买卖合同的标的物几乎全是工业产物,且买卖合同也是其他有偿合同没有另外规定时的参照基础。因而产品责任中对于造成人身伤害、财产损失的责任设定成为《民法典》(2020年)中的通用规则,有助于民事法律责任方面的统一和对用户及消费者权益的保护,也有利于促进经营者提高其产品或服务的质量水平。

更多格式条款无效的相关内容,详见对《民法典》(2020年)第五百零六条内容的解读和建议。

三、格式条款原因无效的避免

格式条款无效的情形,按本条规定分为"提供格式条款一方不合理地免除或者减轻其责任、加重对方责任、限制对方主要权利"和"提供格式条款一方排除对方主要权利"。概括起来,两种情形都属于双方权利义务分配不当,维持利益平衡才能避免合同无效。

(一)格式条款的权利义务平衡

此类格式条款无效的情形在实务中出现频率最高。提供格式条款方减免己方责任、加重对方责任、限制对方主要权利,是提供格式条款方的常见做法。这甚至是合同利益倾向性问题的延伸,每一方在起草、修改合同时都会在不同程度上为己方争取更多权利或利益。

但在实务中完全排除对方主要权利的情形并不多见。交易中的主要权利,对于提供标的物或工作成果方而言是获得价款或者报酬,对于支付价款或者报酬方而言是获得标的物或工作成果。一旦排除此类主要权利,除了本身就不需要支付对价的赠与合同,任何有对价的合同均已不能被称为合同。

判断格式条款是否无效的依据,在于是否"不合理地免除或者减轻其责任"以及"加重对方责任"和"限制对方主要权利"。而对于是否"不合理",可以从交易目的、合同类型、交易背景、法定要求、公平原则角度考虑。尤其是法律已有规定的权利义务、按照合同性质应归于某方的权利义务,没有足以成立的理由则不宜调整。由于当双方对是否无效存在争议时需要由人民法院或仲裁委认定,这类条款更需要从第三方视角考虑。

实现双方权利义务平衡的另一种方式是条款的"对等"。合同中的权利义务有些已由法律明确规定,有些按照合同性质存在着自然的分工。这些权利义务即使合同不加约定也同样有清晰的归属,如果依据需要加以细化后作为合同条款,可以使双方权利义务条款形式对等。

(二)其他法律中也有格式条款无效

格式条款无效也出现在其他法律的相关规定中。因此在合同实务中还应关注其他法律对于格式条款方面的限制。

例如,前面已经提到过的,《消费者权益保护法》(2013年修正)第二十六条即规定了经营者使用格式条款时的提请注意、予以说明的义务,以及某些情形下的格式条款内容的无效。

又如,前面已经提到过的《保险法》(2015年修正)第十七条,也规定了采用保险人提供的格式条款订立保险合同时,保险人对投保人的说明义务、提示义务,并规定了未作提示或说明则相关条款不产生效力。

这类在其他法律中规定的格式条款无效分散在不同的法律法规之中,在合同接触到相关领域时需要核查有无格式条款无效的规定。其中最为常见且出现频率较高的,是涉及消费者权益的领域。

(三)避免格式条款无效的措施

使用格式条款可以提高签约效率、降低管理成本,但也会带来更大的风险。为控制格式条款无效风险,格式条款应维护双方利益平衡、避免笼统地限制对方权利和增加对方义务,或过于增加己方权利、排除己方义务。具体可参考以下几点:

1. 增加解决实际问题条款

针对发生过的、可能发生的具体问题设置解决方案,以有针对性的实用条款替代概括性地免除或减轻己方责任、加重对方责任,或限制、排除对方主要权利。

2. 条款安排遵循公平原则

各方承担义务需有对价、各方享受权利需有责任,或者双方的权利条款对等、义务条款对等,减少权利义务失衡。

3. 描述行使权利履行义务动机

描述权利义务时可以附带与交易目的相关的动机、目的,使条款与权利义务设置合乎情理,避免无理由地免除或减轻己方责任、加重对方责任、限制对方权利。

4. 合理分配双方权利义务

免除或减轻己方责任、加重对方权利、限制对方主要权利可增设合理理由作为前提条件,以提高权利义务表述精准度、避免"不合理"地设置权利义务。

5. 绝对避免排除对方主要权利

绝对不可以排除对方的主要权利,可以为了更好地实现交易目的而对相关权利进行合理限制,或调整其他权利义务以起到类似的作用。

6. 以非格式条款替代个别条款

由于法律对于格式条款有着更高的要求,合同中如果既有格式条款也有非格式条款,则某些无法避免且又界限不够清晰的条款可以非格式条款的方式处理。

四、接收格式条款方的应对

对于提供格式条款方以格式条款方式发出的要约,接收格式条款方属于受要约人,可以根据双方的交易地位、交易目的等决定如何应对。其中,对于民事法律行为无效的情形和合同无效的情形,交易双方的应对方法基本相同,重点在于权利义务涉及不合理、格式条款可能无效情形的应对。

格式条款要约同样也是商业机会,但市场主体很少会仅从法律角度考虑是否接受。何况许多提供格式条款方尽管在合同中免除或减轻己方责任、加重对方责任、限制对方主要权利,但很难判断是否已经"不合理"到足以导致无效的程度。绝大多数格式条款并非必须接受,可从多个角度分析、尝试后再作决定。

1. 找出问题所在

看清合同中的交易内容、交易方式、问题处理总体情况,然后分析出提供格式条款方免除或减轻己方责任、加重对方责任、限制对方主要权利的条款。

2. 善用优势地位

如果决定交易且处于相对优势地位,则可以建议提供格式条款方由双方通过谈判确定权利义务,或者发出有实质性变更的承诺、主张使用己方的合同文本。

3. 分析权利分配

分析"免除或者减轻""加重""限制"权利义务的程度,以及风险发生概率、不利后果的可掌控或可承受程度、己方需求满足度等,决定是否接受。

4. 考虑风险概率

如果决定交易但处于劣势交易地位,只要风险发生的概率低、不利后果可掌控或可承受、能够满足己方需要,则可以考虑接受要约并予以承诺。

5. 其他争取方式

风险发生概率、不利后果可掌握或承受程度、己方交易需求等无法满足,则可考虑在非格式条款中调整权利义务,或者以实质性变更的方式发出新要约。

036. 第四百九十八条 〔格式条款的解释〕

对格式条款的理解发生争议的,应当按照通常理解予以解释。对格式条款有两种以上解释的,应当作出不利于提供格式条款一方的解释。格式条款和非格式条款不一致的,应当采用非格式条款。

【合同实务解读】

本条规定了格式条款的理解方式及理解冲突的解决方案,可以概括为通常理解原则、不利解释原则、非格式条款原则。

格式条款产生理解争议或有两种以上解释的原因较为复杂,但主要原因是表述问题,其次才是法律理解问题。如果格式条款的使用目的是高效率、大面积签署,理解争议或解释争议更会放大格式条款的法律风险,甚至带来严重的不利后果。

一、不同理解或解释的产生原因

"理解发生争议"或"条款有两种以上解释"的原因有多种。在法律方面,格式条款涉及的不同法律规定常会产生不同的理解或解释,但这只发生在少数法律专业人员间。在表述方面,条款之间表述的不一致,以及句子成分、词汇选择、语言歧义、表述方式、句间关系、语句顺序、标题安排等处理不当所引起的不同理解或解释,大量存在。

因法律产生的不同理解和解释,与《民法典》(2020年)规定的合同解释方式相关。解释依据、方式不同,很容易出现"理解发生争议"或"条款有两种以上解释"的情形。

1. 文字表述的质量缺陷

对合同条款产生不同理解和解释,最普遍的原因是文字表述缺陷。合同语言采用正式、严谨的书面语体,有其内在的选词、语法、句法、法律逻辑等规律。尤其是限制性句子成分的使用和用语上的严谨性、明确性等法律语言要求,更是合同文字表述所必备。这类专业表述能力的不足,必然会导致合同权利义务的内涵、外延不明确并引发不同理解和解释。

合同文字表述缺陷与不同理解和解释的关系及应对,详见本条款后续内容。

2. 没有约定或约定不明确

格式条款也会同非格式条款一样出现"没有约定或者约定不明确"的情形。由于涉及面广,以至于双方对是否适用《民法典》(2020年)第五百一十一条的解决方案都会有不同理解。但《民法典》(2020年)第五百一十条和第五百一十一条给出了这类情形的解决方案。分为两步:

依据《民法典》(2020年)第五百一十条的规定:"合同生效后,当事人就质量、价款或者报酬、履行地点等内容没有约定或者约定不明确的,可以协议补充;不能达成补充协议的,按照合同相关条款或者交易习惯确定。"即双方"可以协议补充",无法协议补充则"按照合同相关条款或者交易习惯确定"。

如果仍旧无法解决,则依据《民法典》(2020年)第五百一十一条所规定的"当事人就有关合同内容约定不明确,依据前条规定仍不能确定的,适用下列规定"执行,即适用该条第一款项下就质量要求不明确、价款或报酬不明确、履行期限不明确、履行方式不明确、履行费用不明确时的默认规则。相关规定全文为：

第五百一十一条 当事人就有关合同内容约定不明确，依据前条规定仍不能确定的，适用下列规定：

（一）质量要求不明确的，按照强制性国家标准履行；没有强制性国家标准的，按照推荐性国家标准履行；没有推荐性国家标准的，按照行业标准履行；没有国家标准、行业标准的，按照通常标准或者符合合同目的的特定标准履行。

（二）价款或者报酬不明确的，按照订立合同时履行地的市场价格履行；依法应当执行政府定价或者政府指导价的，依照规定履行。

（三）履行地点不明确，给付货币的，在接受货币一方所在地履行；交付不动产的，在不动产所在地履行；其他标的，在履行义务一方所在地履行。

（四）履行期限不明确的，债务人可以随时履行，债权人也可以随时请求履行，但是应当给对方必要的准备时间。

（五）履行方式不明确的，按照有利于实现合同目的的方式履行。

（六）履行费用的负担不明确的，由履行义务一方负担；因债权人原因增加的履行费用，由债权人负担。

3. 不同条款间的冲突

合同条款间的冲突，自然会形成不同的理解和解释。这种条款间的冲突会出现在交易内容、交易方式、问题处理三类内容的任何方面，例如约定了无所适从的两种不同质量标准、约定了不同的生效方式、前后表述的履行日期不同等。

条款间的冲突多与合同结构和内容安排上的无序有关。合同如果有清晰的结构和内容安排秩序，则合同条款会分门别类地置于不同的主题模块中，不易发生重复约定的情形，而条款之间的配合也可以做到不重叠、不遗漏，也就不容易因条款冲突引起不同理解和解释。

4. 解释依据上的差异

《民法典》（2020年）所规定的意思表示解释方式有多种参照依据，按照不同依据作出的解释往往会有所不同。依照第四百六十六条第一款的规定："当事人对合同条款的理解有争议的，应当依据本法第一百四十二条第一款的规定，确定争议条款的含义。"

而第一百四十二条规定："有相对人的意思表示的解释，应当按照所使用的词句，结合相关条款、行为的性质和目的、习惯以及诚信原则，确定意思表示的含义。

无相对人的意思表示的解释，不能完全拘泥于所使用的词句，而应当结合相关条款、行为的性质和目的、习惯以及诚信原则,确定行为人的真实意思。"

由于解释条款可以参照"相关条款、行为的性质和目的、习惯以及诚信原则",所以完全可能产生不同的理解和解释。

5. 不同文字的表述差异

不同文字的文本,由于语言及其背后文化的差异,也会产生不同的理解或解释。

对于这一问题,《民法典》(2020年)第四百六十六条规定了:"当事人对合同条款的理解有争议的,应当依据本法第一百四十二条第一款的规定,确定争议条款的含义。

合同文本采用两种以上文字订立并约定具有同等效力的,对各文本使用的词句推定具有相同含义。各文本使用的词句不一致的,应当根据合同的相关条款、性质、目的以及诚信原则等予以解释。"

但由于解释依据仍旧多元,依据"相关条款、性质、目的以及诚信原则等"中的不同条款也会产生不同的理解。

二、格式条款的理解和解释原则

通常理解原则,是指本条的"按照通常理解予以解释"。由于"通常理解"在法律中并无明确定义,所以可以理解为按照普通、常规的方式去解释格式条款。既包括按照法律常识去理解,也包括不涉及法律而基于一般工作、生活经验的理解。这种基于母语及其文化传统的理解方式,符合合同领域对于法律规则理解和应用的惯常思路而且必不可少。

不利解释原则,又被称为"不利于条款起草人的解释",是指本条所规定的"对格式条款有两种以上解释的,应当作出不利于提供格式条款一方的解释"。这一原则始于古罗马时期,并大量应用于保险行业。基于提供契约文本方具有预先设计对自己有利条款的优势而且有义务将条款表述得清楚无误,因此在格式条款方面同样得到普遍应用。

非格式条款原则,是指本条所规定的"格式条款和非格式条款不一致的,应当采用非格式条款"。许多企业在事先印制的格式条款合同文本中,在正文尾部设有空白的"其他约定"条款用来填写未尽事宜以避免另签补充协议。这种条款经过了双方的协商,不属于格式条款,于是在不一致时作为非格式条款优先执行。

三、其他法律和司法解释的规定

对于"格式条款有两种以上解释"和"格式条款和非格式条款不一致"的情形,许多其他法律也保持了与《民法典》(2020年)一致的处理规定。

例如,《保险法》(2015年修正)第三十条规定:"采用保险人提供的格式条款订立的保险合同,保险人与投保人、被保险人或者受益人对合同条款有争议的,应当按照通常理解予以解释。对合同条款有两种以上解释的,人民法院或者仲裁机构应当作出有利于被保险人和受益人的解释。"

又如,《旅行社条例》(2020年修订)第二十九条第二款规定:",旅行社和旅游者签订的旅游合同约定不明确或者对格式条款的理解发生争议的,应当按照通常理解予以解释;对格式条款有两种以上解释的,应当作出有利于旅游者的解释;格式条款和非格式条款不一致的,应当采用非格式条款"。

在司法解释方面,《最高人民法院关于适用〈中华人民共和国保险法〉若干问题的解释(二)》(2020年修正)中也规定:

第十四条　保险合同中记载的内容不一致的,按照下列规则认定:

(一)投保单与保险单或者其他保险凭证不一致的,以投保单为准。但不一致的情形系经保险人说明并经投保人同意的,以投保人签收的保险单或者其他保险凭证载明的内容为准;

(二)非格式条款与格式条款不一致的,以非格式条款为准;

(三)保险凭证记载的时间不同的,以形成时间在后的为准;

(四)保险凭证存在手写和打印两种方式的,以双方签字、盖章的手写部分的内容为准。

而在《最高人民法院关于审理网络消费纠纷案件适用法律若干问题的规定(一)》(2022年)的第一条,则直接规定了电子商务经营者提供的格式条款无效的情形,且其中有许多规定常被人们忽略。即:

第一条　电子商务经营者提供的格式条款有以下内容的,人民法院应当依法认定无效:

(一)收货人签收商品即视为认可商品质量符合约定;

(二)电子商务平台经营者依法应承担的责任一概由平台内经营者承担;

(三)电子商务经营者享有单方解释权或者最终解释权;

(四)排除或者限制消费者依法投诉、举报、请求调解、申请仲裁、提起诉讼的

权利;

(五)其他排除或者限制消费者权利、减轻或者免除电子商务经营者责任、加重消费者责任等对消费者不公平、不合理的内容。

【风险点及建议】

同本条规定相关的法律风险,是格式条款因质量控制缺陷而存在不同的理解方式、解释方式,以及疏忽、错误导致的非格式条款否定格式条款。

格式条款理解方面的通常理解原则、不利解释原则、非格式条款原则都是遇到问题时理解合同条款的原则性方法,总体上不利于提供格式条款方。而提高文本质量、降低风险概率是本书探讨的重点,相关内容也可供接收格式条款时反向思考利用。

一、避免不同理解的合同语言

文字表述引发的不同理解、不同解释,包括但不限于句子成分、词汇选择、语言歧义等原因,也有表述顺序、位置不当等与其他条款产生关联的情形。

为了避免产生不同理解和解释,合同中表述的权利义务应该可衡量、可判定,从而划清各类权利义务的时间、地点、对象、行为、程度、结果等边界,避免影响正常履行或成为各种不履行义务行为的理由。

1. 选择更为精确的词汇

合同作为一种广义的法律文书,采用的是正式的书面语体。语体,是"语言为适应不同的交际需要(内容、目的、对象、场合、方式等)而形成的具有不同风格特点的表达形式。通常分为口语语体和书面语体"①。

应用范围和语体决定了合同所用词汇的选择规律,即多为有明确定义的专用词、事物的正式名称或学名,或使用语义可度量、有客观判断标准的词汇、表述。选用这些词汇可充分提高语义的明确性,降低产生不同理解的概率。

有明确定义的专用词,在合同中首先应当采纳的是在法律或司法解释中被定义或解释过的词汇。在这些词汇中,越贴近使用意图则越能确保条款没有不同的理解。例如,保证是担保的一种,以"保证合同"代替"担保合同",表述更为具体、精

---

① 中国社会科学院语言研究所词典编辑室编:《现代汉语词典》(第7版)("语体"词条),商务印书馆2016年版,第1601页。

确、无不同理解。

学名或正式名称,同样可以更为精确地表述所要表述的事物。例如,"三文鱼"是某些鱼类的统称、俗称,其实包括不同种类且价格相差巨大。"野生大西洋鲑"的表述明确了鱼种、生长方式,其内涵外延比"三文鱼"更为精确无误。而只表述为"三文鱼",则可以有不同质量和价格的鱼类被用于履行合同,从而影响交易目的的实现。

可度量、有客观判断标准的词汇多带有通用的判断标准,用于明确时间、空间、程度等方面的限度。在合同中采用这类词汇,可充分避免因主观标准的不统一而产生的不同理解。

例如,"立即""重大""基本"等均为没有具体判断标准的词汇,一旦产生争议便莫衷一是,甚至需要由人民法院或仲裁机构作为第三方来判定。而将其改为可度量、有客观判断标准的词汇,可降低格式条款表述的不确定性。

例如,以"事发后三小时内"代替"立即",因设有客观的衡量标准,不容易产生不同理解。又如,将"基本完成"改为"75%工程量已完成",也使判断有了量化标准。

表述的明确性从语法角度而言是表述的精确性问题。选用内涵多、外延小的词汇,或通过限制性定语、状语、补语等增加语句的内涵、减少语句的外延,语句精确到所需要的范围,所表述的义务范围越小;反之,内涵越少则外延越大、适用面越广,所表述的权利义务适用范围就越大。

例如,"越野车"是"汽车"的一个种类。"越野车"比"汽车"内涵更多、外延更小,精确性更高。如果加上限制性定义成为"路虎牌越野车",则内涵进一步增加、外延进一步减少,表述对象也就越具体、明确。

2. 使用限制性句子成分

在语法方面,法律语言使用限制性句子成分可提高表述的精确度、避免对条款产生不同理解。限制性句子成分体现为限制性的定语、状语、补语,以增加语句的内涵、减少语句的外延,从而使语句的适用范围明确、具体并降低产生不同理解的可能性,可以用于各类合同条款的表述,尤其是对权利义务的表述。

而非限制性的句子成分也被称为修饰性的定语、状语、补语,其是以形象、生动的方式附加说明表述事物,可以更好地描述现实现象的外在表象,但难以描述本质。除了极个别对标的物或验收标准的描述,其他条款很难使用修饰性句子成分。

限制性定语由表示事物属性、数量、所属、时空、范围等方面的词汇或短语构成①,用于要修饰的中心词之前,用以控制中心词的适用范围,使语句更为明确。例如,"甲方承担符合法律规定及本合同约定限度的责任",责任范围远比"甲方承担符合法律规定的责任"更具体、明确,责任范围也更不容易产生不同理解。

限制性状语多用于表示谓语的时间、处所、方式、条件、目的、原因、频率、依据、然否、施受、能可、性状程度等内容,以便客观、科学、精确地表达合同中的权利义务范围及内容。② 例如,"乙方支付预付款"中的履行期限并不明确。加上限制性的状语改成"乙方自本合同签订后十日内支付预付款",则期限明确,不会存在不同的理解。

限制性补语分为数量补语、时间补语、处所补语、程度补语、结果补语等,均会限制谓语动词动作的适用范围,使权利义务更加明确。例如,"乙方负责运输"只是设定了义务的归属但并无明确的空间位置,加上限制性补语的"乙方负责运输至甲方指定地点"更为明确无误,不会存在因不够具体而无法履行的问题。

二、语言歧义与表述质量

语言歧义,是指同一语句存在两种或两种以上语义的语言现象。在即时交流的口语中多体现为音同字不同,而在书面语中则往往体现为字同义不同。③ 究其产生原因,是指同一表述由于关键词的多义性、使用场景的关联性、语法的多样性、权利义务的关联性等而产生对同一语句的两种甚至以上的语义。

对权利义务需要高度明确的法律条文、合同条款来说,语言歧义严重损害了这种明确性,给法律的执行结果、合同的履行结果带来很大的不确定性。在合同领域,语言歧义轻则影响合同的正常履行,重则导致重大损失。

从类型上分析,合同中容易出现的语言歧义大致分为以下几种:

1. 一词多义歧义

一词多义歧义由词汇的多义性产生,如果发生在权利义务的关键点上,则会产

---

① 参见吴江水:《完美的合同:合同的基本原理及审查与修改》(第四版),北京大学出版社2024年4月版,第504页。

② 参见吴江水:《完美的合同:合同的基本原理及审查与修改》(第四版),北京大学出版社2024年4月版,第506页。

③ 参见吴江水:《完美的合同:合同的基本原理及审查与修改》(第四版),北京大学出版社2024年4月版,第309页。

生不同的理解,甚至权利义务完全相反。

例如,"甲方还欠款5000元",由于该关键词"还"既可以理解为动词的"归还",也可以理解为副词的"仍旧",所以形成完全相反的理解。

这类情形多发生在单音节词中,转以多音节词、书面语词、术语来表述即可避免。

2. 语义宽泛歧义

语义宽泛歧义,是由于某些词汇有多种语义且被广泛适用,即使语法相同也会产生不同的理解。例如,"如两个以上公司的员工未被告知"的条款,既可以理解为"如两家以上公司的员工未被告知",也可以理解为"如两名以上公司的员工未被告知"。

对于这类歧义,一般使用规范的书面语体、改用正式的关键词即可避免。

3. 词义组合歧义

词义组合歧义,是由于汉语没有欧洲字母语言才有的性、数、时态等变化,非常容易与前后词汇搭配组合并因此而产生对同一语句的不同语义理解,且每种理解均符合语法。

例如,"买受人及出卖人的上级公司批准后生效"可作三种解释:一是"出卖人的上级公司及买受人批准后生效";二是"买受人的上级公司及出卖人的上级公司批准后生效";三是"买受人及出卖人共同的上级公司批准后生效"。

对于这类情形,可通过变换表述顺序、增加句子成分的方式克服。

4. 指向不明歧义

指向不明歧义,是由于语句中缺乏主语或宾语,以及使用了指向不明的代词而导致的对权利义务的不同理解。

例如,"起诉乙方的客户",既可以理解为"起诉对象为乙方的客户",也可以理解为"对乙方提起诉讼的客户"。

对于这类情形,可以通过变换语句表述方式、增加句子成分的方式加以化解。

5. 标点符号歧义

标点符号的变化或用于不同的位置、方式,同样会产生不同的语法现象和语义。尤其是应当采用句号时采用了逗号或顿号,会使本应分开的语义出现不同的关联方式,并因此产生歧义。标点符合的正确、规范化使用,应以国家推荐标准GB/T15834-2011《标点符号用法》为准。任何标点符号、使用方式的不规范等均有可能影响到语法和语义的理解并产生语言歧义。

例如,"发送样品至加工商××公司"因标点符号使用不规范而有不同理解。改为"发送样品至加工商××公司"意味着××公司即加工商,无须另行发送;"发送样品至加工商、××公司"意味着加工商、××公司并非一家,需要分别发送样品。

这里所用的点号"."并非国家推荐标准中的汉语标号和点号,而是英文中的句号。因此在文中属于不规范使用,并导致了语义不明。对于这类情形,需要按照推荐标准改用规范的顿号或删除该标点符号。

又如,《总则编司法解释》(2022年)第二十四条的内容为:"民事法律行为所附条件不可能发生,当事人约定为生效条件的,人民法院应当认定民事法律行为不发生效力;当事人约定为解除条件的,应当认定未附条件,民事法律行为是否失效,依照民法典和相关法律、行政法规的规定认定。"

其第二个分句中,因"应当认定未附条件"与"民事法律行为是否失效"间使用的是逗号,因此后半句仅适用于分号后描述的情形。如果二者之间使用句号,即"……应当认定未附条件。民事法律行为是否失效……",则后半句对两种情形都适用。

6. 表述环境歧义

表述环境歧义并非语句表述本身引起,而是语句处于其他语句或某个"意群"之中,从而使其语义与所处环境产生关联,导致了适用范围、权利义务边界等方面的不同理解。

例如,当出卖人为生产型企业时,"卖方产品"往往会被理所当然地认为是卖方自己生产的产品。但即使是生产型企业,有时也会销售其他企业的产品,或是销售的产品中有其他厂家产品与自家产品配套。

又如,复句中的句子成分省略不当或关联词使用不当,也会带来语言歧义。复句由两个或两个以上的分句组成,分句间以逗号或分号隔开并大多使用关联词连接。而关联词则代表各句之间的逻辑关系,如并列、递进、选择、转折、假设、条件、目的等。以句号不当地将复句变为两个单句,或是少了关联词以及共用句子成分失当,都会导致隶属关系、语义的变动并形成歧义。

三、提高权利义务明确性的要点

合同表述的思维模式与法律思维一致,均为"假设—处置"模式。先假定某种情形或场景,再规定对此如何处理。即明确的主体向明确的对象从事某种作为或不作为。为防范风险,提供格式条款方在审查、修改、起草格式条款时,往往需要从对方角度发现问题、消除出现不同解释的可能性。

除了选择适当的词汇、使用限制性语法成分、避免语言歧义，在措辞、标点符号、句式、语序、段落、主题分类、标题等表述方法上仍有许多方法可避免不同理解和解释。

1. 明确定义

明确关键词的定义，明确其内涵、外延并在合同中保持一致，可有效防止由于对概念的不同理解产生的歧义。

例如，定义"机动车"为"一切以机械力量推动的陆路交通工具"，便将电动自行车划为机动车，避免了电动自行车是否为机动车之争。

2. 变更用语

用词义明确或外延较少的措词代替有多重含义的措词，可以减少理解上的不同。用本身比较精确的表述也可达到同样的效果。

例如，"菜"通常指植物性食材，但有时也包括动物性食材，如果有必要可以"食材""蔬菜"代替"菜"。

又如，以"接到故障通报后技术人员应在两小时内抵达现场处理"代替"接到故障通报后应及时派人抵达现场处理"。

3. 调整表述

改变句式、语句等表达方式，以更为清晰的方式表述权利义务的主体、行为、对象等要素，也可以使语句更明确并杜绝不同的解释。

例如，"有瑕疵、缺陷等不合格产品"的表述过于随意以至于经不起推敲，因为合格品也可以有瑕疵或缺陷，改为"有瑕疵或缺陷的产品及不合格产品"则比较清晰。

此外，根据需要增加限制性定语以明确关键词的内涵、外延更能明确权利义务。例如以"甲方自行制造且经过第三方质检机构的质量、安全认证的产品"替代"甲方产品"。

4. 增加成分

增加语句中的定语、状语、补语，必要时增加语句中的宾语、主语，以及使用长单句，使语句的表述因句子成分的增加而变得更明确。

例如，"除本合同另有约定外"便是一种简单、好用的表述方式，可使表述更为明确且不与合同中的其他规定相冲突。

5. 强化关联

化单句为复句并使用代表性的关联词,通过句式和关联词固化复句的语义。

例如,"如卖方未能依约及时提交发票,或未能及时取得产品验收合格证明,则买方均有权暂停向卖方支付货款且无须承担任何违约责任"。

6. 语句优化

某些语句由于语义界限不清晰,容易引起歧义或整句语义的不明确。拆分相关语句、使用标点符号、加入复句关联词等,均可进一步明确语义、避免产生不同的解释。

例如,"不按照本合同签订、履行、变更、解除合同或在签订、履行、变更、解除合同中无书面协议或其他书面凭证造成我方损失的……"的表述含糊不清。如果三种情形为并列关系,则可改为"不按照本合同签订、履行、变更、解除合同的,在签订、履行、变更、解除合同中无书面协议或其他书面凭证的,以及造成我方损失的……"。

7. 设置标题

将合同内容分为不同主题,并为不同层级的主题加设标题可明确权利义务所属范畴,可避免适用范围被扩大解释,同时也可以强化条款无关化、减少不必要的语义关联。

例如,生产设备的验收环节较为复杂,不加区分容易混淆。拆分为到货验收、安装验收、调试验收、运行验收等环节并分为不同条款且加上标题,可使内容更为明确。

037. 第四百九十九条 〔悬赏完成人的报酬〕

悬赏人以公开方式声明对完成特定行为的人支付报酬的,完成该行为的人可以请求其支付。

【合同实务解读】

本条规定了以悬赏广告形式订立合同时的合同成立条件,以及悬赏人对完成该行为者的支付义务。

"悬赏人以公开方式声明对完成特定行为的人支付报酬"是一种特殊的要约行为,体现这种要约行为的广告即为悬赏广告。使用悬赏广告的场合,通常是对于某种需要尽早达到的目标在不确定哪些人能够完成的情形下,以公开声明的方式面向不特定多数人发出要约,完成其要求的特定行为的人即可得到承诺的报酬。

悬赏广告以不特定多数人为对象公开发出,一经发出则要约生效。依照《民法典》(2020年)第一百三十九条的规定:"以公告方式作出的意思表示,公告发布时生效。"因此悬赏广告作为要约,一经发出即构成要约的生效,广告中承诺的报酬即为完成该行为的对价。

行为人按照悬赏广告的声明完成该特定行为的行动,属于"根据交易习惯"对悬赏人作出的承诺。依照《民法典》(2020年)第四百八十条的规定:"承诺应当以通知的方式作出;但是,根据交易习惯或者要约表明可以通过行为作出承诺的除外。"

这种以完成特定行为的方式所作出的承诺,同时也属于《民法典》(2020年)第四百八十四条所规定的"承诺不需要通知的,根据交易习惯或者要约的要求作出承诺的行为时生效"的情形。而依据《民法典》(2020年)第四百八十三条的规定,除非法律另有规定或双方另有约定,"承诺生效时合同成立"。

悬赏人未按声明支付报酬需承担违约责任。悬赏合同的特殊性决定了行为完成在先、合同成立在后,而合同成立之时行为人已经履行了合同。基于合同已经成立且已经履行完毕的事实,悬赏人如未能全面履行支付报酬义务,则构成违约并应承担违约责任。

通过悬赏广告希望实现的行为有多种,寻找遗失物便是其中之一。对此,《民法典》(2020年)还对权利人的行为作出了专门的规定。即:

第三百一十七条 权利人领取遗失物时,应当向拾得人或者有关部门支付保管遗失物等支出的必要费用。

权利人悬赏寻找遗失物的,领取遗失物时应当按照承诺履行义务。

拾得人侵占遗失物的,无权请求保管遗失物等支出的费用,也无权请求权利人按照承诺履行义务。

【风险点及建议】

同本条规定相关的法律风险,是悬赏人对特定行为的完成标准、报酬标准描述不清或未依承诺支付报酬,以及行为人完成特定行为的方式不符合悬赏广告的要求因而无法得到报酬。

悬赏广告往往因事出急迫而以"公开方式声明"的方式向不特定对象发出。它难以涵盖合同一般包括的所有条款,也未曾经过或不可能经过交易双方的协商,所以常常没有足够的细节。而这类的"公开方式声明"又多以广告的形式发出,也就更加难以具备更多的详细信息。

这种信息量方面的限制对于悬赏人和完成行为人而言都是风险。悬赏人的风险在于悬赏声明对于工作目标、工作标准、对价标准等的表述不够明确；完成行为人的风险则在于其完成的方式、结果可能并不完全符合悬赏人的预期。而任何一方面的原因，均有可能导致悬赏人与完成行为人产生报酬计算方式、支付方式等方面的争议。

为排除此类风险，既需要提高悬赏声明的明确性，又需要建立起有效的沟通机制。对于前者，可充分假设后列出不同结果的不同报酬标准，并列出完成工作的判断标准。对于后者，可建立畅通的沟通机制，便于潜在的受要约人在行动之前与悬赏人沟通以澄清某些未尽事宜或不明事项，促进悬赏人事项的完成和完成人报酬的顺利取得。如果这种沟通不作为统一标准予以公开，则沟通中所达成的一致仅对双方有约束力。

在悬赏公告内容方面，《最高人民法院关于民事执行中财产调查若干问题的规定》(2020年修正)第二十一条关于悬赏公告的要求可供参考。该条内容为：

第二十一条 被执行人不履行生效法律文书确定的义务，申请执行人可以向人民法院书面申请发布悬赏公告查找可供执行的财产。申请书应当载明下列事项：

(一)悬赏金的数额或计算方法；

(二)有关人员提供人民法院尚未掌握的财产线索，使该申请执行人的债权得以全部或部分实现时，自愿支付悬赏金的承诺；

(三)悬赏公告的发布方式；

(四)其他需要载明的事项。

人民法院应当自收到书面申请之日起十日内决定是否准许。

〔第六部分 其他的合同责任〕

038. 第五百条 〔缔约过失责任〕

当事人在订立合同过程中有下列情形之一，造成对方损失的，应当承担赔偿责任：

(一)假借订立合同，恶意进行磋商；

(二)故意隐瞒与订立合同有关的重要事实或者提供虚假情况；

(三)有其他违背诚信原则的行为。

【合同实务解读】

本条规定了因缔约过失责任造成对方损失时的赔偿责任,并列举了恶意磋商、故意隐瞒或提供虚假情况和其他违背诚信原则的行为三种缔约过失情形。

在订立合同的过程中,尤其是在早期相互了解对方的履行能力、商业信誉时,都会或多或少取得或试图取得一些对方不为公众所知悉的信息,甚至对方的供应链、商业秘密等信息。如果对这些信息的取得怀有恶意或违背诚信原则,则容易构成缔约过失责任。

一、缔约过失责任

缔约过失责任,也被称为先契约责任或者缔约过失中的损害赔偿责任,是指在合同缔结过程中,当事人因自己的过失致使合同不能成立,对相信该合同成立的相对人,为基于此项信赖而生的损害应负的赔偿责任。① 通常的合同责任均发生在合同成立之后,这一条款的设定将保护范围扩大到了合同成立之前。

缔约过失责任的提法目前在法学界最为常用。但借用《刑法》(2023年修正)第十五条规定的"应当预见自己的行为可能发生危害社会的结果,因为疏忽大意而没有预见,或者已经预见而轻信能够避免,以致发生这种结果的,是过失犯罪",则本条所列举的三种行为均为直接故意,与之不符,将"缔约过失责任"称为"先契约责任"更为准确。

"订立合同过程中",通常是指到合同订立之时止,也就是合同成立之前的业务联系、商务谈判过程。这个过程随着交易的不同有长有短,而在这个过程中的交流越是深入则了解的信息越多,也更容易构成缔约过失责任。

这种缔约过失行为发生在缔结合同之前,但并不以合同是否缔结为标准。承担此类责任的前提是违反诚实信用原则,责任类型为赔偿相对方的损失。但本条法律并未限定只有未能缔结合同时才承担责任,因此只要存在这类行为即可追究赔偿责任,而不无论合同是否缔结。

二、缔约过失行为

本条款所规定的三种构成缔约过失责任的行为,核心是违反诚信原则。无论

---

① 参见杨立新:《中华人民共和国民法典条文要义》,中国法制出版社2020年版,第268页。

是恶意磋商还是隐瞒真相、提供虚假信息,均属于违反诚信原则的行为。因此第(三)项的内容才规定为"其他违背诚信原则的行为"。

(一)恶意磋商行为

正常的磋商行为以缔约为目的。通过这种正常的磋商过程,双方可以充分了解相对方的信息、标的信息以及合同履行方式等。如果能够满足双方的交易需求,则双方可达成一致以实现交易,如果不能达成一致则终止磋商。

而恶意磋商方的动机并非达成交易,而是存在损害相对方利益的恶意。这些恶意磋商方会假借订立合同之名进行套取技术信息、打探商业秘密等行为,更有甚者会打乱对方的战略布局、误导对方经营决策,甚至使得对方为合同履行作出物质准备等导致经济损失的行为。

这种行为既可能损害对方利益也可能损害第三人利益,但只有合同当事人才能援引这一条款追究恶意磋商方的先契约责任。

例如,某生产型企业以代工生产合作为名,与某新产品研发企业洽谈商务合作。洽谈期间,该企业以各种名义分别取得了新产品的技术秘密和上游零部件供应商名单,然后终止谈判自行组织生产。此一行为即为标准的先契约义务中的恶意磋商行为。

(二)故意隐瞒或提供虚假情况

"故意隐瞒",通常是指知道或应当知道某种事实真相,但在依照法律规定或相对方要求应当提供时有意识地以借口回避、拒绝等方式不予提供。如果与合同有关的某个信息,比如当事人信息、产品或服务信息等,既非法律要求提供也非相对方要求提供,此时的未予提供则一般不构成故意隐瞒。

从交易实务来看,一方是否"故意隐瞒"大都取决于另一方是否足够内行。足够内行的一方往往能够直击要害地提出与订立合同有关但另一方不想提及、对其不利的信息,如技术不够成熟、维护成本较高、耗材消耗较大等。而许多企业正是利用这种信息差和对方的专业知识不足,既未违法又"未隐瞒"地销售有缺陷的产品或服务。因此在商务谈判过程中,如何全面地了解交易信息需要从深入思考该提哪些问题开始。

"提供虚假情况"的行为大多针对在交易中无法回避的信息,包括法定必须提供或对方要求提供的信息。当真实情况会引起交易价值降低甚至交易取消时,有些当事人会以提供虚假情况的方式达成交易。这种情形比起故意隐瞒相对容易处理,因为在信息时代许多信息可以方便地核实真伪。即使一时无法识别对方所提供情况的真伪,也可将其当作质量承诺附加为合同附件。如果日后发现其为虚假情况,可直接作为追究责任的证据。若能辅之以严厉的赔偿责任,则可进一步维护交易安全。

按照本条第一款第(二)项的规定,只有"与订立合同有关的<u>重要事实</u>"才能构成此类责任。而是否为重要事实,可以理解为与是否交易、交易价格相关的事实。例如,实际能耗根本无法达到标称的能耗,则卖方所提供的即为虚假情况。如果当初知道真实的能耗水平,买方很可能要求降价甚至取消交易,这类事实便是"与订立合同有关的重要事实"。

如果提供虚假情况的行为构成欺诈,依照《民法典》(2020年)第一百四十八条的规定:"一方以欺诈手段,使对方在违背真实意思的情况下实施的民事法律行为,受欺诈方有权请求人民法院或者仲裁机构予以撤销。"

对于这类行为,《总则编司法解释》(2022年)第二十一条也规定:"故意告知虚假情况,或者负有告知义务的人故意隐瞒真实情况,致使当事人基于错误认识作出意思表示的,人民法院可以认定为民法典第一百四十八条、第一百四十九条规定的欺诈。"

(三)其他违背诚信原则的行为

"其他违背诚信原则的行为",是指除前两项所规定的恶意磋商行为、故意隐瞒或提供虚假情况外其他类型的违背诚信原则的行为,较为笼统,分布也十分广泛。

诚信原则通常也被称为诚实信用原则,虽为民事法律行为的基本原则,但并无法定的确切定义,也难以从法律角度加以定义。依据《民法典》(2020年)第七条所确定的原则:"民事主体从事民事活动,应当<u>遵循诚信原则,秉持诚实,恪守承诺</u>。"从这一条款可知,按诚信原则从事合同行为所体现的具体行为,包括但不限于"<u>秉持诚实,恪守承诺</u>"。前者是指不隐瞒真相、不提供虚假信息,后者是指信守承诺、全面履行合同义务。

在整部《民法典》(2020年)中,诚信原则贯穿始终。这一原则是民事行为中必不可少的基本原则之一,也是契约精神的核心。具体包括:

(1)意思表示解释——以诚信原则确定意思表示的含义

第一百四十二条　有相对人的意思表示的解释,应当按照所使用的词句,<u>结合相关条款、行为的性质和目的、习惯以及诚信原则,确定意思表示的含义</u>。

无相对人的意思表示的解释,不能完全拘泥于所使用的词句,而应当<u>结合相关条款、行为的性质和目的、习惯以及诚信原则</u>,确定行为人的真实意思。

(2) 合同解释方面——以诚信原则解释不同文字文本的词句不一致

第四百六十六条　当事人对合同条款的理解有争议的，应当依据本法第一百四十二条第一款的规定，确定争议条款的含义。

合同文本采用两种以上文字订立并约定具有同等效力的，对各文本使用的词句推定具有相同含义。各文本使用的词句不一致的，应当根据合同的相关条款、性质、目的以及诚信原则等予以解释。

(3) 附随义务——遵循诚信原则履行通知、协助、保密等义务

第五百零九条　当事人应当按照约定全面履行自己的义务。

当事人应当遵循诚信原则，根据合同的性质、目的和交易习惯履行通知、协助、保密等义务。

当事人在履行合同过程中，应当避免浪费资源、污染环境和破坏生态。

(4) 债权债务终止——遵循诚信原则履行各类约定、法定义务

第五百五十八条　债权债务终止后，当事人应当遵循诚信等原则，根据交易习惯履行通知、协助、保密、旧物回收等义务。

在订立合同过程中，违反诚信原则恶意磋商、故意隐瞒或提供虚假情况等行为的目的都是在不付出公平代价的前提下取得不正当的交易利益。先契约责任制度的确立为追究这些行为提供了有力的法律依据，但防范相关的法律风险仍旧需要通过行之有效的合同管理。

【风险点及建议】

同本条规定相关的法律风险，是因对方假借订立合同恶意进行磋商、故意隐瞒与订立合同有关的重要事实或者提供虚假情况，以及其他违背诚信原则的行为而受到损失；以及行为不当而涉嫌假借订立合同恶意进行磋商、故意隐瞒与订立合同有关的重要事实或者提供虚假情况，以及其他违背诚信原则的行为。

针对交易相对方在商务洽谈中可能存在的三类先契约责任行为，当事人需要保持足够的防范意识以避免遭受损失。主要措施包括但不限于对自身商业秘密等信息的保护和对于对方各类可能违反诚信原则的行为的防范。

一、商业秘密保护

《民法典》(2020年)第五百条第一款第(一)项的"恶意磋商"多为套取商业秘密行为，因此保护自身的商业秘密是合同主体的必备工作。

对于自身商业秘密等信息的保密工作,可参照《反不正当竞争法》(2019年修正)执行。根据该法第二条第二款、第三款的规定:"本法所称的不正当竞争行为,是指经营者在生产经营活动中,违反本法规定,扰乱市场竞争秩序,损害其他经营者或者消费者的合法权益的行为。本法所称的经营者,是指从事商品生产、经营或者提供服务(以下所称商品包括服务)的自然人、法人和非法人组织。"

侵犯商业秘密属于不正当竞争行为之一,也是恶意磋商的常见目的。依照《反不正当竞争法》(2019年修正)第九条第四款的规定:"本法所称的商业秘密,是指不为公众所知悉、具有商业价值并经权利人采取相应保密措施的技术信息、经营信息等商业信息。"而其关键在于"采取相应保密措施",最简单的方式就是建立商业秘密保护制度,规定商业秘密的范围、保护措施、责任人等。

一旦采取了保护措施,经营者的相关信息便成了商业秘密,可以充分受到《反不正当竞争法》(2019年修正)第九条的保护。即:

第九条 经营者不得实施下列侵犯商业秘密的行为:

(一)以盗窃、贿赂、欺诈、胁迫、电子侵入或者其他不正当手段获取权利人的商业秘密;

(二)披露、使用或者允许他人使用以前项手段获取的权利人的商业秘密;

(三)违反保密义务或者违反权利人有关保守商业秘密的要求,披露、使用或者允许他人使用其所掌握的商业秘密;

(四)教唆、引诱、帮助他人违反保密义务或者违反权利人有关保守商业秘密的要求,获取、披露、使用或者允许他人使用权利人的商业秘密。

经营者以外的其他自然人、法人和非法人组织实施前款所列违法行为的,视为侵犯商业秘密。

第三人明知或者应知商业秘密权利人的员工、前员工或者其他单位、个人实施本条第一款所列违法行为,仍获取、披露、使用或者允许他人使用该商业秘密的,视为侵犯商业秘密。

本法所称的商业秘密,是指不为公众所知悉、具有商业价值并经权利人采取相应保密措施的技术信息、经营信息等商业信息。

除此之外,该法还规定了侵犯商业秘密行为所要承担的民事赔偿、行政处罚和刑事责任,可为企业的商业秘密提供足够的保护。

二、相对人信息核查

针对相对方"故意隐瞒与订立合同有关的重要事实或者提供虚假情况"的行为，交易主体可通过尽职调查、信息核实等方式应对。而交易活动中所需要的信息，无非当事人信息、标的信息和行情信息。这些信息都可以作为交易必备信息，主动要求相对方提供，并视需要加以核实，并将调查、核实的结果作为决策的参考依据。

对于当事人身份信息，可通过从其设立登记机构调取基础信息的方式核实其身份的真实性、完整性、时效性，还可以从人民法院强制执行系统的失信被执行人名单、市场监督管理部门的失信企业名单等查询其资信、履行能力状况。

对于标的信息，可通过要求相对人提供并根据所提供信息核实其所有权或处分权有无瑕疵、标的本身的合法性、标的的技术信息、是否符合相关强制标准、是否存在不良记录等方式，核实标的本身是否存在权属或质量等瑕疵。

对于标的行情信息，可通过众多的相关交易平台查询。还可以通过相关行业的行业协会加以了解，以核实价格行情、市场前景等信息。

三、设定前置义务

先契约责任的基本特征是发生在成交之前，因而没有合同依据加以约束。但为了避免相对方的恶意磋商等行为给自己带来损失，重大交易可采取设定前置义务的方式提高商务洽谈阶段的安全性，以保护自身利益，并使可能需要的维权依据更为充分。

这里所说的前置义务，是指通过签订保护商业秘密协议、预约合同、附条件生效的合同等方式，设定缔约前的双方权利义务和责任，以先合同义务约束相对方的缔约行为，并强化先契约责任中的损害赔偿责任。

其中，保护商业秘密协议使用较多，因此比较灵活、容易操作。主要针对商务洽谈阶段就可能接触到的商业秘密的保护以单独签订协议，以合同义务的方式锁定对方的保密责任、不得擅自使用的责任以及损害赔偿责任，最大程度限制对方采取不当行为的几率。

预约合同、附条件的合同等明确约定符合某些条件下双方签订本约合同或合同生效，同时约定签订后双方的违反保密义务、违反诚信原则的违约责任等，加大对方的违法成本、明确其赔偿责任、限制其违法行为，步步为营地维护自身的合法权益。

除此之外,对于可能存在违反诚信原则行为的客户,也可以在一系列的接触过程中充分保留证据,以便合法权益受到严重侵害时可以利用证据主张损害赔偿。

四、事后的补救措施

如果已经因对方的先契约责任行为受到了损失,则可以针对不同情况选择适当的方式维护自己的合法权益。

(一)撤销合同

"故意隐瞒"和"提供虚假情况"属于民法意义上的欺诈行为。《总则编司法解释》(2022年)第二十一条规定:"故意告知虚假情况,或者负有告知义务的人故意隐瞒真实情况,致使当事人基于错误认识作出意思表示的,人民法院可以认定为民法典第一百四十八条、第一百四十九条规定的欺诈。"

如果在对方"故意隐瞒与订立合同有关的重要事实或者提供虚假情况"的情形下签订了合同,则最后的解决手段是收集证据后提起诉讼以撤销合同。即《民法典》(2020年)第一百四十八条所规定的:"一方以欺诈手段,使对方在违背真实意思的情况下实施的民事法律行为,受欺诈方有权请求人民法院或者仲裁机构予以撤销。"

这种欺诈行为不仅限于对方,同样也适用于蒙受第三人欺诈而且对方知道或应当知道的行为。遇到这类情形,同样可以申请撤销合同。即《民法典》(2020年)第一百四十九条规定的:"第三人实施欺诈行为,使一方在违背真实意思的情况下实施的民事法律行为,对方知道或者应当知道该欺诈行为的,受欺诈方有权请求人民法院或者仲裁机构予以撤销。"

(二)追究不正当竞争责任

先契约责任如果体现在侵犯商业秘密方面,而且具体的情形可以依据《反不正当竞争法》(2019年修正)追究的话,则当事人既可以利用《民法典》(2020年)第五百条规定要求对方"承担赔偿责任",也可以利用《反不正当竞争法》(2019年修正)的相关规定追究对方的不正当竞争责任。相对而言后者规定的赔偿带有一定惩罚性,因而通常赔偿额可以更高,但具体的选择以哪一种路径更为有利为准。

在损害赔偿方面,《民法典》(2020年)对于先契约责任的规定较为笼统,而《反不正当竞争法》(2019年修正)则规定得比较详细。具体而言,无论是在责任构成、赔偿额的计算范围、惩罚性赔偿的倍数、举证责任分配,以及对侵犯商业秘密行为的行政处罚方面,均以《反不正当竞争法》(2019 年修正)的规定为优。

关于援引《反不正当竞争法》(2019 年修正)维护自身商业秘密合法权益的讨论,详见对于《民法典》(2020 年)第五百零一条的解读。

039. 第五百零一条 〔保密义务〕

当事人在订立合同过程中知悉的商业秘密或者其他应当保密的信息,无论合同是否成立,不得泄露或者不正当地使用;泄露、不正当地使用该商业秘密或者信息,造成对方损失的,应当承担赔偿责任。

【合同实务解读】

本条是关于当事人不得泄露或者不正当使用订立合同过程中所知悉的商业秘密等信息的要求。如有泄露、不正当使用行为且给对方造成损失,则应承担赔偿责任。

在订立合同过程中,无可避免会得到一些对方的商业秘密等信息。这些信息有些为交易谈判所必需,有些则是无意中提及。其中许多信息够不上商业秘密,但缺乏对商业秘密等信息的保密意识,是许多市场主体的风险源。

一、商业秘密和其他应当保密的信息

"商业秘密",依照《反不正当竞争法》(2019 年修正)第九条第四款的规定:"本法所称的商业秘密,是指不为公众所知悉、具有商业价值并经权利人采取相应保密措施的技术信息、经营信息等商业信息。"其相关规定为:

第九条 经营者不得实施下列侵犯商业秘密的行为:

(一)以盗窃、贿赂、欺诈、胁迫、电子侵入或者其他不正当手段获取权利人的商业秘密;

(二)披露、使用或者允许他人使用以前项手段获取的权利人的商业秘密;

(三)违反保密义务或者违反权利人有关保守商业秘密的要求,披露、使用或者允许他人使用其所掌握的商业秘密;

(四)教唆、引诱、帮助他人违反保密义务或者违反权利人有关保守商业秘密的要求,获取、披露、使用或者允许他人使用权利人的商业秘密。

经营者以外的其他自然人、法人和非法人组织实施前款所列违法行为的,视为侵犯商业秘密。

第三人明知或者应知商业秘密权利人的员工、前员工或者其他单位、个人实施本条第一款所列违法行为，仍获取、披露、使用或者允许他人使用该商业秘密的，视为侵犯商业秘密。

本法所称的商业秘密，是指不为公众所知悉、具有商业价值并经权利人采取相应保密措施的技术信息、经营信息等商业信息。

从定义可知，"商业秘密"所包括的"技术信息、经营信息等商业信息"近乎包罗万象，包括非专利专有技术、竞争对策、财务状况、供应商清单等，视具体企业而定。此定义虽仅用于解释该法中的术语，但由于解释贴切到位，而被广泛用于其他法律事务领域，尤其是合同领域、合规领域。

"其他应当保密的信息"虽无确切定义，但按照通常理解显然是指相对方除商业秘密外未曾对外披露、不为公众所知悉、容易导致不利影响的信息。能够"造成对方损失"的信息，一定是能够造成直接损失或不利影响的信息，如经济损失、信誉损失等，因此法律才规定对其"应当保密"。

虽然此类信息的定义不甚明确，但基于常识判断，一经泄露或不当使用可能给对方造成经济或信誉等损失的信息均应视为商业秘密，无论合同是否成立均不应泄露或不当使用。

二、泄露和不正当使用

"泄露"和"不正当地使用""在订立合同过程中知悉的商业秘密或者其他应当保密的信息"，按照本条规定和通常理解，均不需要区分是故意还是过失。而且只要是"造成对方损失"，就"应当承担赔偿责任"。

"泄露"的方式有多种。只要相关信息由于己方的原因而被第三方以阅读、复制、拍摄、录制、接收等方式取得均可理解为泄露，如散发给本单位与交易无关的人员、透露给其他己方客户等。

"不正当地使用"，可以理解为没有法律或合同依据，以有损于对方利益的方式作为或不作为地利用相关信息，这些均可被视为不正当地使用。例如，作为咨询意见介绍给对方的竞争对手、对方的谈判对象，以及将相关信息不隐名处理直接用于公开发表的文章、培训等。

法律并未禁止对相关信息的正当使用。甚至对于相关信息中涉嫌构成犯罪的部分，任何自然人和法人、非法人组织均有配合执法部门调查的义务。如果法律没有规定、相对方并无特别要求，使用对方相关信息应以不影响对方利益、不造成对方损失、不造成不利影响为限。例如，参照对方的管理理念改进管理，以降低成本、提高效率等。

从保护程度来看，"其他应当保密的信息"可转为商业秘密以获得更多保护。根据《反不正当竞争法》(2019年修正)第九条第一款第(三)项的规定，禁止"违反保密义务或者违反权利人有关保守商业秘密的要求，披露、使用或者允许他人使用其所掌握的商业秘密"。可见当事人即使知悉了对方的商业秘密也不得"违反保密义务或者违反权利人有关保守商业秘密的要求"地使用，否则构成侵权行为，有承担赔偿责任和行政处罚的风险。

泄露、不正当地使用这些信息所能造成的损失视具体情形而定，但大多数企业并不重视甚至从未了解此类规定。当这些被泄露或被不正当使用的信息同其他因素交互作用，就存在给对方造成损失并因此需要承担民事责任的风险，而这才是企业的风险所在。

三、部门规章和刑法的保护

对于商业秘密，除了《反不正当竞争法》(2019年修正)，还有部门规章和司法解释对其加以保护。

(一)仍未失效的部门规章

国家工商行政管理总局(已撤销)于1998年修订的《关于禁止侵犯商业秘密行为的若干规定》也对商业秘密、禁止从事的侵犯商业秘密行为作了规定。该规定至今仍然有效，具体内容为：

第二条　本规定所称商业秘密，是指不为公众所知悉、能为权利人带来经济利益、具有实用性并经权利人采取保密措施的技术信息和经营信息。

本规定所称不为公众所知悉，是指该信息是不能从公开渠道直接获取的。

本规定所称能为权利人带来经济利益、具有实用性，是指该信息具有确定的可应用性，能为权利人带来现实的或者潜在的经济利或者竞争优势。

本规定所称权利人采取保密措施，包括订立保密协议，建立保密制度及采取其他合理的保密措施。

本规定所称技术信息和经营信息，包括设计、程序、产品配方、制作工艺、制作方法、管理诀窍、客户名单、货源情报、产销策略、招投标中的标底及标书内容等信息。

本规定所称权利人,是指依法对商业秘密享有所有权或者使用权的公民、法人或者其他组织。

第三条 禁止下列侵犯商业秘密的行为:

(一)以盗窃、利诱、胁迫或者其他不正当手段获取的权利人的商业秘密;

(二)披露、使用或者允许他人使用以前项手段获取的权利人的商业秘密;

(三)与权利人有业务关系的单位和个人违反合同约定或者违反权利人保守商业秘密的要求,披露、使用或者允许他人使用其所掌握的权利人的商业秘密;

(四)权利人的职工违反合同约定或者违反权利人保守商业秘密的要求,披露、使用或者允许他人使用其所掌握的权利人的商业秘密。

第三人明知或者应知前款所列违法行为,获取、使用或者披露他人的商业秘密,视为侵犯商业秘密。

(二)刑法上的规定

情节严重的侵犯商业秘密行为,还有可能承担刑事责任,构成《刑法》(2023年修正)第二百一十九条所规定的侵犯商业秘密罪。即:

第二百一十九条 有下列侵犯商业秘密行为之一,情节严重的,处三年以下有期徒刑,并处或者单处罚金;情节特别严重的,处三年以上十年以下有期徒刑,并处罚金:

(一)以盗窃、贿赂、欺诈、胁迫、电子侵入或者其他不正当手段获取权利人的商业秘密的;

(二)披露、使用或者允许他人使用以前项手段获取的权利人的商业秘密的;

(三)违反保密义务或者违反权利人有关保守商业秘密的要求,披露、使用或者允许他人使用其所掌握的商业秘密的。

明知前款所列行为,获取、披露、使用或者允许他人使用该商业秘密的,以侵犯商业秘密论。

本条所称权利人,是指商业秘密的所有人和经商业秘密所有人许可的商业秘密使用人。

四、司法解释方面的保护

在各类法律、部门规章之外,《最高人民法院关于审理侵犯商业秘密民事案件适用法律若干问题的规定》(2020年)也对商业秘密问题进行了极为详尽的解释。

(一)技术信息、经营信息、商业信息

在《反不正当竞争法》(2019年修正)中,"商业秘密"的定义里包括了"不为公众所知悉、具有商业价值并经权利人采取相应保密措施的技术信息、经营信息等商业信息。"而该司法解释将其一一加以明确。内容为:

第一条 与技术有关的结构、原料、组分、配方、材料、样品、样式、植物新品种繁殖材料、工艺、方法或其步骤、算法、数据、计算机程序及其有关文档等信息,人民法院可以认定构成反不正当竞争法第九条第四款所称的技术信息。

与经营活动有关的创意、管理、销售、财务、计划、样本、招投标材料、客户信息、数据等信息,人民法院可以认定构成反不正当竞争法第九条第四款所称的经营信息。

前款所称的客户信息,包括客户的名称、地址、联系方式以及交易习惯、意向、内容等信息。

(二)不为公众所知悉

对于该定义中所提到的"不为公众所知悉",该司法解释先是明确了何为"公众所知悉",然后以排除的方式规定了何为"不为公众所知悉"。即:

第四条 具有下列情形之一的,人民法院可以认定有关信息为公众所知悉:

(一)该信息在所属领域属于一般常识或者行业惯例的;

(二)该信息仅涉及产品的尺寸、结构、材料、部件的简单组合等内容,所属领域的相关人员通过观察上市产品即可直接获得的;

(三)该信息已经在公开出版物或者其他媒体上公开披露的;

(四)该信息已通过公开的报告会、展览等方式公开的;

(五)所属领域的相关人员从其他公开渠道可以获得该信息的。

将为公众所知悉的信息进行整理、改进、加工后形成的新信息,符合本规定第三条规定的,应当认定该新信息不为公众所知悉。

(三)合理保密措施与相应保密措施

对于"商业秘密"定义中的"经权利人采取相应保密措施",该司法解释作了详细的解析。内容为:

第五条 权利人为防止商业秘密泄露,在被诉侵权行为发生以前所采取的合理保密措施,人民法院应当认定为反不正当竞争法第九条第四款所称的相应保密措施。

人民法院应当根据商业秘密及其载体的性质、商业秘密的商业价值、保密措施

的可识别程度、保密措施与商业秘密的对应程度以及权利人的保密意愿等因素,认定权利人是否采取了相应保密措施。

第六条 具有下列情形之一,在正常情况下足以防止商业秘密泄露的,人民法院应当认定权利人采取了相应保密措施:

(一)签订保密协议或者在合同中约定保密义务的;

(二)通过章程、培训、规章制度、书面告知等方式,对能够接触、获取商业秘密的员工、前员工、供应商、客户、来访者等提出保密要求的;

(三)对涉密的厂房、车间等生产经营场所限制来访者或者进行区分管理的;

(四)以标记、分类、隔离、加密、封存、限制能够接触或者获取的人员范围等方式,对商业秘密及其载体进行区分和管理的;

(五)对能够接触、获取商业秘密的计算机设备、电子设备、网络设备、存储设备、软件等,采取禁止或者限制使用、访问、存储、复制等措施的;

(六)要求离职员工登记、返还、清除、销毁其接触或者获取的商业秘密及其载体,继续承担保密义务的;

(七)采取其他合理保密措施的。

(四)商业价值

对于"商业秘密"定义中的"商业价值",该司法解释第七条给出了如下的判断依据:

第七条 权利人请求保护的信息因不为公众所知悉而具有现实的或者潜在的商业价值的,人民法院经审查可以认定为反不正当竞争法第九条第四款所称的具有商业价值。

生产经营活动中形成的阶段性成果符合前款规定的,人民法院经审查可以认定该成果具有商业价值。

(五)以其他不正当手段获取权利人的商业秘密

对于何为"以其他不正当手段获取权利人的商业秘密",该司法解释的第八条作了详细的解析:

第八条 被诉侵权人以违反法律规定或者公认的商业道德的方式获取权利人的商业秘密的,人民法院应当认定属于反不正当竞争法第九条第一款所称的以其他不正当手段获取权利人的商业秘密。

(六)使用商业秘密

对于《反不正当竞争法》(2019年修正)中提到的"使用商业秘密",该司法解释给出了如下的判断依据：

第九条 被诉侵权人在生产经营活动中直接使用商业秘密，或者对商业秘密进行修改、改进后使用，或者根据商业秘密调整、优化、改进有关生产经营活动的，人民法院应当认定属于反不正当竞争法第九条所称的使用商业秘密。

（七）保密义务

对于《反不正当竞争法》（2019 年修正）中提到的"保密义务"，该司法解释规定了只要"被诉侵权人知道或者应当知道其获取的信息属于权利人的商业秘密"，即可认定为"被诉侵权人对其获取的商业秘密承担保密义务"。这一解释与《民法典》（2020 年）的有关条款相对应。即：

第十条 当事人根据法律规定或者合同约定所承担的保密义务，人民法院应当认定属于反不正当竞争法第九条第一款所称的保密义务。

当事人未在合同中约定保密义务，但根据诚信原则以及合同的性质、目的、缔约过程、交易习惯等，被诉侵权人知道或者应当知道其获取的信息属于权利人的商业秘密的，人民法院应当认定被诉侵权人对其获取的商业秘密承担保密义务。

（八）不属于侵犯商业秘密行为

该司法解释还规定了"反向工程"获得的信息不属于"侵犯商业秘密行为"，并解释了何为"反向工程"。即：

第十四条 通过自行开发研制或者反向工程获得被诉侵权信息的，人民法院应当认定不属于反不正当竞争法第九条规定的侵犯商业秘密行为。

前款所称的反向工程，是指通过技术手段对从公开渠道取得的产品进行拆卸、测绘、分析等而获得该产品的有关技术信息。

被诉侵权人以不正当手段获取权利人的商业秘密后，又以反向工程为由主张未侵犯商业秘密的，人民法院不予支持。

【风险点及建议】

同本条规定相关的法律风险，在于泄露或不正当使用相对方的商业秘密或其他应当保密的信息，以及未有效保护自身的商业秘密、其他应当保密的信息。

"商业秘密或者其他应当保密的信息"大多是企业的立身之本、取胜之道，但一经泄露往往很容易被复制，并因此严重影响企业的竞争力，甚至使企业万劫不复。正因如此，侵犯他人商业秘密的赔偿责任也相当严厉。

一、可能并行的法律适用

由于本条所规定的保密义务"无论合同是否成立",承担"不得泄露或者不正当地使用"的时间可谓从知悉时起一直持续,而无论合同是否成立、成立的合同是否已经履行完毕。这种义务可能出现在合同成立前、合同成立后、合同权利义务终止以后。

"泄露、不正当地使用"的情形发生在合同的不同生命周期,本条规定可能会与不同的规定一并适用,因此有更多的选择权。

行为发生在合同成立前,此类行为有可能同时属于《民法典》(2020年)第五百条所规定的先契约责任(缔约过失责任),在法律适用上多了一个选择;行为发生在合同成立后、履行完毕前,赔偿责任有合同约定还可按合同约定处理;行为发生在合同履行完毕后,还可参照《民法典》(2020年)第五百五十八条所规定的后契约责任处理,即:"债权债务终止后,当事人应当遵循诚信等原则,根据交易习惯履行通知、协助、保密、旧物回收等义务。"

二、可能采取的保护措施

如果市场主体希望主动采取措施防范"订立合同过程中知悉的商业秘密或者其他应当保密的信息"被其他方"泄露、不正当地使用",则可以充分利用法律规定采取多种措施保护自己的合法权益。

首先,是需要依照《反不正当竞争法》(2019年修正)第九条的定义,对商业秘密"采取相应保密措施"以保护"技术信息、经营信息等商业信息"。只有采取了这些措施,才能使相关信息构成《反不正当竞争法》(2019年修正)中所称的商业秘密,并因此充分受到法律的保护。而最为基本的"相应保密措施",则是建立保护商业秘密制度并指定专门的机构负责,同时以发文、公告、培训、签订保密协议等方式公之于众。

其次,是尽可能使用公开渠道取得其他单位的各类信息。在信息时代,几乎方方面面的信息都可以从媒体公开的信息中查到,这些已经公开的信息不再属于商业秘密或其他应当保密的信息,完全可以任意地合法使用。而在订立合同过程中所得到的商业秘密或其他应当保密的信息一经泄露,就被认为不正当使用且均可能导致赔偿责任,均应避免使用。

再者,是使用加密处理、主体不具备可识别性的信息。在某种情形下,例如学术交流等,如果需要引述非公开渠道得到的信息,则一律隐去其单位名称和可识别其身份的商标、产品名称等。这样处理后的信息无法识别出其行为主体,可以最大限度避免产生不利影响,提升使用信息的安全度。

最后,是落实企业的保密制度、提高业务人员的保密意识,避免在商务往来中泄露本企业的商业秘密或其他应当保密的信息,以避免被恶意磋商方获得。需要保密的信息均可列入商业秘密范围,包括未经公开的知识产权、上游供应商、技术秘密、下游营销渠道、商业策略、成本核算等需要的信息。

三、商业秘密被侵犯的补救措施

按照本条的规定,当商业秘密或者信息被"泄露、不正当地使用"且造成损失时,当事人"应当承担赔偿责任"。但其中的商业秘密部分,如果符合条件,还可根据《反不正当竞争法》(2019年修正)的相关规定加以追究。

由于《反不正当竞争法》(2019年修正)中的赔偿责任带有一定惩罚性,通常可能得到更高的赔偿。当事人可借此选择整体上最为有利的方式追究责任。

(一)损害赔偿的数额计算

在损害赔偿方面,《民法典》(2020年)对于先契约责任的规定较为笼统,而《反不正当竞争法》(2019年修正)规定得则比较详细,甚至规定了"五倍以下""五百万元以下"的赔偿额。依据第十七条的规定:"经营者违反本法规定,给他人造成损害的,应当依法承担民事责任。

经营者的合法权益受到不正当竞争行为损害的,可以向人民法院提起诉讼。

因不正当竞争行为受到损害的经营者的赔偿数额,按照其因被侵权所受到的实际损失确定;实际损失难以计算的,按照侵权人因侵权所获得的利益确定。经营者恶意实施侵犯商业秘密行为,情节严重的,可以在按照上述方法确定数额的一倍以上五倍以下确定赔偿数额。赔偿数额还应当包括经营者为制止侵权行为所支付的合理开支。

经营者违反本法第六条、第九条规定,权利人因被侵权所受到的实际损失、侵权人因侵权所获得的利益难以确定的,由人民法院根据侵权行为的情节判决给予权利人五百万元以下的赔偿。"

该法律条款中提到的"第六条"是指不得实施混淆行为、"第九条"则是前面已经引述过的不得侵犯商业秘密。其中前者规定如下:

第六条　经营者不得实施下列混淆行为,引人误认为是他人商品或者与他人存在特定联系:

（一）擅自使用与他人有一定影响的商品名称、包装、装潢等相同或者近似的标识；

（二）擅自使用他人有一定影响的企业名称（包括简称、字号等）、社会组织名称（包括简称等）、姓名（包括笔名、艺名、译名等）；

（三）擅自使用他人有一定影响的域名主体部分、网站名称、网页等；

（四）其他足以引人误认为是他人商品或者与他人存在特定联系的混淆行为。

（二）举证责任的不同

在举证方面，依据《反不正当竞争法》（2019年修正）的规定追究对方责任时的举证责任较轻。商业秘密权利人往往只需要依照该法第三十二条"提供初步证据合理表明商业秘密被侵犯"，其他则由涉嫌侵权人举证。即：

第三十二条　在侵犯商业秘密的民事审判程序中，商业秘密权利人提供初步证据，证明其已经对所主张的商业秘密采取保密措施，且合理表明商业秘密被侵犯，涉嫌侵权人应当证明权利人所主张的商业秘密不属于本法规定的商业秘密。

商业秘密权利人提供初步证据合理表明商业秘密被侵犯，且提供以下证据之一的，涉嫌侵权人应当证明其不存在侵犯商业秘密的行为：

（一）有证据表明涉嫌侵权人有渠道或者机会获取商业秘密，且其使用的信息与该商业秘密实质上相同；

（二）有证据表明商业秘密已经被涉嫌侵权人披露、使用或者有被披露、使用的风险；

（三）有其他证据表明商业秘密被涉嫌侵权人侵犯。

（三）其他责任的不同

除此之外，侵犯商业方还可能面临监督检查部门的行政处罚，即：

第二十一条　经营者以及其他自然人、法人和非法人组织违反本法第九条规定侵犯商业秘密的，由监督检查部门责令停止违法行为，没收违法所得，处十万元以上一百万元以下的罚款；情节严重的，处五十万元以上五百万元以下的罚款。

第三章　合同的效力

〔第一部分　生效与代理〕

> **040. 第五百零二条　〔合同的生效〕**
>
> 　　依法成立的合同，自成立时生效，但是法律另有规定或者当事人另有约定的除外。
>
> 　　依照法律、行政法规的规定，合同应当办理批准等手续的，依照其规定。未办理批准等手续影响合同生效的，不影响合同中履行报批等义务条款以及相关条款的效力。应当办理申请批准等手续的当事人未履行义务的，对方可以请求其承担违反该义务的责任。
>
> 　　依照法律、行政法规的规定，合同的变更、转让、解除等情形应当办理批准等手续的，适用前款规定。

【合同实务解读】

　　本条规定了依法成立的合同成立时生效的基本规则，但也规定了法律另有规定或当事人另有约定者除外，同时还规定了依照法律、行政法规应当办理批准等手续的合同在未履行办理批准等手续时的处理原则，并将这些规则适用于依据法律法规需要办理批准手续的合同变更、转让、解除等情形。

　　通常情况下，承诺生效则合同成立、合同依法成立则合同生效。但由于法律另有规定或是双方另有约定，有些合同在成立后需要具备一定条件才能生效。这类情形很容易在实务中被忽略，因此是控制合同风险、保障交易利益的重要环节。

一、合同生效的法律意义

　　合同生效，意味着双方围绕着交易而设定的权利义务产生法律效力、受法律保护。对于生效的合同，双方均有全面履行的义务，如有违反则需要按照约定和法律规定承担违约责任。

合同生效之前的先契约责任,与合同生效后的违约责任大不相同。依据《民法典》(2020年)第五百条,先契约责任的承担方式是"造成对方损失的,应当承担赔偿责任"。而违约责任的承担方式,依据《民法典》(2020年)第五百七十七条,"当事人一方<u>不履行合同义务或者履行合同义务不符合约定的,应当承担继续履行、采取补救措施或者赔偿损失等违约责任</u>"。因此,先契约责任以赔偿损失为主,而违约责任并不完全以造成对方损失为前提。

而且,先契约责任仅有《民法典》(2020年)第五百条这一条规定,而违约责任则有整个第三编第八章从第五百七十七条到第五百九十四条的18条规定。由于二者的保护的力度、体系的完善度均有巨大差异,合同生效后的违约责任规定可为其提供更为完善的保护。

二、依法成立与合同生效

"<u>依法成立</u>",不仅指合同的成立过程需要符合《民法典》(2020年)关于要约、承诺或其他方式成立合同的规定,还要全面满足交易主体、交易内容、交易方式、解决争议方式、生效程序等合法性要求。这些法律要求既包含在《民法典》(2020年)中,也大量存在于其他法律体系之中,包括行政法律关系和刑事法律体系。

对于合同生效,本条规定为"依法成立的合同,自成立时生效"。《民法典》(2020年)第一百四十三条对于合同有效的规定更为全面,即:"具备下列条件的民事法律行为有效:

(一)行为人具有相应的民事行为能力;

(二)意思表示真实;

(三)<u>不违反法律、行政法规的强制性规定,不违背公序良俗</u>。"

从法律的层级来说,国家法律、国务院行政法规、地方法规、部门规章、地方政府规章均对合同行为有约束力。在法律之外,刑事、民事等法律方面的司法解释也同样涉及合同行为的理解和法律适用问题。但对于合同生效、效力的判断,只能以国家法律、国务院行政法规,以及相关的司法解释为准。

同时,《民法典》(2020年)中关于合同的规定也并不仅限于本编。其他编中提及的合同无效、担保合同等内容,同属合同行为规范。其他编中的人身关系相关协议等,也涉及对本编中合同规定的适用。而在本编的"第二分编 典型合同"中,不同的典型合同具有特有的法律规定。因此合同相关的法律风险,并不仅限于本编的范围。

三、法律另有规定或当事人另有约定

"法律另有规定或者当事人另有约定"属于"依法成立的合同,自成立时生效"的例外情形,是实际操作中容易被忽略的情形,需要特别关注。

"法律另有规定",主要体现为本条第二款"依照法律、行政法规的规定,合同应当办理批准等手续"的情形,以及第三款"依照法律、行政法规的规定,合同的变更、转让、解除等情形应当办理批准等手续"的情形。这些情形下,合同成立后的生效、变更、转让、解除需要经过法定的批准等手续方为有效。

"当事人另有约定"的情形中,最典型的是依据附期限生效和附条件生效的规定订立的合同。依据《民法典》(2020年)第一百五十八条:"民事法律行为可以附条件,但是根据其性质不得附条件的除外。附生效条件的民事法律行为,自条件成就时生效。附解除条件的民事法律行为,自条件成就时失效。"

同时,依据《民法典》(2020年)第一百六十条:"民事法律行为可以附期限,但是根据其性质不得附期限的除外。附生效期限的民事法律行为,自期限届至时生效。附终止期限的民事法律行为,自期限届满时失效。"

此外需要注意的是,对于附生效条件的合同,《总则编司法解释》(2022年)第二十四条规定了民事法律行为不发生效力的情形,即"民事法律行为所附条件不可能发生,当事人约定为生效条件的,人民法院应当认定民事法律行为不发生效力;当事人约定为解除条件的,应当认定未附条件"。

四、办理批准等手续

"依照法律、行政法规的规定"办理批准等手续,涉及诸多法律、行政法规对不同行业的生产经营行为的行业监管。

(一)履行批准等手续的法律规定

在法律上,办理批准手续也是行政许可行为。按照《行政许可法》(2019年修正)第二条的规定:"本法所称行政许可,是指行政机关根据公民、法人或者其他组织的申请,经依法审查,准予其从事特定活动的行为。"

"合同应当办理批准等手续的,依照其规定",是对可能涉及的各类批准手续的尊重。合同"依照法律、行政法规的规定"需要办理批准等手续可能涉及不同层级的多个行政部门。批准手续是相关合同履行过程中必须遵守的程序,即使这种批准手续并不影响合同效力,合同也只有遵守相关规定的情况下才能顺利履行。

行政许可的种类很多,大多涉及交易主体资格合法性或交易标的合法性问题。其中与合同成立直接相关的,是法律、行政法规中所规定的对于合同的生效、变更、转让、解除的批准。例如:

1.《公司法》(2023年修订)

第二十九条 设立公司,应当依法向公司登记机关申请设立登记。

法律、行政法规规定设立公司必须报经批准的,应当在公司登记前依法办理批准手续。

2.《企业国有资产法》(2008年)

第五十三条 国有资产转让由履行出资人职责的机构决定。履行出资人职责的机构决定转让全部国有资产的,或者转让部分国有资产致使国家对该企业不再具有控股地位的,应当报请本级人民政府批准。

3.《商业银行法》(2015年修订)

第二十五条 商业银行的分立、合并,适用《中华人民共和国公司法》的规定。商业银行的分立、合并,应当经国务院银行业监督管理机构审查批准。

第二十八条 任何单位和个人购买商业银行股份总额百分之五以上的,应当事先经国务院银行业监督管理机构批准。

4.《保险法》(2015年修正)

第八十四条 保险公司有下列情形之一的,应当经保险监督管理机构批准:

(一)变更名称;

(二)变更注册资本;

(三)变更公司或者分支机构的营业场所;

(四)撤销分支机构;

(五)公司分立或者合并;

(六)修改公司章程;

(七)变更出资额占有限责任公司资本总额百分之五以上的股东,或者变更持有股份有限公司股份百分之五以上的股东;

(八)国务院保险监督管理机构规定的其他情形。

5.《土地管理法》(2019年修正)

第六十条 农村集体经济组织使用乡(镇)土地利用总体规划确定的建设用地兴办企业或者与其他单位、个人以土地使用权入股、联营等形式共同举办企业的,应当持有关批准文件,向县级以上地方人民政府自然资源主管部门提出申请,按照省、自治区、直辖市规定的批准权限,由县级以上地方人民政府批准;其中,涉及占用农用地的,依照本法第四十四条的规定办理审批手续。

按照前款规定兴办企业的建设用地,必须严格控制。省、自治区、直辖市可以按照乡镇企业的不同行业和经营规模,分别规定用地标准。

6.《植物新品种保护条例》(2014年修订)

第九条 植物新品种的申请权和品种权可以依法转让。

中国的单位或者个人就其在国内培育的植物新品种向外国人转让申请权或者品种权的,应当经审批机关批准。

国有单位在国内转让申请权或者品种权的,应当按照国家有关规定报经有关行政主管部门批准。

转让申请权或者品种权的,当事人应当订立书面合同,并向审批机关登记,由审批机关予以公告。

批准手续并非所有"应当办理批准等手续"合同的效力来源。因为有些"批准等手续"仅是管理性规定,并不直接影响合同的效力。例如,《民法典》(2020年)第五百零五条规定:"当事人超越经营范围订立的合同的效力,应当依照本法第一编第六章第三节和本编的有关规定确定,不得仅以超越经营范围确认合同无效。"

(二)关于履行批准等手续的司法解释

对于报批义务与相关的赔偿责任,《合同编通则司法解释》(2023年)对具体情形及效力作了如下细分:

第十二条 合同依法成立后,负有报批义务的当事人不履行报批义务或者履行报批义务不符合合同的约定或者法律、行政法规的规定,对方请求其继续履行报批义务的,人民法院应予支持;对方主张解除合同并请求其承担违反报批义务的赔偿责任的,人民法院应予支持。

人民法院判决当事人一方履行报批义务后,其仍不履行,对方主张解除合同并参照违反合同的违约责任请求其承担赔偿责任的,人民法院应予支持。

合同获得批准前,当事人一方起诉请求对方履行合同约定的主要义务,经释明后拒绝变更诉讼请求的,人民法院应当判决驳回其诉讼请求,但是不影响其另行提起诉讼。

负有报批义务的当事人已经办理申请批准等手续或者已经履行生效判决确定的报批义务,批准机关决定不予批准,对方请求其承担赔偿责任的,人民法院不予支持。但是，因迟延履行报批义务等可归责于当事人的原因导致合同未获批准，对方请求赔偿因此受到的损失的，人民法院应当依据民法典第一百五十七条的规定处理。

此处提到的《民法典》(2020年)第一百五十七条，是关于民事法律行为无效、被撤销等情形发生后的返还财产、折价补偿等措施。即：

第一百五十七条　民事法律行为无效、被撤销或者确定不发生效力后，行为人因该行为取得的财产，应当予以返还；不能返还或者没有必要返还的，应当折价补偿。有过错的一方应当赔偿对方由此所受到的损失；各方都有过错的，应当各自承担相应的责任。法律另有规定的，依照其规定。

关于"依法成立"，详见对《民法典》(2020年)第四百六十五条的解读。

【风险点及建议】

同本条规定相关的法律风险，是合同虽然成立但基于法律或约定而并未按照预期生效、关于合同生效的约定违反法律、合同成立后因未依法办理批准等手续而未生效、未充分利用法律规定解决未履行报批等义务而产生的后果，以及有法律法规规定的合同变更、转让、解除等情形未依法办理批准手续。

依照法律、行政法规要求办理批准等手续才能生效的合同，其合同成立不等于合同生效。某些法律另有规定的合同，其变更、转让、解除等同样需要经过批准等手续方为有效。对于这些有批准程序要求的合同，合同中常见的"合同自双方签字、盖章后生效"的约定并不适用甚至存在严重错误。

一、依法成立时生效的除外情形

本条第一款"依法成立的合同，自成立时生效"的除外规定，既是在合同实务中容易被忽略的问题，也是用于控制合同生效的手段。

"法律另有规定"的情形并不多见，但在处理陌生合同时很容易被忽略。这些合法性隐患主要集中在主体问题和标的问题两个方面。本条第二款的"依照法律、行政法规的规定，合同应当办理批准等手续"的情形，则是二者兼有，属于法律对特定主体的特定标的的管理。要克服此类问题，唯有勤于法律调研。

对于"依法成立"所涉及的《民法典》(2020年)之中和之外的"法"，在对《民法典》(2020年)第四百六十五条的解读中有更为详细的内容可供参考，此处不再赘述。

"当事人另有约定的除外"常被用于控制合同的生效,尤其是以附生效条件的方式。附生效条件的合同既能锁定交易机会,又可以在交易条件不理想时不再生效,因而使用起来非常方便。例如,某大型企业的收购合同中即注明合同的生效条件为合同书签署后经过其董事会批准。

约定合同的生效条件是控制交易风险的一种手段。该手段基于对市场环境、法律手续、交易条件等方面的预判,从交易安全和投资预期的角度设定合同生效的条件。当条件成就时,合同即生效履行;如果客观条件未达到交易条件,则合同继续"休眠",超过一定期限后失效。因此附生效条件的合同属于"高级玩法",比签订没有法律约束力的意向书更为严谨、更有控制力。

但人为控制生效条件的行为并不导致合同产生法律效力。无论是阻止条件成就还是促成条件成就,均不被法律所认可。《民法典》(2020年)第一百五十九条规定:"附条件的民事法律行为,当事人为自己的利益不正当地阻止条件成就的,视为条件已经成就;不正当地促成条件成就的,视为条件不成就。"

二、办理批准等手续

申请批准等手续在合同实务中有时会被反向运用,即以不履行报批义务的方式阻止合同的生效。这种行为往往以合同中并未明确约定实际履行期限为借口,属于违反诚信原则的行为。

对于履行期限没有约定或约定不明确的情形,《民法典》(2020年)第五百一十一条第一款第(四)项已经规定了债权人可以随时请求履行,只需给对方必要的准备时间,即"(四)履行期限不明确的,债务人可以随时履行,债权人也可以随时请求履行,但是应当给对方必要的准备时间。"但依据这一条款处理比较复杂,远不如在合同中明确约定完成所有准备、提交申请批准手续的时间。

依据《民法典》(2020年)第五百零二条第二款的规定,"<u>应当办理申请批准等手续的当事人未履行义务的,对方可以请求其承担违反该义务的责任</u>"。即是否请求相对方承担违约责任并不以合同最终是否得到批准为前提。

对于这一规定,在实务中存在两方面注意事项。一方面,即使合同存在某种法律瑕疵并很有可能无法得到批准,应当办理申请批准手续的一方仍应办理申请批准手续,以避免承担违约责任。另一方面,只要是"<u>应当办理申请批准等手续</u>"的当事人未履行义务去申请批准,相对方即可追究其违约责任。

为了防止发生一方不履行"<u>办理申请批准等手续</u>"义务的情形,可在合同条款中明确办理的期限和违约责任。如设定具体的完成所有文件等准备并提交申请批准的日期、得知手续办妥后及时领取批文等文件的日期，以及包括但不限于逾期办理等违约责任的范围、计算方法，以强化合同的严肃性和违约方的责任承担。

同时，本条第二款还规定了"未办理批准等手续影响合同生效的，不影响合同中履行报批等义务条款以及相关条款的效力"。这条规定与合同无效时解决争议条款仍旧有效的逻辑完全相同，即使合同因未办理批准等手续而未生效，但仍可依据相关条款追究不履行报批义务方的违约责任。

除此之外，还有可能存在合同的变更、转让、解除等同样需要"依照法律、行政法规的规定"办理批准等手续的情形。如果合同的生效需要办理批准等手续，则其变更、转让、解除等往往同样需要办理批准等手续。这些办理批准等手续过程中出现的问题，同样适用本条第二款关于未履行办理申请批准等手续的义务方面的规定。

三、办理批准等手续的其他问题

需要办理批准等手续的合同，其批准手续并不全是合同生效的要件。合同需要其批准的情形存在于不同层级、不同行业的政府主管部门，而批准和要求批准的依据也并不完全是国家法律、国务院行政法规，也可以是地方性法规、地方政府规章，甚至可以是行业管理部门的要求。因此许多批准手续只是行政管理手段，并非合同生效的必备条件。强制性、效力性的批准手续规定，才是合同生效的条件。

如果须经批准才能生效的合同最终未获行政主管机关批准，则属于合同的不生效而非合同的无效。合同的无效是相对于已经生效过的合同而言的，对于未获批准而未曾生效的合同，只能是合同不生效。

对于仅仅成立、尚未生效的合同，当事人并非毫无责任。要约是一经对方承诺即受要约内容约束的意思表示，承诺是接受要约、同意受要约内容约束的意思表示。因而即使合同未生效，无须承担责任的只是对标的的履行部分，其他约定仍旧对双方有约束力。除此之外，还有民事法律行为不发生效力后的责任、缔约过失责任、保密义务等法定责任。其对应的《民法典》（2020年）条款分别为：

第一百五十七条　民事法律行为无效、被撤销或者确定不发生效力后，行为人因该行为取得的财产，应当予以返还；不能返还或者没有必要返还的，应当折价补偿。有过错的一方应当赔偿对方由此所受到的损失；各方都有过错的，应当各自承担相应的责任。法律另有规定的，依照其规定。

第五百条　当事人在订立合同过程中有下列情形之一,造成对方损失的,应当承担赔偿责任:

(一)假借订立合同,恶意进行磋商;

(二)故意隐瞒与订立合同有关的重要事实或者提供虚假情况;

(三)有其他违背诚信原则的行为。

第五百零七条　合同不生效、无效、被撤销或者终止的,不影响合同中有关解决争议方法的条款的效力。

对于合同成立后、报批过程中可能需要承担民事责任的情形,《合同编通则司法解释》(2023年)有非常详细的规定,包括未履行报批义务的责任、违反报批义务的赔偿责任等。具体情形及规定如下:

第十二条　合同依法成立后,负有报批义务的当事人不履行报批义务或者履行报批义务不符合合同的约定或者法律、行政法规的规定,对方请求其继续履行报批义务的,人民法院应予支持;对方主张解除合同并请求其承担违反报批义务的赔偿责任的,人民法院应予支持。

人民法院判决当事人一方履行报批义务后,其仍不履行,对方主张解除合同并参照违反合同的违约责任请求其承担赔偿责任的,人民法院应予支持。

……

041. 第五百零三条　〔无权代理的行为追认〕

无权代理人以被代理人的名义订立合同,被代理人已经开始履行合同义务或者接受相对人履行的,视为对合同的追认。

【合同实务解读】

本条是对无权代理人以被代理人名义签订的合同,因被代理人的履行或接受履行而被视为追认的规定。

代理行为在民事行为中极为普遍,尤其是法人、非法人组织的行为均只能通过其代理人或代表人完成。按照《民法典》(2020年)第一百六十一条的规定,"民事主体可以通过代理人实施民事法律行为",但"依照法律规定、当事人约定或者民事法律行为的性质,应当由本人亲自实施的民事法律行为,不得代理"。

"无权代理人",是指那些既无法律依据又无被代理人的授权,却以被代理人的名义从事民事活动的人员。因其"代理"缺乏法律依据和被代理人授权，除表见代理等有明确法律规定的行为，其"代理"结果在法律上对被代理人没有约束力。

合法的代理权是对被代理人发生效力的前提。而代理权限的来源，分为法定与委托两类，即《民法典》(2020年)第一百六十三条所规定的"代理包括委托代理和法定代理"，以及"委托代理人按照被代理人的委托行使代理权。法定代理人依照法律的规定行使代理权"。只有满足了这些先决条件，才能按照《民法典》(2020年)第一百六十二条的规定，"代理人在代理权限内，以被代理人名义实施的民事法律行为，对被代理人发生效力"。

除了没有法定代理权或委托代理权，"无权代理"还包括那些代理行为不在法律认可或当事人授权范围之内的情形，即《民法典》(2020年)第一百七十一条第一款的三类情形："行为人没有代理权、超越代理权或者代理权终止后，仍然实施代理行为"。而所有这些"代理行为"的法律后果，是"未经被代理人追认的，对被代理人不发生效力"。

"已经开始履行合同义务或者接受相对人履行"，相当于被代理人以主动履行行为或接受对方履行的行为表示追认无权代理人的无权代理行为。这种行为与合同成立的基本原理相同，即《民法典》(2020年)第四百九十条所规定的："当事人采用合同书形式订立合同的，自当事人均签名、盖章或者按指印时合同成立。在签名、盖章或者按指印之前，当事人一方已经履行主要义务，对方接受时，该合同成立。

法律、行政法规规定或者当事人约定合同应当采用书面形式订立，当事人未采用书面形式但是一方已经履行主要义务，对方接受时，该合同成立。"

"追认"，按照通常理解即为事后追加确认。在代理的法律层面，它是指无权代理的被代理人在"代理"发生后通过一定的意思表示或行为对无权代理人、无处分权人或限制民事行为能力人的代理行为予以追加确认并使代理有效的行为。追认既可以通过意思表示作出也可以通过行为作出，本条规定的"被代理人已经开始履行合同义务或者接受相对人履行的，视为对合同的追认"，便是通过行为追认无权代理行为。

但同为没有合法授权，表见代理行为却被法律规定为有效。这一规定降低了正常交易的风险，却加大了被代理人的风险。依据《民法典》(2020年)第一百七十二条："行为人没有代理权、超越代理权或者代理权终止后，仍然实施代理行为，相对人有理由相信行为人有代理权的，代理行为有效。"

在实际认定标准方面，《总则编司法解释》(2022年)规定了对于表见代理行为

的认定标准及举证责任分配,即:

第二十八条 同时符合下列条件的,人民法院可以认定为民法典第一百七十二条规定的相对人有理由相信行为人有代理权:

(一)存在代理权的外观;

(二)相对人不知道行为人行为时没有代理权,且无过失。

因是否构成表见代理发生争议的,相对人应当就无权代理符合前款第一项规定的条件承担举证责任;被代理人应当就相对人不符合前款第二项规定的条件承担举证责任。

【风险点及建议】

同本条规定相关的法律风险,是无权代理人以被代理人的名义订立了合同、被代理人对于无权代理人订立的合同实施了履行或接受履行的行为并因此构成了对代理行为的追认,以及被代理人对于无权代理人订立的有利合同未及时以履行或接受履行的方式加以追认。

由于管理规范的企业都实施严格的公章管理,企业间的正式行为也均以公章为准,通常情况下很难以不盖公章的形式"以被代理人的名义订立合同"。这类无权代理行为多发生在管理不够规范的企业或是授权不明的企业。

从合规管理的角度考虑,合同领域的任何无权代理行为均应杜绝。既不允许本单位人员实施对本单位的无权代理行为,也不接受其他方的无权代理行为,因为无权代理行为干扰了管理秩序、损害了管理制度的权威性。即使单位因无权代理行为有利可图而予以追认,也容易鼓励更多的无权代理行为,从而危害管理秩序。

从交易利益的角度考虑,是否追认无权代理行为取决于该追认是否对本单位有利。当交易条件可以接受、交易利益符合预期、交易风险可以承受时,可以通过"开始履行合同义务或者接受相对人履行"的方式追认无权代理合同的效力,也可以直接以通知的方式确认合同的效力。

如果对于是否追认处于两难之间,则说明交易利益和交易成本、交易风险之间还无法达到平衡。在此情形下,追认可以附条件以使之成为类似于实质性变更的新要约。其形式一般是在无权代理的合同之外提出附加条件,或附加对某个条款的实质性变更。对于以这种方式提出的新要约,对方同意则予以追认,对方拒绝则不予追认。

对于同样属于无权代理行为的表见代理,被代理人既存在更大的风险又无追认权,即表见代理是否有效并不取决于被代理人。依据《民法典》(2020 年)第一百七十二条的规定,其成立条件是"相对人有理由相信行为人有代理权的,代理行为有效"。

表见代理行为会给合同双方带来安全风险。被代理人会因表见代理而在毫不知情的情况下与其他方产生合同权利义务关系,继而承受合同条款对其不利的风险。相对人则很可能需要面对被代理人提出的异议,合同履行从而处于不确定状态。

对于表见代理带来的法律风险,合同各方有不同的防范方法。一方面,市场主体可以加强商务活动管理,拒绝一切没有授权委托书的代理行为,并通过核实委托代理手续发现并排除没有代理权、超越代理权或者代理权终止的代理人。另一方面,则是加强授权委托书管理,以一事一授权、事先及时告知客户的方式明确委托代理人的代理事项、代理权限和代理期限,杜绝无正式书面授权委托书的代理行为。

如果发现了表见代理行为的存在且事先对无权代理行为并不知情,被代理人的相对人可以援引《民法典》(2020 年)的相关规定采取催告、撤销、追究行为人赔偿责任等措施减少损失;而被代理人,则有权拒绝追认无权代理行为,即:

第一百七十一条　行为人没有代理权、超越代理权或者代理权终止后,仍然实施代理行为,未经被代理人追认的,对被代理人不发生效力。

相对人可以催告被代理人自收到通知之日起三十日内予以追认。被代理人未作表示的,视为拒绝追认。行为人实施的行为被追认前,善意相对人有撤销的权利。撤销应当以通知的方式作出。

行为人实施的行为未被追认的,善意相对人有权请求行为人履行债务或者就其受到的损害请求行为人赔偿。但是,赔偿的范围不得超过被代理人追认时相对人所能获得的利益。

相对人知道或者应当知道行为人无权代理的,相对人和行为人按照各自的过错承担责任。

此外,一经发现未经授权的代理行为应立即加以制止并通知相对方,否则有承担责任的风险。依据《民法典》(2020 年)第一百六十七条的规定:"代理人知道或者应当知道代理事项违法仍然实施代理行为,或者被代理人知道或者应当知道代理人的代理行为违法未作反对表示的,被代理人和代理人应当承担连带责任。"

对于此类情形下的举证责任,《总则编司法解释》(2022 年)规定如下:

第二十七条　无权代理行为未被追认,相对人请求行为人履行债务或者赔偿损失的,由行为人就相对人知道或者应当知道行为人无权代理承担举证责任。行为人不能证明的,人民法院依法支持相对人的相应诉讼请求;行为人能够证明的,人民法院应当按照各自的过错认定行为人与相对人的责任。

042. 第五百零四条　〔越权代理的效力〕

法人的法定代表人或者非法人组织的负责人超越权限订立的合同,除相对人知道或者应当知道其超越权限外,该代表行为有效,订立的合同对法人或者非法人组织发生效力。

【合同实务解读】

本条是对法定代表人或负责人超越权限订立的合同的效力的规定,除非相对人知道或应当知道其行为超越权限,否则所订立的合同对他们所代表的组织发生法律效力。

依据《民法典》(2020年)的定义,法人和非法人组织同属能够依法以自己的名义从事民事活动的"组织"。而法人的法定代表人和非法人组织的负责人,也都是《民法典》(2020年)定义上的"负责人"。他们对外代表法人或非法人组织,在法律规定和本组织章程等规定的范围内代表所在组织从事民事活动,其职务行为的法律后果由法人或非法人组织承担。

一、不得对抗善意相对人原则

法人的法定代表人和非法人组织的负责人,对外都分别代表自己任职的法人或非法人组织。他们的代表权受公司章程和制度的限制,但这种限制通常不得对抗善意第三人。

（一）代表权及责任分配

法人的法定代表人依据法律确定,其对外的代表权受公司章程、公司权力机构、公司管理制度的制约。《民法典》(2020年)第六十一条规定了法定代表人的定义、代表权以及公司章程或权力机构对代表权的限制不及于善意第三人,第六十二条则规定了法定代表人执行职务造成他人损害时与法人之间的责任分配问题。即:

第六十一条 依照法律或者法人章程的规定,代表法人从事民事活动的负责人,为法人的法定代表人。

法定代表人以法人名义从事的民事活动,其法律后果由法人承受。

法人章程或者法人权力机构对法定代表人代表权的限制,不得对抗善意相对人。

第六十二条 法定代表人因执行职务造成他人损害的,由法人承担民事责任。

法人承担民事责任后,依照法律或者法人章程的规定,可以向有过错的法定代表人追偿。

正是因为第六十一条第三款中关于法定代表人代表权的限制"不得对抗善意相对人"的规定,法律关系才变得复杂。

以公司为例,依据《公司法》(2023年修订)第十五条的规定,"公司向其他企业投资或者为他人提供担保,按照公司章程的规定,由董事会或者股东会决议;公司章程对投资或者担保的总额及单项投资或者担保的数额有限额规定的,不得超过规定的限额。公司为公司股东或者实际控制人提供担保的,应当经股东会决议"。

但这些规定并不足以避免法定代表人签署的投资或担保合同超出公司章程限制的情形发生。为此,《公司法》(2023年修订)有着与《民法典》(2020年)相同的规定:

第十一条 法定代表人以公司名义从事的民事活动,其法律后果由公司承受。

公司章程或者股东会对法定代表人职权的限制,不得对抗善意相对人。

法定代表人因执行职务造成他人损害的,由公司承担民事责任。公司承担民事责任后,依照法律或者公司章程的规定,可以向有过错的法定代表人追偿。

非法人组织负责人所受到的权力限制与此相类似。《民法典》(2020年)虽然并未直接规定非法人组织负责人的法律上的权利义务,但第一百零五条规定了"非法人组织可以确定一人或者数人代表该组织从事民事活动";第一百零八条规定了"非法人组织除适用本章规定外,参照适用本编第三章第一节的有关规定",即适用"第一编 总则""第三章 法人"中的"第一节 一般规定"。因此其法定的权利义务与法定代表人基本相同,权力同样在合同领域受到限制。

(二)不得对抗善意第三人及限制

有了法律上对于善意第三人利益的保障,市场主体间的交易就可以顺畅进行。当法定代表人或负责人超出这些限制订立合同时,虽构成了"超越权限订立"的情形,但法定代表人以法人名义从事的民事活动其法律后果由法人承受、负责人以非法人组织的名义从事的民事活动其法律后果由非法人组织承受,"不得对抗善意相对人"的规定令他们的代理行为有效。

但当"相对人知道或者应当知道其超越权限"的行为时,即相对人已经明知该法定代表人或该负责人已经在滥用其代表权却仍旧试图通过交易获得利益时,他们就已经不属于"善意相对人"。在此情形下,法律规定法定代表人或负责人的代表行为无效。

二、司法解释对于超越权限的规定

对于"法人的法定代表人或者非法人组织的负责人超越权限订立的合同"问题,最高人民法院有着进一步的细化界定。

《合同编通则司法解释》(2023年)第二十条将法定代表人、负责人订立合同的权限分为"法律、行政法规为限制法人的法定代表人或者非法人组织的负责人的代表权,规定合同所涉事项应当由法人、非法人组织的权力机构或者决策机构决议,或者应当由法人、非法人组织的执行机构决定"和"法人、非法人组织的章程或者权力机构等对代表权的限制"两类情形,并区分不同情况加以处理。

该条第一款规定了法定代表人、负责人违反了法律、行政法规为限制他们的代表权而授权法人、非法人组织权力机构确定的权限时,其越权代理行为只在部分情况下有效。即:

第二十条第一款　法律、行政法规为限制法人的法定代表人或者非法人组织的负责人的代表权,规定合同所涉事项应当由法人、非法人组织的权力机构或者决策机构决议,或者应当由法人、非法人组织的执行机构决定,法定代表人、负责人未取得授权而以法人、非法人组织的名义订立合同,未尽到合理审查义务的相对人主张该合同对法人、非法人组织发生效力并由其承担违约责任的,人民法院不予支持,但是法人、非法人组织有过错的,可以参照民法典第一百五十七条的规定判决其承担相应的赔偿责任。相对人已尽到合理审查义务,构成表见代表的,人民法院应当依据民法典第五百零四条的规定处理。

其中,"民法典第一百五十七条的规定"是民事法律行为无效、被撤销或不生效时的解决方案,即"行为人因该行为取得的财产,应当予以返还;不能返还或者没有必要返还的,应当折价补偿。有过错的一方应当赔偿对方由此所受到的损失;各方都有过错的,应当各自承担相应的责任。法律另有规定的,依照其规定"。

而"民法典第五百零四条的规定"则是本条规定,即"法人的法定代表人或者非法人组织的负责人超越权限订立的合同,除相对人知道或者应当知道其超越权限外,该代表行为有效,订立的合同对法人或者非法人组织发生效力"。

《合同编通则司法解释》(2023年)第二十条的第二款、第三款,则规定了未超越法律、行政法规规定的代表权限但超越了法人、非法人组织的章程或者权力机构等对代表权的限制时,一般应视为代理生效。同时还规定了法人、非法人组织追究法定代表人、负责人越权代表行为时适用的规则。即:

合同所涉事项未超越法律、行政法规规定的法定代表人或者负责人的代表权限,但是超越法人、非法人组织的章程或者权力机构等对代表权的限制,相对人主张该合同对法人、非法人组织发生效力并由其承担违约责任的,人民法院依法予以支持。但是,法人、非法人组织举证明相对人知道或者应当知道该限制的除外。

法人、非法人组织承担民事责任后,向有过错的法定代表人、负责人追偿因越权代表行为造成的损失的,人民法院依法予以支持。法律、司法解释对法定代表人、负责人的民事责任另有规定的,依照其规定。

【风险点及建议】

同本条规定相关的法律风险,是法定代表人或负责人越权订立合同,以及相对人知道或应当知道法定代表人或负责人已经超越权限仍旧订立合同。

法人的法定代表人和非法人组织的负责人的越权问题成因复杂,在现实工作中难以杜绝。一方面,以《公司法》(2023年修订)的相关规定为例,尽管可以通过公司章程、股东会决议、董事会决议、公司管理制度等明确法定代表人的权限,甚至还有监事等制约机制,但仍旧难以杜绝法定代表人或负责人越权订立合同的行为;而另一方面,对于法定代表人或负责人经营管理权过多地干预,又会影响正常的生产经营活动。

对于越权行为最大的制约,是增设管理者的个人赔偿责任制度。例如,对于公司法定代表人的越权行为,《公司法》(2023年修订)第一百八十八条规定:"董事、监事、高级管理人员执行职务违反法律、行政法规或者公司章程的规定,给公司造成损失的,应当承担赔偿责任。"而在现实的诉讼中,主张法定代表人对其给公司造成的损失承担赔偿责任的案件也确有发生。

加强对签订合同权限的规章程序管理和监督机制,是法人或非法人组织的权力机构可以采纳的另一解决方案。合同签订、履行的合规管理本就是合规管理的

重点,综合运用如下措施有助于对超越权限订立合同行为的管理:

(1)通过章程、管理制度等明确法定代表人或负责人的合同签订权限。

(2)通过监事会、信息管理系统等实施有效的流程控制、监督。

(3)授权盖章环节以管理权限和独立性,直接阻止越权代理合同的成立。

(4)强化法定代表人或负责人的权限意识,并辅以责任赔偿制度、绩效考核。

除此之外,《民法典》(2020年)还规定在法人的设立阶段,设立人为设立法人而从事的民事活动,其后果由法人承受,法人未成立则由设立人承受,即:

第七十五条　设立人为设立法人从事的民事活动,其法律后果由法人承受;法人未成立的,其法律后果由设立人承受,设立人为二人以上的,享有连带债权,承担连带债务。

设立人为设立法人以自己的名义从事民事活动产生的民事责任,第三人有权选择请求法人或者设立人承担。

〔第二部分　几类条款效力与法律适用〕

043. 第五百零五条　〔超越经营范围的合同〕

当事人超越经营范围订立的合同的效力,应当依照本法第一编第六章第三节和本编的有关规定确定,不得仅以超越经营范围确认合同无效。

【合同实务解读】

本条是关于超越经营范围订立的合同的效力的规定。基本原则是不得仅因超越经营范围而认定合同无效,而应按照民事法律行为效力和合同的效力两个标准判定合同是否有效。

经营范围管理以前一直是原工商行政管理部门的主要工作内容,也是判定合同是否无效的重要依据。2018年起,随着管理理念提升和法律体系变化,以及国家工商行政管理总局、国家质量监督检验检疫总局、国家食品药品监督管理总局合并组建为国家市场监督管理总局,原《企业经营范围登记管理规定》(已失效)被《市场主体登记管理条例》(2021年)取代,内容也发生了巨大的变化。

一、经营范围

经营范围,是指市场主体从事经营活动时的业务范围。它需要得到政府主管部门依法许可、登记才可载入营业执照。

经营范围可以细分为一般经营项目和许可经营项目。对于后者的许可,还分为前置审批和后置审批。依据该条例的规定:

第十四条　市场主体的经营范围包括一般经营项目和许可经营项目。经营范围中属于在登记前依法须经批准的许可经营项目,市场主体应当在申请登记时提交有关批准文件。

市场主体应当按照登记机关公布的经营项目分类标准办理经营范围登记。

市场主体的经营范围登记,可根据市场监督管理部门发布的经营范围目录选择一般经营项目和许可经营项目。即《市场主体登记管理条例实施细则》(2022年)所规定的:

第十二条　申请人应当按照国家市场监督管理总局发布的经营范围规范目录,根据市场主体主要行业或者经营特征自主选择一般经营项目和许可经营项目,申请办理经营范围登记。

二、市场主体

对于市场主体,最为权威的解释当属《市场主体登记管理条例》(2021年)。该条例不仅给出了定义,还列举了市场主体的类型。即:

第二条　本条例所称市场主体,是指在中华人民共和国境内以营利为目的从事经营活动的下列自然人、法人及非法人组织:

(一)公司、非公司企业法人及其分支机构;

(二)个人独资企业、合伙企业及其分支机构;

(三)农民专业合作社(联合社)及其分支机构;

(四)个体工商户;

(五)外国公司分支机构;

(六)法律、行政法规规定的其他市场主体。

市场主体在合同领域就是合同主体,但合同主体包括但不限于市场主体。除了市场主体,合同主体还包括各类不以营利为目的、不从事经营活动但参与合同行为的自然人、法人及非法人组织。例如,以个人消费为目的的自然人,他们购买商品房同样属于合同行为。上述合同主体,并非《市场主体登记管理条例》(2021年)意义上的市场主体。

根据该条例,判断市场主体合法性的标准,是其是否依法登记。即:

第三条 市场主体应当依照本条例办理登记。未经登记,不得以市场主体名义从事经营活动。法律、行政法规规定无须办理登记的除外。

市场主体登记包括设立登记、变更登记和注销登记。

其中的"设立登记",按照该条例的规定,包括经营范围事项。即:

第八条 市场主体的一般登记事项包括:

(一)名称;

(二)主体类型;

(三)经营范围;

(四)住所或者主要经营场所;

(五)注册资本或者出资额;

(六)法定代表人、执行事务合伙人或者负责人姓名。

其中"法律、行政法规规定无须办理登记的除外",目前并无国家法律层面的规定,但国务院行政法规《无证无照经营查处办法》(中华人民共和国国务院令第684号,2017年)列出了"不属于无证无照经营"的范围。即:

第三条 下列经营活动,不属于无证无照经营:

(一)在县级以上地方人民政府指定的场所和时间,销售农副产品、日常生活用品,或者个人利用自己的技能从事依法无须取得许可的便民劳务活动;

(二)依照法律、行政法规、国务院决定的规定,从事无须取得许可或者办理注册登记的经营活动。

未经依法设立登记从事以营利为目的的经营活动,除了"法律、行政法规规定无须办理登记"的情形,均属违法行为。这样的合同主体也不属于合法的合同主体,所签订的合同也存在效力问题。《市场主体登记管理条例》(2021年)规定了对这类行为的处罚,即:

第四十三条 未经设立登记从事经营活动的,由登记机关责令改正,没收违法所得;拒不改正的,处1万元以上10万元以下的罚款;情节严重的,依法责令关闭停业,并处10万元以上50万元以下的罚款。

如果需要实地查验某一潜在交易对象是否为合法的市场主体,可查验其住所或主要经营场所醒目位置的营业执照,并进一步从登记信息中予以核实。同时该条例对于营业执照的展示位置有具体要求,违反相关要求可能受到行政处罚。即:

第四十八条 市场主体未依照本条例将营业执照置于住所或者主要经营场所醒目位置的,由登记机关责令改正;拒不改正的,处3万元以下的罚款。

从事电子商务经营的市场主体未在其首页显著位置持续公示营业执照信息或者相关链接标识的,由登记机关依照《中华人民共和国电子商务法》处罚。

市场主体伪造、涂改、出租、出借、转让营业执照的,由登记机关没收违法所得,处10万元以下的罚款;情节严重的,处10万元以上50万元以下的罚款,吊销营业执照。

三、超越经营范围的行政处罚

超越经营范围实施行为容易受到行政处罚和引发合同效力问题。由于《市场主体登记管理条例》(2021年)中并没有设定对于超越经营范围实施行为的行政处罚,可视为该类行为的处罚已不属市场监督管理部门的执法范围,但这并不意味着超越经营范围的行为不会受到行政处罚。

在一般经营项目和许可经营项目两大类经营范围中,超越一般经营项目经营范围从事经营的风险较小。《市场主体登记管理条例》(2021年)对此并未设立行政处罚,因而不会受到行政处罚,更不会引起合同无效。

但许可经营项目属于《行政许可法》(2019年修正)项下必须经过行政许可方可经营的项目,超越经营范围存在行政处罚和合同无效的风险。尤其是"登记前依法须经批准的许可经营项目",往往是法律法规规定的未经核准审批禁止经营的领域。如果市场主体没有得到合法许可而从事这些许可经营项目,不仅存在被颁发许可的主管部门进行行政处罚的风险,还存在合同无效、被依法追究刑事责任的风险。

行政许可,是行政部门管理市场行为的重要手段。依据《行政许可法》(2019年修正)第二条:"本法所称行政许可,是指行政机关根据公民、法人或者其他组织的申请,经依法审查,准予其从事特定活动的行为。"

对于行政许可的范围,《行政许可法》(2019年修正)规定:

第十二条 下列事项可以设定行政许可:

(一)直接涉及国家安全、公共安全、经济宏观调控、生态环境保护以及直接关系人身健康、生命财产安全等特定活动,需要按照法定条件予以批准的事项;

(二)有限自然资源开发利用、公共资源配置以及直接关系公共利益的特定行业的市场准入等,需要赋予特定权利的事项;

(三)提供公众服务并且直接关系公共利益的职业、行业,需要确定具备特殊信誉、特殊条件或者特殊技能等资格、资质的事项;

（四）直接关系公共安全、人身健康、生命财产安全的重要设备、设施、产品、物品，需要按照技术标准、技术规范，通过检验、检测、检疫等方式进行审定的事项；

（五）企业或者其他组织的设立等，需要确定主体资格的事项；

（六）法律、行政法规规定可以设定行政许可的其他事项。

事实上，并非所有这些范围内的经营均需许可，否则将会使市场丧失活力，也会导致社会管理成本过高。为此，《行政许可法》（2019年修正）的后续条款规定：

第十三条 本法第十二条所列事项，通过下列方式能够予以规范的，可以不设行政许可：

（一）公民、法人或者其他组织能够自主决定的；

（二）市场竞争机制能够有效调节的；

（三）行业组织或者中介机构能够自律管理的；

（四）行政机关采用事后监督等其他行政管理方式能够解决的。

对于违反此类行政许可管理的行为，《行政许可法》（2019年修正）设立了十分明确的行政处罚，许多处罚甚至会涉及刑事责任。与行政处罚相关的两条规定分别为：

第八十条 被许可人有下列行为之一的，行政机关应当依法给予行政处罚；构成犯罪的，依法追究刑事责任：

（一）涂改、倒卖、出租、出借行政许可证件，或者以其他形式非法转让行政许可的；

（二）超越行政许可范围进行活动的；

（三）向负责监督检查的行政机关隐瞒有关情况、提供虚假材料或者拒绝提供反映其活动情况的真实材料的；

（四）法律、法规、规章规定的其他违法行为。

第八十一条 公民、法人或者其他组织未经行政许可，擅自从事依法应当取得行政许可的活动的，行政机关应当依法采取措施予以制止，并依法给予行政处罚；构成犯罪的，依法追究刑事责任。

由此可见，足以引起合同效力问题的超越经营范围行为，来自许可经营项目。但行政许可分布在诸多的法律法规中，因此许多行政许可不得不从不同的法律法规中查找。

四、超越经营范围与合同效力

超越经营范围时的合同效力,按照本条规定"应当依照本法第一编第六章第三节和本编的有关规定确定"。其中,《民法典》(2020年)的"第一编第六章第三节"为"民事法律行为的效力",本条所属的"本编"则是"第三编 合同"。

"本法第一编第六章第三节"的内容为"民事法律行为的效力",共为15条。从第一百四十三条到第一百五十七条,分别规定了民事法律行为的有效、无效、追认、撤销。其中,第一百四十三条规定了民事法律行为有效的三个条件:

第一百四十三条 具备下列条件的民事法律行为有效:
(一)行为人具有相应的民事行为能力;
(二)意思表示真实;
(三)不违反法律、行政法规的强制性规定,不违背公序良俗。

纵观整个"第三节",民事法律行为无效的相关规定分散在不同的条款中,可以分为以下几种情形:

(一)无民事行为能力人实施的民事法律行为;
(二)行为人与相对人以虚假的意思表示实施的民事法律行为;
(三)违反法律、行政法规的强制性规定的民事法律行为,但该强制性规定不导致民事法律行为无效的除外;
(四)违背公序良俗的民事法律行为;
(五)行为人与相对人恶意串通,损害他人合法权益的民事法律行为。

从以上列举可以看出,与当事人超越经营范围相关且影响合同效力的情形只有"违反法律、行政法规的强制性规定的民事法律行为",该法律依据是《民法典》(2020年)第一百五十三条第一款,即"违反法律、行政法规的强制性规定的民事法律行为无效。但是,该强制性规定不导致该民事法律行为无效的除外"。

综上所述,超越经营范围是否导致合同无效,取决于经营行为是否"违反法律、行政法规的强制性规定",包括但不限于违反了效力性的许可经营项目的行政许可。

五、最高人民法院相关司法解释

《合同编通则司法解释》(2023年)并未对超越经营范围问题作出解释,但其对于合同违反法律、行政法规的效力判断标准完全可适用于超越经营范围的合同效力问题。

依据其第十六条的规定，合同违反法律、行政法规的强制性规定后，在几种特定情形下，如果行为人承担行政责任或者刑事责任能够实现强制性规定的立法目的，可视为《民法典》（2020年）第一百五十三条第一款所规定的"该强制性规定不导致该民事法律行为无效"，从而认定该合同不因违反强制性规定无效。具体规定为：

第十六条 合同违反法律、行政法规的强制性规定，有下列情形之一，由行为人承担行政责任或者刑事责任能够实现强制性规定的立法目的的，人民法院可以依据民法典第一百五十三条第一款关于"该强制性规定不导致该民事法律行为无效的除外"的规定认定该合同不因违反强制性规定无效：

（一）强制性规定虽然旨在维护社会公共秩序，但是合同的实际履行对社会公共秩序造成的影响显著轻微，认定合同无效将导致案件处理结果有失公平公正；

（二）强制性规定旨在维护政府的税收、土地出让金等国家利益或者其他民事主体的合法利益而非合同当事人的民事权益，认定合同有效不会影响该规范目的的实现；

（三）强制性规定旨在要求当事人一方加强风险控制、内部管理等，对方无能力或者无义务审查合同是否违反强制性规定，认定合同无效将使其承担不利后果；

（四）当事人一方虽然在订立合同时违反强制性规定，但是在合同订立后其已经具备补正违反强制性规定的条件却违背诚信原则不予补正；

（五）法律、司法解释规定的其他情形。

法律、行政法规的强制性规定旨在规制合同订立后的履行行为，当事人以合同违反强制性规定为由请求认定合同无效的，人民法院不予支持。但是，合同履行必然导致违反强制性规定或者法律、司法解释另有规定的除外。

依据前两款认定合同有效，但是当事人的违法行为未经处理的，人民法院应当向有关行政管理部门提出司法建议。当事人的行为涉嫌犯罪的，应当将案件线索移送刑事侦查机关；属于刑事自诉案件的，应当告知当事人可以向有管辖权的人民法院另行提起诉讼。

除此之外，第十七条还规定了合同虽然不违反法律、行政法规的强制性规定，但因影响国家安全、社会稳定、社会公共秩序或违背公序良俗而应依据《民法典》（2020年）第一百五十三条第二款认定合同无效的情形。具体规定为：

第十七条 合同虽然不违反法律、行政法规的强制性规定，但是有下列情形之

一、人民法院应当依据民法典第一百五十三条第二款的规定认定合同无效：

（一）合同影响政治安全、经济安全、军事安全等国家安全的；

（二）合同影响社会稳定、公平竞争秩序或者损害社会公共利益等违背社会公共秩序的；

（三）合同背离社会公德、家庭伦理或者有损人格尊严等违背善良风俗的。

人民法院在认定合同是否违背公序良俗时，应当以社会主义核心价值观为导向，综合考虑当事人的主观动机和交易目的、政府部门的监管强度、一定期限内当事人从事类似交易的频次、行为的社会后果等因素，并在裁判文书中充分说理。当事人确因生活需要进行交易，未给社会公共秩序造成重大影响，且不影响国家安全，也不违背善良风俗的，人民法院不应当认定合同无效。

其中"民法典第一百五十三条第二款"规定的内容，是"违背公序良俗的民事法律行为无效"。

从以上判定合同是否有效的标准来看，最高人民法院对于判定合同无效采取谨慎态度，对于轻微的违法行为尽可能判定合同有效。但同时也将合同无效强化适用到了并不违反法律、行政法规的强制性规定但"影响社会稳定、公平竞争秩序或者损害社会公共利益等违背社会公共秩序"的行为。

【风险点及建议】

同本条规定相关的法律风险，在于超越经营范围订立的合同违反了许可经营项目等法律、行政法规内的效力性强制规定而导致合同无效。

经营范围管理是计划经济时代的产物。在计划经济体系下，企业必须严格按照规定的经营范围生产经营，任何超越经营范围的活动均有可能受到工商行政管理部门的行政处罚。在经济欠发达、物资匮乏的工业化初期，这一管理模式旨在提高资源利用效率和促进工业配套体系形成。但这一僵化的管理模式抑制了市场活力、限制了经营管理创新，因此改革这一管理体系顺应了现代经济发展的需要。

一、许可经营的经营范围

如前所述，超越经营范围行为只有违反了法律、行政法规的强制性规定才有可能受到行政处罚并影响合同的效力。对这类行为的处罚，通常来自违反许可经营项目的行政许可规定。而在现实中，许可经营项目分布很广。

许可经营项目属于必须经过行政许可才能经营的产品或服务,如与自然资源相关的许可管理、对特殊商品或物资的生产经营许可等。未经许可从事相关生产经营既有受到行政处罚、导致合同无效的风险,还可能承担刑事责任。一般经营项目多为不需要另外许可的普通、常见的产品或服务,超越经营范围经营其他一般许可经营项目通常不会受到行政处罚。

法律法规中严加管理的,正是这种超越经营范围从事许可经营项目经营活动的行为。而处罚的对象,也并不是其超越经营范围行为,而是违反许可经营管理行为。对此,《行政许可法》(2019年修正)有明确规定。即:

第八十条 被许可人有下列行为之一的,行政机关应当依法给予行政处罚;构成犯罪的,依法追究刑事责任:

(一)涂改、倒卖、出租、出借行政许可证件,或者以其他形式非法转让行政许可的;

(二)超越行政许可范围进行活动的;

(三)向负责监督检查的行政机关隐瞒有关情况、提供虚假材料或者拒绝提供反映其活动情况的真实材料的;

(四)法律、法规、规章规定的其他违法行为。

第八十一条 公民、法人或者其他组织未经行政许可,擅自从事依法应当取得行政许可的活动的,行政机关应当依法采取措施予以制止,并依法给予行政处罚;构成犯罪的,依法追究刑事责任。

换言之,法律、法规对于这一领域的管理,主要是针对未经登记的经营活动和虽经登记但未依法取得许可的经营活动。《市场主体登记管理条例实施细则》(2022年)即规定:

第六十九条 未经设立登记从事许可经营活动或者未依法取得许可从事经营活动的,由法律、法规或者国务院决定规定的部门予以查处;法律、法规或者国务院决定没有规定或者规定不明确的,由省、自治区、直辖市人民政府确定的部门予以查处。

具体而言,超越经营范围受到行政处罚并非因为超越经营范围本身,而是因为这种行为违反的许可经营管理。例如,零售企业超越经营范围经营了实行专卖管理的烟草,所受到的处罚通常不会因为超越经营范围而是因为违反了烟草专卖管理制度。《烟草专卖法》(2015年修正)即有如下规定:

第三十二条　无烟草专卖零售许可证经营烟草制品零售业务的,由工商行政管理部门责令停止经营烟草制品零售业务,没收违法所得,并处罚款。

如果情节严重,则可能触犯《刑法》(2023年修正)第二百二十五条所规定的非法经营罪。这类非法经营行为大量涉及行政许可问题,其具体条款规定如下:

第二百二十五条　违反国家规定,有下列非法经营行为之一,扰乱市场秩序,情节严重的,处五年以下有期徒刑或者拘役,并处或者单处违法所得一倍以上五倍以下罚金;情节特别严重的,处五年以上有期徒刑,并处违法所得一倍以上五倍以下罚金或者没收财产:

(一)未经许可经营法律、行政法规规定的专营、专卖物品或者其他限制买卖的物品的;

(二)买卖进出口许可证、进出口原产地证明以及其他法律、行政法规规定的经营许可证或者批准文件的;

(三)未经国家有关主管部门批准非法经营证券、期货、保险业务的,或者非法从事资金支付结算业务的;

(四)其他严重扰乱市场秩序的非法经营行为。

二、可能采取的防范措施

超越经营范围问题通常不在合同的法律审查工作范围内,但仅仅审查合同条款却难以发现这类法律风险。在这一问题上,无论是市场主体还是法律工作者都应当放宽视野,关注到合同文本以外的合法性问题,特别是标的、交易的经营许可等规定以保障交易的合法性、合同的有效性。从事许可经营项目的交易,需进一步排查相关的法律风险,以合法的交易模式取得合法的交易利益。

首先,排查哪一方需要许可。许可经营项目一般只是管理经营方而并不管理其交易对象,如经营烟草需要许可但消费烟草并不需要许可。但有些行业需要买方甚至全产业链的参与方都要取得许可,否则不得从事相关的生产经营活动。

其次,查询能否取得临时许可。如果取得许可是交易合法性的必要条件,而应当具备行政许可的一方并无此类许可,可向当地政府部门查询是否可以申请临时许可。某些产品或服务由于情况特殊而设有临时许可制度,可通过申请临时许可使交易合法化。

最后,考虑能否变换交易模式。这里所说的变换交易模式,是以合法方式通过调整交易主体、交易模式、交易标的等方式,既合法地实现资源交换又不违背相关行政许可制度。例如,增加合格主体、仅交易无须许可部分、向第三人履行或由第三人履行等。但此类行为是否合法,仍需依据相关法律确定。

总体上,依法取得许可经营项目的行政许可是确保合同有效、交易合法、权益得到有效保护的基础。如果不能取得必备的行政许可,则不可通过交易安排合法地从事交易。

044. 第五百零六条 〔免责条款的无效〕

合同中的下列免责条款无效:

(一)造成对方人身损害的;

(二)因故意或者重大过失造成对方财产损失的。

【合同实务解读】

本条是关于合同中两类免责条款无效的规定,包括造成对方人身损害、故意或重大过失造成对方财产损失两类。

合同当事人的责任免除,有法定免责也有约定免责。前者由法律规定,如果未允许当事人自行约定则当事人的约定不能对抗法定的免除责任。后者由双方自行约定,只要能够达成一致且与法不悖,法律允许当事人在一定幅度内自行约定高于或低于法定要求的责任,甚至可以约定免除责任。

一、法定规定的免责情形

法定免责往往是建立在社会责任与社会发展的平衡之上,在特定领域的具体情况下免责,其指向的是所有民事主体。这种免责多用于保护弱势方的利益,降低其承担不合理风险的几率,以保障民事法律行为公平原则的实现。

例如,对于免除产品责任,《产品质量法》(2018年修正)规定:

第四十一条 因产品存在缺陷造成人身、缺陷产品以外的其他财产(以下简称他人财产)损害的,生产者应当承担赔偿责任。

生产者能够证明有下列情形之一的,不承担赔偿责任:

(一)未将产品投入流通的;

(二)产品投入流通时,引起损害的缺陷尚不存在的;

(三)将产品投入流通时的科学技术水平尚不能发现缺陷的存在的。

二、其他法律中的免责无效

"造成对方人身损害"或"因故意或者重大过失造成对方财产损失"时的赔偿等责任在其他法律中已经早有规定。此种人身损害、财产损失以及由此而起的赔偿等责任,既可能基于侵权行为产生,也可能基于合同的履行而产生,但二者皆需要承担赔偿责任,甚至免责条款无效。

例如,《产品质量法》(2018 年修正)规定了产品缺陷的赔偿责任:

第四十四条 因产品存在缺陷造成受害人人身伤害的,侵害人应当赔偿医疗费、治疗期间的护理费、因误工减少的收入等费用;造成残疾的,还应当支付残疾者生活自助具费、生活补助费、残疾赔偿金以及由其扶养的人所必需的生活费等费用;造成受害人死亡的,并应当支付丧葬费、死亡赔偿金以及由死者生前扶养的人所必需的生活费等费用。

因产品存在缺陷造成受害人财产损失的,侵害人应当恢复原状或者折价赔偿。受害人因此遭受其他重大损失的,侵害人应当赔偿损失。

又如,《保险法》(2015 年修正)规定了保险人的某些免责条款无效:

第十九条 采用保险人提供的格式条款订立的保险合同中的下列条款无效:

(一)免除保险人依法应承担的义务或者加重投保人、被保险人责任的;

(二)排除投保人、被保险人或者受益人依法享有的权利的。

再如,《消费者权益保护法》(2013 年修正)没有经营者的免责规定,只有其承担赔偿责任的规定:

第四十九条 经营者提供商品或者服务,造成消费者或者其他受害人人身伤害的,应当赔偿医疗费、护理费、交通费等为治疗和康复支出的合理费用,以及因误工减少的收入。造成残疾的,还应当赔偿残疾生活辅助具费和残疾赔偿金。造成死亡的,还应当赔偿丧葬费和死亡赔偿金。

三、免责条款无效的一致思路

赔偿损失,是《民法典》(2020 年)第一百七十九条所规定的"承担民事责任的方式"之一,属于民事行为中造成人身伤害、财产损失时的通用规则。在合同编中规定这两种免责条款无效,是公平原则的体现,有利于维护合同双方利益平衡,避免处于优势交易地位方利用合同条款损害弱势方的基本权益。

约定免责条款通常由处于相对优势交易地位的一方作为要约的一部分加以设

定,而且通常以格式条款的方式体现为对己方某种责任的减轻或免除。尽管交易双方在自愿原则的基础上可以自行约定免责事项,但若对免责条款不加以约束,处于优势交易地位的一方将可以无限压缩相对方的权利空间从而使交易失去公平基础。而本条的两项规定,正是免责条款的底线。

利用优势交易地位损害弱势方合法权益的情形,在经营者与消费者之间的消费合同中最容易发生,因此法律加强了这方面的规定。《消费者权益保护法》(2013年修正)不仅规定了消费者依法获得赔偿的权利,还规定了相应格式条款的无效:

第十一条 消费者因购买、使用商品或者接受服务受到人身、财产损害的,享有依法获得赔偿的权利。

第二十六条 经营者在经营活动中使用格式条款的,应当以显著方式提请消费者注意商品或者服务的数量和质量、价款或者费用、履行期限和方式、安全注意事项和风险警示、售后服务、民事责任等与消费者有重大利害关系的内容,并按照消费者的要求予以说明。

经营者不得以格式条款、通知、声明、店堂告示等方式,作出排除或者限制消费者权利、减轻或者免除经营者责任、加重消费者责任等对消费者不公平、不合理的规定,不得利用格式条款并借助技术手段强制交易。

格式条款、通知、声明、店堂告示等含有前款所列内容的,其内容无效。

因此,该法第十一条对于"依法获得赔偿的权利"的规定以及第二十六条对于不当格式条款的限制,与《民法典》(2020年)在本条所规定的两种行为的免责条款无效在原则上相一致。

不仅如此,《民法典》(2020年)在"第四编 人格权"中的第九百九十六条,还规定了违约行为的精神损害赔偿责任:

第九百九十六条 因当事人一方的违约行为,损害对方人格权并造成严重精神损害,受损害方选择请求其承担违约责任的,不影响受损害方请求精神损害赔偿。

因此不仅交易中造成对方人身损害的行为不能免责,连违约后造成的精神损害相对方也需要承担责任。

【风险点及建议】

同本条款规定相关的法律风险,是一方在合同文本中约定了对造成对方人身损害免责或因故意或者重大过失造成对方财产损失免责,以及受到人身损害或财产损失方未依法主张该两个条款无效。

在合同实务中,对于"造成对方人身损害"或"因故意或者重大过失造成对方财产损失"免责的条款鲜有遇到。因为很少有合同一方当事人会处于如此优势的交易地位,所以这样的条款很难被接受和签订。

一、绝对免责和相对免责

对于合同履行期间发生质量等损失设定上限的情形相对较多。这类情形多见于履行结果存在一定不确定性的交易,例如技术开发、管理咨询、现有技术无法保证的建设工程等。比较常见的约定是赔偿责任以其收费为限,或是以其货值为限。

在法律上,当事人可以合法有效地在合同中约定对于非故意、非重大过失造成的对方财产损失免责。尽管"造成对方人身损害"和"因故意或者重大过失造成对方财产损失"这两类绝对免责条款无效,但可以通过明确产品或服务的安全使用要求以及其他的提示、告知、培训等避免损害的发生,从而实现相对免责。但这类方法用于消费品时有时难以奏效,因为法律对消费者有着特殊的保护。

如果对方的要约带有对"造成对方人身损害"或"因故意或者重大过失造成对方财产损失"免责的条款,最需要考虑的是交易利益与交易风险是否平衡。因为这类免责条款的无效是强制性的,所以这类条款无论是否删除均无法律效力。因此,在理论上这对接受此类要约的一方有利,即没有发生人身或财产损失时获得充分的交易利益,而发生此类损失时可申请该等条款无效。

除了这两类无效的免责条款,其他免责条款可能会合法有效。对于这些法律并未规定其为无效的条款,则需要评估风险事件发生的概率、可能带来的损失,以及风险及损失是否可控制、是否可承受。如果能够控制或是能够承受则可以考虑接受,不能控制或承受则提出新要约或另找交易机会。

二、产品销售者的免责

在产品质量领域,生产者和销售者的免责要求并不相同。通常情况下,最希望免责的是《产品质量法》意义上的产品生产者。产品的销售者通常并不需要这类免责条款,因为产品责任主要是由生产者承担。

按照《产品质量法》(2018年修正)的规定,销售者只要没有因过错导致产品缺陷、能够指明缺陷产品的生产者或供货者,即无须承担责任:

第四十二条　由于销售者的过错使产品存在缺陷，造成人身、他人财产损害的，销售者应当承担赔偿责任。

销售者不能指明缺陷产品的生产者也不能指明缺陷产品的供货者的，销售者应当承担赔偿责任。

如果发生人身、财产损害，消费者既可以要求销售者承担责任也可以要求生产者承担责任，但最终责任由责任方承担：

第四十三条　因产品存在缺陷造成人身、他人财产损害的，受害人可以向产品的生产者要求赔偿，也可以向产品的销售者要求赔偿。属于产品的生产者的责任，产品的销售者赔偿的，产品的销售者有权向产品的生产者追偿。属于产品的销售者的责任，产品的生产者赔偿的，产品的生产者有权向产品的销售者追偿。

此外，销售者还可通过合同与生产者约定销售者的免责事项以控制风险。例如，该法第四十条在规定了销售者对于消费者的修理、更换、退货、赔偿等义务之余，还规定了销售者有权向生产者、供货者追偿，以及"生产者与销售者之间订立的买卖合同、承揽合同有不同约定的，合同当事人按照合同约定执行"，即：

第四十条　售出的产品有下列情形之一的，销售者应当负责修理、更换、退货；给购买产品的消费者造成损失的，销售者应当赔偿损失：

（一）不具备产品应当具备的使用性能而事先未作说明的；

（二）不符合在产品或者其包装上注明采用的产品标准的；

（三）不符合以产品说明、实物样品等方式表明的质量状况的。

销售者依照前款规定负责修理、更换、退货、赔偿损失后，属于生产者的责任或者属于向销售者提供产品的其他销售者（以下简称供货者）的责任的，销售者有权向生产者、供货者追偿。

销售者未按照第一款规定给予修理、更换、退货或者赔偿损失的，由市场监督管理部门责令改正。

生产者之间，销售者之间，生产者与销售者之间订立的买卖合同、承揽合同有不同约定的，合同当事人按照合同约定执行。

三、自甘风险行为的归责

自甘风险又称自愿承受风险，是指当事人明知存在遭遇某种损害后果的可能性，仍自愿承担损害后果而置身于存在危险的环境或场合中，并在损害发生后自行承担损害后果的行为。这类行为有多种，但为《民法典》（2020 年）所认可的只有参

与文娱活动一种,该条款的规定如下:

第一千一百七十六条 自愿参加具有一定风险的文体活动,因其他参加者的行为受到损害的,受害人不得请求其他参加者承担侵权责任;但是,其他参加者对损害的发生有故意或者重大过失的除外。

活动组织者的责任适用本法第一千一百九十八条至第一千二百零一条的规定。

其中第二款提到的法律条款中,第一千一百九十九条至第一千二百零一条与本条关系较远,只有第一千一百九十八条与本条关系最为密切,即:

第一千一百九十八条 宾馆、商场、银行、车站、机场、体育场馆、娱乐场所等经营场所、公共场所的经营者、管理者或者群众性活动的组织者,未尽到安全保障义务,造成他人损害的,应当承担侵权责任。

因第三人的行为造成他人损害的,由第三人承担侵权责任;经营者、管理者或者组织者未尽到安全保障义务的,承担相应的补充责任。经营者、管理者或者组织者承担补充责任后,可以向第三人追偿。

由此可见,对"造成对方人身损害"免责的条款,可在自甘风险行为中有前提地合法有效。其免责合法有效的前提可从两个主体探究:对于造成其损害的其他参加者来说是其他参与者对损害的发生没有故意或重大过失;对于活动组织者来说是"尽到安全保障义务"。

045. 第五百零七条 〔解决争议条款的效力〕

合同不生效、无效、被撤销或者终止的,不影响合同中有关解决争议方法的条款的效力。

【合同实务解读】

本条是对解决争议条款效力的规定,这些条款的效力不受合同的不生效、无效、被撤销、终止的影响。

"合同不生效、无效、被撤销或者终止",都是当事人双方在合同中所约定的权利义务不具有或不再具有效力的状态。其中,"不生效"是合同成立后不具备生效条件,无效是生效后的合同因法定事由而自始无效,被撤销是生效后的合同因意思表示等问题而被撤销效力,终止是合同生效后的债权债务关系消灭。

一、合同不生效

"合同不生效",在法律和司法解释中均无权威定义。按通常理解,是指合同成立以后因未满足所需要的生效条件而处于无法产生法律效力的状态。

(一)合同不生效的法律特征

"合同不生效"与"合同未生效"在最高人民法院的语境中含义类似。通过分析最高人民法院提及"合同不生效"的22份司法解释显示,合同不生效与未得到应有的批准或合同存在签署人身份瑕疵有关。同时,最高人民法院的63份仍旧有效的司法解释中涉及"合同未生效"的内容同样与生效审批、约定的生效条件有关。

据此可知,二者均为合同成立后因未曾经过法定的审批程序、未满足法定要件或未满足约定的条件等而未能生效的情形。但从字面意义上来说,"不生效"应当用于已经确定不会生效的合同,而"未生效"则应用于将来可能生效也可能不生效的合同。"效力待定"曾广泛使用,但在《民法典》(2020年)和司法解释中均未提及。

不生效与生效的法律后果不同。生效的合同至少在形式上已得到法律的承认和保护,可以追究违约责任。不生效的合同因其内容并未产生效力而无法追究违约责任,但对于发生在合同生效前的损害,某些情况下可以追究相关的先契约责任,即缔约过失责任。

(二)合同不生效的具体情形

根据最高人民法院司法解释中提及的"合同不生效""合同未生效"、《民法典》(2020年)第一编第六章"第三节 民事法律行为的效力"以及合同编,合同不生效的原因及法律依据可能有以下几种:

1.合同依法成立但法律对合同生效另有规定

第五百零二条 依法成立的合同,自成立时生效,但是法律另有规定或者当事人另有约定的除外。

……

2.合同依法成立但当事人对合同生效另有约定

第五百零二条 依法成立的合同,自成立时生效,但是法律另有规定或者当事人另有约定的除外。

……

3.附生效条件但条件尚未成就

第一百五十八条 民事法律行为可以附条件,但是根据其性质不得附条件的除外。附生效条件的民事法律行为,自条件成就时生效。附解除条件的民事法律行为,自条件成就时失效。

另根据《总则编司法解释》(2022年),附条件生效的合同所附条件不可能发生时合同不发生效力,即:

第二十四条 民事法律行为所附条件不可能发生,当事人约定为生效条件的,人民法院应当认定民事法律行为不发生效力;当事人约定为解除条件的,应当认定未附条件,民事法律行为是否失效,依照民法典和相关法律、行政法规的规定认定。

4.附生效期限但期限尚未届至

第一百六十条 民事法律行为可以附期限,但是根据其性质不得附期限的除外。附生效期限的民事法律行为,自期限届至时生效。附终止期限的民事法律行为,自期限届满时失效。

5.限制民事行为能力人的法定有效以外的未经同意或追认的行为

第一百四十五条 限制民事行为能力人实施的纯获利益的民事法律行为或者与其年龄、智力、精神健康状况相适应的民事法律行为有效;实施的其他民事法律行为经法定代理人同意或者追认后有效。

相对人可以催告法定代理人自收到通知之日起三十日内予以追认。法定代理人未作表示的,视为拒绝追认。民事法律行为被追认前,善意相对人有撤销的权利。撤销应当以通知的方式作出。

6.无权代理未被追认对被代理人不发生效力

第一百七十一条 行为人没有代理权、超越代理权或者代理权终止后,仍然实施代理行为,未经被代理人追认的,对被代理人不发生效力。

……

7.应依法登记的物以未经登记不发生效力

第二百零九条 不动产物权的设立、变更、转让和消灭,经依法登记,发生效力;未经登记,不发生效力,但是法律另有规定的除外。

依法属于国家所有的自然资源,所有权可以不登记。

8.转让债权未通知债务人对债务人不发生效力

第五百四十六条 债权人转让债权,未通知债务人的,该转让对债务人不发生效力。

债权转让的通知不得撤销,但是经受让人同意的除外。

9. 滥用民事权利损害国家、社会或他人合法权益

第一百三十二条　民事主体不得滥用民事权利损害国家利益、社会公共利益或者他人合法权益。

对于这一规定,《总则编司法解释》(2022年)作出了进一步的解释和判定标准,即:

第三条　对于民法典第一百三十二条所称的滥用民事权利,人民法院可以根据权利行使的对象、目的、时间、方式、造成当事人之间利益失衡的程度等因素作出认定。

行为人以损害国家利益、社会公共利益、他人合法权益为主要目的行使民事权利的,人民法院应当认定构成滥用民事权利。

构成滥用民事权利的,人民法院应当认定该滥用行为不发生相应的法律效力。滥用民事权利造成损害的,依照民法典第七编等有关规定处理。

二、合同无效

合同无效的情形较多,既有合同无效的规定也有条款无效的规定,此外司法解释中也有一些规定。其总体规定见于《民法典》(2020年)"第一编　总则",具体为"第六章　民事法律行为"中的"第三节　民事法律行为的效力"。另有格式条款的无效等见于本编"第一分编　通则"。

(一)合同无效

根据《民法典》(2020年)第一编第六章第三节"民事法律行为的效力"的相关规定,合同无效可分别有以下情形:

1. 无民事行为能力人实施的民事法律行为

第一百四十四条　无民事行为能力人实施的民事法律行为无效。

2. 行为人与相对人以虚假的意思表示实施的民事法律行为

第一百四十六条　行为人与相对人以虚假的意思表示实施的民事法律行为无效。

以虚假的意思表示隐藏的民事法律行为的效力,依照有关法律规定处理。

3. 违反法律、行政法规强制性规定且导致无效的民事法律行为

第一百五十三条　违反法律、行政法规的强制性规定的民事法律行为无效。但是,该强制性规定不导致该民事法律行为无效的除外。

……

4. 违背公序良俗的民事法律行为

第一百五十三条　……

违背公序良俗的民事法律行为无效。

5. 行为人与相对人恶意串通损害他人合法权益的民事法律行为

第一百五十四条　行为人与相对人恶意串通,损害他人合法权益的民事法律行为无效。

(二)格式条款无效

《民法典》(2020年)第四百九十七条规定了格式条款无效的三类情形,即:

第四百九十七条　有下列情形之一的,该格式条款无效:

(一)具有本法第一编第六章第三节和本法第五百零六条规定的无效情形;

(二)提供格式条款一方不合理地免除或者减轻其责任、加重对方责任、限制对方主要权利;

(三)提供格式条款一方排除对方主要权利。

(三)免责条款无效

《民法典》(2020年)第五百零六条规定了两类免责条款的无效,即:

第五百零六条　合同中的下列免责条款无效:

(一)造成对方人身损害的;

(二)因故意或者重大过失造成对方财产损失的。

(四)司法解释中的无效

《合同编通则司法解释》(2023年)中,有多条内容集中提到合同或条款可被认定为无效的情形,即:

第十四条　当事人之间就同一交易订立多份合同,人民法院应当认定其中以虚假意思表示订立的合同无效。当事人为规避法律、行政法规的强制性规定,以虚假意思表示隐藏真实意思表示的,人民法院应当依据民法典第一百五十三条第一款的规定认定被隐藏合同的效力;当事人为规避法律、行政法规关于合同应当办理批准等手续的规定,以虚假意思表示隐藏真实意思表示的,人民法院应当依据民法典第五百零二条第二款的规定认定被隐藏合同的效力。

依据前款规定认定被隐藏合同无效或者确定不发生效力的,人民法院应当以被隐藏合同为事实基础,依据民法典第一百五十七条的规定确定当事人的民事责任。但是,法律另有规定的除外。

当事人就同一交易订立的多份合同均系真实意思表示，且不存在其他影响合同效力情形的，人民法院应当在查明各合同成立先后顺序和实际履行情况的基础上，认定合同内容是否发生变更。法律、行政法规禁止变更合同内容的，人民法院应当认定合同的相应变更无效。

第十七条　合同虽然不违反法律、行政法规的强制性规定，但是有下列情形之一，人民法院应当依据民法典第一百五十三条第二款的规定认定合同无效：

（一）合同影响政治安全、经济安全、军事安全等国家安全的；

（二）合同影响社会稳定、公平竞争秩序或者损害社会公共利益等违背社会公共秩序的；

（三）合同背离社会公德、家庭伦理或者有损人格尊严等违背善良风俗的。

人民法院在认定合同是否违背公序良俗时，应当以社会主义核心价值观为导向，综合考虑当事人的主观动机和交易目的、政府部门的监管强度、一定期限内当事人从事类似交易的频次、行为的社会后果等因素，并在裁判文书中充分说理。当事人确因生活需要进行交易，未给社会公共秩序造成重大影响，且不影响国家安全，也不违背善良风俗的，人民法院不应当认定合同无效。

第三十二条　合同成立后，因政策调整或者市场供求关系异常变动等原因导致价格发生当事人在订立合同时无法预见的、不属于商业风险的涨跌，继续履行合同对于当事人一方明显不公平的，人民法院应当认定合同的基础条件发生了民法典第五百三十三条第一款规定的"重大变化"。但是，合同涉及市场属性活跃、长期以来价格波动较大的大宗商品以及股票、期货等风险投资型金融产品的除外。

……

当事人事先约定排除民法典第五百三十三条适用的，人民法院应当认定该约定无效。

最高人民法院对于认定合同无效一向持较为审慎的态度，《合同编通则司法解释》（2023年）第十六条还特别规定了几类可以排除认定合同无效的情形。相关内容详见本条款所附司法解释原文，此处不再赘述。

三、合同被撤销

合同被撤销是基于《民法典》（2020年）第一编第六章中"第三节　民事法律行为的效力"的相关规定，实施民事法律行为的民事主体如果属于重大误解的行为人、对方或第三人欺诈行为的受欺诈方、受胁迫而违背真实意思的受胁迫方,处于危困状态而缺乏判断能力等情形而使民事法律行为成立时显失公平的受损害方,均可请求人民法院或仲裁机构撤销合同。最高人民法院在《合同编通则司法解释》(2023年)中给出了具体的判断标准。

结合二者的相关规定,可撤销合同的类型及法律依据分别如下:

1. 基于重大误解实施的民事法律行为

第一百四十七条 基于重大误解实施的民事法律行为,行为人有权请求人民法院或者仲裁机构予以撤销。

另外,《总则编司法解释》(2022年)也对此作出了解释。

第十九条 行为人对行为的性质、对方当事人或者标的物的品种、质量、规格、价格、数量等产生错误认识,按照通常理解如果不发生该错误认识行为人就不会作出相应意思表示的,人民法院可以认定为民法典第一百四十七条规定的重大误解。

行为人能够证明自己实施民事法律行为时存在重大误解,并请求撤销该民事法律行为的,人民法院依法予以支持;但是,根据交易习惯等认定行为人无权请求撤销的除外。

第二十条 行为人以其意思表示存在第三人转达错误为由请求撤销民事法律行为的,适用本解释第十九条的规定。

2. 以欺诈手段使对方在违背真实意思的情况下实施的民事法律行为

第一百四十八条 一方以欺诈手段,使对方在违背真实意思的情况下实施的民事法律行为,受欺诈方有权请求人民法院或者仲裁机构予以撤销。

另外,《总则编司法解释》(2022年)也对此作出了解释。

第二十一条 故意告知虚假情况,或者负有告知义务的人故意隐瞒真实情况,致使当事人基于错误认识作出意思表示的,人民法院可以认定为民法典第一百四十八条、第一百四十九条规定的欺诈。

3. 第三人实施欺诈行为使一方在违背真实意思的情况下实施的民事法律行为

第一百四十九条 第三人实施欺诈行为,使一方在违背真实意思的情况下实施的民事法律行为,对方知道或者应当知道该欺诈行为的,受欺诈方有权请求人民法院或者仲裁机构予以撤销。

4. 一方或第三人以胁迫手段使对方违背真实意思实施的民事法律行为

第一百五十条 一方或者第三人以胁迫手段,使对方在违背真实意思的情况下实施的民事法律行为,受胁迫方有权请求人民法院或者仲裁机构予以撤销。

对于"胁迫",《总则编司法解释》(2022年)也作出了解释。

第二十二条 以给自然人及其近亲属等的人身权利、财产权利以及其他合法权益造成损害或者以给法人、非法人组织的名誉、荣誉、财产权益等造成损害为要挟,迫使其基于恐惧心理作出意思表示的,人民法院可以认定为民法典第一百五十条规定的胁迫。

5. 利用对方处于危困状态、缺乏判断能力等情形致使法律行为显失公平

第一百五十一条 一方利用对方处于危困状态、缺乏判断能力等情形,致使民事法律行为成立时显失公平的,受损害方有权请求人民法院或者仲裁机构予以撤销。

四、合同终止

合同终止的相关规定见《民法典》(2020年)第三编第一分编"第七章 合同的权利义务终止"中的第五百五十七条,即:

第五百五十七条 有下列情形之一的,债权债务终止:

(一)债务已经履行;

(二)债务相互抵销;

(三)债务人依法将标的物提存;

(四)债权人免除债务;

(五)债权债务同归于一人;

(六)法律规定或者当事人约定终止的其他情形。

合同解除的,该合同的权利义务关系终止。

但合同终止并不适用《民法典》(2020年)第一百五十七条关于"民事法律行为无效、被撤销或者确定不发生效力"的规定,因为产生的原因不同。依据《民法典》(2020年)合同编中"第七章 合同的权利义务终止"的相关规定,合同终止时适用下列规定:

第五百五十八条 债权债务终止后,当事人应当遵循诚信等原则,<u>根据交易习惯履行通知、协助、保密、旧物回收等义务</u>。

第五百五十九条 债权债务终止时,债权的从权利同时消灭,但是<u>法律另有规定或者当事人另有约定的除外</u>。

五、解决争议方法的条款

"解决争议方法的条款",可以理解为《民法典》(2020年)第四百七十条第一款所规定的"合同的内容由当事人约定,一般包括下列条款"中的"(八)解决争议的方法",一般用于约定管辖地点以及争议解决机关,但也可以约定针对合同不成立、无效、被撤销、终止时如何返还财产、结算款项、赔偿损失等内容。

这些条款不受"合同不生效、无效、被撤销或者终止"的影响,可避免合同争议上的无所适从,为不具有效力或不再具有效力的几类合同提供最终解决渠道。但在实际操作中,不只是管辖地点和解决争议的机构问题,其他用于解决争议的约定也会在处理争议时被人民法院或仲裁机构采纳。

对于解决争议方法条款,更多讨论详见对《民法典》(2020年)第四百七十条有关合同"一般包括"的条款的讨论。

【风险点及建议】

同本条规定相关的法律风险,在于合同中没有解决争议方法条款,或是合同不生效、无效、被撤销或者终止时未按解决争议方法条款执行。

合同不生效、无效、被撤销的情形相对较少,而终止则是所有合同的必然结局。因而重点并不在于解决争议条款是否不受合同效力问题影响,而是如何前瞻性地预见并预设这些条款。

一、不生效问题的解决方案

不生效是合同已经成立但尚无法律效力的状态。但严格区分语义的话,已经确定无法生效的合同,例如申请的行政许可不被批准,才应被称为不生效;尚无法得出最终结论,已经成立但将来可能生效也可能不生效的合同,则应被称为未生效合同。

合同不生效往往无法控制,但可以降低其所带来的负面影响。主要包括以下几个方面:

1. 设定报批义务的期限

如果合同成立与否取决于合同批准等手续,则设定办理手续的申请方提交所有合格资料、办结申请批准手续的截止日期,并可酌情设定因资料瑕疵、未及时办理等原因导致延迟、未获批准的责任。

2. 设定不生效的持续期限

如果不生效的持续时间无法确定,则可以设定不生效状态的起算时间、持续时间,期限届满则合同解除、期限内生效则予以履行,以避免长期处于不确定状态而带来的负面影响。

3. 明确生效标准

附条件生效、失效的合同,其生效或失效需要有明确的客观判断标准而且不可人为干预,从而避免因生效条件无法达成一致或被人为干预。如果一方人为阻止生效或失效条件的成就,则应依据《民法典》(2020年)的规定承担不利后果,即:

第一百五十九条 附条件的民事法律行为,当事人为自己的利益<u>不正当地阻止条件成就的,视为条件已经成就</u>;<u>不正当地促成条件成就的,视为条件不成就</u>。

4. 约定善后处理

对于"合同不生效、无效、被撤销或者终止"的善后处理,《合同编通则司法解释》(2023年)第二十四条有较为详细的解释,具体内容将在本部分"五"中展开论述。

二、无效问题的解决方案

对于无效可能性较大或无法确定效力的合同,应根据无效的可能原因、全部无效还是部分无效,以及善后处理等事项约定细化的解决方案。

1. 区分可能的无效原因

合同无效,根据本条款解读的第一部分内容可知,分为合同无效、格式条款无效、免责条款无效,以及最高人民法院在《合同编通则司法解释》(2023年)中所列举的几类特定的无效情形。

合同谈判过程中的某些合同稿,其交易内容或交易模式中可能存在着导致其无效的内容。对于这些可能导致合同无效的原因、法律依据,可采取不同的调整措施以使其转化为合法有效的合同。

例如,买卖合同中的买方,其合同目的是通过交易获得标的。如果获得标的的目的是实际使用,其实重要的是使用权而并不一定是所有权。在这种情形下,如果买方由于某种原因不能合法购买,则可以用租赁、融资租赁,甚至业务分包、委托加工等方式使用标的物,而不必取得所有权。

2. 根据目的决定是否履行

无效合同分为部分无效和全部无效。如果只是部分无效,其他部分仍旧可以继续履行,即《民法典》(2020年)第一百五十六条所规定的"民事法律行为部分无效,不影响其他部分效力的,其他部分仍然有效"。

对于合同无效,最高人民法院采取了非常谨慎的态度。甚至对于某些传统意义上无效的合同,最高人民法院也在《合同编通则司法解释》(2023年)第十六条中细化了违反强制性规定的行为并将处罚与合同的继续履行分开,尽可能将其作为合同有效处理。

因此对于可能无效的合同,如果符合最高人民法院的相关司法解释,在其效力并未确定之前可以在一定程度上继续履行。

但需要注意的是,该司法解释第十七条还增加了不违反法律强制性规定但仍旧属于无效的合同。具体规定见合同实务解读中关于合同无效的部分。

3. 细化无效后善后事宜

《民法典》(2020年)在"第一编 总则"中已规定了民事法律行为无效、被撤销、不生效时的处理原则,主要就是返还财产、赔偿损失,即:

第一百五十七条　民事法律行为无效、被撤销或者确定不发生效力后,行为人因该行为取得的财产,应当予以返还;不能返还或者没有必要返还的,应当折价补偿。有过错的一方应当赔偿对方由此所受到的损失;各方都有过错的,应当各自承担相应的责任。法律另有规定的,依照其规定。

对于"合同不生效、无效、被撤销或者终止"的善后处理,《合同编通则司法解释》(2023年)第二十四条有较为详细的解释,具体内容将在本部分"五"中展开论述。

三、可被撤销合同的解决方案

合同被撤销的原因多与违背真实意思表示相关,如一方利用对方处于危困状态、缺乏判断能力等导致合同成立时显失公平。法律上的解决方案与无效时相同,但可作更为个性化的约定。

重大误解、胁迫、乘人之危等情形相对较少,较多问题是欺诈或信息不实。依据《总则编司法解释》(2022年)第二十一条:"故意告知虚假情况,或者负有告知义务的人故意隐瞒真实情况,致使当事人基于错误认识作出意思表示的,人民法院可以认定为民法典第一百四十八条、第一百四十九条规定的欺诈。"

1. 完整保留相关证据

如果合同的签订涉及重大误解、胁迫、乘人之危等可撤销合同的情形,首先应完整保留甚至有意收集相关证据。对于其中可能存在的欺诈行为，甚至可将对方宣称的内容载入合同条款、将相对方提交的技术资料等作为合同附件，同时约定这些内容或技术资料作为相对方产品或服务的技术标准，并保留相对方在商务洽谈中提交的所有资料、文档。

收集和保留这些证据的目的，是当需要撤销合同时可以作为相关证据使用，以避免临时收集的不便。这类证据要么可以证明对方的欺诈，要么可以证明对方的违约，而且其在合同谈判、签订过程中更容易收集和保留。

2. 酌情决定是否撤销

可撤销合同的决定权在意思表示瑕疵的当事人，其可以依据自己的交易目的、利益损害程度决定撤销或不撤销。

如果决定不撤销合同，则合同正常履行，并可依据合同中的约定相互追究违约责任。如果合同被撤销，则恢复到无效状态，按照解决争议条款处理善后事宜、返还财产、赔偿损失等。

3. 约定各类违约责任

合同被撤销与合同无效的处理方式相同，可参照前述无效合同的损失处理方法。欺诈造成的损失应带有惩罚性，因此可通过约定违约损失计算范围、计算方法等提高违约成本。

对于违约责任条款的约定主要用于决定不撤销的情形。欺诈行为的本质是告知虚假事实或隐瞒真相，因此在合同条款中也可以约定信息不实时的违约责任，以便因无法构成欺诈而无法撤销合同时从违约的角度获取赔偿。

4. 约定解决争议条款

对于"合同不生效、无效、被撤销或者终止"的善后处理，《合同编通则司法解释》（2023年）第二十四条有较为详细的解释，具体内容将在本部分"五"中展开论述。

四、合同终止的解决方案

对于合同终止，概括《民法典》（2020年）第五百五十七条关于债权债务终止的规定，合同终止包括履行完毕、债权债务归于同一人、合同债务相互抵销、标的物提存、债权人免除债务、当事人约定终止的其他情形、合同解除几种情形。如果合同中预设了财产的处理、钱款的处理、未履行完毕部分的善后、损失的承担等解决争议条款，会便于善后事宜的顺利处理。

对于合同终止,除了正常约定解决争议条款,还需关注以下法律对于后合同义务的特殊规定:

1. 约定终止后的义务

《民法典》(2020年)第五百五十八条规定:"债权债务终止后,当事人应当遵循诚信等原则,根据交易习惯履行通知、协助、保密、旧物回收等义务。""交易习惯"虽有司法解释但内容不确定、当事人需求不同,因此可视需要明确约定相关义务作为解决争议条款。

2. 约定从权利是否消灭

从权利,是两个相互关联的民事权利中依附于另一权利、其效力受另一权利效力制约的民事权利。例如,抵押权、质押权基于债权存在,附属于债权的孳息获取权等。

《民法典》(2020年)第五百五十九条规定了"债权债务终止时,债权的从权利同时消灭,但是法律另有规定或者当事人另有约定的除外"。因此,可酌情约定从权利是否与债权债务同时消灭。

3. 约定结算和清理条款

除了以"解决争议方法的条款"设定管辖法院或仲裁机构以及各类财产或财务的善后处理问题,对于合同终止还可以利用"结算和清理条款"约定财产返还、折价补偿、赔偿损失等内容。

"结算和清理条款"是《民法典》(2020年)第五百六十七条中的规定。其原文内容为:

第五百六十七条　合同的权利义务关系终止,不影响合同中结算和清理条款的效力。

第五百六十七条与第五百零七条有两处明确的不同。

一是调整对象,第五百零七条规定的是"解决争议方法的条款",第五百六十七条规定是"结算和清理条款"。前者主要用于确定管辖地和解决争议机构问题,后者用于解决具体的财产和财务上的善后事宜。

二是不受影响范围,第五百零七条规定是不受"合同不生效、无效、被撤销或者终止"的影响,第五百六十七条规定的是不受"合同的权利义务关系终止"影响;前者的适用范围比后者多出"合同不生效、无效、被撤销"的情形。

五、合同不生效、无效、被撤销的解决方案

对于"合同不生效、无效、被撤销"的善后处理,《合同编通则司法解释》(2023年)第二十四条提供了更为具体的处理原则或判断标准。

值得注意的是,该条司法解释是针对"合同不成立、无效、被撤销或者确定不发生效力"的情形。相比《民法典》(2020年)第五百零七条的规定,它没有包括合同终止的情形,却包括了"合同不成立"的情形。

(一)最高人民法院司法解释的规定

对于"合同不生效、无效、被撤销"的善后处理,《合同编通则司法解释》(2023年)第二十四条有充分的细分规定。从这些细分规定中,能够得出解决争议条款可以包括的内容。

第二十四条　合同不成立、无效、被撤销或者确定不发生效力,当事人请求返还财产,经审查财产能够返还的,人民法院应当根据案件具体情况,单独或者合并适用返还占有的标的物、更正登记簿册记载等方式;经审查财产不能返还或者没有必要返还的,人民法院应当以认定合同不成立、无效、被撤销或者确定不发生效力之日该财产的市场价值或者以其他合理方式计算的价值为基准判决折价补偿。

除前款规定的情形外,当事人还请求赔偿损失的,人民法院应当结合财产返还或者折价补偿的情况,综合考虑财产增值收益和贬值损失、交易成本的支出等事实,按照双方当事人的过错程度及原因力大小,根据诚信原则和公平原则,合理确定损失赔偿额。

合同不成立、无效、被撤销或者确定不发生效力,当事人的行为涉嫌违法且未经处理,可能导致一方或者双方通过违法行为获得不当利益的,人民法院应当向有关行政管理部门提出司法建议。当事人的行为涉嫌犯罪的,应当将案件线索移送刑事侦查机关;属于刑事自诉案件的,应当告知当事人可以向有管辖权的人民法院另行提起诉讼。

第二十五条　合同不成立、无效、被撤销或者确定不发生效力,有权请求返还价款或者报酬的当事人一方请求对方支付资金占用费的,人民法院应当在当事人请求的范围内按照中国人民银行授权全国银行间同业拆借中心公布的一年期贷款市场报价利率(LPR)计算。但是,占用资金的当事人对于合同不成立、无效、被撤销

或者确定不发生效力没有过错的,应当以中国人民银行公布的同期同类存款基准利率计算。

双方互负返还义务,当事人主张同时履行的,人民法院应予支持;占有标的物的一方对标的物存在使用或者依法可以使用的情形,对方请求将其应支付的资金占用费与应收取的标的物使用费相互抵销的,人民法院应予支持,但是法律另有规定的除外。

另外要补充的是,《总则编司法解释》(2022年)第二十三条,还规定了"民事法律行为不成立"的处理原则,即:"民事法律行为不成立,当事人请求返还财产、折价补偿或者赔偿损失的,参照适用民法典第一百五十七条的规定。"

(二)可以约定的解决争议条款

根据《合同编通则司法解释》(2023年),对于"合同不生效、无效、被撤销或者终止"的情形,当事人可以从以下角度约定解决争议条款。

1. 返还财产

当事人请求返还财产且经审查能够返还的,法院可适用返还占有的标的物、更正登记簿册记载等方式返还;经审查不能返还或者没有必要返还的,法院应以认定合同不成立、无效、被撤销或确定不发生效力之日财产的市场价值等合理方式计价以折价补偿。

2. 赔偿损失

当事人在返还财产外还请求赔偿损失的,法院应结合财产返还或折价补偿情况综合考虑财产增值收益和贬值损失、交易成本的支出等按双方的过错程度及原因力大小,根据诚信原则和公平原则合理确定赔偿额。

3. 违法处理

合同不成立、无效、被撤销或者确定不发生效力后,如果当事人存在违法嫌疑,且未经处理可能导致其通过违法行为获得不当利益的,法院会根据实际情况选择向行政管理部门提出司法建议、将案件线索移送刑事侦查机关、告知刑事自诉类当事人向有管辖权的法院另行起诉。

如果合法权益受到对方犯罪行为的损害,可以自诉的方式维护权益。

4. 资金占用费

请求返还价款或报酬方请求对方支付资金占用费,应按中国人民银行授权全国银行间同业拆借中心公布的一年期贷款市场报价利率(LPR)计算。但占用资金的当事人没有过错的,应以中国人民银行公布的同期同类存款基准利率计算。

5. 同时返还

双方互负返还义务且主张同时履行的可以同时履行。标的物占有方存在使用或者依法可以使用标的物情形的,除法律另有规定外可请求以资金占用费抵销标的物使用费。

046. 第五百零八条 〔适用民事法律行为规则〕

本编对合同的效力没有规定的,适用本法第一编第六章的有关规定。

【合同实务解读】

本条是对于合同效力相关规定的分布范围和适用顺序方面的规定,即"第三编 合同"中没有规定的,适用"第一编 总则""第六章 民事法律行为"的规定。

《民法典》(2020年)拆分了原《合同法》(已失效)的内容,分别归入"第三编 合同"与"第一编 总则"。在法律适用上,优先适用特别法"第三编 合同";但如果特别法没有规定则适用"第一编 总则"的"第六章 民事法律行为"。

一、对本条款中各关键词的理解

"本编"是指《民法典》(2020年)的"第三编 合同",而非"第一分编 通则"。

"第一编第六章"是"第一编 总则"下的"第六章 民事法律行为"。该章下四节内容,分别为"第一节 一般规定""第二节 意思表示""第三节 民事法律行为的效力""第四节 民事法律行为的附条件和附期限"(详见表3-1)。

表3-1 《民法典》(2020年)第一编第六章各节列表

\multicolumn{4}{c}{《民法典》(2020年)"第一编 总则""第六章 民事法律行为"各节}			
1	第一节 一般规定	3	第三节 民事法律行为的效力
2	第二节 意思表示	4	第四节 民事法律行为的附条件和附期限

"第一编 总则"是对民事行为基本秩序的规定。其十章内容,分别是"第一章 基本规定""第二章 自然人""第三章 法人""第四章 非法人组织""第五章 民事权利""第六章 民事法律行为""第七章 代理""第八章 民事责任""第九章 诉讼时效""第十章 期间计算",属于普适性的通用规则(详见表3-2)。

表3-2 《民法典》(2020年)第一编各章列表

《民法典》(2020年)"第一编 总则"各章			
1	第一章 基本规定	6	第六章 民事法律行为
2	第二章 自然人	7	第七章 代理
3	第三章 法人	8	第八章 民事责任
4	第四章 非法人组织	9	第九章 诉讼时效
5	第五章 民事权利	10	第十章 期间计算

其后各编的内容,即"第二编 物权""第三编 合同""第四编 人格权""第五编 婚姻家庭""第六编 继承""第七编 侵权责任",没有另行规定的领域均需按照"第一编 总则"执行。即相同部分不再重复,各编特有内容另行规定、优先适用(详见表3-3)。

表3-3 《民法典》(2020年)各编列表

《民法典》(2020年)各编			
1	第一编 总则	5	第五编 婚姻家庭
2	第二编 物权	6	第六编 继承
3	第三编 合同	7	第七编 侵权责任
4	第四编 人格权		

"本编对合同的效力没有规定"的内容在合同领域还有很多。因为在"第一编 总则"中已经确定了包括民事法律行为效力在内的民事关系中最基础、最通用的规则。而"第三编 合同"中涉及的代理、物权等仍需适用"第一编 总则""第六章 民事法律行为"中的相关规定。

对此,《总则编司法解释》(2023年)第一条第一款也强调了这一原则:"民法典第二编至第七编对民事关系有规定的,人民法院直接适用该规定;民法典第二编至第七编没有规定的,适用民法典第一编的规定,但是根据其性质不能适用的除外。"

二、第一编第六章的合同效力规定

在《民法典》(2020年)编纂过程中,原《合同法》(已失效)与原《民法总则》(已失效)民事活动中普遍适用的部分被统一到了"第一编 总则",而其合同领域的特有部分则列入了"第三编 合同"。因此，与合同相关的部分内容需要"适用本法第一编第六章的有关规定"。

但合同相关规定并不仅限于"第六章 民事法律行为"，还包括"第五章 民事权利""第七章 代理"以及关于民事主体的三章内容。这里列出的"第六章 民事法律行为"仅是关于合同效力部分。

（一）合同生效方面

在"第六章 民事法律行为"中，与合同生效相关的条款有：

第一百三十六条　民事法律行为自成立时生效，但是法律另有规定或者当事人另有约定的除外。

行为人非依法律规定或者未经对方同意，不得擅自变更或者解除民事法律行为。

第一百三十七条　以对话方式作出的意思表示，相对人知道其内容时生效。

以非对话方式作出的意思表示，到达相对人时生效。以非对话方式作出的采用数据电文形式的意思表示，相对人指定特定系统接收数据电文的，该数据电文进入该特定系统时生效；未指定特定系统的，相对人知道或者应当知道该数据电文进入其系统时生效。当事人对采用数据电文形式的意思表示的生效时间另有约定的，按照其约定。

第一百三十八条　无相对人的意思表示，表示完成时生效。法律另有规定的，依照其规定。

第一百三十九条　以公告方式作出的意思表示，公告发布时生效。

第一百四十三条　具备下列条件的民事法律行为有效：

（一）行为人具有相应的民事行为能力；

（二）意思表示真实；

（三）不违反法律、行政法规的强制性规定，不违背公序良俗。

（二）合同不生效方面

《民法典》（2020年）的合同编并未直接规定哪些合同不生效。但"第一编 总则""第六章 民事法律行为"规定了某些民事法律行为在条件成就后生效，意味着在这些条件未满足前合同处于不生效状态。相关条款为：

第一百四十五条　限制民事行为能力人实施的纯获利益的民事法律行为或者

与其年龄、智力、精神健康状况相适应的民事法律行为有效;实施的其他民事法律行为经法定代理人同意或者追认后有效。

相对人可以催告法定代理人自收到通知之日起三十日内予以追认。法定代理人未作表示的,视为拒绝追认。民事法律行为被追认前,善意相对人有撤销的权利。撤销应当以通知的方式作出。

第一百五十八条　民事法律行为可以附条件,但是根据其性质不得附条件的除外。附生效条件的民事法律行为,自条件成就时生效。附解除条件的民事法律行为,自条件成就时失效。

第一百六十条　民事法律行为可以附期限,但是根据其性质不得附期限的除外。附生效期限的民事法律行为,自期限届至时生效。附终止期限的民事法律行为,自期限届满时失效。

除此之外,《民法典》(2020年)其他编、章规定了一些"不发生效力"的情形,如无权代理等。这些"不发生效力"详见对《民法典》(2020年)第五百零七条的解读,此处不再赘述。

(三)合同撤销方面

合同撤销方面的规定主要集中在"第一编　总则""第六章　民事法律行为"中,包括可撤销的行为、撤销权的行使等。

第一百四十七条　基于重大误解实施的民事法律行为,行为人有权请求人民法院或者仲裁机构予以撤销。

第一百四十八条　一方以欺诈手段,使对方在违背真实意思的情况下实施的民事法律行为,受欺诈方有权请求人民法院或者仲裁机构予以撤销。

第一百四十九条　第三人实施欺诈行为,使一方在违背真实意思的情况下实施的民事法律行为,对方知道或者应当知道该欺诈行为的,受欺诈方有权请求人民法院或者仲裁机构予以撤销。

第一百五十条　一方或者第三人以胁迫手段,使对方在违背真实意思的情况下实施的民事法律行为,受胁迫方有权请求人民法院或者仲裁机构予以撤销。

第一百五十一条　一方利用对方处于危困状态、缺乏判断能力等情形,致使民事法律行为成立时显失公平的,受损害方有权请求人民法院或者仲裁机构予以撤销。

第一百五十二条　有下列情形之一的,撤销权消灭:

（一）当事人自知道或者应当知道撤销事由之日起一年内、重大误解的当事人自知道或者应当知道撤销事由之日起九十日内没有行使撤销权；

（二）当事人受胁迫，自胁迫行为终止之日起一年内没有行使撤销权；

（三）当事人知道撤销事由后明确表示或者以自己的行为表明放弃撤销权。

当事人自民事法律行为发生之日起五年内没有行使撤销权的，撤销权消灭。

第一百五十五条　无效的或者被撤销的民事法律行为自始没有法律约束力。

第一百五十七条　民事法律行为无效、被撤销或者确定不发生效力后，行为人因该行为取得的财产，应当予以返还；不能返还或者没有必要返还的，应当折价补偿。有过错的一方应当赔偿对方由此所受到的损失；各方都有过错的，应当各自承担相应的责任。法律另有规定的，依照其规定。

（四）合同无效方面

对于合同无效，"第三编　合同"中仅规定了合同无效方面的内容，而通用的民事法律行为无效行为则规定在"第一编　总则""第六章　民事法律行为"中。

第一百四十四条　无民事行为能力人实施的民事法律行为无效。

第一百四十六条　行为人与相对人以虚假的意思表示实施的民事法律行为无效。

以虚假的意思表示隐藏的民事法律行为的效力，依照有关法律规定处理。

第一百五十三条　违反法律、行政法规的强制性规定的民事法律行为无效。但是，该强制性规定不导致该民事法律行为无效的除外。

违背公序良俗的民事法律行为无效。

第一百五十四条　行为人与相对人恶意串通，损害他人合法权益的民事法律行为无效。

第一百五十五条　无效的或者被撤销的民事法律行为自始没有法律约束力。

第一百五十六条　民事法律行为部分无效，不影响其他部分效力的，其他部分仍然有效。

第一百五十七条　民事法律行为无效、被撤销或者确定不发生效力后，行为人因该行为取得的财产，应当予以返还；不能返还或者没有必要返还的，应当折价补偿。有过错的一方应当赔偿对方由此所受到的损失；各方都有过错的，应当各自承担相应的责任。法律另有规定的,依照其规定。

(五)合同终止方面

合同终止不属于"第六章 民事法律行为"的主要内容,其具体规定见"第三编 合同"中的第五百五十七条。但"第一编 总则"中的"第六章 民事法律行为"中对"终止"作了原则性规定。

第一百三十三条 民事法律行为是民事主体通过意思表示设立、变更、终止民事法律关系的行为。

第一百六十条 民事法律行为可以附期限,但是根据其性质不得附期限的除外。附生效期限的民事法律行为,自期限届至时生效。附终止期限的民事法律行为,自期限届满时失效。

需要再次强调的是,对于合同效力的规定并不仅限于"第六章 民事法律行为","第一编 总则"的其他章、《民法典》(2020年)的典型合同分编中也有涉及。除此之外,最高人民法院对于《民法典》(2020年)总则编、合同编的司法解释中也有相关规定。

另外,对于合同效力的认定,《合同编通则司法解释》(2023年)第十八条规定了以法律、法规为准,不以"应当""必须""不得"等措辞为准,即:

第十八条 法律、行政法规的规定虽然有"应当""必须"或者"不得"等表述,但是该规定旨在限制或者赋予民事权利,行为人违反该规定将构成无权处分、无权代理、越权代表等,或者导致合同相对人、第三人因此获得撤销权、解除权等民事权利的,人民法院应当依据法律、行政法规规定的关于违反该规定的民事法律后果认定合同效力。

【风险点及建议】

同本条规定相关的法律风险,是在合同效力问题上仅考虑了合同编"第一分编 通则"中的相关规定而忽视了其他编和"第一编 总则""第六章 民事法律行为"中对于民事法律行为效力方面的规定。

关于合同效力方面的法律适用,《总则编司法解释》(2022年)作出了适用范围、适用方式的规定,即:

第一条 民法典第二编至第七编对民事关系有规定的,人民法院直接适用该规定;民法典第二编至第七编没有规定的,适用民法典第一编的规定,但是根据其性质不能适用的除外。

就同一民事关系,其他民事法律的规定属于对民法典相应规定的细化的,应当适用该民事法律的规定。民法典规定适用其他法律的,适用该法律的规定。

民法典及其他法律对民事关系没有具体规定的,可以遵循民法典关于基本原则的规定。

上述司法解释与《民法典》(2020年)合同编的规定有所不同。《民法典》(2020年)第五百零八条规定"本编对合同的效力没有规定的,适用本法第一编第六章的有关规定",而《总则编司法解释》(2022年)第一条第一款强调:"民法典第二编至第七编对民事关系有规定的,人民法院直接适用该规定;民法典第二编至第七编没有规定的,适用民法典第一编的规定,但是根据其性质不能适用的除外。"

两相比较,《民法典》(2020年)中的适用对象"本编"、适用范围"本法第一编第六章",被司法解释扩大为"第二编至第七编"、适用"民法典第一编",这种扩大更加符合合同实务的实际情况。

"第三编 合同"中的内容,本就涉及"第二编至第七编",也涉及"第一编 总则"的内容。

在"第二编至第七编"方面,"第二编 物权"中的各种物权相关法律规定,为买卖和租赁等合同中涉及标的物的合法性、交易的合法性问题时适用。而《民法典》(2020年)第四百六十四条第二款所规定的"婚姻、收养、监护等有关身份关系的协议,适用有关该身份关系的法律规定;没有规定的,可以根据其性质参照适用本编规定",则将合同编的规定适用到了其余的"第四编 人格权""第五编 婚姻家庭""第六编 继承""第七编 侵权责任"各编中。而这些编中也确实有合同、协议方面的规定。

《民法典》(2020年)"第一编 总则"共分十章内容。在"第一章 基本规定""第二章 自然人""第三章 法人""第四章 非法人组织""第五章 民事权利""第六章 民事法律行为""第七章 代理""第八章 民事责任""第九章 诉讼时效""第十章 期间计算"中,除"第六章 民事法律行为"外,民事主体、代理、民事责任等规定亦会涉及合同,因此这些章的内容均为合同规则的必备补充。

正因如此,合同实务中的许多问题需要在《民法典》(2020年)的其他相关编、第一编的其他章、典型合同分编中检索,再结合相关的司法解释、其他法律法规等,才能得出准确答案,切忌只看"第一分编 通则"中的内容便下定论。

关于合同的生效、不生效、无效、可撤销、终止等效力问题及法律适用,详见对《民法典》(2020年)第五百零七条的解读,本条内容不再重复。

第四章　合同的履行

〔第一部分　履行的基本规定〕

047. 第五百零九条　〔合同履行原则〕
当事人应当按照约定全面履行自己的义务。
当事人应当遵循诚信原则,根据合同的性质、目的和交易习惯履行通知、协助、保密等义务。
当事人在履行合同过程中,应当避免浪费资源、污染环境和破坏生态。

【合同实务解读】

本条是对合同履行原则的基本规定,分别规定了约定义务的全面履行、附随义务的诚信履行、环保义务的尽力履行。

合同义务的全面履行,是指信守依法订立的合同,全面按照合同中的约定履行。这不仅要完全按照合同约定的主体、标的、数量、质量等履行,还要按照合同约定的时间、地点、方式等全面地履行义务。

附随义务的诚信履行,是指为了促进约定义务的顺利履行、合同目的的充分实现,遵循诚实信用原则履行合同约定之外但根据合同的性质、目的和交易习惯等需要履行的通知、协助、保密等义务。

环保义务的尽力履行,是指在履行合同过程中应尽力减少资源的浪费、尽力减少环境污染、尽力避免破坏生态。依据《民法典》(2020年)第九条的规定:"民事主体从事民事活动,应当有利于节约资源、保护生态环境。"

本条第一款和第二款所规定的内容,也可以分别理解为对给付义务的履行和对附随义务的履行。

给付义务包括了主给付义务、从给付义务。主给付义务是指具体合同中所固有的、必备的并决定合同类型的基本义务,从给付义务不具有独立意义但有辅助主给付义务顺利履行的功能。以买卖合同为例,卖方的主给付义务只是标的物的交付,而从给付义务则是保障标的物的质量和交付的各种辅助性约定。

在全面履行原则之下,从给付义务的履行与主给付义务的履行,在违约责任方面并无本质区别。《合同编通则司法解释》(2023年)第二十六条,特别强调了履行"非主要债务"的违约责任,即:

<u>第二十六条 当事人一方未根据法律规定或者合同约定履行开具发票、提供证明文件等非主要债务,对方请求继续履行该债务并赔偿因怠于履行该债务造成的损失的,人民法院依法予以支持;对方请求解除合同的,人民法院不予支持,但是不履行该债务致使不能实现合同目的或者当事人另有约定的除外。</u>

附随义务多为法律并无具体规定、合同也未明确约定,但在履行合同过程中必不可少的通知、协助、保密等工作。绝大多数合同都未能事无巨细地约定履行当中的所有细节,因为这既存在签订和履行合同的成本问题,也存在究竟有无必要的问题。正是由于合同履行过程中总是存在既非法定又未约定却又必需的细节活动,才需要交易双方基于诚信原则和合同的性质、目的以及交易习惯主动履行。

通知问题在合同履行过程中至关重要,以至于许多民事法律行为均以通知作为其合法成立的要件。例如,《民法典》(2020年)第五百一十六条规定,"当事人行使选择权应当及时通知对方,通知到达对方时,标的确定"。与之类似,实务中的许多合同条款也以通知作为从合同义务。

至于履行合同过程中避免浪费资源、污染环境和破坏生态的环保义务,在总则编中已经以绿色原则的方式出现,本规定在总体上与总则编规定的绿色原则相呼应。由于这些要求并不影响合同的签订和履行,除法律另有规定外也并非强制性条款,一般只是在出现污染环境或破坏生态行为时才由行政机关依据不同的法律加以行政处罚,其中的避免浪费原则更是企业生产经营中的常见内容。

【风险点及建议】

同本条规定相关的法律风险,在于未按约定全面履行合同义务,或未诚信地履行通知、协助、保密等义务,抑或严重污染环境、破坏生态。

交易的目的是通过资源交换去实现自己的目标。全面履行原则对于合同双方均有约束力,"按照约定全面履行自己的义务"意味着不折不扣地按照合同约定履行,进而意味着需要同时从交易利益和合同技术两个方面设计合同条款。

在交易利益方面,合同实务上的全面履行就是不折不扣地履行合同中所规定的所有义务,如按照约定的时间、地点、方式、数量、质量等履行。同时也包括"适当履行原则",即在实际履行过程中,对于合同中并未充分约定的细节应按照最符合交易目的的方式去履行,例如某些食品即使没有约定也需要以冷链的方式运输。

在合同技术方面,"按照约定全面履行"的前提是"约定",只有具备了"全面约定"才会有"全面履行"。而全面的约定,以买卖合同为例,不仅需要诸如包装、运输、交接、验收、安装、调试、维护、支付等合同履行环节的明确约定,还需要对于标的本身的质量标准、技术标准、合法性、新旧程度、质量保证期等各种细节上的约定。

这一主题还涉及交易身份问题。如果交易身份是买方,并且对标的物、履行要求比较高,则越详尽的约定对其越有利。但对于卖方而言,一定程度的明确性已然便于其履行,过于烦琐、细节化、高标准的要求会增加其履行成本并提高出现过错的概率,因而承担更大的风险。

约定是否需要全面、明确还与交易目的相关。如果买方购买设备是用于自行生产某种产品,则必然关心产品的质量、稳定性、可维护性、能耗、耗材经济性等指标。如果买方只是经销商,购买目的仅是转卖获利,则会更关心价格、有无下家、是否好卖等因素。但对于卖方而言,更为关注的是货款何时能够到账,以及如何控制生产成本、履行成本等。因此交易双方的利益和风险点不一致,处于不同的交易身份时需要对合同条款的设置、细化有着极为不同的考虑。

至于附随义务中的"通知、协助、保密等义务",最为常见的是为了协调履行事项所必需的通知义务,尤其体现在履行过程中的协助义务。这些义务中,有些义务在合同中有约定则为合同义务,没有合同约定则为附随义务。

例如,开具发票的协助义务如有约定则为需要全面履行的合同义务,没有约定则为应当履行的附随义务,但将其约定为合同义务后得到保护的力度更大。对此,《合同编通则司法解释》(2023年)还专门作出了司法解释:

第二十六条　当事人一方未根据法律规定或者合同约定履行开具发票、提供证明文件等非主要债务,对方请求继续履行该债务并赔偿因怠于履行该债务造成的损失的,人民法院依法予以支持;对方请求解除合同的,人民法院不予支持,但是不履行该债务致使不能实现合同目的或者当事人另有约定的除外。

保密义务并不仅仅是附随义务中的规定,在合同编的其他部分中也有多处提及。例如,《民法典》(2020年)第五百零一条即规定:"当事人在订立合同过程中知悉的商业秘密或者其他应当保密的信息,无论合同是否成立,不得泄露或者不正当地使用;泄露、不正当地使用该商业秘密或者信息,造成对方损失的,应当承担赔偿责任。"

对于附随义务,实务中的解决之道是尽可能将其转化为从给付义务。狭义的附随义务是既无法定要求又无合同约定但与合同目的的实现密切相关,需要根据诚信原则履行的义务。将合同履行过程中所需的通知、协助等义务约定为从给付义务,则该类义务不再是没有明文约定的附随义务,而是成为明文约定的、需要全面履行的从合同义务。这不仅使相关义务更明确,也可以得到更多法律上的支持。

例如,为了提高履行的效率,许多合同约定卖方必须提前若干天发出发货通知,包括明确的到达时间、地点、品种、数量等信息,甚至包括车辆牌号、驾驶员姓名及联系方法和驾驶员对于交货清单、清点情况确认单等的签署权限等,以便于顺利交接。

这种约定将通常不加约定的通知、协助义务从附随义务转化为从给付义务,不仅更明确也更具有可操作性、执行力。一旦违反义务,则可据此追究违约责任。如果这些内容未加约定,则仍是法律未予规定、合同未加明确的附随义务。

048. 第五百一十条 〔未约定或约定不明确的处理〕

合同生效后,当事人就质量、价款或者报酬、履行地点等内容没有约定或者约定不明确的,可以协议补充;不能达成补充协议的,按照合同相关条款或者交易习惯确定。

【合同实务解读】

本条规定了合同生效后某些内容没有约定或约定不明确时可以采取的补救措施,包括协议补充、按照相关条款确定、按照交易习惯确定。

其与后续的《民法典》(2020 年)第五百一十一条相配套,共同解决没有约定或约定不明确问题。本条规定的是总体上的解决方案,第五百一十一条规定的是无法依据本条解决时默认的解决方案。

合同成立或生效后,双方的权利义务已经固化。尤其是在生效以后,如果合同条款对于某些事项没有约定或约定不明确将使合同难以顺利履行。本条规定是针对没有约定或约定不明问题的基本解决方案,如果仍旧不能顺利解决问题,则适用第五百一十一条的默认规则。可见,事先的明确约定远优于事后的各种补救努力。

一、本条款的适用范围

本条款中的"质量、价款或者报酬、履行地点等内容",对应着《民法典》(2020

年)第四百七十条所规定的合同"一般包括"的八个条款:"(一)当事人的姓名或者名称和住所;(二)标的;(三)数量;(四)质量;(五)价款或者报酬;(六)履行期限、地点和方式;(七)违约责任;(八)解决争议的方法。"

这些条款共有八项,本条所表述的仅为"质量、价款或者报酬、履行地点等内容",而且未包括"一般包括"条款的前三项,即"当事人的姓名或者名称和住所""标的""数量"。

根据《合同编通则司法解释》(2023年)第三条第一款,合同如果同时缺少这三项内容则属于合同不成立,即合同无法生效,未达到适用本条规定的前提"合同生效后",即:

第三条　当事人对合同是否成立存在争议,人民法院能够确定当事人姓名或者名称、标的和数量的,一般应当认定合同成立。但是,法律另有规定或者当事人另有约定的除外。

……

二、确定内容的基本原则

"没有约定或者约定不明确"是个较为相对的概念,既与其他条款相关也与交易习惯相关。其既包括在实际履行过程中某项必须履行的义务没有合同依据的情况,也包括虽有合同依据但存在不同的理解从而无法确定具体应当如何履行的情况。在这类情况中,某些内容可以通过其他条款判断,也可以通过交易习惯来确定。

"可以协议补充",泛指任何就原合同中没有约定或约定不明确的事项经过协商所达成的一致。这种"协议补充"可以任何时间、任何方式达成,至于发生诉讼时能否作为证据则是另一个问题。

"按照合同相关条款"确定,是指当合同中本应约定相关内容的条款并未约定或约定不明确时,合同其他主题相关条款如果提到了相关内容,则按照其他主题相关条款中提到的内容确定原来没有约定或约定不明确的事项。

由于合同体例和表述方式的不规范,合同内容需要根据其他条款来判断的情形并不罕见。例如,某份委托审计合同的合同标的条款没有约定标的数量,即没有明确该合同是一事一签的按件审计还是一年一签的包年审计,直到违约责任条款中出现了"从年度结算款中扣除"的表述,才得以判断是包年审计。

按照"交易习惯确定",意味着按照双方当事人之间的惯常做法确定,或是按照某一地域、某一行业的通常做法确定。

对于"交易习惯",《合同编通则司法解释》(2023年)第二条作出了解释,即:

第二条 下列情形,不违反法律、行政法规的强制性规定且不违背公序良俗的,人民法院可以认定为民法典所称的"交易习惯":

(一)当事人之间在交易活动中的惯常做法;

(二)在交易行为当地或者某一领域、某一行业通常采用并为交易对方订立合同时所知道或者应当知道的做法。

对于交易习惯,由提出主张的当事人一方承担举证责任。

由此可见,"交易习惯"属于不成文的、合同中没有约定的,但在实际交易中采用的、交易双方订立合同时知道或应当知道的惯常做法。

"按照合同相关条款或者交易习惯"确定"没有约定或者约定不明确"的内容,依旧需要双方达成共识。如果未能达成共识则合同依旧无法正常履行,需要按照本条款的后续条款,即《民法典》(2020年)第五百一十一条的规定确定具体的权利义务。

除了"交易习惯",《总则编司法解释》(2022年)还对"习惯"作了解释。合同领域中,在优先适用前文所述解释之余,这一解释也可作为参考、补充,即:

第二条 在一定地域、行业范围内长期为一般人从事民事活动时普遍遵守的民间习俗、惯常做法等,可以认定为民法典第十条规定的习惯。

当事人主张适用习惯的,应当就习惯及其具体内容提供相应证据;必要时,人民法院可以依职权查明。

适用习惯,不得违背社会主义核心价值观,不得违背公序良俗。

这一解释中提到的"民法典第十条规定的习惯",相关条款内容为:

第十条 处理民事纠纷,应当依照法律;法律没有规定的,可以适用习惯,但是不得违背公序良俗。

【风险点及建议】

同本条规定相关的法律风险,是合同内容缺失或约定不明确,以及对于这些缺陷未能及时协议补充,或是未能按照相关条款或交易习惯确定内容。

内容缺失或约定不明确在合同实务中近乎是"常见现象"。这些现象分布在对交易标的、交易方式、问题处理条款的约定中,体现为行为主体、客体、对象、时间、地点、方式、标准等方面的不具体、无法作出共识性判断的情形。之所以如此,有的是因为基于交易习惯而无须细节,有的是因为疏忽或表述不当。

一、协议补充与问题排查

解决"没有约定或者约定不明确"问题时,"协议补充"最为简单、直接。不仅可以明确应有的内容,还可以通过举一反三补充其他条款缺失或不明确的内容。但由于许多条款之间都存在关联,因此在协议补充时可能需要同时修改其他条款,否则容易在解决原有问题之余产生条款之间的新冲突。

为了修改、补充的方便,在制作合同文本时应遵守"条款无关性原则",即每一条款尽可能只表达一个主题,避免因条理性不足而使不同主题相互纠缠,从而掩盖了权利义务约定不足、混淆等问题。

例如,产品质量标准、质量检验方法、质量责任分属不同的领域和阶段。将其归入不同的履行阶段分别表述,可以更为清晰地判断和描述各阶段应当完成的各项工作,同时也便于按阶段检查合同条款设置是否充分、足够。以这种方式构建合同,相当于进行了"模块化"设计,可避免条款间相互干扰。

对于"内容没有约定或者约定不明确"情形的排查,可以采用"虚拟履行"的方式。即通过想象中的实际履行不断提出各个环节中需要的工作内容、工作顺序安排,如果未规定在合同条款中但为实际履行所必需,则属于需要协议补充的"内容没有约定或者约定不明确"的情形。

二、无法补充协议时的内容确定

当双方无法通过协议补充的方式明确"没有约定或者约定不明确"的内容时,就只有"按照合同相关条款或者交易习惯"确定。以这种方式确定合同中缺失的或不明确的内容,尤其是由人民法院或仲裁机构加以确定时,其结果很可能会对其中某一方当事人不利。

(一)按照合同相关条款确定不明确事项

按照"合同相关条款"判断生效合同的"质量、价款或者报酬、履行地点等内容没有约定或者约定不明确"的条款内容,可从多个角度考虑。

尽管本条及第五百一十一条所列举的"没有约定或者约定不明确"的条款中并未提及"当事人的姓名或者名称和住所""标的""数量"三个条款,但确定"标的""数量"内容的情形同样也有发生,实务中予以处理并无问题。

1. 参照适用第五百一十一条的规定

本条规定与《民法典》(2020年)第五百一十一条的规定存在功能互补的关系,

合同当事人可以考虑是否不加明确而直接适用该条设定的默认规则，即：

第五百一十一条　当事人就有关合同内容约定不明确，依据前条规定仍不能确定的，适用下列规定：

（一）质量要求不明确的，按照强制性国家标准履行；没有强制性国家标准的，按照推荐性国家标准履行；没有推荐性国家标准的，按照行业标准履行；没有国家标准、行业标准的，按照通常标准或者符合合同目的的特定标准履行。

（二）价款或者报酬不明确的，按照订立合同时履行地的市场价格履行；依法应当执行政府定价或者政府指导价的，依照规定履行。

（三）履行地点不明确，给付货币的，在接受货币一方所在地履行；交付不动产的，在不动产所在地履行；其他标的，在履行义务一方所在地履行。

（四）履行期限不明确的，债务人可以随时履行，债权人也可以随时请求履行，但是应当给对方必要的准备时间。

（五）履行方式不明确的，按照有利于实现合同目的的方式履行。

（六）履行费用的负担不明确的，由履行义务一方负担；因债权人原因增加的履行费用，由债权人负担。

尽管适用本条规定的前置条件是"依据前条规定仍不能确定的"，但只要双方认可便可达成"协议补充"，包括直接适用第五百一十一条。直接适用该条中的默认规则，可简化问题。

2. 参照适用第一百四十二条的规定

"约定不明确"的现象之一是双方对合同条款存在理解上的争议。这种争议可参照《民法典》（2020年）第四百六十六条的规定确定争议条款的含义，即：

第四百六十六条　当事人对合同条款的理解有争议的，应当依据本法第一百四十二条第一款的规定，确定争议条款的含义。

合同文本采用两种以上文字订立并约定具有同等效力的，对各文本使用的词句推定具有相同含义。各文本使用的词句不一致的，应当根据合同的相关条款、性质、目的以及诚信原则等予以解释。

其中的《民法典》（2020年）第一百四十二条，是关于意思表示解释的规定。无论意思表示有无相对人，均需"结合相关条款、行为的性质和目的、习惯以及诚信原则"确定意思表示的含义或行为人的真实意思，即：

第一百四十二条　有相对人的意思表示的解释，应当按照所使用的词句，结合相关条款、行为的性质和目的、习惯以及诚信原则，确定意思表示的含义。

无相对人的意思表示的解释,不能完全拘泥于所使用的词句,而应当结合相关条款、行为的性质和目的、习惯以及诚信原则,确定行为人的真实意思。

对于这两条规定,《合同编通则司法解释》(2023年)在转述同一内容外,还增加了确定争议条款含义时需要参考的因素,即:

第一条　人民法院依据民法典第一百四十二条第一款、第四百六十六条第一款的规定解释合同条款时,应当以词句的通常含义为基础,结合相关条款、合同的性质和目的、习惯以及诚信原则,参考缔约背景、磋商过程、履行行为等因素确定争议条款的含义。

有证据证明当事人之间对合同条款有不同于词句的通常含义的其他共同理解,一方主张按照词句的通常含义理解合同条款的,人民法院不予支持。

对合同条款有两种以上解释,可能影响该条款效力的,人民法院应当选择有利于该条款有效的解释;属于无偿合同的,应当选择对债务人负担较轻的解释。

虽然这些法律条款和司法解释为确定条款含义提供了多种参考依据,但从合同技术方面而言,如果条款含义需要以这些方法去解读,本身就是表述上的缺陷。合同条款的表述,必须严谨、明了到只有唯一的理解,而且该解释正是合同当事人所希望达到或欲设的。

3. 整理合同结构体系以确定不明确项

某些合同由于整体结构散乱、内容安排随意、不设标题体系等,很难直接判断某些事项是否存在没有约定或约定不明确的情形。对于这类合同,可以用拆分重组的方式看清其内容结构,从而判断是否存在没有约定或约定不明确之处。

这种方法特别适合那些篇幅较长但又不分章节的合同。由于不分章节,无法从章节标题判断合同内容分类,也很难看清条款之间的关系。对此可以先根据"一般包括"作出基本的章节分类,然后将条款按内容归入不同的章节中。如果需要,再建立第二级的条款内容归类。如此操作后,合同已经形成了完整的标题体系,可以直观地看出合同功能是否完整、合同条款是否缺失。该方法也便于直观地判断处于不同履行阶段的相关条款之间的关系安排,然后再解决没有约定或约定不明确的问题。

(二)按照交易习惯确定不明确事项

依照《合同编通则司法解释》(2023年),关于"交易习惯"的解释如下:

第二条　下列情形,不违反法律、行政法规的强制性规定且不违背公序良俗的,人民法院可以认定为民法典所称的"交易习惯":

（一）当事人之间在交易活动中的惯常做法；

（二）在交易行为当地或者某一领域、某一行业通常采用并为交易对方订立合同时所知道或者应当知道的做法。

对于交易习惯，由提出主张的当事人一方承担举证责任。

根据上述司法解释，按照交易习惯确定合同条款中的不明确事项时，交易习惯可分为两类：一类是"当事人之间在交易活动中的惯常做法"，另一类是"交易行为当地或者某一领域、某一行业通常采用并为交易对方订立合同时所知道或者应当知道的做法"。二者均以证据能够证明为宜，如果通过诉讼或仲裁解决则对证据的质量要求更高。

由于"交易习惯"都有一定的不确定性，尤其是证明"交易行为当地或者某一领域、某一行业通常采用"，往往更加困难。因此"交易习惯"只适用于小金额、多批次、履行周期短的交易，并不适用于大金额、履行周期长、履行要求高的交易。如需使用，应将其转换为合同条款以固化权利义务，也避免证明"交易习惯"的工作风险。

更值得提倡的方法是提高合同文本的质量，尤其是避免合同应有条款没有约定或约定不明确之类的低级错误。

049. 第五百一十一条 〔约定不明的规则适用〕

当事人就有关合同内容约定不明确，依据前条规定仍不能确定的，适用下列规定：

（一）质量要求不明确的，按照强制性国家标准履行；没有强制性国家标准的，按照推荐性国家标准履行；没有推荐性国家标准的，按照行业标准履行；没有国家标准、行业标准的，按照通常标准或者符合合同目的的特定标准履行。

（二）价款或者报酬不明确的，按照订立合同时履行地的市场价格履行；依法应当执行政府定价或者政府指导价的，依照规定履行。

（三）履行地点不明确，给付货币的，在接受货币一方所在地履行；交付不动产的，在不动产所在地履行；其他标的，在履行义务一方所在地履行。

（四）履行期限不明确的，债务人可以随时履行，债权人也可以随时请求履行，但是应当给对方必要的准备时间。

（五）履行方式不明确的，按照有利于实现合同目的的方式履行。

> （六）履行费用的负担不明确的，由履行义务一方负担；因债权人原因增加的履行费用，由债权人负担。

【合同实务解读】

本条款规定了当合同内容约定不明确且当事人依据《民法典》(2020年)第五百一十条仍旧不能确定时，应适用本条规定的默认规则。

《民法典》(2020年)第五百一十条规定了如果"当事人就质量、价款或者报酬、履行地点等内容没有约定或者约定不明确"时可以协议补充，不能协议补充的则按照合同相关条款或者交易习惯确定相关内容。而本条则规定了"有关合同内容约定不明确，依据前条规定仍不能确定"时，对质量要求、价款或者报酬、履行地点、履行期限、履行方式、履行费用的负担六类不明确情形所应适用的规则。

但这一规则主要为双方无法达成一致时的判决或仲裁所用。如果双方可以达成一致则完全可以自行决定如何处理，不必按照本条款规定执行。

一、质量要求不明确时的质量标准

本条第(一)项规定了质量要求不明确时的适用规则："(一)质量要求不明确的，按照强制性国家标准履行；没有强制性国家标准的，按照推荐性国家标准履行；没有推荐性国家标准的，按照行业标准履行；没有国家标准、行业标准的，按照通常标准或者符合合同目的的特定标准履行。"如双方能够达成一致，则完全可按约定执行，不必拘泥于本项规定(关于质量条款，参见第四百七十条的相关内容)。

（一）国家标准和行业标准

国家标准、行业标准等质量标准，均来自《标准化法》(2017年修订)的相关规定：

第二条 本法所称标准(含标准样品)，是指农业、工业、服务业以及社会事业等领域需要统一的技术要求。

标准包括国家标准、行业标准、地方标准和团体标准、企业标准。国家标准分为强制性标准、推荐性标准，行业标准、地方标准是推荐性标准。

强制性标准必须执行。国家鼓励采用推荐性标准。

1. 强制性国家标准

"强制性标准"依据该法第十条设立，相关规定为：

第十条　对保障人身健康和生命财产安全、国家安全、生态环境安全以及满足经济社会管理基本需要的技术要求，应当制定强制性国家标准。

……

强制性国家标准由国务院批准发布或者授权批准发布。

法律、行政法规和国务院决定对强制性标准的制定另有规定的，从其规定。

2. 推荐性国家标准

"推荐性国家标准"依据该法第十一条设立，相关规定为：

第十一条　对满足基础通用、与强制性国家标准配套、对各有关行业起引领作用等需要的技术要求，可以制定推荐性国家标准。

推荐性国家标准由国务院标准化行政主管部门制定。

3. 行业标准

"行业标准"依据该法第十二条设立，相关规定为：

第十二条　对没有推荐性国家标准、需要在全国某个行业范围内统一的技术要求，可以制定行业标准。

行业标准由国务院有关行政主管部门制定，报国务院标准化行政主管部门备案。

4. 地方标准

地方标准依据该法第十三条设立，同《民法典》（2020年）第五百一十一条规定并无直接关系，但可以作为确定质量标准时的选项，相关规定为：

第十三条第一款　为满足地方自然条件、风俗习惯等特殊技术要求，可以制定地方标准。

5. 团体标准

团体标准依据该法第十八条设立，同《民法典》（2020年）第五百一十一条规定也无直接关系，但可以作为确定质量标准时的选项，相关规定为：

第十八条　国家鼓励学会、协会、商会、联合会、产业技术联盟等社会团体协调相关市场主体共同制定满足市场和创新需要的团体标准，由本团体成员约定采用或者按照本团体的规定供社会自愿采用。

……

国务院标准化行政主管部门会同国务院有关行政主管部门对团体标准的制定进行规范、引导和监督。

6. 企业标准

企业标准依据该法第十九条设立，同《民法典》（2020年）第五百一十一条规定也没有直接关系，但同样可以作为确定质量标准时的选项，相关规定为：

第十九条　企业可以根据需要自行制定企业标准，或者与其他企业联合制定企业标准。

国家强制性标准是生产和销售产品时所要达到的最低标准。按照该法第二十一条的规定，如果某一产品或服务有多个同类标准，则推荐性国家标准、行业标准、地方标准、团体标准、企业标准的技术要求均要优于国家强制性标准，即：

第二十一条　推荐性国家标准、行业标准、地方标准、团体标准、企业标准的技术要求不得低于强制性国家标准的相关技术要求。

国家鼓励社会团体、企业制定高于推荐性标准相关技术要求的团体标准、企业标准。

（二）通常标准和特定标准

"通常标准"，通常理解为约定俗成的标准、交易习惯中的标准，多为事先已经存在甚至是普遍存在的质量标准。这些标准可能并不精确和严谨，存在于没有国家标准和行业标准的领域，甚至是没有任何客观质量标准的领域，一般是现代产业没有深入触及并需要进一步开发的领域。

"符合合同目的的特定标准"是标的为了满足合同目的的需求而必须具备的质量标准。这里的"特定标准"是因标的、因合同而异的"个性化标准"，而非统一标准。

这里的"合同目的"显然与其他条款中提及的略有不同。其他条款中提及的是基于交易身份的合同目的，即一方通过交易获得标的物或工作成果、一方通过交易获得价款或报酬；而这里的合同目的是签订履行合同所要实现的具体的交易目的，如作为原材料用于生产所应具备的质量标准、作为商品用于转售所应具备的质量标准等。

例如，购买生产资料用于生产的，需要采购的是符合成品质量要求的原料，或是能够生产出合格品且性能稳定、能耗符合要求的生产设备。经销或代销生产资料的，更侧重于产品的法律文件齐全、销售环节安全、售后服务保障；经销消费品用于零售的，需要考虑消费安全等。

因此，当质量标准没有约定或约定不明确时，可以合同目的为导向。在没有国家标准、行业标准时，只要符合合同目的还可选择参照地方标准、团体标准、企业标准，也可以在某个标准的基础上自行约定质量标准。

二、价款或报酬不明确时的履行价格

本条第(二)项规定了价款或报酬不明确时适用的规则:"(二)价款或者报酬不明确的,按照订立合同时履行地的市场价格履行;依法应当执行政府定价或者政府指导价的,依照规定履行。"如双方能够达成一致,则完全可按约定执行,不必拘泥于本项规定(关于价款或报酬,参见第四百七十条的相关内容)。

"按照订立合同时履行地的市场价格履行"包括了"订立合同时""履行地""市场价格"三个要素。这三个要素,最大程度地还原了缺失或不明确的应有价格水平。

"订立合同时"本就是正常情况下确定价款或者报酬标准的时间,确定价款或报酬时回溯到这一时间点最为合理;而"履行地"虽未必是履行成本发生地却是交易的实现地,也是订立合同时最常见的确定价格的地点;"市场价格"则是市场活动中自然形成的价格,也是双方没有特别约定或约定不明确时最容易确定的价格。

其中的"履行地"如果同样不明确,则可按照本条第(三)项解释:"(三)履行地点不明确,给付货币的,在接受货币一方所在地履行;交付不动产的,在不动产所在地履行;其他标的,在履行义务一方所在地履行。"

"市场价格"往往是一个价格范围而不是一个精确的具体价格。由于交易时机、交易条件、交易数量、交易对象的差异,即使在同一市场的同一时间段内也会有不同的成交价。这种价格往往可以从线上交易平台查询,某些交易市场还有价格记录、分析等方面的信息服务,可作为获取"订立合同时履行地的市场价格"的依据。

"政府定价或者政府指导价"是法律上对于特定行业或在特殊情形下的价款或报酬价格标准的要求。作为法定要求,经营者必须遵守政府指导价和政府定价的相关规定,否则有可能受到行政处罚。《价格法》(1997年)规定如下:

第三十九条 经营者不执行政府指导价、政府定价以及法定的价格干预措施、紧急措施的,责令改正,没收违法所得,可以并处违法所得五倍以下的罚款;没有违法所得的,可以处以罚款;情节严重的,责令停业整顿。

三、履行地点不明确时的履行地点

本条第(三)项规定了履行地点不明确时适用的规则:"(三)履行地点不明确,给付货币的,在接受货币一方所在地履行;交付不动产的,在不动产所在地履行;其他标的,在履行义务一方所在地履行。"如双方能达成一致,则完全可按约定执行,不必拘泥于本项规定(关于履行地点,参见第四百七十条的相关内容)。

"给付货币的,在接受货币一方所在地履行"的规定,适用于履行地点至关重要的合同。通常情况下,接收价款或报酬方并不在意给付货币的地点,是否按期如数支付最为重要。只要款项到位,付款方的付款地点毫无意义。尤其是网上银行结算的方式早已普及甚至成为交易习惯,根本无须双方面对面交接现金或票据,更无须亲自到接受货币一方的办公地点给付货币。只是由于给付方所在地与接受方所在地可能涉及不同的法律规定和管辖法院,所以才有这一规定。

"交付不动产的,在不动产所在地履行",是因为交付情形与给付货币不同。货币是种类物而且可以单方完成支付行为,只要款项进入接受方的账号即可,并不需要质量验收,也不需要当面交接。而动产与不动产都存在验收、交接问题,所以都需要规定履行地点,而不动产的交付的验收,从交易习惯而言理想的履行地点莫过于其所在地。

至于"其他标的,在履行义务一方所在地履行",应该只是为了设立确定履行地规则时不得而已的选择。这种规定对于接受履行一方不利,但做出相反规定则于履行义务方不利,因此这里仅是需要一个固定的标准。

本项规定与司法解释中确定合同履行地的原则相同且已沿用多年。《民诉法司法解释》(2022年修正)第十八条第二款规定:"合同对履行地点没有约定或者约定不明确,争议标的为给付货币的,接收货币一方所在地为合同履行地;交付不动产的,不动产所在地为合同履行地;其他标的,履行义务一方所在地为合同履行地。即时结清的合同,交易行为地为合同履行地。"

如果法律没有另行规定或双方没有另行约定,履行地点是实际完成交付、给付的地点。履行地点不同,履行合同的成本、方式也不同,并涉及风险转移甚至管辖地问题。

例如,在没有法律规定和双方约定的前提下,买卖合同如果在卖方所在地履行,则卖方没有运输成本、没有在途风险而且履行方便、成本低,卖方所在地也顺理成章地成为合同履行地以及争议管辖地之一。如果改为在买方所在地履行,则情形完全相反。

四、履行期限不明确的履行期限

本条第(四)项规定了履行期限不明确时所适用的规则:"(四)履行期限不明

确的,债务人可以随时履行,债权人也可以随时请求履行,但是应当给对方必要的准备时间。"如双方能够达成一致,则完全可按约定执行,不必拘泥于本项规定(关于履行期限,参见第四百七十条的相关内容)。

履行期限是履行合同义务的时间段或截止日期,同时具有按时实现交易利益的商务意义和判断违约责任时间界限的法律意义。

在商务层面,履行期限与一系列的生产经营日程紧密相关。经营行为能否成功很大程度上受客观条件影响,原材料价格、供需状况,以及销售市场需求、行情、生产成本、履行成本等均处于变化之中。唯有按照约定的期限履行合同,才有利于生产经营安排和成本控制、风险控制。

"随时履行"和"随时请求履行"作为一种法律设定的解决方案并无问题,但在现实交易中很可能对任何一方均有不利。除了支付款项,履行方的其他"随时履行"均有可能打乱相对方的日程安排,甚至根本无法接受履行。而"随时请求履行"同样会干扰相对方的生产经营节奏,相对方也极有可能根本无法按照请求的时间完成履行。

"必要的准备时间"是指一方以"随时履行"的方式向相对方履行时,或一方以"随时请求履行"的方式要求相对方履行时,都需要给对方留出随时履行的准备时间或向其履行的准备时间。例如,买卖合同的卖方在向买方"随时履行"时需要给买方留下必要的时间来安排仓库、人员等条件以顺利接收标的物,买方以"随时请求履行"的方式要求卖方履行时也必须给卖方准备时间用来备货、安排物流运输甚至安排生产。

"必要"是必需、不可缺少、非此不可之意,所有交付实物或现场服务的标的都需要"必要的准备时间"才能交付。但那些虚拟财产方面的交易,例如游戏装备、软件使用许可、线上支付等,均可以在任何时间、任何地点履行,一般并不需要准备时间,属于标的履行中的特例情形。

五、履行方式不明确时的履行方式

本条第(五)项规定了履行方式不明确时适用的规则:"(五)履行方式不明确的,按照有利于实现合同目的的方式履行。"如双方能够达成一致,则完全可按约定执行,不必拘泥于本项规定(关于履行方式,参见第四百七十条的相关内容)。

"按照有利于实现合同目的的方式履行"属于本项法律的导向性规定。这一规定是判定合同在履行方式约定不明确时应以何种方式履行的原则性依据,用来衡量准备采用的履行方式是否合理、适当。但法律和司法解释上并未对合同目的进行解释。

根据《民法典》(2020年)使用"合同目的"的场景并结合合同实务,除非另有规定或证据,合同目的应当理解为从合同上能够体现出来的交易目的。如果合同中并没有表述合同目的的条款,则合同领域普遍性的规律可以简单地理解为一方的合同目的是通过支付价款或报酬而得到标的物或服务、另一方的合同目的则是通过提供标的物或服务而获取价款或报酬。如果合同中对于合同目的另有强调,则以另行强调的合同目的为准。这种依据合同内容理解的合同目的主要取决于合同的性质、对合同目的的表述,以及交易各方所处的角色。

例如,买卖合同中如果没有特别强调,则卖方的合同目的是卖出产品取得价款、买方的合同目的是支付价款得到标的物。如果合同中强调了买方的购买目的是用于赶制季节性产品,则买方的合同目的是为了生产而买到迫切需要的生产原料,卖方的合同目的基本不变。

由于合同目的不同,根据合同的表述而能预见到的违约后果也不同。因此当未能依照约定及时提供产品或未能按照约定的质量、数量提供产品时,在合同中强调了合同目的的买方可以向卖方追究可得利益损失,并以无法实现合同目的为由主张更多类型的权利。

因此,"按照有利于实现合同目的的方式履行"主要就是依据合同文本中的表述确定合同目的,再根据合同目的确定"有利于实现合同目的的方式"。由于适用这一原则的前提是双方无法达成一致,因此履行方式是否"有利于实现合同目的"主要由接受履行义务方解释。如果产生争议,则由仲裁机构或法院决定。

这一原则非常有利于合同的顺利履行和合同目的的顺利达成。大部分交易无法在签订合同时假设到所有可能发生的情况并预先事无巨细地约定一切履行方式,在实际履行过程中结合当时的实际情况确定履行方式才能更好地履行合同。同时,这也是诚信原则的具体体现。

从商业利益角度考虑,在合同约定以后"按照有利于实现合同目的的方式履行"亦是诚信原则的体现,有利于建立良好的客户关系,而且也是许多实际交易中的常见做法。例如,即使合同没有约定送货运输时也会采取的防雨措施、客户缺货且时间紧迫时的优先供货等。

六、履行费用负担不明确时的负担

本条第(六)项规定了履行费用负担不明确时适用的规则:"(六)履行费用的负担不明确的,由履行义务一方负担;因债权人原因增加的履行费用,由债权人负担。"如双方能够达成一致,则完全可按约定执行,不必拘泥于本项规定(关于履行费用负担,参见第四百七十条的价格相关内容)。

(一)履行费用的负担

履行合同时会产生许多种类的费用,可简单归纳为物质消耗和人工消耗。例如,汽车修理过程的费用可以分为零件费、材料费、工时费等。但许多合同的履行还会产生预期之外的费用,以至于建设工程的预算在精细到各部分的材料成本、人工费之外,有时还要提取"不可预见费",以备不时之需。

规定"履行费用的负担不明确的,由履行义务一方负担",是基于现实的考虑。相对于接受履行的一方,履行义务方更加了解履行义务的过程以及各环节中可能产生的物质、人工消耗等各类费用。如果履行费用需要列入合同之中,也需要由履行方提出。

通常情况下,价款或报酬中已经包括了履行费用。如果履行费用在要约中单独列出,往往是有不同的履行方式可供选择。例如,供方可列出送货上门的价格和买方自提的价格,买方的不同选择对应不同的费用。总价中没有列出甚至没有计入的履行费用,多为金额较小的零星费用或是难以确定是否产生的费用,这些费用通常由履行义务方自行承担。

(二)因债权人增加的费用的负担

"因债权人原因增加的履行费用"多指在法定要求之外或履行义务方的常规履行方式之外,因债权人对于履行过程有额外要求而增加的履行费用。

执行强制性规定或强制性国家标准是履行合法性的保障,但会产生额外的履行费用。许多标的履行都会涉及强制性规定或强制性标准,主要分为以下类型:

1. 危险品管理

某些标的对于人身、财产安全有一定的威胁,其生产、储存、使用、经营、运输等环节基本都需要得到行政许可方可经营。

例如,国务院《危险化学品安全管理条例》(2013年修订)分别对危险化学品的生产、储存、使用、经营、运输提出了安全要求,并明确给出了危险化学品的定义,相关规定如下:

第二条 危险化学品生产、储存、使用、经营和运输的安全管理,适用本条例。

废弃危险化学品的处置,依照有关环境保护的法律、行政法规和国家有关规定执行。

第三条 本条例所称危险化学品,是指具有毒害、腐蚀、爆炸、燃烧、助燃等性质,对人体、设施、环境具有危害的剧毒化学品和其他化学品。

危险化学品目录,由国务院安全生产监督管理部门会同国务院工业和信息化、公安、环境保护、卫生、质量监督检验检疫、交通运输、铁路、民用航空、农业主管部门,根据化学品危险特性的鉴别和分类标准确定、公布,并适时调整。

2. 特种作业管理

特种作业,包括电工作业、焊接与热切割作业、高处作业、制冷与空调作业、煤矿安全作业、金属非金属矿山安全作业、石油天然气安全作业、冶金(有色)生产安全作业、危险化学品安全作业、烟花爆竹安全作业、安全监管总局认定的其他作业,目前共有11个种类。这类作业,必须由经过国家认证的专业人员操作。

依据《特种作业人员安全技术培训考核管理规定》(2015年修正)第三条第一款的规定:"本规定所称特种作业,是指容易发生事故,对操作者本人、他人的安全健康及设备、设施的安全可能造成重大危害的作业。特种作业的范围由特种作业目录规定。"

3. 环境保护管理

环境保护的适用范围相当广泛。出于对环境保护方面的要求,某些产品的生产者和经营者必须承担起额外的环境保护责任,包括对包装物的回收、对固体废物的回收等。

例如,《固体废物污染环境防治法》(2020年修订)对产品和包装物提出了环境保护要求,即:

第六十八条 产品和包装物的设计、制造,应当遵守国家有关清洁生产的规定。国务院标准化主管部门应当根据国家经济和技术条件、固体废物污染环境防治状况以及产品的技术要求,组织制定有关标准,防止过度包装造成环境污染。

生产经营者应当遵守限制商品过度包装的强制性标准,避免过度包装。县级以上地方人民政府市场监督管理部门和有关部门应当按照各自职责,加强对过度包装的监督管理。

生产、销售、进口依法被列入强制回收目录的产品和包装物的企业,必须按照国家有关规定对该产品和包装物进行回收。

电子商务、快递、外卖等行业应当优先采用可重复使用、易回收利用的包装物，优化物品包装，减少包装物的使用，并积极回收利用包装物。县级以上地方人民政府商务、邮政等主管部门应当加强监督管理。

国家鼓励和引导消费者使用绿色包装和减量包装。

4. 专卖产品管理

目前比较典型的专卖产品是烟草。烟草的生产、销售、进出口实行专卖管理并实行烟草专卖许可证制度。其管理范围包括卷烟、雪茄烟、烟丝、复烤烟叶、烟叶、卷烟纸、滤嘴棒、烟用丝束、烟草专用机械。

依据《烟草专卖法》（2015年修正）第二十一条："托运或者自运烟草专卖品必须持有烟草专卖行政主管部门或者烟草专卖行政主管部门授权的机构签发的准运证；无准运证的，承运人不得承运。"

上述几种因执行相关规定或相关标准而产生的费用有的已经包括在总的价款或报酬之内，有的则可以由双方协商确定哪一方承担。但无论费用由哪一方承担，依照法定的履行方式履行是交易合法性的保障。

除上述有强制性要求的履行方式外，许多标的的履行并无强制性的法律要求或技术标准要求，其履行方式完全采用自己的标准或行业通用的交易习惯。如果接受履行方对于履行方式有另外的要求并增加了履行费用，则按本条法律的规定应由接受履行方承担。

【风险点及建议】

本条规则的适用前提，是第五百一十条所规定的"合同生效后，当事人就质量、价款或者报酬、履行地点等内容没有约定或者约定不明确的"，且双方既"不能达成补充协议"又不能"按照合同相关条款或者交易习惯确定"。但与该条规定不同的是，本条直接设定了不同情形下应强制性适用的规则。

基于本条款而产生的法律风险，则是未能利用本条款所规定的默认规定解决没有约定或约定不明确的问题，包括未利用这些规则确定相关合同条款的取舍。

一、质量要求不明确时的注意事项

同本项规定相关的法律风险，是合同的质量要求不明确、产生争议后未适用本项规则确定质量标准，以及被适用的"通常标准或者符合合同目的的特定标准"不符合合同目的。

(一)依据交易目的确定质量要求

当标的质量因没有国家标准、行业标准而需设定质量标准时,就需要首先厘清交易目的。基于不同的交易目的,当事人会提出不同的质量要求,这些要求就是设定质量标准的依据。例如,购买生产用运输车辆需要考虑质量稳定性、载重量、能耗、维护成本等;购买客户接待用车需要考虑乘坐舒适度、安全度、企业形象等;购买企业后勤采购用车则需要考虑多用途性、经济性等。

如果现行国家标准、行业标准均无法满足实现交易目的的需求,合同双方可以根据自身的需求在合同中增设质量要求。强制性国家标准的设立是为了"保障人身健康和生命财产安全、国家安全、生态环境安全以及满足经济社会管理基本需要",因而强制性国家标准是最低限度的技术要求而非最高标准。但强制性国家标准和行业标准是底线,只可以优于这些标准而不得低于这些标准。

(二)通常标准和合同目的标准

如果只能采用"通常标准",则需要依据合同目的将其具体化。没有国家标准、行业标准的领域,一般均为质量要求不高或不需要精确衡量的领域。因此其技术指标往往比较随意,甚至从未有过书面的技术指标。稳妥起见,可以根据交易需求将关键质量要求转化为可度量的技术指标,或以封样的方式将标准固定下来,以便于检验时的质量控制。

"符合合同目的的特定标准"是按照交易目的、交易需求设定的标准。这类自行设定标准的情形其实并不少见,买卖合同、承揽合同等均有按需提出具体个性化要求的情形,这些都是在设定"符合合同目的的特定标准"。因此,无论标的是否有相关的国家标准、行业标准,从交易目的推导出质量要求并作为标的质量标准,均有助于实现交易目的。

二、价款或报酬不明确时的注意事项

同本项规定相关的法律风险,是价款或报酬不明确、未按合同订立时履行地市场价格履行,或是应执行政府定价、政府指导价的交易未按相关价格履行。

(一)明确非法定计量单位的内涵

在实际交易中,对于不得不用的非法定计量单位需要明确其内涵。法定计量单位尽管已经十分普及,如产品生产、建筑物建造、水电气热供应、销售时的计量等都会采用法定计量单位,但在交易中仍旧需要使用一些非法定计量单位。

例如，"一档节目""一箱产品""一套设备"等关键性量词均非法定计量单位，其所表述的时间长度、品种和数量等并不确切。因此需要定义这些量词的确切衡量标准，如"一档节目"的时长、播出时间段、播出频率等，"一箱产品"的确切内容和数量，"一套设备"的组成部分、完整性、匹配度等，以免出现双方各执一词的情形。

(二) 合同总价和详细报价

合同中的价款或报酬，有的只记载总价、有的详细约定各组成部分的价格。两种计价方式各有优势，都源于对价格和数量的核算，只是表达方式不同。价格或报酬完全是由当事人自行决定的商务条款，但两种计价方式对争议处理会有不同的影响。

比较简单的计价方式是只有合同总价而没有各组成部分的价格，其优势是免去了复杂的单价、总价计算过程，也可避免过细的价格引起的其他问题。但在处理局部争议时，尤其是同一合同项下有多个彼此并无关联的标的物的交易，如果各部分产品或服务的价格无法分割，容易出现难以界定部分条款产生争议或违约时的损失或违约责任。例如，同一买卖合同中购买了不同型号的同类产品，如果不列明不同产品的价格、违约责任，则当某些产品出现违约情形时很难界定具体的违约责任以及因此引发的对整个合同的违约责任，从而增加处理违约责任的难度。

既有总价又有标的各组成部分的单价和数量且各组成部分甚至各履行阶段的价款或报酬都能得到清楚、直观体现的合同，会大幅增加工作量，而且在核算上容易出错，某些价格过于透明还会引发争议。但由于存在价格上的分割，在处理不同部分的争议或违约时较为容易。

(三) 遵守价格相关法律规定

"价款或者报酬"均受《价格法》(1997年)的约束。经营者必须遵守相关法律，在法律规定的范围内从事价格活动。经营者的相关权利如下：

第十一条 经营者进行价格活动，享有下列权利：

(一) 自主制定属于市场调节的价格；

(二) 在政府指导价规定的幅度内制定价格；

(三) 制定属于政府指导价、政府定价产品范围内的新产品的试销价格，特定产品除外；

(四) 检举、控告侵犯其依法自主定价权利的行为。

如果对计价、支付的币种有不同意见，对于发生在中国境内的，尤其是两个中国交易主体间的交易，按照交易习惯毫无疑问应以人民币计价和支付。为此，《人民币管理条例》(2018年修订)第三条明确规定:"中华人民共和国的法定货币是人民币。以人民币支付中华人民共和国境内的一切公共的和私人的债务,任何单位和个人不得拒收。"

但从提高交易自由度、促进交易的角度来看,《民法典》(2020年)并未排斥使用其他货币支付金钱之债。依据《民法典》(2020年)第五百一十四条的规定:"以支付金钱为内容的债,除法律另有规定或者当事人另有约定外,债权人可以请求债务人以实际履行地的法定货币履行。"

三、履行地点不明确时的注意事项

同本项规定相关的法律风险,是合同履行地点不明确,以及未按本项约定确认给付货币的在接受方所在地履行、交付不动产的在不动产所在地履行、履行其他标的的在履行义务方所在地履行。

(一)履行地点与合同履行

履行地点是合同履行的必备条款。履行地点关系到履行成本和履行过程中标的损毁、灭失等风险,这些都是履行方的负担。在合同中直接明确履行地可以避免履行阶段的互相推诿,也便于合同履行的安排和成本及风险的控制。只有没有约定或约定不明确且无法协商一致时,才不得不适用本项规则来明确履行地。

为避免此类风险发生,约定合同履行地点时必须精确。例如,有具体的城市、街道、门牌号码等,而且可验证、可识别、可到达,实际履行才能顺利完成。如果是给付货币,则必须有明确无误的开户行、账号、户名等信息。而履行方也可以对相关地点加以核实,以确保该地点确实可抵达、可交接。

履行地点不明确,不同的标的可能会被确认出不同的履行地,并与预期中的履行地不同。对此,《民诉法司法解释》(2022年修正)第十八条可供参考,即:

第十八条 合同约定履行地点的,以约定的履行地点为合同履行地。

合同对履行地点没有约定或者约定不明确,争议标的为给付货币的,接收货币一方所在地为合同履行地;交付不动产的,不动产所在地为合同履行地;其他标的,履行义务一方所在地为合同履行地。即时结清的合同,交易行为地为合同履行地。

合同没有实际履行,当事人双方住所地都不在合同约定的履行地的,由被告住所地人民法院管辖。

(二)约定不明与履行地点

履行地点,可直接被用于确定诉讼管辖地。如前所述,如果双方在合同中没有约定管辖地或没有约定其他管辖地,则依照《民事诉讼法》(2023年修正)第二十四条的规定:"因合同纠纷提起的诉讼,由被告住所地或者合同履行地人民法院管辖。"

依照这一规定,合同履行地点同时可以作为诉讼管辖地点。如果合同中约定了合同履行地管辖或是按照法定的合同履行地管辖,履行地点不明确的后果很可能会导致履行地点随着标的的不同而不同。只有双方约定了合同履行地以外的地点管辖,合同履行地才不再具有确定管辖地的作用。

履行合同必须要有履行地点,但并不必然需要诉讼管辖地。管辖法院的约定只在发生诉讼时才发挥作用,正常履行并无适用空间。如果约定了履行地、签订地等单一的地点管辖,则该地成为别无选项的管辖地点,而约定了原告所在地、被告所在地之类的地点管辖,则具体地点视哪一方提起诉讼而定,具有一定的不确定性。如果不约定管辖地点,合同履行地固然可以成为诉讼管辖地,但被告所在地同样也可以成为管辖地。

四、履行期限不明确时的注意事项

同本项规定相关的法律风险,是合同履行期限不明确,债务人的随时履行对债权人不利或债务人未主张随时履行、债权人的随时请求履行对债务人不利或债权人未依本项规定随时请求履行,及债权人随时请求履行时未给债务人提供必要的准备时间。

履行期限不明确,无论是以协商的方式补救还是按随时履行、随时请求履行的规则补救,同样涉及期间、时间的表述问题。

(一)以日期为准的履行时间

"必要的准备时间"并无严格界限。一方提出的准备时间是否必要往往很难判断,一般还与生产销售的淡季旺季、企业订单饱和度、企业资源的冗余度、外部资源的充裕度等密切相关,具有极大的不确定性。因此对于这类法律风险最为稳妥的应对方式是约定履行期限,而不是凭主观判断确定"必要的准备时间"后要求随时履行或随时要求履行。

履行时间可以用具体的日期,也可以用期间加截止日期设定。最为清晰的履行时间约定是用具体的某年、某月、某日表示。如果履行时间要求比较宽松,也可以约定履行的开始日期和截止日期。"自合同生效之日起30日内"之类的约定通常也足够清晰,但具体的履行日期不够直观并需要计算,"生效之日"如有争议则期限将变得不确定。

履行不宜没有截止时间。合同中的所有权利义务都只在特定的时间段内才有意义,既无永恒不变的要约,又无永恒不变的承诺。截止时间的作用,正是将履行成本和风险置于可控制或可承受的范围之内,避免合同义务无限向后延长。因此权利义务都需要设定截止日期或截止条件,以避免出现"向后敞开的期间"。

(二)以通知为准的履行时间

履行时间也可约定以某方通知为准,但需要注明通知对于履行的提前时间。这种约定方式主要用于相对远期的合同,或订立合同时履行日期难以确定的合同。对于这类合同,较为稳妥的方式是约定合同履行的时间段以及必须履行完毕的截止日期,使合同履行既有灵活性又有确定性。为了便于履行,还可进一步约定通知的方式、提前于履行日期的天数,甚至联系人、联系方法等,以确保履行通知能够通畅、明确地送达。

例如,约定"履行期限为2024年5月至6月,但最迟为6月30日";或者是商定履行所需准备时间后约定发出履行通知的提前量,如"具体发货时间以买受人事先发出的履行通知为准,但履行通知至少提前于交付时间40个工作日发出"。

(三)以条件为准的履行时间

履行日期还可以履行生效期限和履行终止期限的方式约定。对于某些何时开始履行或何时终止履行具有不确定性的合同,除了传统的方法,还可以约定开始履行的条件、终止履行的条件。这些条件主要是从经济性角度考虑,有时还从管控风险角度考虑,通常需要设定开始履行和终止履行的通知义务。而传统的约定方法,是约定大致的时间并约定具体以某方通知为准,终止日期还可约定为"履行期限届满前双方均无异议则履行期限不定期延长至一方通知终止时止"之类。

按照《民法典》(2020年)第一百六十条的规定:"民事法律行为可以附期限,但是根据其性质不得附期限的除外。附生效期限的民事法律行为,自期限届至时生效。附终止期限的民事法律行为,自期限届满时失效。"

(四)需要参照期间计算规则

对于履行期限的约定,应当遵从《民法典》(2020年)"第一编 总则"中的"第十章 期间计算"的各种术语,以便在解决争议、处理纠纷中处于有利地位。例如:

第二百零一条 按照年、月、日计算期间的,开始的当日不计入,自下一日开始计算。……

第二百零三条 ……

期间的最后一日的截止时间为二十四时;有业务时间的,停止业务活动的时间为截止时间。

但需要注意的是,这类期间可以因法律规定或当事人的约定而不同,即《民法典》(2020年)第二百零四条所规定的:"期间的计算方法依照本法的规定,但是法律另有规定或者当事人另有约定的除外。"

随着时代的进步,履行期限总体上变得越来越精确。以精益生产管理中的"零库存"生产运作方式为例,其"零库存"仅指生产车间没有库存原料和产成品。但取而代之的是上游供应商及时将原料、零件等从各自的仓库按照精确的时间配送至生产车间,产成品也由物流部门或下游分销商及时运走。这种运作,需要极其精准的履行时间控制。

五、履行方式不明确时的注意事项

同本项规定相关的法律风险,是合同中的履行方式不明确和在履行方式不明确时未按有利于实现合同目的方式履行。

履行方式条款随着给付义务的不同而需要不同的细节,并涉及对履行的法律安排。商务角度的履行方式安排,可提高权利义务的明确性、履行的平顺性。而法律角度的履行方式安排,则主要用于降低风险、控制风险。

(一)履行方式的法律意义

履行方式因标的以及同标的相关的法律规定而异。尤其是基于控制风险方面的需要,履行方式除了商务所需还增加了风险控制手段,从而使合同履行变得越来越复杂。因此,需要在便于履行和控制风险之间进行平衡,提高安全系数的同时尽量降低对效率的影响。

1. 在合同中描述合同目的

本项条款所规定的默认履行方式是"有利于实现合同目的的方式",而合同目的是合同内容所体现的签订、履行合同所要达到的目标。由于在交易中各有所需,合同双方各有自己的合同目的。而本项中所称的"合同目的",显然是合同中表明的合同目的,还包括对方的合同目的。

例如,买方的基本合同目的是通过支付货款得到对方的产品,卖方的基本合同目的是通过卖出产品获得货款。如果合同中约定了其他的合同目的,如"买受人为了生产出高质量的产品而购买卖方设备",则这一约定即成为合同目的。卖方在履行时,如果遇到对履行方式约定不明确之处,则应以有利于实现此合同目的方式履行。

如果将当事人交易的真实动机定义为交易目的,则有的交易目的本身就是合同目的,有的交易目的则未在合同中体现。换言之,如果将交易目的体现为合同目的,就能得到更多基于合同目的的法律保护,包括本项规定的以"有利于实现合同目的的方式"决定具体的履行方式。

2. 通过履行顺序设定抗辩权

合同中的先履行方都存在对方不按约提供对价的风险。在款项支付前或标的物交付前,即使相对方违约也不会造成太大的损失,至少可以通过暂停履行控制损失的发生或扩大。但当款项已支付或标的物已交付,则很难制止对方违约、减少己方损失。

因此约定合同义务的后履行、同时履行,均可作为保证对价平衡、避免损失风险的手段。这便是先履行抗辩权、同时履行抗辩权的具体运用,即以款到发货或货到付款的方式等相对方已经支付或交付了对价之后,再履行义务或与之同时履行。这两种权利的具体运用,可以通过约定先后履行顺序的方式,也可以通过约定履行的先决条件的方式。

例如,许多企业约定货物入库且检验合格、发票符合要求后若干个工作日内付款,其目的在于条件不完全具备时可以拒绝付款且不承担违约责任。

对于先履行抗辩权和同时履行抗辩权,《民法典》(2020年)的相关条款规定如下:

第五百二十五条　当事人互负债务,没有先后履行顺序的,应当同时履行。一方在对方履行之前有权拒绝其履行请求。一方在对方履行债务不符合约定时,有权拒绝其相应的履行请求。

第五百二十六条　当事人互负债务,有先后履行顺序,应当先履行债务一方未履行的,后履行一方有权拒绝其履行请求。先履行一方履行债务不符合约定的,后履行一方有权拒绝其相应的履行请求。

3. 分批履行以分散风险

分批履行既是商务安排也是风险控制手段。以买卖合同为例,按阶段分批交付可以减轻生产方的生产、库存、运输压力,分期付款可以减轻付款方的资金、利息压力。同时,卖方通过逐批结清的方式交付可以分散对方未按约定付款的风险,而买方以逐批结清的方式分批付款也可以分散对方未按约定发货的风险。

对于分批履行,本编"第二分编 典型合同"中的"第九章 买卖合同"有着详细的规定,包括对分批履行时出现质量问题等争议的处理。由于《民法典》(2020年)第六百四十六条已经规定了"法律对其他有偿合同有规定的,依照其规定;没有规定的,参照适用买卖合同的有关规定",因此相关规定可以作为其他合同分批履行条款设计时的基本参考依据。

4. 按需设定风险转移

以买卖合同为代表的合同履行方式通常是以交付、结清作为履行完毕、合同终止的标志,但这对权利义务的终止而言并不绝对。为了转移风险或控制风险,当事人可以对履行方式作出额外约定。

根据《民法典》(2020年)第六百零四条,风险承担方式可以另有约定,即"标的物毁损、灭失的风险,在标的物交付之前由出卖人承担,交付之后由买受人承担,但是法律另有规定或者当事人另有约定的除外"。如果双方据此约定风险在标的物交付后的某个条件下转移,则会延长出卖人的风险、减轻买受人的风险。

例如,在电梯买卖兼安装合同中,通常约定风险在电梯安装、调试完成后交付买方时转移。这会加重出卖人负担,由其自行安排标的物的保护、照看措施,但买受人可以因此避免出卖人因质量问题、保管不当、安装瑕疵等任何理由不承担质量责任。

在物权转让的环节中,也存在同样的风险转移问题。例如,《民法典》(2020年)第二百二十四条规定:"动产物权的设立和转让,自交付时发生效力,但是法律另有规定的除外。"第二百二十五条规定了:"船舶、航空器和机动车等的物权的设立、变更、转让和消灭,未经登记,不得对抗善意第三人。"这些物权的设立、变更、转让和消灭环节,都涉及标的物损毁、灭失风险的转移问题。

(二)特殊或具体的履行方式

合同签订后任何依照合同展开的活动均可理解为合同的履行行为。按照合同履行的环节和阶段,合同履行方式条款可按如下分类进行约定:

1. 向第三人履行和由第三人履行

通常情况下,合同履行由合同主体按照全面履行原则亲自完成。但如果法律另有规定或当事人另有约定,合同义务可以向第三人履行,也可以由第三人履行,但履行不当的责任仍由合同主体承担。

这两种履行方式在《民法典》(2020年)中均有充分的法律依据,相关规定分别为：

第五百二十二条 当事人约定由债务人向第三人履行债务,债务人未向第三人履行债务或者履行债务不符合约定的,应当向债权人承担违约责任。

法律规定或者当事人约定第三人可以直接请求债务人向其履行债务,第三人未在合理期限内明确拒绝,债务人未向第三人履行债务或者履行债务不符合约定的,第三人可以请求债务人承担违约责任;债务人对债权人的抗辩,可以向第三人主张。

第五百二十三条 当事人约定由第三人向债权人履行债务,第三人不履行债务或者履行债务不符合约定的,债务人应当向债权人承担违约责任。

2. 履行方式中的生产或服务过程

对于合同标的本身,描述其性状、成分、内容、指标等要求的条款属于质量条款。而在生产或建造标的物过程中或完成工作、提供服务过程中的要求,又属于履行方式条款。例如生产过程中的质量控制方式要求、生产工艺要求,以及完成委托事项时的进展报告要求、完成设计过程中的稿件确认要求等。甚至可以说ISO质量管理体系中的"人、机、物、料、法、环"基本就是履行方式要求。

这类对于生产过程或服务过程中的要求,是确保合同履行内在质量的重要手段。例如建设工程中的监理服务合同,需要明确监理人员的专业资质和现场工作时间等,以确保隐蔽工程的建造质量。

3. 从合同义务的履行方式

这里的从合同义务,既包括合同中主合同义务之外的从合同义务,又包括某些混合多种义务的合同中的从属性合同义务。

现代的合同履行往往追求高效、便捷,因而许多合同已经不再单纯。例如,原料买卖合同附带送货上门服务、家电买卖合同附带上门安装服务等。此外,对于房屋交付前的卫生要求、对于产品交付前的包装要求等,也可以理解为从合同义务。

虽然这些义务的履行处于主合同义务的从属、附带地位,但这些义务的履行程度、质量也会直接影响合同目的的实现,因此在某些情况下仍旧需要约定具体要求。

4. 交付环节的履行方式

交付环节涉及交付通知、配送运输、人员确认、资料准备、清点验收、标的交接等内容。对于不同标的的交易,其交付环节也有所不同,如房地产交易不涉及运输问题、供水供电供气供热服务不存在质量验收问题、虚拟财产交易不涉及人员交接问题等。但大量存在的传统交易,尤其是机器设备买卖交易等,存在着最为复杂的交付环节。

交付环节涉及标的毁损、灭失风险的转移时点和承担问题,法律对不同标的的交付也有不同规定。在合同中约定相关条款时,不仅仅是不能与相关强制性规定冲突,还要根据相关规定细化、明确需要约定的事项。

例如,《民法典》(2020年)第二百二十四条规定:"动产物权的设立和转让,自交付时发生效力,但是法律另有规定的除外。"第二百二十五条规定:"船舶、航空器和机动车等的物权的设立、变更、转让和消灭,未经登记,不得对抗善意第三人。"

5. 验收的履行方式

验收的本意是对交付的标的的查验、接收,既有对外在包装的查验、数量的清点,也有对物理性能、化学指标等内在质量的检验、化验。因此在实务中,需要根据标的物的特点、来源等情形确定以何种方式验收。

验收可与交付同时进行,也可另定日期;可由双方自己进行,也可委托专业机构检验内在的物理、化学性状;可以双方到场,也可以经对方授权后单方检验。对于复杂的生产设备等,往往还存在初验、安装调试、小试、中试、大试、验收等环节,以确定其各项指标符合合同要求。

对此,如果产品质量问题非常重要,还可约定质量异议的处理、不合格品的处理等内容。如果无特别检验的需求或基于简化管理的目的,可约定买方不进行实质性验收,由卖方承担包括退换、维修、停工损失等各项费用、损失的质量责任。

6. 结算的履行方式

结算方式,涉及以何种方式支付款项、使用何种发票、税金是否另行支付、支付是否附有前提、分批支付还是一次性支付、是否支付预付款、是否设立定金、是否设立履约保证金或质量保证金、是否设立逾期违约金、开户银行及银行账号等。如果是涉外交易,还有可能涉及信用证、外汇汇率等问题。

对于价款或报酬的付款方而言,结算过程的风险控制至关重要。因为款项的控制权也是风险的控制手段。因此结算方式不仅是成本控制和财务安排问题,还是风险控制问题。为此,许多合同中的结算均将验收合格、提交合格发票列为前提。

7. 附随义务的履行方式

按照《民法典》(2020年)第五百零九条第二款的规定:"当事人应当遵循诚信原则,根据合同的性质、目的和交易习惯履行通知、协助、保密等义务。"这些义务即法律笼统规定、合同也未明确约定的"附随义务"。

但这些义务只要在合同中加以明确约定,就不再是附随义务而是从合同义务。例如,在没有明确约定的情形下,当事人只能按照该条款中所约定的"遵循诚信原则,根据合同的性质、目的和交易习惯"履行通知义务。而当合同中明确约定必须在交货前提前两天以书面形式发出交付通知,则通知义务属于合同义务,没有履行容易被追究违约责任。协助、保密等义务与此类似,加以明确约定可以得到更为稳妥、有力的保障。

8. 售后服务的履行方式

售后服务,是指生产者、服务者或经营者等对于所销售的产品或服务所提供的一系列后续相关服务,包括但不限于送货、安装、指导、维修、培训、保养等。售后服务的目的,是提高产品或服务的价值,使其一直处于良好的状态以为客户发挥出最大的效能。

这些服务可根据标的特性、使用目的等情形选定,作为从合同义务。其内容十分广泛,如技术培训、备品备件、技术服务、维护保养、软件升级、质保期限、零部件优惠等,还可以包括履约保证金、质量保证金等。具体约定的事项,是相关服务的范围、时效、成本、质量等要求。

9. 其他约定的履行方式

除前述内容外,许多交易为了实现交易目的就必须根据标的特殊性而设定专门的履行方式。例如,某些重要的广告,会要求在特定时间段内播放,而且播放前后不能播放竞争对手的广告以免形成干扰。

六、履行费用负担不明确时的注意事项

同本项规定相关的法律风险,是履行费用的负担方式不明确而导致由履行义务方负担,或因债权人原因而增加的履行费用未由债权人负担。

履行费用约定不明的主要责任在履行方,因为履行方更了解履行过程中可能产生的各类成本。如果是在商务谈判阶段,只要履行费用不高一般均由履行方承担。而当履行费用过高到不调整则无法继续履行时,由履行方承担只是法律上的规则,甚至只是法院判决时才会采用的规则。

现实中的"履行费用负担不明确"情形,则往往由处于弱势交易地位方负担。这种交易地位上的强弱并不取决于经济实力,而取决于哪一方的交易资源更为稀缺、哪一方对于交易的需求更为迫切。

例如在建设工程承包合同履行中，屡屡发生施工单位在合同履行期间以中标价过低为由中止履行，而业主方基于进度、周期考虑而不得不同意追加支付报酬的情形。因此履行费用或其他费用的漏算，可能对接受履行方不利。

为避免履行费用约定不明的情形发生，履行双方均可采取相应措施。例如，对于买卖合同，买方作为接受履行的一方可在合同中明确约定合同总价已经包括了卖方履行合同所需要的所有成本或费用，如另有费用发生均由买方承担；而卖方作为履行方，则可在合同谈判过程中如实提出履行费用的负担供双方协商解决。

至于债权人原因造成的履行费用增加，履行义务方应及时提出由哪一方负担。债务人可以提出不同的解决方案后由债权人选择，即按原来方式履行、仍由履行义务方承担，还是由债权人承担增加的履行费后由债务人继续履行。

如果双方签订的是总价无法确定的合同，如建设施工合同等，则应在合同中明确各类成本和费用的项目、适用范围、计价单位、结算依据等，并在履行完毕后凭相关的证据决算。建设工程的预算、决算制度便是如此。预算只是初步的造价估计和计价项目及价格等的列举，实际情况以施工时符合约定的签证记录为准。

另外需要注意的是，某些行业由于监管等问题而存在着操作不规范的情况。在这类行业里，其通常的履行方式或交易习惯中的履行方式并不合法，尽管其履行成本较低。对于这类情形，往往需要增加履行费用才能按照合法的方式履行合同。

050. 第五百一十二条 〔电子合同的履行时间〕

通过互联网等信息网络订立的电子合同的标的为交付商品并采用快递物流方式交付的，收货人的签收时间为交付时间。电子合同的标的为提供服务的，生成的电子凭证或者实物凭证中载明的时间为提供服务时间；前述凭证没有载明时间或者载明时间与实际提供服务时间不一致的，以实际提供服务的时间为准。

电子合同的标的物为采用在线传输方式交付的，合同标的物进入对方当事人指定的特定系统且能够检索识别的时间为交付时间。

电子合同当事人对交付商品或者提供服务的方式、时间另有约定的，按照其约定。

【合同实务解读】

本条规定了通过信息网络订立的电子合同中，以快递物流方式交付商品的交付时间、提供服务的服务时间,以及标的物通过在线传输方式交付的交付时间认定规则。同时也规定了电子合同当事人有权对商品交付或服务提供的方式、时间另行约定。

随着电子商务在技术、法律上的成熟,通过网络信息平台订立的电子合同日益流行。电子合同的签订、履行全程无须双方同时同地接触即可完成,不受各方所在时间、空间限制且价格透明、交易安全、标的多样、简单便捷,优势日益明显。本条概括性地规定了这类交易的履行规则,并可用于判断时间上的违约。

一、电子合同与经营者

电子合同在签订、履行上都与传统的纸质合同有着很大的区别。除了仍旧适用《民法典》等相关法律规定,还要适用《电子商务法》《电子签名法》等与互联网及网络交易相关的法律。

"通过互联网等信息网络"在《民法典》(2020年)中只出现了两次。除了本条规定,另外一次出现是在第四百九十一条第二款,内容为"当事人一方通过互联网等信息网络发布的商品或者服务信息符合要约条件的,对方选择该商品或者服务并提交订单成功时合同成立,但是当事人另有约定的除外"。第四百九十一条是关于发布要约的规定,第五百一十二条是关于履行时间的规定。

在电子合同方面,《电子商务法》(2018年)比《民法典》(2020年)有着更多、更详细的规定。依据该法第九条,电子合同主体方面的概念分别如下:

第九条 本法所称电子商务经营者,是指通过互联网等信息网络从事销售商品或者提供服务的经营活动的自然人、法人和非法人组织,包括电子商务平台经营者、平台内经营者以及通过自建网站、其他网络服务销售商品或者提供服务的电子商务经营者。

本法所称电子商务平台经营者,是指在电子商务中为交易双方或者多方提供网络经营场所、交易撮合、信息发布等服务,供交易双方或者多方独立开展交易活动的法人或者非法人组织。

本法所称平台内经营者,是指通过电子商务平台销售商品或者提供服务的电子商务经营者。

二、电子合同的交付方式及凭证

对于电子合同交付义务的履行,《电子商务法》(2018年)在商品交付和服务提供方面的时间点认定方式与《民法典》(2020年)上的本条规定只有个别措辞上的区别,认定方式基本一致。

第五十一条 合同标的为交付商品并采用快递物流方式交付的,收货人签收时间为交付时间。合同标的为提供服务的,生成的电子凭证或者实物凭证中载明的时间为交付时间;前述凭证没有载明时间或者载明时间与实际提供服务时间不一致的,实际提供服务的时间为交付时间。

合同标的为采用在线传输方式交付的,合同标的进入对方当事人指定的特定系统并且能够检索识别的时间为交付时间。

合同当事人对交付方式、交付时间另有约定的,从其约定。

电子合同的发票,也是《电子商务法》(2018年)特意强调的内容。因为目前发票仍旧是报销、记账方面的凭证,并非形式发票。相关规定为:

第十四条 电子商务经营者销售商品或者提供服务应当依法出具纸质发票或者电子发票等购货凭证或者服务单据。电子发票与纸质发票具有同等法律效力。

第三十一条 电子商务平台经营者应当记录、保存平台上发布的商品和服务信息、交易信息,并确保信息的完整性、保密性、可用性。商品和服务信息、交易信息保存时间自交易完成之日起不少于三年;法律、行政法规另有规定的,依照其规定。

电子商务平台经营者如果违反这些规定,依照该法第八十条:"电子商务平台经营者有下列行为之一的,由有关主管部门责令限期改正;逾期不改正的,处二万元以上十万元以下的罚款;情节严重的,责令停业整顿,并处十万元以上五十万元以下的罚款;……

(四)不履行本法第三十一条规定的商品和服务信息、交易信息保存义务的。

法律、行政法规对前款规定的违法行为的处罚另有规定的,依照其规定。"

三、电子合同的标的物和履行

电子商务平台起初为销售有形物,但发展到当下已经远远不止有形物,软件使用权、虚拟装备、服务等也大量进入交易,相关立法中也已经描述为"商品和服务"。由于商品之间、服务之间、商品与服务之间在交付方式上有着巨大的差异,法律对于电子合同的标的交付需要更为细化的约定。

"电子合同的标的为交付商品",是当前电子商务中最为常见的交易。一般将商品称为"标的物",该类合同通常是电子版的买卖合同交易。但当今"商品"的内涵早已发生巨大变化,既有最为常规和传统的工业产品,也有特定的收藏品、交易后需要诸多线下操作的不动产,以及游戏装备等虚拟财产和软件程序等无形物。

"电子合同的标的物为采用在线传输方式交付的"通常指以虚拟财产、无形物为标的物的交易。这类标的物的交易通常只需在线传输安装软件,甚至只需要传输使用许可即可完成,并不需要另行传输任何其他实物。

"电子合同的标的为提供服务的",通常是指完成线上的程序设计、平面设计、方案起草、专题咨询等工作,也有在线上销售服务并由线下人员提供安装、修理、维护、保姆、保洁等服务。

四、方式或时间的另行约定

电子合同是以数据电文方式订立的合同,其要约、承诺适用数据电文的相关规定,其意思表示的生效时间依据《民法典》(2020年)允许"另有约定",即:

第一百三十七条　以对话方式作出的意思表示,相对人知道其内容时生效。

以非对话方式作出的意思表示,到达相对人时生效。以非对话方式作出的采用数据电文形式的意思表示,相对人指定特定系统接收数据电文的,该数据电文进入该特定系统时生效;未指定特定系统的,相对人知道或者应当知道该数据电文进入其系统时生效。当事人对采用数据电文形式的意思表示的生效时间另有约定的,按照其约定。

本条第三款同样规定了应优先适用双方对于履行方式和时间的约定,即"电子合同当事人对交付商品或者提供服务的方式、时间另有约定的,按照其约定"。

【风险点及建议】

同本条规定相关的法律风险,是电子合同当事人未能充分利用法律授权另行约定电子合同履行的方式、时间,或事先约定对商品的交付时间、服务的提供时间、标的物在线传输交付时间的理由与法律规定相冲突。

本条规定的重点内容是界定履行电子合同时交付商品、提供服务、在线传输的时间。这一规定既从法律角度界定了各类标的的履行时间、确立了电子合同履行的基本秩序,又起到判断时间上的违约、风险转移时间、验收起算时间等作用。

一、时间上违约的判断标准

本条规定的履行时间,也是判定是否逾期履行的标准。例如,本条第二款规定的"标的物为采用在线传输方式交付的,合同标的物进入对方当事人指定的特定系统且能够检索识别的时间为交付时间"。

这一标准配合网络信息系统自带的记录时间功能,足以证明交付是否按期履行。由于合同履行期间的验收、异议等权利的行使均有时间限制,实际履行时间既可用于判定有无交付时间违约行为,也是后续权利的起算时间。

电子合同履行时间上的规定对买卖双方均有风险。对于卖方而言,交付商品的快递物流是否及时收件、投递以及途中是否安全均非履行方可以保障,在线传输方式交付标的物可能会受各种故障干扰,以至于存在交付期限风险。对于买方而言,本条规定的"前述凭证没有载明时间或者载明时间与实际提供服务时间不一致的,以实际提供服务的时间为准"的规定导致履行时间的相对不确定,使得重要服务存在履行及时性风险。

正因如此,电子合同的要约方需要为履行时间留有一定余地。尤其是那些依据《民法典》(2020年)的规定需要订立合同书生效的和有履行时间承诺的合同,如:

第四百九十一条　当事人采用信件、数据电文等形式订立合同要求签订确认书的,签订确认书时合同成立。

当事人一方通过互联网等信息网络发布的商品或者服务信息符合要约条件的,对方选择该商品或者服务并提交订单成功时合同成立,但是当事人另有约定的除外。

由于电子合同的要约随时可能因买家的承诺而合同成立,但其收货地点各不相同,如果不界定不同区域的履行时间则极易构成履行期限上的违约。因此许多网络平台以"另有约定"的方式规避风险。例如,明确告知是"大致时间"、提供不同价位的服务等。

二、期间的起算时间

随着商品的签收、服务的提供、标的物进入系统,许多期间随着卖方完成交付而起算。这些期间,包括检验期、退货期、质量保证期等。

(一)检验期的起算

交付的法律后果之一是检验期的起算。合同编的通则部分并未规定检验期限问题,但出现在"第九章 买卖合同"中。由于《民法典》(2020年)第六百四十六条规定了"法律对其他有偿合同有规定的,依照其规定;没有规定的,参照适用买卖合同的有关规定",因而这一规定对所有有偿合同均有普适性。而在第六百二十条,规定了检验期限问题,即:

第六百二十条 买受人收到标的物时应当在约定的检验期限内检验。没有约定检验期限的,应当及时检验。

(二)退货期的起算

交付的另一法律后果是退货期限的起算。"三包"、退货都有时间限制,理由既可以是法定的产品质量责任,也可以是约定的产品质量责任。

例如,《网络购买商品七日无理由退货暂行办法》(2020年修订)就涉及无理由退货权利的起算时间问题,即:

第二条 消费者为生活消费需要通过网络购买商品,自收到商品之日起七日内依照《消费者权益保护法》第二十五条规定退货的,适用本办法。

第十条 选择无理由退货的消费者应当自收到商品之日起七日内向网络商品销售者发出退货通知。

七日期间自消费者签收商品的次日开始起算。

该办法与本条第一款分别设定了不同的时间界限。按照本条第一款的规定,"标的为交付商品并采用快递物流方式交付的,收货人的签收时间为交付时间"。按照该办法的规定,消费者的"七日无理由退货"权的期限,为其第十条所规定的"自消费者签收商品的次日开始起算"。两个时间一个为交付完成时间、一个为无理由退货期限的起算。

(三)质量保证期的起算

质量保证期限通常也自交付时起算。部分商品或服务有法定的质量保证期,这些保证期一般均自交付时起算。例如,《机动车维修管理规定》(2023年修正)中就对此作出了明确的规定,即:

第三十六条 机动车维修实行竣工出厂质量保证期制度。

汽车和危险货物运输车辆整车修理或总成修理质量保证期为车辆行驶20000公里或者100日;二级维护质量保证期为车辆行驶5000公里或者30日;一级维护、

小修及专项修理质量保证期为车辆行驶 2000 公里或者 10 日。

摩托车整车修理或者总成修理质量保证期为摩托车行驶 7000 公里或者 80 日；维护、小修及专项修理质量保证期为摩托车行驶 800 公里或者 10 日。

其他机动车整车修理或者总成修理质量保证期为机动车行驶 6000 公里或者 60 日；维护、小修及专项修理质量保证期为机动车行驶 700 公里或者 7 日。

质量保证期中行驶里程和日期指标，以先达到者为准。

机动车维修质量保证期，从维修竣工出厂之日起计算。

但质量保证期并非全部从交付之日起计算。例如，《建设工程质量管理条例》(2019 年修订)中，保修期自竣工验收合格之日起算：

第四十条 在正常使用条件下，建设工程的最低保修期限为：

(一)基础设施工程、房屋建筑的地基基础工程和主体结构工程，为设计文件规定的该工程的合理使用年限；

(二)屋面防水工程、有防水要求的卫生间、房间和外墙面的防渗漏，为 5 年；

(三)供热与供冷系统，为 2 个采暖期、供冷期；

(四)电气管线、给排水管道、设备安装和装修工程，为 2 年。

其他项目的保修期限由发包方与承包方约定。

建设工程的保修期，自竣工验收合格之日起计算。

(四)风险转移时间

标的物交付之时，通常也是标的物毁损、灭失风险转移至收货人之时。对于提存物的风险转移、标的物交付前后的风险分配，《民法典》(2020 年)均将交付作为通常情况下的风险转移的时间点，即：

第五百七十三条 标的物提存后，毁损、灭失的风险由债权人承担。提存期间，标的物的孳息归债权人所有。提存费用由债权人负担。

第六百零四条 标的物毁损、灭失的风险，在标的物交付之前由出卖人承担，交付之后由买受人承担，但是法律另有规定或者当事人另有约定的除外。

(五)对方式、时间的另行约定

本条规定的第一、二款均为法律上默认的交付时间或服务时间，第三款则规定了"电子合同当事人对交付商品或者提供服务的方式、时间另有约定的，按照其约定"，即如果当事人有其他需求，可另行约定履行方式、时间。

这里的"对交付商品或者提供服务的方式、时间另有约定"，主要是为了使电子合同的履行方式、履行时间更具弹性，也更加便捷、灵活。因为即使是纸质合同书的履行，也存在向第三人履行、由第三人履行的方式，以及现货交易、预订交易等不同的交付模式、不同的交付时间。

电子合同的履行在方式、时间上也同样存在诸多突破传统的变化。例如，许多电子合同实际上是向第三人或由第三人交付标的物或提供服务，甚至许多临时无货的交易还会采用提前订货并预付、发货前实价结清的交易模式。而且发货时间、交付方式、包装方式、退换方式、付款方式等均可选择。

因此，本条第三款的规定与其说是对秩序的创建不如说是对秩序的追认。在从事电子合同交易时，当事人应当充分意识到交易方式、交易时间的可变性，如有需要应充分利用法律的授权另行约定交付商品或者提供服务的方式、时间，以实现交易利益的最大化和成本、风险的最小化。

051. 第五百一十三条 〔政府定价或政府指导价〕

执行政府定价或者政府指导价的，在合同约定的交付期限内政府价格调整时，按照交付时的价格计价。逾期交付标的物的，遇价格上涨时，按照原价格执行；价格下降时，按照新价格执行。逾期提取标的物或者逾期付款的，遇价格上涨时，按照新价格执行；价格下降时，按照原价格执行。

【合同实务解读】

本条规定了执行政府定价或政府指导价的合同在履行期间发生政府价格调整时的价格计算方式，即按期交付则按交付时价格计价，逾期交付或逾期提取时按对违约方不利的价格计价。

"政府定价或者政府指导价"，是政府对某些资源交易的主动干预，具有一定的计划经济色彩。这些价格的定价权由从中央到地方不同层级的政府部门行使，但总体上这类定价目前已经不多，且多与垄断行业有关。

一、政府定价或政府指导价的概念

按照《价格法》（1997年）的规定，各相关术语定义如下：

第三条　国家实行并逐步完善宏观经济调控下主要由市场形成价格的机制。价格的制定应当符合价值规律，大多数商品和服务价格实行市场调节价，极少数商

品和服务价格实行政府指导价或者政府定价。

市场调节价,是指由经营者自主制定,通过市场竞争形成的价格。

本法所称经营者是指从事生产、经营商品或者提供有偿服务的法人、其他组织和个人。

政府指导价,是指依照本法规定,由政府价格主管部门或者其他有关部门,按照定价权限和范围规定基准价及其浮动幅度,指导经营者制定的价格。

政府定价,是指依照本法规定,由政府价格主管部门或者其他有关部门,按照定价权限和范围制定的价格。

"政府定价或者政府指导价"由政府部门依据《价格法》(1997年)的相关规定制定,仅适用于有限范围:

第十八条 下列商品和服务价格,政府在必要时可以实行政府指导价或者政府定价:

(一)与国民经济发展和人民生活关系重大的极少数商品价格;

(二)资源稀缺的少数商品价格;

(三)自然垄断经营的商品价格;

(四)重要的公用事业价格;

(五)重要的公益性服务价格。

通信、而且不执行这些价格的行业

二、政府定价的经营服务性收费目录清单

在定价权限和适用范围方面,《价格法》(1997年)将政府指导价、政府定价分为中央定价目录和地方定价目录两级。即:

第十九条 政府指导价、政府定价的定价权限和具体适用范围,以中央的和地方的定价目录为依据。

中央定价目录由国务院价格主管部门制定、修订,报国务院批准后公布。

地方定价目录由省、自治区、直辖市人民政府价格主管部门按照中央定价目录规定的定价权限和具体适用范围制定,经本级人民政府审核同意,报国务院价格主管部门审定后公布。

省、自治区、直辖市人民政府以下各级地方人民政府不得制定定价目录。

这类"政府定价或者政府指导价"多由政府部门以目录清单的形式颁布,并且不断更新。目前执行的是国家发展和改革委员会于2004年颁布的《政府定价的经

营服务性收费目录清单(2024版)》。列入目录的中央定价领域只有商业银行基础服务收费及银行卡刷卡手续费、征信服务收费、电信网和互联网网间结算费、民航垄断环节服务收费、沿江、长江干线主要港口及其他所有对外开放港口的服务收费。

但《价格法》(1997年)也规定市、县级政府经过授权可以制定本地区的政府指导价、政府定价,即:

第二十条 国务院价格主管部门和其他有关部门,按照中央定价目录规定的定价权限和具体适用范围制定政府指导价、政府定价;其中重要的商品和服务价格的政府指导价、政府定价,应当按照规定经国务院批准。

省、自治区、直辖市人民政府价格主管部门和其他有关部门,应当按照地方定价目录规定的定价权限和具体适用范围制定在本地区执行的政府指导价、政府定价。

市、县人民政府可以根据省、自治区、直辖市人民政府的授权,按照地方定价目录规定的定价权限和具体适用范围制定在本地区执行的政府指导价、政府定价。

【风险点及建议】

同本条规定相关的法律风险,是执行政府定价或者政府指导价的合同在交付时未按政府调整的价格计价,以及在逾期交付或逾期提取时未从政府调整前、调整后的价格中选择对违约方不利的价格计价结算。

政府定价和政府指导价作为政府对特定经济领域的干预手段都具有强制性,因而不属于当事人可以通过合同加以调整的范围。

根据《价格法》(1997年),经营者只能在法律授权范围内活动,即:

第十一条 经营者进行价格活动,享有下列权利:

(一)自主制定属于市场调节的价格;

(二)在政府指导价规定的幅度内制定价格;

(三)制定属于政府指导价、政府定价产品范围内的新产品的试销价格,特定产品除外;

(四)检举、控告侵犯其依法自主定价权利的行为。

第十二条 经营者进行价格活动,应当遵守法律、法规,执行依法制定的政府指导价、政府定价和法定的价格干预措施、紧急措施。

第二十四条 政府指导价、政府定价制定后,由制定价格的部门向消费者、经营者公布。

若不执行政府定价或政府指导价,则有可能受到行政处罚。因价格违法获利及造成损害的,违法经营者也需要退还或赔偿,即:

第三十九条 经营者不执行政府指导价、政府定价以及法定的价格干预措施、紧急措施的,责令改正,没收违法所得,可以并处违法所得五倍以下的罚款;没有违法所得的,可以处以罚款;情节严重的,责令停业整顿。

第四十一条 经营者因价格违法行为致使消费者或者其他经营者多付价款的,应当退还多付部分;造成损害的,应当依法承担赔偿责任。

由此可见,经营者对于政府定价、政府指导价并没有选择空间。如果关注相关价格,可以在制定价格前参与政府价格主管部门和其他有关部门的价格、成本调查,在相关部门听取消费者、经营者和有关意见时提出自己的意见和建议。

052. 第五百一十四条 〔金钱之债与法定货币〕

以支付金钱为内容的债,除法律另有规定或者当事人另有约定外,债权人可以请求债务人以实际履行地的法定货币履行。

【合同实务解读】

本条是关于合同履行过程中支付金钱之债币种方面的规定,债权人可以要求债务人支付实际履行地的法定货币,除非另有规定或约定。

绝大部分交易完全是国内贸易,因此支付金钱之债的币种在没有涉外因素的交易中完全可以忽略而且也长期被忽略。但在有涉外因素的交易中,例如一方为外国企业、产品在境外销售等,以何种货币结算便成为必须考虑的问题。

一、金钱之债及法定货币

"以支付金钱为内容的债"即债法理论中的"金钱之债",又被称为"货币之债"。金钱之债的标的是金钱,履行方式是向债权人支付一定数额的金钱。伴随金钱之债而来的,是支付金钱时的币种问题,其中涉及汇率、交换成本,以及货币的稳定性、流通性等问题。

"以实际履行地的法定货币履行",强调的是当同时有约定履行地和实际履行地时,将实际履行地政府发行、在当地流通的货币作为履行债务的币种。但在本条规定中,债权人的权利只是"可以请求",且是在"除法律另有规定或者当事人另有约定外"的前提之下。

根据《中国人民银行法》(2003年修正)的规定,在中国境内,任何一方都不得拒绝使用人民币结算,即:

第十六条　中华人民共和国的法定货币是人民币。以人民币支付中华人民共和国境内的一切公共的和私人的债务,任何单位和个人不得拒收。

二、外币不得在中国流通

除另有规定外,外币不得在中国境内流通。《外汇管理条例》(2008年修订)在作出这一规定的同时,还规定了经常项目外汇收入、支出的外币使用规则。

第八条　中华人民共和国境内禁止外币流通,并不得以外币计价结算,但国家另有规定的除外。

第十三条　经常项目外汇收入,可以按照国家有关规定保留或者卖给经营结汇、售汇业务的金融机构。

第十四条　经常项目外汇支出,应当按照国务院外汇管理部门关于付汇与购汇的管理规定,凭有效单证以自有外汇支付或者向经营结汇、售汇业务的金融机构购汇支付。

因此,在中国境内发生的支付行为,无论相关交易是否存在涉外因素,如果没有其他约定均应当用人民币支付。同时,以本地货币计价和结算,也是一种实际存在的交易习惯。只有具备了法律所规定的条件,才可以在中国境内使用外币计价结算。

【风险点及建议】

同本条规定相关的法律风险,是没有依据法律规定约定最为有利的支付币种,或债权人未请求债务人按实际履行地的法定货币履行。

一、合法的计价与结算

通常情况下,发生在中国境内的交易均以人民币计价结算。而且一般情况下在中国境内根本无法直接用外汇进行企业之间的结算。法律规定"不得以外币计价结算,但国家另有规定的除外"。

但在"法律另有规定"的情况下,当事人可以约定以外汇计价、结算。例如,机构和个人的经常项目、资本项目,均可在办理相关手续后以外汇计价结算。其依据为《外汇管理条例》(2008年修订)第四条:"境内机构、境内个人的外汇收支或者外汇经营活动,以及境外机构、境外个人在境内的外汇收支或者外汇经营活动,适用本条例。"

此外,中国人民银行发布的《结汇、售汇及付汇管理规定》(1996年)也规定了具体的结汇、购汇及支付的办法,即:

第四条 境内机构、居民个人、驻华机构及来华人员应当按照本规定办理结汇、购汇、开立外汇账户及对外支付。

二、计价方面约定不明的处理

在实际交易中,需要以外汇结算却没有约定币种的情形近乎不可能发生。因为结算用的币种就是双方计价时的币种,而计价离不开币种问题。如果双方的交易为国内贸易,则默认使用人民币结算。

如果币种问题确实没有约定,则可按照《民法典》(2020年)第五百一十条的规定通过协议补充、依据其他条款或交易习惯确定。如果通过这些方法仍旧无法解决,则可参照《民法典》(2020年)第五百一十一条的规定,以"(二)价款或者报酬不明确的,按照订立合同时履行地的市场价格履行;依法应当执行政府定价或者政府指导价的,依照规定履行"的方式确定,或依据"(五)履行方式不明确的,按照有利于实现合同目的的方式履行"加以确定。

要求或接受"债务人以实际履行地的法定货币履行"时,需要关注汇率变化的影响,尤其是汇率长期变化趋势的影响。由于汇率总是受到外汇市场波动的影响,因此需要充分考虑计价和结算时本币与外汇之间的汇率变化,必要时约定计价调整机制以平衡双方利益。许多以外汇结算的项目,由于汇率的长期变化趋势无法预计,产生了利润的巨大流失。短期内需要完成的外汇结算,则可约定以支付日的外汇卖出价结算,或以其他方式克服外汇波动的影响。

三、违反外汇管理规定的法律风险

如果在结算中违反了外汇方面的规定,则会面临较大的法律风险。根据《外汇管理条例》(2008年修订)的有关规定,轻则受到外汇管理机关的行政处罚,情节严重的还有可能被追究刑事责任。

第四十条　有违反规定以外汇收付应当以人民币收付的款项,或者以虚假、无效的交易单证等向经营结汇、售汇业务的金融机构骗购外汇等非法套汇行为的,由外汇管理机关责令对非法套汇资金予以回兑,处非法套汇金额30%以下的罚款;情节严重的,处非法套汇金额30%以上等值以下的罚款;构成犯罪的,依法追究刑事责任。

第四十四条　违反规定,擅自改变外汇或者结汇资金用途的,由外汇管理机关责令改正,没收违法所得,处违法金额30%以下的罚款;情节严重的,处违法金额30%以上等值以下的罚款。

有违反规定以外币在境内计价结算或者划转外汇等非法使用外汇行为的,由外汇管理机关责令改正,给予警告,可以处违法金额30%以下的罚款。

第四十五条　私自买卖外汇、变相买卖外汇、倒买倒卖外汇或者非法介绍买卖外汇数额较大的,由外汇管理机关给予警告,没收违法所得,处违法金额30%以下的罚款;情节严重的,处违法金额30%以上等值以下的罚款;构成犯罪的,依法追究刑事责任。

053. 第五百一十五条　〔多项标的履行选择权〕

标的有多项而债务人只需履行其中一项的,债务人享有选择权;但是,法律另有规定、当事人另有约定或者另有交易习惯的除外。

享有选择权的当事人在约定期限内或者履行期限届满未作选择,经催告后在合理期限内仍未选择的,选择权转移至对方。

【合同实务解读】

本条是对债务人债务履行选择权的规定。除法律另有规定、双方另有约定或另有交易习惯外,标的有多项而债务人只需履行其中一项时,债务人有选择权,但其未在期满前行使该选择权且经催告后仍未在合理期限内行使,则选择权转至对方。

在法理上,本条款规定的是选择之债的履行要求。选择之债有着不同的存在方式,无论是在标的上还是在履行的时间、地点和方式上,只要设有可选择项即为选择之债。在现实的交易中,电脑等产品往往存在不同的配置,可供买方选择后由卖方履行。这种情形类似于可选择之债，但选择权在债权人。

由债务人从多个标的中选择一项履行的情形在立法和合同实务中均较少见，多见于处理缺乏履行能力的债务履行。选择之债可为债务人提供履行债务的不同途径，以使债务人能够顺利履行、债权人能够顺利实现债权，通常用于清算、赔偿过程所达成的协议。在处理这类债务人缺乏履行能力的情形时，提供多个选项供债务人选择，有利于债务人充分利用各类资源尽早履行债务。

"法律另有规定、当事人另有约定或者另有交易习惯的除外"，体现了选择之债中可能存在的各种复杂关系。债务人是否拥有选择权，还要取决于法律有无另行规定、双方对于客观形成的或以前约定的选择权是否另外约定，以及有无相关交易习惯。

对于其中的"交易习惯"，可按《合同编通则司法解释》（2023年）第二条理解，即：

第二条　下列情形，不违反法律、行政法规的强制性规定且不违背公序良俗的，人民法院可以认定为民法典所称的"交易习惯"：

（一）当事人之间在交易活动中的惯常做法；

（二）在交易行为当地或者某一领域、某一行业通常采用并为交易对方订立合同时所知道或者应当知道的做法。

对于交易习惯，由提出主张的当事人一方承担举证责任。

债务人行使选择权的标志，是在作出选择后通知对方。依据《民法典》（2020年）第五百一十六条第一款的规定，"当事人行使选择权应当及时通知对方，通知到达对方时，标的确定"。而标的一旦确定，则形同发出承诺，非经对方同意不得改变。

"在约定期限内或者履行期限届满未作选择"，属于债务人怠于行使选择权的表现，并会因此影响债务的履行。前者是指在约定的选择期内未作出选择，后者是指在履行期限届满未作出选择，两种情形均可能与债务人的商业信誉或履行能力有关。

在此情形下，债权人有权以催告的方式要求债务人及时作出选择。如果债务人经催告后在"合理期限内"仍未选择，则选择权转归债权人行使。通常情况下，从多项标的中选择一项用于履行债务远比实际履行债务简单，因此债权人在催告时可以给债务人留出足够作出选择的时间令其在此期限内作出选择，并明确告知逾期未作选择则由债权人行使选择权。

【风险点及建议】

同本条规定相关的法律风险,是债权人与债务人未约定选择权或设定的选择权违反法律规定,或未约定选择权的行使期限、催告后的行使期限,以及债务人未及时选择且经催告后仍未在合理期限内选择时债权人未主动行使依法转移的选择权。

标的有多项而债务人只需履行其中一项的,债务人享有选择权;但是,法律另有规定、当事人另有约定或者另有交易习惯的除外。

享有选择权的当事人在约定期限内或者履行期限届满未作选择,经催告后在合理期限内仍未选择的,选择权转移至对方。

对于标的选择权及选择权的转移,都可以在合同中加入更多的细节约定。为了便于债务人履行,合同中可约定供债务人选择的几项标的;为了预防债务人可能出现的怠于行使选择权的行为,合同中或其他约定中可以明确约定选择权的行使期限;为了及时实现选择权向债权人的转移,可以事先约定或在催告中设定选择权的行使期限。

合同中甚至可以直接约定催告事宜。例如,约定催告后债务人作出选择的期限,以及债务人未作出选择需要承担的违约责任等。

如果提供债务选择权时债权人已做出重大让步,则还可以设计成附条件的让步。即约定该重大让步以债务人按约定期限行使选择权并履行完毕为前提,债务人未及时作出选择并履行完毕,则该让步不再有效、双方按让步前确定的债务履行。

在约定选择权相关事项之前,首先需要查询设立该选择权在法律上是否另有规定。只要法律没有另行规定,即使早有交易习惯,也可以双方达成的约定为准。

054. 第五百一十六条 〔选择权的通知和标的选择〕

当事人行使选择权应当及时通知对方,通知到达对方时,标的确定。标的确定后不得变更,但是经对方同意的除外。

可选择的标的发生不能履行情形的,享有选择权的当事人不得选择不能履行的标的,但是该不能履行的情形是由对方造成的除外。

【合同实务解读】

本条规定了在选择之债中债务人行使选择权时的权利和义务。债务人对其选择有通知对方的义务、标的确定后非经对方同意不得改变的义务,以及除非由对方造成否则不得选择不能履行的标的。

"当事人行使选择权应当及时通知对方",既包括债务人行使选择权,也包括选择权转移至债权人后由债权人行使选择权。由于《民法典》(2020年)第五百一十五条规定了选择权的转移,即"……经催告后在合理期限内仍未选择的,选择权转移至对方",因此债权人也可能拥有选择权。而无论是债权人还是债务人,只要是合法行使选择权,均应"及时通知对方"。

"通知到达对方时,标的确定",相当于承诺到达要约人,双方就最终履行的具体标的设立了权利义务关系。当事人行使选择权后的通知,是选择权生效的条件。而一旦生效则形同合同生效,如需变更要征得对方同意。

选择"不能履行的标的",意味着债务无法履行。"不得选择不能履行的标的",依然是为了使债务人能够顺利向债权人履行债务。无论是债务人作出选择还是在选择权转移至债权人时由债权人选择,均须遵守这一规则。例如,不能选择因不可抗力灭失的标的物用于债务履行。

但当"不能履行的标的"是对方行为所导致,则选择权人有权选择该标的作为对方过错行为的惩罚性措施。即"该不能履行的情形是由对方造成的除外"。

【风险点及建议】

同本条规定相关的法律风险,是当事人行使选择权未及时通知对方、选择后对方不同意变更、当事人选择了不能履行的标的,以及债权人原因造成的不能履行的标的被另一方选择作为债务履行方式。

拥有债务履行标的选择权的债务人或债权人,都有法定的通知对方的义务。所选择的标的自通知到达对方时确定,非经对方同意不得变更。这种通知既要确保能够到达对方,又要能够证明及时发出了通知。这对债务人尤其重要,如果不能证明自己已经及时作出了选择,选择权有可能转移至债权人。因此在合同中设立明确的发出通知的方法,尤其设定指定系统的数据电文系统接收和发送信息,在实际履行中有着诸多的优势。数据电文方式不仅使用便捷,还能长期保留发出通知的内容和时间,甚至能够提供对方是否已经阅读的证据。

标的发出后,如需变更必须征得对方同意。但希望变更的既可能是债务人,也可能是选择权转移后的债权人。这种变更方面的困难无法通过合同中的事先约定加以解决,只能通过选择时的谨慎和维持良好的双方关系、遵循诚信原则处理。顺利完成债务的履行,对于债权人和债务人均有益处。

在履行期间,债权人要避免造成某项标的无法履行,以免债务人选择该项标的的履行而造成债务无法得到清偿。而债务人则有权选择对方造成的无法履行的标的,从而直接消灭债务。但当某项标的的无法履行与债权人无关时,则"享有选择权的当事人不得选择不能履行的标的"。

法律上的这一规定使得债权人无法选择不能履行的标的,但债权人如果需要,完全可以用其他方式放弃该部分债权。例如,如果并不违反法律上的相关规定,债权人可利用《民法典》(2020年)中关于债权债务终止中"免除债务"或"解除合同"等相关规定消灭债权,即:

第五百五十七条　有下列情形之一的,债权债务终止:

(一)债务已经履行;

(二)债务相互抵销;

(三)债务人依法将标的物提存;

(四)债权人免除债务;

(五)债权债务同归于一人;

(六)法律规定或者当事人约定终止的其他情形。

合同解除的,该合同的权利义务关系终止。

〔第二部分　按份之债与连带之债〕

055. 第五百一十七条　〔按份债权与按份债务〕

债权人为二人以上,标的可分,按照份额各自享有债权的,为按份债权;债务人为二人以上,标的可分,按照份额各自负担债务的,为按份债务。

按份债权人或者按份债务人的份额难以确定的,视为份额相同。

【合同实务解读】

本条规定了标的可分且债权人或债务人为二人以上时的按份债权和按份债务,并规定了份额难以确定时视为份额相同。

标的是否可分的法律意义,在于当债权人为二人以上或债务人为二人以上时,是否可以按份享有债权或按份负担债务。标的物可分,则可将其按照份额分给共同债权人或共同债务人,各债权人按照份额享有债权、各债务人按照份额负担债务。

"标的可分",是指标的可以进行分割且分割并不改变其使用价值和经济价值。例如作为遗产分割的存款,分割后各部分之和仍为原值。

标的不可分,是指如果标的为实物且分割后会失去原有的使用价值、经济价值且影响合同目的的实现。例如,一头牛、一辆汽车、一件艺术品等,分割后不再具有使用价值甚至毫无经济价值,则为标的不可分。

同一债权的债权人为二人以上,或同一债务的债务人为二人以上时,如果债权、债务指向的标的是可分的,则分别形成按份债权、按份债务。这种区分在债权债务处理过程中经常出现,尤其是在金钱之债中更为常见。而对于标的的按份债权和按份债务的份额,主要由债权人或债务人自行设定。

当债权债务的数量和标的的价值均可通过金额的方式体现时,按份债权和按份债务的金额和份额都会十分明确,债权债务的处理也相对简单。而当按份债权人或按份债务人的份额难以用金额或比例衡量时,则法定按份额相同处理。

按份债权人与按份债务人的划分是基于是否可以按份享有债权或负担债务,而无关份额的大小,因此当份额难以确定时视为份额相同。

【风险点及建议】

同本条规定相关的法律风险,是共同债权人或共同债务人未划分债权或债务的份额,或是虽有划分但没有相关证据可以证明,以至于因债权或债务份额不明而未充分享有债权或负担过多债务。

本条内容涉及《民法典》(2020 年)"第二编 物权""第八章 共有"中关于按份共有的相关规定,本属于与合同相关的债法方面的内容。由于《民法典》(2020 年)未单独设立债权编,因此在合同编内包括了这类内容。

按份债权或按份债务涉及共有问题。《民法典》(2020 年)"第二编 物权""第

八章 共有"中的第二百九十七条和第二百九十八条从不同方面对共有作出了规定,即:

第二百九十七条 不动产或者动产可以由两个以上组织、个人共有。共有包括按份共有和共同共有。

第二百九十八条 按份共有人对共有的不动产或者动产按照其份额享有所有权。

因此本条规定中的"标的可分"且"按照份额各自享有债权"或"按照份额各自负担债务"的情形,与物权编中的"按份共有"和"按照其份额享有所有权"性质相同。与"按份共有"相对的,则是"共同共有",即《民法典》(2020年)第二百九十九条所规定的"共同共有人对共有的不动产或者动产共同享有所有权"。

同时,按份债权、按份债务的规定也与《民法典》(2020年)总则编中的"第八章 民事责任"中对于按份责任的规定相关,即:

第一百七十七条 二人以上依法承担按份责任,能够确定责任大小的,各自承担相应的责任;难以确定责任大小的,平均承担责任。

按份债权或按份债务的标的,都需要明确各方的份额。这种份额的明确可以有多种方式,动产、不动产或是权益均可以通过登记、协议等方式确定各方债权的份额或债务的份额,以便在行使债权或履行债务时权利义务明确。而唯有明确的份额划分,才可避免因"视为份额相同"而无法享有应有份额的债权,或负担过多份额的债务。

056. 第五百一十八条 〔连带债权与连带债务〕

债权人为二人以上,部分或者全部债权人均可以请求债务人履行债务的,为连带债权;债务人为二人以上,债权人可以请求部分或者全部债务人履行全部债务的,为连带债务。

连带债权或者连带债务,由法律规定或者当事人约定。

【合同实务解读】

本条是对连带债权、连带债务的性质,以及二者的形成方式的规定。部分或者全部债权人均可以请求债务人履行债务,债权人可以请求部分或者全部债务人履行全部债务。

连带债权、连带债务，是按份债权、按份债务之外多数人之债的又一种体现方式。但后者与前者不同的是，后者各债权人按份额享有债权、按份额负担债务，而前者的任何连带债权人均可要求债务人承担债务、任何连带债务人均有可能被要求履行所有债务。

连带债权债务与按份债权债务，均为同时有多个主体的债权债务。但这两类债权债务主体之间的关系，以及对内、对外权利义务均有不同。

按份债权债务中，共同债权人之间或共同债务人之间有着清晰的份额界限，既无权超越份额取得利益也没有义务超越份额承担责任。但连带债权人的部分或全部均有权请求债务人履行债务，连带债务的债务人的部分或全部都可以被要求履行全部债务。因此连带债务人相比按份债务人在承担债务方面更具不确定性，而连带债权人比按份债权人有更多的受偿机会。

"部分或者全部债权人均可以请求债务人履行债务"，是连带债权的标志性特征。连带债权人既可单独要求债务人履行，也可共同要求债务人履行。而"债权人可以请求部分或者全部债务人履行全部债务的"，则是连带债务的标志性特征，即任何一位连带债务人均有可能被要求履行全部债务，而无论连带债务人之间的份额如何划分。

"连带债权或者连带债务，由法律规定或者当事人约定"，指向了连带责任之债的两个来源而且应用广泛。法律规定的连带债务在《民法典》（2020年）上列有多种，例如：

第八十三条 ……
营利法人的出资人不得滥用法人独立地位和出资人有限责任损害法人债权人的利益；滥用法人独立地位和出资人有限责任，逃避债务，严重损害法人债权人的利益的，应当对法人债务承担连带责任。

第一百六十七条 代理人知道或者应当知道代理事项违法仍然实施代理行为，或者被代理人知道或者应当知道代理人的代理行为违法未作反对表示的，被代理人和代理人应当承担连带责任。

第三百零七条 因共有的不动产或者动产产生的债权债务，在对外关系上，共有人享有连带债权、承担连带债务，但是法律另有规定或者第三人知道共有人不具有连带债权债务关系的除外；……

约定的连带债权或连带债务由当事人自行设定，应用最为普遍的是连带责任担保。许多重大合同,往往要求承担民事责任能力较弱的一方提供担保,担保人与被担保人对债务承担连带责任。

【风险点及建议】

同本条规定相关的法律风险,是难以区分债权或债务是否为连带债权或连带债务,或者是连带债权、连带债务的设定缺乏法律依据或双方约定,以及连带债权人未请求债务人履行或未请求部分或者全部债务人履行全部债务。

同按份债权、按份债务类似,连带债权、连带债务与《民法典》(2020年)总则编的"第八章 民事责任"的部分规定相关,即:

第一百七十八条 二人以上依法承担连带责任的,权利人有权请求部分或者全部连带责任人承担责任。

连带责任人的责任份额根据各自责任大小确定;难以确定责任大小的,平均承担责任。实际承担责任超过自己责任份额的连带责任人,有权向其他连带责任人追偿。

连带责任,由法律规定或者当事人约定。

一、作为担保人

合同实务中最为常见的对于连带债权和连带债务所作的约定是连带责任保证条款。《民法典》(2020年)中并未对这类条款给出太多细节要求,但《最高人民法院关于适用〈中华人民共和国民法典〉有关担保制度的解释》(2020年,以下简称《担保制度司法解释》)中却规定了保证人、保证合同有效性、保证合同性质的认定等内容,更具实务参考意义。

(一)连带责任担保的份额

在连带责任担保中,如果是担保人,尽管很可能成为所有债务的实际承担者,但仍应划清与其他担保人之间的债务分担份额,以尽可能避免承担更多的担保责任。对于这些问题,《担保制度司法解释》(2020年)作出了规定:

第十三条 同一债务有两个以上第三人提供担保,担保人之间约定相互追偿及分担份额,承担了担保责任的担保人请求其他担保人按照约定分担份额的,人民法院应予支持;担保人之间约定承担连带共同担保,或者约定相互追偿但是未约定分担份额的,各担保人按照比例分担向债务人不能追偿的部分。

同一债务有两个以上第三人提供担保,担保人之间未对相互追偿作出约定且未约定承担连带共同担保，但是各担保人在同一份合同书上签字、盖章或者按指印，承担了担保责任的担保人请求其他担保人按照比例分担向债务人不能追偿部分的，人民法院应予支持。

除前两款规定的情形外，承担了担保责任的担保人请求其他担保人分担向债务人不能追偿部分的，人民法院不予支持。

根据上述司法解释规定，担保人之间即使"未对相互追偿作出约定且未约定承担连带共同担保"，只要"各担保人在同一份合同书上签字、盖章或者按指印"，则"承担了担保责任的担保人请求其他担保人按照比例分担向债务人不能追偿部分"也同样可以得到法院的支持。

（二）争取一般责任保证

在连带责任担保中，如果有数个担保人，则履行连带债务能力越强的担保人风险越大，因为其最容易成为债权人主张履行全部债务的目标。在此情形下，可以考虑只承担一般责任担保。这类担保责任，适用《民法典》（2020年）对于保证合同的规定，即：

第六百八十六条　保证的方式包括一般保证和连带责任保证。

当事人在保证合同中对保证方式没有约定或者约定不明确的，按照一般保证承担保证责任。

第六百八十七条　当事人在保证合同中约定，债务人不能履行债务时，由保证人承担保证责任的，为一般保证。

一般保证的保证人在主合同纠纷未经审判或者仲裁，并就债务人财产依法强制执行仍不能履行债务前，有权拒绝向债权人承担保证责任，但是有下列情形之一的除外：

（一）债务人下落不明，且无财产可供执行；

（二）人民法院已经受理债务人破产案件；

（三）债权人有证据证明债务人的财产不足以履行全部债务或者丧失履行债务能力；

（四）保证人书面表示放弃本款规定的权利。

在设定一般保证的实务操作中，需要遵循则要遵循《担保制度司法解释》（2020年）第二十五条的规定，以免被认定为连带责任保证，即：

第二十五条　当事人在保证合同中约定了保证人在债务人不能履行债务或者

无力偿还债务时才承担保证责任等类似内容,具有债务人应当先承担责任的意思表示的,人民法院应当将其认定为一般保证。

当事人在保证合同中约定了保证人在债务人不履行债务或者未偿还债务时即承担保证责任、无条件承担保证责任等类似内容,不具有债务人应当先承担责任的意思表示的,人民法院应当将其认定为连带责任保证。

二、作为债权人

从债权人的角度考虑,担保方承担连带担保责任对于债权人最为有利、担保人履行债务能力越强对债权人越是有利,因此在设定连带责任担保时有着不同的思路。

(一)设立连带责任担保

对于债权人最为有利的担保,是连带责任担保而非一般责任担保。因为连带责任担保并不需要由债务人先行履行,而是可以直接要求连带责任担保人中实力最强的一个履行全部债务。这对该担保人最为不利,但对于债权人则最为有利。

设立连带责任保证,最为重要的是在保证合同中表明保证的连带责任性质。尤其是要遵循前面引用过的《担保制度司法解释》(2020年)第二十五条第二款的规定:"当事人在保证合同中约定了保证人在债务人不履行债务或者未偿还债务时即承担保证责任、无条件承担保证责任等类似内容,不具有债务人应当先承担责任的意思表示的,人民法院应当将其认定为连带责任保证。"

(二)赋予强制执行力的公证

在连带责任担保之外,还可以考虑使用赋予强制执行力的公证予以加强。此类公证在债务人不履行或不适当履行时,债权人可直接依法申请法院强制执行。如果设立的是连带责任担保,则申请后强制执行对象是担保人和债务人,且无须经过诉讼。

此类公证的法律依据见于《公证法》(2017年修正),即:

第三十七条 对经公证的以给付为内容并载明债务人愿意接受强制执行承诺的债权文书,债务人不履行或者履行不适当的,债权人可以依法向有管辖权的人民法院申请执行。

前款规定的债权文书确有错误的,人民法院裁定不予执行,并将裁定书送达双方当事人和公证机构。

《担保制度司法解释》(2020年)的第二十七条,也确认了赋予强制执行效力的

公证债权文书的作用,即:

第二十七条 一般保证的债权人取得对债务人赋予强制执行效力的公证债权文书后,在保证期间内向人民法院申请强制执行,保证人以债权人未在保证期间内对债务人提起诉讼或者申请仲裁为由主张不承担保证责任的,人民法院不予支持。

057. 第五百一十九条 〔连带债务份额及履行〕

连带债务人之间的份额难以确定的,视为份额相同。

实际承担债务超过自己份额的连带债务人,有权就超出部分在其他连带债务人未履行的份额范围内向其追偿,并相应地享有债权人的权利,但是不得损害债权人的利益。其他连带债务人对债权人的抗辩,可以向该债务人主张。

被追偿的连带债务人不能履行其应分担份额的,其他连带债务人应当在相应范围内按比例分担。

【合同实务解读】

本条规定了连带债务人之间份额不明时的认定方式、超出份额承担债务的连带债务人的追偿权及与债权人的关系、其他连带债务人对债权人抗辩权的行使、被追偿连带债务人不能履行其应分担份额时其他连带债务人的按比例分担义务。

由于可能同时涉及各连带债务人之间的履行债务份额、超份额履行债务人的追偿权、连带债务人的抗辩权等情形,连带债务履行过程中的法律关系较为复杂。

"连带债务人之间的份额"是连带债务人之间对外承担债务的责任界限。其主要意义在于债务责任的分配,以及超过份额承担了债务责任的连带债务人有权向未履行应分担份额的连带债务人追偿。这种份额对于债权人并无实际意义,他们可以从最有实力的连带债务人处实现债权,而将份额问题留给连带债务人自行处理。

"连带债务人之间的份额难以确定"的情形对于连带债务人有着两面性的影响。当被追偿的连带债务人不能履行应承担的债务,承担债务能力强的连带债务人往往会首先成为承担责任的对象。各连带债务人之间没有份额划分,则意味着承担能力弱的连带债务人应实际承担同样的份额。当然,如果其他连带债务人并无实际履行能力,则最终只有承担能力强的债务人实际承担。

"在其他连带债务人未履行的份额范围内向其追偿",属于法理上的"二次承担责任请求权"。但在其行使这一请求权时,不仅要承受其他连带债务人相对于债权人的抗辩,还不得损害债权人利益,增加了其行使请求权的难度。因而在不得不为某一债务人提供担保时,应尽可能设定份额固定的一般责任担保和反担保,以最大程度减少代其他连带债务人承担责任的风险。

"其他连带债务人应当在相应范围内按比例分担",属于连带债务履行时的常态。即"被追偿的连带债务人不能履行其应分担份额"时,其他连带债务人有义务替代该连带债务人履行。连带债务制度的设立目的就是最大化地保护债权人的利益。正因如此,债权人越过被担保人直接向担保人主张债权、部分连带债务人代其他连带债务人承担债务的情形都十分常见。

连带债务问题与《民法典》(2020年)总则编"第八章 民事责任"中的规定相关联,许多相关规定必须结合相关条款才能更深入地理解和运用,例如:

第一百七十八条　二人以上依法承担连带责任的,权利人有权请求部分或者全部连带责任人承担责任。

连带责任人的责任份额根据各自责任大小确定;难以确定责任大小的,平均承担责任。实际承担责任超过自己责任份额的连带责任人,有权向其他连带责任人追偿。

连带责任,由法律规定或者当事人约定。

【风险点及建议】

同本条规定相关的法律风险,是因连带债务人之间的份额没有约定或约定不明确而带来不利后果、连带债务人份额因被视为相同而带来更大风险,向其他连带债务人追偿时损害债权人利益、无法应对连带债务人原本指向债权人的抗辩,以及分担连带债务人不能履行的分担份额、被分担的连带债务人无履行能力。

连带债权、连带债务的形成方式包括但不限于当事人的约定,法律规定同样可以形成连带债权、连带债务而且并不局限于合同领域。例如,《民法典》(2020年)第七十五条便规定了设立人为二人以上且法人未能成立时,设立人之间享有连带债权、承担连带债务。即:

第七十五条　设立人为设立法人从事的民事活动,其法律后果由法人承受;法人未成立的,其法律后果由设立人承受,设立人为二人以上的,享有连带债权,承担连带债务。

设立人为设立法人以自己的名义从事民事活动产生的民事责任,第三人有权选择请求法人或者设立人承担。

连带债务人之间的风险分配并不平均,承担债务能力越强则风险越大。如果准备成为连带债务人,首先需要了解其他连带债务人承担债务的能力、各方承担连带债务的份额后再决定是否参与承担连带责任。如果其他人不具备实际履行能力或实际履行能力较弱,则承担债务能力较强的连带债务人在超过份额承担了债务责任后很可能无法从其他承担债务能力弱的连带债务人处获得追偿。在成为连带债务人之前,需要了解其他连带债务人的份额、实际承担债务能力,从而评估风险。

连带债务人之间的份额,有无约定各有利弊。由于本条第一款已经规定了"连带债务人之间的份额难以确定的,视为份额相同",因此是否需要约定份额取决于约定的份额是否会大于"份额相同"时的份额,即是否会大于平均分配的份额。如果一方划定的份额超过平均份额,则不确定各方的份额时只需要承担平均份额;如果一方本应承担平均份额以下的份额,则不加约定时的平均份额对其不利。

当不得不先于其他连带债务人向债权人承担超过自己份额的债务时,需要将针对债权人的抗辩用足,甚至联合其他连带债务人共同针对债权人提出抗辩。这既能充分维护自身的合法权益及所有连带债务人的合法权益,也能避免就超出部分向其他连带债务人追偿他们未履行的份额时无法应对抗辩。

"被追偿的连带债务人不能履行其应分担份额"的情况在连带债务中屡屡发生,因此对外担保需谨慎。尽管法律规定了"其他连带债务人应当在相应范围内按比例分担",但当其他连带债务人不具备实际履行能力时,连带债务很可能全部由具备实际履行能力的一方实际承担。实际履行能力强者,应当避免成为这类实际承担全部债务的连带债务人。

如果有机会选择,当其他连带债务人缺乏甚至没有实际履行能力时不宜加入成为连带债务人。如果不得不提供担保,应尽可能提供份额明确的一般保证并尽可能以其他债务人具有履行能力为前提。如果只能提供连带责任担保,则应在确认被担保人有履行能力及财产后先行设置反担保。

058. 第五百二十条 〔连带债务人的债务处理〕

部分连带债务人履行、抵销债务或者提存标的物的,其他债务人对债权人的债务在相应范围内消灭;该债务人可以依据前条规定向其他债务人追偿。

部分连带债务人的债务被债权人免除的,在该连带债务人应当承担的份额范围内,其他债务人对债权人的债务消灭。

> 部分连带债务人的债务与债权人的债权同归于一人的,在扣除该债务人应当承担的份额后,债权人对其他债务人的债权继续存在。
>
> 债权人对部分连带债务人的给付受领迟延的,对其他连带债务人发生效力。

【合同实务解读】

本条规定了部分连带债务人与债权人之间发生债的消灭或受领延迟后,对于该债务人及其他连带债务人应承担份额的影响。

在本条前三款中提到的"履行、抵销债务或者提存标的物"以及"债务被债权人免除"和"债务与债权人的债权同归于一人"这五种情形,均与《民法典》(2020年)第五百五十七条所规定的债权债务终止有关,即:

第五百五十七条 有下列情形之一的,债权债务终止:

(一)债务已经履行;

(二)债务相互抵销;

(三)债务人依法将标的物提存;

(四)债权人免除债务;

(五)债权债务同归于一人;

(六)法律规定或者当事人约定终止的其他情形。

合同解除的,该合同的权利义务关系终止。

因此,本条规定回答了当连带债务人之一与债权人之间发生债权债务终止情形或债权人对于部分连带债务人的给付受领迟延时,其他连带债务人的连带债务份额如何调整的问题。

一、履行、抵销债务或者提存标的物

部分连带债务人向债权人"履行、抵销债务或者提存标的物",属于该条款中债权债务终止的前三项情形。这三种情形下,连带债务中经"履行、抵销债务或者提存标的物"的部分被消灭,其他连带债务人对于债权人的债务也在相同范围内消灭。该"部分连带债务人"如果履行、抵销或提存的债务数量多于其在连带债务中的份额,则对于超过份额履行的部分有权"依据前条规定向其他债务人追偿"。

这里的"前条规定",是指《民法典》(2020年)第五百一十九条的规定,即:

第五百一十九条 连带债务人之间的份额难以确定的,视为份额相同。

实际承担债务超过自己份额的连带债务人,有权就超出部分在其他连带债务人未履行的份额范围内向其追偿,并相应地享有债权人的权利,但是不得损害债权人的利益。其他连带债务人对债权人的抗辩,可以向该债务人主张。

被追偿的连带债务人不能履行其应分担份额的,其他连带债务人应当在相应范围内按比例分担。

1. 履行

"履行",是在合同生效后依照约定提供标的物或工作成果,以及支付价款或报酬的行为。按照主要的活动内容分类,合同义务分为主给付义务、从给付义务和附随义务。履行的原则需要依据《民法典》(2020年)第五百零九条的规定,即：

第五百零九条　当事人应当按照约定全面履行自己的义务。

当事人应当遵循诚信原则,根据合同的性质、目的和交易习惯履行通知、协助、保密等义务。

当事人在履行合同过程中,应当避免浪费资源、污染环境和破坏生态。

2. 抵销

"抵销",是指债权人与债务人互负债务且给付种类相同时,各方均以自己的债权向对方履行债务,从而使双方的债务在等额范围内相互消灭的情形。这种"抵销"分为法定和约定两类。

法定抵销对标的物有一定要求。约定抵消对标的物没有要求,只要求协商一致。《民法典》(2020年)相关规定分别为第五百六十八条、第五百六十九条,即：

第五百六十八条　当事人互负债务,该债务的标的物种类、品质相同的,任何一方可以将自己的债务与对方的到期债务抵销；但是,根据债务性质、按照当事人约定或者依照法律规定不得抵销的除外。

当事人主张抵销的,应当通知对方。通知自到达对方时生效。抵销不得附条件或者附期限。

第五百六十九条　当事人互负债务,标的物种类、品质不相同的,经协商一致,也可以抵销。

3. 提存

"提存",是当债务人难以向债权人履行债务时,由债务人将应当履行的标的物交给提存部门从而消灭债务的情形,即《民法典》(2020年)第五百七十条的规定：

第五百七十条　有下列情形之一,难以履行债务的,债务人可以将标的物

提存:

(一)债权人无正当理由拒绝受领;

(二)债权人下落不明;

(三)债权人死亡未确定继承人、遗产管理人,或者丧失民事行为能力未确定监护人;

(四)法律规定的其他情形。

标的物不适于提存或者提存费用过高的,债务人依法可以拍卖或者变卖标的物,提存所得的价款。

"提存部门",是指依法受理提存事宜的相关机构。依据《公证法》(2017年修正)第十二条第(二)项,公证机构可以"根据自然人、法人或者其他组织的申请",办理提存业务。

此外,法院也可以根据《民诉法司法解释》(2022年修正)第一百五十九条的规定对其他人的清偿行为提存,即:

第一百五十九条 债务人的财产不能满足保全请求,但他人有到期债权的,人民法院可以依债权人的申请裁定该他人不得对本案债务人清偿。该他人要求偿付的,由人民法院提存财物或者价款。

提存在交付标的物或处理标的物价款时成立,即《民法典》(2020年)所规定的:

第五百七十一条 债务人将标的物或者将标的物依法拍卖、变卖所得价款交付提存部门时,提存成立。

提存成立的,视为债务人在其提存范围内已经交付标的物。

与此同时,"履行、抵销债务或者提存标的物"的债务人,也因此而获得《民法典》(2020年)第五百一十九条所规定的对于其他连带债务人的"二次承担责任请求权",即"实际承担债务超过自己份额的连带债务人,有权就超出部分在其他连带债务人未履行的份额范围内向其追偿,并相应地享有债权人的权利,但是不得损害债权人的利益。其他连带债务人对债权人的抗辩,可以向该债务人主张"。

二、部分连带债务的免除

债权人免除部分连带债务人的责任,也是一种债权债务终止。当部分连带债务人的债务被债权人免除,该被免除的债务在连带债务总额中消灭,其他连带债务人也不再承担对债权人的该部分债务。即"在该连带债务人应当承担的份额范围内,其他债务人对债权人的债务消灭"。

对于债务免除,债务人有权决定是否接受。依据《民法典》(2020年)第五百七十五条:"债权人免除债务人部分或者全部债务的,债权债务部分或者全部终止,但是债务人在合理期限内拒绝的除外。"

债务免除也不得损害第三人利益。例如,当债权人免除债务人的债务影响到债权人对第三人债务的履行能力时,第三人有权通过行使撤销权的方式维护其利益。相关规定来自《民法典》(2020年)关于撤销权的条款,即:

第五百三十八条 债务人以放弃其债权、放弃债权担保、无偿转让财产等方式无偿处分财产权益,或者恶意延长其到期债权的履行期限,影响债权人的债权实现的,债权人可以请求人民法院撤销债务人的行为。

三、债权债务同归于一人

"债权债务同归于一人"是债权债务终止的第五种情形。债权人的债权与部分连带债务人的债务同归于一人时,同归于一人部分的债权债务终止。此种情形在法理上也被称为债权债务混同,常发生在公司合并、债务重组等活动中。

由于连带债务和连带债务人的存在,当部分连带债务人的债务与债权人同归于一人之时仅消灭了连带债务中的一部分,债权人对其他债务人的债权依据本条规定继续存在。

这种同归于一人时的债权债务终止,同样不得损害第三人利益。《民法典》(2020年)第五百七十六条规定:"债权和债务同归于一人的,债权债务终止,但是损害第三人利益的除外。"例如,标的物上如果存在某种特权方面的他项权益,则同归于一人时只是消灭了债权,物权上的他项权益并不随债权债务的消灭而消灭,否则将损害第三人的利益。

四、债权人受领迟延

债权人的"给付受领迟延",主要是指债权人未及时受领债务人已经实施的履行债务行为,即未及时接收标的物或工作成果、未及时接收债务人给付的价款或报酬等。这种迟延在现象上只是时间上的延后,但在法律层面会引发多种后果。

1. 债务人有权提存

债权人受领迟延,债务人可将标的物提存。提存,是当债务人因债权人的原因而难以向债权人履行债务时,由债务人依法将标的物转交给提存部门以替代向债权人履行并实现债务消灭的制度。这一制度可避免债务人陷入债权人原因导致的债务无法履行和消灭的困境。

《民法典》(2020年)第五百七十条作出了规定：

第五百七十条　有下列情形之一，难以履行债务的，债务人可以将标的物提存：

（一）债权人无正当理由拒绝受领；

（二）债权人下落不明；

（三）债权人死亡未确定继承人、遗产管理人，或者丧失民事行为能力未确定监护人；

（四）法律规定的其他情形。

标的物不适于提存或者提存费用过高的，债务人依法可以拍卖或者变卖标的物，提存所得的价款。

2. 标的物风险转移

债权人受领迟延后，因其行为存在过错，所以无论标的物是否提存，标的物毁损、灭失的风险均转移到债权人一方。

对于已经提存的标的物，毁损、灭失的风险及提存费用均由债权人承担。《民法典》(2020年)第五百七十三条规定："标的物提存后，毁损、灭失的风险由债权人承担。提存期间，标的物的孳息归债权人所有。提存费用由债权人负担。"

对于未提存的标的物，基于《民法典》(2020年)对于买卖合同的规定，毁损、灭失的风险由债权人承担。由于其他有偿合同中没有明确规定的事项均可参照买卖合同，故而这一规定具有普适性。《民法典》(2020年)第六百零五条规定："因买受人的原因致使标的物未按照约定的期限交付的，买受人应当自违反约定时起承担标的物毁损、灭失的风险。"

买卖合同对于有偿合同的普适性，详见《民法典》(2020年)第六百四十六条："法律对其他有偿合同有规定的，依照其规定；没有规定的，参照适用买卖合同的有关规定。"

3. 赔偿费用和停付利息

债权人受领迟延的另一后果，是债务人可以依法要求债权人承担债务人因此而增加的费用。同时，如果债务人本应向债权人支付利息，则可因债权人的受领迟延行为而不再支付利息。

这一规则见于《民法典》(2020年)第五百八十九条："债务人按照约定履行债

务,债权人无正当理由拒绝受领的,债权人可以请求债权人赔偿增加的费用。在债权人受领迟延期间,债务人无须支付利息。"

由于连带债务人是一个承担债务的整体,债权人受领迟延的法律后果同时及于其他的连带债务人。例如,部分债务人因债权人的受领迟延而将标的物提存,被提存部分的债消灭,连带债务人对于该部分债的责任随之消灭。

【风险点及建议】

同本条规定相关的法律风险,包括:

(1)部分连带债务人履行、抵销债务或者提存标的物后其余连带债务人的债务未在相同范围内消灭,或该部分连带债务人承担债务超过自己份额后未就超出部分向其他连带债务人追偿;

(2)部分连带债务人的债务被债权人免除后相关范围内的债务未从其他连带债务人的债务中消灭,或该免除行为损害第三人利益;

(3)部分连带债务人的债务与债权人的债权同归于一人的行为损害第三人利益,或其他连带债务人的债务中未扣除相应份额;

(4)债权人对部分连带债务人的给付受领迟延的效力未及于其他连带债务人,或该连带债务人未及时采取有效措施应对债权人的受领迟延。

债务人向债权人履行债务时的权利义务关系并不复杂。但当债务为连带责任之债,债务人为连带责任债务人、债务并非一次性履行完毕时,债权人与连带债务人之间的关系便涉及部分履行之债与其余之债、部分连带债务人与其他连带债务人的关系,因此比债务人与债权人之间的关系复杂得多。

一、担保形成的连带债务人

多数情况下,连带债务人的产生是基于担保。对于承担债务能力强的连带债务人,他们的风险不是来自债权人而是来自承担债务能力弱甚至没有实际承担债务能力的连带债务人。因为承担债务能力强的连带债务人,不仅是债权人实现债权的首选目标,还常会成为其他连带债务人债务份额的实际承担者。

从债权人角度分析,连带债务人整体的承担债务能力取决于其中最有承担债务能力的连带债务人,而最有承担债务能力的连带债务人也是债权人主张债权的首选目标。因而当某个连带债务人承担债务能力强过其他连带债务人时,其承担债务的风险就最大。

为降低此类风险,在成为连带债务人之前如果有权选择,则需要充分了解其他连带债务人的实际承担债务能力,并可采取以下措施:

(1)如果是以提供担保的方式成为连带债务人,且其他连带债务人承担债务的能力相对较弱,则应该避免成为连带债务人。

(2)如果需要为某一债务人提供担保,可选择提供一般责任担保,具体的份额或金额以能够控制风险或能够承受损失为限。

(3)如果必须为某一债务人提供连带责任担保,可选择单独就某一能够控制风险或承受损失的份额、特定部分为该债务人提供连带责任担保,但不与其他担保人形成连带债务关系。

(4)如果必须与其他担保人形成连带债务关系,则其他连带债务人中应有具备同等甚至更强实际承担债务能力的连带债务主体,此时方可加入并明确承担债务份额。

(5)如果必须成为连带债务人且其他连带债务人实际承担债务能力较弱,可酌情争取得到其他连带债务人的担保或财产登记抵押,或约定其他的利益保护措施。

二、超过份额履行的追偿

当被追偿的连带债务人不能履行其应分担份额时,其他连带债务人在法律上需要在相应范围内按比例分担债务。但由于相互之间需要承担连带债务责任,因此实际承担全部债务的很可能是连带债务人中最具有实际承担债务能力的连带债务人。因为最具有实际承担债务能力的连带债务人,最容易被采取保全措施和强制执行措施。

在必须超出份额为其他连带债务人承担债务时,可以尝试与债权人协商。某些特定情形下,部分连带债务人可事先与债权人、其他连带责任债务人协商,争取以履行超出一定自己份额连带债务的方式,从而不再承担其余部分连带债务的机会。

如果已经超过自身份额承担了连带债务,就需要向其他连带债务人就超出部分追偿,并产生一定的实现债权的成本损失。如果在成为连带债务人之前与其他连带债务人充分约定连带债务人不承担自己份额债务的违约责任及其他连带债务人代为承担债务的损失计算方法,将有助于减少超份额承担连带债务方的损失。

三、债权人对连带债务人的债务免除

债权人免除部分连带债务人的债务,属于债权人与特定的部分连带债务人之间的债权债务消灭,但必须考虑免除债务是否存在损害第三人利益的嫌疑。如果债权人免除部分连带债务人的债务可能影响债权人对外债务的履行,则债权人的债权人可以援引《民法典》(2020 年)第五百三十八条的规定,撤销该免除行为,即:

第五百三十八条 债务人以放弃其债权、放弃债权担保、无偿转让财产等方式无偿处分财产权益,或者恶意延长其到期债权的履行期限,影响债权人的债权实现的,债权人可以请求人民法院撤销债务人的行为。

如果需要,免除部分连带债务人的债务份额前,可以尝试能否得到其他连带债务人的认可或是得到他们对于各连带债务份额的确认,如此也可避免损害其他连带债务人的利益或其他不必要的争议。

在此情形下,还需清楚债务人的连带债务份额。依据《民法典》(2020 年)第五百一十九条的规定,"连带债务人之间的份额难以确定的,视为份额相同"。

四、债权人的受领迟延

债权人对部分连带债务人的给付受领迟延会给债权人带来一系列不利后果,但对于连带债务人而言,也存在着处理不当引起的法律风险。

由于债权人迟延受领部分连带债务人给付的效力及于其他债务人,履行给付义务时遭遇迟延受领的连带债务人应通报其他连带债务人。这种通知义务如在合同中已有约定则为合同义务,如没有约定则属于应当履行的协助、通知等附随义务。同其他行为一样,这种通知也应保留发出通知的证据以备不时之需。

同时,给付被迟延受领的连带债务人应保留足够的证据,以证明给付无法完成的原因为债权人迟延受领而非连带债务人未履行给付义务。例如,当债权人下落不明以至于给付无法完成时,债务人可以向合同中约定的地址发出经公证的通知函,或是向合同中约定的系统中发出数据电文通知等,敦促债权人及时受领给付并给出履行期限,以及告知逾期可能采取的提存等措施。如果没有相关证据而仅仅是等待债权人出现,则有可能构成给付违约。

债权人迟延受领给付的情形对于连带债务人有利有弊,因标的而异。如果给付的是货币,因债权人原因而无法给付的情形只要保留了相关证据,连带债务人停止承担利息的法定权利对于连带债务人并无不利。如果给付的是产品等有形物,

虽然受领给付迟延时标的物毁损、灭失风险转移到债权人方，且增加的费用由债权人承担，但仍会给连带债务人带来管理成本和不确定性。

> **059. 第五百二十一条　〔连带债权份额及返还〕**
> 连带债权人之间的份额难以确定的，视为份额相同。
> 实际受领债权的连带债权人，应当按比例向其他连带债权人返还。
> 连带债权参照适用本章连带债务的有关规定。

【合同实务解读】

本条是关于连带债权人之间的份额确定、实际受领债权的连带债权人对其他连带债权人的返还义务、连带债权法律适用的规定。

"连带债权人"的概念可参考《民法典》（2020年）第五百一十八条，即"债权人为二人以上，部分或者全部债权人均可以请求债务人履行债务"。连带债权人之间的债权份额既是一种必然存在，也是连带债权人之间分配利益的依据。在连带债权人之间的份额难以确定时，法律以折中的方式推定各连带债权人享有相同份额。

这种法定的折中方式对于不同的共同债权人各有利弊。如果连带债权人对于债权的管理等投入较多，债权份额难以确定时被视为份额相同，此结果对其不利。反之，对于连带债权的管理等方面投入较少的一方，债权份额难以确定时被视为份额相同，此结果对其有利。

"实际受领债权的连带债权人"，是指单独或代表部分甚至全部连带债权人向债务人主张债权的连带债权人。由于《民法典》（2020年）第五百一十八条第一款中对于连带债权人的描述即为"债权人为二人以上，部分或者全部债权人均可以请求债务人履行债务"，因此向债务人主张履行债务的既可以是一方连带债权人，也可以是多个甚至全部连带债权人。

但无关向债务人主张债权的连带债权人的数量，只要是实际受领的连带债权人就有义务"按比例向其他连带债权人返还"。因为债务人的履行并非针对某一具体的连带债权人，而是向所有连带债权人。因此实际受领的连带债权人受领的是连带债权，所受领的给付并不归于实际受领人。因此法律规定实际受领债权的连带债权人必须按债权比例返还给其他连带债权人，以实现其他连带债权人的债权。

"连带债权参照适用本章连带债务的有关规定"，是指本章，即"第四章　合同的

履行"中关于连带债务的规定。其中,直接规定连带债务的条款有两个:

第五百一十九条中,规定了连带债务人之间份额难以确定时视为份额相同、连带债务人实际承担债务超过自己份额后向其他连带债务人的追偿权、被追偿连带债务人不能履行时其他连带债务人的分担义务。

第五百二十条中,规定了连带债务人与债权人之间债务因履行、抵销、提存、免除、同归于一人而消灭对于其他连带债务人的影响,以及债权人受领连带债务人给付迟延的效力及于其他连带债务人。

【风险点及建议】

同本条规定相关的法律风险,是因连带债权份额被视为相同而带来的不利,以及实际受领债权的连带债权人未按比例向其他连带债权人返还,或是连带债权规则未适用连带债务的有关规定。

连带债权人之间的债权份额,是其权利义务的边界。在形成连带债权时,如果没有原始的出资比例等份额依据,划分连带债权人的份额就是对相互间权利义务边界的明确。尤其是那些应当享有更多份额的连带债权人,如果不能及时界定各方份额就会被视为连带债务人之间的份额相同,明显对其不利。

连带债权人行使债权的方式可通过协议加以约定。如果连带债权人较多,以至于不可能同时向债务人行使债权时,连带债权人往往形成协议,由某一连带债权人代表所有的连带债权人行使整体的连带债权。这种决定可以通知债务人,以便于债务的顺利履行。

而对于代表所有连带债权人行使权利的连带债权人,该协议也可规定其及时通报债务履行信息的义务、在实际受领债权后按比例返还给各连带债权人的时限等。实现债权、向各连带债权人返还都可能会产生一定的费用,法律并未禁止实际受领的连带债权人收取这种费用,这种管理成本、实现债权成本的计算方法和承担,可以通过协议约定。

如前所述,"连带债权参照适用本章连带债务的有关规定"主要指第五百一十九条和第五百二十条。前者包括连带债务人之间的份额确定、连带债务人的追偿权、连带债务人的分担义务;后者包括债务的履行、抵销、免除、提存、债权债务同归于一人等情形下其他连带债务人的权利义务分配。

其中,实际受领债权的连带债权人只能在自己的份额内抵销、免除债务人的债务,在债权债务同归于一人的情况下,无权处分其他连带债权人份额内的债权。债务人向实际受领连带债权人履行的行为是向所有连带债权人履行,因此实际受领的债权人有责任将其按份额比例返还给其他连带债权人。即连带债权人对外是一个整体,对内则有债权份额之分。

如果连带债权人之间能够达成协议,除了约定前述的通知义务、返还义务等,还可以事前预见合同履行期间可能发生的情况,并在协议中预设解决方案。

〔第三部分　向第三人履行与由第三人履行〕

060. 第五百二十二条　〔向第三人履行债务〕

当事人约定由债务人向第三人履行债务,债务人未向第三人履行债务或者履行债务不符合约定的,应当向债权人承担违约责任。

法律规定或者当事人约定第三人可以直接请求债务人向其履行债务,第三人未在合理期限内明确拒绝,债务人未向第三人履行债务或者履行债务不符合约定的,第三人可以请求债务人承担违约责任;债务人对债权人的抗辩,可以向第三人主张。

【合同实务解读】

本条规定了债务人未按约定向第三人履行时应向债权人承担违约责任,以及法律规定或合同约定第三人可以请求未履行或履行不符合约定的债务人向第三人承担责任,以及债务人可对第三人主张对债权人的抗辩。

向第三人履行是商务行为中的常见做法。这种交易模式减少了中间环节、提高了交易效率、降低了交易成本,不但在各类营销活动中被广泛采用,而且在合同领域也完全合法。可以直接请求债务人向其履行、直接请求债务人向其承担违约责任的第三人,也被称为"真正利益第三人"。

"当事人约定由债务人向第三人履行债务"的合同,可以是交付标的物或工作成果的合同,也可以是支付价款或报酬的合同。如果交易双方都要求对方向第三人履行,那么这类交易最多可以涉及四个民事主体,包括两个合同主体、两个接受履行的第三人。这相当于在一份买卖合同交易中,卖方需将标的物交给合同外的第三人、买方则需将价款支付给合同外的另一个第三人。

"法律规定或者当事人约定第三人可以直接请求债务人向其履行债务"的合同

改变了常规交易的法律关系。此类合同中的第三人有权向债务人直接请求履行、有权接收支付或给付，也有权就债务人的履行瑕疵提出抗辩，其地位相当于合同中的接受履行方，也因此可以直接追究债务人的违约责任。

"第三人可以直接请求债务人向其履行债务"的情形依法分为"法律规定"和"当事人约定"两类。

法定的第三人直接请求债务人向其履行，主要体现在第五章第五百三十五条第一款所规定的债权人代位权，即："因债务人怠于行使其债权或者与该债权有关的从权利，影响债权人的到期债权实现的，债权人可以向人民法院请求以自己的名义代位行使债务人对相对人的权利，但是该权利专属于债务人自身的除外。"

约定的第三人直接请求债务人向其履行则相对灵活。例如，某些大型企业的集中采购合同，即采用集团公司采购，但由下级公司直接请求供应商向其履行的模式。

"第三人未在合理期限内明确拒绝"是法律或合同赋予第三人请求债务人向其履行债务的前提条件。这一规定是基于该权利的取得并非通过支付对价，因此并不需要第三人明确表示同意。但同时，民事主体对于民事法律行为均有意思自治权，因此也以这一条款规定了第三人有拒绝这种请求权的权利。

法定或约定的第三人直接请求债务人向其履行债务的权利，实际是法律或债权人将债务人履行义务的对象指定给了第三人。因此，债务人没有履行或履行不符合约定时，第三人有追究债务人违约责任的权利。同样是基于这种履行义务对象的转移，债务人对于债权人的抗辩也需要向第三人主张。

【风险点及建议】

同本条规定相关的法律风险，是债务人因未按约定向第三人履行或履行不符合约定而构成违约，第三人对于应当拒绝的履行债务请求权未在合理期限内明确拒绝，债务人未依据法律规定或合同约定向第三人履行或履行不符合约定时第三人未请求债务人承担违约责任，以及债务人对于债权人的抗辩未向第三人主张。

在向第三人履行的合同背后，债权人与第三人之间往往存在某种合同关系，因而在与债务人的合同中将履行对象指向第三人。对此，合同工作的重心是如何定位向第三人履行时的三方法律关系。在实务处理中这种交易也涉及纳税主体问题，但本章仅讨论合同问题。

一、因向第三人履行而需补充的约定

向第三人履行的合同改变了债务人的履行对象,虽然并未改变合同中的双方当事人,但双方的权利义务却随之发生了一定变化。履行的请求权归于第三人、债务人未履行债务或履行不符合约定时的违约责任请求权也归于第三人、债务人对债权人的抗辩权也变为对第三人主张,而这三个方面的权利义务关系变化需要在合同中增加更多约定。

由于是向第三人履行,合同中往往需要作出相关的商务安排。向第三人履行需要有明确的第三人身份事项,包括"当事人的姓名或者名称和住所",以及通信方式、联络方法及联系人等。履行金钱之债可以简单到第三人的姓名或名称及地址、开户银行及账号、纳税人识别号、发票要求等,履行非金钱之债则需要物理地址、交付方式、验收方式等更多信息。

但向第三人履行所需要增加的,并不仅仅是履行条款。在第三人可以直接请求债务人向其履行债务的情形下,更需要考虑第三人的履行请求发出方式、履行期间的沟通信息等债权人是否需要知悉,或债务人是否需要告知债权人。

如果第三人可直接请求债务人履行债务、承担违约责任,那么债权人在债务人与第三人之间的合同履行、争议解决中的定位、权利义务同样需要明确。在法律没有明确规定而需要约定的情况下,第三人与债务人之间的争议是否需要债权人参与、因向第三人履行而增加的成本如何承担、债务人对第三人发出的抗辩是否需要债权人举证等问题均需考虑。

其中的履行费用问题,如果没有约定或约定不明确,则按照《民法典》(2020年)第五百一十一条的规定履行费用由履行方承担、因债权人原因增加的费用债权人负担,即,"(六)履行费用的负担不明确的,由履行义务一方负担;因债权人原因增加的履行费用,由债权人负担。"

由于本条规定涉及向第三人履行问题,如果法律没有其他规定,则在合同中加入这些约定会更便于并不具备法律专业知识的合同履行人员理解和执行。

二、合同相对性与涉他

基于合同相对性的原则,合同中约定的第三人权利义务并不直接对第三人产生法律效力。但本条规定属于例外,即当合同中约定了第三人可以直接请求债务人向其履行债务,则构成了法理意义上的"真正利益第三人合同"。只要第三人"未在合理期限内明确拒绝",即拥有直接请求债务人向其履行债务的请求权。

仅从立法角度分析,第三人的这一权利只需要债权人和债务人通过合同约定即可。但在合同实务中,如果未能事先确定第三人在债务人向其履行债务过程中的权利义务,就会给合同的顺利履行带来诸多不确定性。因此债权人应当与第三人事先约定债务人向第三人履行时第三人的权利义务,或者以第三人认可债权人与债务人之间合同条款的方式,将其行为控制在有利于合同顺利履行的范围之内,甚至可以直接使第三人加入合同以约定其接受履行时的权利义务。

赋予第三人以债务人向其直接履行债务请求权的合同,债权人多是出于某种宏观管理上的考虑。例如,通过集中采购降低采购成本、便于监督控制等。但实际交易中会有诸多事务需要处理,而这些细节事务的处理又并非债权人签订此类合同的用意,所以才签订这种具体事务由债务人与第三人自行处理的合同。

如果债权人在签订此类合同后并不希望介入债务人与第三人之间因履行而产生的争议,在符合合同性质、不违反法律规定的前提下,则可将合同中的债权甚至全部的权利义务转让给第三人。如果第三人已经成为合同当事人,则第三人系合同主体之一,可直接约定因合同履行而产生的争议由债务人与第三人自行处理。

三、向第三人履行时的争议处理

债务人向第三人履行时同样会出现不履行、合同被撤销或解除、第三人拒绝接受等情形。对此,《合同编通则司法解释》(2023年)对债务人、第三人的权利作出了一些基本规定,即:

第二十九条 民法典第五百二十二条第二款规定的第三人请求债务人向自己履行债务的,人民法院应予支持;请求行使撤销权、解除权等民事权利的,人民法院不予支持,但是法律另有规定的除外。

合同依法被撤销或者被解除,债务人请求债权人返还财产的,人民法院应予支持。

债务人按照约定向第三人履行债务,第三人拒绝受领,债权人请求债务人向自己履行债务的,人民法院应予支持,但是债务人已经采取提存等方式消灭债务的除外。第三人拒绝受领或者受领迟延,债务人请求债权人赔偿因此造成的损失的,人民法院依法予以支持。

061. 第五百二十三条 〔由第三人履行债务〕

当事人约定由第三人向债权人履行债务,第三人不履行债务或者履行债务不符合约定的,债务人应当向债权人承担违约责任。

【合同实务解读】

本条是关于涉他合同中由第三人向债权人履行,以及第三人未履行或未全面履行时由债务人承担违约责任的规定。

向第三人履行、由第三人履行,均为涉及第三人的涉他合同。由第三人向债权人履行,同由债务人向第三人履行略有不同。由第三人履行改变了履行的实际主体,而向第三人履行只是改变了履行的对象。

"当事人约定由第三人向债权人履行债务",强调的是"当事人约定"。因为在通常情况下,本着全面履行原则,合同应当由合同中的债务人履行,而不能由第三人履行。即《民法典》(2020年)第五百零九条所规定的:

第五百零九条 当事人应当按照约定全面履行自己的义务。

当事人应当遵循诚信原则,根据合同的性质、目的和交易习惯履行通知、协助、保密等义务。

当事人在履行合同过程中,应当避免浪费资源、污染环境和破坏生态。

只有当事人约定了由第三人履行时,第三人的履行才能合法有效。如果合同未加约定或约定不明确,应该视为只能由合同主体自行履行合同义务。《民法典》(2020年)本编"第二分编 典型合同"中的委托合同部分,甚至直接规定了受托人应当亲自履行、经委托人同意才可转委托的原则,与本条规定同样强调亲自履行的原则,即:

第九百二十三条 受托人应当亲自处理委托事务。经委托人同意,受托人可以转委托。转委托经同意或者追认的,委托人可以就委托事务直接指示转委托的第三人,受托人仅就第三人的选任及其对第三人的指示承担责任。转委托未经同意或者追认的,受托人应当对转委托的第三人的行为承担责任;但是,在紧急情况下受托人为了维护委托人的利益需要转委托第三人的除外。

由第三人履行在市场经济中同向第三人履行一样普遍存在,而且有着相同的商业逻辑。向第三人履行是买家直接要求卖家将货发给买家在合同以外的下家,由第三人履行则是卖家要求其在合同之外的上家(同时也是卖家)直接将货发给自己的买家。两种交易模式都有利于社会资源的充分利用和及时再分配,而且更为高效、节省交易资源。

"债务人应当向债权人承担违约责任",是因为由第三人履行债务的交易模式并未改变交易主体,也未构成债权转让或债务转移,只是债务人的履行义务由第三人承担。因此债务人与债权人之间的权利义务关系仍旧存续,如果第三人未能履行或履行不符合约定,则仍由债务人承担违约责任。

【风险点及建议】

同本条规定相关的法律风险,是合同未明确约定由第三人向债权人履行、第三人欠缺足够的履行资格和能力,以及债权人未就第三人的违约行为向债务人追究违约责任。

由第三人向债权人履行的交易模式比由债务人向第三人履行的交易模式更为复杂,除了履行中第三人与债权人之间的衔接问题,还存在第三人履行的资格资质、合同中是否约定由第三人履行等问题。

一、约定由第三人履行

由于"全面履行原则"的存在,"当事人约定由第三人向债权人履行债务"是此类交易合法有效的必备条件。有此约定,则合同属于由第三人履行的合同,无此约定而直接由第三人履行则属于违约行为。

根据《民法典》(2020年)第五百零九条规定的"全面履行原则",如果没有特别约定,生产型企业所出售的应当是自己生产的产品、施工企业应当自行施工、代理机构应当自行完成委托事项、承揽合同应当由承揽人自行完成。销售企业虽然以销售他人品牌产品为主,但也同样需要自行完成销售行为。

现实中的由第三人履行,可分为全部由第三人履行和部分由第三人履行。前者是由第三人履行全部付义务,后者是由第三人履行部分给付义务,而且以外包服务的方式为主。

市场经济活动中,由第三人履行的情况多种多样。出于专业性和经济性的考虑,制造商或经销商通常不会保有数量庞大的常设专业技术人员,而是直接将服务部分外包给第三方完成。不仅更经济、更专业,还能提高企业运营效率、降低劳动力成本。这种关系通过外包服务合同建立,但外包服务方与发包方的客户并无合同关系,只是履行发包方作为债务人时对于债权人的债务。

以买空调送安装服务的消费品交易为例,其主给付义务是空调器、从给付义务是安装,从给付义务由第三人完成的情形非常普遍。这类交易通常无人在意安装方是否为卖方,只需要卖方对安装服务负责。

但从法律角度分析,无论是全部由第三人履行还是部分由第三人履行,合同中都必须明确约定。而这也是本条法律规定的前提,即"当事人约定由第三人向债权人履行债务"。没有这一约定,由第三人向债权人履行很容易构成债务人的违约。

二、明确定位三方关系

由第三人履行的合同,三方中的各方均需同其他两方产生民事法律关系。第三人依照与债务人的约定向债权人履行,债权人接受第三人的履行并履行对于债务人的义务,债务人同时协调与债权人和第三人之间的关系。

尤其是债务人,应当首先与第三人建立某种合同关系后再与债权人约定由第三人履行。如果第三人与债务人之间并无合同约束,则第三人并无对债权人履行的义务,而且有权拒绝债务人的要约,并因此导致债务人对债权人的违约。同时,债务人还需要使债权人的履行要求、违约责任等条款对第三人产生约束力,促使第三人能够全面履行债务人与债权人之间的合同。

债务人同时还应对第三人履行合同的资格、资质合法性及履行能力负责。负责代债务人向债权人履行的第三人,无论是否为合同主体,都存在履行行为合法性问题,除非履行的标的或经营行为均属不经行政许可即可从事的一般经营项目。虽然第三人是代债务人履行,但债务人的经营许可的效力并不及于第三人,第三人必须取得应有的许可以保证其履行的合法性。

除了履行的合法性,实际履行能力同样是需要关注的问题。如果第三人履行的技术能力、行业经验、商业信誉、交易习惯等均优于债务人则自不必说,若非如此,则需要对第三人有更多的细节要求,某些行业甚至会有履行过程中的技术方法、过程管理等要求,以确保第三人的履行质量、履行期限。如未能全面履行这些要求,则由债务人承担违约责任。

由第三人履行而产生的三方关系很容易因加入向第三人履行而演变成更为复杂的四方关系。例如,买卖合同的标的物交付由第三人向买方履行,则构成了买方、卖方、第三人的关系。如果合同又约定了买方向另一个第三人付款,则买卖合同因同时由第三人履行和向另一第三人履行,而成为复杂的四方关系。这种四方交易更为便捷、高效,但法律关系更为复杂、合同的权利义务关系更为复杂。

总的来说,在法律关系上由第三人履行比向第三人履行还要复杂。向第三人履行的合同中,债权人与债务人需要明确更多的细节以协调三者之间的关系、确保第三人能顺利履行,债务人需要与第三人之间存在合同约定以确保第三人按照债权人的要求向债权人履行,第三人则需要依照债权人与债务人之间的约定履行。

其中操作最为复杂的是债务人。在复杂的三方关系中,债务人需要通过合同等方式将其对债权人的违约责任风险连接给第三人,由第三人全面承担不履行或履行不符合规定而给任何一方造成的损失。

> **062. 第五百二十四条 〔第三人代位履行债务〕**
>
> 债务人不履行债务,第三人对履行该债务具有合法利益的,第三人有权向债权人代为履行;但是,根据债务性质、按照当事人约定或者依照法律规定只能由债务人履行的除外。
>
> 债权人接受第三人履行后,其对债务人的债权转让给第三人,但是债务人和第三人另有约定的除外。

【合同实务解读】

本条规定了债务人不履行债务时,与履行该债务有合法利益关系的第三人向债权人代为履行的条件及履行后取得相应债权的条件。

第三人基于某种合法利益而在债务人不履行债务时主动代其向债权人履行,既可以使债权人的利益得到保障,也可以防止债务人的损失或责任扩大,属于对各方有益的行为。而本条款所设立的规则,可以进一步规范这类行为。

一、第三人的合法利益

"对履行该债务具有合法利益",主要是指该债务的履行能够减少第三人自己或其关系人的损失。这类行为比较典型的事例是开发商代施工方支付拖欠的员工劳动报酬。房地产开发项目如因施工方拖欠员工劳动报酬导致工程停滞,会严重损害开发商的利益甚至导致其承担交付期限违约责任。而开发商直接代施工方向员工支付劳动报酬则可以确保工程进度,而其代付的款项则可在未来的工程款结算中扣除。从而实现开发商、员工、施工方三方均能满意的结果。

二、只能由债务人履行的情形

"根据债务性质、按照当事人约定或者依照法律规定只能由债务人履行的"分别对应了不适合第三人履行的三种情形,其中:

根据"债务性质"而"只能由债务人履行的"情形,一般是该债务的履行与债务人的特定身份密切相关,例如特定艺术家的表演、作品等,无法以其他人的履行替代。

按照"当事人约定"而"只能由债务人履行的"情形,多存在于虽然履行比较同质化,但合同中约定了只能由当事人亲自履行的情形。

依照"法律规定"而"只能由债务人履行的"情形比较少,需由法律直接规定只能由债务人履行。例如,《民法典》(2020年)第七百九十一条第三款规定:"禁止承包人将工程分包给不具备相应资质条件的单位。禁止分包单位将其承包的工程再分包。建设工程主体结构的施工必须由承包人自行完成。"

三、另有约定除外

通常情况下,第三人代债务人履行且债权人接受,则债权人对债务人的债权转让给第三人。即第三人代债务人履行后,债务人与债权人之间的债权债务消灭,而第三人由于代债务人履行,取得对债务人的债权。

"但是债务人和第三人另有约定的除外",是因为第三人与债务人之间的关系存在多样性。在第三人向债权人代为履行具有合法利益的债务以后,某些情形下第三人并不需要债务人偿还代为履行的债务、某些情形下债务人可以其他方式补偿第三人,因此债务人与第三人之间是否形成债权债务关系,优先适用双方的约定。在双方并无约定的情形下,债权人对债务人的债权才转让给第三人。

第三人对债务人不履行的债务存在合法利益并因此代债务人向债权人履行,是法律赋予第三人主动保护自身利益的权利。对于第三人代债务人履行后是否取得相应债权,则全凭第三人与债务人之间自行约定。二者通常合二为一,由第三人在代债务人履行之前同债务人、债权人商定。

【风险点及建议】

同本条规定相关的法律风险,是第三人未能行使代为履行权以维护与履行该债务相关的合法利益、第三人对于相关债权的履行并无合法利益、第三人代为履行后无法追偿债权、第三人代为履行了只能由债务人履行的债务。

当"债务人不履行债务"且"第三人对履行该债务具有合法利益"时,其"有权向债权人代为履行"。因而这一权利的取得是基于法律的规定,无须第三人与债务人约定。但第三人代为履行后能否取得债权人对债务人的债权,则取决于第三人与债务人之间的约定,属于合同业务范围。

一、具有合法利益的第三人

对于"具有合法利益的第三人",《合同编通则司法解释》(2023年)中列举的情形非常宽泛,即:

第三十条 下列民事主体,人民法院可以认定为民法典第五百二十四条第一款规定的对履行债务具有合法利益的第三人:

(一)保证人或者提供物的担保的第三人;

(二)担保财产的受让人、用益物权人、合法占有人;

(三)担保财产上的后顺位担保权人;

(四)对债务人的财产享有合法权益且该权益将因财产被强制执行而丧失的第三人;

(五)债务人为法人或者非法人组织的,其出资人或者设立人;

(六)债务人为自然人的,其近亲属;

(七)其他对履行债务具有合法利益的第三人。

第三人在其已经代为履行的范围内取得对债务人的债权,但是不得损害债权人的利益。

担保人代为履行债务取得债权后,向其他担保人主张担保权利的,依据《最高人民法院关于适用〈中华人民共和国民法典〉有关担保制度的解释》第十三条、第十四条、第十八条第二款等规定处理。

尤其是其中的"(七)其他对履行债务具有合法利益的第三人",更是彻底放宽了适用范围。只要第三人的利益不违反法律规定、不损害债务人利益,均可成为"具有合法利益的第三人"并以代债务人履行债务的方式维护其合法利益。而通常情况下,债权人也不会否定这类可以简单、方便地实现债权的解决方案。

二、担保制度的相关解释

在前文引用的《合同编通则司法解释》(2023年)第三十条中,其第三款为:"担保人代为履行债务取得债权后,向其他担保人主张担保权利的,依据《最高人民法院关于适用〈中华人民共和国民法典〉有关担保制度的解释》第十三条、第十四条、第十八条第二款等规定处理。"

该条中提及的"第十三条、第十四条、第十八条第二款等规定"是在债务人的债务涉及其他担保人时各种情况的处理。分别如下:

第十三条 同一债务有两个以上第三人提供担保,担保人之间约定相互追偿及分担份额,承担了担保责任的担保人请求其他担保人按照约定分担份额的,人民法院应予支持;担保人之间约定承担连带共同担保,或者约定相互追偿但是未约定分担份额的,各担保人按照比例分担向债务人不能追偿的部分。

同一债务有两个以上第三人提供担保,担保人之间未对相互追偿作出约定且未约定承担连带共同担保,但是各担保人在同一份合同书上签字、盖章或者按指印,承担了担保责任的担保人请求其他担保人按照比例分担向债务人不能追偿部分的,人民法院应予支持。

除前两款规定的情形外,承担了担保责任的担保人请求其他担保人分担向债务人不能追偿部分的,人民法院不予支持。

第十四条 同一债务有两个以上第三人提供担保,担保人受让债权的,人民法院应当认定该行为系承担担保责任。受让债权的担保人作为债权人请求其他担保人承担担保责任的,人民法院不予支持;该担保人请求其他担保人分担相应份额的,依照本解释第十三条的规定处理。

第十八条 承担了担保责任或者赔偿责任的担保人,在其承担责任的范围内向债务人追偿的,人民法院应予支持。

同一债权既有债务人自己提供的物的担保,又有第三人提供的担保,承担了担保责任或者赔偿责任的第三人,主张行使债权人对债务人享有的担保物权的,人民法院应予支持。

三、第三人的可约定事项

在"只能由债务人履行"的三种情形中,除了"依照法律规定"的情形,"根据债务性质"和"按照当事人约定"这两种情形都可以由第三人与债权人协商解决。只要债权人能够接受、不违反相关法律且不损害其他人的利益,第三人均可代为履行债务。

第三人的风险在于代为履行后能否从债务人处实现债权。因而只有第三人身为债务人的债务人时，即第三人代债务人履行的债务可以从第三人向债务人履行的债务中扣除时，第三人的债权才能得到最为充分的保障。

如果第三人是债务人的担保人，在其代债务人向债权人履行了债务后，可以向其他担保人主张权利。《合同编通则司法解释》（2023年）第三十条第三款对此规定，"担保人代为履行债务取得债权后，向其他担保人主张担保权利的，依据《最高人民法院关于适用〈中华人民共和国民法典〉有关担保制度的解释》第十三条、第十四条、第十八条第二款等规定处理。"

债权人接受第三人履行后，法律默认债权人对于债务人的债权转让给第三人。但法律同时也授权第三人与债务人通过其他约定来解决本应转让给第三人的债权。这种约定往往在代为履行前达成，具体的方式、内容结合双方的合法利益关系确定。其内容包括但不限于代为履行的债务如何清偿、代为履行后到债务清偿前的利息损失的承担、代为履行产生的额外费用的承担、代为履行的款项可否直接从第三人应付债务人的款项中扣除，也可以包括代为履行的债务是否自动转让给第三人等。

但代为履行的第三人始终并非债权人与债务人之间的合同当事人，与债权人之间并不存在债权债务关系。在第三人以代为履行的方式消灭了债权人与债务人之间的债务时，第三人也因代为履行而从债权人处受让了对于债务人的债权。因此第三人享有代为履行的权利，但没有偿还债务人债务的义务，债权人对于债务人的债权始终只能向债务人主张。①

〔第四部分　履行抗辩权〕

063. 第五百二十五条　〔同时履行抗辩权〕

当事人互负债务，没有先后履行顺序的，应当同时履行。一方在对方履行之前有权拒绝其履行请求。一方在对方履行债务不符合约定时，有权拒绝其相应的履行请求。

---

① 参见王利明：《论第三人代为履行——以〈民法典〉第524条为中心》，载《法学杂志》2021年第8期。

【合同实务解读】

本条是对同时履行抗辩权所作的规定,包括行使同时履行抗辩权的前提、方式和权利。

同时履行抗辩权,是指双方当事人在互负债务且没有设定履行顺序时,应当同时履行且有权拒绝对方先履行要求的权利。这种权利的设置,可以平衡双方当事人的利益、提升交易安全性。行使这种权利的前提,是互负到期债务且债务可以履行。而行使这种权利的结果,是拒绝先履行请求且不构成违约。

"当事人互负债务",是指双方在同一份合同中相互负有履行义务。这种情形是有偿合同的常态,例如买卖合同中一方负有交货义务、一方负有付款义务。虽然本条款并未直接规定必须是在同一合同之内,但本着合同相对性原则和合同编的违约责任原则,只有在同一份合同中相互负有履行义务,才能形成同时履行抗辩权。而且,这种"互负债务"并不需要对价上的对等。

"没有先后履行顺序",是指没有约定各方履行义务的时间顺序。合同中通常采用的履行顺序,是以不同的期间确定履行的时间顺序,或者通过一方的某项履行以对方的某项履行为前提而设定先后顺序。完全无法体现履行的时间顺序或前后顺序的约定,存在合同条款明确性方面的缺陷。即使依照交易习惯履行,大部分交易习惯也有大致的先后顺序,因而不存在同时履行抗辩权问题。

在同时满足"互负债务"和履行"没有先后履行顺序"两个条件后,当事人才可以行使同时履行抗辩权要求同时履行,并拒绝对方的先履行请求。

"对方履行债务不符合约定时",是指对方虽然履行了债务但其履行不符合双方在合同中的约定,因而并未满足同时履行的条件。这种情形下的有权拒绝其"<u>相应的履行请求</u>",是指可以拒绝与对方的不符合约定的履行对应的、本应同时履行的债务,而不能扩大到其他方面的债务。

例如,在交付首批标的物和支付首笔价款需要同时履行时,双方必须"一手交钱、一手交货",一方没有交货则另一方可以拒绝对方的付款请求,但不能扩大到其他应当履行的债务。而在后续的履行中,例如第二次付款时,如果约定提供发票和支付货款同时履行,双方仍旧可以行使同时履行抗辩权,并依法"<u>有权拒绝其相应的履行请求</u>"。

总结以上内容,"互负债务"和"没有先后履行顺序"是行使同时履行抗辩权的先决条件,可以"在对方履行之前"拒绝其履行请求,也可以在"对方履行债务不符合约定时"拒绝对方"相应的履行请求"。

在合同实务中，也常有双方"一手交钱一手交货"式的同时履行要求。这类条款属于对于履行方式的约定，同样需要依约同时履行。

但最高人民法院在其司法解释中对于同时履行抗辩权作了一定的限制。《合同编通则司法解释》（2023年）第三十一条规定，一方未履行非主要债务时只要不影响合同目的的实现，另一方不得据此拒绝履行主要债务，也就是只能拒绝"相应的履行请求"。即：

第三十一条　当事人互负债务，一方以对方没有履行非主要债务为由拒绝履行自己的主要债务的，人民法院不予支持。但是，对方不履行非主要债务致使不能实现合同目的或者当事人另有约定的除外。

当事人一方起诉请求对方履行债务，被告依据民法典第五百二十五条的规定主张双方同时履行的抗辩且抗辩成立，被告未提起反诉的，人民法院应当判决被告在原告履行债务的同时履行自己的债务，并在判项中明确原告申请强制执行的，人民法院应当在原告履行自己的债务后对被告采取执行行为；被告提起反诉的，人民法院应当判决双方同时履行自己的债务，并在判项中明确任何一方申请强制执行的，人民法院应当在该当事人履行自己的债务后对对方采取执行行为。

当事人一方起诉请求对方履行债务，被告依据民法典第五百二十六条的规定主张原告应先履行的抗辩且抗辩成立的，人民法院应当驳回原告的诉讼请求，但是不影响原告履行债务后另行提起诉讼。

【风险点及建议】

同本条规定相关的法律风险，是应当同时履行时未要求对方同时履行或已经先行履行、主张同时履行不符合法定条件，或对方履行债务不符合约定时未拒绝相应的履行请求。

同时履行抗辩权属于在合同之外为维护履行秩序而设立的权利。通常情况下，同时履行抗辩权在保护己方权益方面不如后履行抗辩权有利。此种高下并非有意设计，但就合同技术而言，在无法人为设置后履行抗辩权时也可通过"制造"同时履行抗辩权的方式保护自己的交易安全。尤其是在双方争夺后履行抗辩权未果时，同时履行乃是双方利益冲突的平衡点。

实务中的同时履行抗辩权并不高深。只要列出双方需要对应履行的事项，约定在同一时间段内履行但不约定履行顺序即可形成。但应尽量避免违背合同履行的正常规律、自然顺序、因果关系，以及交易习惯，否则可能被认定为履行方式约定不明确或无法履行，从而适用《民法典》（2020年）第五百一十一条第（五）项的规定，"履行方式不明确的，按照有利于实现合同目的的方式履行"。

由于"对方履行债务不符合约定"时才可以"拒绝其相应的履行请求"，除了首轮履行需要为双方安排"互负债务"和"没有先后履行顺序"，其后如有履行行为也需要如此安排。同时还要明确各类履行中的细节，用以判断债务的履行是否符合约定，从而为拒绝"相应的履行请求"提供依据。这种细节约定，应便于识别对方是否存在时间上的违约、数量上的违约、质量上的违约等。

总体来说，人为地在合同中形成履行过程中可能需要的同时履行抗辩权，虽然可行但并不实用。完全可以通过理顺、约定合同的履行内容及顺序，并以后履行抗辩权的设置，使己方得到更为充分有效的保护，同时使合同履行环节更为清晰、明确。

例如，双方约定一手交钱、一手交货，则需要双方在同一时间到达同一物理地点才能实现同时履行。如果约定一方在另一方履行后一定时间内履行完毕，则双方不必等待对方的时间，可以分头依约履行，从而节省履行成本。

064. 第五百二十六条　〔后履行抗辩权〕

当事人互负债务，有先后履行顺序，应当先履行债务一方未履行的，后履行一方有权拒绝其履行请求。先履行一方履行债务不符合约定的，后履行一方有权拒绝其相应的履行请求。

【合同实务解读】

本条是对于当事人互负债务并有先后履行顺序时，后履行方行使抗辩权的前提及行使方式的规定。

后履行抗辩权，是当合同双方互负履行义务并有先后履行顺序时，后履行一方有权在对方未履行或履行不符合约定时拒绝先履行方的履行请求的权利。这种权利在合同履行阶段因双方互负债务且存在履行顺序而自然形成，但也可以在合同中通过人为的设置实现，以起到维持履行秩序、控制交易风险的作用。

"当事人互负债务"是有偿合同的常态，所有的有偿合同都存在一方支付价款或报酬，另一方交付某种物或提供某种服务的情形。而且根据合同相对性原则和合同编的违约责任原则，只有在同一份合同中相互负有履行义务，才能形成后履行抗辩权。

"有先后履行顺序"，是指合同对双方履行事项的安排存在时间上的先后，或是一方的履行以另一方的先履行为前提。这种先后顺序，可以是基于商务解决方案的正常安排，也可以是基于风险控制、后履行抗辩权的设置而有意为之。

"应当先履行债务一方未履行的，后履行一方有权拒绝其履行请求"针对的是"未履行"的情形，即完全没有履行。这种情形可以理解为没有按照合同约定履行某种应当先履行的义务，而无论主观故意还是过失。这种情形下的"拒绝其履行请求"并不需要承担违约责任。

例如，许多合同的付款条件是卖方产品经验收合格并提供了符合要求的发票。如两个条件未能完全满足，则付款方可以拒绝支付且无须承担违约责任。如果仅约定某个期限付款而并未约定必须提供符合要求的发票等要求，因对方未提供发票而拒绝付款则构成违约。

"先履行一方履行债务不符合约定的，后履行一方有权拒绝其相应的履行请求"针对的是未全面履行的情形，即虽有履行行为但并不符合合同约定。在此类履行不符合约定的情形下，后履行抗辩权与同时履行抗辩权相似，均为"有权拒绝其相应的履行请求"。之所以有权拒绝"相应的履行请求"，是指抗辩权的行使具有对应性。一方未履行应当先履行的事项，则另一方有权行使相对应履行事项上的后履行抗辩权。例如，一方未按约定提供合格的发票，则另一方有权依据后履行抗辩权拒绝履行对应的付款义务，而不是可以拒绝履行所有义务。

在履行过程中的任何阶段，只要当事人互负债务且有先后履行顺序，均可行使后履行抗辩权。而且后履行抗辩权比同时履行抗辩权更容易判断、更容易行使，只要在履行之前发现先履行方的履行瑕疵，即可拒绝相应的履行请求。而同时履行抗辩权由于必须同时履行，待到发现对方"履行债务不符合约定"时，往往己方债务已经履行完毕，失去了制约对方的强有力手段。

通过后履行抗辩权的设置，可以确保己方在履行条件成就后再履行，从而增强交易的安全性，步步为营地保障交易利益。即当先履行方未履行或履行不符合约定时，后履行方可行使后履行抗辩权拒绝先履行方的履行要求，防止因己方的履行而造成损失扩大。

但最高人民法院在其司法解释中对于后履行抗辩权进行了一定的限制。《合同编通则司法解释》（2023年）第三十一条规定，一方未履行非主要债务时只要不影响合同目的的实现,另一方不得据此拒绝履行主要债务,也就是只能拒绝"相应的履行请求"。即：

第三十一条　当事人互负债务,一方以对方没有履行非主要债务为由拒绝履行自己的主要债务的,人民法院不予支持。但是,对方不履行非主要债务致使不能实现合同目的或者当事人另有约定的除外。

当事人一方起诉请求对方履行债务,被告依据民法典第五百二十五条的规定主张双方同时履行的抗辩且抗辩成立,被告未提起反诉的,人民法院应当判决被告在原告履行债务的同时履行自己的债务,并在判项中明确原告申请强制执行的,人民法院应当在原告履行自己的债务后对被告采取执行行为;被告提起反诉的,人民法院应当判决双方同时履行自己的债务,并在判项中明确任何一方申请强制执行的,人民法院应当在该当事人履行自己的债务后对对方采取执行行为。

当事人一方起诉请求对方履行债务,被告依据民法典第五百二十六条的规定主张原告应先履行的抗辩且抗辩成立的,人民法院应当驳回原告的诉讼请求,但是不影响原告履行债务后另行提起诉讼。

【风险点及建议】

同本条规定相关的法律风险,是双方虽互负债务但并无先后履行顺序因而误用了后履行抗辩权;或当先履行方未履行或履行不符合约定却请求后履行方履行时,后履行方未拒绝履行请求或未拒绝相应的履行请求;或后履行方拒绝先履行方的请求后无法证明先履行方未履行或履行不符合约定。

后履行抗辩权与同时履行抗辩权一样,既可以基于双方的商务安排而自然形成,也可基于风险控制的需要而在合同条款中人为设置。只要是双务合同,当事人双方就必然存在"互负债务",在履行顺序安排方面也很容易构成同时履行或先后履行的情形。在设计合同条款时,无论其中的主要债务是交付义务还是支付义务,如果一方能够坚持使己方债务的后履行和对方债务的先履行成为正式条款,该方就为己方的合同履行创造出了后履行抗辩权。

设定后履行抗辩权的方法比设定同时履行抗辩权的方法简单、直接。因为通常的履行本身就有先后顺序,顺势安排己方义务的后履行更为自然、方便。而设计同时履行抗辩权时由于需要人为地消除这种先后顺序,反而不自然、不方便。

约定后履行抗辩权的另一要点,是未履行、履行不符合约定的判断标准。其中,时间界限既简单又重要且容易判断。"应当先履行债务一方未履行",是一种债务未能实现的状态，只要超出规定期限没有出现应有的履行结果即为"未履行"。而这种状态同样需要有截止时间而不能无限延续，以便于当"未履行"状态达到设定的时间限度时采取下一步措施，避免长期处于不确定状态。

为便于判断"履行债务不符合约定"，需要明确更多合同中的界限。如时间、地点、方式、数量、质量、对象、程度、频率，以便明确判断出是否"不符合约定"。这种"履行债务不符合约定"既可以针对已经一次性履行完毕的所有债务，也可以针对分批履行的债务中"履行债务不符合约定"的某一批。"后履行一方有权拒绝其相应的履行请求"中的"相应"，则是指与另一方未履行或履行不符合约定的债务所对应的己方应当履行的债务。

而为了对每批履行都设立"相应"的后履行抗辩权，就需要在每批履行过程中都设定"互负债务"和"有先后履行顺序"的状态。其中最为简单的设定方法，就是使双方的履行事项一一对应，如交付标的物与支付货款——对应。

分批履行在减轻生产、运输、库存压力的同时，本身也是一种控制风险的手段。在设计分批履行的交易模式时，《民法典》（2020 年）合同编"第九章 买卖合同"中规定了分批履行时各方的权利义务，可广泛参照以免产生冲突。

> **065. 第五百二十七条　〔先履行方的不安抗辩权〕**
>
> 应当先履行债务的当事人，有确切证据证明对方有下列情形之一的，可以中止履行：
> （一）经营状况严重恶化；
> （二）转移财产、抽逃资金，以逃避债务；
> （三）丧失商业信誉；
> （四）有丧失或者可能丧失履行债务能力的其他情形。
> 当事人没有确切证据中止履行的，应当承担违约责任。

【合同实务解读】

本条是对于不安抗辩权的行使前提、适用情形的相关规定。应当先履行债务的当事人在有确切证据证明对方存在足以影响其交易利益的四种情形时可以中止履行，但没有确切证据仍中止履行的，需要承担违约责任。

先履行方的风险远大于后履行方，如果遭遇对方没有履行能力或恶意违约，则先履行方的债务会直接变成损失。例如,买方在款到发货的交易模式下存在付款后对方不履行交货义务的风险,卖方在货到付款的交易模式下存在发货后无法收到货款的风险。

"先履行债务的当事人",是按照合同约定首先开始履行的一方。是否先履行债务全凭合同约定,而与合同类型、交易身份无关。合同中既可以约定支付货款或报酬方先履行,也可以约定交付产品或工作成果的一方先履行。而不安抗辩权制度的设置,为先履行方提供了当发现可能导致合同无法正常履行的风险时,中止履行并在获得安全保障后再恢复履行的可能。

条款中规定的四类情形尚无法定标准和司法解释,因此只能按照立法目的,以通常理解的方式加以解释:

"经营状况严重恶化"一般体现为营业收入大幅度下降、生产停滞、现金流量不足,或生产经营因法律、政策调整而难以保持原有水平甚至难以继续开展工作等。但就行使不安抗辩权的前提而言,应该是指足以影响后履行方交付能力或支付能力的经营状况恶化。如产品滞销导致营业收入减少并不影响积压产品的交付,不构成不安抗辩的理由。

"转移财产、抽逃资金,以逃避债务"的情形有多种,主要体现在账内和名下资产的减少、设置他项权益,以及通过不合理低价的方式对外输出利益、减少资金流入、转让甚至赠送财产等,使债权人无法受偿。这种情形即使未发生在先履行方身上,也属于严重违反诚信原则的行为,同时也会严重削弱后履行方的履行能力。

"丧失商业信誉"既有可能出于故意,也有可能出于无力依约履行。但无论是有履行能力而不履行,还是没有履行能力而无法依约履行,均属于先履行方行使不安抗辩权的理由。前者为标准的"丧失商业信誉",后者属于"丧失或者可能丧失履行债务能力"。在没有证据证明属于后者时,可将未依约履行的现象视作"丧失商业信誉"。

"丧失或者可能丧失履行债务能力的其他情形"比较宽泛,泛指一切可以被认定为没有能力履行债务的情形。同时,这一标准也是本条第一款第(一)、(二)项标准的实质或结果。后履行方履行能力的丧失或可能丧失,足以导致先履行方的合同目的无法实现,且继续履行极有可能直接导致因无法取得对价而造成的损失。

"有确切证据证明"可以理解为证据客观、真实、可靠、相关。由于双方争议的终极解决方式是通过诉讼或仲裁,因此完全可以参考民事诉讼的证据要求收集和保留相关证据。

"可以中止履行"的四类情形,是对方存在不履行合同或无法正常履行合同的风险,包括履行能力、商业信誉的丧失和可能丧失。例如,营收水平严重下降、未能及时偿还贷款、无正当理由未及时支付应付款、直接或变相转移资产逃避债务、资产被冻结或查封、意外事故导致生产无法正常进行、供应链危机、原材料价格暴涨等。

"中止履行"必须依法进行。不符合法定条件和要求的中止履行,很容易引发无正当理由不履行合同的违约责任。

首先,是必须"有确切证据证明"。至于证据的类型,参照《民事诉讼法》(2023年修正)第六十六条第一款的规定,证据包括:"(一)当事人的陈述;(二)书证;(三)物证;(四)视听资料;(五)电子数据;(六)证人证言;(七)鉴定意见;(八)勘验笔录。"其中与不安抗辩权相关的,主要是前六种。

其次,必须及时发出通知。依据《民法典》(2020年)第五百二十八条的规定,"当事人依据前条规定中止履行的,应当及时通知对方"。这种通知既是向对方告知合同履行的中止以便于对方作出安排防止损失扩大,也可及时发出征询以确定对方是否具备履行合同的意愿和能力。

以上两点是行使不安抗辩权的法定条件和要求,必须同时具备。任何一项存在不足,均有可能导致不安抗辩权不成立,并构成违约责任。而当对方恢复了履行能力或提供了担保,则先履行方应当恢复履行,否则仍旧可能构成违约。

当事人中止履行的行为必然导致合同未能如约履行。如果证据能够证明对方存在可以行使不安抗辩权的情形,则中止履行的行为属于行使权利而不属于违约。如果"当事人没有确切证据中止履行",则中止履行属于违约行为,毫无疑问应当承担违约责任。

【风险点及建议】

同本条规定相关的法律风险,是中止履行时并没有确切证据证明存在法定的可以行使不安抗辩权的情形,或是有确切证据证明对方存在法定的可行使不安抗辩权的情形但未能及时行使权利预防损失发生,以及先履行方怠于关注后履行方是否存在需要行使不安抗辩权保护己方利益的情形。

对于不安抗辩权,实务中需要关注的重点是行使的证据和行使的方式,以及在对方行使不安抗辩权时的应对。

一、行使不安抗辩权所需要的确切证据

先履行债务人有多种方式收集行使不安抗辩权所需要的证据。如前所述，参照《民事诉讼法》（2023年修正）的相关规定，诉讼中可采用的行使不安抗辩权的证据主要有当事人的陈述、书证、物证、视听资料、电子数据、证人证言等。其核心是要能够证明对方丧失或可能丧失履行能力，或是丧失商业信誉。

其中，有些证据可从公开渠道收集，如相关的新闻报道、互联网上的公开数据、失信被执行人名单、政府部门的处罚公告、失信市场主体黑名单等，以其他方式收集证据则相对复杂或困难。

考虑到争议最终可能不得不以诉讼的方式解决，证据应当满足真实性、完整性、相关性等《民诉证据规定》（2019年修正）中的要求，以便得到采信和支持。依据《民事诉讼法》（2023年修正）第六十六条第二款的规定："证据必须查证属实，才能作为认定事实的根据。"没有确切证据而贸然中止履行极易构成违约，但可以尽早发出中止通知的方式作为试探。

二、不安抗辩权的变通

行使不安抗辩权的基础，首先是对方出现了丧失或者可能丧失履行债务能力或丧失商业信誉的情形，其次是己方为先履行方。即使在合同中不作任何关于不安抗辩权的约定，当事人仍旧享有法定的不安抗辩权。

但如果在合同中以权利转换的方式设置功能类似的条款，将有助于不安抗辩权或类似权利的行使。行使不安抗辩权需要有确切的、足以证明对方存在法定的几种严重影响合同履行情形的证据。"确切证据"的收集往往具有一定的难度，除此之外还有可能存在法律规定以外的足以影响合同履行的情形。因而以自行约定中止条件的方式设定类似于不安抗辩权的权利，更为灵活、方便。

这种权利义务设置并不是改变法律对于不安抗辩权的相关规定，而是结合实际需要设定确保交易安全的合同中止情形，从而起到与行使不安抗辩权类似的作用。

例如，可在合同中明确约定在哪些情形发生时一方可中止履行并通知对方，包括可以适用的证据。上述情形可以包括但不限于本条规定的几种情形，甚至可以约定当对方定期提供的合同履行相关信息中出现某种情形时可以中止履行并通知对方，等等。

> **066. 第五百二十八条** 〔中止履行的后续处理〕
>
> 当事人依据前条规定中止履行的,应当及时通知对方。对方提供适当担保的,应当恢复履行。中止履行后,对方在合理期限内未恢复履行能力且未提供适当担保的,视为以自己的行为表明不履行主要债务,中止履行的一方可以解除合同并可以请求对方承担违约责任。

【合同实务解读】

本条规定了行使不安抗辩权的通知义务,在中止履行通知发出后应当恢复履行的情形,以及中止履行后对方可被视为以行为表明不履行主要债务从而可以解除合同、请求对方承担违约责任的情形。

行使不安抗辩权旨在维护先履行方的合法利益,但在中止履行的通知发出后可能会出现多种不同情况,尤其是恢复履行和解除合同的情况。前者可使双方恢复正常交易并取得交易利益,后者则出现在合同确已无法恢复履行的情况下,中止履行的一方可以解除合同、追偿损失。

一、中止履行和及时通知

"当事人依据前条规定中止履行",指当事人按照《民法典》(2020年)第五百二十七条的规定中止履行的情形。一是先履行债务的当事人有确切证据证明对方存在该条规定的丧失或可能丧失履行能力或丧失商业信誉的情形,二是先履行债务的当事人已经行使不安抗辩权中止了合同的履行。

"应当及时通知对方"体现了通知属于法定义务。如果先履行方没有发出通知即逾期没有履行,则属于违约行为,有被追究违约责任的风险。而不安抗辩权成立的前提,一是有确切的证据证明对方丧失或可能丧失履行能力或丧失商业信誉,二是决定中止履行后及时通知对方。

"及时"并无确切时间限制,但这个时间受到其他法律的限制。首先是前面提到的履行期限的限制,如果超过履行期限未履行且中止履行的通知尚未到达,即属于先履行方违约。其次是要给对方留出防止损失扩大的时间,提前发出通知可给对方调整计划的机会,从而避免因准备履行而产生准备物料、采购设备、营销等方面的损失;也可以避免损失的扩大,例如避免不安抗辩权无法成立而造成的损失扩大。

二、提供担保和恢复履行

"对方提供适当担保",按照通常理解是担保需要适合、恰当。进一步理解,是指根据合同标的及数量和质量、履行期限、价款或报酬金额、履行方式和地点等,由适当的主体提供金额、期限、方式等均为"适当"的担保。担保应足以保障先履行债务人的利益不会因对方丧失或可能丧失履行能力或丧失商业信誉而在先履行后无法追偿损失。

"未恢复履行能力且未提供适当担保"同样视具体的实际情况而定。通常情况下,显示其丧失或可能丧失履行能力的情形消除、生产经营能力重归正常、现金流量充裕,均可作为判断是否"恢复履行能力"的参考。而"提供适当担保"则更为简单,只要确实具有担保能力的担保人为后履行方提供了足够的担保,先履行方的利益得到了保障,就可以随时恢复履行。

但是否恢复仍旧需要回到具体的合同履行场景中判断。例如,后履行方可能同时存在多份合同需要履行,如果仅恢复了可以向先履行方履行的能力,则其履行能力很可能因同时需要履行其他合同而削弱,甚至事实上仍无履行能力。

分批履行或长期履行的合同更是如此。即使能够履行其中的一批,后续部分能否履行仍旧充满不确定性。尤其是《民法典》(2020年)第六百三十三条第三款所规定的"买受人如果就其中一批标的物解除,该批标的物与其他各批标的物相互依存"的情形,虽然"可以就已经交付和未交付的各批标的物解除",但解除合同的善后处理往往更加费时费力。由于继续履行的风险更大,对于判断这类合同的履行能力是否恢复需要更高的标准。

三、解除合同和违约责任

"视为以自己的行为表明不履行主要债务",是引发后续处置措施的关键。依照《民法典》(2020年)的相关规定,"以自己的行为表明不履行主要债务"可以引起合同被解除和在履行期限届满前被要求承担违约责任的后果。即:

第五百六十三条　有下列情形之一的,当事人可以解除合同:

(一)因不可抗力致使不能实现合同目的;

(二)在履行期限届满前,当事人一方明确表示或者以自己的行为表明不履行主要债务;

(三)当事人一方迟延履行主要债务,经催告后在合理期限内仍未履行;

(四)当事人一方迟延履行债务或者有其他违约行为致使不能实现合同目的；
(五)法律规定的其他情形。
……

第五百七十八条　当事人一方明确表示或者以自己的行为表明不履行合同义务的，对方可以在履行期限届满前请求其承担违约责任。

"承担违约责任"同样有法定、约定之分。《民法典》(2020年)第五百七十七条规定："当事人一方不履行合同义务或者履行合同义务不符合约定的，应当承担继续履行、采取补救措施或者赔偿损失等违约责任。"行使不安抗辩权解除合同后，基本只有以赔偿损失的方式承担违约责任。

对于损失，《民法典》(2020年)第五百八十四条规定："当事人一方不履行合同义务或者履行合同义务不符合约定，造成对方损失的，损失赔偿额应当相当于因违约所造成的损失，包括合同履行后可以获得的利益；但是，不得超过违约一方订立合同时预见到或者应当预见到的因违约可能造成的损失。"

【风险点及建议】

同本条规定相关的法律风险，包括先履行方行使不安抗辩权未及时通知对方、对方恢复履行能力或提供担保后未恢复履行，以及对方以行为表示不履行主要债务后先履行方未及时解除合同并向对方主张违约责任。

不安抗辩权作为维护先履行方合法权益的制度，赋予了先履行方中止履行、根据对方履行能力的变化决定恢复履行或解除合同的权利，以此避免先履行债务人因对方丧失履行能力而蒙受损失。因此，发出的中止履行通知和对于不安抗辩权的约定，是合同工作的重点。

一、中止履行通知的应有内容

先履行方在中止履行合同后及时向对方发出通知，是行使不安抗辩权与违约之间的标志性区别。没有及时发出通知的，通常被认定为违约。

中止履行的通知，应当包括行使不安抗辩权所需要的各个信息并保留发出通知的证据。在形式上，最为传统、正式的方式是向合同中的对方通信地址发送书面通知，也可以向合同中注明的电子邮箱发送。其工作要点是，既要发出中止履行的通知，还要保留证据以能够充分证明发出了通知。

结合法律对不安抗辩权的相关要求和合同工作应有的质量要求,先履行方向对方发出的中止履行通知,应当包括下列内容:

(1)发函事项所涉及的合同,如合同号或以签订日期、金额、标的等方式描述的中止履行所涉及的一份或多份具体合同。

(2)相关合同中己方应当先履行的具体事项,即行使不安抗辩权即将受到影响的各个合同的具体履行事项,包括具体的日期、内容、方式等。

(3)对方出现的导致己方行使不安抗辩权的事项,即对方丧失或可能丧失履行能力的事由,如对方发生的事件、媒体曝光事件等,出于策略考虑可不必过于精确。

(4)通知中表明,基于上述原因,出于交易安全考虑,在问题得到澄清或解决之前,不得不作出自通知到达时起暂时中止履行上述合同及相关事项的决定。

(5)向对方申明,如该事实或消息等与事实不符或不完整,请对方及时作出解释并提交相关解释依据。

(6)指定答复日期和终止期限,提请对方在答复期届满前答复是终止履行还是继续履行。继续履行的条件为变更履行方式或提供担保,以便恢复履行。同时明确终止的基本解决方案、继续履行的担保人资格要求等问题,并申明逾期未答复则合同终止。

(7)申明如对方选择继续履行,则需在答复日期后、终止期限前恢复履行能力并改为对方先履行或双方同时履行,或者提供己方能够同意的担保,逾期未能实现则视为对方无法履行主要债务,有权解除合同并由对方承担违约责任。

二、不安抗辩权的合同处理

本条规定对于中止履行通知发出后的两种结果,即恢复履行和解除合同,均有总体性规定。而在相关规定之外,除了前面提到的中止履行通知,合同文本方面也可以作出一些有利于处理善后事宜的约定。

在合同中,完全可以用约定解除代替行使不安抗辩权的解除。《民法典》(2020年)第五百六十二条第二款规定:"当事人可以约定一方解除合同的事由。解除合同的事由发生时,解除权人可以解除合同。"因而可以在合同中直接约定先履行方在哪些情形下可以中止履行、恢复履行、解除合同,以及违约责任的承担方式。即以约定解除绕过行使不安抗辩权的解除,使解除更为简单。

双方在一方发出行使抗辩权的中止履行通知后,仍有机会通过协商促进合同的履行或以其他方式解决问题。例如,调整合同履行的先后顺序使先履行变更为同时履行甚至将先履行方变更为后履行方,从而保障先履行方的交易安全、促进合同的顺利履行。尤其是一次性履行的合同,如能以这种方式一次性解决则免除了等待对方回复、提供担保等不必要环节。

如果属于合同中的后履行方,而且接到了对方行使不安抗辩权、中止合同履行的通知,也仍有机会防止损失扩大。对于对方发出的行使不安抗辩权中止履行的通知,如果对方没有中止依据或中止依据不成立,应及时予以澄清、说明,并视需要向对方提出恢复履行或提供依据,同时强调没有确切证据中止履行可能需要承担的违约责任。如确有解除合同的意图,则可早日协商解除以避免损失扩大。

〔第五部分 履行中的特殊处理〕

067. 第五百二十九条 〔债务中止履行或提存〕
债权人分立、合并或者变更住所没有通知债务人,致使履行债务发生困难的,债务人可以中止履行或者将标的物提存。

【合同实务解读】

本条是关于债权人发生主体、住所等变更且未通知债务人以至于发生履行困难的情况时,债务人可中止履行或将标的物提存的规定。

债权人的主体、住所发生变化,尤其是主体发生分立、合并时,如果债权人事先没有正式通知债务人向哪一主体履行或通过哪一个住所联系、履行,不仅会增加债务人履行的困难,还容易产生履行对象上的错误,进而导致损失。

债权人主体的"分立、合并",均由法定主体继承其权利义务。原则上,依据的是《民法典》(2020年)第六十七条的规定,即:

第六十七条 法人合并的,其权利和义务由合并后的法人享有和承担。

法人分立的,其权利和义务由分立后的法人享有连带债权、承担连带债务,但是债权人和债务人另有约定的除外。

在合并或分立的过程中,往往会出现两个甚至多个主体并存的情形。如果未经原债权人指定而直接向其中某个主体履行,很可能产生债务人履行对象上的错误并陷入争议。因而在未经债权人通知之前,最为安全的方式是中止履行。这种中止履行,如果需要应当通知债权人。

"提存"是当债务人因债权人原因而难以向债权人履行债务时,依法将标的物转交给提存部门以替代向债权人履行并实现债务消灭的制度。这一制度可避免债权人原因导致的债务无法履行和消灭。提存完成后,债务人应按规定通知对方或由办理提存公证的公证机构通知对方。

通常情况下,债务人可通过与债权人沟通及时结束中止履行的状态。但在特定情形下,例如债权人陷入公司僵局等,债务人有可能长期无法确定向哪一方履行。在此情形下,债务人便可以考虑以提存的方式消灭债务。《民法典》(2020年)对此进行了规定,即:

第五百七十条 有下列情形之一,难以履行债务的,债务人可以将标的物提存:

(一)债权人无正当理由拒绝受领;

(二)债权人下落不明;

(三)债权人死亡未确定继承人、遗产管理人,或者丧失民事行为能力未确定监护人;

(四)法律规定的其他情形。

标的物不适于提存或者提存费用过高的,债务人依法可以拍卖或者变卖标的物,提存所得的价款。

提存是基于债权人的原因而产生的,因此被提存标的物的毁损、灭失风险及提存费用均由债权人承担。《民法典》(2020年)第五百七十三条规定:"标的物提存后,毁损、灭失的风险由债权人承担。提存期间,标的物的孳息归债权人所有。提存费用由债权人负担。"

【风险点及建议】

同本条规定相关的法律风险,是债权人因分立、合并、变更住所未通知债务人而导致债权无法实现,或债务人未因此而中止履行、提存,以及债务人未经债权人指定而向某一主体履行。

债权人的分立或合并会引起主体的变化,但未必会引起住所的变化。某些公司在经历合并、分立后只是法律上发生主体变化但仍在原址办公,而吸收目标公司式的合并更是没有明显的外在变化。

住所变更对于履行地点存在不同影响。如果合同履行地就是住所地,需要交付标的物或完成上门服务的交易会受住所地变更的影响,甚至导致合同无法按原来的成本履行。如果合同履行地并非住所地,或是以线上银行一类线上方式完成交付,此时合同履行地与住所地无关,债务履行通常不受实体住所地变化的影响。

作为债权人,合并、分立完成前或住所变更前及时、正式地通知债务人变更后的履行对象、变更后的住所有利于及时实现债权。甚至明确主体变更的期限、地址变更的期限,并申明变更日期前应向原主体、原住所履行,变更日期后应向新主体、新住所履行,以避免债务履行受到影响。

通常情况下,因债权人未发出通知而导致债务人仍向债权人履行时,债务人并无过错。即使债权人在分立、合并后按其内部约定不再具有接受履行的权利,也应由其内部自行协调处理。同理,债务人因未接到住所变更通知而继续向原住所地履行的后果也由债权人承担。

作为债务人,因未接到通知而仍向原主体、原住所履行即使失败也应保留相关证据。这样债务人方能证明已经按原约定履行,对无法成功履行并无过错,甚至可以主张债权人赔偿因此而增加的履行费用等损失。

如果债务人需要发出中止履行通知或催告债权人受领,则应通知所有可能的债权人主体。债权人发生分立的,需要同时告知分立后形成的各方,还可以仍旧通知原债权人;债权人发生合并的,在告知合并后形成的新主体的同时,也仍旧可以告知原债权人。住所也是如此,可以同时向新旧住所发出通知。

即使部分通知失败,也可将退回的通知作为履行了附随义务的依据,亦是一种合理的谨慎。

如果债务人需要履行的是金钱债务,则中止履行最为有利。债权人原因导致的中止,通常不需要向债权人支付利息。如果债务人需要履行的是非金钱债务,尤其是实体的产品等,则可能会因库存成本等原因而以提存的方式处理,避免仓储、保管的成本和风险增加。

068. 第五百三十条 〔提前履行的处理原则〕

债权人可以拒绝债务人提前履行债务,但是提前履行不损害债权人利益的除外。

债务人提前履行债务给债权人增加的费用,由债务人负担。

【合同实务解读】

本条是关于债务人提前履行债务时债权人的拒绝权及其行使前提,以及因提前履行给债权人增加的费用的承担方式的相关规定。

"提前履行",指在合同约定的履行期限之前履行,属于债务人对于履行时间的变更。正因为性质上属于合同变更,所以通常需要事先征得债权人的同意。《民法典》(2020年)第五百四十三条规定:"当事人协商一致,可以变更合同。"正因如此,法律规定了债权人有权拒绝债务人提前履行债务。

"提前履行债务"往往对于债权人并无好处。例如,买卖合同的买方会因卖方的提前交货而增加管理成本和标的物灭失、毁损风险以及仓储、保管等费用,并因此扰乱债权人的生产经营计划、储运空间安排。而借款合同的提前还款也会造成银行的利息等收益的损失。

因此债权人有权拒绝债务人的提前履行,或向债务人收取因其提前履行而给债权人增加的费用。尤其是采用"零库存"方式组织生产的企业,提前履行会打乱物料供应安排,更加不易被接受。

"提前履行债务给债权人增加的费用",正是指上述因债务人提前履行而给债权人带来的成本增加或额外支出,不同的行业、标的和实际情况下会有不同的费用增加,因此需要由债务人承担提前履行而给债权人增加的费用。

"提前履行不损害债权人利益"的情形也有许多,甚至某些合同的提前履行对债权人更为有利。例如,提前交付了债权人期待的原材料、提前支付了应付的款项等。这类债务人提前履行的行为会为债权人增加债的价值,因变更合同约定的履行时间而产生的不利影响则可以忽略。

【风险点及建议】

同本条规定相关的法律风险,是债权人未拒绝损害其利益的提前履行或未向债务人主张提前履行给自己增加的费用、拒绝了不损害其利益的提前履行,及债务人的提前履行被拒绝、被加收给债权人增加的费用。

合同履行的原则是全面履行。提前履行本质上属于债务人对于履行时间的变更,债务人如果希望提前履行则应事先与债权人协商。是否提前履行也应以双方商定为准,因此才存在债权人同意债务人提前履行但由债务人承担或分摊因提前履行而产生的费用、不同意提前履行等情形的发生。

对于是否可以提前履行也可在合同中约定。在合同谈判阶段,如果债务人预见到可能需要提前履行,或债权人希望能够提前履行,则可在合同中约定允许提前履行的时间范围以及由于债务人提前履行而给债权人增加的费用是否免除,或如何计算、由哪一方承担。也可以约定履行的大致期限，并约定具体履行时间届时以双方沟通为准、各方因履行而产生的费用各自承担等。

双方还可以约定提前履行的条件、方法。如果提前履行涉及的条件、费用等因素比较复杂，双方则可以在合同中约定哪些条件下债务人可以提前履行、哪些条件下可免除提前履行而产生的费用、因履行而产生的费用需要如何计算和承担、提前履行的通知时间等，从而由债务人或债权人自行决定是否提前履行。

069. 第五百三十一条　〔部分履行的处理原则〕

债权人可以拒绝债务人部分履行债务，但是部分履行不损害债权人利益的除外。

债务人部分履行债务给债权人增加的费用，由债务人负担。

【合同实务解读】

本条规定了债务人部分履行时债权人的拒绝权及行使前提，以及由债务人承担因部分履行而给债权人增加的费用。

"部分履行债务"，是未按约定的数量全部履行，通常属于违约行为。这类违约的具体损害结果受标的和交易目的影响。如果是成套设备的部分履行，其后果是不成套的设备根本无法发挥正常功能、合同目的无法实现。如果只是同质化的工业品的分批履行，则对债权人影响较小甚至没有影响。但部分履行损害债权人利益时，容易招致债权人拒绝或同意履行但要求债务人负担增加的费用。

部分履行是否"不损害债权人利益"很难一概而论，需要结合具体的交易内容、交易背景加以分析。如果部分履行的债务正是债权人急需的产品，则部分履行不但影响债权人的生产经营安排，甚至会造成债权人的可得利益损失，债权人当然有权拒绝。即使债务人只是改为分期履行，也会打乱债权人的管理秩序、增加债权人的管理成本。唯有部分履行减少了成本、节省了开支、降低了风险等情形，才"不损害债权人利益"。

"部分履行债务给债权人增加的费用"可以根据标的和交易分为许多种。如果是工业品交易，履行债务可能涉及装卸费、运输费、仓储费、检验费、保险费、管理费等，均可能成为债权人增加的费用。当这些费用实际产生而债权人又同意债务人部分履行时，债权人有权要求债务人承担这些费用以减少自己一方的损失。

【风险点及建议】

同本条规定相关的法律风险,是债权人未拒绝损害其利益的部分履行请求、拒绝了不损害其利益的部分履行请求、未收取因债务人部分履行而增加的费用,以及债务人的部分履行请求被拒绝、未要求债权人接受不损害其利益的部分履行、拒绝承担因部分履行而给债权人增加的费用。

合同履行的原则是全面履行、适当履行。而部分履行债务,则是典型的履行数量与合同约定不符。对此,债权人有权在确认部分履行损害其利益后拒绝债务人的部分履行请求,也有权在债务人负担因部分履行而给债权人增加的费用后同意债务人的部分履行请求,当然也可以不附条件地接受部分履行。

部分履行相当于变更了原合同,而合同生效后的任何变更均需对方同意,或是付出交换条件。例如,当债务人提出部分履行要求时,债权人可以顺势提出由债务人承担因此产生的费用、变更合同其他条款等要求,直至协商一致。因此合同工作应当注重前期质量控制,生效后尽量避免变更。

部分履行问题同样也可在合同中约定。例如,可在合同中约定是否允许部分履行、部分履行的前提条件、因部分履行而增加的费用的计算方法等。

070. 第五百三十二条 〔不影响履行的变更〕

合同生效后,当事人不得因姓名、名称的变更或者法定代表人、负责人、承办人的变动而不履行合同义务。

【合同实务解读】

本条是关于合同生效后当事人不得以姓名、名称等外在身份事项的变更,或是代表人、代理人、承办人的变动而不履行合同义务的规定。

严格地说,"姓名、名称的变更或者法定代表人、负责人、承办人的变动"并不属于合同变更,因为这些变更或变动并未改变交易主体。

"合同生效后"是因为生效合同即应全面履行,如果发生变更就会产生不同的法律后果。依照《民法典》(2020年)第五百零九条,"当事人应当按照约定全面履行自己的义务",否则就会构成违约。《民法典》(2020年)第五百七十七条规定:"当事人一方不履行合同义务或者履行合同义务不符合约定的,应当承担继续履行、采取补救措施或者赔偿损失等违约责任。"

"姓名、名称的变更"只是改变了自然人合同主体的名字,名称的变更只是改变了法人或非法人组织合同主体的字号。无论是自然人还是法人、非法人组织,其主体本身并未发生改变,也仍旧需要以原当事人的身份完成合同的履行。

法人、非法人组织的"法定代表人、负责人、承办人"在合同事务中只是代表其所在的法人或非法人组织从事民事活动,他们所代表的法人或非法人组织才是合同主体,因此他们的变动并不引起合同主体的变更,合同主体未曾变更且仍旧需要履行合同义务。

因此,本条所列举的变更、变动均非交易主体的变更,当事人应当按照全面履行的原则履行,无权据此拒不履行合同义务。

【风险点及建议】

同本条规定相关的法律风险,是当事人以姓名、名称的变更或者法定代表人、负责人、承办人的变动为由拒不履行合同义务,或是在对方以此为由拒不履行合同义务时未能依法敦促其履行。

合同生效后的履行期间发生当事人姓名、名称变更的情形相对较少,法定代表人、负责人、承办人的变动则相对较多。其中,直接以姓名、名称的变更为由拒绝履行合同的情形同样很少,但法定代表人、负责人、承办人变动后继任者借机不履行对其不利合同的情形较为多见,甚至以"谁签约、谁负责"为理由拒绝履行。

由于法律已有强制性规定,通常并不需要约定上述变更、变动后当事人必须继续履行合同。但也有一些合同约定了这类条款,其作用相当于提醒如有此类情形发生并不影响合同的继续履行,同时也将其变为合同义务,以提高保险系数。即使其约定与法律规定并不完全一致,但得到法律强制性规定范围内的保护并无问题。

某些当事人的姓名、名称的变更或法定代表人、负责人、承办人的变动确实会对合同的履行产生重大影响。例如,因品牌效应的变化而影响产品价值、因法定代表人的变更引起商业信誉变化等。

对于这类情形,依照本条规定只能解决不得拒不履行合同义务的问题。如采取其他商务方面的操作,则完全可以约定当这些情形发生变化时的应对措施,甚至包括影响合同目的实现时的合同解除,以及善后条款。

071. 第五百三十三条 〔情势变更的构成及处理〕

合同成立后,合同的基础条件发生了当事人在订立合同时无法预见的、不属于商业风险的重大变化,继续履行合同对于当事人一方明显不公平的,受不利影响的当事人可以与对方重新协商;在合理期限内协商不成的,当事人可以请求人民法院或者仲裁机构变更或者解除合同。

人民法院或者仲裁机构应当结合案件的实际情况,根据公平原则变更或者解除合同。

【合同实务解读】

本条是对合同成立后情势变更情形的构成要素及处理原则所作的规定,包括受不利影响的当事人与对方协商以及人民法院或仲裁机构对于合同的解除。

合同能否顺利履行受标的和履行的基础环境影响极大。原材料价格的剧烈波动、社会需求的巨大变化,以及其他非当事人原因都可能导致履行成本提高、履行方式无法实现、履行风险剧增等不良后果。但需说明的是,常规的商业风险不在本条调整范围之内。

一、相关内容的通常理解

"合同成立后",是指本条款的适用范围为成立以后的合同,包括成立但尚未生效的合同、成立以后已经生效的合同、生效后正在履行的合同。由于本条所规定的"变更或者解除"既适用于生效的合同也适用于仅成立、未生效的合同,所以也被作为解除仅成立、未生效合同的理论依据。

"合同的基础条件",按照通常的理解是指签订合同时与交易利益相关的标的、履行以及标的产业链上下游的供需、价格、产业政策等基本环境要素状况。合同都是基于这些基本要素状况并加入一定的预判而签订,一旦某些要素状况在合同成立后发生了超出预期的变化,则合同将难以正常履行。

纯粹"无法预见的"风险在信息时代已经越来越少。随着各类信息的日益丰富和搜索引擎的日益便捷,史上从未发生、人们知之甚少的"无法预见的"情形已经非常少见。但现代技术仍旧无法准确预测某些事件是否发生、何时发生,以及事件发生后影响的深度和广度,因此才同不可抗力一样,仍旧存在"无法预见的"的情形。

"商业风险"有多种情形。合同成立后继续履行合同对于当事人一方明显不公平的情形,大多数是由于市场需求、原材料行情、汇率等波动。当这些波动超出合同签订时预期的范围,一方当事人继续按照约定履行则会因成本等原因而遭受巨大损失。这些情形在商业活动中经常发生,属于可以预见甚至本应充分考虑的商业风险。

不属于商业风险的"重大变化"在《合同编通则司法解释》(2023年)第三十二条第一款中有所解释:"合同成立后,因政策调整或者市场供求关系异常变动等原因导致价格发生当事人在订立合同时无法预见的、不属于商业风险的涨跌,继续履行合同对于当事人一方明显不公平的,人民法院应当认定合同的基础条件发生了民法典第五百三十三条第一款规定的'重大变化'。但是,合同涉及市场属性活跃、长期以来价格波动较大的大宗商品以及股票、期货等风险投资型金融产品的除外。"

二、继续履行明显不公平

"继续履行合同对于当事人一方明显不公平",主要体现在涨价导致一方履行成本过高、降价导致另一方履行成本过高。例如,政策性原因导致的原材料价格上涨会使卖方无法按原来的价格生产,而政策性原因导致的市场行情低迷会导致买方如按合同约定价格采购则根本无法销售。总之,属于一方难以实现合同目的的情形。

司法解释中"政策调整""导致价格发生当事人在订立合同时无法预见的、不属于商业风险的涨跌"较为典型。例如,在合同成立后如果生产某类产品的政府补贴被意外取消,则继续按照合同生产该类产品将无利可图甚至需要倒贴成本。这类情形不属于商业风险,可以适用情势变更处理。

"市场供求关系异常变动""导致价格发生当事人在订立合同时无法预见的、不属于商业风险的涨跌"同样时有发生。例如,忽然爆发的疫情会使相关防护用品及原材料需求大涨,而因应对疫情而导致的消费下降也会使某些行业收入暴跌。而这些大涨和暴跌都会引起"价格发生当事人在订立合同时无法预见的、不属于商业风险的涨跌",必然导致"继续履行合同对于当事人一方明显不公平",需要以情势变更解决。

三、合同的变更与解除

在情势变更后,继续履行对其明显不公平的一方有多个法定解决渠道。同对方重新协商解决自不必说,因为协商在任何阶段、事项上均可提出。但通过诉讼或仲裁解决时,则需要了解这两个机构的解决思路。

在"合理期限内"协商不成后,当事人可以请求人民法院或者仲裁机构变更或解除合同。人民法院和仲裁机构处理纠纷的依据、程序存在许多不同,但都可以援引公平原则变更或解除合同。但公平原则相对笼统,不同的人民法院或仲裁机构在具体事务上完全可能存在不同的理解,并因此影响情势变更问题的处理结果。

对此,《合同编通则司法解释》(2023年)第三十二条第二、三、四款规定:

合同的基础条件发生了民法典第五百三十三条第一款规定的重大变化,当事人请求变更合同的,人民法院不得解除合同;当事人一方请求变更合同,对方请求解除合同的,或者当事人一方请求解除合同,对方请求变更合同的,人民法院应当结合案件的实际情况,根据公平原则判决变更或者解除合同。

人民法院依据民法典第五百三十三条的规定判决变更或者解除合同的,应当综合考虑合同基础条件发生重大变化的时间、当事人重新协商的情况以及因合同变更或者解除给当事人造成的损失等因素,在判项中明确合同变更或者解除的时间。

当事人事先约定排除民法典第五百三十三条适用的,人民法院应当认定该约定无效。

由于情势变更并非任何一方当事人的过错引起,属于"在订立合同时无法预见的、不属于商业风险的重大变化",所以法律规定了人民法院或仲裁机构在处理当事人变更或解除合同的请求时需要依据"公平原则"处理。《民法典》(2020年)第六条规定:"民事主体从事民事活动,应当遵循公平原则,合理确定各方的权利和义务。"在实际处理中,结果基本为变更或解除合同,并由双方分担损失。

【风险点及建议】

同本条规定相关的法律风险,是受到情势变更影响的一方当事人未与对方重新协商,或未通过人民法院或仲裁机构变更或解除合同。

《民法典》(2020年)中设立的情势变更制度与原《合同法》(已失效)的略有不

同,相关司法解释更是限定了情势变更的适用范围。同时,情势变更还与不可抗力存在着一定的交集,在合同实务中也常常需要处理不可抗力与情势变更的重叠部分。

一、情势变更与不可抗力

情势变更与不可抗力有着不同的起因、适用范围、处理方式。尽管都是用于解决非当事人原因所导致的合同无法正常履行的问题,但二者在某些具体情形上存在一定的竞合关系,甚至互为处理合同争议的备选方案。

无论是从产生原因还是从处置方式上比较,情势变更与不可抗力都存在很大差异。情势变更被规定在合同编"第四章 合同的履行",而不可抗力则被规定在合同编"第八章 违约责任"。前者是合同履行过程中特殊情况的解决方案,后者是未能按照约定履行时免除违约责任的特定情形。

不可抗力,《民法典》(2020年)第一百八十条第二款规定:"不可抗力是<u>不能预见、不能避免且不能克服的客观情况</u>。"依据该条第一款,对于不可抗力的责任分配方式是:"因不可抗力<u>不能履行民事义务的,不承担民事责任。法律另有规定的,依照其规定</u>。"

情势变更,依据本条的规定,是指"合同成立后,合同的基础条件发生了当事人在订立合同时无法预见的、不属于商业风险的重大变化,继续履行合同对于当事人一方明显不公平"的情形。同样根据本条的规定,对于情势变更的责任处理方式是"受不利影响的当事人可以与对方重新协商;在合理期限内协商不成的,当事人可以请求人民法院或仲裁机构变更或者解除合同"。

依据《合同编通则司法解释》(2023年)第三十二条第一款,情势变更可以理解为"合同成立后,因政策调整或者市场供求关系异常变动等原因导致价格发生当事人在订立合同时无法预见的、不属于商业风险的涨跌,继续履行合同对于当事人一方明显不公平"的情形,但"合同涉及市场属性活跃、长期以来价格波动较大的大宗商品以及股票、期货等风险投资型金融产品的除外"。

按照该司法解释,情势变更的发生原因分为"政策调整""市场供求关系异常变动"和"等原因"三类,具体体现是"价格发生当事人在订立合同时无法预见的、不属于商业风险的涨跌",且"继续履行合同对于当事人一方明显不公平"。因此,通过该司法解释,情势变更的适用范围已被限定为订立合同时无法预见的、不属于商业风险的价格涨跌。

二、情势变更的条款化

情势变更属于法定的合同履行期间的救济手段。当继续履行合同对于当事人一方明显不公平时，法律允许该当事人以重新协商、请求人民法院或仲裁机构变更或者解除合同的方式维护自身利益。而且本条并未提及损失赔偿等问题，可见是将情势变更视为一种履行期间的正常操作。

但在司法案例中，被认定为情势变更纠纷的数量极少，绝大部分被认定为商业风险。因此情势变更在实际应用方面存在能否认定、能否协商解决、诉讼或仲裁是否支持变更或解除等问题，将相关内容直接约定为合同条款更为保险。

在合同实务中，政策调整、新强制性标准、法律颁布、政府决策等公权力原因而引起的合同无法正常履行甚至无法履行均真实存在。这些情形包括但不限于情势变更，许多合同已将此类情形的处理作为标准的解约条款加以约定。

在价格波动方面也是如此，许多合同约定了价格调整机制。为了应对市场供求关系异常变动引起的剧烈价格波动，合同一般会约定在签订后、履行前的价格波动幅度。如果交付前的波动在约定的幅度之内，则双方按实结算；如果价格超过这一幅度，双方可以进行数量等方面的变更调整，或者解除合同不再履行。

直接将这些可能发生的、需要适用情势变更原则处理的情形规定为合同变更或合同解除的条件，可以克服适用情势变更原则所必须经历的烦琐过程，使问题得以及时解决。即以约定解除等方式代替情势变更的运用，使合同的履行遭遇情势变更之类的情形时，简单明了地直接依据合同的约定作解除处理。

072. 第五百三十四条 〔合同违法的监督处理〕

对当事人利用合同实施危害国家利益、社会公共利益行为的，市场监督管理和其他有关行政主管部门依照法律、行政法规的规定负责监督处理。

【合同实务解读】

本条是对当事人利用合同损害国家利益、社会公共利益时，市场监督管理等有关行政主管部门拥有执法权的规定。

"危害国家利益、社会公共利益"的行为，按照《民法典》(2020年)的规定属于"滥用民事权利"的行为。对于这类行为，"第一编 总则"中的第一百三十二条规定:"民事主体不得滥用民事权利损害国家利益、社会公共利益或者他人合法权益。"

对于"滥用民事权利",《总则编司法解释》(2022年)中作了进一步解释:

第三条 对于民法典第一百三十二条所称的滥用民事权利,人民法院可以根据权利行使的对象、目的、时间、方式、造成当事人之间利益失衡的程度等因素作出认定。

行为人以损害国家利益、社会公共利益、他人合法权益为主要目的行使民事权利的,人民法院应当认定构成滥用民事权利。

构成滥用民事权利的,人民法院应当认定该滥用行为不发生相应的法律效力。滥用民事权利造成损害的,依照民法典第七编等有关规定处理。

合同行为涉及诸多领域,除了市场监督管理部门,还有标准、物价、计量、海关、外汇、知识产权等部门。因而"市场监督管理和其他有关行政主管部门"的范围非常广泛,合同所涉及的主管部门视标的而定。任何违反行政法规的行为均由不同的行政主管部门负责监管、追究,情节严重的还会因涉嫌犯罪而由公安机关立案侦查。

因此合同内容管理、合同行为管理是系统工程,需要以系统的思维进行统筹管理以实现交易利益的最大化和法律等风险的最小化。

【风险点及建议】

同本条规定相关的法律风险,是当事人以损害国家利益、社会公共利益、他人合法权益为主要目的而从事合同行为,或面对不当执法时怠于配合、澄清。

合同行为除了要遵守《民法典》(2020年)中对于合同的相关规定,合同主体、标的、履行方式等具体内容还涉及不同领域的法律、法规、地方性法规、部门规章、地方政府规章,均由不同的行政主管部门依照法定职责负责监督管理。

由于合同行为所涉及的行政监管范围广泛,合同主体需要针对所属行业、所经营的产品或服务系统梳理相关的法律、标准等要求,并通过"外规内化"的方式将其转换为企业生产经营管理中的标准内容,以从根本上解决合法性问题,确保生产经营的合法性。熟悉相关的规定,也便于在面临不当监管行为时充分依法维护自身的合法权益。

如果合同行为存在"以损害国家利益、社会公共利益、他人合法权益为主要目的"的嫌疑,则应调整相关的交易模式等条款以避免涉嫌滥用民事权利,也避免合同条款因此"不发生相应的法律效力"。如果不能确定合同行为的合法性,可及时就相关问题向有关行政主管部门征询、向法律专业人员咨询,以确保合同内容和合同行为的合法性。

值得注意的是,《合同编通则司法解释》(2023年)第十七条对此有着更进一步的解释。按照该司法解释,某些行为即使并不违反法律、行政法规的强制性规定,人民法院也会认定其无效。即:

第十七条 合同虽然不违反法律、行政法规的强制性规定,但是有下列情形之一,人民法院应当依据民法典第一百五十三条第二款的规定认定合同无效:

(一)合同影响政治安全、经济安全、军事安全等国家安全的;

(二)合同影响社会稳定、公平竞争秩序或者损害社会公共利益等违背社会公共秩序的;

(三)合同背离社会公德、家庭伦理或者有损人格尊严等违背善良风俗的。

人民法院在认定合同是否违背公序良俗时,应当以社会主义核心价值观为导向,综合考虑当事人的主观动机和交易目的、政府部门的监管强度、一定期限内当事人从事类似交易的频次、行为的社会后果等因素,并在裁判文书中充分说理。当事人确因生活需要进行交易,未给社会公共秩序造成重大影响,且不影响国家安全,也不违背善良风俗的,人民法院不应当认定合同无效。

第五章　合同的保全

〔第一部分　债权人的代位权〕

073. 第五百三十五条　〔债权人到期债权与代位权〕

因债务人怠于行使其债权或者与该债权有关的从权利，影响债权人的到期债权实现的，债权人可以向人民法院请求以自己的名义代位行使债务人对相对人的权利，但是该权利专属于债务人自身的除外。

代位权的行使范围以债权人的到期债权为限。债权人行使代位权的必要费用，由债务人负担。

相对人对债务人的抗辩，可以向债权人主张。

【合同实务解读】

本条是关于债务人的行为影响债权人实现到期债权时，债权人可向人民法院请求以自己的名义代位行使债务人对相对人的权利的规定。

"代位权"，是当债务人消极行使其对于相对人的债权并因此影响债权人实现到期债权时，债权人向人民法院请求的代位行使债务人债权或从权利的权利。这种权利的行使需要债权人依法向人民法院申请，在通过人民法院的审查程序后方可实现债权或从权利。其中，债务人的相对人，即债务人的债务人，也被称为"次债务人"。

一、怠于行使债权或其从权利

"债务人怠于行使其债权或者与该债权有关的从权利"，可以包括所有当债权人的债权已经到期时，债务人不主动从次债务人处实现债权或从权利并因此影响债权人实现到期债务的情形。《合同编通则司法解释》（2023年）对此也有专门的解释，即：

第三十三条　债务人不履行其对债权人的到期债务，又不以诉讼或者仲裁方式向相对人主张其享有的债权或者与该债权有关的从权利,致使债权人的到期债权未能实现的,人民法院可以认定为民法典第五百三十五条规定的"债务人怠于行使其债权或者与该债权有关的从权利,影响债权人的到期债权实现"。

从权利,是两个相互关联的民事权利中依附于另一权利、其效力受另一权利效力制约的民事权利。例如,抵押权、质押权、债权的孳息等都依附于债权。

因此,本条中的"债权或者与该债权有关的从权利",包括但不限于债务人不向次债务人催收价款或报酬、不敦促次债务人交付标的物或提供服务、不向次债务人行使抵押权或质权、不向次债务人收取孳息等情况。

二、专属于债务人自身的权利

"权利专属于债务人自身的除外",是对代位权适用范围的规定。"专属于债务人自身"的请求权,往往是与自然人的人身关系密切相关的权利。如:基于婚姻家庭关系而拥有的赡养费、抚养费、扶养费等请求权;基于个人人身损害所应得到的赔偿请求权;基于基本生活保障的劳动报酬、养老保费金;等等。

对于"专属于债务人自身的权利",《合同编通则司法解释》(2023年)第三十四条给出了明确规定,即:

第三十四条 下列权利,人民法院可以认定为民法典第五百三十五条第一款规定的专属于债务人自身的权利:

(一)抚养费、赡养费或者扶养费请求权;

(二)人身损害赔偿请求权;

(三)劳动报酬请求权,但是超过债务人及其所扶养家属的生活必需费用的部分除外;

(四)请求支付基本养老保险金、失业保险金、最低生活保障金等保障当事人基本生活的权利;

(五)其他专属于债务人自身的权利。

三、争取代位权的诉讼

债权人"请求以自己的名义代位行使债务人对相对人的权利",按照《民事诉讼法》(2023年修正)及司法解释理解,其实是指由债权人对债务人向人民法院提起代位权之诉。其请求权范围依照本条第二款的规定,"代位权的行使范围以债权人的到期债权为限"。

代位权诉讼同样涉及管辖等问题。《合同编通则司法解释》(2023年)第三十五条、第三十七条分别规定了管辖地和第三人问题。即：

第三十五条　债权人依据民法典第五百三十五条的规定对债务人的相对人提起代位权诉讼的，由被告住所地人民法院管辖，但是依法应当适用专属管辖规定的除外。

债务人或者相对人以双方之间的债权债务关系订有管辖协议为由提出异议的，人民法院不予支持。

第三十七条　债权人以债务人的相对人为被告向人民法院提起代位权诉讼，未将债务人列为第三人的，人民法院应当追加债务人为第三人。

两个以上债权人以债务人的同一相对人为被告提起代位权诉讼的，人民法院可以合并审理。债务人对相对人享有的债权不足以清偿其对两个以上债权人负担的债务的，人民法院应当按照债权人享有的债权比例确定相对人的履行份额，但是法律另有规定的除外。

"行使代位权的必要费用"，通常指债权人向法院提起代位权之诉时必然产生的诉讼相关费用，如诉讼费、调查取证费用、差旅费、合理的律师代理费等。依据本条第二款的规定，"债权人行使代位权的必要费用，由债务人负担"。

"相对人对债务人的抗辩，可以向债权人主张"，是指代位权成立后的权利义务转变。债权人代位行使债务人对于次债务人的权利，而该权利本属于债务人，该债务本属于次债务人与债务人之间的债务。因此在债权人直接向次债务人行使原债务人债权的同时，次债务人的抗辩也可直接向债权人行使。

【风险点及建议】

同本条规定相关的法律风险，是债权人未能知悉债务人怠于行使其债权或与债权相关的从权利而影响债权人到期债权的实现、债权人未能通过向人民法院请求行使代位权以维护其合法权益、债权人未向债务人主张行使代位权而产生的必要费用、未有效应对次债务人抗辩，以及次债务人怠于对债权人主张的权利提出抗辩。

债权人行使代位权的关键，是事先能够知悉并有足够的证据证明债务人享有对次债务人的债权以及相关的从权利，并关注债务人是否怠于行使债权及从权利。但即使是有义务披露信息的公司，也只有义务对外披露重大合同信息。某些公司会将签订和履行的合同以及投资、产权交易等信息作为商业秘密加以管理,使得债权人难以知悉债务人的到期债务。

如果债权人的业务部门负有信息收集责任,则应查询债务人与次债务人之间某些公开的交易等经济往来信息。例如,如果债务人与次债务人以公开的招、拍、挂模式成交,则相关交易信息的部分甚至全部可在公开的相关文件中查到。另有产权登记部门可以查询到债务人、次债务人的动产或不动产登记信息及交易信息,可供债权人参考。

除此之外,某些企业是否严重失信可通过相关网站查询。例如,严重失信主体可通过"信用中国"(https://www.creditchina.gov.cn)查询,还有许多地方政府也都设有"严重违法失信企业名单"可供线上查询。这些名单并不能直接了解相关市场主体的履行能力,只能为债权人了解债务人、次债务人的履行债务能力提供参考。

在通过诉讼主张代位权时,许多事项需要经过人民法院的认定,因此需要诸多准备。次债务人的债务是否专属于债务人、代位权的行使范围是否超出债权人的到期债权、债权人主张由债务人承担的行使代位权的必要费用等问题,最终均需由人民法院判定。债权人需要重点关注的是次债务人相对于债务人的抗辩,因为债权人行使代位权就不得不直接面对次债务人的抗辩。而相关信息只为债务人与次债务人所知悉,债权人收集证据较为困难。

如果债务人怠于行使相对于次债务人的债权并非恶意妨碍债权人到期债权的实现,则债权人还可与债务人协商,由债务人将相关债权转让给债权人并向次债务人发出通知,则债权人可直接按照债权转让的法律规则直接向次债务人主张债权或从权利。以这种方式处理,往往比代位权的行使更为直接、简单。

如果有更远的预见或安排,则可在债权人与债务人的合同中用约定代替代位权。处于优势交易地位的一方,可以要求对方披露履行中的合同以作为具备合同履行能力的证据或保证,从而掌握各个次债务人的信息。同时也可以约定当债务人怠于行使对次债务人的债权及从属权利时,由债权人代为行使。这相当于在法律之外、合同之中以双方约定补强法律规定的代位权。

甚至可以更进一步,由债务人向债权人附条件转让对于次债务人的债权,使债权人能够以债务人对次债务人的债权受让人的身份直接向次债务人主张债权。

074. 第五百三十六条 〔债权人未到期债权与代位权〕

> 债权人的债权到期前,债务人的债权或者与该债权有关的从权利存在诉讼时效期间即将届满或者未及时申报破产债权等情形,影响债权人的债权实现的,债权人可以代位向债务人的相对人请求其向债务人履行、向破产管理人申报或者作出其他必要的行为。

【合同实务解读】

本条是关于债权人的债权到期前,债务人的债权存在诉讼时效届满或未及时申报破产债权等影响债权人债权实现的情形时,债权人可采取代位请求债务人的相对人履行、向破产管理人申报等行动的规定。

《民法典》(2020年)第五百三十五条的规定,是针对债权人、债务人的债权均已到期时的代位权,而本条的规定则是针对债权人、债务人未到期债权而行使的代位权。第五百三十五条规定适用于所有债务人怠于行使到期债权或相关从权利的情形,本条仅针对债权人债权到期前债务人诉讼时效即将届满或未及时申报破产债权等情形。

一、未到期债权的代位权

"债权有关的从权利",是依附于债权、基于债权产生并由债权决定的权利。例如,附属于债权的抵押权、质押权、获得孳息的权利等。

"债权人的债权到期前",债权人尚无权利向债务人主张债权,即使债权人提出要求,债务人也可以拒绝。如果没有合同约定,债权人此时并无权利干涉债务人影响债权实现的行为。因此本项规定以法律规定的形式赋予债权人在债权到期前的代位权,以阻止必将影响其债权实现的情形发生。

至于本条规定的代位权的行使场景,在"诉讼时效期间即将届满或者未及时申报破产债权等情形"中,除了内容确定的"诉讼时效期间即将届满"和"未及时申报破产债权","等情形"可以是任何一种与前两者类似的、债务人怠于处理就会丧失的权益的情形。只要其结果是"影响债权人的债权实现",债权人即可依据本条规定行使代位权。

二、诉讼时效期间即将届满

在"诉讼时效期间即将届满"和"未及时申报破产债权"这两种确定的情形中,

债务人怠于行使权利的后果十分明确。

如果债务人怠于应对诉讼时效问题,依据《民法典》(2020年)第一百九十二条第一款的规定:"诉讼时效期间届满的,义务人可以提出不履行义务的抗辩。"即诉讼时效届满,次债务人便可以不履行债务,债务人的债权因次债权人可以合法不履行而受到影响,并进而影响债权人债权的正常实现。

债权人要求次债务人向债务人履行,则可以依据《民法典》(2020年)第一百九十五条的规定,以中断诉讼时效的方式避免此类情形的发生。即:

第一百九十五条 有下列情形之一的,诉讼时效中断,从中断、有关程序终结时起,诉讼时效期间重新计算:

(一)权利人向义务人提出履行请求;

(二)义务人同意履行义务;

(三)权利人提起诉讼或者申请仲裁;

(四)与提起诉讼或者申请仲裁具有同等效力的其他情形。

三、未及时申报破产债权

债务人怠于申报破产债权,其后果依据《企业破产法》(2006年)第五十六条,很可能是无法分配到破产财产中的份额并因此丧失财产权益,而债务人财产权益的丧失则意味着债权人难以甚至无法实现债权。即:

第五十六条 在人民法院确定的债权申报期限内,债权人未申报债权的,可以在破产财产最后分配前补充申报;但是,此前已进行的分配,不再对其补充分配。为审查和确认补充申报债权的费用,由补充申报人承担。

债权人未依照本法规定申报债权的,不得依照本法规定的程序行使权利。

在破产债权申报方面,基于《企业破产法》(2006年)第五十六条的规定,债权人可以在次债务人进入破产程序后向破产管理人申报债权或补充申报,或以其他必要行为防止债务人债权的消灭以维护自身的债权利益。

四、未到期债务代位权的行使

债权人行使代位权的前提,是"存在诉讼时效期间即将届满或者未及时申报破产债权等情形,影响债权人的债权实现",意味着行使的前提必须同时具备债务人怠于主张债权和"影响债权人的债权实现"两个要素。

"债权人可以代位向债务人的相对人请求其向债务人履行、向破产管理人申报或者作出其他必要的行为"中,前者以行使代位权的方式中断了诉讼时效,后者以行使代位权的方式保有了破产债权。债权人的代位权,都是在债务人债权的期限即将届满时行使,并未指向所有未到期债权。

根据合同的相对性原则,债权人本无权介入债务人与次债务人之间的合同。但《民法典》(2020年)第四百六十五条第二款规定:"依法成立的合同,仅对当事人具有法律约束力,但是法律另有规定的除外。"而本条关于债权人代位要求次债务人向债务人履行的情形,则正属于这种例外情况。

【风险点及建议】

同本条规定相关的法律风险,是债权人在其债权到期前,债务人的债权或其从权利诉讼时效即将届满或未及时申报破产债权时,未能及时依法代位向债务人的相对人请求其向债务人履行、向破产管理人申报或者作出其他必要的行为;以及债务人未及时采取措施延长诉讼时效或行使诉权、未及时向破产管理人申报破产债权、未及时处理其他有可能使其丧失债权的情形。

本条所规定的是债权人如何行使未到期债权的代位权,而《民法典》(2020年)第五百三十五条规定的是如何行使到期债权的代位权。不同之处在于,债权人的未到期债务在没有法律规定或合同约定的前提下,非经债务人同意其通常无权要求债务人提前履行。如果没有本条的规定,债权人无权对自身以及债务人的未到期债权采取行动维护其利益。

对于未到期债权代位权的行使,本条并未规定必须经过人民法院。法条的表述为"债权人可以代位向债务人的相对人请求其向债务人履行、向破产管理人申报或者作出其他必要的行为",因此也有观点认为这类代位权的行使无须经过人民法院。但在案例库中仍可检索出援引本条规定作出的代位权诉讼判决,《民法典》(2020年)第五百三十七条还以"人民法院认定代位权成立"这样的表述对代位权事宜作出总体性、概括性的规定。因此总体上似应通过人民法院行使未到期债权的代位权,如将来有司法解释则以司法解释为准。

在通过人民法院行使代位权之外,还可以尝试在合同中约定授权债权人向次债务人直接行使。基于普遍存在的对于合同相对性的认知,合同以外"第三人"要求次债务人向债务人履行、非债权人以债权人的名义申报债权或者作出其他必要的行为,往往需要证明债权人与债务人之间的关系。因此,债权人可以与债务人在合同中约定,由债务人授权债权人代为行使债务人的权利去要求履行、申报债权或作出其他必要行为。

债权人行使这些权利时,均需保留相关的证据。尤其是债权人因债务人的诉讼时效即将届满而行使代位权要求次债务人向债务人履行时,需要保留要求次债务人向债务人履行的证据。没有这些相关证据,超过诉讼时效后,次债务人可以要求不履行债务且能够得到人民法院的支持。如果没有其他方式保留通知的证据,可以采用公证送达的方式。

除了在合同条款中授权,如果具备相应的条件还可以进行更进一步的操作。例如,可以签订限定使用条件的授权委托书以代替授权条款;可以由债务人披露其对次债务人的债权及诉讼时效截止期限、次债务人可能进入破产程序的债权等,以便于当债务人怠于行使债权或从权利时债权人及时行使代位权;还可以用附条件的债权转让的方式,由债权人以债务人债权受让人的身份向次债务人请求履行。

> **075. 第五百三十七条　〔代位权成立的后果〕**
>
> 人民法院认定代位权成立的,由债务人的相对人向债权人履行义务,债权人接受履行后,债权人与债务人、债务人与相对人之间相应的权利义务终止。债务人对相对人的债权或者与该债权有关的从权利被采取保全、执行措施,或者债务人破产的,依照相关法律的规定处理。

【合同实务解读】

本条规定了人民法院认定代位权成立后,债权人与债务人、次债务人之间因债权履行而发生的权利义务终止,以及债务人对于次债务人的债权或债权从权利处于保全、执行、破产程序时的处理。

"人民法院认定代位权成立",是指代位权需要通过人民法院的审理、认定后才能够向债务人的相对方,即次债务人行使。经过了人民法院的认定,债权人才能以人民法院的强制执行力为后盾,越过债务人,直接从次债务人处得到债务的履行。

"债权人与债务人、债务人与相对人之间相应的权利义务终止",是次债务人向债权人履行完毕时的结果。当次债务人根据人民法院的认定向债权人履行完毕,则因债权人对于债务人的债权而引起的债权人与债务人、债权人与次债务人、次债务人与债务人之间"相应的权利义务终止"。

之所以是"相应的权利义务",是因为次债务人与债权人、债权人与债务人之间的债务往往并不对等，因此只有"相应"部分的权利义务终止，债权人未受偿的部分仍可以其他方式向债务人主张。

债务人对次债务人的债权、债权从权利"被采取保全、执行措施，或者债务人破产"时，次债务人已经无法自主处分债务人的债权或债权从权利。相关的司法程序由人民法院依法进行，因此债权人只能同样"依照相关法律的规定处理"，以实现债务人对于次债务人的相关债权。

债权人经人民法院确认后行使撤销权将导致影响其债权实现的行为被撤销并自始无效，依据为《民法典》(2020年)第五百四十二条，即：

第五百四十二条　债务人影响债权人的债权实现的行为被撤销的，自始没有法律约束力。

依据《合同编通则司法解释》(2023年)，撤销权诉讼还可以包括实体处理，撤销权被确认后随之而来的往往是返还财产、赔偿损失等要求。即：

第四十六条　债权人在撤销权诉讼中同时请求债务人的相对人向债务人承担返还财产、折价补偿、履行到期债务等法律后果的，人民法院依法予以支持。

债权人请求受理撤销权诉讼的人民法院一并审理其与债务人之间的债权债务关系，属于该人民法院管辖的，可以合并审理。不属于该人民法院管辖的，应当告知其向有管辖权的人民法院另行起诉。

债权人依据其与债务人的诉讼、撤销权诉讼产生的生效法律文书申请强制执行的，人民法院可以就债务人对相对人享有的权利采取强制执行措施以实现债权人的债权。债权人在撤销权诉讼中，申请对相对人的财产采取保全措施的，人民法院依法予以准许。

为了维护债权人的合法利益，《合同编通则司法解释》(2023年)规定了债务人在代位权诉讼期间无正当理由减免、延期次债务人债务的，人民法院不予支持。即：

第四十一条　债权人提起代位权诉讼后，债务人无正当理由减免相对人的债务或者延长相对人的履行期限，相对人以此向债权人抗辩的，人民法院不予支持。

【风险点及建议】

同本条规定相关的法律风险，是债权人的代位权未能得到人民法院的确认、次债务人未向债权人履行，以及债权人未参与处理次债务人的债务及债务从权利被保全、执行或债务人破产时法院的相关程序。

代位权能否被人民法院认定为成立，取决于案件基本事实以及有无充分、有效的证据。其中的证据部分包括但不限于：债权人与债务人之间存在合同之债的证据、债务人享有对于次债务人的债权及债权从权利的证据；债务人怠于履行其债权或债权从权利的证据；债务人的债权或债权从权利诉讼时效期间即将届满或未及时申报破产债权等情形的证据；甚至包括债务人对于次债务人的债权或债权从权利并非专属于债务人自身的证据。

收集这些证据在现实中存在一定的难度。尽管某些信息可以从公开渠道收集，但通常只是传来证据，其完整性和真实性等并不足以作为直接的诉讼证据。某些合同中还有保密约定，未经同意不得向任何第三方泄露合同内容，故此债权人无法从债务人处获得其与次债务人间的交易信息。

获取这些证据的方式可以有多种，能否成功取决于债务人的态度及债权人与债务人之间的关系。例如：

（1）在债务人与债权人签订合同前或合同履行过程中，从债务人向债权人披露的次债务人合同履行信息中获得。

（2）在债务人与债权人的合同中，事先授权债权人在合同履行过程中出现某种情形时，可代表债务人处理债务人与次债务人的债权债务。

（3）债权人通过与债务人达成的妥协换取与债务人的合作，并借此从债务人处取得债务人与次债务人之间的债权、债权从权利，以及履行情况的证据。

（4）参与债务人对次债务人的债权或债权从权利被保全和执行的程序、债务人进入的破产程序，通过这些程序了解相关的合同及履行情况。

（5）债务人将对于次债务人的债权及债权从权利转让给债权人，使债权人不仅取得向次债务人主张债权的权利，也取得合同及履行情况的相关证据。

如果债权人能够较早得到代位权的确认，往往可以有更多的选择。例如，对于可能进入破产程序的次债务人，能够以事先赋予债务人债权优先受偿权等方式提升债权的安全性，也可以尝试更早采取保全等措施。《民法典》（2020年）第五百三十五条第二款规定："代位权的行使范围以债权人的到期债权为限。债权人行使代位权的必要费用，由债务人负担。"

除通过以上方法行使代位权外，债务人对于次债务人的债权及债权从权利，债权人还可与债务人达成债权转让协议并由债务人通知次债务人。以债权受让的方式获得债务人对次债务人的债权及债权从权利，债权人可以更早、更及时地对次债务人主张权利，也容易获得更好的权益保障。

〔第二部分　债权人的撤销权〕

076. 第五百三十八条　〔债权人对债务人无偿处分的撤销权〕

债务人以放弃其债权、放弃债权担保、无偿转让财产等方式无偿处分财产权益，或者恶意延长其到期债权的履行期限，影响债权人的债权实现的，债权人可以请求人民法院撤销债务人的行为。

【合同实务解读】

本条是关于债务人无偿处分其财产权益或恶意延长到期债权以至于影响债权人债权实现时，债权人通过人民法院对此类行为行使撤销权的规定。

债权人撤销权，是指债权人依法享有的为保全其债权，对债务人无偿或者低价处分作为债务履行资产的现有财产，以及放弃其债权或者债权担保、恶意延长到期债权履行期限的行为，请求法院予以撤销的权利。[①]

一、无偿处分与恶意延期

"无偿处分"是无对价地处分债权或债权从权利的行为。按照本条的描述，这种行为体现为"以放弃其债权、放弃债权担保、无偿转让财产等方式无偿处分财产权益"，以及"恶意延长其到期债权的履行期限"。

债务人无偿处分其财产权益或恶意延长到期债权履行期限均不符合商务行为的正常规律。此类行为的目的，多是通过向特定关系人转移利益的方式逃避债务，债权人利益将因此受损。撤销权制度与合同相对性中的除外规定紧密结合，为制止这种行为、维护债权人合法权益提供了法律上的保障。

撤销权适用于无偿处分和不合理处分。两类均为故意行为，本条规定的是前一类。在《民法典》（2020 年）第五百三十五条所规定的代位权事项中，"怠于行使其债权或者与该债权有关的从权利"属于不作为行为，即债务人有权利和能力去行使而不去行使债权或与债权相关的从权利。而本条所规定的是以明确的书面、口头或其他形式作出的无偿放弃财产权益的行为。

本条款中的"等方式无偿处分财产权益"扩大了本条的适用范围。只要其行为

[①]　参见杨立新：《中华人民共和国民法典条文要义》，中国法制出版社 2020 年版，第 397 页。

本质为"无偿处分财产权益",均可归于"等方式"并适用本条款的规定。

"恶意延长其到期债权的履行期限",重点在于"恶意"。因债务人暂不具备履行能力而由债权人延长到期债权的履行期限,在商务活动中属于正常情况。而本条所规定的恶意延长,目的是使到期债权转变为未到期债权,以便推迟债务人到期债权的行使、不履行债务人相对于债权人的到期债务。

二、影响债权实现与撤销

"影响债权人的债权实现"是对影响程度的要求,也是行使撤销权的前提条件。当前述"无偿处分财产权益""恶意延长其到期债权的履行期限"达到了这一程度,债权人方可行使撤销权。因为许多交易主体同时存在多笔交易及债权债务,并非所有无偿处分财产权益或恶意延长到期债务履行期限的行为都会影响到债权人的债权实现。

但是否"影响债权人的债权实现"属于主观判断,与债权人的债权数量、债务人的债务数量、债务人的履行能力状况等密切相关,需要结合具体情况判断。

"请求人民法院撤销债务人的行为"属于撤销权之诉。依据《合同编通则司法解释》(2023年)第四十四条第一款的规定,以债务人和相对人为被告,由被告所在地管辖。即:

第四十四条 债权人依据民法典第五百三十八条、第五百三十九条的规定提起撤销权诉讼的,应当以债务人和债务人的相对人为共同被告,由债务人或者相对人的住所地人民法院管辖,但是依法应当适用专属管辖规定的除外。

两个以上债权人就债务人的同一行为提起撤销权诉讼的,人民法院可以合并审理。

债权人行使撤销权时,还可以同时请求处理实体权益。根据同一司法解释第四十六条的规定,撤销权诉讼还可以提出返还财产、折价补偿等主张。即:

第四十六条 债权人在撤销权诉讼中同时请求债务人的相对人向债务人承担返还财产、折价补偿、履行到期债务等法律后果的,人民法院依法予以支持。

债权人请求受理撤销权诉讼的人民法院一并审理其与债务人之间的债权债务关系,属于该人民法院管辖的,可以合并审理。不属于该人民法院管辖的,应当告知其向有管辖权的人民法院另行起诉。

债权人依据其与债务人的诉讼、撤销权诉讼产生的生效法律文书申请强制执行的,人民法院可以就债务人对相对人享有的权利采取强制执行措施以实现债权人的债权。债权人在撤销权诉讼中，申请对相对人的财产采取保全措施的，人民法院依法予以准许。

对于撤销权，其他法律也有相关规定。例如，《企业破产法》(2006年)第三十一条规定：

第三十一条　人民法院受理破产申请前一年内，涉及债务人财产的下列行为，管理人有权请求人民法院予以撤销：

(一)无偿转让财产的；

(二)以明显不合理的价格进行交易的；

(三)对没有财产担保的债务提供财产担保的；

(四)对未到期的债务提前清偿的；

(五)放弃债权的。

【风险点及建议】

同本条规定相关的法律风险，是债权人对于债务人无偿处分财产权益或恶意延长到期债权履行期限并影响其债权实现的行为未及时请求人民法院撤销，以及债务人正常处分财产权益或延长到期债权履行期限的行为被债权人行使撤销权。

撤销权在法律上的设立，给了债权人发现债务人出现影响债权人的债权实现的无偿处分财产权益或恶意延长到期债权履行期限行为时，请求人民法院予以撤销的权利。其中，对于"无偿处分财产权益"的行为无须区分债务人是否存在恶意，而对于"延长其到期债权的履行期限"则必须以存在恶意为先决条件。

一、债权人的撤销权等保护措施

债权人通过人民法院行使撤销权的情形比起通过人民法院行使代位权，以案外协商的方式处理债权的余地更小。债权人行使代位权的起因，是债务人对债务持有消极、不作为态度。而债权人行使撤销权的起因，则是债务人已开始主动违反商业活动规律，无偿处分财产权益或恶意延长到期债权的履行期限。

处于这种状态的债务人，其行为已显示出并无履行债权人债务的意愿。加之债务人无偿处分财产权益的对象、恶意延长到期债权履行期限的对象均为无对价的纯受益者，因此在合同领域即使约定禁止此类行为也难以起到实际作用，同时也难以通过协商在不影响相关方利益的前提下与之达成某种解决方案。

但债权人仍旧可以针对这类问题通过合同条款维护合法权益。包括但不限于下列做法：

（1）在合同中增加义务条款，禁止债务人在合同履行完毕之前"无偿处分财产权益"或"延长其到期债权的履行期限"。

虽然债权人的撤销权属于法定权利，本不需要在合同中约定。但在合同中加以约定可起到引起重视、敦促依约履行的作用。

（2）约定债务人如实施了这两类行为则应支付一定金额的违约金，同时债权人有权中止所有针对债务人的后续履行直到债务人在限期内提供有效担保。

债务人的这两类行为发生在债权人需要先履行且尚未履行时，属于债权人依据《民法典》（2020年）第五百二十七条行使不安抗辩权的依据。如已不存在先履行问题，则可以成为任何时间中止履行的依据，如此可以更好地维护合法权益。

（3）约定在债权人中止履行、债务人应提供担保的期限届满时，如债务人未提供担保则债权人有权解除合同，并由债务人赔偿由此而产生的损失。

赔偿损失往往需要举证证明损失的存在，而约定违约金的优势在于没有额外的举证责任，只要能够证明对方违约即可适用约定，尽管可能存在法院要求调整违约金的情况。

（4）扩大为行使撤销权而产生的费用的适用范围，加大债务人的违约成本，由债务人承担债权人因处理债务人这两类行为而产生的成本。

《民法典》（2020年）第五百四十条已经规定了"撤销权的行使范围以债权人的债权为限。债权人行使撤销权的必要费用，由债务人负担"，细化约定"必要费用"的范围有利于在不得不诉讼解决时，债权人主张相关费用的请求得到支持。

二、正常处分权益和正常延期

除了债权人行使撤销权的情形，合同主体正常处分财产权益、延长债权期限的行为应当避免被债权人认定为无偿处分或恶意延期行为，主要是注意相关活动的行为方式和合同条款，以避免承担不必要的风险。

（一）处分财产时的对价处理

市场主体"处分财产权益"或"延长其到期债权的履行期限"属于正常的商业行为，并不属于本条所规定的撤销权的适用范围。但如果处分方式或延长方式不当，则有可能被认定为"无偿处分"或"恶意延期"并导致民事法律行为被债权人行使撤销权予以撤销。

本条规定的撤销权仅针对"无偿处分"或"恶意延期"，有偿处分和正常的延期不在行使对象之列。当对价并未体现在同一份合同之中,或是延长履行期限的正当理由没有在合同中体现或没有证据支持,则很容易被理解为"无偿处分"或"恶意延期"。

正常情形下几乎没有"无偿处分"的情形发生,只是有时对价并未体现在同一份合同之中。例如,某些没有对价的债权转让,其对价其实已经在其他合同中体现。为避免被误读为"无偿处分",可将对价归入同一份合同。

(二)延长期限的正当理由

延长履行期限的正当理由,包括商业利益上的交换、补偿,或是债务人确无履行能力。当延长期限的协议上没有体现或是没有证据支持这些正当理由,则很有可能被误认为"恶意延期"。而在正常的商务行为中,也确实存在延长履行期限而未说明理由的情形。

避免被误解的方式并不复杂。一方面,要在同意延长履行期限的协议上言明理由,并约定延长履行期限的合理对价;另一方面,保留作为延长理由的财务报表、统计数据、申请报告等相关资料,以备需要时用于说明情况。

077. 第五百三十九条 〔债权人撤销债务人不合理处分〕

债务人以明显不合理的低价转让财产、以明显不合理的高价受让他人财产或者为他人的债务提供担保,影响债权人的债权实现,债务人的相对人知道或者应当知道该情形的,债权人可以请求人民法院撤销债务人的行为。

【合同实务解读】

本条规定是债务人以不合理的价格处分财产或为他人提供担保从而影响债权人债权实现时,债务人的相对人知道或应当知道该情形时,可以请求人民法院予以撤销。

《民法典》(2020年)第五百三十八条规定了债务人无偿处分财产权益或恶意延长债务期限以至于影响债权人债权实现时债权人的撤销权。本条规定的则是债务人虽然有偿但以不合理的价格转让或受让财产,以及为他人提供担保时债权人的撤销权。

"以明显不合理的低价转让"和"以明显不合理的高价受让"均违反了商业活动以营利为目标的客观规律,这类异常行为通常为怀有某种程度的恶意的故意行为。

因市场因素、经营决策、营销策略等需要而进行的低价转让或高价受让,则不属于"不合理"的范围。

"明显不合理"的尺度,依据《合同编通则司法解释》(2023年)第四十二条的规定,分别为低于交易地市场交易价或指导价70%或高于交易地市场交易价或指导价30%。即:

第四十二条 对于民法典第五百三十九条规定的"明显不合理"的低价或者高价,人民法院应当按照交易当地一般经营者的判断,并参考交易时交易地的市场交易价或者物价部门指导价予以认定。

转让价格未达到交易时交易地的市场交易价或者指导价百分之七十的,一般可以认定为"明显不合理的低价";受让价格高于交易时交易地的市场交易价或者指导价百分之三十的,一般可以认定为"明显不合理的高价"。

债务人与相对人存在亲属关系、关联关系的,不受前款规定的百分之七十、百分之三十的限制。

"为他人的债务提供担保"本身并不直接导致债务人财产权益的减少,但存在因承担担保责任而导致债务人履行债务能力下降,并进而影响债权人实现债权的可能性。

"影响债权人的债权实现"是依据本条规定行使撤销权的第一个前提条件。债务人以明显不合理的价格转让财产和受让财产或是为他人债务提供担保的行为,会在不同程序上对债权人的债权实现构成影响。至于是否具有实质性影响,需要依据债务人的债务总额、净资产总额以及债权人的债权总额等综合判断,并非所有情形都需要通过撤销权解决。

"债务人的相对人知道或者应当知道该情形",是债权人行使撤销权的第二个前提条件。债务人的相对人如果知道或应当知道债务人的行为旨在逃避履行债务、损害债权人利益,则债务人的相对人存在主观上的恶意,债权人可以申请人民法院撤销债务人的转让或受让以及担保行为。

因此,本条法律规定的适用,是当债务人以低于当时当地交易价格70%的价格转让、高于当时当地交易价格30%的价格受让或为他人债务提供担保时,如果影响到债权人债权的实现且债务人的相对人对此知道或应当知道,债权人才可以向人民法院申请撤销。

除此之外,《合同编通则司法解释》(2023年)还扩大了本条法律项下撤销权的适用范围。只要行为属于"影响债权人的债权实现,债务人的相对人知道或者应当

知道该情形",人民法院则基本按《民法典》(2020年)本条规定予以支持。即:

第四十三条 债务人以明显不合理的价格,实施互易财产、以物抵债、出租或者承租财产、知识产权许可使用等行为,影响债权人的债权实现,债务人的相对人知道或者应当知道该情形,债权人请求撤销债务人的行为的,人民法院应当依据民法典第五百三十九条的规定予以支持。

这一解释将适用范围从"转让""受让""为他人的债务提供担保"扩大到了其他领域,使更多类型的债权人可以行使撤销权。

此外,《民法典》(2020年)对于撤销权的理念在其他法律中也有所应用。例如,《企业破产法》(2006年)第三十一条同样规定了对于无偿转让、以明显不合理价格进行交易、对没有财产担保的债务提供财产担保、对未到期的债务提前清偿、放弃债权的行为,均可申请撤销。即:

第三十一条 人民法院受理破产申请前一年内,涉及债务人财产的下列行为,管理人有权请求人民法院予以撤销:

(一)无偿转让财产的;

(二)以明显不合理的价格进行交易的;

(三)对没有财产担保的债务提供财产担保的;

(四)对未到期的债务提前清偿的;

(五)放弃债权的。

【风险点及建议】

同本条规定相关的法律风险,是债权人对债务人以明显不合理价格转让、受让财产或为他人债务提供担保的行为,在影响债权人的债权实现且债务人的相对人知道或者应当知道时未请求人民法院予以撤销;或是相对人与债务人的正常财产交易、担保行为被请求撤销。

本条规定的立法目的是保护债权人的利益,但债权人、债务人、债务人的相对人均可能因本条规定而面临不同程度的法律风险。债权人的风险在于能否充分且适当地行使撤销权以维护其债权利益,债务人的风险在于正常的交易、担保是否会受到撤销权的干扰,而债务人的相对人的风险则在于其正常交易是否会被撤销。

一、债权人撤销权的行使

债权人行使撤销权,工作重心是诉讼程序的正确理解和应用,以及诉讼证据的收集和利用。

(一)被告和管辖地

行使撤销权的目的是撤销债务人与债务人的相对人之间的交易或担保。因此撤销权诉讼的被告是债务人和债务人的相对人,管辖地是任一被告的住所地。

对于这类诉讼,按照《合同编通则司法解释》(2023年)第四十四条的规定,"以债务人和债务人的相对人为共同被告"且如无专属管辖则"由债务人或者相对人的住所地人民法院管辖"。即:

第四十四条 债权人依据民法典第五百三十八条、第五百三十九条的规定提起撤销权诉讼的,应当以债务人和债务人的相对人为共同被告,由债务人或者相对人的住所地人民法院管辖,但是依法应当适用专属管辖规定的除外。

两个以上债权人就债务人的同一行为提起撤销权诉讼的,人民法院可以合并审理。

(二)撤销权行使范围及必要费用

债权人撤销权之诉的标的,依照《民法典》(2020年)的规定只能在其债权范围之内,但可以向被告主张"行使撤销权的必要费用"。即:

第五百四十条 撤销权的行使范围以债权人的债权为限。债权人行使撤销权的必要费用,由债务人负担。

但《合同编通则司法解释》(2023年)第四十五条将诉讼标的细分为"标的可分"与"标的不可分"两种情形,前者撤销债务人的部分行为、后者撤销债务人的全部行为。同时还扩大了"行使撤销权的必要费用"的范围,使之涵盖了"合理的律师代理费"等费用。即:

第四十五条 在债权人撤销权诉讼中,被撤销行为的标的可分,当事人主张在受影响的债权范围内撤销债务人的行为的,人民法院应予支持;被撤销行为的标的不可分,债权人主张将债务人的行为全部撤销的,人民法院应予支持。

债权人行使撤销权所支付的合理的律师代理费、差旅费等费用,可以认定为民法典第五百四十条规定的"必要费用"。

(三)实体处理请求及财产保全

债权人在撤销权之诉中,可同时请求债务人的相对人返还财产、折价补偿、履行到期债务等。如果管辖地为债务人住所地,也可请求一并处理与债务人之间的债务关系,并可申请财产保全。具体依据为《合同编通则司法解释》(2023年)中的相关规定,即:

第四十六条 债权人在撤销权诉讼中同时请求债务人的相对人向债务人承担返还财产、折价补偿、履行到期债务等法律后果的，人民法院依法予以支持。

债权人请求受理撤销权诉讼的人民法院一并审理其与债务人之间的债权债务关系，属于该人民法院管辖的，可以合并审理。不属于该人民法院管辖的，应当告知其向有管辖权的人民法院另行起诉。

债权人依据其与债务人的诉讼、撤销权诉讼产生的生效法律文书申请强制执行的，人民法院可以就债务人对相对人享有的权利采取强制执行措施以实现债权人的债权。债权人在撤销权诉讼中，申请对相对人的财产采取保全措施的，人民法院依法予以准许。

(四)诉讼时效

《民法典》(2020年)第五百四十一条规定了撤销权的诉讼时效，自债权人知道或应当知道撤销事由之日起一年内行使，但事发后五年内没有起诉则撤销权消灭。即："撤销权自债权人知道或者应当知道撤销事由之日起一年内行使。自债务人的行为发生之日起五年内没有行使撤销权的，该撤销权消灭。"

(五)举证责任

债权人作为原告有着更多的举证责任。而且证据必须涵盖行使撤销权所必需的环节，形成完整的证据链。通过分析债权人撤销权的法定行使前提，撤销权之诉通常需要收集和提供如下证据：

(1)债权人对债务人的债权现实存在且合法的证据。如，债务人尚未履行的合同、债务人归还债权人欠款的协议等。

(2)债务人存在无偿处分、恶意延长到期债权履行期限、以明显不合理价格交易、为他人债务提供担保的行为的证据。如，实施相关行为的合同或第三方交易记录。

(3)债务人的行为导致其履行债务能力明显降低、影响债权人债权实现的证据。如债务人其他应付款逾期、被列为失信被执行人、同时有多起诉讼等。

(4)债务人的相对人知道或应当知道债务人的行为属于恶意的证据。相对人是否恶意多由人民法院推定，可提供证据证明相对人熟知市场行情且不存在亲属关系、关联关系。

二、债务人与债务人相对人的权益

当债务人履行债务时出现了偿债能力下降的迹象，且出现了《合同编通则司法解释》(2023年)第四十二条所规定的以低于当地当时交易价格的70%处分、以超过当地当时交易价格30%的价格受让，均有可能被理解为构成了债权人行使撤销权的前提条件，但"债务人与相对人存在亲属关系、关联关系的"不在此限。相关规定为：

第四十二条　对于民法典第五百三十九条规定的"明显不合理"的低价或者高价，人民法院应当按照交易当地一般经营者的判断，并参考交易时交易地的市场交易价或者物价部门指导价予以认定。

转让价格未达到交易时交易地的市场交易价或者指导价百分之七十的，一般可以认定为"明显不合理的低价"；受让价格高于交易时交易地的市场交易价或者指导价百分之三十的，一般可以认定为"明显不合理的高价"。

债务人与相对人存在亲属关系、关联关系的，不受前款规定的百分之七十、百分之三十的限制。

为了保证生产经营行为的正常进行，债务人在债务未履行完毕之前应规范其交易、担保行为。为了防止债权人因误解而提起撤销权之诉，除非债务人与相对人存在"亲属关系、关联关系"，否则转让价格不应低于司法解释列出的限度、受让价格不应超过司法解释列出的限度。

同时，任何一方都应对超出正常浮动范围的价格保持一定的警惕。尤其是对于那些偿付能力存在困难的民事主体，避免交易因第三人行使撤销权而被撤销，并因此造成己方损失。

078. 第五百四十条　〔撤销权行使范围及费用负担〕

撤销权的行使范围以债权人的债权为限。债权人行使撤销权的必要费用，由债务人负担。

【合同实务解读】

本条是关于债权人撤销权的行使范围、行使撤销权的必要费用由哪一方负担的规定。

"撤销权的行使范围"，实际上是行使撤销权时的诉讼请求范围。通常情况下的诉讼请求范围，均以依照法律或合同应得的部分为基础。因此债权人行使撤销权，无疑应以其对于债务人的债权为限。

但撤销权并不依照债权人的债权范围行使。撤销权旨在撤销债务人与债务人的相对人之间所达成的合同关系,而该种合同关系所涉及的标的额与债权人对于债务人的债权额很难完全一致。因此债权人实际行使撤销权时,很有可能会出现行使范围与债权范围不一致的情形。

为解决这一问题,《合同编通则司法解释》(2023年)第四十五条第一款对被撤销行为的标的进行了细分,即:

第四十五条第一款 在债权人撤销权诉讼中,被撤销行为的标的可分,当事人主张在受影响的债权范围内撤销债务人的行为的,人民法院应予支持;被撤销行为的标的不可分,债权人主张将债务人的行为全部撤销的,人民法院应予支持。

按照这一解释,当被撤销行为的标的大于债权范围但不可分时,法院也会支持债权人撤销债务人的全部行为。

"行使撤销权的必要费用"是原则性的费用分担规则。理论上,只要是行使撤销权时必然产生的费用,均可视为"必要费用"而由债务人承担。而《合同编通则司法解释》(2023年)第四十五条第二款则将"必要费用"范围明确到了"合理的律师代理费、差旅费等"。即:

第四十五条第二款 债权人行使撤销权所支付的合理的律师代理费、差旅费等费用,可以认定为民法典第五百四十条规定的"必要费用"。

其中,列明"合理的律师代理费"解决了各地理解不统一的问题。直接将该费用列为"必要费用",有助于债权人通过专业的法律人员更好地维护自己的合法权益。而"等费用",则通常包括调查取证产生的费用。

【风险点及建议】

同本条规定相关的法律风险,是债权人在行使撤销权时不合理地超出其债权范围,以及未主张合理的律师代理费、差旅费等必要费用。而债务人方面的风险,则是由于标的不可分而被撤销超出债务范围的交易行为,以及债权人行使撤销权的必要费用过高。

在行使撤销权的范围方面,本条所规定的"以债权人的债权为限"涉及债权人债权的诸多问题,主要包括以下几点:

(1)债权必须合法有效,不仅债权应具有合法性,还需要有充分的证据证明;

(2)债权无须期限届满,因为撤销权撤销的是债务人的行为,并非债权本身;

(3)标的金额无须精确,诉讼主请求是撤销某行为,只有"必要费用"需要确切数额;

(4)债权种类不受限制,对于财产债务或金钱债务均可实施,无须与债权同类。

《合同编通则司法解释》(2023年)以行为列举加定性的方式扩大了撤销权的行使范围,即:

第四十三条 债务人以明显不合理的价格,实施互易财产、以物抵债、出租或者承租财产、知识产权许可使用等行为,影响债权人的债权实现,债务人的相对人知道或者应当知道该情形,债权人请求撤销债务人的行为的,人民法院应当依据民法典第五百三十九条的规定予以支持。

该司法解释的第四十五条第二款则解释了"必要费用"的范围。即,"债权人行使撤销权所支付的合理的律师代理费、差旅费等费用,可以认定为民法典第五百四十条规定的'必要费用'"。

除此之外,债权人与债务人之间有多个合同在履行,则任何债务人引起债权人行使代位权、抗辩权的行为,均可作为债权人行使不安抗辩权的依据。一旦发现债务人的这些行为,债权人均可保留证据、中止履行并向债务人发出通知,直到其恢复履行能力或提供担保后恢复履行。

由于本条规定中的行使撤销权范围、"必要费用"由债务人承担原则均为法定,通过约定维护权益的施展范围十分有限。但可以通过约定解决争议条款的方式更有力地追究债务人无偿处分、不合理处分行为的违约或赔偿责任,同时也可以进一步明确"必要费用"的范围。

079. 第五百四十一条 〔撤销权的行使期限〕

撤销权自债权人知道或者应当知道撤销事由之日起一年内行使。自债务人的行为发生之日起五年内没有行使撤销权的,该撤销权消灭。

【合同实务解读】

本条是关于债权人撤销权诉讼时效的规定,包括撤销权的起算时间、普通时效和最长时效。

"撤销事由"包括《民法典》(2020年)第五百三十八条所规定的债权人对于无偿处分行为、恶意延长到期债权履行期限行为,以及第五百三十九条所规定的债权人以不合理价格处分财产权益、为他人债务提供担保行为。

同时,基于《合同编通则司法解释》(2023年)第四十三条,"撤销事由"还包括

"以明显不合理的价格,实施互易财产、以物抵债、出租或者承租财产、知识产权许可使用等行为"。即:

第四十三条 债务人以明显不合理的价格,实施互易财产、以物抵债、出租或者承租财产、知识产权许可使用等行为,影响债权人的债权实现,债务人的相对人知道或者应当知道该情形,债权人请求撤销债务人的行为的,人民法院应当依据民法典第五百三十九条的规定予以支持。

"撤销权自债权人知道或者应当知道撤销事由之日起一年内行使",是行使撤销权的除斥期间。这里的"知道或者应当知道撤销事由",可以是通过自行调查得知、通过强制执行债务人的其他财产时得知,也可以是通过媒体等渠道的公开报道得知。例如,如果债权人经常接触的媒体发布过相关的信息,往往债权人会被认为"应当知道"了撤销事由的发生。而从知道或应当知道撤销事由之日起一年,如不行使撤销权,则撤销权消灭。

"自债务人的行为发生之日起五年",是行使撤销权的最长除斥期间。《民法典》(2020年)第一百九十九条规定:"法律规定或者当事人约定的撤销权、解除权等权利的存续期间,除法律另有规定外,自权利人知道或者应当知道权利产生之日起计算,不适用有关诉讼时效中止、中断和延长的规定。存续期间届满,撤销权、解除权等权利消灭。"基于这一特别规定,五年除斥期间不存在中止、中断和延长的情形。

除此之外,本条规定的撤销权同《民法典》(2020年)总则编"第六章 民事法律行为"中关于可撤销民事法律行为在除斥期间方面完全一致,但调整对象不同。该条规定为:

第一百五十二条 有下列情形之一的,撤销权消灭:

(一)当事人自知道或者应当知道撤销事由之日起一年内、重大误解的当事人自知道或者应当知道撤销事由之日起九十日内没有行使撤销权;

(二)当事人受胁迫,自胁迫行为终止之日起一年内没有行使撤销权;

(三)当事人知道撤销事由后明确表示或者以自己的行为表明放弃撤销权。

当事人自民事法律行为发生之日起五年内没有行使撤销权的,撤销权消灭。

【风险点及建议】

同本条规定相关的法律风险,是债权人未在知道撤销权事由后一年内行使撤销权,或未能及时发现行使撤销权的事由以至于在事由发生后五年内未行使撤销权。

依据本条规定,行使撤销权必须符合除斥期间方面的双重规定:一是知道或应当知道撤销事由的一年内,二是行使撤销权的时间必须是在债务人行为发生后的五年内。例如,当债权人在事后的四年半时才发现债务人的行为,由于五年最长除斥期间规定的存在,债权人仅有不到半年的时间行使撤销权,并不是仍有一年时间。

在实际工作中,即使债务人实施了构成撤销事由的行为,债权人也不易及时发现。债权人如果与债务人不处于同一地域,则更难及时了解债务人的行为。但按照本条的规定,债权人只要在债务人相关行为发生后的五年内及时发现并提起撤销权诉讼,仍有机会维护其合法权益。

通常情况下,债权人很少会在长达五年的时间里放任债权的存在而不采取措施。《民法典》(2020年)第一百八十八条第一款规定:"向人民法院请求保护民事权利的诉讼时效期间为三年。法律另有规定的,依照其规定。"因此许多企业往往在三年诉讼时效期满前以诉讼解决争议,然后进入强制执行程序;或以签订还款协议等方式中断诉讼时效,保留其债权。

但债权的行使与撤销权的行使并不冲突。债权的行使是债权人直接起诉要求债务人履行,例如债权人起诉债务人支付货款。而撤销权则是要求撤销债务人与债务人的相对人之间的非正常甚至恶意的交易、担保行为,从而增加债务人向债权人履行债务的能力,可以在债权诉讼之前、之中、之后的任一阶段行使。

在合同中约定的方式对于行使代位权和撤销权的作用有限,但可以间接起到一定的止损作用。由于债权人行使代位权、撤销权均针对债务人丧失商业信誉、降低履行能力的行为,因此在债权人需要对债务人先履行时,可以这些事由为依据行使不安抗辩权,以避免己方损失的扩大。

尤其是当债权人与债务人之间存在多个合同履行关系时,完全可以约定债务人实施了任何债权人有权行使代位权、撤销权的行为时,无论发生在哪一合同、哪些当事人之间,债权人均有权中止履行直到债务人提供担保或恢复履行能力、变更履行顺序,以确保债权人的交易安全。

080. 第五百四十二条 〔撤销权实现的后果〕
债务人影响债权人的债权实现的行为被撤销的,自始没有法律约束力。

【合同实务解读】

本条是对于债务人影响债权人实现债权的行为被撤销后,其行为法律效力方面的规定。

撤销权与债权不同,其制度设计并非为了实现债权,而是为了排除债务人与债务人相对人之间行为对于债权人实现债权的不利影响。一旦债权人的撤销请求得到人民法院的支持,债务人与债务人相对人之间影响债权人债权实现的行为即被撤销。因此撤销权只是帮助债权人实现债权,而不是直接为其实现债权。

这种撤销的结果与合同被撤销时相同。债务人与债务人相对人之间所从事的影响债权人债权实现的行为,基本上均为合同行为。因而债权人撤销权被支持的结果,等同于债务人与债务人的相对人之间的合同被撤销。其结果也同本条规定完全一样,"自始没有法律约束力"。

这种"自始没有法律约束力"的结果,是指债务人与债务人相对人之间一系列因签订履行合同而产生的后果均按照"恢复原状"原则处理。即《民法典》(2020年)第一百五十七条所规定的:"民事法律行为无效、被撤销或者确定不发生效力后,行为人因该行为取得的财产,应当予以返还;不能返还或者没有必要返还的,应当折价补偿。有过错的一方应当赔偿对方由此所受到的损失;各方都有过错的,应当各自承担相应的责任。法律另有规定的,依照其规定。"因此,相关的财产权益并不直接归于债权人,而是归于债务人后由债权人与债务人共同处理。

【风险点及建议】

同本条规定相关的法律风险,是债权人在其行使撤销权的诉讼中未能充分行使法律赋予的权利,包括要求一并审理与债务人之间的债权债务、申请对相对人采取保全措施、就债务人对相对人享有的权利采取强制措施等,以及未按影响债权人债权实现的行为被撤销后自始无效的规则处理行为撤销后的相关事宜。

债务人行为被撤销后自始没有法律约束力,与可撤销合同的处理遵循同样的原则。这种撤销使得债务人与其相对人之间达成的交易和担保行为自始无效,被处分的财产重归债务人,以排除对债权人实现债权构成的妨碍。

撤销权诉讼,本应只负责撤销债务人与债务人的相对人之间影响债权人债权实现的行为,债权人与债务人之间的债权债务关系应另行处理。这样处理虽然符合法律逻辑,但会给债权人带来二次诉讼的不便,无法充分保障其利益。

为此,《合同编通则司法解释》(2023年)规定了债权人在请求撤销的同时还可请求债权债务的实体处理,包括由债务人的相对人承担返还等义务,一并处理债权人与债务人之间的债权债务,以及申请对债务人的相对人的财产采取保全措施对债务人的相对人采取强制措施。即：

第四十六条 债权人在撤销权诉讼中同时请求债务人的相对人向债务人承担返还财产、折价补偿、履行到期债务等法律后果的，人民法院依法予以支持。

债权人请求受理撤销权诉讼的人民法院一并审理其与债务人之间的债权债务关系，属于该人民法院管辖的，可以合并审理。不属于该人民法院管辖的，应当告知其向有管辖权的人民法院另行起诉。

债权人依据其与债务人的诉讼、撤销权诉讼产生的生效法律文书申请强制执行的，人民法院可以就债务人对相对人享有的权利采取强制执行措施以实现债权人的债权。债权人在撤销权诉讼中，申请对相对人的财产采取保全措施的，人民法院依法予以准许。

基于这一司法解释，债权人除了可以请求行使撤销权，还可以申请对债务人的相对人财产的保全措施、就债务人对相对人享有的权利申请强制执行、请求法院一并审查其与债务人之间的债权债务关系等。以这种方式行使撤销权，可以提高诉讼的效能，尽可能一次性解决所有相关问题。

第六章　合同的变更和转让

〔第一部分　合同的协商变更〕

081. 第五百四十三条　〔合同可以协商变更〕
当事人协商一致,可以变更合同。

【合同实务解读】

本条规定了当事人有权以协商一致的方式变更合同。

合同变更,大部分是通过协商,少部分是依据法律。依据法律规定进行变更的主张在诉讼或仲裁时会得到支持。例如,依据《民法典》(2020年)第五百三十三条的规定,当情势变更发生后,受不利影响的当事人在协商不成时可请求人民法院或仲裁机构对变更或解除合同。而本条所规定的变更,则为双方协商一致对合同的变更。

"协商一致",是指合同双方在不改变当事人和标的的前提下,根据需要通过协商、约定对原合同设定的权利义务加以调整。最为常见的情况是,由于交易目的或市场环境等因素的改变,经一方提议后由双方对标的范围、数量、质量、价款或报酬以及履行的时间、地点和方式等内容进行调整。

合同主体和标的通常不属于合同变更的对象。合同主体如果发生变更,属于一方的权利义务一并转让,或是原当事人之间的合同废止,新当事人之间的合同成立。如果原标的在变更后的合同中已经不复存在,理论上也不属于合同的变更,而是原合同的终止,新合同的签订。

变更合同权是当事人的法定权利。《民法典》(2020年)第五条规定"民事主体从事民事活动,应当遵循自愿原则,按照自己的意思设立、变更、终止民事法律关系"。而《民法典》(2020年)第四百六十四条第一款对于合同的定义也规定"合同是民事主体之间设立、变更、终止民事法律关系的协议"。因此"变更"既是合同领域的常见情形,也是当事人的基本权利。

但合同变更存在来自法律或对方的限制。未经对方同意，不得擅自变更合同。即《民法典》(2020年)第一百三十六条第二款所规定的："行为人非依法律规定或者未经对方同意，不得擅自变更或者解除民事法律行为。"而某些需要经过批准等法定手续的合同，即使当事人之间已经达成一致，也必须经过批准等手续才能真正变更。即《民法典》(2020年)第五百零二条第三款所规定的："依照法律、行政法规的规定，合同的变更、转让、解除等情形应当办理批准等手续的，适用前款规定。"

变更的内容需要明确，权利义务与变更前应有明显区别。如果没有明显区别，则变更可能无法成立。《民法典》(2020年)第五百四十四条也规定："当事人对合同变更的内容约定不明确的，推定为未变更。"

【风险点及建议】

同本条规定相关的法律风险，是双方未充分通过协商进行合同的变更，或变更虽经协商一致但未获法律上的批准等而未能生效。

合同变更的本质，是以新条款置换旧条款、以新体系代替旧体系，使合同中的权利义务设置更加符合双方能够达成的利益。合同是交易双方为实现资源交换而达成的合意，几乎是只要不违法就可以通过协商变更任何内容。

在技术处理方面，合同变更的途径多种多样。有的是通过修改原合同以新文本代替旧文本，有的则是继续沿用旧文本但加上修正部分合同条款的补充协议。通过前一种方式变更的合同完整性强但内容变化不够直观，更适合尚未开始履行的合同；通过后一种方式变更的合同变化部分较为直观，操作简单但阅读、理解较为困难且容易出现条款搭配问题，常被用于变动不大的情形。

变更合同还需要注意法律的相关规定和变化。总体上，涉及法律另有规定、政府定价或政府指导价之类特殊情形的合同并不多。因此对于那些法律环境相对陌生的合同，在变更之前需要了解该合同涉及的行业监管、地方性法规、地方政府规章等规定，以确保变更的合法性。同时，还要注意法律的变化，因为变更合同的同时也可能发生了法律环境的变化，并使合同条款产生问题。

法律、司法解释对于合同变更问题均有规定。这些规定多为对合同变更的内容和批准要求，以及是否允许变更、变更如何认定等。《合同编通则司法解释》(2023年)对此也有专门的规定，即：

第十四条 ……

当事人就同一交易订立的多份合同均系真实意思表示，且不存在其他影响合同效力情形的,人民法院应当在查明各合同成立先后顺序和实际履行情况的基础上,认定合同内容是否发生变更。法律、行政法规禁止变更合同内容的,人民法院应当认定合同的相应变更无效。

此外,变更部分需要内容明确,否则会给权利义务增添不确定性。如果变更后的合同对于某些权利义务没有约定或约定不明确,则在履行期间或诉讼中会适用《民法典》(2020年)第五百一十条、第五百一十一条的规定适用默认规则确定权利义务归属,而这些默认规则的适用,很可能对其中一方非常不利。

082. 第五百四十四条 〔合同变更不明确〕

当事人对合同变更的内容约定不明确的,推定为未变更。

【合同实务解读】

本条是对合同变更在内容明确性方面的要求,约定不明确则推定为未变更。

合同变更,参照《民法典》(2020年)第四百七十条规定的合同"一般包括"的条款,通常是指住所、标的、数量、质量、价款或报酬、履行的期限、地点和方式,违约责任,以及解决争议的方法等一个或数个条款的变动。这些变动以新的权利义务替代原来约定的权利义务,并在履行的行为或结果上体现出合同变更前后的不同。

在法理上,合同变更适用"债的更新禁止推定"原则。[①] 该原则始自古罗马时期,在《法国民法典》中再次得到确认,并为民法领域广泛采纳。其基本原则是,债的更新必须有明确的意思表示,否则不得推定其为更新。而在合同实务中,如果对于合同的变更部分表述得不明确,推定其发生了变更会面临更大的困难、更多的风险和更难处理的争议,而推定其未作变更则显然简单、安全且易于处理争议。

"合同变更的内容约定不明确",应当理解为当事人对于合同变更部分的内容没有约定或约定不明确,从而无法判断合同变更前后的区别。在这种前提下,推定合同没有变更最为务实,当事人仍可在原有秩序下解决争议。如果推定其已经发生变更,则需要以更多的臆想去建立新的秩序,而这种秩序甚至无法得到双方当事人的认可。这不仅无法解决问题,还可能引起更多问题。

---

① 参见杨立新:《合同变更禁止推定规则及适用》,载《国家检察官学院学报》2019年第6期。

【风险点及建议】

同本条规定相关的法律风险，是合同变更的内容约定不明确，并因此被推定为未变更。

现实中的合同变更多种多样。既有新合同代替原合同的变更，也有原合同加补充协议的变更，同时还有对合同标的的调整和履行方式的变更，其中尤其需要关注合同主体和合同标的的变更。

合同主体的变更，需要区分是名义上的变更还是实质上的变更。如果变更的仅为合同主体的名称或姓名，原主体并未改变，则仍属主体未变的合同变更。依据《民法典》（2020年）第五百三十二条的规定："合同生效后，当事人不得因姓名、名称的变更或者法定代表人、负责人、承办人的变动而不履行合同义务。"

如果需要将原合同中的某方当事人变更为完全不同的自然人或法人、非法人组织，则是当事人的实质性变更。这种变更已经不属于本章规定的"合同变更"，而是原合同终止且原合同中的一方当事人与第三人另立新的合同。如果确实需要这种"合同变更"，则可采用一方当事人向第三人概括转让原合同权利义务的方式。

如果变更后原标的已经不复存在，理论上就不再是合同变更而是原合同的终止、新合同的签订。但现代合同法律理论已不再强调标的的不可变更性，只要双方达成合意即可，对交易并无实质性影响。

实务中很少发生变更内容约定不明确的情形，基于商业规律的合同变更都有明确的目标和经济利益。而出现最多的，是以"原合同+补充协议"方式变更时的条款衔接问题。尤其是原合同中与变更部分相关的哪些条款继续执行，哪些不再执行的问题。因此这种模式的合同变更尤其要关注发生了增加、变更、删减的条款内容，特别是新旧条款的调整范围是否一致，以及新条款与原合同其他条款之间有无冲突、遗漏、表述不一致的情况。

这种情形中的某些问题可按没有约定或约定不明确时的规则处理。根据本条规定，只要当事人对"合同变更的内容"约定明确，就不会"推定为未变更"。变更后形成的新合同如存在没有约定或约定不明确的事项，可参照《民法典》（2020年）第五百一十条、第五百一十一条规定的原则明确责任和义务的分担方式。

〔第二部分 债权人的债权转让〕

> **083. 第五百四十五条** 〔债权转让及除外规定〕
> 债权人可以将债权的全部或者部分转让给第三人,但是有下列情形之一的除外:
> (一)根据债权性质不得转让;
> (二)按照当事人约定不得转让;
> (三)依照法律规定不得转让。
> 当事人约定非金钱债权不得转让的,不得对抗善意第三人。当事人约定金钱债权不得转让的,不得对抗第三人。

【合同实务解读】

本条是关于债权人转让全部或部分债权时的限制、不得转让的约定对于第三人的效力方面的规定。

债权转让在法律上的意义,是债权主体的变更。债权人基于剥离不良资产、降低解决争议成本、规避风险、业务转型等原因,有时会以债权转让的方式消灭其债权人的身份。而《民法典》(2020年)第七百六十一条所规定的保理合同,则是与债权转让关系最为密切的典型合同。

一、债权转让的除外情形

"根据债权性质不得转让"的债权,多与债权人与债务人之间特定的身份、人际关系以及合同订立的基础密切相关,以至于债权转让会违背原有的合同目的和当事人利益。这类情形未见进一步的规定或相关司法解释,通常包括以下情形:

(1)基于债权人与债务人之间的特定关系而建立,债务人不向该债权人以外其他人履行的债权。例如,基于亲属关系、友情关系及对债权人的信任等建立的债权。

(2)基于债权人特有的性质、特征、需求等建立的、非通用性的标的物或服务债权,转让后失去意义的债权。例如,订制的寿宴、赠与、医疗、演出、雇佣等。

(3)债权人变动会实质性地增加债务人的负担或风险、损害债务人基于原合同应获得的利益。例如,运输合同由于债权人的变动而增加的履行成本、风险等。

(4)债权为共同债权的一部分,且标的物不可分。例如,多个继承人共有的不可分的名家字画等。

"按照当事人约定不得转让"，是基于当事人在订立合同时的约定而不得转让债权。这种约定是当事人可以主动采取的措施，用以维护履行秩序的稳定性。

"依照法律规定不得转让"，是基于法律的强制性规定而不得转让债权。这种规定虽不多，但在《民法典》(2020年)中也有规定。例如,《民法典》(2020年)第三百六十九条规定"居住权不得转让、继承"，第四百二十一条规定"最高额抵押担保的债权确定前，部分债权转让的，最高额抵押权不得转让，但是当事人另有约定的除外"。

二、债权转让与第三人

"约定非金钱债权不得转让的，不得对抗善意第三人"专指除以金钱方式履行之外的其他债，主要是标的物、工作成果等。这类标的物、工作成果被债权人转让给第三人并处于第三人的实际控制之下后，如果第三人属于没有过错的善意第三人，则法律上一般会认定交易成立、善意第三人合法取得受法律保护。

对于"善意第三人"，《民法典》(2020年)第三百一十一条的内容可供参照。即："无处分权人将不动产或者动产转让给受让人的，所有权人有权追回；除法律另有规定外，符合下列情形的，受让人取得该不动产或者动产的所有权：

(一)受让人受让该不动产或者动产时是善意；

(二)以合理的价格转让；

(三)转让的不动产或者动产依照法律规定应当登记的已经登记，不需要登记的已经交付给受让人。

受让人依据前款规定取得不动产或者动产的所有权的，原所有权人有权向无处分权人请求损害赔偿。

当事人善意取得其他物权的，参照适用前两款规定。"

基于该条第三款规定的"善意取得其他物权的，参照适用前两款规定"，约定了非金钱债权不得转让后债权人仍旧转让的，不能对抗善意第三人，只能追究债权人的违约责任。但某些债权可能会涉及物权登记方面的具体规定，其效力和应用应按物权方面的规定执行，尤其是已经进行了物权登记的物权。

"约定金钱债权不得转让的，不得对抗第三人"则是另一种情形。即使债权人与债务人约定了金钱债权不得转让，无论债权人随后将金钱债权转让给了善意第三人还是恶意第三人，该债权转让均告成立，债务人只能向债权人追究违约责任。

转让债权时,债权人必须履行通知义务。《民法典》(2020年)第五百四十六条规定:

> 债权人转让债权,未通知债务人的,该转让对债务人不发生效力。
>
> 债权转让的通知不得撤销,但是经受让人同意的除外。

【风险点及建议】

同本条规定相关的法律风险,是债权人未充分利用债权转让制度按需转让债权的全部或部分给第三人,债权人转让了本条规定的依据性质、约定、法律不得转让的债权,债务人未对债权人的不当转让非金钱债权问题向债权人、恶意第三人主张权益,以及受让人未及时办理转移登记或转移占有而使善意第三人获得债权。

债权转让很多时候被用于由受让人去向债务人主张债权,以帮助债权人解决不便以自己的名义处理或缺乏专业资源处理的问题,或是用于企业资产重组、剥离等类业务。由于法律并未要求债权转让必须有偿,所以许多债权转让属于无偿转让。

一、实务中的债权转让

实务中的债权转让,以转让通知到达债务人时对债务人产生效力。即《民法典》(2020年)第五百四十六条第一款所规定的:"债权人转让债权,未通知债务人的,该转让对债务人不发生效力。"但违反法律禁止转让规定的,即使已经通知也不发生转让的法律效力。典型合同中禁止转让的规定不多且检索方便,非典型合同大多由不同合同混合而成因而难有统一规定且检索比较困难。

"根据债权性质不得转让"和"按照当事人约定不得转让"规定并非禁止相关债权的转让,只是相关转让涉及更多的法律问题。债权人转让"根据债权性质不得转让"的债权有可能导致第三人无法实现债权,转让"约定不得转让"的债权有可能需要承担违约责任、赔偿债务人损失等。而在实务处理上,这两类债权转让的弹性较大,只要得到了债务人和第三人的一致同意且不违反法律,转让并无不可。

对于"约定非金钱债权不得转让"和"约定金钱债权不得转让"的情形,由于法律并未确认这些"不得转让"约定的绝对效力,因此已经无法通过合同约定的方式确保债权不被转让,除非债权人将非金钱债权转让给了恶意第三人。即便如此,处理债权人向恶意第三人转让的非金钱债务,也会因取证、诉讼、举证等事务和过程而颇费周折。

二、债权转让合同

债权转让大多通过债权人与受让人之间的债权转让合同实现。在双方当事人中,受让人更加重视对于标的的描述,债权人则比较关注所交换的利益。这种交易利益可以体现在债权转让合同中,也可以在合同之外。如果确实无对价则应以某种方式表明,避免被理解为合同的价格条款没有约定或约定不明确。

(一)对标的债权的描述

被债权人转让的债权可以是标的物的所有权、使用权以及股权、提货权、获得服务、得到工作成果等权益,并根据标的性质约定其数量、质量等标的信息。

如果标的债权是特定物,需要清楚地描述该特定物的特征,以从其他类似物中区别出来,并描述质量状况、数量、所在地点、管理人、产权状况等信息。

如果标的债权是通用产品,则需要描述具体的品名、型号、数量、价格、质量状况、有效期限、产权状况、所在地点、保管人等特征。

如果标的债权是股权、价款或报酬、贷款、提货权、使用权等权益,则需要描述权益的类型、权利依据、现状、持有者、权利凭证、权利限制等情形。

对于上述债权,通常需要审查债权人是否有权处分、债权是否存在法律上的瑕疵,以及是否存在法律规定的不宜转让的情形,即:

(1)有无根据债权性质不得转让的情形;

(2)有无按照债权人与债务人的约定不得转让的情形;

(3)有无法律规定不得转让的情形。

对于债权的描述,旨在用于区分"此物非彼物",以及该债权是否存在影响受让价值的权利瑕疵、处分权瑕疵、不得转让的情形。至于转让价格,除了对某些转让法律另有规定外,并非转让的法定必备要件。

(二)债权转让过程的描述

对于债权转让过程的描述,一般包括对合同条款中的交易时间、地点和方式的描述。债权转让的交付与合同履行过程中的交付并无本质区别,其用意在于安排债权转让的交接过程,完成债权主体的转变,因此需要有明确的时间、地点、方式、联系人、交接方式等具体事项上的安排。

为了应对不确定性以及资源、证据的真实性、完整性等问题,还可以在合同中增加一些防范措施。例如,增加债权人对于债权转让资料的真实性、完整性负责的声明,并与违约责任或赔偿责任、合同解除挂钩。还可以将债权转让合同设计成附条件生效、附条件解除的形式。生效条件满足则合同生效,如有资料虚假、不完整或其他预计会增加履行成本到某一限度的情况,受让人有权解除合同。

如果一方的转让需要经过批准才能生效,则还要进一步约定报批的责任方及完成准备、提交批准的时间限制,获得审批后取得批准文件的时间限制,以及获得批准后完成交接的时间限制等。

除此之外,还需要考虑的是违约责任、解决争议及结算、清理等条款。例如,债权存在他项权益问题、债权上发现法律瑕疵问题、债权人的处分权问题、转让在限期内未能得到批准后的善后事宜处理问题等解决争议和清理条款。

在禁止转让的约定难以达到实际效果之时,债务人通过合同约定来保护自身权益的方法也仅限于违约责任。即在合同中约定债权不得转让的同时,约定较高的违约责任和赔偿责任。可以约定因债权转让而导致债务人增加的履行成本损失由债权人承担,而且债务人有权在履行债务时直接扣除。

084. 第五百四十六条 〔债权转让的通知〕

债权人转让债权,未通知债务人的,该转让对债务人不发生效力。

债权转让的通知不得撤销,但是经受让人同意的除外。

【合同实务解读】

本条是对于债权转让通知效力方面的规定,包括未经通知不对债务人生效,非经同意不得撤销。

债权人转让债权后通知债务人,可以及时终止债务人向债权人履行,明确债务人今后的履行对象,并使受让人向债务人提出的履行主张合法化。因此这个通知具有原债权人与债务人之间的债权债务消灭、原债权人的债权转让给受让人向债务人行使的法律意义,既是法定要求也是实际需要。

"未通知债务人的,该转让对债务人不发生效力",意味着债务人在未收到债权转让通知前,该债务转让对债务人不发生效力。这意味着债务人有权拒绝债权受让人发出的履行主张,且可以继续向债权人履行债务。

法律对通知方式并无具体规定,只要发出了通知且在法律上被认定为履行了通知义务即可。在实务中,有多种方式可以发送通知。债权人可参照《民法典》(2020年)第一百三十七条中所规定的意思表示方式发出通知。即:

第一百三十七条 以对话方式作出的意思表示,相对人知道其内容时生效。

以非对话方式作出的意思表示,到达相对人时生效。以非对话方式作出的采用数据电文形式的意思表示,相对人指定特定系统接收数据电文的,该数据电文进入该特定系统时生效;未指定特定系统的,相对人知道或者应当知道该数据电文进入其系统时生效。当事人对采用数据电文形式的意思表示的生效时间另有约定的,按照其约定。

"债权转让的通知不得撤销",是指债权人向债务人发出的债权转让通知一经到达债务人即产生效力,不需要债务人的同意或认可,因而债权人无权消灭通知的效力、无权使通知自始无效。

但这一规定可以有例外,即"经受让人同意的除外"。在债权转让的过程中,债务人始终处于被动状态。因而债权的转让无须征得债务人的同意,债权人希望撤销债权转让的通知也同样无须征得债务人的同意。但对于债务人的通知是转让生效的标志,对于债权转让通知的撤销等同于对债权转让的撤销,因此非经受让人同意不得撤销。

而经过受让人同意的债权转让通知撤销,则使债务人恢复到有义务向债权人履行、有权拒绝受让人履行主张的状态。

【风险点及建议】

同本条规定相关的法律风险,是债权人转让债权未通知债务人,或是债权人撤销债权转让的通知时未经受让人同意。

债权人转让债权需要及时通知债务人,债权人撤销债权转让的通知须经受让人同意,是本条规定的两大核心内容。前者使债权转让对于债务人产生效力,后者使债权转让通知的撤销产生效力,即债务人恢复向债权人履行债务。

一、约定及债权转让通知

在债权转让过程中,债权人、债务人、受让人之间仍有机会在法律强制性规定允许的范围内通过约定解决履行期间可能发生的各类问题。

债权人与债务人之间,可以约定是否允许债权转让、如有债权转让应提前于履行期限的时间、发出和接收债权转让通知的方式、因债权转让而导致债务人增加的履行费用的计算和承担等条款。而债权人与受让人之间,则可以在转让协议中约定债权人向债务人发出债权转让通知的时间、受让人是否同意债权人撤销发给债务人的债权转让通知、双方间指定的通知发出和接收方式等。

债权人向债务人发出债权转让通知或是撤销债权转让通知的通知,均应在发出通知的同时保留已经发出通知的证据。在发送通知时:一是要以双方约定的方式发送通知,二是通知要有明确的债权转让信息,三是留有发出通知及所发出的通知内容的证据。

在债权转让通知的内容方面,债权人向债务人发出的债权转让通知至少应当包括如下内容:

(1)债权人与债务人之间的债权,以及所依据的合同等债权产生依据;

(2)债权转让的受让人、转让的数量,部分转让还要注明被转让的具体内容;

(3)受让人的地址、联系方法、联系人等;

(4)债权转让自通知到达债务人后立即生效,或是其他的生效时间、条件;

(5)其他个案需要明确的事务。

在发出债权转让通知方面,有多种方式可供选择但需要保留发出的证据。如电子邮件系统中的能证明向对方发出、对方收到的证据,以 EMS 的方式发出书面通知的需要注明文件内容并保留收据等。如果没有特别约定,可向合同中注明的债务人通信地址发出书面通知,并保留发出通知的证据。

二、转让中不同情形的处理

对于实务中债权转让多种多样的情形,《合同编通则司法解释》(2023 年)中规定了不同的处理方式。这些处理方式未必均与合同有关,但有些情形可以通过合同约定的方式加以避免。

(一)债权转让通知与履行、请求履行

在债权人的通知义务方面,该司法解释第四十八条规定了债权转让通知与债务人的履行、受让人请求债务人履行之间的几类可能情形以及责任分配方式,即:

第四十八条 债务人在接到债权转让通知前已经向让与人履行,受让人请求债务人履行的,人民法院不予支持;债务人接到债权转让通知后仍然向让与人履行,受让人请求债务人履行的,人民法院应予支持。

让与人未通知债务人,受让人直接起诉债务人请求履行债务,人民法院经审理确认债权转让事实的,应当认定债权转让自起诉状副本送达时对债务人发生效力。债务人主张因未通知而给其增加的费用或者造成的损失从认定的债权数额中扣除的,人民法院依法予以支持。

基于上述规定,债务人可在合同中约定损失的计算范围、标准、方法等内容,同

时约定有权在履行债务时自行扣除相关损失、费用。

(二)债务人的抗辩

在债务人接收到债权转让通知后,如果债权人要求债务人向其履行,或债务人确认债权后又以债权不存在为由拒绝向受让人履行,该司法解释的第四十九条给出了解决方案。即：

第四十九条 债务人接到债权转让通知后,让与人以债权转让合同不成立、无效、被撤销或者确定不发生效力为由请求债务人向其履行的,人民法院不予支持。但是,该债权转让通知被依法撤销的除外。

受让人基于债务人对债权真实存在的确认受让债权后,债务人又以该债权不存在为由拒绝向受让人履行的,人民法院不予支持。但是,受让人知道或者应当知道该债权不存在的除外。

(三)债权被转让给多个受让人

如果债权人将同一债权转让给了多个受让人,该司法解释第五十条规定了"向最先通知的受让人履行"的原则,并明确了其权利范围。即：

第五十条 让与人将同一债权转让给两个以上受让人,债务人以已经向最先通知的受让人履行为由主张其不再履行债务的,人民法院应予支持。债务人明知接受履行的受让人不是最先通知的受让人,最先通知的受让人请求债务人继续履行债务或者依据债权转让协议请求让与人承担违约责任的,人民法院应予支持；最先通知的受让人请求接受履行的受让人返还其接受的财产的,人民法院不予支持,但是接受履行的受让人明知该债权在其受让前已经转让给其他受让人的除外。

前款所称最先通知的受让人,是指最先到达债务人的转让通知中载明的受让人。当事人之间对通知到达时间有争议的,人民法院应当结合通知的方式等因素综合判断,而不能仅根据债务人认可的通知时间或者通知记载的时间予以认定。当事人采用邮寄、通讯电子系统等方式发出通知的,人民法院应当以邮戳时间或者通讯电子系统记载的时间等作为认定通知到达时间的依据。

085.第五百四十七条 〔从权利随债权转让〕

债权人转让债权的,受让人取得与债权有关的从权利,但是该从权利专属于债权人自身的除外。

受让人取得从权利不因该从权利未办理转移登记手续或者未转移占有而受到影响。

【合同实务解读】

本条规定了债权转让时受让人取得除了专属于债权人自身的债权从权利,而且该从权利的取得不受是否转移登记或转移占有的影响。

通常情况下,债权从权利与债权密切相关,在转让债权时甚至并不需要特别提及。专属于债权人自身的从权利则多与债权人的某一特定身份有关,因此只能转让债权但从权利不能转让。《民法典》(2020年)规定了两种从权利,普通债权的从权利随债权转让,专属于债权人自身的债权从权利不随债权的转让而转让。

"与债权有关的从权利",是指与债权关联、依附于债权而存在的民事权利。抵押权、质押权等,均属于通过约定产生的、依附于物权而存在的从权利;而代位权、撤销权、留置权、损害赔偿请求权、违约责任请求权等,均属于基于债权而产生并由法律规定的从权利。债权从权利的产生和存在均基于债权主权利,不能在债权主债权之外独立存在,因此也会随着主权利一起无效、消灭,只有从权利专属于债权人自身时除外。

"从权利专属于债权人自身"的情形,通常是指具有人身性质并与债权人人格权、身份权密切相关的权利。按照法律的直接规定或根据其性质他人不能够享有这种权利,因而法律也通常规定其不可让与、不能随主债权转让。例如,基于股权而享有的股东权以及基于股东权而享有的公司信息知情权等,后者均为前者的从权利。

最高人民法院在《合同编通则司法解释》(2023年)第三十四条解释了"专属于债务人自身的权利"。尽管该条司法解释针对的是《民法典》(2020年)第五百三十五条第一款中的代位权,但由于合同中的当事人互为债务人和债权人,因此这一解释可供参考适用。相关条文为:

第三十四条 下列权利,人民法院可以认定为民法典第五百三十五条第一款规定的专属于债务人自身的权利:

(一)抚养费、赡养费或者扶养费请求权;

(二)人身损害赔偿请求权;

(三)劳动报酬请求权,但是超过债务人及其所扶养家属的生活必需费用的部分除外;

(四)请求支付基本养老保险金、失业保险金、最低生活保障金等保障当事人基本生活的权利;

(五)其他专属于债务人自身的权利。

某些债权转移需要办理登记手续或转移占有,因此存在着从权利是否与登记手续、转移占有相关的问题。而本条所规定的"不因该从权利未办理转移登记手续或者未转移占有而受到影响",则明确了从权利随主权利一并转移的法定原则,不受是否办理移转登记或是否移转占有的影响。

【风险点及建议】

同本条规定相关的法律风险,是债权转让后受让人未能取得债权从权利、受让人主张属于债权人自身的从权利、受让人取得债权从权利受到未经登记或未经转移的影响。

债权转移过程中受让人取得债权从权利,在多数情况下会被理解为债权主体变更的必然结果,即受让人代替债权人成为债务主体并继续行使原债权,并理所当然地取得原债权的从权利,涉及专属于债权人自身从权利的情形并不多。

本条虽然规定了受让人无法随着债权转让而得到专属于债权人自身的债权从权利,但那只是相对于自然取得权利而言的,并非禁止,实务处理会灵活得多。基于民事法律行为的自愿原则和契约自由原则,只要债权转让中的债权人、债务人、受让人三方同意且没有法律禁止,没有《合同编通则司法解释》(2023年)第十七条所规定的影响国家安全、违背社会公共秩序、违反善良风俗的行为,专属于债权人的债权从权利问题完全可以自行解决。

对于普通的债权从权利,由于本条规定,债权转让合同中并不需要特别约定这类从权利随债权转让,由债务人自然取得即可,除非是用于提醒。理论上,债权人与债务人可在债权人转让债权前通过协商确定哪些债权从权利不随债权一并转移,包括哪些专属于债权人的从权利必要时由债权人亲自履行,或对某项从权利的行使范围作出约定,以免在转让后发生不必要的争议。

至于本条所规定的"受让人取得从权利不因该从权利未办理转移登记手续或者未转移占有而受到影响",只是对于债权转移过程中债权从权利归属问题的原则性规定。如果债权人转让的是非金钱债权而且就同一债权作了多次转让,则不仅是受让人的债权从权利,甚至连其受让的债权也有可能被善意第三人取得。为了切实取得受让的债权及债权从权利,受让人应尽早办理登记变更或转移占有。

086. 第五百四十八条 〔债权转让后的抗辩对象〕

债务人接到债权转让通知后,债务人对让与人的抗辩,可以向受让人主张。

【合同实务解读】

本条是关于债权转让后债务人可对让与人行使对债权人的抗辩权的规定。

债权转让从债务人接到债权人的债权转让通知起,对债务人产生效力。自接到债权转让通知时起,债权主体变更为受让人、债权人的身份转变为让与人。债务人虽然身份并未发生变更,但对于现让与人,即原债权人的抗辩也因债权主体的变更指向了受让人。

对于债权转让通知的发出方式,可以参见《民法典》(2020 年)第一百三十七条的规定。不同的意思表示作出方式,有着不同的生效时间。即:

第一百三十七条 以对话方式作出的意思表示,相对人知道其内容时生效。

以非对话方式作出的意思表示,到达相对人时生效。以非对话方式作出的采用数据电文形式的意思表示,相对人指定特定系统接收数据电文的,该数据电文进入该特定系统时生效;未指定特定系统的,相对人知道或者应当知道该数据电文进入其系统时生效。当事人对采用数据电文形式的意思表示的生效时间另有约定的,按照其约定。

"债务人对让与人的抗辩",其实就是债务人与原债权人之间的抗辩。在债权转让完成后,受让人替代原债权人成为现实中的债权人,而原债权人则因向受让人让与债权而成为让与人。同样也由于债权转让产生效力,债务人对让与人的所有抗辩转为向受让人主张。

如果债权转让的结果是受让人通过诉讼实现债权,在诉讼程序方面需要参照《合同编通则司法解释》(2023 年)中的相关规定。主要是其中对于行使抗辩权时追加第三人的规定,即:

第四十七条 债权转让后,债务人向受让人主张其对让与人的抗辩的,人民法院可以追加让与人为第三人。

债务转移后,新债务人主张原债务人对债权人的抗辩的,人民法院可以追加原债务人为第三人。

当事人一方将合同权利义务一并转让后,对方就合同权利义务向受让人主张抗辩或者受让人就合同权利义务向对方主张抗辩的,人民法院可以追加让与人为第三人。

在抗辩事由和权利方面，债务人对受让人的抗辩等同于债权转让前针对债权人的抗辩，否则将损害债务人的合法权益。债务人的抗辩包括但不限于合同签订后让与人的违约行为、债权主张的证据问题、不可抗力与情势变更、不安抗辩权和同时履行权抗辩权、后履行抗辩权等，只要可以合并审理的事由均可用于抗辩。

【风险点及建议】

同本条规定相关的法律风险，是债务人未向受让人充分主张对让与人的抗辩，或是受让人无法应对债务人的抗辩以至于无法实现受让债权的价值。

债权转让对债务人生效后，债权人与债务人之间的债权履行争议在受让人与债务人之间展开。为了维护自身权益，无论是正常履行、协商处理，还是诉讼，债务人都需要充分行使原来针对债权人的抗辩，区别只在于抗辩的对象从原来的债权人转为受让人。

但债务人的抗辩很可能给受让人带来极大的挑战。如果债权人与债务人之间有着错综复杂的债权债务关系，则受让人得到的债权可能会牵扯其他债权债务、牵涉债权人与债务人之间先前的履行行为。如果在转让债权时债权人未能提供充分的资料并说明情况，则受让人很难应对债务人的抗辩。

如果受让人从事保理等以营利为目的的债权受让，则更应关注和审查与标的债权相关的一切信息，必要时还需要进行尽职调查。对于这些信息的关注，不应低于向债务人提起诉讼时所需要的相关资料、证据收集标准，以便于在转让结束如果需要诉讼解决则不再需要准备其他证据。

这些资料包括但不限于：

(1) 债权人、债务人的市场主体登记信息、营业执照；
(2) 双方的法人或非法人关于法定代表人代表权限的组织章程、决议规定；
(3) 合同、协议等产生债权的依据，以及所有权名处分权依据；
(4) 合同签订后双方履行、变更债权债务等实际履行情况证据；
(5) 债权人与债务人之间的其他债权债务设立、变更、履行等情况；
(6) 双方间为变更合同或解决争议而往来的通信、电子邮件等。

尤其是对于有偿转让的债权，受让人应当查明债权人是否拥有标的物的所有权或处分权，避免债权无法顺利实现。

在所有权或处分权方面，《合同编通则司法解释》(2023年)第十九条对于"订立合同时对标的物没有所有权或者处分权""未取得处分权导致合同不能履行""真正权利人请求认定财产权利未发生变动或者请求返还财产"三种可能情形的处置分别给出了意见。即：

第十九条 以转让或者设定财产权利为目的订立的合同,当事人或者真正权利人仅以让与人在订立合同时对标的物没有所有权或者处分权为由主张合同无效的,人民法院不予支持；因未取得真正权利人事后同意或者让与人事后未取得处分权导致合同不能履行,受让人主张解除合同并请求让与人承担违反合同的赔偿责任的,人民法院依法予以支持。

前款规定的合同被认定有效,且让与人已经将财产交付或者移转登记至受让人,真正权利人请求认定财产权利未发生变动或者请求返还财产的,人民法院应予支持。但是,受让人依据民法典第三百一十一条等规定善意取得财产权利的除外。

087. 第五百四十九条 〔债务人的债务抵销〕

有下列情形之一的,债务人可以向受让人主张抵销：

（一）债务人接到债权转让通知时,债务人对让与人享有债权,且债务人的债权先于转让的债权到期或者同时到期；

（二）债务人的债权与转让的债权是基于同一合同产生。

【合同实务解读】

本条是对债务人向受让人主张债务抵销的前提条件的规定,包括债权的产生依据、产生时间、到期时间等。

按照本条规定,当收到债权转让通知、转让债权生效时,如果债务人对让与人享有先到期或同时到期的债权,或者是债权人与债务人相互享有的债权基于同一合同产生,任何一种情形下债务人都可以向受让人主张抵销。

这里的"抵销",是指债务人与让与人互负债务时,各自以其债权充抵对方的债务,使双方的债务在对等额度内消灭的行为。债务抵销因其产生依据不同,可分为依据法律规定的法定抵销和依据双方约定的合意抵销,本条规定即为法定抵销。

第一类可进行债权抵销的情形,是债务人对让与人享有债权且先于或同时于被转让的债权到期。由于债权转让在通知到达债务人时成立,如果债务人对让与人的债权先于或同时于债权转让通知到达而到期,则债权人、让与人之间相互享有的债权处于可即时处分状态,而债权人已经作为让与人将债权转让给了受让人,因而可由债务人向受让人主张抵销而不是向让与人主张抵销。

第二类可进行债权抵销的情形,是"债务人的债权与转让的债权是基于同一合同产生",即债务人的债权与转让的债权属于同一合同项下的债权债务。正常情况下,双务合同的当事人之间相互享有债权、相互负有债务,因而存在债权抵销的基础。

"债务人可以向受让人主张抵销",说明债务人可以提出抵销的主张,但法律并不强制必须抵销,是否同意抵销由受让人决定。

本条规定与《民法典》(2020年)第五百五十七条中"债务相互抵销"的债权债务终止方式一致,本质上属于债权转让领域债务人与让与人之间的债务抵销。该规定为:

第五百五十七条 有下列情形之一的,债权债务终止:

(一)债务已经履行;

(二)债务相互抵销;

(三)债务人依法将标的物提存;

(四)债权人免除债务;

(五)债权债务同归于一人;

(六)法律规定或者当事人约定终止的其他情形。

合同解除的,该合同的权利义务关系终止。

抵销还与《民法典》(2020年)第五百六十八条的相同债务法定抵销、第五百六十九条的不相同债务合意抵销相关,详细解读见各条款内容。

【风险点及建议】

同本条规定相关的法律风险,是债务人未就可抵销的债权提出抵销主张,或是债务人享有的、用于抵销的让与人债权未能先于或同时于转让债权到期,以及债务人主张的债权与转让债权并非同基于一合同产生。

债务人享有让与人的债权并可主张债权抵销的两种情形适用范围各异。第(一)项的情形不强调是否基于同一合同产生,只强调对于让与人的债权要先于或同时于转让债权到期即可主张抵销;第(二)项的情形则相反,不强调债务人的债权是否先于或同时于转让债权到期,只强调基于同一合同产生。

事实上,只要债务人与让与人、债务人与受让人之间能够接受,任何债权债务均可以抵销或其他方式消灭。只有在无法达成一致时，法律规定才被作为拒绝抵销的依据。当然，是否可以抵销有时还要考虑是否需要依据法律规定经过批准。

债权转让改变了让与人与债务人之间的秩序，受让人替代让与人向债务人主张履行债务也会增加额外的工作量。而债务人提出债权抵销主张，则会打乱正常的由债务人向受让人履行的秩序。由于抵销权的行使与债务人和让与人之间的债权债务密切相关，因而债务人主张债权抵销，会大大增加受让人及让与人的工作量。

尤其是债权抵销由债务人向受让人提出，而受让人大多难以知悉债务人享有的对让与人债权的具体情况，因而处理债权抵销事宜对受让人颇为不便。即使受让人拒绝抵销，如果债务人不配合受让人履行且双方不得不通过诉讼的方式解决受让人债权问题，那么受让人仍旧无法回避债权抵销事宜的处理。

因此，债务人向受让人主张债权抵销会给受让人带来较大的影响，甚至由于对债务人与让与人之间的其他相关情况不知情，受让人面临巨大风险。而为了避免这些非正常的风险，受让人在债权转让协议中应充分预见到各种可能发生的不利情况，通过尽职调查等方式发现可能被用于请求撤销债权的情形，事先要求让与人配合提交相关资料、文件，甚至可以约定如有债务人主张债权抵销的情形发生，相关事务一应由让与人处理并承担相关费用。

除了本条规定，《民法典》（2020年）第五百六十八条、第五百六十九条对于互负债务的法定抵销和合意抵销作出了总体性规定，债权债务处理过程中抵销事宜也可参照该两条规定处理。尤其是第五百六十九条规定的合意抵销，运用非常灵活方便。即：

第五百六十八条　当事人互负债务，该债务的标的物种类、品质相同的，任何一方可以将自己的债务与对方的到期债务抵销；但是，根据债务性质、按照当事人约定或者依照法律规定不得抵销的除外。

当事人主张抵销的，应当通知对方。通知自到达对方时生效。抵销不得附条件或者附期限。

第五百六十九条　当事人互负债务，标的物种类、品质不相同的，经协商一致，也可以抵销。

088. 第五百五十条　〔债权转让履行费用的负担〕

因债权转让增加的履行费用，由让与人负担。

【合同实务解读】

本条规定了因债权转让而增加的履行费用由让与人负担的原则。

债权转让改变了履行对象,并很可能由于履行对象、履行条件、履行地点的不同而增加债务人的履行费用。以履行地点为例,如果履行债务的成本与距离相关,那么债务人向受让人履行时,受让人的地点距离债务人更远就会增加履行费用、更近则会降低履行费用,具体视履行债务的标的性质而定。

由于"债权"是指权利人基于法律规定或双方约定而请求义务人为一定行为或不为一定行为的权利,因而其外延十分广泛。正因如此,不同的债权在转让后对于履行费用的影响也多种多样。

例如,以支付价款或报酬的方式履行债务一般不会增加履行费用、以电子数据方式在线履行债务通常也不会增加履行费用。而以交付实物方式履行债务,则完全可能由于履行地点、履行时间、履行方式以及不同地域行政许可、法律法规要求不同而增加履行费用。

受让人在要求、接受债务人履行的过程中也会产生履行费用,但这些费用属于受让人与让与人之间的负担分配问题。本条规定只解决因债权转让而使债务人增加的履行费用由让与人承担的问题,并未涉及让与人与受让人之间的履行费用问题。

【风险点及建议】

同本条规定相关的法律风险,是让与人未充分考虑转让债权而增加的履行费用并因此在债务人向其主张履行费用时受到经济利益方面的影响,以及债务人未向让与人主张因债权转让而增加的履行费用。

因债权转让而增加的履行费用容易使让与人和债务人产生争议。债权人转让债权之前,应充分评估由于债权转让而增加的履行费用并作好安排。理论上,让与人可与受让人协商是否由受让人实际承担该笔费用,也可以与债务人协商由债务人分担甚至承担相关费用。

对于债务人而言,因债权转让而增加的履行费用属于十分现实的问题。因而在接到债权转让通知后,也可以核算增加的履行费用并告知让与人使其承担。如果让与人存在丧失商业信誉或丧失负担能力的情形,债务人也可以考虑行使不安抗辩权来维护自身的合法权益。

除了合同编"第六章 合同的变更和转让"中本条对于抵销的规定,《民法典》

（2020年）还在合同编"第七章 合同的权利义务终止"中的第五百六十八条、第五百六十九条分别对于互负债务的法定抵销和合意抵销作了总体性规定，这些规定可供实务参考。

同时，《合同编通则司法解释》（2023年）第五十五条、第五十六条也对于《民法典》（2020年）第五百六十条、第五百六十一条、第五百六十八条的内容作了解释，这些解释同样可供实务参考。

其中，第五十七条对于抵销情形的规定、第五十八条对于诉讼时效期间届满债权用于抵销时的不同处理方式，对所有的抵销行为均有参考意义。即：

第五十七条　因侵害自然人人身权益，或者故意、重大过失侵害他人财产权益产生的损害赔偿债务，侵权人主张抵销的，人民法院不予支持。

第五十八条　当事人互负债务，一方以其诉讼时效期间已经届满的债权通知对方主张抵销，对方提出诉讼时效抗辩的，人民法院对该抗辩应予支持。一方的债权诉讼时效期间已经届满，对方主张抵销的，人民法院应予支持。

〔第三部分　债务人的债务转移〕

089. 第五百五十一条　〔转移债务须经债权人同意〕

债务人将债务的全部或者部分转移给第三人的，应当经债权人同意。

债务人或者第三人可以催告债权人在合理期限内予以同意，债权人未作表示的，视为不同意。

【合同实务解读】

本条款规定了债务人转移债务时应遵守的规则，即转移债务须经债权人同意、债权人未对债务人或第三人要求其同意的催告作出表示则视为不同意。

债务转移同债权转让一样，常常被用于资产重组、并购项目中的债权债务处理。通过剥离债权债务，重组或并购后的企业能够产权清晰、资产明确地轻装上阵开展经营。

这里的"转移"代表债务由债务人转移给第三人。在这一转移进程中，债务人是债务转移中的让与人，在后续条款中又被称为"原债务人"。而在转移的进程中接受债务的第三人在后续条款中又被称为"新债务人"。债权由债权人转给受让人被称为"转让",债务由债务人转给受让人被称为"转移",于是有了与"债权转让"相对应的"债务转移"。

债权转让通常并不影响债务人利益,尤其是法律规定了因债权转让而增加的履行费用由债权人承担,债务人的利益更是得到了充分的保障。而债务转移则不同,受让债务的新债务人如果不具备履行能力则直接影响债权人利益,因此债务转移需要经过债权人的同意,以保护债权人的利益。

"催告",是指除了诉讼程序方面的"公示催告",民事主体之间一方催促另一方履行义务或行使权利的通知。催告的最主要目的,是催促对方及时通过行使选择权或决定权的方式明确是否行使权利或是否承担义务,及时排除权利或义务的不确定性,便于问题的及时、彻底解决。

"催告债权人在合理期限内予以同意",其实是催告债权人在合理的期限内及时决定,并希望其同意。因为事关债务转移的双方,即债务人和第三人,所以他们中的任何一方均可发出催告。

"合理期限"在法律、司法解释中频繁出现,但并无统一的解释或衡量尺度。《买卖合同司法解释》(2020年修正)第十二条虽然提供了判断是否为"合理期限"的方法,但其针对的是《民法典》(2020年)第六百二十一条第二款,不具备普适性。

但按通常理解,"合理期限"应为排除各类导致权利无法行使或义务无法履行的客观因素,知道或应当知道需要行使相关权利或履行相关义务,而且足以做好行使权利或履行义务、发出通知准备的期限。

"债权人未作表示的,视为不同意",属于法定的以默示方式表示拒绝。依据《民法典》(2020年)第一百四十条第二款的规定:"沉默只有在有法律规定、当事人约定或者符合当事人之间的交易习惯时,才可以视为意思表示。"

除此之外需要注意的是,除了新债务人的履行能力,债权人还应注意同意债务转移对于债务担保责任可能产生的不利影响。依据《民法典》(2020年)第三百九十一条:"第三人提供担保,未经其书面同意,债权人允许债务人转移全部或者部分债务的,担保人不再承担相应的担保责任。"

【风险点及建议】

同本条规定相关的法律风险,是债务人转移债务给第三人时未经债权人同意,债务人或第三人未及时催告债权人同意债务转移、将债权人未作表示视为同意,以及债权人未充分评估第三人的承担能力而轻易同意债务转移。

债务人将债务的全部或部分转移给第三人，既是债权人的机遇也是债权人的风险。如果债务转移给了有更强履行能力的新债务人，则债权人的债权比转移之前更有保障；如果债务转移给了承担债务能力弱的新债务人，则债权人无法实现债权的风险就会增加。

除非风险处于可控制或可承受范围之内，或是并购、重组时的统一安排，否则债权人必须充分了解第三人履行债务的能力后再决定是否同意债务转移。如果需要，还可以通过提交履行、提供担保等方式解决债权安全问题。

尤其需要注意同意债权转移后对于债权担保方面的影响。除了前面引用过的相关规定，《民法典》（2020年）第六百九十七条第一款也规定了未经保证人同意的债务转移可能导致保证人不再承担保证责任。即："债权人未经保证人书面同意，允许债务人转移全部或者部分债务，保证人对未经其同意转移的债务不再承担保证责任，但是债权人和保证人另有约定的除外。"

第三人或债务人催告债权人在合理期限内予以同意，需要有明确的同意债务转移的请求和答复期限。这类催告唯有以书面方式提交，才能表达更详细的内容、采用更精确的表达方式。

这类催告的体裁是商务信函，内容包括但不限于以标题形式展现的信函主题、合同编号等债务依据、具体金额等债务数额、转移债务的份额或范围、债务的担保情况、债务转移的理由、第三人的基本情况、第三人的承担债务能力、因转让而增加的履行费用的处理、转让过程涉及事项的处理、转让后的债务履行、希望得到答复的日期、需要的答复形式、具体的联系人、需要的证明材料等。

是否同意债务转移的决定权在债权人，债权人如果不同意债务转移，可以明示拒绝也可以通过不作表示的方式拒绝。如果同意则需要以明确的意思表示告知债务人，也可以要求债务人或第三人补充资料或就转移债务的条件、具体要求等提出新的建议以供进一步协商。

如果债权人同意转让，则债务人应争取得到债权人的书面同意。债务转移可以减轻债务人的债务负担，获得债权人的书面同意，更有利于保护债务人的权益。

090. 第五百五十二条 〔第三人加入债务〕

第三人与债务人约定加入债务并通知债权人，或者第三人向债权人表示愿意加入债务，债权人未在合理期限内明确拒绝的，债权人可以请求第三人在其愿意承担的债务范围内和债务人承担连带债务。

【合同实务解读】

本条是关于第三人通过与债务人约定或向债权人表示而加入债务的规定,债权人只要未在合理期限内明确拒绝即可请求第三人在愿意的范围内承担连带责任。

加入债务的情形在商务活动中不多。有些是由于合同以外的第三人与债务的顺利履行存在利益关系,为了自己的利益而不得不加入其中帮助债务人履行债务;有些则与利益无关,通过加入为债务人实际承担债务,避免债务人承担更为不利的后果。

一、加入债务与连带责任

"加入债务"又称并存的债务承担,通常是指在原债务人继续承担原债务的同时,第三人加入原债务人一方与其共同承担连带债务的情形。由于原债务仍旧存在,因此并非原债务的转移。同时由于加入债务承担连带债务是基于法律规定,因此也并非担保。

第三人加入债务的条件,远比债权转让、担保债务宽松。只要债务人同意、第三人或债务人通知债权人、债权人未在合理期限内明确拒绝,第三人便可以加入。但随之而来的,则是债权人可以请求第三人"在其愿意承担的债务范围内和债务人承担连带债务"。

"在其愿意承担的债务范围内",是基于第三人加入债务时自行承诺、愿意承担的债务额度或范围。由于第三人是自愿加入债务承担履行责任而非承担担保责任或连带责任,因此愿意承担的债务范围或额度全凭第三人自愿。但法律并未规定这种加入可以撤销,因而能够视为加入后不可撤销。

"连带债务",按照《民法典》(2020 年)第五百一十八条:"……债务人为二人以上,债权人可以请求部分或者全部债务人履行全部债务的,为连带债务。

连带债权或者连带债务,由法律规定或者当事人约定"。

而本条规定的"债权人可以请求第三人在其愿意承担的债务范围内和债务人承担连带债务",正是法律规定的连带责任,与形式类似的担保责任并无关联。

二、追偿权与公司加入债务

第三人加入债务并承担了连带债务后,通常可以获得债务追偿权。但依据《合同编通则司法解释》（2023年）第五十一条的规定，最为稳妥的方式是直接与债务人约定追偿权。即：

第五十一条 第三人加入债务并与债务人约定了追偿权，其履行债务后主张向债务人追偿的，人民法院应予支持；没有约定追偿权，第三人依照民法典关于不当得利等的规定，在其已经向债权人履行债务的范围内请求债务人向其履行的，人民法院应予支持，但是第三人知道或者应当知道加入债务会损害债务人利益的除外。

债务人就其对债权人享有的抗辩向加入债务的第三人主张的，人民法院应予支持。

比较特殊的债务加入行为，是法定代表人以公司名义加入债务。由于法定代表人以公司名义加入债务很有可能违反公司内部的管理制度，因而这种加入存在效力问题。对此，《担保制度司法解释》（2020年）作出了原则性的规定，即：

第十二条 法定代表人依照民法典第五百五十二条的规定以公司名义加入债务的，人民法院在认定该行为的效力时，可以参照本解释关于公司为他人提供担保的有关规则处理。

如果法定代表人的行为确实违反了公司对外担保的规定，根据该司法解释的第七条，公司是否对外承担担保责任取决于相对人是否善意，即：

第七条 公司的法定代表人违反公司法关于公司对外担保决议程序的规定，超越权限代表公司与相对人订立担保合同，人民法院应当依照民法典第六十一条和第五百零四条等规定处理：

（一）相对人善意的，担保合同对公司发生效力；相对人请求公司承担担保责任的，人民法院应予支持。

（二）相对人非善意的，担保合同对公司不发生效力；相对人请求公司承担赔偿责任的，参照适用本解释第十七条的有关规定。

法定代表人超越权限提供担保造成公司损失，公司请求法定代表人承担赔偿责任的，人民法院应予支持。

第一款所称善意，是指相对人在订立担保合同时不知道且不应当知道法定代表人超越权限。相对人有证据证明已对公司决议进行了合理审查，人民法院应当认定其构成善意，但是公司有证据证明相对人知道或者应当知道决议系伪造、变造的除外。

该条司法解释中的"参照适用本解释第十七条的有关规定"，是对主合同有效而担保合同无效时的责任分配原则。即：

第十七条　主合同有效而第三人提供的担保合同无效，人民法院应当区分不同情形确定担保人的赔偿责任：

（一）债权人与担保人均有过错的，担保人承担的赔偿责任不应超过债务人不能清偿部分的二分之一；

（二）担保人有过错而债权人无过错的，担保人对债务人不能清偿的部分承担赔偿责任；

（三）债权人有过错而担保人无过错的，担保人不承担赔偿责任。

主合同无效导致第三人提供的担保合同无效，担保人无过错的，不承担赔偿责任；担保人有过错的，其承担的赔偿责任不应超过债务人不能清偿部分的三分之一。

【风险点及建议】

同本条规定相关的法律风险，是第三人与债务人约定加入债务后并未通知债权人，或连带债务的债务范围、份额不明确，或因表述问题而将债务加入约定为担保责任，以及债权人明确拒绝对其有利的债务加入、未要求第三人在一定范围内承担连带责任。

债务加入的责任承担形式与担保责任有些类似，因此第三人加入债务时的约定十分重要。虽然经过通知后"债权人未在合理期限内明确拒绝"即可实现债务加入，但通过与债务人的债务加入协议或在对债权人、债务人的承诺文件中明确自身行为属于债务加入并取得债权人的认可，更有利于在产生诉讼时避免承担过多责任。为此，第三人需要充分利用司法解释中赋予的权利。

首先，需要明确约定第三人的介入属于加入债务而非提供担保。依照本条款的规定，加入债务后的法定责任是"在其愿意承担的债务范围内和债务人承担连带债务"。而提供担保，则必须在担保范围内承担连带责任。

依据《担保制度司法解释》（2020年）第三十六条，不同的行为可分别被认定为债务加入或保证。即：

第三十六条　第三人向债权人提供差额补足、流动性支持等类似承诺文件作为增信措施，具有提供担保的意思表示，债权人请求第三人承担保证责任的，人民法院应当依照保证的有关规定处理。

第三人向债权人提供的承诺文件，具有加入债务或者与债务人共同承担债务等意思表示的,人民法院应当认定为民法典第五百五十二条规定的债务加入。

前两款中第三人提供的承诺文件难以确定是保证还是债务加入的,人民法院应当将其认定为保证。

第三人向债权人提供的承诺文件不符合前三款规定的情形,债权人请求第三人承担保证责任或者连带责任的,人民法院不予支持,但是不影响其依据承诺文件请求第三人履行约定的义务或者承担相应的民事责任。

因此,无论是以协议还是承诺的方式加入债务,均应表明"加入债务"或"与债务人共同承担债务",杜绝使用"保证""担保"等意思表示以免责任扩大。

其次,明确加入债务后"愿意承担的债务范围"。约定或承诺的加入债务的范围或债务份额等,均为第三人与债务人承担连带债务的依据。

最后,可约定第三人加入债务并承担连带债务后的追偿权。根据前面引用过的《合同编通则司法解释》(2023年)第五十一条,第三人可在加入债务前与债务人约定债务追偿权,即当第三人履行连带债务后有权向债务人追偿。

除此之外,还可考虑是否以"代为履行"替代"加入债务"。"代为履行"同样是第三人代债务人向债权人履行,但并不承担连带责任,而且同样可以在履行后向债务人行使债权。《民法典》(2020年)相关规定为:

第五百二十四条 债务人不履行债务,第三人对履行该债务具有合法利益的,第三人有权向债权人代为履行;但是,根据债务性质、按照当事人约定或者依照法律规定只能由债务人履行的除外。

债权人接受第三人履行后,其对债务人的债权转让给第三人,但是债务人和第三人另有约定的除外。

选择"加入债务"还是"代为履行",因合同条款、履行背景、法律后果不同只能在具体合同中分析利弊和取舍。但在处理合同实务问题时,可在原方案之外多出一个选项。

091. 第五百五十三条 〔债务转移后新债务人的抗辩〕

债务人转移债务的,新债务人可以主张原债务人对债权人的抗辩;原债务人对债权人享有债权的,新债务人不得向债权人主张抵销。

【合同实务解读】

本条是关于债务人转移债务后新债务人的抗辩权和抵销权的规定。新债务人可以主张原债务人对债权人的抗辩,但不得以原债务人对债权人的债权主张抵销。

"转移债务",是债务人经债权人同意后将债务转由第三人向债权人履行的处分债权债务行为。在转移债务完成后,债务人与债权人之间的债务消灭。向第三人转移债务的债务人被称为"原债务人",第三人因受让债务转移而新近成为债权人的债务人并因此被称为"新债务人"。

债务人经债权人同意转移债务后,新债务人替代原债务人对债权人承担履行义务,同时也替代原债务人行使对于债权人的抗辩。这些抗辩包括所有发生在原债务人与债权人之间的可用于抗辩的事由,包括但不限于不可抗力、情势变更,后履行抗辩权、同时履行抗辩权、不安抗辩权,合同变更、责任免除、替代履行,债权人违约、债务人已履行等,均可作为新债务人向债权人抗辩的依据。

但由于债务人转让的仅仅是其债务而并不包括债权,因而新债务人并不享有以原债务人对于债权人的债权去抵销所受让债务的权利。原债务人对于债权人的债权,仍旧由原债务人享有。

【风险点及建议】

同本条规定相关的法律风险,是新债务人未能有效主张原债务人对债权人的抗辩,以及原债务人对债权人的债权被新债务人用于主张抵销债权人债务。

现实中的债权转让、债务转移均与资产重组等需要剥离不良资产、债权债务的活动有关。向有关联关系的民事主体转让债权或转移债务,由于关联关系的存在,债权转让或债务转移均非完全出于商业利益考虑。但债权、债务有时也可以向毫无关联的民事主体"打包出售",以提高债权人或债务人的账面资产质量。

一、债务转移的相关事项

作为接受债务转移而成为新债务人的第三人,如果既希望履行债务又希望减少不必要的损失,则需要关注履行债务时的抗辩问题。除非债务形成过程简单、债务人对债务并无异议,否则第三人对于任何可供原债务人用于抗辩的事由,均应在接受债务转移时取得充分的证据和债务数额、形成原因等相关情况说明。

原债务人转移的债务如果存在可抗辩事由,如各类抗辩权的行使,不可抗力或情势变更,双方的履行行为,双方达成的和解、变更、免责、替代履行等,均为准备抗辩所必须收集的证据。而第三人也可以在债务转移时与债务人达成协议,一旦出现需要抗辩的事由,由债务人代为实施并承担费用。

在某些场合下,债权人如果足够强势并且与债务人的上游、同行或下游企业存在复杂的利益关系,甚至可以主动要求履行能力弱的债务人以提供担保、转移债务、债务加入等方式提高债务履行能力,以维护自身的合法权益。

原债务人对债权人的债权只能由原债务人向债权人主张抵销,新债务人既无主张抵销的权利也无须参与原债务人的主张抵销。但第三人可以就债务人转移债务的对价以及双方交易利益的平衡,在债务转移完成前尽量争取对己方最优的解决方案。

二、债务转移合同内容

转移债务多以债务转移合同的方式进行。除了需要清楚地描述标的债务、履行方式等与债权转让类似的条款,还特别要注意征得债权人的同意。同样,法律并未要求这种转移一定需要对价,如确实没有对价则需要某种程度的阐明,以免被理解为价格条款没有约定或约定不明确。

(一)对标的债务的描述

被债务人转移的债务同被债权人转让的债权相比,金钱之债的比例更高。被转让的债权虽然也以金钱之债为主,但债权内容更加多样化,有时需要受让人自己去设法变现。而更多的债务是由于无法履行而产生,最终演变成返还价款或报酬、赔偿损失等金钱债务。

如果转移的是金钱之债,对标的的描述会非常简单,即债的金额、债的依据、到期日期、按日计算的违约金比例、还款计划、履行情况等即可。

如果转移的是非金钱之债,则其描述方式可参见对《民法典》(2020年)第五百四十五条的解读中的建议部分,这里不再赘述。

受让债务的一方是需要替债务人履行债务的一方,因此需要认真核查债务的真实性、确切数额和相关证据。同时还要关注相关债务有无法律上的瑕疵、可抗辩的机会和理由,并收集能够证明债务存在、债务合法性以及可用于抗辩的证据和相关资料。同时还要注意以下问题:

(1)债权人是否同意债务人转移债务;

(2)债务人与债权人有无不得转移债务的合同约定;

(3)法律上或其他方面有无不得转移或限制转移该债务的要求;

(4)相关债务是否有账目、凭证、证据支持;

(5)是否存在未披露的遗漏债务;

(6)是否存在清算费用等需要优先受偿费用；

(7)是否存在共同债务人、连带责任债务人、担保人；

(8)是否存在共同债权人、连带债权人；

(9)债务是否存在诉讼时效届满的情形；

(10)转移债务的范围是否以清单为限。

(二)债务转移方式

在债务转移中,受让方接收的是义务。除非在交易之外可以从其他方面获得更大的利益,通常并无交易的迫切需要。受让人关注的重点,也是如何避免受让后损失扩大而非营利。

避免损失扩大的方式,除了对债务数额的核查,还可以通过时间和范围上的双重债务锁定的方式。前者是以某一日期的某一时间为节点,超出时间范围的债务一概不在转移范围之内。后者以清单为限,不在清单之上的债务一概不在转移范围之内。两种方式都是为了应对债务总量的不确定性,避免受让后的债务不断增加。

债务转移的前提是债权人的同意,具体的交接过程中需要考虑的因素可参见对《民法典》(2020年)第五百四十五条关于债权转让的解读。如果必要,可以增加债务人的声明,以示其对债务转移资料的真实性、完整性负责。

为了在债务履行过程中遭遇预料之外情形时能够及时退出,还可以为债务转移附解除条件。通常是约定接受债务转移以资料真实、完整为前提条件,如有资料虚假、不完整等情形出现且预计增加履行成本到某一百分比,则受让人有权解除合同,后续债务不再履行。

三、新债务人的抗辩

债务转移完成后,受让人成为债务的新债务人。新债务人既可以向债权人履行债务,也可以根据从原债务人处取得的相关证据、资料向债权人主张抗辩。这类抗辩如果发生在诉讼中,根据《合同编通则司法解释》(2023年)的相关规定,法院需要追加原债务人为第三人。即：

第四十七条　债权转让后,债务人向受让人主张其对让与人的抗辩的,人民法院可以追加让与人为第三人。

<u>债务转移后,新债务人主张原债务人对债权人的抗辩的,人民法院可以追加原债务人为第三人。</u>

当事人一方将合同权利义务一并转让后,对方就合同权利义务向受让人主张抗辩或者受让人就合同权利义务向对方主张抗辩的,人民法院可以追加让与人为第三人。

092. 第五百五十四条 〔债务转移时的从债务承担〕

债务人转移债务的,新债务人应当承担与主债务有关的从债务,但是该从债务专属于原债务人自身的除外。

【合同实务解读】

本条是关于债务转移后与主债务有关的从债务承担方式的规定。该从债务应由新债务人承担,但专属于原债务人的除外。

"从债务",是基于主债务派生而来、附属于主债务的关联债务。例如,购买大型家电送货上门的交易中,交付商品是主债务、送货上门是从债务。没有主债务也就没有从债务,交易内容是商品而非送货上门服务。

"从债务专属于原债务人自身"的情形,主要体现在从债务与原债务人的身份密切相关,如果由新债务人代替原债务人履行从债务则会导致履行价值的减损甚至使从债务的履行失去价值。某些债务的从债务没有专属性,可以由新债务人履行。有的从债务专属于原债务人,不能随主债务的转移而转移。

例如,由著名调音师开设的琴行经买家同意可以将供应某品牌钢琴的主债务及附属的从债务送货上门服务转给其他琴行履行,但高质量的上门调音服务作为从债务专属于该琴行,因而不能转由其他琴行作为新债务人履行。

如果买家从调音师琴行购买钢琴,虽然要求送货上门但并不要求由该著名调音师上门调音,则调音服务不再专属于债务人自身,经过买家同意后原债务人转移主债务时,新债务人要承担送货上门和调音的从债务。

【风险点及建议】

同本条规定相关的法律风险,是新债务人未承担与主债务有关的从债务、或新债务人承担了专属于原债务人自身的债务,以及原债务人未承担专属于其自身的从债务。

从债务在债权转让、债务转移中通常因并无重大影响而常被遗忘或忽略。只有当专属于债权人的从债权或专属于债务人的从债务对于转让或转移后的履行存在重大影响时,这一问题才会引起关注。

对于正在准备转移债务的债务人而言,同债权人的沟通必不可少。由于债务转移直接关系到债权人的利益,且债务转移需要取得债权人的同意,因此在确定原债务人向新债务人转移债务的范围、种类、数额等细节时,不仅要征得债权人对债务转移的同意,还需要由债权人确定哪些与主债务有关的从债务因属于债务人自身而不得转移、必须由债务人向债权人履行,以维护债权人的利益、确保转移的实现。

对于审查债务转移方案的债权人而言,需要权衡的是债务转移对于其债权实现的影响。通常情况下,债权人需要判断债务受让人的履行能力,同时还要审视拟转移的债务中存在那些专属于债务人自身、需要债务人自行向债权人履行的从债务,并通常以受让债务的第三人的履行能力不低于债务人、专属于债务人自身的从债务必须由债务人亲自履行作为同意债务人转移债务的前提条件。债务人同意则可确保债权人债权的实现,债务人不同意则债权人可拒绝债务转移。

对于准备受让债务转移的第三人而言,在注意债务的范围、受让债务的利益等重要事项之余,同样需要注意是否存在专属于债务人自身的从债务问题。将专属于原债务人自身的从债务从转移债务范围中去除或明确约定由债务人履行,可以减轻未来作为新债务人时的履行压力、降低履行成本、避免在履行过程中产生争议。

〔第四部分 合同权利义务的一并转让〕

093. 第五百五十五条 〔合同权利义务的一并转让〕

当事人一方经对方同意,可以将自己在合同中的权利和义务一并转让给第三人。

【合同实务解读】

本条是对合同权利义务一并转让的基本规定,只要经对方同意即可将权利义务全部转让给第三人。

"合同中的权利和义务一并转让",也被称为概括转让。一方通过一次性的转让同时转让了权利和义务、另一方则同时受让了权利和义务。

其中,"一并"并非法律术语,按照通常理解是将两种或两种以上事物合并在一起。因此"合同中的权利和义务一并转让",是将合同中的权利和义务合在一起整体转让。

概括转让必须"经对方同意",是基于概括转让的性质。根据《民法典》(2020年)第五百五十六条的规定:"合同的权利和义务一并转让的,适用债权转让、债务转移的有关规定。"而"有关规定",概括起来就是债权转让需要通知对方、债务转移需经对方同意。概括转让中的合同义务转让在法律上属于债务转移,所以才需要经过对方同意。

简言之,概括转让既包括债权转让又包括债务转移,所以同时受到债权转让、债务转移两方面的限制。其中,债权转让中的主债权受《民法典》(2020年)第五百四十五条关于不得转让的限制、从债权受第五百四十七条关于专属于债权人自身的从权利的限制,债务转移中的主债务转移受《民法典》(2020年)第五百五十一条需要经过债权人同意的限制、从债务转移受第五百五十四条专属于债务人从债务的限制。即:

第五百四十五条 债权人可以将债权的全部或者部分转让给第三人,但是有下列情形之一的除外:

(一)根据债权性质不得转让;

(二)按照当事人约定不得转让;

(三)依照法律规定不得转让。

当事人约定非金钱债权不得转让的,不得对抗善意第三人。当事人约定金钱债权不得转让的,不得对抗第三人。

第五百四十七条 债权人转让债权的,受让人取得与债权有关的从权利,但是该从权利专属于债权人自身的除外。

受让人取得从权利不因该从权利未办理转移登记手续或者未转移占有而受到影响。

第五百五十一条 债务人将债务的全部或者部分转移给第三人的,应当经债权人同意。

债务人或者第三人可以催告债权人在合理期限内予以同意,债权人未作表示的,视为不同意。

第五百五十四条 债务人转移债务的,新债务人应当承担与主债务有关的从债务,但是该从债务专属于原债务人自身的除外。

除此之外,由于法律对于某些市场主体的限制,或某些标的受行政许可的限制,并非所有合同的权利义务均可直接实施概括转让。

【风险点及建议】

同本条规定相关的法律风险,是可以将合同权利义务一并转让时未一并转让,或是在将合同权利义务一并转让时未同时适用债权转让、债务转移的规则。

合同权利义务的概括转让,常被合同主体用于直接、彻底地从其不希望继续履行的交易中脱离,或用于交由其他方去管理、处理债权债务。合同中的权利也是一种债权,合同中的义务也是一种债务。比起单边的债权转让、债务转移权利义务,概括转让使权利义务的切割更为彻底。

合同权利义务的一并转让始于商业活动、终于法律规定,在实务中有着更多的商务意义和法律意义。

在商务层面,一并转让合同权利义务可快速实现主体置换。当一个合同主体由于战略转型、法律变更、行政许可限制等因素不希望继续履行合同时,中途解除合同容易产生违约、赔偿等责任。以一并转让的方式处理,原合同仍旧合法有效可继续履行,只是新的合同主体替代了原来的合同主体,对于相对方、对于合同履行的影响都比较小,既不存在解除合同或违约责任问题,也不存继续履行的困扰。

在法律层面,一并转让合同权利义务可用于替代交易模式。当标的权属或合同主体由于存在某种法律上的瑕疵或处于法律的灰色地带时,为了稳妥起见可用权利义务概括转让的方式替代单纯的买卖合同等交易,以增强交易结果的确定性。

例如,以前的地下机动车停车位因没有配套的产权登记制度,其产权、转让均存在一定的灰色地带。如果以买卖的方式交易,则卖方需要对产权、标的瑕疵承担责任。而以地下停车位使用权的权利义务概括转让的方式转移,由开发商与受让方直接建立联系,可避免出让方陷入可能发生的产权或标的方面的争议。

实务中,合同权利义务一并转让的作用之一是由第三方催讨债权。对于现实中的债权债务,有时因债权人与债务人的特殊关系或其他考虑而难以采取严厉措施。而以合同权利义务一并转让的方式处理后,第三人没有投鼠忌器的顾虑,可以充分地以自己的名义使用各种手段行使合同权利、实现债权。至于当事人与第三人之间如何约定利益分配,则完全由双方自行处理。

合同权利义务的一并转让有时仍旧是债权的转让或债务的转移。例如，对于卖方一直无理由拖欠货款的行为，买方的合同权利义务概括转让事实上只是债权的转让。在此情形下转让债权与一并转让权利义务的差别不大，但一并转让权利义务可以使受让的第三人有更大的债权债务完整性，也容易充分地行使权利。

实际的合同权利义务一并转让过程中，涉事三方可从各自利益的角度考虑来自债权转让和债务转移两个方面的法律风险。包括合同的已履行部分、未履行部分，第三人行使权利、履行义务的能力、成本，以及行使权利、提出抗辩、主张抵销等相关的合同权利义务资料、证据等。

094. 第五百五十六条 〔合同权利义务一并转让的法律适用〕
合同的权利和义务一并转让的，适用债权转让、债务转移的有关规定。

【合同实务解读】

本条是对合同权利义务一并转让同时适用债权转让、债务转移规则的规定。

合同编"第六章 合同的变更和转让"共有14个条款，其中关于债权转让的条款有6个、关于债务转移的条款有4个、关于权利义务一并转让的条款有2个，即有12个条款与转让、转移相关。本条是其中最后一个条款，内容也正适合对前述内容进行总结。

一、一并转让中的规则适用

合同权利义务的一并转让"适用债权转让、债务转移的有关规定"，而有关规定从第五百四十五条到本条共有12条之多，分为两大部分。

（一）一并转让中的债权转让规则

本章关于债权转让的相关规定始自第五百四十五条、终于第五百五十条，共6条，主要规则为：

1. 债权转让范围

债权的全部或部分均可转让给第三人，但根据债权性质不得转让、按照当事人约定不得转让、依照法律规定不得转让的除外。

2. 约定不得转让的效力

当事人约定非金钱债权不得转让的，不得对抗善意第三人。当事人约定金钱债权不得转让的,不得对抗第三人。

3. 债权转让的通知

债权人转让债权未通知债务人的,对债务人不发生效力。

债权转让通知不得撤销,但是经受让人同意的除外。

4. 债权从权利的处理

债权人转让债权的,受让人取得与债权有关的从权利,但是该从权利专属于债权人自身的除外。

受让人取得从权利不受该从权利未办理转移登记或未转移占有的影响。

5. 债务人的抗辩

债务人接到债权转让通知后,债务人对让与人的抗辩,可以向受让人主张。

6. 债务人债权的抵销

债务人接到债权转让通知时,债务人对让与人享有债权,且债务人的债权先于转让的债权到期或者同时到期,债务人可向受让人主张抵销;

债务人债权与转让的债权基于同一合同产生,债务人可向受让人主张抵销。

7. 债权转让增加的履行费用

因债权转让增加的履行费用,由让与人负担。

(二)一并转让中的债务转移规则

本章关于债务转移的相关规定始自第五百五十一条、终于第五百五十四条,共4条,主要规则为:

1. 债务转移应经债权人同意

债务人将债务的全部或者部分转移给第三人的,应当经债权人同意。

债务人或者第三人可以催告债权人在合理期限内予以同意,债权人未作表示的,视为不同意。

2. 债权人未拒绝第三人加入债务则债务成立

第三人与债务人约定加入债务并通知债权人,或者第三人向债权人表示愿意加入债务,债权人未在合理期限内明确拒绝的,债权人可以请求第三人在其愿意承担的债务范围内和债务人承担连带债务。

3. 新债务人有权主张抗辩无权主张抵销

债务人转移债务的,新债务人可以主张原债务人对债权人的抗辩;原债务人对债权人享有债权的,新债务人不得向债权人主张抵销。

4.除专属债务外新债务人应承担从债务

债务人转移债务的,新债务人应当承担与主债务有关的从债务,但是该从债务专属于原债务人自身的除外。

二、一并转让部分权利义务

对于"合同的权利和义务的一并转让",法律并未规定是否可以只转让部分权利或只转让部分义务。但从法律的适用情况来看,这种操作并无法律障碍。

首先,合同权利义务的一并转让"适用债权转让、债务转移的有关规定"。而依据《民法典》(2020年)第五百四十五条的债权转让和依据《民法典》(2020年)第五百五十一条的债务转移,均规定"全部或者部分"。既转让和转移既可以是全部,也可以是部分。

其次,对从属于债权人自身的从权利和从属于债务人自身的从债务均有专门规定。《民法典》(2020年)第五百四十七条规定了专属于债权人的从权利不随债权转让,《民法典》(2020年)第五百五十四条规定了专属于债务人自身的从债务不随债务转移。

因此,从法律角度来看,部分权利义务也可以一并转让,只是实际操作时会有权利义务的分割、权利义务的关联、行使权利时的完整性等问题。

【风险点及建议】

同本条规定相关的法律风险,是合同权利义务需要一并转让时未采用一并转让的方式,或是合同权利义务一并转让时未适用债权转让、债务转移的法律规定。

合同权利属于债权范畴、合同义务属于债务范畴,因此合同权利义务的一并转让等同于合同领域的债权债务一并转让。因此从债权转让、债务转移到合同权利义务的一并转让,是债权、债务在通过让与和受让来变更主体的三种途径,可在实务中根据不同需求和条件选用。

合同权利义务的一并转让除了"适用债权转让、债务转移的有关规定",还有其他法律要求需要遵守。无论原合同是否为典型合同,合同权利义务的一并转让、债权转让、债务转移所用的合同均非典型合同,在合同文本方面除了适用《民法典》(2020年)总则编及合同编通则部分,还可参照适用买卖合同的相关规定。因为《民法典》(2020年)第六百四十六条规定:"法律对其他有偿合同有规定的,依照其规定;没有规定的,参照适用买卖合同的有关规定。"

而"法律对其他有偿合同有规定的"既包括《民法典》(2020年)中的规定,又包括行政许可、质量标准、行业管理等大量其他法律、法规中的规定,甚至某些疑难问题还会涉及司法解释中的相关观点,以确保合同约定的合法性。

尤其是那些特殊债务或特殊主体,其他法律法规的规定可能直接影响债权转让、债务转移、合同权利义务的一并转让。例如,经营许可经营项目的债务人,其许可经营相关的债务往往不能转移给不具备相关行政许可的受让人。由于行政法规等方面的规定,某些合同主体的债权转让、债务转移、合同权利义务的一并转让可能需要得到批准才能生效。

此外,正如在解读《民法典》(2020年)第五百五十五条时建议的那样,合同权利义务的一并转让可以有多种用途。只要熟悉债权转让、债务转移的规则并熟练运用,就可解决诸多常规合同难以处理的交易。

第七章　合同的权利义务终止

〔第一部分　债权债务的终止与清偿〕

095. 第五百五十七条　〔债权债务的终止〕

有下列情形之一的,债权债务终止:
（一）债务已经履行;
（二）债务相互抵销;
（三）债务人依法将标的物提存;
（四）债权人免除债务;
（五）债权债务同归于一人;
（六）法律规定或者当事人约定终止的其他情形。
合同解除的,该合同的权利义务关系终止。

【合同实务解读】

本条是对各类债权债务终止具体情形的规定,包括符合法定或约定条件的自然终止和合同解除的人为终止。

债权债务终止,是指债权人与债务人之间的债权债务关系的消灭,双方从消灭之时起相互间不再具有债权或者债务。这种债权债务的消灭,既可以像本条第一款所规定的那样在达到法定或约定的条件时自行消灭,也可以像第二款那样由一方或者双方在合同履行期间通过协商或诉讼、仲裁的方式解除合同来消灭。

一、法定或约定的债权债务终止

本条第一款规定了六种因符合法定或约定的条件而债权债务终止的情形。其中的履行完毕、相互抵销、依法提存、免除债务、同归于一人五种情形均为法定的自然终止,"法律规定或者当事人约定终止的其他情形"则属于概括性规定。

(一)债务履行完毕

"债务已经履行",在合同领域是指双方已按合同约定全面履行了合同义务,因此合同履行完毕,双方之间不再有权利义务,合同自然终止、债权债务消灭。

按照《民法典》(2020年)第五百零九条的规定,当事人的全面履行包括三个层面:合同义务的全面履行、附随义务的完整履行、环保义务的自觉履行。即:

第五百零九条 当事人应当按照约定全面履行自己的义务。

当事人应当遵循诚信原则,根据合同的性质、目的和交易习惯履行通知、协助、保密等义务。

当事人在履行合同过程中,应当避免浪费资源、污染环境和破坏生态。

(二)债务相互抵销

"债务相互抵销",在合同领域是指双方当事人互负债务时,各自以己方对于对方的债权充抵己方对于对方的债务,以使双方的债务在对等额度内消灭的行为。

债务抵销因其产生依据不同,按照《民法典》(2020年)第五百六十八条和第五百六十九条的规定,可分为相同债务的法定抵销和不相同债务的合意抵销。即:

第五百六十八条 当事人互负债务,该债务的标的物种类、品质相同的,任何一方可以将自己的债务与对方的到期债务抵销;但是,根据债务性质、按照当事人约定或者依照法律规定不得抵销的除外。

当事人主张抵销的,应当通知对方。通知自到达对方时生效。抵销不得附条件或者附期限。

第五百六十九条 当事人互负债务,标的物种类、品质不相同的,经协商一致,也可以抵销。

(三)标的物依法提存

"债务人依法将标的物提存",在合同领域是指合同中的一方由于相对方的原因而难以向相对方履行时,可依法将标的物转交给提存部门以替代向相对方履行并以此实现债的及时消灭。

对于提存,《民法典》(2020年)第五百七十条、第五百七十三条分别规定了提存的适用条件、提存的法律后果。即:

第五百七十条 有下列情形之一,难以履行债务的,债务人可以将标的物提存:

(一)债权人无正当理由拒绝受领;

(二)债权人下落不明;

(三)债权人死亡未确定继承人、遗产管理人,或者丧失民事行为能力未确定监护人;

(四)法律规定的其他情形。

标的物不适于提存或者提存费用过高的,债务人依法可以拍卖或者变卖标的物,提存所得的价款。

第五百七十三条 标的物提存后,毁损、灭失的风险由债权人承担。提存期间,标的物的孳息归债权人所有。提存费用由债权人负担。

(四)债权人免除债务

"债权人免除债务",是指债权人抛弃对于债务人的债权从而使债务消灭的单方行为。这种免除可以是全部也可以是部分,其后果是债务的全部或部分消灭,而附随于债务的从债务通常也随着债务免除而一并消灭。

债务免除虽然有利于债务人,但依据《民法典》(2020年)第五百七十五条的规定,债务人有权决定是否接受。即:

第五百七十五条 债权人免除债务人部分或者全部债务的,债权债务部分或者全部终止,但是债务人在合理期限内拒绝的除外。

此外,依据《民法典》(2020年)第五百三十八条的规定,债务免除不得损害第三人利益。例如,当债权人免除债务人的债务影响到债权人对第三人债务的履行能力时,第三人有权采取行使撤销权的方式维护其利益。即:

第五百三十八条 债务人以放弃其债权、放弃债权担保、无偿转让财产等方式无偿处分财产权益,或者恶意延长其到期债权的履行期限,影响债权人的债权实现的,债权人可以请求人民法院撤销债务人的行为。

(五)债权债务同归于一人

"债权债务同归于一人",是指一方当事人既作为债权人持有某项债权,又作为同一项债权的债务人持有债务。此种情形在法理上也被称为债权债务混同,属于债权债务消灭的情形之一,通常发生在债权人兼并债务人或债务人兼并债权人、债权债务重组、同时兼并债权人和债务人、债权人受让债务人债务或债务人受让债权人债权等活动中。

这种同归于一人时的债权债务终止,依据《民法典》(2020年)第五百七十六条的规定,不得损害第三人利益。即:

第五百七十六条　债权和债务同归于一人的,债权债务终止,但是损害第三人利益的除外。

例如,标的物上如果存在某种物权方面的他项权益,则同归于一人时只是消灭了债权,但物权上的他项权益并不随同债权债务的消灭而消灭,否则会损害第三人的利益。

(六)法定或约定终止的其他情形

"法律规定或者当事人约定终止的其他情形",是指除前面五种法定的债权债务终止情形外其他法律规定的债权债务终止的情形,同时还包括"当事人约定终止的其他情形"。这种约定终止的情形可由当事人在合同中自行设定,约定的终止情形出现时,合同权利义务终止。

对于法定的债权债务终止情形,除本条第一款前五项规定外,《民法典》(2020年)其他条款同样有规定。例如,《民法典》(2020年)第九百三十四条规定:"委托人死亡、终止或者受托人死亡、丧失民事行为能力、终止的,委托合同终止;但是,当事人另有约定或者根据委托事务的性质不宜终止的除外。"

对于约定的债权债务终止情形,《民法典》(2020年)的规定同样遵循自愿原则,只要不与法律强制性规定相冲突均可获得支持。例如,《民法典》(2020年)第一百六十条规定:

第一百六十条　民事法律行为可以附期限,但是根据其性质不得附期限的除外。附生效期限的民事法律行为,自期限届至时生效。附终止期限的民事法律行为,自期限届满时失效。

除了《民法典》(2020年),其他法律、法规中如有合同终止方面的规定,相关领域的合同也同样需要遵循。

二、合同解除的债权债务终止

合同解除,是指合同中的一方或双方当事人基于法律的规定或双方达成的一致,在合同尚未履行完毕时人为终止合同权利义务的行为。依据本条第二款的规定,"合同解除的,该合同的权利义务关系终止"。

但合同的解除并不意味着双方在合同中约定的所有权利义务全部终止,双方仍旧可以依据合同中约定的解决争议条款解决遗留问题。为此,《民法典》(2020年)第五百零七条规定:"合同不生效、无效、被撤销或者终止的,不影响合同中有关解决争议方法的条款的效力。"《民法典》(2020年)第五百六十七条也规定:"合同的权利义务关系终止,不影响合同中结算和清理条款的效力。"

合同解除分为法定解除和合意解除两类,前者依据法定事由,后者依据双方达成的一致。合意解除又分为协商解除、约定解除两种情况,前者随时通过协商解除,后者依据事先约定解除。如果通过协商等方式可以解除,则合同的解除不必经过诉讼或仲裁;如果协商或约定无法解除,则不得不以诉讼、仲裁的方式解除。

(一)法定解除

合同的法定解除,是指当合同履行期间发生了法律规定的情形时,合同当事人的一方或双方有权依照法律的规定解除合同、终止双方间的合同权利义务关系。法定解除以通知的方式实现,但当双方对解除事由存在争议时,往往仍旧需要通过诉讼或仲裁的方式解决。

对于法定解除,《民法典》(2020年)有如下规定:

第五百六十三条 有下列情形之一的,当事人可以解除合同:

(一)因不可抗力致使不能实现合同目的;

(二)在履行期限届满前,当事人一方明确表示或者以自己的行为表明不履行主要债务;

(三)当事人一方迟延履行主要债务,经催告后在合理期限内仍未履行;

(四)当事人一方迟延履行债务或者有其他违约行为致使不能实现合同目的;

(五)法律规定的其他情形。

以持续履行的债务为内容的不定期合同,当事人可以随时解除合同,但是应当在合理期限之前通知对方。

(二)合意解除

合意解除分为协商解除和约定解除,协商解除是指当事人双方在自愿协商达成一致的情况下提前终止合同权利义务关系。这种解除通常由一方或双方在合同履行期间提出,经协商达成一致时完成。约定解除则由双方在合同中约定解除条件,在条件成就时依据合同约定解除。

两种解除方式均在《民法典》(2020年)中有所规定,即:

第五百六十二条 当事人协商一致,可以解除合同。

当事人可以约定一方解除合同的事由。解除合同的事由发生时,解除权人可以解除合同。

该条第二款中的"可以约定一方解除合同的事由",与本条第一款第(六)项所规定的"当事人约定终止的其他情形"类似。但该条第二款的"可以约定一方解除合同的事由"仅用于合同解除,本条第一款第六项的"当事人约定终止的其他情形"则指向债权债务的终止。二者存在一定重合,合同权利义务关系是债权债务关系中的一种,解除合同也只是终止债权债务关系情形中的一种。

【风险点及建议】

同本条规定相关的法律风险,包括在符合法定条件时未终止债权债务、主张债权债务终止时的依据并非法定情形、怠于依据法律规定或合同约定及时解除不宜继续履行的合同。

债权债务终止和合同权利义务终止,除涉及诸多《民法典》(2020年)其他条款的相关规定外,最高人民法院的相关司法解释也提供了一些认定方式和处理方法。

一、债权债务终止的其他规则

本条第一款所列举的六种债权债务终止情形,可以概括为法定或约定的条件成就时债权债务终止。其中,前五项的履行完毕、相互抵销、标的物提存、免除债务、债权债务同归于一人为具体行为描述,而第六项则以定性的方式概括描述了债权债务终止适用于法定的其他情形和约定的其他情形。

前五项在实务中有许多注意事项,最后一项中的"当事人约定终止的其他情形"在实务中有更广泛的运用空间。

(一)债务履行完毕

法律上对于法人、非法人组织民事主体之间的债务履行完毕没有要求,通常由合同主体按照内部规定处理。因为这两类主体在合同履行方面的管理相对规范,其合同原件、银行付款记录、收货签收单等记录均可证明债务已经履行完毕。

但当一方为自然人甚至双方均为自然人时,对于债务的履行常常会出现"口说无凭"的情况。因此,无论是哪一类交易民事主体,如果在履行债务过程中没有可以成立的凭证、记录等证据,则需要通过签订协议或签署收条、收据等方式证明债务履行完毕,以免因缺乏记录、经办人变更等原因再次产生波折。

(二)债务相互抵销

债权人与债务人的债务抵销,主要适用《民法典》(2020年)第五百六十八条的相同债务的法定抵销,和第五百六十九条的不同债务的协商抵销。如果存在债权转让、债务转移的情形,还要遵守第五百四十九条关于债务人向债权受让人抵销、第五百五十三条关于新债务人不得以原债务人对债权人债权抵销的规定。

《合同编通则司法解释》(2023年)在"七、合同的权利义务终止"中,对于抵销权问题也有诸多解释,需要关注。

关于抵销权的更多内容,详见对《民法典》(2020年)第五百六十八条、第五百六十九条的解读。

1. 抵销成立时的债权后果

如果通过诉讼解决争议,依照《合同编通则司法解释》(2023年)的规定,抵销权成立时双方同等数额内的主债务、从债务一并消灭。即:

第五十五条 当事人一方依据民法典第五百六十八条的规定主张抵销,人民法院经审理认为抵销权成立的,应当认定通知到达对方时双方互负的主债务、利息、违约金或者损害赔偿金等债务在同等数额内消灭。

2. 抵销权的抵销顺序

如果行使抵销权时债权不足以抵销全部债务,《合同编通则司法解释》(2023年)第五十六条规定了相关的抵销顺序,分别按《民法典》(2020年)第五百六十条关于数项债务的清偿顺序、第五百六十一条关于从债务的履行顺序的相关规定处理。即:

第五十六条 行使抵销权的一方负担的数项债务种类相同,但是享有的债权不足以抵销全部债务,当事人因抵销的顺序发生争议的,人民法院可以参照民法典第五百六十条的规定处理。

行使抵销权的一方享有的债权不足以抵销其负担的包括主债务、利息、实现债权的有关费用在内的全部债务,当事人因抵销的顺序发生争议的,人民法院可以参照民法典第五百六十一条的规定处理。

依照该司法解释指向的《民法典》(2020年)第五百六十条,债务人的给付不足以清偿全部债务时,有约定按约定、没有约定按债务人指定、没有债务人指定时按该条第二款规定的顺序。即:

第五百六十条 债务人对同一债权人负担的数项债务种类相同,债务人的给付不足以清偿全部债务的,除当事人另有约定外,由债务人在清偿时指定其履行的债务。

债务人未作指定的,应当优先履行已经到期的债务;数项债务均到期的,优先履行对债权人缺乏担保或者担保最少的债务;均无担保或者担保相等的,优先履行债务人负担较重的债务;负担相同的,按照债务到期的先后顺序履行;到期时间相同的,按照债务比例履行。

依照该司法解释指向的《民法典》(2020年)第五百六十一条,当债务人的给付不足以清偿全部债务时,按照实现债权的有关费用、利息、主债务的顺序履行。即:

第五百六十一条　债务人在履行主债务外还应当支付利息和实现债权的有关费用,其给付不足以清偿全部债务的,除当事人另有约定外,应当按照下列顺序履行:

(一)实现债权的有关费用;

(二)利息;

(三)主债务。

3. 超过诉讼时效的抵销

如果用于抵销的债权已经超过诉讼时效,依照该司法解释的规定,对方提出抗辩时无法抵销、对方主动主张抵销时可以抵销。即:

第五十八条　当事人互负债务,一方以其诉讼时效期间已经届满的债权通知对方主张抵销,对方提出诉讼时效抗辩的,人民法院对该抗辩应予支持。一方的债权诉讼时效期间已经届满,对方主张抵销的,人民法院应予支持。

4. 不予支持的抵销

该司法解释中,还规定了侵害人身权益、故意或重大过失侵害他人财产权益的损害赔偿债务不可抵销。即:

第五十七条　因侵害自然人人身权益,或者故意、重大过失侵害他人财产权益产生的损害赔偿债务,侵权人主张抵销的,人民法院不予支持。

(三)依法将标的物提存

"债务人依法将标的物提存"是本条第一款第(三)项规定的债权债务终止情形。对于提存的程序和后果,《民法典》(2020年)第五百七十条至第五百七十四条有详细规定,而其他法律或司法解释进行了非常详尽的补充。

1. 提存的成立与后果

提存的成立基于标的物或标的物转换成的价款被交付给提存部门,其后果是视为已经在提存范围内履行。对此,《民法典》(2020年)规定了提存成立的时间、后果。即:

第五百七十一条　债务人将标的物或者将标的物依法拍卖、变卖所得价款交付提存部门时,提存成立。

提存成立的,视为债务人在其提存范围内已经交付标的物。

"提存部门",是指依法受理提存事宜的相关机构。依据《公证法》(2017年修正)第十二条第一款第(二)项的规定,公证机构可以"根据自然人、法人或者其他组织的申请",办理提存业务。

同时,根据《民诉法司法解释》(2022年修正)第一百五十九条的规定:"债务人的财产不能满足保全请求,但对他人有到期债权的,人民法院可以依债权人的申请裁定该他人不得对本案债务人清偿。该他人要求偿付的,由人民法院提存财物或者价款。"

2.提存后的通知义务

债务人将标的物依法提存后,应及时通知债权人或相关人,以完成提存程序、避免损失扩大。依据《民法典》(2020年)第五百七十二条:"标的物提存后,债务人应当及时通知债权人或者债权人的继承人、遗产管理人、监护人、财产代管人。"

3.提存物的领取

提存完成后,如果不涉及与债务人的其他债权债务,债权人原则上可随时领取提存物。如果债权人未履行对债务人的到期债务,甚至可以由债务人领取提存物。《民法典》(2020年)规定了债权人、债务人领取提存物的规则:

第五百七十四条　债权人可以随时领取提存物。但是,债权人对债务人负有到期债务的,在债权人未履行债务或者提供担保之前,提存部门根据债务人的要求应当拒绝其领取提存物。

债权人领取提存物的权利,自提存之日起五年内不行使而消灭,提存物扣除提存费用后归国家所有。但是,债权人未履行对债务人的到期债务,或者债权人向提存部门书面表示放弃领取提存物权利的,债务人负担提存费用后有权取回提存物。

(四)债权人免除债务

债权人免除债务人债务可有多种原因。通常情况下的债务免除是基于对债务人履行能力的谅解,有的免除则是由于在其他方面得到了补偿。法律并未禁止以附条件的方式免除债务,附条件地免除债务往往更有利于保护债权人的利益。

依据《民法典》(2020年)第一百五十八条,"民事法律行为可以附条件,但是根据其性质不得附条件的除外"。因此,只要不是"根据其性质不得附条件"的情形,债权人完全可以为债务免除附加条件。

例如,双方可以约定以债务人全面履行双方间其他合同为前提免除其债务,一旦债务人未能全面履行其他合同,则免除失效、仍由债务人承担违约责任。

对于债务免除,债务人可以在合理的期限内拒绝,以便在决定前充分考虑总体上的利弊,避免因接受免除而带来更多不利后果。《民法典》(2020年)第五百七十五条规定:"债权人免除债务人部分或者全部债务的,债权债务部分或者全部终止,但是债务人在合理期限内拒绝的除外。"

债务人应当争取要求债权人以协议书、通知书等正式且可保留证据的方式免除债务,否则应要求债权人归还借据等债权凭证以示债的消灭。留有债务免除的证据,可以充分证明后续不再履行的合法性,避免因证据不足而被要求继续履行或承担违约责任。

(五)债权债务同归于一人

债权债务因兼并、收购、资产重组等原因而同归于一人时,除了财务处理,并不需要向其他方证明债的消灭。但这种债权债务同归于一人,如果涉及损害第三人利益的情形,则很有可能无法实现债权债务终止的后果。

依据《民法典》(2020年)第五百七十六条的规定:"债权和债务同归于一人的,债权债务终止,但是损害第三人利益的除外。"而该法第一百三十二条也规定:"民事主体不得滥用民事权利损害国家利益、社会公共利益或者他人合法权益。"

如果债权债务同归于一人涉嫌基于恶意串通产生,则此类行为无效。为此,《民法典》(2020年)第一百五十四条规定:"行为人与相对人恶意串通,损害他人合法权益的民事法律行为无效。"

对于"滥用民事权利",《总则编司法解释》(2022年)有专门的解读,即:

第三条　对于民法典第一百三十二条所称的滥用民事权利,人民法院可以根据权利行使的对象、目的、时间、方式、造成当事人之间利益失衡的程度等因素作出认定。

行为人以损害国家利益、社会公共利益、他人合法权益为主要目的行使民事权利的,人民法院应当认定构成滥用民事权利。

构成滥用民事权利的,人民法院应当认定该滥用行为不发生相应的法律效力。滥用民事权利造成损害的,依照民法典第七编等有关规定处理。

这里的"民法典第七编",是指《民法典》(2020年)中的"第七编　侵权责任"。该编以十章的内容规定了侵权责任的责任认定、分配等规则。

(六)法定或约定的其他终止情形

"法律规定"的"终止(债权债务)的其他情形"是指在本条普适性的规定之外,针对某些具体合同或某些具体情形而规定的债权债务终止情形,散见于《民法典》(2020年)及其他法律的条款中。《民法典》(2020年)直接规定具体合同的权利义务终止的情形并不多,主要体现在委托合同的终止、物业服务合同的终止等。

由于调整范围的不同,其他法律规定债权债务终止的可能性不大。但某些行业出于规范经营行为的管理需要,完全有可能规定某类民事行为终止。对于这类情形,只能在涉及某些行业的交易时通过查询加以核实。

"当事人约定终止(债权债务)的其他情形"包括了所有由当事人自行约定的终止债权债务的情形,即使本条规定并未列举任何当事人约定终止债权债务的情形。因此在约定终止债权债务情形时,存在广泛的应用空间。

《民法典》(2020年)中与此有关的是第一百五十八条中对于附条件民事法律行为的规定:"民事法律行为可以附条件,但是根据其性质不得附条件的除外。附生效条件的民事法律行为,自条件成就时生效。附解除条件的民事法律行为,自条件成就时失效。"

在前五种债权债务终止中,除"债务已经履行"外,"债务相互抵销""债务人依法将标的物提存""债权人免除债务""债权债务同归于一人"均存在债权债务部分消灭、部分仍旧存在的情形,剩余部分的债权债务仍需按常规方式处理。

二、解除合同时的相关事项

合同解除属于债权债务终止的一种特殊类型。因为其他的债权债务终止都发生在法定或约定的条件成就时,而合同解除则是除前述债权债务自然终止情形外通过人为干预提前终止双方间的债权债务。

当合同因客观原因无法继续履行或履行结果会非常不利时,及时解除合同能够有效防止损失扩大。但除非双方均有解除合同的意愿,否则主张解除的一方往往需要付出一定的代价以弥补对方损失以获得对方的同意。在法律层面,合同中可以约定许多与解除合同相关的条款,以便在需要时可以顺利解除合同。

(一)《民法典》对合同解除的要求

在《民法典》(2020年)中,从第五百六十二条到第五百六十七条的6条内容规定了合同解除的各方面要求。这些规定既包括合同解除的程序处理也包括实体权利的分配,其中许多方面可通过人为约定改善解除合同时的处境。

1. 解除权行使期限

许多当事人在实际履行合同过程中,面对不利于继续履行的因素往往会难以决断,导致合同履行的结果不确定,这种不确定性也会引起相对方经营决策的不确定。为合同约定某种事由发生后一方解除合同的期限,则可以在一定程度上排除这种不确定性。

《民法典》(2020年)第五百六十四条第一款规定:"法律规定或者当事人约定解除权行使期限,期限届满当事人不行使的,该权利消灭。"当然,这种解除期限的约定并不能绝对阻止一方当事人在解除期限届满后提出解除合同。因此针对这种情形另一方可主张继续履行,或是承担更多的违约责任、赔偿责任。

实务中还要注意没有约定解除权行使期限时的处理,《民法典》(2020年)第五百六十四条第二款规定:"法律没有规定或者当事人没有约定解除权行使期限,自解除权人知道或者应当知道解除事由之日起一年内不行使,或者经对方催告后在合理期限内不行使的,该权利消灭。"因此在实务中,己方应及时行使解除权,对方可催告其行使。

2. 解除通知与生效时间

如果是单方决定解除合同,则需要通知另一方。这种通知属于法定要求,同时也是避免对方损失扩大的合理措施。因为合同解除后,当事人因履行合同遭受的损失可要求对方赔偿。而解除通知到达的时间也是合同解除的时间,对方当事人有义务采取措施避免损失扩大。

对此,《民法典》(2020年)第五百六十五条规定:"当事人一方依法主张解除合同的,应当通知对方。合同自通知到达对方时解除;通知载明债务人在一定期限内不履行债务则合同自动解除,债务人在该期限内未履行债务的,合同自通知载明的期限届满时解除。对方对解除合同有异议的,任何一方当事人均可以请求人民法院或者仲裁机构确认解除行为的效力。

当事人一方未通知对方,直接以提起诉讼或者申请仲裁的方式依法主张解除合同,人民法院或者仲裁机构确认该主张的,合同自起诉状副本或者仲裁申请书副本送达对方时解除。"

在实际操作中,许多合同直接约定类似于"债务人在一定期限内不履行债务则合同自动解除"的条款,可视作本条第一款第(六)项规定的关于双方债权债务"当事人约定终止的其他情形"。

3. 合同解除的善后处理

合同解除后,原合同的权利义务关系终止,后续工作是善后处理。但依据《民法典》(2020年)第五百六十七条的规定:"合同的权利义务关系终止,不影响合同中结算和清理条款的效力。"

通常情况下,合同解除主要由双方协商解决。这种协商解决多以双方都能接受为前提,并不需要讨论太多的法律责任。只有双方的协商无法达成一致而只能通过诉讼或仲裁解决时,责任分配的法律界限才至关重要。对于合同解除的后果,《民法典》(2020年)第五百六十六条第一款规定:"合同解除后,尚未履行的,终止履行;已经履行的,根据履行情况和合同性质,当事人可以请求恢复原状或者采取其他补救措施,并有权请求赔偿损失。"而对于可能的合同解除,双方可以事先在合同中约定损失的范围、赔偿损失的计算方法以锁定风险范围。

除此之外,第五百六十六条的第二款、第三款分别规定"合同因违约解除的,解除权人可以请求违约方承担违约责任,但是当事人另有约定的除外"以及"主合同解除后,担保人对债务人应当承担的民事责任仍应当承担担保责任,但是担保合同另有约定的除外"。因此,在主合同中应当明确是否需要追究违约责任,在担保合同中应当明确是否仍应承担担保责任。

(二)司法解释对合同解除的规定

对于合同解除,《合同编通则司法解释》(2023年)对于审判实践中可能遇到的具体问题给出了统一的认定方式与处理意见。处理合同事务时,需要充分考虑这些司法解释的规定以确保交易安全。

1. 合同解除基于意思表示

按照相关司法解释的规定,是否解除合同主要依据双方的意思和行为表明的意思表示而不是仅凭合同约定。解除合同的意思表示明确则合同解除,未尽事宜依照法律规定处理。该条司法解释规定如下:

第五十二条　当事人就解除合同协商一致时未对合同解除后的违约责任、结算和清理等问题作出处理,一方主张合同已经解除的,人民法院应予支持。但是,当事人另有约定的除外。

有下列情形之一的,除当事人一方另有意思表示外,人民法院可以认定合同解除:

(一)当事人一方主张行使法律规定或者合同约定的解除权,经审理认为不符合解除权行使条件但是对方同意解除;

(二)双方当事人均不符合解除权行使的条件但是均主张解除合同。

前两款情形下的违约责任、结算和清理等问题,人民法院应当依据民法典第五百六十六条、第五百六十七条和有关违约责任的规定处理。

这里的"民法典第五百六十六条、第五百六十七条",在前面已经分别提及。"有关违约责任的规定",则在合同编通则部分的最后一章"第八章　违约责任"中。

2. 合同解除的判断及后果

最高人民法院在关于《民法典》(2020年)合同编的司法解释中,还规定了一方以通知方式解除合同时对于合同是否解除的认定以法律规定及合同约定为依据。相关规定为:

第五十三条 当事人一方以通知方式解除合同,并以对方未在约定的异议期限或者其他合理期限内提出异议为由主张合同已经解除的,人民法院应当对其是否享有法律规定或者合同约定的解除权进行审查。经审查,享有解除权的,合同自通知到达对方时解除;不享有解除权的,不发生合同解除的效力。

3. 合同解除的生效时间

如果一方当事人以起诉的方式主张解除合同,但起诉以后撤诉、撤诉后再次起诉主张解除合同的,按照《合同编通则司法解释》(2023年)的规定处理,如果人民法院审理后认定主张成立,则诉讼文书送达和自行通知分别为不同的解除时间。

第五十四条 当事人一方未通知对方,直接以提起诉讼的方式主张解除合同,撤诉后再次起诉主张解除合同,人民法院经审理支持该主张的,合同自再次起诉的起诉状副本送达对方时解除。但是,当事人一方撤诉后又通知对方解除合同且该通知已经到达对方的除外。

《民法典》(2020年)本条规定汇集了债权债务终止的各类情形,并包括合同解除的权利义务终止。这些终止情形在《民法典》(2020年)合同编通则部分均有对应的专门条款,条款的序号在对本条款的解读中也均有提及,更多内容详见对应条款。

债权债务终止规则由法律确定,能够通过合同解决的情况十分有限。但可以熟悉本条解读中汇总的各类规则,并在设计相关合同条款时加以运用。

096. 第五百五十八条 〔债权债务终止后的义务〕

债权债务终止后,当事人应当遵循诚信等原则,根据交易习惯履行通知、协助、保密、旧物回收等义务。

【合同实务解读】

本条规定了债权债务终止后,双方应依照诚信等原则以及交易习惯履行债权债务终止后的各项义务。

债权债务终止后,当事人之间仍旧存在一定的法定义务,包括但不限于附随义务等本条所提及的法定义务,如通知、协助、保密、旧物回收等。这些义务可以事先在合同中事无巨细地加以约定,但在权利义务更为明确的同时也会增加交易成本。以法律形式确定下来,则不再需要——列举和约定。

"遵循诚信等原则"是因为要遵循的原则不止诚信原则。而在这一原则性规定中,"诚信"源于《民法典》(2020年)第七条规定的"民事主体从事民事活动,应当遵循诚信原则,秉持诚实,恪守承诺","旧物回收"则属于《民法典》(2020年)第九条规定的"绿色原则",即"民事主体从事民事活动,应当有利于节约资源、保护生态环境"。

同时,本条规定也符合《民法典》(2020年)第五百零九条第二款、第三款关于合同附随义务履行、环保方面的原则性规定,即:"当事人应当遵循诚信原则,根据合同的性质、目的和交易习惯履行通知、协助、保密等义务。当事人在履行合同过程中,应当避免浪费资源、污染环境和破坏生态。"

"根据交易习惯履行",是指根据双方之间形成的交易习惯或所在行业、地域的交易习惯履行。依据《合同编通则司法解释》(2023年)第二条的规定:"下列情形,不违反法律、行政法规的强制性规定且不违背公序良俗的,人民法院可以认定为民法典所称的'交易习惯':

(一)当事人之间在交易活动中的惯常做法;

(二)在交易行为当地或者某一领域、某一行业通常采用并为交易对方订立合同时所知道或者应当知道的做法。

对于交易习惯,由提出主张的当事人一方承担举证责任。"

"保密"义务则涉及其他条款更为严格的规定。《民法典》(2020年)第五百零一条规定:"当事人在订立合同过程中知悉的商业秘密或者其他应当保密的信息,无论合同是否成立,不得泄露或者不正当地使用;泄露、不正当地使用该商业秘密或者信息,造成对方损失的,应当承担赔偿责任。"这一规定并不区分是否履行完毕,甚至并不区分是否订立合同,如有违反并造成损失即应承担赔偿责任。

"旧物回收等义务"源于本编"第九章 买卖合同"。第六百二十五条规定:"依照法律、行政法规的规定或者按照当事人的约定,标的物在有效使用年限届满后应予回收的,出卖人负有自行或者委托第三人对标的物予以回收的义务。"

由于《民法典》(2020年)第六百四十六条规定了:"法律对其他有偿合同有规定的,依照其规定;没有规定的,参照适用买卖合同的有关规定。"因此买卖合同章的这一规定,对所有有偿合同均有普适性。

因此,即使债权债务终止,当事人之间仍有以附随义务为代表的后合同义务,需要依照诚信等原则和交易习惯履行,同时还要秉承绿色原则。如果违反这些法定义务而给对方造成损失,则有承担赔偿责任的风险。

【风险点及建议】

同本条规定相关的法律风险,是在债权债务终止后,未遵循诚信等原则,根据交易习惯履行通知、协助、保密、旧物回收等义务。

债权债务终止后的后合同义务常常被当事人忽略。一是后合同义务主要是根据交易习惯履行、少部分按法律规定,而交易习惯往往并非严谨、细致的规范,难以保证面面俱到。二是人们的日常观念中往往认为合同权利义务终止后双方之间不再有义务。三是保密义务等附随义务往往不为企业人员所知,因而也就无从遵守。

如果需要避免此类情形出现,则需要在合同条款中增加更多、更细的内容。这对于金额高、履行期限长、履行过程复杂的交易很有必要。主要措施有:

1. 交易习惯条款化

由于"交易习惯"不成文,因此其规范性较弱。而为了规范合同的履行、明确权利义务,可将交易习惯中最为核心的要求作为合同条款列入文本,使交易习惯转化为成文的合同权利义务,既便于履行又便于监督履行情况。

2. 附随义务条款化

"通知、协助、保密"等义务也可以写入合同条款,便于双方的合同履行人员了解相关的义务并依照合同约定履行。某些合同会有非常具体的通知、协助、保密等要求,包括内容、时限等。如果并不需要特别具体,可作笼统约定以示强调。

3. 后期义务条款化

对于"旧物回收等义务",可以借鉴"履约保证金"的模式加以约定,使之成为从合同义务。即在合同中约定结算时保留一定比例的尾款,直到后续义务完全履行完毕时归还,从而起到敦促售后服务、延长合同义务期的作用。

097. 第五百五十九条 〔债权债务终止时的从权利〕

债权债务终止时,债权的从权利同时消灭,但是法律另有规定或者当事人另有约定的除外。

【合同实务解读】

本条是对债权债务终止时债权从权利效力的规定,除法律另有规定或当事人另有约定外,债权从权利随债权债务一并消灭。

"债权的从权利",是与债权关联、依附于债权存在的民事权利。例如,抵押权、质押权等从权利均依附于物权,而代位权、撤销权、留置权、损害赔偿请求权、违约责任请求权等从权利均基于债权。

债权从权利的产生和存在基于债权主权利的产生和存在,不能独立于债权主权利,也大多随着主权利一起无效或消灭。只有法律另有规定或当事人另有约定时,才可另行处理。

"法律另有规定或者当事人另有约定的除外",是指法律规定或当事人约定债权债务终止时债权从权利并不随之消灭的规定或约定。对于前者,《民法典》(2020年)中对于担保制度的规定即为"另有规定"的情形。即:

第五百六十六条　合同解除后,尚未履行的,终止履行;已经履行的,根据履行情况和合同性质,当事人可以请求恢复原状或者采取其他补救措施,并有权请求赔偿损失。

合同因违约解除的,解除权人可以请求违约方承担违约责任,但是当事人另有约定的除外。

主合同解除后,担保人对债务人应当承担的民事责任仍应当承担担保责任,但是担保合同另有约定的除外。

除此之外,合同解除后解决争议条款依旧合法有效,也是一种从权利不随债权债务终止的情形。

当事人另有约定的情形则完全靠当事人自行设定,即自行约定从权利在债权债务终止后是否仍旧存在。这种约定属于民法体系中强调的自愿原则,在《民法典》(2020年)中体现为第五条:"民事主体从事民事活动,应当遵循自愿原则,按照自己的意思设立、变更、终止民事法律关系。"

例如,有些工业设备买卖合同中约定,合同履行完毕后仍由卖方继续提供为期两年的免费检测服务。

由此可知,债权债务的终止并不是所有权利义务的结束。不仅存在《民法典》(2020年)第五百五十八条以及其他条款规定的法定后合同义务,还存在本条所规定的债权从权利方面的义务,以及其他法律条款规定的义务。而在合同实务领域,也有许多看似无法实现的约定可以找到法律依据并得到法律上的支持。

【风险点及建议】

同本条规定相关的法律风险,是债权人未根据法律规定或未与债务人约定在债权债务终止后仍旧享有债权从权利、关于债权债务终止后继续享有债权从权利的约定不合法,以及在债权债务终止后怠于行使债权从权利。

债权债务终止后债权从权利是否随债权债务一并消灭的问题虽然并不多见,但当事人双方均应重视其实用价值。因为在合同权利义务关系中,当事人双方互为债权人和债务人,均可利用这一规定实现其交易利益最大化。

例如,买方有向卖方主张标的物的权利也有向卖方支付价款的义务,而卖方有向买方履行的义务也有向买方主张价款的权利。纯粹的一方只有债权而无债务的情形,只有其他条款已经履行完毕后买方拖欠货款或卖方未能交货的情形。

因此,对于合同权利义务的约定范围不应仅限于债权债务终止时止,而是完全可以延伸到合同终止之后。通过约定债权债务终止后债权从权利由债权人继续享有,进一步维护交易利益。

098. 第五百六十条 〔数项债务的清偿顺序〕

债务人对同一债权人负担的数项债务种类相同,债务人的给付不足以清偿全部债务的,除当事人另有约定外,由债务人在清偿时指定其履行的债务。

债务人未作指定的,应当优先履行已经到期的债务;数项债务均到期的,优先履行对债权人缺乏担保或者担保最少的债务;均无担保或者担保相等的,优先履行债务人负担较重的债务;负担相同的,按照债务到期的先后顺序履行;到期时间相同的,按照债务比例履行。

【合同实务解读】

本条规定了债务人对同一债权人负担数项同类债务且给付不足以清偿全部债务时的履行顺序确定原则和适用顺序。

债务人对同一债权人负担数项同类债务且给付金额不足以清偿全部债务的情形并不罕见,企业在同一银行有多笔贷款同时到期即是如此。在这类情形中,借款人有数笔贷款需要归还,但手中的款项并不足以清偿所有欠款,属于典型的"债务人对同一债权人负担的数项债务种类相同,债务人的给付不足以清偿全部债务的"

情形,因此涉及本条的规定。

"除当事人另有约定外,由债务人在清偿时指定其履行的债务",事实上规定了"当事人另有约定"属于第一优先级的履行顺序。这种对于债务人的给付不足以清偿时的履行顺序方面的约定并不罕见,许多借款合同中早已约定了履行的顺序。由于银行相对于企业处于较为优势的交易地位,与企业之间的借款合同也绝大多数为格式条款,因此其合同条款往往对银行比较有利,包括对清偿顺序的约定。只有银行与借款企业之间没有约定清偿顺序时,才存在"由债务人在清偿时指定其履行的债务"的情形。

"由债务人在清偿时指定其履行的债务"时,债务人往往会选择对其最为有利的方式清偿。例如,清偿某个金额较小、能够结清的贷款以减少违约合同数量,或是清偿利息较高的债务以降低利息负担,或是清偿某笔贷款以解除相应担保责任等。只要是债务之间存在着利率、担保、违约金等方面的差异,双方都会作出对己方最为有利的选择。

当债务清偿顺序既无合同约定又无债务人指定时,才适用本条第二款规定的默认规则。经过整理,该第二款规定的默认履行顺序分为以下几个层面:

1. 到期债务优先

数项债务中,优先履行已经到期的债务。到期债务如不履行则构成违约,而未到期债务则可到期后再履行。

2. 缺乏担保优先

债务均已到期,优先履行对债权人缺乏担保或者担保最少的债务。这一履行顺序主要是保护债权人利益,以降低因担保不足而引发的风险。

3. 负担较重优先

均无担保或者担保相等的,优先履行债务人负担较重的债务。利率、违约金、担保成本越高则债务人负担越重,降低债务人负担即降低债权人的风险。

4. 到期顺序优先

债务负担相同的,按照债务到期的先后顺序履行。当前述各类优先清偿债务的标准相同时,则按先到期先履行的顺序履行债务。

5. 债务等比分配

数笔债务的到期时间相同,按照债务比例履行。出现此类情形的概率通常很低,即所有条件均相同时按照债务比例清偿债务。

【风险点及建议】

同本条规定相关的法律风险,是债权人在合同中并未约定清偿顺序、债务人并未指定清偿的债务,以及因未按本条规定的顺序履行而导致损失。

债务清偿顺序涉及债务余额、违约责任和损失赔偿额,直接关系到债权人和债务人的利益,在典型的以金钱履行的债务清偿过程中尤其如此。因此债权人与债务人都希望能够在合同中约定对自己有利的清偿顺序,债务人希望借此减轻自己的负担、债权人希望借此增加收益。

例如,债务人希望优先归还本金以减少今后产生的利息,债权人则希望优先归还利息以便本金不断产生新的利息。但合同中最终会选择哪种方案,取决于双方的交易地位。处于优势交易地位的一方,往往可使合同最终条款对己方有利。

本条款对于清偿顺序决定权的规定符合商业习惯。当债务人的给付不足以清偿全部数项债务时的清偿顺序,是双方在合同约定中力争的焦点。而当合同中对此没有约定时,法律赋予了债务人选择以对其最为有利的方式指定其履行的债务及顺序的权利。如果债务人未指定,则适用本条第二款规定的顺序。熟悉本条款规定,则可以在整个环节中尽可能抓住机会。

但债务人应当履行的不只是主债务,必然还有利息、履行费用等,同样会有履行顺序问题。对此,《民法典》(2020年)还规定了需要同时履行主债务和从债务时,如果当事人没有另外约定则应当遵守的履行顺序,即:

第五百六十一条 债务人在履行主债务外还应当支付利息和实现债权的有关费用,其给付不足以清偿全部债务的,除当事人另有约定外,应当按照下列顺序履行:

(一)实现债权的有关费用;

(二)利息;

(三)主债务。

099. 第五百六十一条 〔主从债务的履行顺序〕

债务人在履行主债务外还应当支付利息和实现债权的有关费用,其给付不足以清偿全部债务的,除当事人另有约定外,应当按照下列顺序履行:

(一)实现债权的有关费用;

> （二）利息；
> （三）主债务。

【合同实务解读】

本条规定了债务人的给付不足以清偿全部债务且在主债务外还应支付利息和有关费用时，除另有约定外，按照实现债权的费用、利息和主债务的顺序履行。

《民法典》（2020年）第五百六十条规定的是债务人的给付不足以全部清偿数项债务时的清偿顺序，本条规定的则是不足以同时清偿费用、利息、本金时的清偿顺序。

"实现债权的有关费用"，是指由于债务人在履行期限届满后未履行或未全面履行债务，债权人为实现其债权而支出的、法律能够支持其赔偿主张的费用。这种费用的产生及产生的金额，取决于债权人实现债权的具体过程。

如果是通过诉讼或仲裁解决，调查取证会产生交通、住宿、公证、查询、复制、鉴定、评估等费用，诉讼或仲裁程序产生诉讼费、仲裁费、合理的律师费、执行费等，处理资产会产生通知、催告、拍卖、变卖等费用。

"利息"，是一定期间内的资金使用费，有广义与狭义之分。狭义的利息仅指贷款期内或存款期内的利息，其计算方式为"本金×利率"。而广义的利息则包括罚息，即贷款逾期后加收的惩罚性利息。处理债权债务过程中的利息，通常既包括期内的利息又包括逾期后的罚息。

"主债务"在债权债务理论中，是基础性的、可独立于其他权利存在的债务。基于各类典型合同的基础法律关系产生、与标的本身密切相关的债务就是主债务。本条中"实现债权的有关费用""利息""主债务"的表述方式使得其内容更适合借款类合同，但其中的本金毫无疑问属于"主债务"，其他两项即为从债务。

按照本条规定的顺序履行的前提，是"其给付不足以清偿全部债务的"且"除当事人另有约定外"，两个前提缺一不可。其中的"除当事人另有约定外"尤为重要，有了当事人的约定则无须按照本条规定的履行顺序执行。

通常情况下的清偿顺序正是本条所规定的实现债权的有关费用、利息、主债务。如果认同这一顺序则合同中并不需要另行约定清偿顺序。如有特别的需要，例如合同外的其他事实，则可事先约定所需的履行顺序。

【风险点及建议】

同本条规定相关的法律风险,是债权人在主债务外未依法要求债务人承担利息和实现债权的有关费用,以及债权人在债务人的给付不足以清偿全部债务且无另外约定时未要求债务人按法定的实现债权的有关费用、利息、主债务的顺序履行。

由债务人在履行主债务之外支付利息和实现债权的有关费用,是对债权人利益的保护,也是对债务人未能按照约定履行债务的惩罚性措施。实务中的债权债务终止或合同权利义务终止都很容易产生这两种费用,但只有涉及这两种费用且"其给付不足以清偿全部债务"时,如果没有其他约定才按法定顺序履行。

"利息"和"实现债权的有关费用"虽有本条法律加以保护,但具体的利息计算方法,以及实现债权费用的范围仍需当事人自行约定,而且是合同实务中需要经常加以约定、细化的内容。

其中,"利息"的利率计算方式需要保持在合法范围之内。根据中国人民银行银办函〔2001〕182号《中国人民银行办公厅关于高利贷认定标准问题的函》的规定,"借贷利率高于法律允许的金融机构同期、同档次贷款利率(不含浮动)3倍的为高利借贷行为"。

而"实现债权的有关费用"由于没有明确的法定标准,同样可以在合同中加以约定。通常包括调查取证产生的费用、差旅费、鉴定评估费、公证费、诉讼费、执行费等,还可以约定合理的律师费用。理论上,只要是实现债权的正常活动中产生的、用于为实现债权而开展的各项工作的费用均可入列,但最终以人民法院的认定结果为准。

这里的"除当事人另有约定外",仍旧说明了约定权的重要性。即债权人与债务人可以自行约定履行的顺序,甚至以协商的方式对实现债权的有关费用以及利息进行减免。这可以在双方设立的债权债务合同之中,也可以在实际履行债务时加以约定,这些约定均可优先于本条所规定的法定顺序执行。

〔第二部分　合同的解除〕

> **100. 第五百六十二条　〔合同的合意解除〕**
>
> 当事人协商一致，可以解除合同。
>
> 当事人可以约定一方解除合同的事由。解除合同的事由发生时，解除权人可以解除合同。

【合同实务解读】

本条规定了协商、约定这两种解除合同的方式，一种以随时协商的方式解除、一种在事先约定的事由成就时解除。

解除合同是合同主体最为重要的权利之一。当合同的履行或继续履行已经无法实现交易目的时，解除合同是最简单的止损措施，协商解除是最为常见的解决方案，约定解除是合同具有前瞻性的标志之一。

一、协商解除

协商解除，是指在合同生效之后、履行完毕之前由双方当事人通过协商一致的方式解除合同。

在合同实践中，"协商一致"不仅是《民法典》（2020年）第五条规定的自愿原则的实际运用，也是解决合同签订履行过程中所有问题最简单实用的途径。只要双方达成一致且不违反法律、不损害第三方利益，几乎可以解决所有问题。合同编中的"约定""协商一致"，无论意思还是意义都近乎等同。

二、约定解除

合同的约定解除，是由当事人双方在合同中约定当某种事由出现时，一方或双方有权解除合同。"约定一方解除合同的事由"，是约定解除的基本特征。

合同的约定解除相当于依据合同中所附的解除条件解除合同。依据《民法典》（2020年）第一百五十八条的规定：<u>民事法律行为可以附条件，但是根据其性质不得附条件的除外。附生效条件的民事法律行为，自条件成就时生效。附解除条件的民事法律行为，自条件成就时失效。</u>而在"解除合同的事由发生时"，当事人解除合同的条件虽已成就,但是否解除基于自身利益的权衡。

三、需要批准的解除

需要注意的是,并非所有合同自双方协商一致或约定的解除合同事由发生时即可解除。某些合同基于法律规定,需要经过批准方可变更、解除。《民法典》(2020年)第五百零二条规定:"依法成立的合同,自成立时生效,但是法律另有规定或者当事人另有约定的除外。

依照法律、行政法规的规定,合同应当办理批准等手续的,依照其规定。未办理批准等手续影响合同生效的,不影响合同中履行报批等义务条款以及相关条款的效力。应当办理申请批准等手续的当事人未履行义务的,对方可以请求其承担违反该义务的责任。

依照法律、行政法规的规定,合同的变更、转让、解除等情形应当办理批准等手续的,适用前款规定。"

本条规定的协商解除、约定解除也常被称为合意解除,以这类方式解除合同的依据是双方当事人的合意。与合意解除相对的是法定解除,其解除合同的依据是《民法典》(2020年)第五百六十三条规定的各类法定事由。

【风险点及建议】

同本条规定相关的法律风险,是双方以协商解除或约定解除的方式解除了依照法律、行政法规需要办理批准手续方可解除的合同,或是合同中未就某些高概率发生的情形约定解除合同条款。

合意解除中的协商解除和约定解除各有用途。前者灵活方便随时可以实施,但往往因为未能有言在先而面临谈判上的困难。后者需要有一定的前瞻能力,约定相对复杂,但在约定情形发生时依约而行比较方便。前者先易后难,后者先难后易。

一、协商解除

合同的协商解除对于双方当事人都是简单、高效的合同问题解决之道,但更需要关注合同解除方面的法律风险。

首先,是要准备好利益妥协。协商解除没有事先的约定作为基础,双方对于合同解除缺乏心理预期。同时,解除也会打乱原有的生产经营安排并造成一定的损失,而且属于合同签订后的变更,需要双方同意。因此按照通常的商业惯例,主动提出解除合同的一方往往需要在利益上作出让步,以便顺利就解除合同达成一致。

其次,是合同解除方案需要尽可能周详,努力一次性解决善后处理的结算和清理等所有问题。合同解除时经常遇到已履行部分和未履行部分的处理问题,涉及诸如返还财产、折价补偿、赔偿损失、恢复原状等事宜,一切以双方能够达成利益平衡、防止损失扩大为准。

再次,需要注意解除合同是否需要批准。某些合同依照法律、行政法规的规定需要办理批准手续才能解除。但这类合同往往在其生效过程中同样需要办理批准手续,即《民法典》(2020年)第五百零二条第一款规定的"依法成立的合同,自成立时生效,但是法律另有规定或者当事人另有约定的除外"。而那些并不需要经依法批准才生效的合同,其变更、解除也大概率不需要批准。

最后,合同解除不能损害其他方利益。依据《民法典》(2020年)第一百三十二条的规定:"民事主体不得滥用民事权利损害国家利益、社会公共利益或者他人合法权益。"因合同解除而对他人合法权益产生影响,多发生在一方的债务有可能被其债权人行使撤销权或代位权的情形中。

二、约定解除

合同的约定解除需要事先设定解除条件,常被用于不确定性因素较多的合同,如履行期限较长、履行过程复杂、履行结果难以控制的交易。那些履行周期短且一次性交易的合同,通常并不需要约定合同解除条款。例如,某些店面承租合同会约定在遭遇长期路面施工影响店面经营时可以解除合同,有利于经营无法获利时可以及时止损。而即时结清的现货交易,则根本无须也不可能设立解除合同条款。

约定解除与协商解除存在很大的不同。约定解除只在条件成就时才解除,解除条件在未来可能成就也可能不成就;而协商解除则是面对不得不解除的现实状况,解除的依据并无事先约定。

由于是面向未来可能发生的解除合同需求,约定解除需要预判哪些情形会在将来对交易目的产生重大影响,包括因合同履行受到影响和外部环境发生变化等导致原来的交易目的无法实现的情形,并将这些情形的出现约定为解除合同的条件。如果这些情形在合同履行过程中并没有发生,则合同正常履行,交易目的也能够顺利实现。因此解除条件根据交易目的而设,而不仅仅是考虑对合同履行的影响。

在共同点方面,两种解除方式都需要充分考虑解除时的合同实际履行情况。

尤其是要对合同解除所涉及的各类后果、合同权利义务关系做出全面的安排,以便于处理解除后的各项事宜。

> **101. 第五百六十三条　〔合同的法定解除权〕**
>
> 有下列情形之一的,当事人可以解除合同:
> (一)因不可抗力致使不能实现合同目的;
> (二)在履行期限届满前,当事人一方明确表示或者以自己的行为表明不履行主要债务;
> (三)当事人一方迟延履行主要债务,经催告后在合理期限内仍未履行;
> (四)当事人一方迟延履行债务或者有其他违约行为致使不能实现合同目的;
> (五)法律规定的其他情形。
> 以持续履行的债务为内容的不定期合同,当事人可以随时解除合同,但是应当在合理期限之前通知对方。

【合同实务解读】

本条规定了合同的法定解除条件,包括不可抗力、预期违约、延迟履行、实际违约等情形,同时还规定了持续履行的不定期合同可采取合理期限之前提前通知的方式随时解除。

法定解除,是指依据法律直接规定的合同解除条件、规则去解除合同。合同的法定解除条件,既包括适用于所有合同的法定解除条件,也包括只适用于特定合同的法定解除条件。相对于法定解除的,是《民法典》(2020年)第五百六十二条的合意解除,包括协商解除和约定解除。

一、法定解除与合同目的

"合同目的"在本法及相关司法解释中经常出现。在本条规定中,五项法定解除条件中涉及不可抗力和实际违约的法定解除均以"不能实现合同目的"作为解除条件。但对"合同目的",目前尚无明确的立法定义或司法解释。

根据"合同目的"在本法中的使用语境,合同目的是通过合同条款内容体现出的签订、履行合同要达到的目标。尤其是当合同中并未表述签订、履行合同的目的时,合同目的可以直观、简单地理解为一方希望支付价款或报酬以获得标的物或某项工作的完成,另一方希望提供标的物或完成某项工作而获取价款或报酬。

例如,买卖合同中如果没有言明签订、履行合同的目的,则卖方的合同目的是卖出产品取得价款,买方的合同目的是支付价款得到标的物。

借用"一般目的"和"特殊目的"的提法[1],合同目的可作进一步细分以便于理解和运用。

一般的合同目的,可理解为双方当事人通过签订、履行合同而实现的、与标的有关的资源交换。即一方交付标的以获得价款或报酬,另一方支付价款或报酬以获得标的,这一点与通常的理解和前面的表述相同。

特殊的合同目的,可理解为一方或双方当事人通过签订、履行合同所要实现的目标或所要满足的需求完全在通常的资源交换之外。从这个角度理解,卖方的目的可能是亏本扩张以占领市场份额、买方的目的可能并非交易本身而只在于借此获取交易外的宣传效应等其他利益。

两种合同目的有不同的使用方式。一般的合同目的并不需要在合同中加以表述,因为它是默认的、近乎"法定"的合同目的;而特殊的合同目的如果不在合同中言明或以其他方式告知则不能作为合同目的,因为合同中体现的仍旧是一般合同目的,特殊合同目的也就无法发挥合同目的所应有的法律作用。

实际上,合同设立、变更、解除的真正动因是合同目的能否实现,合同不能正常履行只是在大多数情况下与合同目的无法实现重合,以至于合同无法如约履行常被当成解除合同的原因。

而本条第一款之所以规定"可以解除合同"而非"必须解除合同",实际上是因为应由当事人自行根据合同目的能否实现判断是否解除合同。

二、通用的几类法定解除情形

本条第一款的五种情形均为所有合同普遍适用的"当事人可以解除合同"的法定情形。之所以是"可以解除",是因为每种情形对于当事人的影响不同、当事人解除合同所要考虑的因素不同,因此应由当事人自行决定是否解除。

(一)基于不可抗力的可以解除

"因不可抗力致使不能实现合同目的"是本条款规定第一款第(一)项的法定解

---

[1] 参见江平:《中华人民共和国合同法精解》,中国政法大学出版社1999年版,第77、126页。

除理由。

"不可抗力",依据《民法典》(2020年)第一百八十条第二款的规定,"是不能预见、不能避免且不能克服的客观情况"。而遭遇不可抗力的法律后果,依据该条第一款的规定:"因不可抗力不能履行民事义务的,不承担民事责任。法律另有规定的,依照其规定。"

结合本条款规定的"当事人可以解除合同"的情形"因不可抗力致使不能实现合同目的",可知:

1."当事人可以解除合同"的情形以"因不可抗力致使不能实现合同目的"为前提,如果合同履行虽然受到不可抗力影响但不至于影响合同目的的实现,则不构成解除合同的条件。

2."当事人可以解除合同"是指在这一法定情形出现后,如果双方无法达成一致则任何一方甚至双方均有权主张解除合同并得到人民法院或仲裁机构的支持。但是否依此解除合同完全由当事人自行决定,能够达成一致也并不一定要解除合同。

3.如果法律对不可抗力另有规定,遭遇不可抗力可能仍应承担民事责任。例如,《民法典》(2020年)第五百九十条第二款规定:"当事人迟延履行后发生不可抗力的,不免除其违约责任。"

又如,《邮政法》(2015年修正)第四十八条规定的"因下列原因之一造成的给据邮件损失,邮政企业不承担赔偿责任"中,特别强调"(一)不可抗力,但因不可抗力造成的保价的给据邮件的损失除外",即邮政企业对保价邮件因不可抗力而遭受的损失承担赔偿责任。

另外,疫情期间,多家高级人民法院出具的指导意见中认为:给付金钱义务不适用不可抗力条款。尤其是当前网上银行成为主流付款方式,线上付款几乎不存在不可抗力影响。

(二)基于预期违约的可以解除

"在履行期限届满前,当事人一方明确表示或者以自己的行为表明不履行主要债务",是本条款第一款第(二)项的法定合同解除理由。

合同解除一般是在相对方出现违约情形之后,而预期违约制度的建立可使当事人在履行期限届满前就采取措施应对必然到来的对方违约的后果。"在履行期限届满前,当事人一方明确表示或者以自己的行为表明不履行主要债务",便是预期违约的两种情形。

在履行期限届满前,当事人一方"明确表示"将"不履行主要债务"的,属于明示的预期违约,"以自己的行为表明不履行主要债务"则属于默示的预期违约。两种意思表示方式,均为"当事人可以解除合同"的情形。区别只在于预期违约的取证和证明方式略有不同,默示的预期违约需要更多、更充分的证据证明对方的行为表明其不履行主要债务。

只要能够证明对方处于预期违约状态,就可以及时采取措施防止损失扩大,并及时解除合同、签订新的合同。

(三)基于实际违约的可以解除

基于实际违约的合同解除分为两种情形。"当事人一方迟延履行主要债务,经催告后在合理期限内仍未履行"是本条第一款第(三)项规定的合同法定解除理由,"当事人一方迟延履行债务或者有其他违约行为致使不能实现合同目的"是本条第一款第(四)项的法定解除理由。

1. 迟延履行且催告后仍未履行

以合同的全面履行原则来衡量,迟延履行任何合同债务均属违约。由于迟延履行主要债务和迟延履行债务对合同履行的影响方式不同,因而在本条第一款第(三)、(四)项设定了不同的可以解除合同的条件。

"迟延履行主要债务,经催告后在合理期限内仍未履行",是在时间上对于履行主要债务的违约。这种行为会直接导致合同目的无法实现,因此也构成了解除合同的充分理由。"主要债务"虽在不同合同中不尽相同,但在合同领域均可以理解为一方的主要债务为交付标的物或完成工作、另一方为支付价款或报酬。"迟延履行主要债务"属于重大违约行为,并影响另一方合同目的的实现。

"经催告后在合理期限内仍未履行",是可以解除合同的关键条件。合同主体之间的"催告",是一方催促另一方履行义务或行使权利的通知。在本条规定中,则是催促对方及时履行,并给出合理的、可供做出履行义务准备的期限。超出这一期限则通常可以认定其已丧失履行能力或丧失商业信誉,合同履行无望。

2. 迟延履行或其他违约影响合同目的实现

"迟延履行债务或者有其他违约行为致使不能实现合同目的",则是另一种预期违约。无论是迟延履行主给付义务、从给付义务还是有其他的违约行为,只要"致使不能实现合同目的",即构成可以解除合同的法定理由。

以上两种违约均为实际违约,可以解除合同的构成条件是当事人一方已经发生了违约行为,与对方当事人有无意思表示、何种意思表示无关。而前面讨论的预期违约,其解除合同的构成条件则是当事人一方在履行期限届满前以明示或默示的方式表明不履行合同主要债务。

(四)基于其他法定情形的可以解除

"法律规定的其他情形"是本条第一款第(五)项,也是最后一项法定合同解除理由。

法定的可以解除合同的"法律规定的其他情形"在立法技术上属于兜底性表述。其目的是提高本条规定的严谨性,而且不与其他法律条款中的规定产生冲突。因为除了本条规定,解除合同的法定理由在其他章节中也有规定。

1. 通用的其他法定解除情形

如前所述,合同的法定解除条件既包括适用于所有合同的法定解除条件,也包括只适用于特定合同的法定解除条件,本条规定的即为适用于所有合同的解除条件。而即使是适用于所有合同的法定解除条件,也在其他章节中有所规定。

例如,《民法典》(2020年)第一百五十八条规定:"民事法律行为可以附条件,但是根据其性质不得附条件的除外。附生效条件的民事法律行为,自条件成就时生效。附解除条件的民事法律行为,自条件成就时失效。"

又如,对于行使不安抗辩权的后续处理,《民法典》(2020年)第五百二十八条规定:"当事人依据前条规定中止履行的,应当及时通知对方。对方提供适当担保的,应当恢复履行。中止履行后,对方在合理期限内未恢复履行能力且未提供适当担保的,视为以自己的行为表明不履行主要债务,中止履行的一方可以解除合同并可以请求对方承担违约责任。"

2. 典型合同中的法定解除情形

在通用规则之外,某些典型合同还有特定的、仅针对具体典型合同的法定解除条件,而且在典型合同中并不少见。

例如,关于买卖合同,《民法典》(2020年)第五百九十七条规定,"因出卖人未取得处分权致使标的物所有权不能转移的,买受人可以解除合同并请求出卖人承担违约责任"。

又如,对于借款合同,《民法典》(2020年)第六百七十三条规定:"借款人未按照约定的借款用途使用借款的,贷款人可以停止发放借款、提前收回借款或者解除合同。"

甚至在典型合同以外,对于地役权合同,《民法典》(2020年)第三百八十四条也规定:"地役权人有下列情形之一的,供役地权利人有权解除地役权合同,地役权消灭：

（一）违反法律规定或者合同约定，滥用地役权；

（二）有偿利用供役地，约定的付款期限届满后在合理期限内经两次催告未支付费用。"

由此可见，合同的法定解除规则既存在合同编通则部分的普适性规则，也存在各典型合同规定中的特定性规则，在处理典型合同的解除问题时需要额外关注特定的解除规则。

三、持续履行的不定期合同的解除

"持续履行的债务"的典型代表是持续履行合同。持续履行的合同，是为了长期进行同类标的的重复交易而设立、有着较长履行期限甚至没有合同截止期限的合同。以这类合同进行交易，双方间的权利义务已在合同中设定，每次具体交易只需描述标的、数量、价格即可。因此可以避免反复签订、履行合同带来的不便，大大提高签订、履行的效率，被广泛用于长期供应原材料等标的的合同。

"不定期合同"，是指当事人没有约定截止期限的合同。这类合同多为需要持续履行的合同，也有签订时一方甚至双方均无法确定履行期限的合同。其中，最具代表性的是带有不同程度资源垄断性质的服务合同。

例如，供水、供电、供气、供热等基础性公共服务属于人们日常生活、工作中不可或缺的刚性需求。因而人们与提供这些服务的公共事业单位之间的合同，大多需要长期、持续地履行直到一方提出终止，因此多为持续履行的不定期合同。

对于需要持续履行的不定期合同，法律上的终止原则多为可以随时解除，但需要提前通知。例如，典型合同中的"不定期租赁"合同、"不定期物业服务"合同、"不定期合伙"合同，相关条款均规定"可以随时解除"，并规定了提前通知的义务。除了"不定期物业服务合同"规定为"应当提前六十日书面通知对方"，"不定期租赁"合同、"不定期合伙"合同均规定"但是应当在合理期限之前通知"。

因此本款规定与各典型合同的规定相一致，既规定"可以随时解除"又要求"但是应当在合理期限之前通知"对方。

【风险点及建议】

同本条规定相关的法律风险，是法定的解除合同情形发生后未根据需要适时解除合同、解除合同援引的法定事由不成立、解除持续履行的不定期合同未在合理期限之前通知对方。

如果细分法定解除中列举的行为,同本条相关的法律风险还包括但不限于:

(1)表述的合同目的难以构成"致使不能实现合同目的"的解除条件;

(2)未在履行期限届满前及时以明示或行为的方式向对方表明不履行主要债务;

(3)相对方迟延履行主要债务时未能及时催告其履行;

(4)迟延履行主要债务且经催告后仍未在合理期限内履行;

(5)一方迟延履行债务或有其他违约行为致使不能实现合同目的时未解除合同;

(6)未针对相对方的预期违约或实际违约采取措施防止损失扩大;

(7)未能知悉法律规定的其他可以解除合同的法定情形导致合同未能解除;

(8)解除持续履行的不定期合同未在合理期限前通知;

(9)合同中未约定合同解除的提前通知期限。

法定解除在合同履行过程中经常被用于处理相对方违约的问题。但由于本条规定相对笼统,而最高人民法院的司法解释也未予全部深入解读,因而在解除合同的过程中仍旧存在细节处理上的争议或不同理解。其中某些争议或不同理解,完全可以通过合同约定加以解决。

一、法定解除需要合意解除

法定解除与合意解除都是在合同履行过程中及时止损的手段。前者主要用于处理各种违约情形,后者既可用于处理违约情形也可用于处理非违约原因引起的需要终止合同的情形。而止损,既可以是避免损失、投入的进一步扩大,也可以是及时消除合同履行结果的不确定性,将生产经营活动转变为可以正常履行的交易。

在合同实务方面,合意解除可以有更大的约定空间,包括协商解除时的解除合同协议和约定解除时的合同条款。前者考验严谨性,后者考验前瞻性。但即使是法定解除的情形,事先预置在合同条款中的前瞻性约定也能对法定解除中的具体事务处理起到非常积极的作用,有利于合同的顺利解除和善后处理。

在法律定位上,充分预见合同履行过程中可能发生的不利情形并在合同中约定解决方案的条款,可以归入"解决争议方法的条款",不受合同效力的影响。依据《民法典》(2020年)第五百零七条的规定:"合同不生效、无效、被撤销或者终止的,不影响合同中有关解决争议方法的条款的效力。"

同时，预置于合同中的解决争议条款可被视为双方当事人"另有约定"，会被优先适用。例如，《民法典》(2020年)第五百六十六条第二款、第三款分别规定了"合同因违约解除的，解除权人可以请求违约方承担违约责任，但是当事人另有约定的除外"，以及"主合同解除后，担保人对债务人应当承担的民事责任仍应当承担担保责任，但是担保合同另有约定的除外"。

二、法定解除中的可约定项

法定解除的几类情形本身并不需要约定。但由于各条规定比较笼统，即使与其他条款配合对某些问题也会存在不同理解。因此，对法定解除过程中的某些环节在法律授权的范围内加以约定，可以减少争议、顺利解除合同。

(一)合同目的与合同表述

本条第一款所规定的可以解除合同的五种情形中，第一项和第四项均与"不能实现合同目的"有关，即"因不可抗力致使不能实现合同目的"和"当事人一方迟延履行债务或者有其他违约行为致使不能实现合同目的"。因而不能实现合同目是此两种情形下解除合同的必备条件。

如前所述，合同目的有一般的合同目的与特殊的合同目的之分，特殊的合同目的更能代表当事人的利益。合同仅是整个交易事务中的一部分，因而一般的合同目的常常并不代表交易的真实动机。特殊的合同目的基本上等同于交易的真实动机，即交易目的。在合同中明确表述交易目的，则合同目的体现了交易目的。

交易双方时常各自都有不同于合同目的的交易目的，而且完全可以并行不悖，在合同中分别表述。而《民法典》及民事诉讼中对于合同目的的判断，也是基于不同当事人的合同目的进行考量。

为了更好地保护交易利益，对合同目的的描述应当尽可能接近特殊的合同目的。例如，默认的买方合同目的通常只是得到标的物，卖方迟延履行通常只需承担逾期交付的违约责任。如果买方的合同目的是限期完成紧急订单并在合同中言明，则迟延履行的后果很有可能是解除合同并向卖方追究可得利益损失。

(二)不可抗力与合同目的

不可抗力情形下的合同法定解除，需要同时具备遭遇"不可抗力"影响和"致使不能实现合同目的"两个条件。但这两者均有界限不明之处，如果通过合同条款加以明确，则会使解除合同的理由更加充分。即以合意解除条款弥补法定解除中界限不清的问题。

"不可抗力",按照《民法典》(2020年)第一百八十条第二款的规定,"是不能预见、不能避免且不能克服的客观情况"。从学理上分,它包括:

(1)自然灾害,如洪水、地震、台风、不可控制的疫情等自然因素影响;

(2)政府行为,如法律变更、强制标准变更、政府禁令等政府行为影响;

(3)社会事件,如战争、灾难事故、社会动荡、突发事件等社会影响情形。

但这种分类并未在立法中或司法解释中加以明确,甚至某些已经明确的内容也需要在遇到具体问题时重新明确。以至于某种情形是否属于不可抗力、合同履行是否受到不可抗力影响、影响是否达到了无法实现交易目的的程度等,每一环节都充满了不确定性。

在现代科技和基础设施安全水平之下,不可抗力对合同履行的影响已经越来越小,只是仍旧无法排除。而在合同中需要关注的并非不可抗力本身,而是所有"不能预见、不能避免且不能克服的客观情况"。将能够预见到的,尤其是最担心其发生的或最有可能发生的情形约定为按照不可抗力处理,甚至进一步明确不可抗力影响范围判断标准、需要采取的具体措施及时限、应当提交的证据及提交时限等,将有助于援引不可抗力规定解除合同。即使无法适用法定解除,也可适用约定解除。

至于是否"致使不能实现合同目的",仍旧关系到对合同目的的表述。即签订、履行合同究竟有着怎样的目的、究竟影响到何种程度的影响才致使不能实现合同目的,而这又回到了前一主题内容。

(三)逾期违约与合同约定

预期违约的特征,是"在履行期限届满前,当事人一方明确表示或者以自己的行为表明不履行主要债务"。在实际操作中,这一条款涉及履行期限的设定、"以自己的行为表明不履行"的判断和保留证据,以及"主要债务"的明确性。

"履行期限"本是履行义务的时间安排,有时是具体日期甚至时刻,有时只是大致的时间范围。因此合同中明确的履行时间或确定履行时间的决定权必不可少,以便于履行和判定对方是否违约以及是否准备预期违约。

"明确表示或者以自己的行为表明"不履行主要债务,涉及意思表示的代表权或代理权,以及意思表示的证据问题、判断的准确性问题。

并非所有人员的意思表示均可代表当事人。通常情况下,法定代表人直接具有代表合同主体的权利,而代理人的代理权限则完全基于被代理人的授权委托。为了便于确认意思表示是否代表当事人,可在合同中指定代表各方行为的代理人或联系人,并约定以电子邮件等书面形式沟通为准。如果不能确定对方人员的意思表示是否代表当事人,可通过邮件等可保留证据的方式询问。

对于"以自己的行为表明"不履行主要债务的,还涉及对行为性质的判断。许多行为的发生有多种可能性,除非客观状况足以证明根本不可能按期履行,如按照正常工艺流程所需时间已经无法如期完成等,否则仍需要以书面问询的方式确认其真实意图。

如果是己方需要解除合同,则以正式、明确的通知为宜,避免因对方状况不明确导致损失扩大而被主张损失赔偿。

(四)实际违约与合同约定

本条第一款第(三)、(四)项规定的是实际违约的情形。前者以一方的迟延履行且在催告后合理期限内仍未履行为判断标准,后者以违约行为导致不能实现合同目的为判断标准。而从合同技术角度而言,这两项规定比较适合对于违约解除没有明确约定的合同,约定解除可以避免此两类法定解除的行使程序问题及判断标准问题。

"主要债务"并非法律术语,按通常的方式理解可以有许多标准。从合同目的出发,则标的物使用功能的核心部分属于主要债务;从交易额出发,则占总价格比重最高的部分为主要债务。正因为存在不同的理解方式,所以可以在合同中直接约定哪一部分债务的违约构成解除合同条件,以便在解除合同时排除分歧。

"经催告后在合理期限内仍未履行",涉及催告方式和"合理期限"问题。对于催告,未能及时收到是常见的抗辩理由。因此在合同中约定通信方式,如信函的收发地址、通信用的指定电子邮箱等,有利于解决是否催告、催告的内容、催告的时间等问题。而"合理期限"往往难以确定,因此可在合同中约定催告后的履行期限,并将逾期仍未履行作为解除合同的条件。

"迟延履行债务或者有其他违约行为"中,"迟延履行债务"本身就是违约行为,加上"其他违约行为"近乎涵盖了所有违约行为。因而依据本项规定,无论是何种违约行为,只要达到了"致使不能实现合同目的"的程度,即可解除合同。

但围绕着"致使不能实现合同目的","迟延履行债务或者有其他违约行为"可以有多种约定方式。例如,可以通过描述合同目的、设定"不能实现合同目的"的判断标准、分批履行、主合同义务的先履行、设置后履行抗辩权等合同技术手段,补强法定解除中的具体环节,甚至以约定解除替代法定解除。

(五)其他法定解除情形与合同约定

法定解除中的"法律规定的其他情形"有着广泛的适用空间,但以知悉相关法律规定的其他情形为前提。在具体问题上,仍有可能基于对法律的不同理解而产生是否适用相关法律的问题。

例如,对于行使不安抗辩权的后续事宜,《民法典》(2020年)第五百二十八条规定:"当事人依据前条规定中止履行的,应当及时通知对方。对方提供适当担保的,应当恢复履行。中止履行后,对方在合理期限内未恢复履行能力且未提供适当担保的,视为以自己的行为表明不履行主要债务,中止履行的一方可以解除合同并可以请求对方承担违约责任。"

但何为"未恢复履行能力"、何为"适当担保"均会存在不同的理解。因此法定解除在实际运用时仍会有许多实际问题、细节问题,需要以合意解除的方式加以细化。但并非所有的交易都需要如此精细地设计条款,不同层面的交易有不同的精细程度需求。

三、持续履行不定期合同的可约定项

持续履行的合同需要持续地反复履行,具体的交易总量通常事先并不确定。与之相对的一次性履行的合同则在履行完毕后终止,无须约定合同的有效期限。对于需要持续履行的交易,当事人有履行期限预期时会签订定期合同,无法确定履行截止期限时既可以连续签订短期合同也可签订不定期合同。

按照商业惯例,履行期限较长的合同具有交易稳定性,因而会有较低的交易成本,交易价格等条件也会更加优惠。而持续履行的不定期合同,往往出自用户群体广大且带有一定资源垄断性质的行业。他们并不介意客户的不断流动,甚至以不定期合同应对频繁发生的客户流动。

《民法典》(2020年)合同编的典型合同分编中,租赁合同、物业服务合同、合伙合同均以定期合同为主,但也各自提及了相对应的可以随时解除的不定期合同。

持续履行的不定期合同中,正文的各类条款与有期限的合同并无差异,有的合同会增设权利义务调整、价格调整条款,只是没有截止期限或其截止期限以一方提前通知为准。有的合同约定为期一年,其后只要续费即视为无期限延长,任何一方均可在提前通知对方后解除。总之,不定期合同没有确切的截止期限,且任何一方都可以"在合理期限之前通知对方"的方式随时解除合同。

由于法律规定了持续履行的不定期合同的解除规则,因此在合同领域只能在

有限的范围内发挥主观作用。例如,为了维持交易的稳定性而使用定期合同,即可不受本条规定的限制,解除时提前通知的期限、通知的方式、结算和清理条款、解决争议条款等也可自行约定。

> **102. 第五百六十四条 〔解除权行使期限〕**
>
> 法律规定或者当事人约定解除权行使期限,期限届满当事人不行使的,该权利消灭。
>
> 法律没有规定或者当事人没有约定解除权行使期限,自解除权人知道或者应当知道解除事由之日起一年内不行使,或者经对方催告后在合理期限内不行使的,该权利消灭。

【合同实务解读】

本条是关于法定解除权和约定解除权在行使期限届满后权利消灭,以及没有法定、约定解除权行使期限时解除权消灭的一年期限和催告后的合理期限。

对于解除权行使期限的规定主要是与民事诉讼时效对接。而诉讼时效,是当事人向法院请求保护其民事权利的期间,通常自权利人知道或者应当知道权利受到损害以及义务人之日起计算。诉讼时效届满,除非义务人自愿履行,否则权利人将丧失胜诉权。

本条第一款虽然规定了"法律规定或者当事人约定解除权行使期限",但《民法典》(2020年)中并未规定解除权的行使期限,不过,本条在第二款中规定"法律没有规定或者当事人没有约定解除权行使期限,自解除权人知道或者应当知道解除事由之日起一年内不行使"。因此,"当事人约定解除权行使期限"才是本条的重点。

本条第二款设定了"法律没有规定或者当事人没有约定解除权行使期限"时适用的时效规则,同时也是解除权消灭的规则。一是"自解除权人知道或者应当知道解除事由之日起一年内不行使",二是"经对方催告后在合理期限内不行使",两者中的任何一种情形出现都将导致解除权的消灭。

本条规定的解除权时效是绝对时效,并不适用诉讼时效中止、中断、延长方面的规定。《民法典》(2020年)第一百九十九条规定:"法律规定或者当事人约定的撤销权、解除权等权利的存续期间,除法律另有规定外,自权利人知道或者应当知道权利产生之日起计算,不适用有关诉讼时效中止、中断和延长的规定。存续期间届满,撤销权、解除权等权利消灭。"

【风险点及建议】

同本条规定相关的法律风险,是未能在法定或约定的期限内行使解除权,以及在没有法定、约定解除权行使期限时未在知道或应当知道解除事由后一年期限内行使或是未在对方催告后的合理期限内行使解除权。

本条的两款规定中,"约定解除权行使期限"是以约定的行使期限届满为解除权消灭的时间;"没有约定解除权行使期限"则分别以"知道或者应当知道解除事由之日起一年内不行使"和"经对方催告后在合理期限内不行使"作为解除权消灭的时间。

两相比较可知,当事人在合同中自行设定解除权行使期限既能更加符合自己的需求又能优先得到适用,以降低无法预判是否解除而带来的不确定性。其中第二款中规定的一年期限只在没有法定、约定的解除权行使期限时才适用,当事人可以依据自己的意愿决定解除权行使期限短于或长于该时限。

第二款中的"解除权人知道或者应当知道解除事由",是指《民法典》(2020年)第五百六十三条规定的法定解除事由,以及当事人依据《民法典》(2020年)第五百六十二条规定的约定解除事由。如果需要诉讼解决,这些事由均需有充分的证据能够证明。

"经对方催告后在合理期限内不行使"是既无法定又无约定解除权行使期限时,解除权消灭的另一途径。收到对方发来行使解除权的催告,解除权人已经知道了行使解除权的事由。但因为这一"知道"系由对方的催告引起,因此不适用一年时效,而是在"合理期限内不行使"后解除权才消灭。

行使解除权的"合理期限"不同于履行合同义务的"合理期限"。后者需要较长的准备时间和履行时间以交付标的物或完成工作,而解除权的行使则并不需要物质上的准备或履行,大多仅需发出通知。尤其在对方已经发出行使解除权的催告之后,解除合同只需要与对方达成共识而不需要复杂的准备。

在合同应用方面,本条的重点就是约定解除权的行使期限、通知方法,并为解除权设定一个便于识别和证实的起始日期或截止日期。例如,直接约定解除权截止的具体日期、约定如需解除合同则在到货后若干天内行使等。如果没有约定解除权的行使期限,则只能在出现问题时由双方协商或通过催告解决。

103. 第五百六十五条 〔解除合同的通知和异议〕

当事人一方依法主张解除合同的,应当通知对方。合同自通知到达对方时解除;通知载明债务人在一定期限内不履行债务则合同自动解除,债务人在该期限内未履行债务的,合同自通知载明的期限届满时解除。对方对解除合同有异议的,任何一方当事人均可以请求人民法院或者仲裁机构确认解除行为的效力。

当事人一方未通知对方,直接以提起诉讼或者申请仲裁的方式依法主张解除合同,人民法院或者仲裁机构确认该主张的,合同自起诉状副本或者仲裁申请书副本送达对方时解除。

【合同实务解读】

本条是对解除合同的通知、合同解除时间、对解除合同存有异议时的确认方法方面的规定,包括以通知方式直接解除、附条件解除的解除时间,以及人民法院、仲裁机构对解除效力的确认权、经确认后的合同解除时间。

解除合同通常由一方先发起,而本条规定正是关于不同的发起方式。发起合同解除进程的结果,可能是对方的同意、双方的进一步协商,也有可能是由于无法达成一致而不得不通过诉讼或仲裁解决。

一、以通知的方式解除合同

由双方协商达成时,并不需要相互通知。而当"当事人一方"单方"依法主张解除合同"时,法律规定的"应当通知对方"起到使意思表示到达对方并使解除生效的作用。

本条规定的通知解除方式有两类:一类是直接通知对方解除合同,通知到达时合同解除;另一类是限期履行、逾期解除,期限届满未履行则合同解除。

但这两种情形都只在对方没有异议时才产生解除的效力。如果对方对解除合同有异议,协商解决是最为便捷、最低成本的解决方式。协商不成,任何一方均可以请求人民法院或仲裁机构确认该解除行为的效力。

而人民法院或仲裁机构在确认合同解除的效力时,仍旧需要依据法律规定或双方的约定。尤其是约定解除的情形,能否解除取决于双方在合同中的约定。如果经审查确定解除成立,则会认定自通知到达对方时合同解除。

对此,《合同编通则司法解释》(2023年)作出了明确的司法解释,即:

第五十三条 当事人一方以通知方式解除合同,并以对方未在约定的异议期限或者其他合理期限内提出异议为由主张合同已经解除的,人民法院应当对其是否享有法律规定或者合同约定的解除权进行审查。经审查,享有解除权的,合同自通知到达对方时解除;不享有解除权的,不发生合同解除的效力。

二、以诉讼或仲裁的方式解除合同

当事人未经通知或协商,直接向人同法院提起诉讼或向仲裁机构申请仲裁主张解除合同在法律上并无问题。同其他案由提起的诉讼一样,即使当事人在合同中约定了协商不成方可提起诉讼,不经协商直接提起诉讼也并无法律障碍。因为提起诉讼是法定权利,并不受有无协商的约束。

对于此类直接提起的诉讼、仲裁,人民法院、仲裁机构的处理依据仍旧是法律规定、合同约定,其处理原则同对合同解除存在异议而提起的确认之诉相同,唯一不同的只是合同解除时间。

以直接起诉或提起仲裁方式主张合同解除的,经人民法院或仲裁机构确认其主张成立,则"合同自起诉状副本或者仲裁申请书副本送达对方时解除"。而对合同解除存在异议提起的确认之诉,一旦认定解除行为合法有效,依据《合同编通则司法解释》(2023年)第五十三条,"自通知到达对方时解除"。

【风险点及建议】

同本条规定相关的法律风险,包括但不限于一方主张解除合同时未通知对方、限期履行否则逾期解除的通知内容不明确,以及怠于回应逾期不履行则解除合同的通知函、对解除合同有异议未及时请求人民法院或者仲裁机构确认解除的效力。

本条规定的核心是一方依法主张解除合同时应通知对方,而通知又分为直接解除合同的通知、限期履行逾期解除的通知。至于如何向人民法院提起诉讼或向仲裁机构申请仲裁以确认解除行为的效力,不在讨论范围内。

一、解除权通知的准备与发出

合同能否解除取决于是否有法定的或约定的解除依据,以及是否依法发出通知。本条规定并未要求通知必须以书面形式发出,但商务及法律上通常以发出正式的书面通知为准,如今也包括以等同于书面形式的数据电文的方式发出通知。

(一)审查解除合同的依据

解除合同的理由,主要是《民法典》(2020年)第五百六十三条规定的法定解

除,以及《民法典》(2020年)第五百六十二条第二款规定的约定解除。即:

第五百六十二条 当事人协商一致,可以解除合同。

当事人可以约定一方解除合同的事由。解除合同的事由发生时,解除权人可以解除合同。

第五百六十三条 有下列情形之一的,当事人可以解除合同:

(一)因不可抗力致使不能实现合同目的;

(二)在履行期限届满前,当事人一方明确表示或者以自己的行为表明不履行主要债务;

(三)当事人一方迟延履行主要债务,经催告后在合理期限内仍未履行;

(四)当事人一方迟延履行债务或者有其他违约行为致使不能实现合同目的;

(五)法律规定的其他情形。

以持续履行的债务为内容的不定期合同,当事人可以随时解除合同,但是应当在合理期限之前通知对方。

其中的"(五)法律规定的其他情形"包括但不限于《民法典》(2020年)对于解除典型合同等特定合同的特别规定。这些规定涉及物权、买卖、借款等合同,详见对《民法典》(2020年)第五百六十三条法定解除条款的解读。

解除合同的理由在上述规定范围之内,才可以考虑以单方发出通知的方式解除合同。

(二)解除权的行使期限

具备了解除合同的法定或约定理由后,需要审查解除权的行使期限。对于解除权行使期限的规定为《民法典》(2020年)第五百六十四条,分为有法律规定或当事人约定和没有法律规定或当事人约定两种情形。即:

第五百六十四条 法律规定或者当事人约定解除权行使期限,期限届满当事人不行使的,该权利消灭。

法律没有规定或者当事人没有约定解除权行使期限,自解除权人知道或者应当知道解除事由之日起一年内不行使,或者经对方催告后在合理期限内不行使的,该权利消灭。

对照以上规定,可判断该合同是否仍在解除权的行使期限之内。综合上述规定,可以通知方式解除合同的期限分别为:

(1)如果相关合同的解除权存在法定期限,应在法定期限内行使;

(2) 没有法定期限而有约定期限,应在约定期限内行使;

(3) 如果经对方催告行使解除权,应在合理期限内行使;

(4) 没有法定或约定期限,在知道或应当知道解除事由之日起一年内行使。

(三) 权衡解除合同的利弊

在决定是否解除合同之前,需要权衡解除合同的利弊。合同解除与合同无效有很大的区别,即使是法定解除也只是规定在法定情形发生时当事人"可以解除合同",而不是必须解除合同。

对于合同解除的利弊分析,可参照《民法典》(2020年)规定的合同解除的后果。即:

第五百六十六条 合同解除后,尚未履行的,终止履行;已经履行的,根据履行情况和合同性质,当事人可以请求恢复原状或者采取其他补救措施,并有权请求赔偿损失。

合同因违约解除的,解除权人可以请求违约方承担违约责任,但是当事人另有约定的除外。

主合同解除后,担保人对债务人应当承担的民事责任仍应当承担担保责任,但是担保合同另有约定的除外。

由于交易背景和交易需求不同,合同解除对当事人往往都是有利有弊。例如,合同解除后的"尚未履行的,终止履行"可能对原材料供应或产品销售产生重大影响等。如果合同解除的不利影响难以克服,则可以考虑变更合同而非解除合同。

这种权衡利弊也可用于决定以哪种方式通知对方解除合同。双方已经不具备继续履行的基础且解除合同不会带来重大影响的,可以直接通知解除合同;仍有一定的合作基础、对方可能会予以纠正的,则发出期限履行、逾期解除的通知,期限届满后仍未履行则解除合同。

(四) 通知对方解除合同

如果经过以上步骤后仍决定解除合同,且已决定了以何种方式发出解除合同通知,接下去需要考虑的就是通知的内容及方式。

解除合同通知的内容表述,首先是商务问题,其次才是法律问题。前者需要符合商务礼仪,在明确体现解除合同的意思表示的同时,还要尽可能避免矛盾升级、争议扩大。后者需要达到所需的法律效果,即清晰无误的解除合同的意思表示。如果是限期履行、逾期解除的解除合同通知,则需更多的内容安排和表述安排。

通知既要能够到达对方又要能留下发出通知内容、时间方面的证据。因为对方很有可能对合同解除存在异议,甚至通过诉讼或仲裁的方式确认解除行为的效力。如果不能证实解除合同通知的到达时间,往往会影响损失计算方法、各方的违约责任分配,甚至产生更为复杂的损失赔偿问题。

二、解除合同通知中的内容

两种不同的解除合同通知方式各有优点。直接通知解除合同的,合同在通知到达时解除,双方不再有合同权利义务关系,可避免双方的合同权利义务关系在通知到达后、合同解除前发生变故。而限期履行、逾期解除的通知,则可以为合同的履行或解除留下缓冲,有利于维护交易利益和道义优势。

(一)直接解除合同的通知

直接通知对方解除合同时,通知的内容相对简单但仍旧需要有理、有据、有条理。主要可以包括如下内容:

(1)所要解除的合同,明确合同号、签订日期、标的、金额等;

(2)该合同的基本履行情况,如果不需要细节可用概括性描述;

(3)解除该合同的简要理由,如发生法定解除的情形、双方的约定等;

(4)明确通知对方解除该合同,合同解除即时生效;

(5)对于合同解除所涉各类事务的初步解决方案;

(6)双方指定专人协商、相互配合,处理善后事宜。

(二)限期履行、逾期解除的通知

限期履行、逾期解除的解除合同通知比直接解除合同的通知略复杂。以这种方式通知解除合同,可为后续事务留下灵活处理的余地,但也更像"最后通牒"。可供参考的主要内容如下:

(1)所要解除的合同,明确合同号、签订日期、标的、金额等;

(2)该合同的基本履行情况,如果不需要细节可用概括性描述;

(3)构成解除该合同的简要事由,如发生法定解除的情形、双方的约定等;

(4)明确要求对方在限定的日期前履行完毕,并明确需要履行的义务;

(5)明确告知日期届满时不履行债务则合同自动解除;

(6)言明如果合同解除,各类事务后续处理的基本方案;

(7)建议如果合同解除则由双方指定专人相互配合处理善后事宜;

(8)敦促对方以商业信誉为重,全面履行合同。

104. 第五百六十六条 〔合同解除的后果〕

合同解除后,尚未履行的,终止履行;已经履行的,根据履行情况和合同性质,当事人可以请求恢复原状或者采取其他补救措施,并有权请求赔偿损失。

合同因违约解除的,解除权人可以请求违约方承担违约责任,但是当事人另有约定的除外。

主合同解除后,担保人对债务人应当承担的民事责任仍应当承担担保责任,但是担保合同另有约定的除外。

【合同实务解读】

本条是对合同解除后善后事宜处理的原则性规定,包括终止履行、恢复原状、采取补救措施、赔偿损失、承担违约责任、担保责任的处理等。

合同解除大多发生在合同已经部分履行的状况下,因此会面临已经履行部分、未履行部分的处理,以及损失的赔偿、担保人是否继续担保等问题。因违约导致的合同解除还将面临追究违约责任的情形。

一、合同解除的通用规则

本条第一款是合同解除后善后事宜处理的通用规则。即"合同解除后,尚未履行的,终止履行;已经履行的,根据履行情况和合同性质,当事人可以请求恢复原状或者采取其他补救措施,并有权请求赔偿损失"。这一条款属于原则性规定,但涉及诸多法律问题。

(一)尚未履行部分的终止履行

"尚未履行的,终止履行",是合同解除后对于未履行部分的处理原则,主要是指尚未进入履行环节的债务。合同履行行为可以概括为两类,一类是支付价款或报酬,另一类是交付标的物或完成工作事项。支付价款或报酬、交付标的物均属标准的合同履行行为,而支付之前或交付之前的各类活动均为履行前的准备工作。

在支付与交付这两个领域,"尚未履行的,终止履行"可以理解为尚未支付的终止支付、尚未交付的终止交付。至于其他与履行相关的事物,如已经入库准备发货的产品、为投产而采购的物料、为支付而贷到的款项等,因尚未进入履行环节只能停止后续工作并要求赔偿损失。

不同类型的合同,其"尚未履行的,终止履行"的损失计算有着很大不同。处于持续履行状态的服务等履行行为,"尚未履行"的部分只是履行期限的剩余部分。例如,租赁合同、物业服务合同等一直处于合同履行状态。这些合同的"终止履行"很容易计算损失。而成套设备的部分履行,损失计算则相对复杂。

(二)已经履行部分的处理原则

本条规定的"根据履行情况和合同性质,当事人可以请求恢复原状或者采取其他补救措施,并有权请求赔偿损失",是对已经履行部分的处理原则。

其中的"根据履行情况和合同性质",是作出判断的基础。根据"履行情况",主要是根据合同履行所处的阶段,包括合同已履行、未履行部分的状况,以及对合同之外第三人的影响等。根据"合同性质",主要是因为合同解除对于不同性质的合同有不同的影响。

例如,持续履行的合同比一次性履行的合同有更大的影响,技术开发合同或建设工程合同的终止履行无法恢复原状、定制非标准化产品的合同如被解除则其成品或半成品很难处理等,因合同性质不同而影响各异。

合同解除后是否需要"恢复原状",取决于多重因素。根据"履行情况和合同性质",并非所有合同的履行均可恢复原状。首先是取决于当事人的意愿,因为法律并未规定必须"恢复原状",当事人可以根据自己的合法利益进行选择。其次是合同解除对已履行部分是否具有溯及力,以及能否恢复原状。

如果合同解除导致以前的履行失去意义,例如成套设备的前期交付部分会因合同的解除而失去意义,则需要考虑"恢复原状"。而提供服务类的租赁、保管、运输、贷款等合同的前期部分已经履行完毕,则无须也无法恢复原状。

当无法或无必要"恢复原状",则需要考虑"补救措施"和如何"请求赔偿损失"。这两种解决方案属于合同解除后通用的减损措施,前者用于减少已履行部分和未履行部分因合同解除而造成的损失,后者则是在采用了其他方式后仍旧无法弥补损失时的最后解决手段。

二、合同解除与违约、担保责任

本条第二、三款,即"合同因违约解除的,解除权人可以请求违约方承担违约责任,但是当事人另有约定的除外"和"主合同解除后,担保人对债务人应当承担的民事责任仍应当承担担保责任,但是担保合同另有约定的除外",分别是对合同解除后违约责任是否追究、担保责任是否继续的规定。

(一)合同解除与违约责任

"合同因违约解除的,可以请求违约方承担违约责任,但是当事人另有约定的除外",是指解除合同并不妨碍追究违约责任,但双方可以另有约定。

因违约而导致的合同解除,在没有免责方面的规定或约定时,相对方有权追究违约方的违约责任。因为合同解除和违约责任分属不同的法律范畴,前者用于避免合同的继续履行、后者用于追究违约已经造成的损失。

但当事人有权在合同中约定某些情形免除违约责任的条款,这些条款作为解决争议的条款,即使合同解除也仍旧有效。

(二)合同解除与担保责任

"担保人对债务人应当承担的民事责任仍应当承担担保责任,但是担保合同另有约定的除外"属于比较特殊的规定,规定了担保人在合同解除后继续对债务人承担担保责任,除非担保合同另有约定。

这里的"担保合同",按照《民法典》(2020年)第三百八十八条第一款的规定,包括了抵押、质押等具有担保功能的合同,即:"设立担保物权,应当依照本法和其他法律的规定订立担保合同。担保合同包括抵押合同、质押合同和其他具有担保功能的合同。担保合同是主债权债务合同的从合同。主债权债务合同无效的,担保合同无效,但是法律另有规定的除外。"

该条款规定了作为从合同的担保合同,在主债权债务合同无效后归于无效。但合同解除并非合同无效,不存在自始无效的情形,因此担保义务有此特别规定,合同解除后担保人对债务人仍需承担担保责任。但担保责任的依据来自担保合同,所以才有"担保合同另有约定的除外",即当担保合同对于主合同解除后的担保责任另有约定时应按该约定履行。

如果担保合同中已经约定了担保责任到主合同终止时止,或存在主合同解除则担保合同失效之类的约定,则担保人在合同解除后不再承担担保责任。

【风险点及建议】

同本条规定相关的法律风险,是在合同解除后未援引本条规定的终止履行、恢复原状、采取补救措施、赔偿损失等措施处理合同解除的善后事宜,合同中约定的违约免责条款导致合同解除后无法追究违约方责任,担保合同中约定的担保责任随主合同终止导致合同解除后债务失去担保。

合同解除后需要处理的事务各不相同,因此法律很难作出统一规定。除了"合同解除后,尚未履行的,终止履行"算是合同解除后的标志性后果,其他遗留问题的处置方式以"可以"为主。即由当事人自行决定是否请求恢复原状、采取补救措施、请求赔偿损失、追究违约责任。

但合同解除后已履行部分的处理,无论协商解决还是诉讼或仲裁解决,往往都要回顾双方解决争议的基本设想。因此将解决方案作为"解决争议的方法"加以约定,则能为解除合同后遗留问题的处理打下良好的基础。而且以这种方式约定解决方案,不受合同效力变化的影响。

为此,《民法典》(2020年)第五百零七条规定:"合同不生效、无效、被撤销或者终止的,不影响合同中有关解决争议方法的条款的效力。"第五百六十七条也规定了:"合同的权利义务关系终止,不影响合同中结算和清理条款的效力。"

因而那些履行周期长、标的金额大、履行要求高的合同,往往会以较大的篇幅为包括合同解除在内的各类争议设定解决方法。这些解决争议条款的主题,包括但不限于以下内容:

(1)价款或酬金中已支付、未支付和异议部分的处理;

(2)因履行合同、解决争议、解除合同产生费用的处理;

(3)合同标的已履行、未履行和异议部分的处理;

(4)因履行合同、解除合同而增加的支出、蒙受的损失;

(5)可能采取的补救措施及运用方式、成本承担;

(6)因违约而解除合同后应承担的违约责任,包括可得利益损失的处理。

由于合同双方往往存在利益方面的对立,且双方交易地位不同、合同性质不同,对于解决争议的条款很难有唯一正确的解决方案。因此各方可各取所需,尽可能通过约定解决最为关心的问题。

例如,是否约定违约责任通常取决于己方违约概率的高低和违约风险的可控制或可承受程度,如需细化则可明确各类违约情形以及责任承担方式。对于主合同的担保合同,也可根据己方在交易中的身份,酌情约定担保人在主合同解除后是否继续承担担保责任。

105. 第五百六十七条 〔权利义务终止与结算清理条款〕

合同的权利义务关系终止,不影响合同中结算和清理条款的效力。

【合同实务解读】

本条规定了合同中结算和清理条款的效力不受权利义务关系终止的影响。

"合同的权利义务关系终止"的情形,属于《民法典》(2020年)第五百五十七条中对于债权债务终止的相关规定。合同权利义务关系终止,属于债权债务终止范畴。即:

第五百五十七条 有下列情形之一的,债权债务终止:

(一)债务已经履行;

(二)债务相互抵销;

(三)债务人依法将标的物提存;

(四)债权人免除债务;

(五)债权债务同归于一人;

(六)法律规定或者当事人约定终止的其他情形。

合同解除的,该合同的权利义务关系终止。

"结算和清理条款",并非《民法典》(2020年)第四百七十条规定的合同"一般包括"的条款,当前也并无权威的立法解释或司法解释。通常可以将其理解为合同中关于各类款项支付及遗留问题的处理条款,与某些解决争议条款会有重合但也包括大量的商务安排。这类条款既涵盖正常履行也涵盖合同终止,既可以是单个条款的概括性约定也可以是相对复杂的条款组合或合同附件。

这些条款是当事人双方经过利益博弈达成的平衡,也是双方为履行合同、处理问题所设立的规则和秩序。如果这些条款随着合同权利义务终止而失效,则会导致遗留问题的处理毫无依据。因此即使合同权利义务终止这些条款也需要继续保持效力,以便为遗留问题的处理提供基本依据,除非另有法律规定。

"结算"是经济活动中的货币给付行为。[1] 合同中的结算条款一般属于必备条款,用于约定货币的收付方式。其内容非常广泛,如应收应付的项目范围、计价标准、支付时间、折扣率、税金承担,押金、保证金、保修金等费用的计算、支付、返还及时间,返现比例及返现方式和时间,补偿标准及方式和时间,应收应付款项清点、对账,支付方式中的现金结算、票据结算、转账结算等。

---

[1] 参见杨立新:《中华人民共和国民法典条文要义》,中国法制出版社2020年版,第419页。

"清理"是指对债权债务进行的清点、估价和处理。① 这类条款专为处理合同中的未尽事宜或合同以任何原因终止后的遗留问题而设。通常情况下,这类条款包括场地移交、物品返还、资料交还、恢复原状、撤离现场等约定。例如,某些房屋租赁合同会要求租赁期限结束后,房屋必须在恢复原状、修缮维护、重新粉刷后交还出租人。

结算和清理条款虽然同解决争议条款一样,在合同权利义务终止后仍旧有效,但性质上仍有很大区别。结算和清理条款的独立性仅适用于合同权利义务终止的情形下,但并不适用于合同无效、合同被撤销等情形。结算和清理条款适用于合同权利义务终止后的遗留问题处理,但并不包括违约责任相关条款。

《合同编通则司法解释》(2023 年)第五十二条的两处相关表述均为"违约责任、结算和清理等问题",也进一步说明"结算和清理"与"违约责任"并非同类问题。

【风险点及建议】

同本条规定相关的法律风险,是没有在合同中约定结算和清理条款,以及在合同权利义务终止后误认为结算和清理条款失效而没有适用。

本条所规定的合同结算和清理条款在合同权利义务终止后仍旧具备效力,有利于前瞻性地在合同中预设合同权利义务终止后结算和清理方面的解决方案。这种预设解决方案的做法,在合同条款设计活动中属于常规操作。

结算条款属于合同中的常规条款,体现在合同"一般包括"的条款中的"价款或者报酬"条款和"履行期限、地点和方式"条款。由于交易的复杂程度、结算需求不同,只能根据交易的实际需要而设定可能的细节。而在通常的交易中并不需要设定非常复杂的结算条款,甚至只要具备银行账号、具体金额和支付日期即可。

清理条款在商务合同中并不普遍,因为许多商务合同甚至连违约责任条款都相当简单、笼统。但《民法典》(2020 年)规定了某些典型合同的清理规则,如仓储合同规则中对于保管物出现问题的处理、委托合同规则中对不能继续代理的处理、融资租赁物的到期是否返还等。但在较为细致、严谨的合同中,清理条款会涉及合同解除后双方的恢复原状、返还财产、补救措施、损失赔偿等。

针对可能出现的合同权利义务终止,结算和清理条款可根据相关合同的有关规定、同类交易中容易出现和经常出现的问题,设计相应的结算、清理方案。尤其

---

① 参见杨立新:《中华人民共和国民法典条文要义》,中国法制出版社 2020 年版,第 419 页。

是对于典型合同,《民法典》(2020年)为各类典型合同制定的交易规则中已经包括了部分清理条款甚至结算条款。同类合同可在此基础上针对合同解除加设结算和清理条款,以补充实际操作中的细节。

例如,可结合合同性质、特点制定合同解除后处置遗留问题的原则、程序,以及最终的结算标准、结算时间、结算方式。这些条款包括但不限于对已履行部分、未履行部分的处理方案,是返还财产还是折价处理,是恢复原状还是赔偿损失,是否清点已履行部分的合格品、生产中的半成品并确定处理方案、结算标准,以及最终的损失计算范围、计算标准与支付期限、支付方式等。

〔第三部分 互负债务的抵销〕

106. 第五百六十八条 〔相同债务的法定抵销〕

当事人互负债务,该债务的标的物种类、品质相同的,任何一方可以将自己的债务与对方的到期债务抵销;但是,根据债务性质、按照当事人约定或者依照法律规定不得抵销的除外。

当事人主张抵销的,应当通知对方。通知自到达对方时生效。抵销不得附条件或者附期限。

【合同实务解读】

本条是关于当事人互负相同债务时的法定抵销规则,包括抵销权的行使前提、不得抵销的情形,以及抵销生效的方式、抵销通知的内容要求等。

当事人互负债务时的抵销,是解决相互间等额债务最为便捷的方法,分为针对相同债务的法定抵销和针对不相同债务的合意抵销。本条规定是关于前者,即互负相同债务时的法定抵销。

相对于不相同债务的合意抵销,相同债务的法定抵销有相对严格的要求。由于要求比较严格,在规范性有余的同时灵活性不足。具体要求分别如下:

一、双方互负到期债务

"互负债务",是指当事人双方互为有效债权人,同时又互为有效的债务人。彼此间均既享有对于另一方的债权、又负有对于另一方的债务,才存在债权债务抵销的基础。

"可以将自己的债务与对方的到期债务抵销",并未要求己方的债务是否到期,但要求抵销的是"对方的到期债务"。未到期的债务不可以援引本条规定予以抵销,但可以适用本法第五百六十九条的规定以不同债务合意抵销的方式处理。在抵销方面,该条规定的抵销方式更为灵活、方便。

二、债务种类品质相同

"债务的标的物种类、品质相同",是指互负债务的标的物在种类、品质上没有差别,才可用于法定抵销。实务中最常见的能够满足这两个条件且最容易被用于债务抵销的情形,是双方互负给付金钱的债务。其他情形往往发生在物资调剂过程的"有借有还"中,即应当归还的物资与应当收取的物资相同时。

债务的标的物种类、品质不相同时不能适用本条规定的法定抵销,但可以适用本法第五百六十九条规定的不同债务的合意抵销。

三、债务具备可抵销性

债务的可抵销性,是指任何一方用于抵销的债务不存在根据债务性质、法律规定、双方约定不得抵销的情形。

(一)依据法律规定不得抵销的情形

"依照法律规定不得抵销"的情形在《民法典》(2020年)中并无直接规定,但在其他法律中已有规定。例如,《企业破产法》(2006年)第四十条即规定了债权人对债务人的债务可以抵销和不得抵销的情形。即:

第四十条 债权人在破产申请受理前对债务人负有债务的,可以向管理人主张抵销。但是,有下列情形之一的,不得抵销:

(一)债务人的债务人在破产申请受理后取得他人对债务人的债权的;

(二)债权人已知债务人有不能清偿到期债务或者破产申请的事实,对债务人负担债务的;但是,债权人因为法律规定或者有破产申请一年前所发生的原因而负担债务的除外;

(三)债务人的债务人已知债务人有不能清偿到期债务或者破产申请的事实,对债务人取得债权的;但是,债务人的债务人因为法律规定或者有破产申请一年前所发生的原因而取得债权的除外。

除此之外,出于防范道德风险的考虑,《合同编通则司法解释》(2023年)不支持人身、财产权益方面损害赔偿债务的抵销。其第五十七条规定:"因侵害自然人人身权益,或者故意、重大过失侵害他人财产权益产生的损害赔偿债务,侵权人主张抵销的,人民法院不予支持。"

(二)根据债务性质不得抵销的情形

"根据债务性质"不得抵销的情形同样没有直接规定,且现行司法解释中也未提及,但与债务人身份、债务属性相关的债务通常不得抵销,主要有:

1. 法定用途的债务不得用于抵销

某些资金具有法定的专款专用性质,尤其是政府的专项拨款、救济款等必须专款专用,不得用于抵销债务。

2. 基于特定身份的债务不得用于抵销

某些债务与当事人特有的技能、技术、经验、声誉相关,与同类的无特定身份要求的债务存在价值上的不对等,因此不能用于抵销债务。

3. 不作为的债务不得用于抵销

不作为债务虽不需要主动实施某种行为但需要持续履行,如因抵销而消灭则损害债权人的利益。

4. 损害第三人利益的债务不得用于抵销

向第三人履行的债务、由第三人履行的债务都会涉及合同之外第三人的利益,直接抵销会损害第三人或接受履行方利益。

5. 法定义务不得用于抵销

双方间的法定义务必须相互履行。例如,两个企业互相参股则必须相互出资,如果相互抵销出资义务则构成双方出资均不到位的情况。

(三)按照当事人约定不得抵销的情形

"按照当事人约定"不得抵销的情形任意性较强,只要有约在先即不可抵销,并不需要理由。

四、通知对方抵销主张

根据本条规定,只要债务标的物符合本条要求,"任何一方可以将自己的债务与对方的到期债务抵销"。之所以是"可以",是因为当事人可以根据自己的需要决定抵销或不抵销。

如果决定抵销,则主张抵销的一方应当通知对方。由于抵销权属于形成权,因此"通知自到达对方时生效",无须与对方协商一致。也正因为"通知自到达对方时生效",所以通知抵销不得附条件或期限。

【风险点及建议】

同本条规定相关的法律风险,是当事人互负相同债务时未用抵销的方式消灭等额债务,或是用于抵销的债务属于根据债务性质、当事人约定或法律规定不得抵销的债务,或是主张抵销未通知对方、抵销通知附条件或期限。

关于债务抵销,本条内容属于法定抵销的总体性规定,后续的第五百六十九条属于合意抵销的总体性规定。但合同编其他章中的第五百四十九条、第五百五十七条,分别规定了债权转让后债务人与让与人的债权抵销、债务抵销属于债权债务终止的情形之一。因此,抵销在合同实务中用途广泛。

一、可以考虑的约定和通知

"当事人约定"属于不得抵销的情形之一,也是以约定的方式阻止抵销发生的唯一方式。如果合同中没有约定,只要满足了抵销的前提条件,一方便可以通知的方式实现抵销而无须另行协商。而约定不得抵销的前提,是在签订合同时已经存在互负债务的情形,而且存在不希望抵销的意愿。此时只需约定不得抵销即可,并不需要说明理由或目的。即使将来需要抵销,还有通过协商合意抵销的机会。

当事人主张抵销需要通知对方。由于通知到达对方时即生效,除了依法不得附条件或附期限,其内容应当明确包括互负债务情况、主张抵销的部分及金额。如果是收到对方的债务抵销通知,则应及时核对,如有异议应及时提出并共同核实、处理。

二、抵销过程中的异议处理

对于抵销过程中可能产生的不同情形,《合同编通则司法解释》(2023年)有比较详细的规定。

对于抵销的生效时间、抵销的后果,该司法解释规定了通知到达时生效,互负的各类债务在同等数额内消灭。即:

第五十五条 当事人一方依据民法典第五百六十八条的规定主张抵销,人民法院经审理认为抵销权成立的,应当认定通知到达对方时双方互负的主债务、利息、违约金或者损害赔偿金等债务在同等数额内消灭。

按照该司法解释的规定,当一方享有的债权不足以抵销全部债务时,"参照民法典第五百六十条的规定处理",即按照该条款规定的数项债务的清偿顺序处理。而当一方债权不足以抵销"包括主债务、利息、实现债权的有关费用在内的全部债务"时,可以"参照民法典第五百六十一条的规定处理",即按照该条款规定的主从债务的履行顺序处理。即:

第五十六条 行使抵销权的一方负担的数项债务种类相同,但是享有的债权不足以抵销全部债务,当事人因抵销的顺序发生争议的,人民法院可以参照民法典第五百六十条的规定处理。

行使抵销权的一方享有的债权不足以抵销其负担的包括主债务、利息、实现债权的有关费用在内的全部债务,当事人因抵销的顺序发生争议的,人民法院可以参照民法典第五百六十一条的规定处理。

除此之外,该司法解释也提到了超过诉讼时效的债权可否抵销的问题。其基本规则是,超过诉讼时效的债权可通过同意对方的主张予以抵销,但向对方主张时对方提出抗辩则人民法院不予支持。具体规定为:

第五十八条 当事人互负债务,一方以其诉讼时效期间已经届满的债权通知对方主张抵销,对方提出诉讼时效抗辩的,人民法院对该抗辩应予支持。一方的债权诉讼时效期间已经届满,对方主张抵销的,人民法院应予支持。

三、抵销涉及的其他问题

债务抵销虽然有利于及时消减企业负债、提高资产质量,但除了法律问题还需要考虑账务处理。通常情况下,债务抵销同样需要有明确的凭证和记录,并保证会计账目的准确性和真实性。账务处理应以相关准则为准,以免不必要的误解和法律风险。

债务抵销不仅仅发生在本条规定的法定抵销情形中,在债权债务转让过程中也有应用。例如,按照《民法典》(2020年)对于债务人的债务抵销方面的规定,在债权人转让债权后,债务人可主张其应履行的债务与受让人的债权相抵销。具体规定为:

第五百四十九条 有下列情形之一的,债务人可以向受让人主张抵销:

(一)债务人接到债权转让通知时,债务人对让与人享有债权,且债务人的债权先于转让的债权到期或者同时到期;

(二)债务人的债权与转让的债权是基于同一合同产生。

107. 第五百六十九条　〔不相同债务的合意抵销〕
当事人互负债务，标的物种类、品质不相同的，经协商一致，也可以抵销。

【合同实务解读】

本条是关于当事人互负的不相同债务可通过协商一致予以抵销的规定。

相对于第五百六十八条的法定抵销，本条的合意抵销要灵活得多。它不需要债务种类和品质相同、不需要债务到期、完全依据双方的自由意愿设立、自双方达成一致时即生效。但法律对物权的限制、对民事主体的限制、不得抵销的规定等，仍适用于合意抵销。

实务中，民营企业经常通过协商，采用合意抵销的方式处理双方间的债权债务。其抵销的定价机制，以简单、粗犷、能够接受为准。无论是何种实物、何种权益、何种利益，只要双方能够接受即可抵销，以灵活的方式处理双方之间的任何债务。

这种抵销属于当事人之间为消灭彼此间债权债务，根据自愿原则达成的一致。在签订、履行合同的过程中，如已经存在或可能存在当事人之间互负债务的情形，也可以安排互负债务的抵销。

【风险点及建议】

同本条规定相关的法律风险，是当事人互负不相同债务时未采用协商一致抵销的方式抵销债务，或是某些抵销物受法律或权属限制而不能完成转移、抵销，某些当事人受资产管理和账务处理相关要求限制而不能以合意抵销的方式处置债权债务。

合意抵销通常也需要签订合同，该合同既作为物权变更的依据也作为账务处理的依据。这种合同主要用于注明各方互负债务的名目及金额、用于抵销的标的物及规格和数量、抵销生效的日期、标的物的交接、产权等手续的协助办理义务等。如果双方仅是金钱债务的抵销，则抵销更为简单、条款更加简化。

本条规定对于不相同债务的合意抵销几乎没有提出要求，但法律对于合同主体、标的物、物权等方面的规定对合意抵销仍旧适用。因此合意抵销在适用本条规定之外，还要考虑其他法律的限制以降低合意抵销的法律风险。这些限制可能来自以下几个方面：

（1）法律对抵销物的限制

某些用于抵销的物品、财产可能会受法律限制，如海关监管的限制、司法程序查封扣押的限制,从而不能实现或在一定时期内无法实现占有的转移,并因此使抵销有名无实甚至无法实现。

(2)抵销的物权登记影响

某些财产受物权登记方面的限制,约定抵销后需要变更物权登记才能真正完成债务抵销,可能会存在约定抵销已经完成但物权变更无法完成的情形。但本条规定并未要求合意抵销不得附条件和期限。

(3)债权债务主体的限制

某些债权债务主体受资产管理和账务处理相关法律、行业监管等方面比较严格的限制,不能随意以合意抵销的方式处置债权债务。

(4)债务抵销的递延影响

抵销可能涉及合同以外的其他法律关系变化。例如,债权债务转让后发生的抵销要比通常的抵销复杂,需要依照相关规定分析抵销引发的担保等法律关系变化,以免因疏忽引发新的法律问题。

合意抵销所用的合同,因抵销所用标的物不同,尤其要明确双方用于债务抵销的标的物的种类、品质、数量,以及抵销生效的时间、所抵销债务的金额等以便于财务处理。如果抵销用的标的物涉及实物交付、所有权转移,还可约定互负债务抵销以标的物实际交付、转移登记办结为准。

〔第四部分 标的物提存〕

108.第五百七十条 〔标的物提存〕

有下列情形之一,难以履行债务的,债务人可以将标的物提存:

(一)债权人无正当理由拒绝受领;

(二)债权人下落不明;

(三)债权人死亡未确定继承人、遗产管理人,或者丧失民事行为能力未确定监护人;

(四)法律规定的其他情形。

标的物不适于提存或者提存费用过高的,债务人依法可以拍卖或者变卖标的物,提存所得的价款。

【合同实务解读】

本条是关于债务人因债权人等原因而难以履行债务时,可将标的物或处理标的物后的价款提存的规定。

债务人因债权人的原因或法律规定而无法正常履行时,不仅会增加债务人的履行成本,还会被债权人追究违约责任。债务提存制度以债务人向第三方履行的方式完成其债务履行,并将责任和风险转给导致债务人无法正常履行的债权人。

一、提存与提存公证

"提存",按照本条的规定,是债务人将因债权人原因而难以履行的标的物或标的物变现后的价款交由提存部门从而消灭债务的措施。

目前中国境内的提存部门是公证处,从事提存业务的法律依据是由司法部于1995年颁布的《提存公证规则》,提存的方式是提存公证。该规则规定了提存公证的定义及种类,其具体内容分别如下:

第二条 提存公证是公证处依照法定条件和程序,对债务人或担保人为债权人的利益而交付的债之标的物或担保物(含担保物的替代物)进行寄托、保管,并在条件成就时交付债权人的活动。为履行清偿义务或担保义务而向公证处申请提存的人为提存人。提存之债的债权人为提存受领人。

第三条 以清偿为目的的提存公证具有债的消灭和债之标的物风险责任转移的法律效力。

以担保为目的的提存公证具有保证债务履行和替代其他担保形式的法律效力。

不符合法定条件的提存或提存人取回提存标的的,不具有提存公证的法律效力。

二、可以提存的情形

"难以履行债务",结合语义和所列举的情形,可以理解为因债权人原因债务人已无法向债权人按照约定履行,甚至无法与债权人达成可接受的替代解决方案,因此债务人难以甚至无法按照合同履行。

"无正当理由拒绝受领",主要是指债权人拒绝受领债务人履行的理由没有法律、合同、交易习惯方面的依据,而且已经违反诚信原则。

"下落不明",通常是指使用了已知的联络方法、联系地址而仍旧无法知道债权人的所在地点且无法取得联系的情形。在此情形下,无法确定其意思表示,通常也难以履行债务。

"丧失民事行为能力",可以理解为该民事主体已经成为无民事能力人。按照《民法典》(2020年)第二十一条的规定,"不能辨认自己行为的成年人为无民事行为能力人,由其法定代理人代理实施民事法律行为"。第二十三条规定:"无民事行为能力人、限制民事行为能力人的监护人是其法定代理人。"

"监护人"的确定有法定顺序。《民法典》(2020年)规定:

第二十八条 无民事行为能力或者限制民事行为能力的成年人,由下列有监护能力的人按顺序担任监护人:

(一)配偶;

(二)父母、子女;

(三)其他近亲属;

(四)其他愿意担任监护人的个人或者组织,但是须经被监护人住所地的居民委员会、村民委员会或者民政部门同意。

如果监护尚未确定,则无人能够代表债权人作出意思表示,债务人将无从履行债务。

"法律规定的其他情形",是指《民法典》(2020年)或其他法律所规定的"难以履行债务的"的情形。例如,《民法典》(2020年)第五百二十九条所规定的债权人分立、合并、变更地址没有通知债权人的情形:"债权人分立、合并或者变更住所没有通知债务人,致使履行债务发生困难的,债务人可以中止履行或者将标的物提存。"

三、提存的不同方式

提存的常规方式是,按照《民法典》(2020年)第五百七十一条的规定,由债务人将标的物交付给提存部门,或是"依法拍卖、变卖所得价款交付提存部门"。即:

第五百七十一条 债务人将标的物或者将标的物依法拍卖、变卖所得价款交付提存部门时,提存成立。

提存成立的,视为债务人在其提存范围内已经交付标的物。

但"依法拍卖、变卖所得价款"的方式通常是在"标的物不适于提存或者提存费用过高"的情况下。例如，数量或体积过于庞大的物料、鲜活且不易保管的水产品、存在安全风险的化学品、保管技术要求高的产品等。这类标的物要么难以保存、要么保存成本太高，通过拍卖或变卖后及时转换为价款后再提存则相对容易。而且按照《民法典》（2020年）第五百七十三条的规定，"提存费用由债权人负担"。

以提存的方式履行合同可维持正常的生产经营秩序，避免因迟迟不能履行而增加风险和成本，还可以避免因无法及时履行而被恶意追究违约责任。除了本条规定，《民法典》（2020年）第五百七十一条到第五百七十四条中也有关于提存的规定，具体进行提存操作时需要充分考虑相关规定。

【风险点及建议】

同本条规定相关的法律风险，是当债务人因债权人无正当理由拒绝受领、债权人下落不明、债权人死亡后未确定继承人或遗产管理人、债权人丧失民事行为能力后未确定监护人、法律规定的债务人难以履行的其他情形时，未能及时通过提存的方式履行债务，或在标的物不适于提存或者提存费用过高时未依法拍卖或变卖标的物后提存所得价款，或是债务人的提存行为存在法律瑕疵。

现实中发生的提存并不多，因为本条规定的难以履行债务的各类情形发生较少，而且往往可以用其他方式处理。例如，无正当理由拒绝接受履行、下落不明导致不能按时受领都可按违约处理，债权人死亡或丧失民事能力的情形在商务合同中也极为少见，各种情形基本按照相关规定执行即可。

对于难以履行的情形并非只能提存，有多种解决方案、多种措施可供参考。

一、保留难以履行原因证据

当债务人遇到本条所列举的难以履行债务的情形时，首先应该收集和保存难以履行的证据。如果债务人无法举证这些情形的发生，未按约定履行的情形的客观表现便是债务人违约。在现实中也多次发生债权人故意隐匿行踪造成债务人无法履行，然后再起诉要求解除合同、赔偿损失的案件。

对于相关证据的收集和保存，债务人可以要求债权人出具正式的通知或回复、可以收集并保存媒体上公开发布的信息、可以要求债权人所在地其他方出具证明。如果通过以上方式均无法取得证据，则可以通过公证取证以证明无法履行的事实。提取和保留了相关证据，除了自我保护还可为提存行为提供依据。

二、提存及其他解决方案

当有确切的证据可以证明未履行债务系由债权人原因所致时,债务人依法可以有多种应对方案,提存只是其中之一。

(一)继续履行

履行合同只需要按照合同约定即可,只要合同内容约定得足够详细且仍旧可以履行,并不一定需要债权人的同意或配合。

例如,合同中有明确的履行的时间、地点、方式,有时即使没有债权人的配合也仍旧可以履行。通常只要能够继续按合同履行而且能够留下履行的证据,则只需要按照合同约定履行而无须提存,交付后的风险和费用也由债权人承担。

(二)延期履行

如果债权人无正当理由拒绝受领只是希望延期履行,而且不会大幅增加标的物损毁、灭失风险,则债务人可以与之商定延后履行的具体时间并保留证据,等到日期届满时再次履行。

由于债权人拒绝受领而迟延履行,可以向债权人主张赔偿增加的费用。即《民法典》(2020年)第五百八十九条所规定的,"债务人按照约定履行债务,债权人无正当理由拒绝受领的,债务人可以请求债权人赔偿增加的费用"。

(三)行使不安抗辩权

如果合同中的约定是债务人先履行,且债权人存在无正当理由拒绝受领或是其他条款规定的债权人原因导致债务难以履行的行为,只要足以构成《民法典》(2020年)第五百二十七条第一款中的"丧失商业信誉"或"丧失或者可能丧失履行债务能力的其他情形",则债务人有权中止履行并通知对方。

后续事宜处理则可以依据《民法典》(2020年)第五百二十八条的规定,满足条件时恢复履行或是解除合同。即:"当事人依据前条规定中止履行的,应当及时通知对方。对方提供适当担保的,应当恢复履行。中止履行后,对方在合理期限内未恢复履行能力且未提供适当担保的,视为以自己的行为表明不履行主要债务,中止履行的一方可以解除合同并可以请求对方承担违约责任。"

(四)解除合同追究违约

如果债权人无正当理由拒绝受领的目的是不履行合同,则可参照预期违约的规定处理。即当债权人构成《民法典》(2020年)第五百六十三条第一款所规定的"在履行期限届满前,当事人一方明确表示或者以自己的行为表明不履行主要债务"，则债务人可以解除合同并追究债权人的违约责任。

解除合同的程序可以参照第五百六十五条的规定，"当事人一方依法主张解除合同的，应当通知对方。合同自通知到达对方时解除；通知载明债务人在一定期限内不履行债务则合同自动解除，债务人在该期限内未履行债务的，合同自通知载明的期限届满时解除"。从中可以看出，一种是直接通知对方解除合同，另一种是限期履行、逾期解除。

(五)依法提存

如果上述方式都无法实现或不符合实际需求，则最后的选择只能是提存。除了本条规定，提存还需要遵守其他规则。

一是提存后要通知债权人。《民法典》(2020年)第五百七十二条规定："标的物提存后，债务人应当及时通知债权人或者债权人的继承人、遗产管理人、监护人、财产代管人。"

二是要清晰知道法律后果。《民法典》(2020年)五百七十三条规定："标的物提存后，毁损、灭失的风险由债权人承担。提存期间，标的物的孳息归债权人所有。提存费用由债权人负担。"

提存在其他领域也可适用。例如，质权人可以拍卖、变卖质押财产并提存。《民法典》(2020年)第四百三十三条规定："因不可归责于质权人的事由可能使质押财产毁损或者价值明显减少，足以危害质权人权利的，质权人有权请求出质人提供相应的担保；出质人不提供的，质权人可以拍卖、变卖质押财产，并与出质人协议将拍卖、变卖所得的价款提前清偿债务或者提存。"

---

109. 第五百七十一条 〔提存的成立及后果〕

债务人将标的物或者将标的物依法拍卖、变卖所得价款交付提存部门时，提存成立。

提存成立的，视为债务人在其提存范围内已经交付标的物。

【合同实务解读】

本条是对提存成立时间和提存成立后果的规定。提存在标的物或其价款交付提存部门时成立，视为债务人在提存范围内已交付标的物。

"提存"，按照本条的规定，是债务人将因债权人原因而难以履行的标的物或标的物变现后的价款交由提存部门从而消灭债务的措施。

"提存部门"，按照目前的法律体系，是办理提存公证的各公证处。

"标的物"在提存领域一般有为形物。如果合同标的是行为、劳务、服务、不作为，则无法提存。另根据司法部令第 38 号《提存公证规则》(1995 年)第七条的规定："下列标的物可以提存：

(一)货币；

(二)有价证券、票据、提单、权利证书；

(三)贵重物品；

(四)担保物(金)或其替代物；

(五)其他适宜提存的标的物。"

"视为债务人在其提存范围内已经交付标的物"，体现了本条所规定的提存以清偿为目的、旨在消灭债务。依据《提存公证规则》(1995 年)第三条的规定，提存公证分为"清偿为目的的提存公证"和"担保为目的的提存公证"两类，但两类公证中只要提存人取回提存标的则不具有提存公证的法律效力。即：

第三条 以清偿为目的的提存公证具有债的消灭和债之标的物风险责任转移的法律效力。

以担保为目的的提存公证具有保证债务履行和替代其他担保形式的法律效力。

不符合法定条件的提存或提存人取回提存标的的，不具有提存公证的法律效力。

【风险点及建议】

同本条规定相关的法律风险，是债务人未及时将标的物或其折现价款交付提存部门，或提存过程中的拍卖、变卖等程序存在法律瑕疵。

以提存公证的方式清偿因债权人原因难以履行的债务，由债务人向公证机构提出，公证机构依照《提存公证规则》(1995 年)的要求及程序进行，无须征得债权人同意。公证员依据《提存公证规则》(1995 年)第十二条的规定审查相关内容。即：

第十二条 公证员应当按《公证程序规则(试行)》第二十三条规定，审查下列内容：

(一)本规则第九条所列材料是否齐全，内容是否属实；

(二)提存人的行为能力和清偿依据;

(三)申请提存之债的真实性、合法性;

(四)请求提存的原因和事实是否属实;

(五)提存标的物与债的标的是否相符,是否适宜提存;

(六)提存标的物是否需要采取特殊的处理或保管措施。

债务人将标的物或标的物变现的价款交付给办理提存公证的公证处后,提存成立、视为债务人依照本条款规定"在其提存范围内已经交付标的物",提存之债得到了清偿。与此同时,依据本法规定标的物也被视为交付给了债权人,风险、孳息均转归债权人。《民法典》(2020年)规定如下:

第五百七十三条 标的物提存后,毁损、灭失的风险由债权人承担。提存期间,标的物的孳息归债权人所有。提存费用由债权人负担。

在这个过程中,如果债务人存在提存范围与合同约定范围不符的情形,由于法律只认可"在其提存范围内已经交付标的物",因此未交付部分可能会对债权人产生违约责任。

110. 第五百七十二条 〔提存后的通知及对象〕

标的物提存后,债务人应当及时通知债权人或者债权人的继承人、遗产管理人、监护人、财产代管人。

【合同实务解读】

本条是对提存完成后债务人通知义务的规定,债务人应当及时通知债权人或债权人的相关人。

提存的产生原因,是因债权人的原因,债务人难以履行债务。而债务人在提存后及时通知债权人,既是遵从法定要求也是告知债务已经履行,债务人没有违约,同时也是告知债权人到何处提取提存物。

依据《民法典》(2020年)的相关规定,造成债务人难以履行债务的原因有四类,因此可参照不同原因所涉及的主体设定通知的对象。这四类情形分别为:

第五百七十条 有下列情形之一,难以履行债务的,债务人可以将标的物提存:

(一)债权人无正当理由拒绝受领;

（二）债权人下落不明；

（三）债权人死亡未确定继承人、遗产管理人，或者丧失民事行为能力未确定监护人；

（四）法律规定的其他情形。

标的物不适于提存或者提存费用过高的，债务人依法可以拍卖或者变卖标的物，提存所得的价款。

参照上述规定，本条中的"债权人的继承人、遗产管理人"对应的是"（三）债权人死亡"的情形，而"监护人"则对应同一项规定中的"丧失民事行为能力"的情形。而"财产代管人"则是债权人出现前两种情形时，其财产可能处于代管状况，而被提存的标的物也同样属于债权人的财产。

【风险点及建议】

同本条规定相关的法律风险，是债务人在标的物提存后未及时通知债务人或债权人的继承人、遗产管理人、监护人、财产代管人。

提存完成后及时向债权人或相关人发出通知，是债务人的法定义务。但在《民法典》（2020年）第五百七十条第一款中提及的"债权人下落不明"的情形中，可能会存在通知没有发出地址的问题。甚至其他可以提存的情形中，也会存在难以证明发出过通知的困境。如果债务人与债权人之间发生诉讼，这种情形对债务人非常不利。

但这一问题同样可以通过公证解决。依照《提存公证规则》（1995年）的相关规定，公证处可以发出公告通知并视为送达。即：

第十八条 提存人应将提存事实及时通知提存受领人。

以清偿为目的的提存或提存人通知有困难的，公证处应自提存之日起七日内，以书面形式通知提存受领人，告知其领取提存物的时间、期限、地点、方法。

提存受领人不清或下落不明、地址不详无法送达通知的，公证处应自提存之日起六十日内，以公告方式通知。公告应刊登在国家或债权人在国内住所地的法制报刊上，公告应在一个月内在同一报刊刊登三次。

作为合同工作的常识性做法，合同中必须注明用于发出通知的通信方法，例如，发送邮件的地址或是电子邮件信箱。有了这些通信方法，向这些通信地址发出通知即可视为债务人履行了通知义务。

如有必要，当发送通知的对象并非债权人本人而是继承人、遗产管理人、监护人、财产代管人时,可要求提供相关证明或在无法取得相关证明时仍以原来约定的方式发出通知。

111. 第五百七十三条 〔提存后的风险、孳息、提存费用〕

标的物提存后,毁损、灭失的风险由债权人承担。提存期间,标的物的孳息归债权人所有。提存费用由债权人负担。

【合同实务解读】

本条规定了提存后标的物毁损、灭失风险由债权人承担,以及孳息归属、提存费用负担归于债权人。

《民法典》(2020年)对于本条的规定,可以视为对提存结果的进一步明确。根据《民法典》(2020年)第五百七十一条的规定:"债务人将标的物或者将标的物依法拍卖、变卖所得价款交付提存部门时,提存成立。提存成立的,视为债务人在其提存范围内已经交付标的物。"因此本条内容可以视为对该条第二款的延伸。

当债务人的提存行为已经被视为"在其提存范围内已经交付标的物",则其法律后果与标的物正常交付给债务人完全相同。于是"毁损、灭失的风险由债权人承担"、提存期间"标的物的孳息归债权人所有"。由于提存系由债权人原因而引起,因而"提存费用由债权人负担"。

其中,"提存费用"并非一笔具体的费用,而是因提存而产生的各种费用的总称,具体以实际发生情况为准。《提存公证规则》(1995年)中的相关规定如下:

第二十五条 除当事人另有约定外,提存费用由提存受领人承担。

提存费用包括:提存公证费、公告费、邮电费、保管费、评估鉴定费、代管费、拍卖变卖费、保险费,以及为保管、处理、运输提存标的物所支出的其他费用。

提存受领人未支付提存费用前,公证处有权留置价值相当的提存标的物。

提存制度的目标,是当债务人因债权人的原因难以履行时,可通过提存的方式完成债务履行、消灭债务。当债务人将标的物或标的物拍卖、变卖所得交付提存部门,其交付义务被视为履行完毕,其法律后果也形同向债权人实际交付。

【风险点及建议】

同本条规定相关的法律风险,是债权人由于债务人以提存的方式履行债务而导致债权人标的物毁损、灭失的风险增大,且不得不承担提存费用等支出;同时,债务人也可能因提存过程、方式上的瑕疵承担毁损、灭失、提存费用方面的损失。

债权人原因引起的债务人将标的物提存,无疑会增加债权人取得该标的物的成本,包括但不限于"提存费用",甚至标的物会由于处于他人控制之下而增加毁损、灭失的风险。

如前所述,该费用不是一笔具体的费用,而是因提存产生的各种费用的总称,包括"提存公证费、公告费、邮电费、保管费、评估鉴定费、代管费、拍卖变卖费、保险费,以及为保管、处理、运输提存标的物所支出的其他费用"。而且这些费用会随着时间的推移不断增加。

债务人同样也会因提存而付出多于正常履行的成本。例如,为实现提存而增加的运输、装卸、仓储、提存公证等费用,以及要承担提存完成前标的物毁损、灭失的风险。而且,某些提存费用需要由债务人垫付,通常只有债权人为领取提存物而支付提存费用后才能受偿。理论上,这些费用可作为"提存费用"最终由债权人承担。

从实际利益角度考虑,债权人应尽力避免债务人以提存方式履行债务,而债务人也需要权衡应以其他方式解决履行问题还是以提存的方式完成债务履行。

112. 第五百七十四条 〔提存物的领取等处理〕

债权人可以随时领取提存物。但是,债权人对债务人负有到期债务的,在债权人未履行债务或者提供担保之前,提存部门根据债务人的要求应当拒绝其领取提存物。

债权人领取提存物的权利,自提存之日起五年内不行使而消灭,提存物扣除提存费用后归国家所有。但是,债权人未履行对债务人的到期债务,或者债权人向提存部门书面表示放弃领取提存物权利的,债务人负担提存费用后有权取回提存物。

【合同实务解读】

本条规定了债权人领取提存物的规则。包括债权人的随时领取权,以及提存部门拒绝债权人领取、提存物收归国家、债务人取回提存物的情形和前提。

提存物交付给提存部门后,标的物的处理涉及债权人、提存部门、债务人之间的相互关系。依照本条的规定,三方都有权处置提存物。

一、债权人承担费用、提取提存物

当债务人将提存物交付给提存部门,法律上已经"视为债务人在其提存范围内已经交付标的物",因此债权人毫无疑问地享有随时提取的权利。

但债权人"可以随时领取提存物"必须承担"提存费用"。按照《提存公证规则》(1995年)第二十五条第一、二款的规定:"除当事人另有约定外,提存费用由提存受领人承担。

提存费用包括:提存公证费、公告费、邮电费、保管费、评估鉴定费、代管费、拍卖变卖费、保险费,以及为保管、处理、运输提存标的物所支出的其他费用。"

其中的"提存受领人"即指债权人,依据《提存公证规则》(1995年)第二条,"为履行清偿义务或担保义务而向公证处申请提存的人为提存人。提存之债的债权人为提存受领人"。

二、提存部门拒绝债权人提取

对于前去领取提存物的债权人,提存部门负有按照给付条件给付的义务。按照《提存公证规则》(1995年)第二十三条的规定,提存部门"应按提存人所附条件给付提存标的物"。即:

第二十三条 公证处应当按照当事人约定或法定的条件给付提存标的。本规则第六条第一项规定的以对待给付为条件的提存,在提存受领人未为对待给付之前,公证处不得给付提存标的物。

提存受领人领取提存标的物时,应提供身份证明、提存通知书或公告,以及有关债权的证明,并承担因提存所支出的费用。提存受领人负有对待给付义务的,应提供履行对待给付义务的证明。委托他人代领的,还应提供有效的授权委托书。由其继承人领取的,应当提交继承公证书或其他有效的法律文书。

其中的"对待给付义务",是指债权人在请求债务人给付之前必须先向债务人履行的给付义务,或者说是债权人请求债务人履行的给付必须与债权人向债务人履行的给付义务同时完成。

如果存在《民法典》(2020年)第五百七十四条第一款所规定的"债权人对债务人负有到期债务"情形,则构成了《提存公证规则》(1995年)中的"对待给付义务"。在债权人"未履行债务或者提供担保之前",如果债务人有要求,则提存部门对于债权人"应当拒绝其领取提存物"。

同时,本条第一款的规定,也是《提存公证规则》(1995年)第二十三条第一款中所称的给付提存标的的"法定的条件",即"公证处应当按照当事人约定或法定的条件给付提存标的"。

三、提存物的领取期限及收归国家

在债权人领取提存物的期限方面,《民法典》(2020年)在本条中的规定与《提存公证规则》(1995年)中的规定不同。《民法典》(2020年)的法律层级较高、颁布时间较新,因此应以《民法典》(2020年)规定的为准,即"债权人领取提存物的权利,自提存之日起五年内不行使而消灭,提存物扣除提存费用后归国家所有"。

至于《提存公证规则》(1995年)第二十一条中规定:"从提存之日起,超过二十年无人领取的提存标的物,视为无主财产;公证处应在扣除提存费用后将其余额上缴国库。"与《民法典》(2020年)的规定分属不同领域,仍可针对不同情况分别执行。

但某些保管物的保存期限可能无法超过本条所规定的五年期限。按照《提存公证规则》(1995年)第二十条的规定:"下列物品的保管期限为六个月:

(一)不适于长期保管或长期保管将损害其价值的;

(二)六个月的保管费用超过物品价值5%的。"

四、债务人领取提存物

对于提存物,债权人除了承担提存费用后领取也可以选择放弃。如果未履行对债务人的到期债务,还有可能被提存部门拒绝领取。债权人决定放弃提存物,必须按照本条规定向提存部门书面表示放弃领取提存物的权利,否则不能被视为放弃,只能适用本条"自提存之日起五年内不行使而消灭"的规定。

因此,只有当"债权人未履行对债务人的到期债务",或者"债权人向提存部门书面表示放弃领取提存物权利"时,债务人才可能"负担提存费用后有权取回提存物",其结果是提存的消灭。

对于债务人领取提存物,《提存公证规则》(1995年)赋予了提存人,也就是债务人,更多的提取权利。相关规定为:

第二十六条　提存人可以凭人民法院生效的判决、裁定或提存之债已经清偿的公证证明取回提存物。

提存受领人以书面形式向公证处表示抛弃提存受领权的，提存人得取回提存物。

提存人取回提存物的，视为未提存。因此产生的费用由提存人承担。提存人未支付提存费用前，公证处有权留置价值相当的提存标的。

【风险点及建议】

同本条规定相关的法律风险，是债务人在债权人对债务人负有到期债务时未要求提存部门拒绝债权人领取提存物、债权人因未履行对债务人的到期债务或未提供担保而被提存部门拒绝领取提存物、债权人怠于领取提存物并导致提存物归国家所有、债务人在债权人未履行到期债务或书面放弃提存物的情况下未承担提存费用领回提存物。

标的物提存后存在被债权人领取、归国家所有、被债务人取回三种结局，整个过程都在不断产生费用，或者说是在不断造成损失。因此正如对《民法典》（2020年）第五百七十条的解读中提到的，债务人在遭遇到债权人原因所引起的难以履行的情形时，应结合其他选择充分考虑，是否只有采取提存措施才能实现其合法利益的最大化。

但在某些特定情形之下，尤其是债权人与债务人不便于直接履行的情形下，提存公证也可作为一种双方均可接受的履行方式。《提存公证规则》（1995年）相关规定如下：

第六条　有下列情况之一的，公证处可以根据当事人申请办理提存公证：

（一）债的双方在合同（协议）中约定以提存方式给付的；

（二）为了保护债权人利益，保证人、抵押人或质权人请求将担保物（金）或其替代物提存的；

当事人申办前款所列提存公证，必须列明提存物给付条件，公证处应按提存人所附条件给付提存标的物。

债务人与债权人如果互负债务，以抵销的方式解决则更为便利。使用提存方式履行的前提是对债权人无法正常履行，但除了债权人下落不明，仍旧存在双方沟通的可能性。即使在提存之后，债务人要求提存机构拒绝债权人领取提存物的主张以实现对债权人的债务时，仍旧可以同债权人协商抵销，并在达成一致后取回提取物、结束提存。以这种方式解决，可避免保管等费用的持续增加。

提存费用包括诸多项目，且在被领取、领回、归国家所有前一直处于提存部门的保管之下,保管时间越久则提存费用越高。作为债权人,应避免标的物被提存,提存发生后应尽早领取以避免提存期限的不断延长,如果提存费用过高也应及时书面通知提存部门放弃提存物,以避免因提存造成的损失不断升高。

对于债务人也是如此。当债权人未履行对债务人的到期债务,或是债权人向提存部门书面放弃领取提存物时,债务人需要核算已发生的提存费用和持续产生的提存费用、提存物的质量状况等,以早日决定是否取回提存物。

〔第五部分 债务免除和同归于一人〕

113. 第五百七十五条 〔债权人免除债务的后果与拒绝〕

债权人免除债务人部分或者全部债务的,债权债务部分或者全部终止,但是债务人在合理期限内拒绝的除外。

【合同实务解读】

本条是对于债务免除规则的规定。债权债务随着债权人的部分或全部免除而终止,但债务人有权在合理期限内拒绝。

债权人免除债务,属于法定的债权债务终止的情形之一。依据《民法典》(2020年)的规定,"债权人免除债务"属于第五百五十七条第一款规定的第四种情形。

这种免除属于债权人的单方行为,无须对价、理由,也无须债务人的事先同意。随着债权人免除部分或全部债务,相应的债权债务消灭。对于这种对债务人单方有利的行为,债务人一般不会反对。但在更大的背景环境下,某些债务免除会牵涉复杂的利益关系,而且不同当事人对于债务免除是否有利存在不同价值判断,因此法律赋予债务人"在合理期限内拒绝"的权利。

在债权债务终止的范畴之外,债权人免除债务的行为会受到诸多法律规定的限制,甚至与刑事责任有关。主要有以下几个方面:

1. 恶意免除债务可被撤销

民事法律行为不得损害其他方利益,是基本的民事行为准则。《民法典》(2020年)第一百三十二条规定:"民事主体<u>不得滥用民事权利损害国家利益、社会公共利益或者他人合法权益</u>。"而在民事活动中,由于交易涉及众多的主体、复杂的债权债务关系,因此债务免除很有可能会损害其他方利益。

撤销权制度的建立，与债务人恶意放弃债权有关。《民法典》(2020年)对于撤销权的规定正是为了制止这种行为，即：

第五百三十八条　债务人以放弃其债权、放弃债权担保、无偿转让财产等方式无偿处分财产权益，或者恶意延长其到期债权的履行期限，影响债权人的债权实现的，债权人可以请求人民法院撤销债务人的行为。

2. 免除债务或将面临行政处罚

在不同的法律领域，债务免除可能存在不同的规定。违反其中的禁止性规定，将面临受到行政处罚的风险。

例如，《公司法》(2023年修订)规定了公司不得免除股东缴纳出资或股款的义务，即：

第二百二十五条　公司依照本法第二百一十四条第二款的规定弥补亏损后，仍有亏损的，可以减少注册资本弥补亏损。减少注册资本弥补亏损的，公司不得向股东分配，也不得免除股东缴纳出资或者股款的义务。

……

违反这一规则，存在受到行政处罚的风险。该法第二百五十二条规定："公司的发起人、股东虚假出资，未交付或者未按期交付作为出资的货币或者非货币财产的，由公司登记机关责令改正，可以处以五万元以上二十万元以下的罚款；情节严重的，处以虚假出资或者未出资金额百分之五以上百分之十五以下的罚款；对直接负责的主管人员和其他直接责任人员处以一万元以上十万元以下的罚款。"

3. 免除债务可能涉嫌犯罪

免除债务如果与债权人、债务人的特定关系相关，如利用职务上的便利非法收受他人财物为他人谋取利益，则可能涉嫌贿赂罪。而其中的"财物"，即有可能是以债务免除的方式提供。

《最高人民法院、最高人民检察院关于办理贪污贿赂刑事案件适用法律若干问题的解释》(2016年)中的相关规定如下：

第十二条　贿赂犯罪中的"财物"，包括货币、物品和财产性利益。财产性利益包括可以折算为货币的物质利益如房屋装修、债务免除等，以及需要支付货币的其他利益如会员服务、旅游等。后者的犯罪数额，以实际支付或者应当支付的数额计算。

关于债务免除可能涉及的法律风险远不止上述三类。例如，国有企业作为债权人免除债务人债务的行为涉及国有资产监管领域相关政策，不仅涉及监管、审批问题,还有可能面临更多责任风险。

【风险点及建议】

同本条规定相关的法律风险,是债务人未取得债权人免除其部分或全部债务的有效证明,或未根据其自身利益在合理期限内拒绝债权人的债务免除。

通常情况下,债务免除只会针对确已失去履行能力的债务人。甚至某些企业由于其性质或管理上的需要,即使债务人已经没有履行债务能力也仍旧通过诉讼、执行主张债务,直到取得人民法院的终结执行裁定为止。

对于那些尚有一定履行债务能力的债务人,免除其债务往往有着更为复杂的动机。某些债务免除并非实质上的免除,而是存在某种利益交换。例如,有的是为在其他方面得到补偿,有的是为账面上的资产质量等。

债务免除可以附条件,包括作为和不作为。依据《民法典》(2020年)的规定,如果债务人未满足所附条件,则债务免除失去效力。即:

第一百五十八条　民事法律行为可以附条件,但是根据其性质不得附条件的除外。附生效条件的民事法律行为,自条件成就时生效。附解除条件的民事法律行为,自条件成就时失效。

但附条件的债务免除只能通过协议的方式设定,不附条件的债务免除只需要债权人正式通知债务人即可。

债务人可以"在合理期限内拒绝"对其债务的免除。综合各方面影响考虑,债务免除这一通常有利于债务人的行为对于具体的债务人可能并非有利。如果出于对第三方利益的考虑、对企业商业信誉的考虑、对资产负债状况的特定需求等原因,债务人需要债务继续存在,则应早日拒绝以避免债务免除生效。

存在重大法律风险的债务免除条款,大致可分为以下几种情况:

1.债务人恶意免除债务

债务人恶意免除债务源于《民法典》(2020年)第五百三十八条的规定。如果债务人放弃债权从而影响债权人利益实现,则债权人可以请求人民法院撤销债务人的行为。即:

第五百三十八条　债务人以放弃其债权、放弃债权担保、无偿转让财产等方式无偿处分财产权益,或者恶意延长其到期债权的履行期限,影响债权人的债权实现的,债权人可以请求人民法院撤销债务人的行为。

2. 恶意串通损害他人利益

以恶意串通的方式损害他人合法权益的，依据《民法典》（2020年）的规定在法律上属于无效行为。即：

<u>第一百五十四条　行为人与相对人恶意串通，损害他人合法权益的民事法律行为无效。</u>

3. 滥用民事权利行为

对于滥用民事权利的行为，《民法典》（2020年）的相关规定较为原则性，属于对原《民法总则》（已失效）相关规定的沿用。即：

<u>第一百三十二条　民事主体不得滥用民事权利损害国家利益、社会公共利益或者他人合法权益。</u>

为了解释"滥用民事权利"，《总则编司法解释》（2022年）规定：

<u>第三条　对于民法典第一百三十二条所称的滥用民事权利，人民法院可以根据权利行使的对象、目的、时间、方式、造成当事人之间利益失衡的程度等因素作出认定。</u>

<u>行为人以损害国家利益、社会公共利益、他人合法权益为主要目的行使民事权利的，人民法院应当认定构成滥用民事权利。</u>

<u>构成滥用民事权利的，人民法院应当认定该滥用行为不发生相应的法律效力。滥用民事权利造成损害的，依照民法典第七编等有关规定处理。</u>

114. 第五百七十六条　〔债权债务的主体归一〕

债权和债务同归于一人的，债权债务终止，但是损害第三人利益的除外。

【合同实务解读】

本条规定了债权债务同归于一人时，除非损害第三人利益，否则债权债务终止。

债权债务同归于一人又被称为债的混同，属于《民法典》（2020年）第五百五十七条第一款所规定的债权债务终止的情形之一。当债权债务同归于一人时，该人既为债权人又为债务人，因此债权债务消灭。

通常情况下，债权债务同归于一人多发生在企业兼并收购和债权债务转让之后，也有一些发生在资产重组过程中同时继承债权债务的情形，包括概括转让和单独转让债权或债务。这类事件发生时,债权债务自然消灭。

鉴于民事法律关系的复杂性,在错综复杂的民事活动中很有可能发生债权债务同归于一人时损害其他方利益的情况。为了避免民事主体通过包括债权债务同归于一人在内的方式损害他人利益,《民法典》(2020年)第一百三十二条规定了"民事主体不得滥用民事权利损害国家利益、社会公共利益或者他人合法权益"。同时,《民法典》(2020年)第一百五十四条也规定:"行为人与相对人恶意串通,损害他人合法权益的民事法律行为无效。"

对于"滥用民事权利",《总则编司法解释》(2022年)有所规定:

第三条 对于民法典第一百三十二条所称的滥用民事权利,人民法院可以根据权利行使的对象、目的、时间、方式、造成当事人之间利益失衡的程度等因素作出认定。

行为人以损害国家利益、社会公共利益、他人合法权益为主要目的行使民事权利的,人民法院应当认定构成滥用民事权利。

构成滥用民事权利的,人民法院应当认定该滥用行为不发生相应的法律效力。滥用民事权利造成损害的,依照民法典第七编等有关规定处理。

根据该司法解释的规定可知,"滥用民事权利"的一般情形是"以损害国家利益、社会公共利益、他人合法权益为主要目的行使民事权利"。而正常的民事交易行为即使影响第三人的利益,也并不作为"滥用民事权利"处理。

【风险点及建议】

同本条规定相关的法律风险,是债权债务同归于一人时损害第三人利益而导致债权债务无法终止,或利益被其他方以债权债务同归于一人的方式损害。

仅就债权债务领域而言,债权债务同归于一人时通常不会损害第三人利益。因为债权债务关系建立在法律规定或合同约定的基础之上,没有法定义务或约定义务,也就不存在法律意义上的债权债务关系。即《民法典》(2020年)第一百七十六条所规定的:"民事主体依照法律规定或者按照当事人约定,履行民事义务,承担民事责任。"

因此本条所规定的因债权债务同归于一人而"损害第三人利益"的情形中,"第三人利益"必须是债权债务同归于一人后,导致的债权债务终止相关的、而且有法律依据可以使第三人主张权利的利益。

债权债务同归于一人可能会影响第三人的利益。在民事活动中许多交易主体之间存在着错综复杂的利益关系和社会关系，例如，存在与债权人、债务人各有其利益关系的群体。这些群体成员与债权人或债务人之间即使不存在债权债务关系也会存在某种其他利益关系，而且也会受到债权债务同归于一人影响，此种影响大多属于与债权债务同归于一人的民事主体无关的、不可诉的利益。

例如，甲企业收购乙企业后，因债权债务同归于一人而消灭了甲企业与乙企业间的债权债务。甲企业因此不再需要原来代理其向乙企业主张债权的服务机构丙，并解除了与丙之间的合同。

这类情形中，丙的利益不会被视为受到损害。丙的利益虽然受到了甲企业债权债务同归于一人的影响，但甲企业收购乙企业并导致债权债务同归于一人属于合法、正常操作，与丙之间既是不同的法律关系也没有损害丙方利益的故意，其债权债务同归于一人不属于损害丙的"第三人利益"。

在这一过程中，最容易遭受损害的是对债权人或对债务人享有债权的第三人。对债权人享有债权的第三人可能寄希望于债务人向债权人履行，从而实现自身对债权人的债权。而当债权人与债务人的债权因债权债务同归于一人而消灭，对债务人享有债权的第三人便失去了按原计划实现债权的机会。

这种情形有可能构成"损害第三人利益"，但是否确定构成则需要看具体情况，尤其是第三人的撤销权、代位权能否成立，以及债权债务同归于一人后履行债务能力是增加还是减弱。

对于第三人而言，如果发现一方的债权债务同归于一人可能影响自身的债权受偿，则如有债权债务可供抵销，应先行抵销。如果债权债务同归于一人后，新债务人履行债务的能力有所提高，则第三人可向新债务人主张债权。

第八章 违约责任

〔第一部分 违约行为与违约责任〕

> **115. 第五百七十七条 〔履行义务与违约责任〕**
> 当事人一方不履行合同义务或者履行合同义务不符合约定的,应当承担继续履行、采取补救措施或者赔偿损失等违约责任。

【合同实务解读】

本条是对不履行合同义务或履行合同义务不符合约定所应承担的违约责任的规定,包括承担继续履行、采取补救措施、赔偿损失等责任。

作为处理违约行为的基本原则,本条规定了不履行和不符合约定履行时需要承担的违约责任类型。本章的其他条款,则是这一基本规定的展开和细化。

一、全面违约和部分违约

"不履行合同义务或者履行合同义务不符合约定"是违约责任的两个类型,前者属于完全不履行,后者属于部分不履行,二者均违反了《民法典》(2020年)所规定的全面履行原则,均属违约行为。

全面履行是合同履行的基本原则。对于合同履行,《民法典》(2020年)规定了合同义务的全面履行原则、附随义务履行的诚信原则和绿色原则。分别为:

第五百零九条 当事人应当按照约定全面履行自己的义务。

当事人应当遵循诚信原则,根据合同的性质、目的和交易习惯履行通知、协助、保密等义务。

当事人在履行合同过程中,应当避免浪费资源、污染环境和破坏生态。

正因如此,完全不履行和部分不履行,或者说是不履行和不按照约定履行,均违反了合同履行原则,无论是否给对方造成损失,违约方均应按照本条规定承担违约责任。

二、承担违约责任的方式

"应当承担继续履行、采取补救措施或者赔偿损失等违约责任"中,前面的三种是常见的违约责任承担方式,而后面的"等"则强调违约责任的承担方式不止前面三种。

事实上,只要违约方和相对方能够达成一致,其便可以任何形式承担其违约责任,甚至不承担违约责任。只有双方无法达成一致时,才由人民法院或仲裁机构从前三种承担违约责任方式中选择适用。

(一)继续履行

"继续履行"虽然是承担违约责任的第一种方式,但需要具有可履行性。《民法典》(2020年)对此规定了不能请求违约方继续履行的情形,即:

第五百八十条　当事人一方不履行非金钱债务或者履行非金钱债务不符合约定的,对方可以请求履行,但是有下列情形之一的除外:

(一)法律上或者事实上不能履行;

(二)债务的标的不适于强制履行或者履行费用过高;

(三)债权人在合理期限内未请求履行。

有前款规定的除外情形之一,致使不能实现合同目的的,人民法院或者仲裁机构可以根据当事人的请求终止合同权利义务关系,但是不影响违约责任的承担。

概括上述规定可知,要求"继续履行"有三个条件:

(1)必须是非金钱债务违约;

(2)不属于法律或事实上不能履行、不适于强制履行、履行成本过高的情形;

(3)必须"在合理期限内"请求违约方履行。

(二)采取补救措施

"采取补救措施"是违约方在其"不履行合同义务或者履行合同义务不符合约定"行为发生后所采取的旨在消除或降低不利影响的措施。不同类型的合同会有不同的补救措施,但法律条款中列举的补救措施通常只是可供选择的方案,具体仍需按照实际情况和当事人意愿采用具体的补救措施。

例如,《民法典》(2020年)中规定了受违约损害方有权请求对方承担修理、重作、更换、退货、减少价款或者报酬等违约责任。即:

第五百八十二条　履行不符合约定的,应当按照当事人的约定承担违约责任。对违约责任没有约定或者约定不明确,依据本法第五百一十条的规定仍不能确定的,受损害方根据标的的性质以及损失的大小,可以合理选择请求对方承担修理、重作、更换、退货、减少价款或者报酬等违约责任。

又如,《民法典》(2020年)第七百七十五条第一款规定:"定作人提供材料的,应当按照约定提供材料。承揽人对定作人提供的材料应当及时检验,发现不符合约定时,应当及时通知定作人更换、补齐或者采取其他补救措施。"

再如,违约可能与侵权竞合。按照《民法典》(2020年)的相关规定,解决方案可从二种法律体系中选择。即:

第一百八十六条 因当事人一方的违约行为,损害对方人身权益、财产权益的,受损害方有权选择请求其承担违约责任或者侵权责任。

(三)赔偿损失

"赔偿损失"既是协商解决时的常用手段,也是承担违约责任的方式。按照《民法典》(2020年)的规定,通常在前两种方式无法消除、降低或弥补违约造成的损失时采用。即:

第五百八十三条 当事人一方不履行合同义务或者履行合同义务不符合约定的,在履行义务或者采取补救措施后,对方还有其他损失的,应当赔偿损失。

1. 赔偿损失的范围

对于"损失",首先涉及损失的范围问题,然后是计算方法等问题。对于损失范围,《民法典》(2020年)第五百八十四条将其限于可得利益。即:

第五百八十四条 当事人一方不履行合同义务或者履行合同义务不符合约定,造成对方损失的,损失赔偿额应当相当于因违约所造成的损失,包括合同履行后可以获得的利益;但是,不得超过违约一方订立合同时预见到或者应当预见到的因违约可能造成的损失。

2. 赔偿损失的方法

对于赔偿损失,不仅可以直接约定赔偿损失的方法还可以约定违约金。在商务合同领域的违约金以赔偿性为主,但也可以带有一定的惩罚性,主要作用仍是赔偿损失。《民法典》(2020年)第五百八十五条规定了违约金与赔偿损失的适用,而且还规定了违约金的调整方法。即:

第五百八十五条 当事人可以约定一方违约时应当根据违约情况向对方支付一定数额的违约金,也可以约定因违约产生的损失赔偿额的计算方法。

约定的违约金低于造成的损失的,人民法院或者仲裁机构可以根据当事人的请求予以增加;约定的违约金过分高于造成的损失的,人民法院或者仲裁机构可以根据当事人的请求予以适当减少。

当事人就迟延履行约定违约金的，违约方支付违约金后，还应当履行债务。

3.违约责任与侵权赔偿

某些情形下，违约行为同时也可能是侵权行为，因而既可以追究违约责任也可以追究侵权责任。在这种情形下，《民法典》（2020年）规定了受损害方的选择权，即：

第一百八十六条　因当事人一方的违约行为，损害对方人身权益、财产权益的，受损害方有权选择请求其承担违约责任或者侵权责任。

4.违约的精神损害赔偿

当违约与侵权竞合时，侵权行为中的精神损害也同样可能发生在违约行为中。《民法典》（2020年）为此规定了违约责任可以与精神损害赔偿并存，即：

第九百九十六条　因当事人一方的违约行为，损害对方人格权并造成严重精神损害，受损害方选择请求其承担违约责任的，不影响受损害方请求精神损害赔偿。

总之，法律方面的规定虽然刚性但通常比较笼统。如果合同中对于损失范围、计算方法等有所约定，则按照约定主张违约责任理由会更加充分。

（四）其他承担违约责任方式

除了前述的"应当承担继续履行、采取补救措施或者赔偿损失"三种违约责任，本条还规定了应当承担的"等违约责任"。这种表述方式包括了一切可以用于承担违约责任的方式，或者说是包括了一切可用于消除、降低、弥补违约给对方造成的损失的合法手段。

同"采取补救措施"一样，承担违约责任也包括双方能够达成一致且不损害第三方利益、不违反法律规定的任何方式。只有双方无法自行达成一致时，才需要由人民法院或仲裁机构确定违约责任的承担方式、理由和范围。

例如，许多企业在解决违约责任问题时，往往经过协商后以折扣、优惠、赠送物资、提供消费券、在其他合同中让利等方式承担赔偿责任。这些承担责任的方式并未在法律规定中直接体现，均属于"等"中所包含的违约责任承担方式。

【风险点及建议】

同本条规定相关的法律风险，是不履行合同义务或者履行合同义务不符合约定，以及对方违约后未主张其承担继续履行、采取补救措施或者赔偿损失等违约责任,或是由于合同缺乏违约责任的相关规定而难以追究违约责任。

违约行为在合同履行过程中时有发生。尽管大部分违约均被当事人之间的互谅互让所解决,但"约定"是追究"违约"时最为重要的前提。

一、违约行为范围的约定

违约责任问题,首先涉及违约行为的范围。按照本条的表述,"不履行合同义务或者履行合同义务不符合约定"是违约行为的两种表现。因此是否违反"合同义务",是判定行为是否违约的核心标准。

(一)合同义务的违约

合同义务可以分为主给付义务和从给付义务。只要是双务合同,这两种义务就同时分配给了交易双方。例如,买卖合同中买方的主给付义务是支付价款,从给付义务是验收等事宜;而卖方的主给付义务是交付产品,从给付义务是提供发票等。

按照全面履行原则,主给付义务和从给付义务的不履行或履行不符合约定均属违约。同时也可以就此得出结论:除了法定的违约情形,只有在合同中约定了应当履行的内容,才能判断在合同履行过程中有无"不履行合同义务或者履行合同义务不符合约定"的情形,即"有约在先"才能判断是否违约。

但合同中很难对标的、对履行过程、对问题处理作出"滴水不漏"式的约定,因此除了必不可少的主给付义务,只能将部分最为主要的事项作为从给付义务写进合同条款。

选择合同履行过程中必不可少的从给付义务写进合同时,选择标准一是依照影响严重程度,二是依照违约发生概率。其中,违约后果严重且违约概率高的事项必须约定进合同、高严重性低概率次之、低严重性高概率再次之,低严重性且低发生概率的事项则是必须舍弃时可以舍弃的对象。

(二)附随义务的违约

附随义务,通常是指法律只有笼统规定、合同没有明确约定的通知、协助、保密等义务。如果相关义务已经在合同中明确约定,则相关义务不再是附随义务而是合同义务。

因此,严格意义上来说,附随义务并非约定的义务而是法定的义务。如果合同中并没有明确约定通知、协助、保密等义务,则没有根据诚信原则履行这些义务并不属于违约,而只是未尽法律规定的义务。

在附随义务中,违反保密义务存在赔偿责任风险。《民法典》(2020年)第五百零一条规定:"当事人在订立合同过程中知悉的商业秘密或者其他应当保密的信息,无论合同是否成立,不得泄露或者不正当地使用;泄露、不正当地使用该商业秘密或者信息,造成对方损失的,应当承担赔偿责任。"因此,保密义务作为一种特殊的附随义务有其他法律规定加持,未尽保密义务存在被依法追究的法律风险。

违反需要遵循诚信原则履行的通知、协助义务虽不能算是违约,但仍可能承担过错责任。因为通知、协助是合同履行中必不可少的配合工作,不通知、不协助的后果往往是合同无法顺利履行并造成损失。

对于合同履行中不可或缺的通知、协助,比较好的处理方式是将其作为从给付义务写进合同条款。这些原属附随义务的事项成为合同条款后,一旦不履行或不按约定履行便属于违约行为,具有更明确的可追究性。即使无法一一列举,也可以用概括性的方式约定,以增强履行时的重视程度、努力降低违约的概率。

(三)绿色原则的违约

违反《民法典》(2020年)第五百零九条第三款"绿色原则"的后果视合同中的标的、履行方式、责任约定而定。大部分合同中并不约定这类条款,因为节约资源、降低消耗是企业的本能行为。而且这类环保要求往往均有法律规定、国家标准等进行强制规定,即使不加约定同样对当事人双方具有法律效力。

如果将"避免浪费资源、污染环境和破坏生态"中的具体项目列入合同条款,并加入量化指标、规定违约责任,那么绿色原则将成为合同义务,完全可以按照合同约定追究违约责任,但所约定内容不能违反法律、强制性标准的规定。

二、责任承担方式的约定

违约可以是当事人的人为原因造成的,也可以是任何客观原因所导致的。只要未按合同约定履行,且不属于法定或约定免责的情形,均属违约行为。如前所述,关键在于约定,没有"约"则不存在"违约"。

这种"约",既包括那些可在产生争议时用于判断是否违约的合同义务,也包括违反了各类义务时应当承担的责任。这些约定有利于清晰地判断是否"违约"以及违约应当承担何种责任,非常利于争议的解决,通过合同条款即可解决争议,而不是一定要通过诉讼、仲裁解决。

对应本条款的内容,两种约定各有功能。前者包括各种标的方面的质量等要求、履行过程中的要求等合同责任条款,用以判断是否"不履行合同义务或者履行合同义务不符合约定"；后者主要是违约金计算方式、损失范围及计算方式、赔偿责任范围及履行方式等违约责任承担方式条款，是"承担继续履行、采取补救措施或者赔偿损失等违约责任"的依据。

对于前者的约定，会随着合同类型、标的、当事人需求而不同，而且合同的精细程度还受交易规模、交易习惯等因素的影响。总体上，合同拥有越多的细节则意味着越容易判断是否违约。而设定这些细节的出发点，则是实现交易目的。例如，依据交易目的设定质量要求、无故障运营时间、能耗指标、耗材开支水平等。

对于后者，则是围绕最担心其发生或最需要保护的情形设定违约责任。既要通过违约责任条款使依约履行成本最低从而敦促对方全面履行合同，又要在万一发生违约情形时将违约所造成的损失转由对方承担。至于承担违约责任的方式则可灵活约定，只要合同中约定了应当承担的责任，具体责任承担则可在实际解决问题时采取替代履行、经济补偿、案外补偿等方式，双方能够接受即可。

例如，只要不违反法律、行政法规、地方性法规、地方政府规章，房产出租企业可以在其与单位客户的房屋租赁合同中约定承租期满归还承租房时的质量标准及违约责任、承租人不履行支付租金义务时出租人可以采取的措施、承租人的违约责任款项可由出租人在押金中直接扣除等。既能实现精细化管理需求，也便于处理违约的判断问题。

三、违约责任条款的延伸问题

违约责任是对违约行为的追究，既有弥补损失的目的也有惩罚的意味。但解决违约问题最为简单有效的方式仍是合同约定，以及在具体处理时本着诚信原则进行协商。所谓的契约精神，不仅是严格按照合同全面履行，还包括诚恳地承认自己一方的违约，并按照合同约定主动向对方承担违约责任。当对方拒不承担应有责任时，应以诉讼、仲裁的方式解决。

违约情形发生时，依据《民法典》（2020年）的相关规定，各方均有责任采取措施防止损失扩大，并有权向对方主张防止损失扩大而支出的合理费用。即：

第五百九十一条 当事人一方违约后，对方应当采取适当措施防止损失的扩大；没有采取适当措施致使损失扩大的，不得就扩大的损失请求赔偿。

当事人因防止损失扩大而支出的合理费用，由违约方负担。

因此在自己一方不可避免将出现违约的情形时，应及时通知对方。避免对方损失扩大的同时，也是在避免自己一方赔偿损失责任的扩大。如果对方接到通知后仍未采取行动防止损失扩大并就扩大的损失请求赔偿,则其赔偿请求将难以得到支持。

此外,如前所述,依据《民法典》(2020年)的相关规定,合同争议还可以用非合同的方式解决。当违约行为与侵权行为竞合时,可以选择以违约之诉或是侵权之诉解决。如果违约造成了精神损害,还可以在追究违约责任的同时主张精神损害赔偿。

对于违约责任的讨论,在对《民法典》(2020年)第四百七十条的解读和建议中也有所提及,相关部分不再赘述。

116. 第五百七十八条 〔预期违约责任请求权〕

当事人一方明确表示或者以自己的行为表明不履行合同义务的,对方可以在履行期限届满前请求其承担违约责任。

【合同实务解读】

本条是对预期违约的规定。在一方以明示或行为的方式表明不履行合同义务时,另一方无须等到履行期限届满即可请求其承担违约责任。

预期违约,《民法典》(2020年)第五百六十三条关于法定解除的规定中已将其规定为解除合同的法定情形之一,即"在履行期限届满前,当事人一方明确表示或者以自己的行为表明不履行主要债务"。这种违约的特点,是发生在合同履行期限届满之前、没有正当的法定或约定的理由、以明示或行为表明将不履行合同义务,在这种情况下,另一方不待履行期限届满即可要求违约方承担违约责任。

"明确表示",通常理解为以书面或口头的方式明白、确定地表达、显示。在合同的预期违约领域,通常体现为一方以语言的方式明白、确定地通知或告知对方自己将不履行合同义务。这种表达方式容易理解且内容明确,易于决定应对措施。

"以自己的行为表明",通常是以各种违反正常履行合同所需的常规行动,包括作为和不作为,让人足以推断出其将不履行合同的情形。例如,没有按照生产流程的要求及时准备足够的物料、没有询问必备的具体技术要求、不回复要求其履行的催告等。但对行为的判断多有不同程度的主观性,因而"行为表明"存在被误判的可能,确定行为的真实意思表示往往需要更为充分的证据。

"对方可以在履行期限届满前请求其承担违约责任",是设立预期违约制度的基本目标之一。有别于传统的期限届满不履行才被视为违约,预期违约可在得到对方明确表示或行为表明不履行合同时,于履行期限届满前即采取补救措施防止损失扩大并追究对方的违约责任。

【风险点及建议】

同本条规定相关的法律风险,是一方的预期违约未能及时以明示或行为的方式告知对方,或是一方误将对方的行为理解为预期违约、预期违约发生后未能及时向对方主张违约责任。

预期违约发生在合同履行期间,合同条款并不足以杜绝违约情形的发生,只能以违约责任敦促一方依约履行,并以违约方承担足够的违约责任的方式弥补另一方遭受的损失。

在两种表明预期违约的方式中,"明确表示"不履行主要债务所传递的信息比"以自己的行为表明不履行主要债务"更为明确,而提前通知对方不履行主要债务事实上对双方更为有利。依据《民法典》(2020年)第五百九十一条的规定,任何一方均有防止损失扩大的义务,否则无权就扩大的损失请求赔偿。即:

第五百九十一条　当事人一方违约后,对方应当采取适当措施防止损失的扩大;没有采取适当措施致使损失扩大的,不得就扩大的损失请求赔偿。

当事人因防止损失扩大而支出的合理费用,由违约方负担。

在违约后及时告知对方,对方便必须承担起防止损失扩大的责任,否则无权就扩大部分的损失求偿。而对方损失的减少,便是己方违约责任的减少。越早向对方发出不履行主要债务的通知,对方可以采取措施的时间就越早,因准备履行而产生的损失就越少,将来向己方主张的违约责任损失就越少。因而在已经决定不履行主要债务后不明确通知对方,不仅不明智,还容易造成己方的赔偿责任扩大。

因此,对于己方可能发生的预期违约,应尽早发出明确的通知以将损失降到最低。而在难以判断对方是否在"以自己的行为表明不履行合同义务"时,另一方可通过工作联系函等方式催告对方限期明确态度并告知逾期未作回复视为不履行,以进一步促使对方明确态度,以免误判。

为避免这种不明确表示的预期违约行为带来的不便,合同中可以加重这种行为的违约责任。例如,对于"行为表明"设定重于"明确表示"的违约金、对于离履行期限近的不履行主要债务通知设定更重的违约金,以敦促对方如有预期违约行为尽早以"明确表示"的方式发出通知。

同时,还可以结合《民法典》(2020年)第五百九十一条的规定,约定预期违约也应及时通知对方以及时采取措施防止损失扩大,引起对方重视。并可以加入一方不履行时应承担第三人替代履行的费用等条款敦促对方全面履行,至少以"明确表示"的方式通知预期违约行为。

117. 第五百七十九条 〔金钱债务的请求支付〕
当事人一方未支付价款、报酬、租金、利息,或者不履行其他金钱债务的,对方可以请求其支付。

【合同实务解读】

本条是对当事人一方未履行金钱债务行为的规定,无论一方不履行何种金钱债务,对方均可请求其支付。

金钱债务比起非金钱债务,更具有通用性也更容易履行。有偿合同中,除了《民法典》(2020年)第六百四十七条所规定的易货交易,其他交易都是一方交付标的物或工作成果,另一方支付价款或报酬,即履行金钱债务。因而几乎每份合同都涉及金钱债务的履行,所有交易中都存在"金钱债务"。

"价款、报酬、租金、利息"均为典型的金钱债务,用于向交易的相对方支付对价或孳息、承担民事责任。金钱债务有多种,只要是以金钱履行都可认为属于"金钱之债",包括"其他金钱债务"。

按照《民法典》(2020年)第五百零九条所规定的合同履行原则,"当事人应当按照约定全面履行自己的义务",因而"未支付价款、报酬、租金、利息"或者"不履行其他金钱债务"的行为均属于违约行为,应当承担违约责任。

"对方可以请求其支付"实为要求违约方"继续履行",是《民法典》(2020年)所规定的承担违约责任方式中的第一种。即:

第五百七十七条 当事人一方不履行合同义务或者履行合同义务不符合约定的,应当承担继续履行、采取补救措施或者赔偿损失等违约责任。

在电子支付高度发达的信息时代,金钱债务的履行可以不受时间、地点的限制。金钱债务数额直观、损失容易计算,最适合继续履行直到完毕。因而在承担违约责任的各种方式中,金钱债务的"继续履行"也就成为承担违约责任的首选方式。

虽然本条只规定了"可以请求其支付",但并不意味着"未支付"或"不履行"方没有其他责任。因为《民法典》(2020年)第五百八十三条规定:"当事人一方不履行合同义务或者履行合同义务不符合约定的,在履行义务或者采取补救措施后,对方还有其他损失的,应当赔偿损失。"

【风险点及建议】

同本条规定相关的法律风险,是当事人未按照法律规定或合同约定支付价款、报酬、租金、利息或不履行其他金钱债务,或是对方怠于请求其支付。

对于金钱债务的不履行,合同中的约定可以有很大的作用。金钱债务便于计算和履行的特点,使得承担违约责任的方式变得简单明了,有定金、违约金、损失计算方法等多种方式。尤其是对于迟延履行行为,可以按日计算迟延履行违约金。

"请求其支付"与要求对方承担违约责任并行不悖。违约金的设定一般"就高不就低",既是作为违约责任的威慑,也为发生违约时的谈判留下妥协余地。

按照《民法典》(2020年)第五百八十五条的规定,较低的违约金在"约定的违约金低于造成的损失"时即可"根据当事人的请求予以增加",而"约定的违约金过分高于造成的损失"才可以"根据当事人的请求予以适当减少"。因此,对于金钱债务的债权人来说,约定较高的违约金更为有利。即:

第五百八十五条 当事人可以约定一方违约时应当根据违约情况向对方支付一定数额的违约金,也可以约定因违约产生的损失赔偿额的计算方法。

约定的违约金低于造成的损失的,人民法院或者仲裁机构可以根据当事人的请求予以增加;约定的违约金过分高于造成的损失的,人民法院或者仲裁机构可以根据当事人的请求予以适当减少。

当事人就迟延履行约定违约金的,违约方支付违约金后,还应当履行债务。

同时,合同中还应约定履行金钱债务方迟延履行的违约金。因为上述法律条款的第三款规定了"就迟延履行约定违约金的,违约方支付违约金后,还应当履行债务"。即违约方既要履行债务还要履行迟延履行的违约金,对于金钱债务的债权人更为有利。

此外,最高人民法院对"过分高于造成的损失"和"低于造成的损失"问题给出了更为清晰的判断标准。对于这些判断标准的论述,将在对《民法典》(2020年)第五百八十五条的解读和建议中展开。

> **118. 第五百八十条　〔非金钱债务的请求履行及除外〕**
>
> 当事人一方不履行非金钱债务或者履行非金钱债务不符合约定的,对方可以请求履行,但是有下列情形之一的除外:
>
> (一)法律上或者事实上不能履行;
>
> (二)债务的标的不适于强制履行或者履行费用过高;
>
> (三)债权人在合理期限内未请求履行。
>
> 有前款规定的除外情形之一,致使不能实现合同目的的,人民法院或者仲裁机构可以根据当事人的请求终止合同权利义务关系,但是不影响违约责任的承担。

【合同实务解读】

本条是对于不履行或不完全履行非金钱债务时,不适用继续履行情形的规定。存在除外情况且导致不能实现合同目的时,相对方可请求人民法院或仲裁机构终止合同权利义务并追究违约方的违约责任。

非金钱债务是金钱债务的对称,除了极个别情形,普遍存在于各种交易中。在实际交易中,除了极为个别完全由非金钱债务构成的以物易物交易、完全由金钱债务构成的外汇交易,其他交易所形成的均为二者的混合。

一、非金钱债务的继续履行

非金钱之债种类繁多,标的可以是有形物也可以是无形物、可以是种类物也可以是特定物、可以是实物也可以是虚拟物。金钱属于应用广泛的种类物,因此有着最大的通用性和流通性。而非金钱债务的标的则无法通用、难以流通甚至无可替换,履行时需要一定的客观条件和准备时间,无法像金钱债务那样可以随时随地履行。

正因如此,即使出现不履行或不全面履行的情形,某些非金钱债务也无法像金钱债务那样要求债务人继续履行,而本条规定也认可这种不能履行的情形,债权人在此类情形下不能继续要求履行。

(一)法律或事实上不能履行

"法律上或者事实上不能履行"是无关标的本身,但基于法律规定或客观事实而不能继续履行的情形。

法律上的不能履行,主要是指非金钱债务的债务人虽然出现了不履行或不完全履行的情形,但继续履行会违反相关法律的规定。这类情形尤其包括那些以前的履行完全合法,但继续履行属于违法的情形。例如,原来的交易完全合法或并不违法,但新颁布的法律已经禁止原来的交易。

事实上的不能履行,主要是指非金钱债务的债务人发生了不履行或不完全履行的情形,且在客观上已经不具备继续履行的可能性。例如,应交付的特定物已经毁损、灭失,产品的关键零部件已经无法得到等。

(二)标的不适于强制履行或履行费用过高

"标的不适于强制履行或者履行费用过高",是指由于标的本身的原因不适于继续履行的情形。

"不适于强制履行"的标的,多属于从形式上可以强制履行但履行结果极有可能无法达到预期合同目的的标的。例如,那些严重依赖于个人技能、专业经验、审美水平才能履行的非标准化的特定物,强制履行很可能引发新的争议。

"履行费用过高"的标的,多指市场因素或意外原因导致原材料价格、技术工人工资、运输成本等暴增,债务人继续履行的成本、费用远高于从前水平因而无法按照原来的约定履行的情形。例如,由于航路中断,以其他方式运输成本过高。

(三)债权人未在合理期限内请求履行

"债权人未在合理期限内请求履行",是基于债权人的主观意愿原因而不能继续履行。

通常情况下,债权人未及时请求继续履行意味着继续履行已经没有必要,但也可能完全是由于债权人疏忽而未及时请求债务人继续履行。此外,履行债务的期限过长可能意味着债务人履行能力的下降或履行条件不再具备,因此需要债权人在合理的期限内请求履行。

通常情况下,依照《民法典》(2020年)第五百六十三条的规定,"当事人一方迟延履行债务或者有其他违约行为致使不能实现合同目的"属于合同法定解除的事由之一,债权人有权借此解除合同并追究违约责任。

二、解除合同和追究违约责任

"有前款规定的除外情形之一,致使不能实现合同目的的,人民法院或者仲裁机构可以根据当事人的请求终止合同权利义务关系,但是不影响违约责任的承担",是不能请求继续履行非金钱债务时的法定解决方案。

而本条第一款所列举的不适用继续履行的任何一种情形,即"法律上或者事实上不能履行""债务的标的不适于强制履行或者履行费用过高""债权人在合理期限内未请求履行",都足以"致使不能实现合同目的"并作为人民法院或仲裁机构依据当事人的请求"终止合同权利义务关系"的依据。

当双方当事人就是否解除合同、如何承担违约责任无法达成一致时,解除合同、追究违约责任将分别处理。即授权"人民法院或者仲裁机构可以根据当事人的请求终止合同权利义务关系,但是不影响违约责任的承担"。

这里的"不影响违约责任的承担",可以理解为合同约定了违约责任的承担按约定处理。这一规定与《民法典》(2020年)第五百六十六条第二款关于因对方违约而解除合同的规定有关。该第二款规定:"合同因违约解除的,解除权人可以请求违约方承担违约责任,但是当事人另有约定的除外。"即解除权人因对方违约而解除合同后,对方是否承担违约责任取决于原合同中的约定。

对于本条第二款所规定的"人民法院或者仲裁机构可以根据当事人的请求终止合同权利义务关系",《合同编通则司法解释》(2023年)规定了认定终止时间的标准。即:

第五十九条 当事人一方依据民法典第五百八十条第二款的规定请求终止合同权利义务关系的,人民法院一般应当以起诉状副本送达对方的时间作为合同权利义务关系终止的时间。根据案件的具体情况,以其他时间作为合同权利义务关系终止的时间更加符合公平原则和诚信原则的,人民法院可以以该时间作为合同权利义务关系终止的时间,但是应当在裁判文书中充分说明理由。

【风险点及建议】

同本条规定相关的法律风险,是当对方出现不履行或不完全履行非金钱债务时在可要求继续履行的情形下未及时要求继续履行,或是请求履行的情形属于本条规定的三种除外情形,以及因上述三种除外情形导致不能实现合同目的时当事人未请求人民法院或仲裁机构终止合同权利义务关系并要求债务人承担违约责任。

除了本条规定的三种不适合继续履行的情形,非金钱债务的债权人均可请求债务人履行而且并不排除主张违约责任。即《民法典》(2020年)第五百八十三条所规定的:"当事人一方不履行合同义务或者履行合同义务不符合约定的,在履行义务或者采取补救措施后,对方还有其他损失的,应当赔偿损失。"

在合同约定方面,有机会为问题的解决提供一定的便利。

一、对合同解除的设定

非金钱债务与金钱债务在请求继续履行方面存在很大的不同。对金钱债务违约的处理,《民法典》(2020年)第五百七十九条只规定了"对方可以请求其支付"。但对非金钱债务违约的处理,除规定了"对方可以请求履行"外还规定了三种除外情形,以及第二款所规定的因除外情形致使不能实现合同目的时可向人民法院或仲裁机构请求终止合同权利义务关系,且"不影响违约责任的承担"。

如前所述,本条第一款规定的"法律上或者事实上不能履行""债务的标的不适于强制履行或者履行费用过高""债权人在合理期限内未请求履行"三种请求继续履行的除外情形中,既包括了"不履行非金钱债务"这种债权人无法实现合同目的的情形,也包括了"履行非金钱债务不符合约定"这种未必影响合同目的实现的情形。

对于"不履行非金钱债务",债权人可直接解除合同并主张赔偿损失。对于"履行非金钱债务不符合约定",则需符合本条第二款规定的"有前款规定的除外情形之一,致使不能实现合同目的的"条件时,债权人才可以请求人民法院或仲裁机构"终止合同权利义务关系"并主张赔偿损失。

但上述都是法定权利,解除权完全可以自行设定。如果非金钱债务的标的及履行的时间、质量、数量等非常重要,则可根据《民法典》(2020年)第五百六十二条关于合同的合意解除的规定,设定约定解除权。而且可以为各种迟延履行、采取补救措施、催告后的履行等设定时间界限,并约定超过界限己方则有权解除合同,且解除前后对方均需承担违约责任。

二、对违约责任的设定

解除合同、要求继续履行都只是债务人违约后的解决方案,并不排斥要求债务人依据《民法典》(2020年)第五百八十三条承担"在履行义务或者采取补救措施后,对方还有其他损失的,应当赔偿损失"的责任,无论是对金钱债务还是对非金钱债务。

(一)赔偿损失的范围

"赔偿损失"涉及损失的计算方法问题。《民法典》(2020年)第五百八十五条第一款规定:"当事人可以约定一方违约时应当根据违约情况向对方支付一定数额的违约金,也可以约定因违约产生的损失赔偿额的计算方法。"而计算方法则包括了计算的范围、计算的标准。有实际金额发生的交通费、查询费等按实结算,没有实际金额产生的人工费、误工费、按日计算的违约金等,则需要约定明确的计算标准。

对于损失赔偿,《民法典》(2020年)也规定了其上限。其第五百八十四条规定:"当事人一方不履行合同义务或者履行合同义务不符合约定,造成对方损失的,损失赔偿额应当相当于因违约所造成的损失,包括合同履行后可以获得的利益;但是,不得超过违约一方订立合同时预见到或者应当预见到的因违约可能造成的损失。"相关问题的论述,将在该条款的解读中展开。

(二)可得利益的计算

对于该条规定中的"可以获得的利益",《合同编通则司法解释》(2023年)所规定的计算方式可供参考,即:

第六十条 人民法院依据民法典第五百八十四条的规定确定合同履行后可以获得的利益时,可以在扣除非违约方为订立、履行合同支出的费用等合理成本后,按照非违约方能够获得的生产利润、经营利润或者转售利润等计算。

非违约方依法行使合同解除权并实施了替代交易,主张按照替代交易价格与合同价格的差额确定合同履行后可以获得的利益的,人民法院依法予以支持;替代交易价格明显偏离替代交易发生时当地的市场价格,违约方主张按照市场价格与合同价格的差额确定合同履行后可以获得的利益的,人民法院应予支持。

非违约方依法行使合同解除权但是未实施替代交易,主张按照违约行为发生后合理期间内合同履行地的市场价格与合同价格的差额确定合同履行后可以获得的利益的,人民法院应予支持。

除此之外,该司法解释还规定了持续履行债务的可得利益的计算方法,即:

第六十一条 在以持续履行的债务为内容的定期合同中,一方不履行支付价款、租金等金钱债务,对方请求解除合同,人民法院经审理认为合同应当依法解除的,可以根据当事人的主张,参考合同主体、交易类型、市场价格变化、剩余履行期限等因素确定非违约方寻找替代交易的合理期限,并按照该期限对应的价款、租金等扣除非违约方应当支付的相应履约成本确定合同履行后可以获得的利益。

非违约方主张按照合同解除后剩余履行期限相应的价款、租金等扣除履约成本确定合同履行后可以获得的利益的,人民法院不予支持。但是,剩余履行期限少于寻找替代交易的合理期限的除外。

在整个违约责任体系中,继续履行只是法定的承担违约责任的方式之一。当事人完全可以根据自身的需要以约定采取某种补救措施、约定具体损失赔偿计算方法等方式承担违约责任。在实际处理时,大部分情形下的争议解决仍以协商开始,以任何双方均可接受的方案为准。

另外需要注意的是,如果由于管理不善等未在合理期限内请求对方履行非金钱债务,丧失的仅是要求其继续履行的请求权,并不妨碍行使法定权利追究违约方的违约责任。

119. 第五百八十一条 〔第三人替代履行的费用〕

当事人一方不履行债务或者履行债务不符合约定,根据债务的性质不得强制履行的,对方可以请求其负担由第三人替代履行的费用。

【合同实务解读】

本条规定了对于违约但又不得强制履行的债务,对方可以请求违约方承担由第三人替代履行的费用。

债务人"不履行债务或者履行债务不符合约定",简言之就是违约。而违约行为发生后,债权人即可依据《民法典》(2020年)第五百七十七条的规定要求债务人"承担继续履行、采取补救措施或者赔偿损失等违约责任"。

"强制履行"通常是指一方违约不履行债务或履行债务不符合约定时,另一方有权请求人民法院强制违约方按照合同的约定履行。强制履行的权力只有法律授权的公权力机构才能实施,合同双方均为民事主体,彼此之间并无此种强制履行的权力。

在可以"强制履行"的范围方面,《民法典》(2020年)第五百七十九条对于金钱债务的"可以请求其支付"的规定、第五百八十条对于非金钱债务的"可以请求履行,但是有下列情形之一的除外"的规定,基本上属于可"强制履行"的范围。

"根据债务的性质不得强制履行"是"强制履行"的除外情形,同标的和交易的特定情形密切相关。通常情况下,金钱债务不存在不得强制履行的情形,非金钱债务中需要完成工作或提供服务且标准化程度低、与债务人的人身或主观信任、合作态度等密切相关的工作或服务大多不适合强制履行。其中的部分情况,可参考《民法典》(2020年)关于"可以请求履行"的除外情况。即：

第五百八十条　当事人一方不履行非金钱债务或者履行非金钱债务不符合约定，对方可以请求履行，但是有下列情形之一的除外：

（一）法律上或者事实上不能履行；

（二）债务的标的不适于强制履行或者履行费用过高；

（三）债权人在合理期限内未请求履行。

有前款规定的除外情形之一，致使不能实现合同目的的，人民法院或者仲裁机构可以根据当事人的请求终止合同权利义务关系，但是不影响违约责任的承担。

"替代履行"，通常是指一方当事人不履行债务或履行债务不符合约定时，债权人请求第三人替代债务人完成债务履行的行为。依据本条的规定，替代履行的前提是债务人违约、债务根据性质不得强制履行，此时方可由第三人将债务履行完毕。

替代履行可降低债务人违约的不利影响并避免损失扩大。由债务人承担第三人替代履行的费用，是由债务人承担违约责任的一种方式。债权人有权根据自己的利益选择由第三人替代履行，债务人承担替代履行费用；或者视具体情况决定解除合同，向债务人主张违约责任。

【风险点及建议】

同本条规定相关的法律风险，是债务人不履行或不完全履行债务且债务根据性质不得强制履行时，债权人当采取而未采取由第三人替代履行的措施并请求债务人承担由第三人替代履行的费用；或是债务人因其不履行或不完全履行行为而不得不承担第三人替代履行的费用。

第三人替代履行是债务人违约后债权人的减损措施，同时也是由债务人承担违约责任的解决方案之一。替代履行的出现，既可能因债务人违约，由债权人提出由第三人履行、债务人承担费用；也可能因业务繁忙或技术等原因，由债务人提出由第三人替代履行、债务人承担费用。

在履行模式方面，替代履行作为一种履行的模式，与向第三人履行、由第三人履行、业务外包一样都由第三人履行。但以上列举的三者均属合同约定在先的正常履行，替代履行则是债务人违约时的临时补救和承担违约责任的方式。

作为承担违约责任的方式，替代履行可用多种不同的交易模式实现。按照法律后果和责任方不同，当双方决定以替代履行的方式解决违约问题时，还可以进一步确定这种变化属于第三人替代履行还是合同履行主体变更,甚至是双方终止原合同关系而由债权人与第三人设立合同关系。如果有售后服务要求,最后一种解决方案可能最为简单、实用。

由第三人替代履行的风险在于履行的质量问题、售后服务问题和履行的费用问题,因此有许多问题需要尽可能事先约定。例如:

(1)履行完毕后如有售后服务,该服务是转由第三人提供还是仍由债务人承担,以及售后服务的费用由哪一方承担。

(2)第三人替代履行的收费标准、履行范围、履行质量是否与原合同一致,如果出现不一致应当如何处理,以及债务人如果不认可是否自行安排第三人履行。

(3)履行质量如果不能符合原合同要求,或因其他原因造成了额外的损失,哪些属于债务人违约造成的损失并由债务人承担,哪些只能债权人自行承担。

现实中的许多合同都约定了替代履行条款,用于确保债务人不履行时合同履行的及时性和延续性。这类条款大多同时也约定了债务人违约后,债权人在催告债务人履行后一定期限内仍未履行时才可采用替代履行的方案。甚至约定债务人有权对替代履行的报价提出异议,但不能就报价达成一致意见时需自行指定第三人替代履行并由债务人对履行的质量等负责。

120. 第五百八十二条 〔不完全履行违约责任的判定〕

履行不符合约定的,应当按照当事人的约定承担违约责任。对违约责任没有约定或者约定不明确,依据本法第五百一十条的规定仍不能确定的,受损害方根据标的的性质以及损失的大小,可以合理选择请求对方承担修理、重作、更换、退货、减少价款或者报酬等违约责任。

【合同实务解读】

本条规定了履行不符合要求时违约责任的判定规则。有约定的按照约定承担违约责任;没有约定或约定不明确且按《民法典》(2020年)第五百一十条无法确定的,则由受损害方根据标的性质及损失大小合理选择适合的方式请求对方承担违约责任。

"履行不符合约定"又被称为不完全履行,是指债务人虽然履行了债务但与双方在合同中的约定不符。不完全履行可分为瑕疵给付和加害给付,前者是指债务人的履行存在品种、数量、规格等方面的瑕疵,后者是指债务人的履行造成了他人的人身、财产安全损害。

本条款的规定基于非金钱债务的不完全履行。按照《民法典》(2020年)第五百七十七条的规定,"不履行合同义务或者履行合同义务不符合约定"即应"承担继续履行、采取补救措施或者赔偿损失等违约责任"。而对于具体违约责任的判定和承担,本条规定的规则如下:

一、按照约定承担违约责任

"按照当事人的约定承担违约责任"是本条规定的"履行不符合约定"时的首选解决方案。

如果双方当事人在合同中已经约定了履行不符合约定时的违约责任,则"按照当事人的约定"执行,可见约定在违约领域的重要性。整部《民法典》(2020年),尤其是合同编,均优先执行当事人之间的约定,甚至相关法律已有规定也要"当事人另有约定的除外"。

二、协议补充、按相关条款或交易习惯

按照本条的规定,当双方"对违约责任没有约定或者约定不明确"时,需要依据《民法典》(2020年)第五百一十条的规定,按照没有约定或约定不明确处理。即:

第五百一十条 合同生效后,当事人就质量、价款或者报酬、履行地点等内容没有约定或者约定不明确的,可以协议补充;不能达成补充协议的,按照合同相关条款或者交易习惯确定。

该条款位于合同编"第四章 合同的履行",用于确定合同没有约定或者约定不明确的各类事项如何履行,而非解决争议条款。而《民法典》(2020年)第五百八十二条则赋予了该条款确定违约责任的作用。该条款提出的解决方案,便是"可以协议补充"以及在不能达成协议时"按照合同相关条款或者交易习惯"确定违约责任。

三、合理选择对方承担违约责任的方式

当采用前述第五百一十条中规定的"协议补充""按照合同相关条款或者交易习惯"仍旧无法确定违约责任时,《民法典》(2020年)第五百八十二条给出的解决方案是"受损害方根据标的的性质以及损失的大小,可以合理选择请求对方承担"违约责任的方式,即"修理、重作、更换、退货、减少价款或者报酬等违约责任"。前

四项是对标的物的解决方案,后两项为对价格或报酬的解决方案。

这些承担违约责任的方式只是示范性列举,其中的"等",说明承担违约责任的方式包括但不限于所列举的几种。事实上,承担违约责任的方式只要不违法、不损害其他方利益且双方均能接受即可。

其中,"减少价款或者报酬"属于以金钱债务的方式承担违约责任,操作最为简单也最容易执行,几乎可以应用于所有的标的和损失。而"修理、重作、更换、退货"等则分别对应着具体的标的物,可以用于买卖合同也可以用于承揽合同、租赁合同等场景。

【风险点及建议】

同本条规定相关的法律风险,是合同中没有约定履行不符合约定时的违约责任条款,或是在没有约定违约责任时未按《民法典》(2020年)第五百一十条的规定确定没有约定或约定不明确的事项,以及受损害方未能及时根据标的的性质或损失大小合理选择适当的方式请求对方承担违约责任。

在现实的违约行为中,"履行不符合约定"比"不履行"更为常见。比如数量的不足、履行时间的迟延、支付款项的短少、质量不符合约定等主给付义务上的不完全履行,以及未按约定提供货品的技术资料、未按约定办理所有权转移手续、未遵守保密协议、未按约定及时发出通知等从给付义务的不完全履行。所有这些不完全履行行为均未遵循全面履行原则,均属于违约行为。

但现实中的违约行为很少能够顺利地"按照当事人的约定承担违约责任"。因为大部分合同对于违约责任的约定都比较抽象、笼统,没有足够的可供遵照执行的细节,其违约责任条款不具备可执行性。只有部分企业的标准化合同文本有比较精细的违约责任条款,对合同的不履行和不完全履行分门别类设立承担违约责任的方式。

约定违约责任的前提是明确的履行要求。以买卖合同为例,这类合同履行要求从给付义务角度划分,包括标的物类型、质量、数量、价款等主给付义务方面的描述和包装方式、发票要求、售后服务标准等从给付义务的描述;而从合同条款功能角度划分,则包括对合同交易内容中主给付义务、从给付义务的描述和履行时间、履行地点、履行方式等交易方式条款的描述。

有了上述条款的详细描述,即"有约在先",判定是否违约才有了依据。而这些依据只是用于判断是否违约,必须随之约定对应的违约责任条款。约定了是以"继续履行、采取补救措施或者赔偿损失等"方式承担违约责任,还是以"修理、重作、更换、退货、减少价款或者报酬等"方式承担违约责任,违约责任条款的约定才算完成。

理想的违约责任条款与违约行为条款一一对应,以使所有问题均有解决方案。但在实际操作中,只有交易金额足够大、履行过程足够复杂、履行要求足够高时才会如此处理,否则合同条款将会十分复杂,影响交易效率、提高履行成本并增加出错概率。

如果以概括的方式约定违约责任条款,则可从违约行为分类角度考虑。违约行为按其发生的范围,大致可分为标的、时空、行为三类。即存在着标的本身质量、数量、规格等方面的违约,和履行的时间、地点、对象方面的违约,以及与行为有关的交付方式、通知方式、验收方式等方面的违约。当然这也只是一种分析方式,具体操作中有多种思维工具可辅助分析违约可能性。

总之,违约责任条款的设定以明确精细的合同权利义务为前提、详细具体的承担违约责任方式为后盾。只有出现漏洞时,才应在出现问题时以"协议补充""按照合同相关条款或者交易习惯"的方式解决。如果仍旧无法解决,则只能依照本条款的最后规定,酌情由违约方承担"修理、重作、更换、退货、减少价款或者报酬等违约责任"。

这里列举的违约责任承担方式只是简单举例,在实际处理时可以用任意方式承担违约责任。

121. 第五百八十三条 〔赔偿其他损失的责任〕

当事人一方不履行合同义务或者履行合同义务不符合约定的,在履行义务或者采取补救措施后,对方还有其他损失的,应当赔偿损失。

【合同实务解读】

本条规定了债务人不履行或不完全履行时,即使履行了义务或采取了补救措施也仍应赔偿对方其他损失。

当事人一方在出现了不履行或不完全履行的违约情形后,"履行义务或者采取补救措施"均属于按照《民法典》(2020年)第五百七十七条所列举的承担违约责任的方式。而本条规定,则确定了在这两种承担违约责任的方式之外,如果违约行为造成了对方的"其他损失"则要并用赔偿损失,而非继续履行或采取补救措施即可。

换言之,"履行义务或者采取补救措施"中,"履行义务"的目标是保障债权人合同目的的实现,"采取补救措施"则是减少债权人的损失。通常情况下,这两种措施本身并不具备赔偿损失的功能,并不足以弥补违约行为给债权人造成的"其他损失"。

"其他损失"的范围比较广泛,并与合同目的相关,但有时与合同的履行没有直接关系。其中最有可能发生的,是可得利益损失以及采取补救措施产生的费用。

最大的"其他损失"往往是可得利益损失。《民法典》(2020年)第五百八十四条规定:"当事人一方不履行合同义务或者履行合同义务不符合约定,造成对方损失的,损失赔偿额应当相当于因违约所造成的损失,包括合同履行后可以获得的利益;但是,不得超过违约一方订立合同时预见到或者应当预见到的因违约可能造成的损失。"其中的"订立合同时预见到或者应当预见到的因违约可能造成的损失"至关重要,将在对该条款的解读中展开论述。

最容易产生的"其他损失"是债权人在债务人违约后,为防止损失扩大而主动采取措施时的费用。依据《民法典》(2020年)第五百九十一条:"当事人一方违约后,对方应当采取适当措施防止损失的扩大;没有采取适当措施致使损失扩大的,不得就扩大的损失请求赔偿。

当事人因防止损失扩大而支出的合理费用,由违约方负担。"

在此情形下,只有债权人对于违约也有过错,才能减少债务人的违约损失赔偿额。依据《民法典》(2020年)第五百九十二条第二款:"当事人一方违约造成对方损失,对方对损失的发生有过错的,可以减少相应的损失赔偿额。"

【风险点及建议】

同本条规定相关的法律风险,是违约方尽管履行了义务或采取了补救措施但仍旧造成了对方的其他损失,或对方未向违约方主张其他损失。

大部分违约行为发生后,即使是履行了义务或采取了补救措施也仍会给对方造成其他损失。排除不确定性、防止损失扩大等措施均需投入成本。如果各方均严格追究违约责任,则会有更多的项目和损失需要主张。

本条规定中最具不确定性的风险因素是"其他损失",且难以阻止其产生。而这类损失可能涉及的"履行后可以获得的利益""防止损失扩大而支出的合理费用"

均为法定，无法通过约定的方式予以直接排除。但这些损失的范围往往受到一些法律条款和合同条款的影响。

"履行后可以获得的利益"是违约损失的一部分。依据《民法典》（2020年）第五百八十四条的规定，当事人违约造成损失的赔偿额"包括合同履行后可以获得的利益；但是，不得超过违约一方订立合同时预见到或者应当预见到的因违约可能造成的损失"。因而包括可得利益损失在内，损失范围受违约一方订立合同时"预见到或者应当预见到的因违约可能造成的损失"的影响。在合同中披露交易的目的、用途，使违约方"预见到或者应当预见到"违约可能造成的损失，更有利于保护受损害方的利益。

对于"防止损失扩大而支出的合理费用"，及至所有因违约而产生的损失，都可以通过降低违约发生概率的方法加以规避。在这一方面，处于相对优势交易地位的一方均可设定相对有利的履行条件，如履行的宽限期、违约的补偿方案等限定违约责任的范围、降低诉讼解决的风险，以达到减少赔偿责任的风险。

对于违约可能造成的损失，《合同编通则司法解释》（2023年）详细规定了判断损失需要参考的依据、向第三人承担的违约责任、损失的扣除等。即：

第六十三条　在认定民法典第五百八十四条规定的"违约一方订立合同时预见到或者应当预见到的因违约可能造成的损失"时，人民法院应当根据当事人订立合同的目的，综合考虑合同主体、合同内容、交易类型、交易习惯、磋商过程等因素，按照与违约方处于相同或者类似情况的民事主体在订立合同时预见到或者应当预见到的损失予以确定。

除合同履行后可以获得的利益外，非违约方主张还有其向第三人承担违约责任应当支出的额外费用等其他因违约所造成的损失，并请求违约方赔偿，经审理认为该损失系违约一方订立合同时预见到或者应当预见到的，人民法院应予支持。

在确定违约损失赔偿额时，违约方主张扣除非违约方未采取适当措施导致的扩大损失、非违约方也有过错造成的相应损失、非违约方因违约获得的额外利益或者减少的必要支出的，人民法院依法予以支持。

〔第二部分　违约责任及定金〕

122. 第五百八十四条　〔违约造成的损失与可得利益〕

当事人一方不履行合同义务或者履行合同义务不符合约定,造成对方损失的,损失赔偿额应当相当于因违约所造成的损失,包括合同履行后可以获得的利益;但是,不得超过违约一方订立合同时预见到或者应当预见到的因违约可能造成的损失。

【合同实务解读】

本条规定了违约损失赔偿额应相当于违约造成的包括可得利益的损失,但不得超过违约方订立合同时预见或应预见的违约可能造成的损失。

在合同编"第八章　违约责任"中,本条是对违约损失所涉范围最为集中和明确的规定。"损失赔偿额应当相当于因违约所造成的损失,包括合同履行后可以获得的利益",说明在合同领域违约责任制度总体上仍属于补偿性的。而"不得超过违约一方订立合同时预见到或者应当预见到的因违约可能造成的损失",则是对赔偿额度的限制。

由于两个规定较为原则性,最高人民法院对此以较大的篇幅进行了解释。相关解释基本涵盖了本条规定的内容。

一、计算可得利益的各类情形

明确将"合同履行后可以获得的利益"列为损失赔偿范围,可使违约相对方受到的损失得到更为充分的赔偿。为规范可得利益的计算,《合同编通则司法解释》(2023年)进一步规定了"可以获得的利益"的计算方法以及"非违约方依法行使合同解除权并实施了替代交易"和"非违约方依法行使合同解除权但是未实施替代交易"时的计算方法。即:

第六十条　人民法院依据民法典第五百八十四条的规定确定合同履行后可以获得的利益时,可以在扣除非违约方为订立、履行合同支出的费用等合理成本后,按照非违约方能够获得的生产利润、经营利润或者转售利润等计算。

非违约方依法行使合同解除权并实施了替代交易,主张按照替代交易价格与合同价格的差额确定合同履行后可以获得的利益的，人民法院依法予以支持；替代交易价格明显偏离替代交易发生时当地的市场价格，违约方主张按照市场价格与合同价格的差额确定合同履行后可以获得的利益的，人民法院应予支持。

非违约方依法行使合同解除权但是未实施替代交易，主张按照违约行为发生后合理期间内合同履行地的市场价格与合同价格的差额确定合同履行后可以获得的利益的，人民法院应予支持。

二、持续履行合同的可得利益计算

上述司法解释可理解为是针对一次性履行的合同。针对持续履行合同的不同情形，最高人民法院还规定了专门的"确定合同履行后可以获得的利益"以及"主张按照合同解除后剩余履行期限"计算可得利益的方法。即：

第六十一条 在以持续履行的债务为内容的定期合同中，一方不履行支付价款、租金等金钱债务，对方请求解除合同，人民法院经审理认为合同应当依法解除的，可以根据当事人的主张，参考合同主体、交易类型、市场价格变化、剩余履行期限等因素确定非违约方寻找替代交易的合理期限，并按照该期限对应的价款、租金等扣除非违约方应当支付的相应履约成本确定合同履行后可以获得的利益。

非违约方主张按照合同解除后剩余履行期限相应的价款、租金等扣除履约成本确定合同履行后可以获得的利益的，人民法院不予支持。但是，剩余履行期限少于寻找替代交易的合理期限的除外。

三、违约方对违约可能造成的损失的预见

对于其中的"违约一方订立合同时预见到或者应当预见到的因违约可能造成的损失"，《合同编通则司法解释》（2023年）给出了判断依据，包括范围、损失额计算方法，具体解释为：

第六十三条 在认定民法典第五百八十四条规定的"违约一方订立合同时预见到或者应当预见到的因违约可能造成的损失"时，人民法院应当根据当事人订立合同的目的，综合考虑合同主体、合同内容、交易类型、交易习惯、磋商过程等因素，按照与违约方处于相同或者类似情况的民事主体在订立合同时预见到或者应当预见到的损失予以确定。

除合同履行后可以获得的利益外，非违约方主张还有其向第三人承担违约责任应当支出的额外费用等其他因违约所造成的损失，并请求违约方赔偿，经审理认

为该损失系违约一方订立合同时预见到或者应当预见到的,人民法院应予支持。

在确定违约损失赔偿额时,违约方主张扣除非违约方未采取适当措施导致的扩大损失、非违约方也有过错造成的相应损失、非违约方因违约获得的额外利益或者减少的必要支出的,人民法院依法予以支持。

四、可得利益的其他判断方法

由于企业、交易、行业之间存在巨大差异,可得利益的确定较为复杂。为了确定前述方法无法确定的可得利益,最高人民法院在《合同编通则司法解释》(2023年)中规定了"可以获得的利益难以根据本解释第六十条、第六十一条的规定予以确定"的计算方法。即:

第六十二条 非违约方在合同履行后可以获得的利益难以根据本解释第六十条、第六十一条的规定予以确定的,人民法院可以综合考虑违约方因违约获得的利益、违约方的过错程度、其他违约情节等因素,遵循公平原则和诚信原则确定。

【风险点及建议】

同本条规定相关的法律风险,是向违约方主张的损失赔偿额未及因违约所造成的损失,或在计算违约所造成的损失时未包括可得利益损失,以及损失赔偿额未以订立合同时预见到或者应当预见到的因违约可能造成的损失为限。

本条规定的核心,一是受损害方包括可得利益在内的损失赔偿额计算问题,二是违约方对于违约可能造成损失的预见问题。

一、包括可得利益的损失赔偿额

违约行为的损失赔偿额包括违约造成的损失和可得的利益。"损失赔偿额应当相当于因违约所造成的损失",意味着只要有相关的证据和理由即可提出主张。而最高人民法院的相关司法解释,也提供了不同情形下可得利益等损失的确认方式。

(一)不同情形的可得利益损失主张

可得利益损失的计算,按司法解释分为未解除合同且未替代交易、解除合同但未替代交易、解除合同并替代交易三种情形。

可得利益损失的数额确认较为复杂,因为需要较多的证据、考虑较多的因素。每种情形下人民法院的判定依据和处理方式,都是通过诉讼解决相关问题时准备证据、提出主张的工作思路。由于合同诉讼并非本书讨论范围,相关内容请参见前面引用的司法解释,在此不予展开。

(二)可得利益以外的其他损失主张

对方违约导致的成本、费用增加所造成的其他损失都属于"因违约所造成的损失",且类别和金额、应收集的证据都相对明确,容易举证和提出主张。

例如,《合同编通则司法解释》(2023年)第六十三条第二款提到的"非违约方主张还有其向第三人承担违约责任应当支出的额外费用等其他因违约所造成的损失",以及第三款提到的采取措施避免损失扩大而产生的费用、对方过错导致己方的其他损失,甚至对方因违约而获得的额外利益或减少的支出,均可以作为证据提交并提出赔偿主张。

由于本条规定已经为受损害方提供了充足主张赔偿的空间,因此通过合同条款约定来提高保护力度的努力大多仍处法律本就可以保护的范围,效果可能并不显著。能够充分发挥作用的约定,是那些能否得到支持处于两可之间、有了明确约定则更容易得到支持的费用,如代理律师的费用。

二、对于违约可能造成的损失的预见

本条规定的损失赔偿上限为"违约一方订立合同时预见到或者应当预见到的因违约可能造成的损失",其中的"订立合同时预见到或者应当预见到"因违约"可能造成的损失"才是关键。

由于"预见"属于很难举证的心理活动,因此在实务中只能依靠创造"应当预见到"构成要件的做法以期在人民法院或仲裁机构中获得对其可得利益损失的认可。以买卖合同为例,足以证明对方订立合同时"预见到或者应当预见到"违约可能造成的损失的情形包括以下几种:

(一)在合同条款中披露

合同条款是证明相对方订立合同时"预见到或者应当预见到"违约可能造成的损失的最为简单、有效的方式,只要合同中作出了适当的信息披露则无须其他证据就能证明对方的"预见到或者应当预见到"。

例如,买方在合同中以合同目的的方式披露采购该批产品的目的是赶制季节性产品出口,就足以证明卖方在签订合同时能够预见到其无货或延期交货、质量不合格等可能造成买方无法完成订单、受到索赔等。

如果进一步,直接在违约责任条款中约定赔偿责任包括但不限于因无法完成订单而造成的可得利益损失、外贸违约金、客户索赔等,可进一步证明卖方足以预见到因其违约可能造成的损失。

(二)双方间的沟通记录

在双方业务洽谈过程中产生的通讯记录,如果包括交易的目的、用途、违约的不利后果等内容,尤其是在告知不能履行的严重后果后问询能否全面履行,则更可以证明卖方在订立合同时能够预见到其违约可能造成的买方损失。

但需要注意的是,这种记录应当发生在对方签署合同之前。如果是发生在签署完毕之后,无法构成"订立合同时预见到或者应当预见到",也无从要求当事人对合同签订后才能"预见到或者应当预见到"的情形负责。

另外需要注意的是对方人员的身份问题。只有与能够代表对方的法定代表人或授权代理人之间的沟通记录,才能证明对方已在签订合同前知悉了违约可能造成的损失。无权代表对方的普通工作人员,即使知悉了相关内容也并不代表对方知悉。

(三)向对方发出的通知

在合同订立之前向对方发出的关于其违约可能造成的损失的通知或双方间的通信往来,如果能够证明对方已经收到,也足以证明对方订立合同时"应当预见到的因违约可能造成的损失"。

无论是沟通记录、通知还是信函往来,都存在举证问题而且会面临质证问题,因此其从使用上来说远没有在合同条款中直接约定简单、有效,只能在合同条款中无法约定时作为备用的解决方案。

除此之外,对于某些情形能否预见还取决于法律或司法解释中的规定。例如,《合同编通则司法解释》(2023年)还规定了支持将向第三人承担的违约责任作为赔偿请求的主张。即:

第六十三条第二款 除合同履行后可以获得的利益外,非违约方主张还有其向第三人承担违约责任应当支出的额外费用等其他因违约所造成的损失,并请求违约方赔偿,经审理认为该损失系违约一方订立合同时预见到或者应当预见到的,人民法院应予支持。

123. 第五百八十五条 〔违约金及其过高过低〕

当事人可以约定一方违约时应当根据违约情况向对方支付一定数额的违约金,也可以约定因违约产生的损失赔偿额的计算方法。

> 约定的违约金低于造成的损失的,人民法院或者仲裁机构可以根据当事人的请求予以增加;约定的违约金过分高于造成的损失的,人民法院或者仲裁机构可以根据当事人的请求予以适当减少。
>
> 当事人就迟延履行约定违约金的,违约方支付违约金后,还应当履行债务。

【合同实务解读】

本条是关于当事人可以约定违约时支付一定的违约金或违约损失赔偿额的计算方法、违约金低于或过分高于违约所造成的损失时的调整机制,以及支付迟延履行违约金不能免除履行责任的规定。

违约金和损失赔偿额计算方法是违约责任条款的核心内容,同时也是应对违约行为的通用方法。二者的共同目的,都是通过违约责任的设定敦促对方全面履行合同,同时也可以在违约行为发生时由违约方承担所造成的损失。

一、违约金和损失赔偿额计算方法

约定违约时支付一定数额违约金和约定违约损失赔偿额计算方法这二者的功能相近但用法不同。前者表现为对不同违约行为设定违约金的金额或计算方法,后者则是约定各种违约行为的赔偿金额计算方法。

(一)违约金

"违约金",是指一方当事人不履行合同或履行合同不符合约定时,因其违约行为而按照法律规定或合同约定向对方支付的一定数额的金钱。理论上,违约金有法定和约定之分,合同中约定的违约金即为后者。

同时,违约金也可分为赔偿性违约金和惩罚性违约金,《民法典》(2020年)中的违约金带有一定的惩罚性。因为本条规定的适用原则是"一方违约时应当根据违约情况向对方支付",支付违约金并不以另一方受到损失为前提。

(二)损失赔偿额计算方法

"损失赔偿额的计算方法"并无一定之规,但其制度设计明显带有赔偿性质。实务操作中的约定,往往是将可能损失的项目逐一列明,并列出明确的量化赔偿标准,包括但不限于每日误工费的计算标准、每日利息损失的计算标准、合理的律师费用的计算标准等。由于标的和交易的方式、背景不同,所以通常需要结合具体交易约定赔偿损失的项目、具体的计算公式等。

二、违约金的调整

当事人基于意思自治原则订立的违约金条款本应不折不扣地执行，但为了公平起见仍旧规定了低于或过分高于违约造成的损失时的调整机制。当事人认为约定的违约金低于或过分高于造成的损失时，适用"谁主张、谁举证"的原则。

对于这一违约金调整的基本原则，《合同编通则司法解释》(2023年)结合《民法典》(2020年)相关条款，作如下解释：

第六十四条　当事人一方通过反诉或者抗辩的方式，请求调整违约金的，人民法院依法予以支持。

违约方主张约定的违约金过分高于违约造成的损失，请求予以适当减少的，应当承担举证责任。非违约方主张约定的违约金合理的，也应当提供相应的证据。

当事人仅以合同约定不得对违约金进行调整为由主张不予调整违约金的，人民法院不予支持。

(一)违约金过分高于造成的损失时的调整

出于对受损害方的保护，《民法典》(2020年)规定了只有约定的违约金"过分高于造成的损失"时才予以调整。《合同编通则司法解释》(2023年)则规定了量化的判断标准，即"超过造成损失的百分之三十"，人民法院或仲裁机构才"可以根据当事人的请求予以适当减少"。同时，还规定了对于"恶意违约的当事人"一般不予调整。即：

第六十五条　当事人主张约定的违约金过分高于违约造成的损失，请求予以适当减少的，人民法院应当以民法典第五百八十四条规定的损失为基础，兼顾合同主体、交易类型、合同的履行情况、当事人的过错程度、履约背景等因素，遵循公平原则和诚信原则进行衡量，并作出裁判。

约定的违约金超过造成损失的百分之三十的，人民法院一般可以认定为过分高于造成的损失。

恶意违约的当事人一方请求减少违约金的，人民法院一般不予支持。

其中提到的"民法典第五百八十四条规定的损失"，是指该条所规定的"损失赔偿额应当相当于因违约所造成的损失，包括合同履行后可以获得的利益；但是，不得超过违约一方订立合同时预见到或者应当预见到的因违约可能造成的损失"。

(二)违约金低于造成的损失时的调整

对于"约定的违约金低于造成的损失"的情形则并无"过分低于"的要求，只要低于造成的损失就可请求人民法院或仲裁机构予以增加。由此可以看出法律对于受损害方利益的重视和保护。

《合同编通则司法解释》(2023年)未对《民法典》(2020年)中"低于造成的损失"应当调整到何种程度作出解释。但在《全国法院贯彻实施民法典工作会议纪要》(2021年)中,最高人民法院要求增加违约金的限度为《民法典》(2020年)第五百八十四条所规定的"因违约所造成的损失,包括合同履行后可以获得的利益;但是,不得超过违约一方订立合同时预见到或者应当预见到的因违约可能造成的损失",并要求增加违约金后不再支持赔偿损失请求。即:

11.民法典第五百八十五条第二款规定的损失范围应当按照民法典第五百八十四条规定确定,包括合同履行后可以获得的利益,但不得超过违约一方订立合同时预见到或者应当预见到的因违约可能造成的损失。

当事人请求人民法院增加违约金的,增加后的违约金数额以不超过民法典第五百八十四条规定的损失为限。增加违约金以后,当事人又请求对方赔偿损失的,人民法院不予支持。

……

除此之外,《商品房买卖合同司法解释》(2020年修正)也作出了同一标准的解释,即:

第十二条 当事人以约定的违约金过高为由请求减少的,应当以违约金超过造成的损失30%为标准适当减少;当事人以约定的违约金低于造成的损失为由请求增加的,应当以违约造成的损失确定违约金数额。

三、迟延履行违约金与履行债务

本条第三款中的"迟延履行"属于"履行合同义务不符合约定"的违约行为,大多可以用"继续履行"的方式承担违约责任。但继续履行只是实现了给付义务,并不属于对受损害方的补偿。既承担继续履行的责任又为迟延履行承担责任,才对受损害方更为公平,因此本条第三款作此规定。

迟延履行违约金又称"滞纳金",源于银行术语。通常以一定的利率按照债务总额,从迟延履行开始日起逐日计算违约金,直到继续履行完毕。这一做法同本条法律第三款的规定在理念上一致,既要继续履行又要承担迟延履行违约金。

对于迟延履行违约金的利率,《买卖合同司法解释》(2020年修正)中给出了双方没有约定利率时执行的利率。即:

第十八条 买卖合同对付款期限作出的变更,不影响当事人关于逾期付款违约金的约定,但该违约金的起算点应当随之变更。

买卖合同约定逾期付款违约金,买受人以出卖人接受价款时未主张逾期付款违约金为由拒绝支付该违约金的,人民法院不予支持。

买卖合同约定逾期付款违约金,但对账单、还款协议等未涉及逾期付款责任,出卖人根据对账单、还款协议等主张欠款时请求买受人依约支付逾期付款违约金的,人民法院应予支持,但对账单、还款协议等明确载有本金及逾期付款利息数额或者已经变更买卖合同中关于本金、利息等约定内容的除外。

买卖合同没有约定逾期付款违约金或者该违约金的计算方法,出卖人以买受人违约为由主张赔偿逾期付款损失,违约行为发生在2019年8月19日之前的,人民法院可以中国人民银行同期同类人民币贷款基准利率为基础,参照逾期罚息利率标准计算;违约行为发生在2019年8月20日之后的,人民法院可以违约行为发生时中国人民银行授权全国银行间同业拆借中心公布的一年期贷款市场报价利率(LPR)标准为基础,加计30%~50%计算逾期付款损失。

由于法律对其他有偿合同没有规定部分可以参照买卖合同执行,因而最高人民法院对买卖合同的司法解释对于其他合同实践同样具有参考价值。

【风险点及建议】

同本条规定相关的法律风险,是合同中未约定违约金或损失赔偿额的计算方法、约定的违约金低于或过分高于违约造成的损失,以及违约方未同时支付迟延履行违约金与履行债务。

《民法典》(2020年)合同编的违约金属于补偿性,基本与违约造成的损失持平。《合同编通则司法解释》(2023年)第六十五条第二款规定:"约定的违约金超过造成损失的百分之三十的,人民法院一般可以认定为过分高于造成的损失。"可见能够支持的违约金最多超过违约损失30%,而且这种超出并非违约金制度所致。

真正具有惩罚性的违约金体现在与消费者权益相关的法律中。例如,《消费者权益保护法》(2013年修正)规定了三倍、二倍的赔偿规则。即:

第五十五条 经营者提供商品或者服务有欺诈行为的,应当按照消费者的要求增加赔偿其受到的损失,增加赔偿的金额为消费者购买商品的价款或者接受服务的费用的三倍;增加赔偿的金额不足五百元的,为五百元。法律另有规定的,依照其规定。

经营者明知商品或者服务存在缺陷,仍然向消费者提供,造成消费者或者其他受害人死亡或者健康严重损害的,受害人有权要求经营者依照本法第四十九条、第五十一条等法律规定赔偿损失,并有权要求所受损失二倍以下的惩罚性赔偿。

约定违约金的操作方式相对简单。约定违约金基本只需约定一个具体的数量,或是约定违约金计算基数、违约金比例即可。一旦需要以诉讼解决时,只要合同中已经注明了违约金就不再需要另行举证。但约定的违约金可能会因过分高于违约实际造成的损失而被人民法院或仲裁机构应当事人的请求加以调整。

约定违约损失赔偿额的计算方法相对复杂,需要细分违约损失的范围、判断标准、计算方法等。而且在不得不以诉讼解决争议时,许多损失额需要通过证据加以证明,因而举证责任较重。但详细的梳理和约定更有利于双方在订立合同时"预见到或者应当预见到的因违约可能造成的损失"。

违约金和损失赔偿额计算方法各有利弊,需要结合具体交易中的交易目的、违约可能性、风险偏好、标的和交易的特性、己方需求而定,尤其需要分析违约会有哪些可能情形、每种情形下可能造成的损失后再作决定。迟延履行违约金还要考虑是以标的总额还是以违约部分作为基数,以及每日的比例、起算日期、是否采用多种利率等。

在约定违约金的方式上,还可分为概括性约定和细节性约定。概括约定时不作细致区分或只作简单区分,只有相对笼统的违约金比例或数量。细节性约定则要细分不同的违约行为再加以约定,如在不履行违约金、部分履行违约金的基础上,再细分为迟延履行违约金、质量违约金、售后服务违约金等。

124. 第五百八十六条 〔定金合同及其成立、数额〕

当事人可以约定一方向对方给付定金作为债权的担保。定金合同自实际交付定金时成立。

定金的数额由当事人约定;但是,不得超过主合同标的额的百分之二十,超过部分不产生定金的效力。实际交付的定金数额多于或者少于约定数额的,视为变更约定的定金数额。

【合同实务解读】

本条是对于定金的性质、定金合同成立时间、定金数额在标的额中的比例上限、约定数额以实付数额为准的规定。

合同实务中,定金作为一种简单易行的债权担保,几乎在各种合同中均被广泛运用。设立定金的目的,是通过定金的担保作用确保合同得以顺利履行,从而实现交易目标、确保交易安全。

"定金",是以担保债权实现为目的,依据法律规定或双方当事人约定,由一方在合同订立时或订立后至合同履行之前,按照合同标的额的一定比例,预先给付对方的一定数额货币的担保形式。①

从担保角度来看,定金与其他担保最大的不同是其法定的双向担保功能,一旦设置了定金则对双方都有约束力。即《民法典》(2020年)第五百八十七条所规定,"……给付定金的一方不履行债务或者履行债务不符合约定,致使不能实现合同目的的,无权请求返还定金;收受定金的一方不履行债务或者履行债务不符合约定,致使不能实现合同目的的,应当双倍返还定金"。

所谓的"定金合同",《民法典》(2020年)未规定其必须采用书面形式。但参照保证合同的相关规定,定金合同既可以是独立但从属于主合同的合同书,也可以是主合同中约定的定金条款。但定金合同属于实践性合同,仅仅约定并不直接导致其成立。不但双方达成一致后"自实际交付定金时成立",而且"实际交付的定金数额多于或者少于约定数额的,视为变更约定的定金数额"。

定金与其他担保的另一不同,是有法定的数额限制。定金数额虽由当事人自行约定即可,但最高不得超过合同标的额的20%,超过部分依法不产生定金的效力。

除了上述法律规定,《合同编通则司法解释》(2023年)第六十七条对于定金的理解和适用作出了更为细节化解释。内容如下:

第六十七条　当事人交付留置金、担保金、保证金、订约金、押金或者订金等,但是没有约定定金性质,一方主张适用民法典第五百八十七条规定的定金罚则的,人民法院不予支持。当事人约定了定金性质,但是未约定定金类型或者约定不明,一方主张为违约定金的,人民法院应予支持。

当事人约定以交付定金作为订立合同的担保,一方拒绝订立合同或者在磋商订立合同时违背诚信原则导致未能订立合同,对方主张适用民法典第五百八十七

---

① 参见杨立新:《中华人民共和国民法典条文要义》(关于第五百八十六条的"条文要义"),中国法制出版社2020年版,第432页。

条规定的定金罚则的,人民法院应予支持。

当事人约定以交付定金作为合同成立或者生效条件,应当交付定金的一方未交付定金,但是合同主要义务已经履行完毕并为对方所接受的,人民法院应当认定合同在对方接受履行时已经成立或者生效。

当事人约定定金性质为解约定金,交付定金的一方主张以丧失定金为代价解除合同的,或者收受定金的一方主张以双倍返还定金为代价解除合同的,人民法院应予支持。

从本条第四款的规定来看,最高人民法院支持当事人以丧失定金或双倍返还定金的方式解除合同。

【风险点及建议】

同本条规定相关的法律风险,是以定金方式担保的合同没有注明定金性质或未实际交付定金,以及定金数额超过合同标的额的20%。

《民法典》(2020年)没有要求定金合同必须是书面形式,只规定了抵押权合同、质权合同、保证合同必须采用书面形式。但在实际工作中,不采用书面形式就难以确定某笔款项是否为定金,以及定金的数额、比例、担保范围、性质等内容。因此商务方面的定金合同只能采用书面形式,其他方式不足以准确地设定具体的比例和内容。

定金合同的约定非常简单,只需要在合同中注明某金额的款项或某笔款项中的某个比例属于定金即可。只要注明定金性质,定金的设立不需要第三人参与、不需要额外工作、不需要增加资金,并以看似商务条款的方式约定了双向担保,非常利于买卖合同的卖方、承揽合同的承揽方等需要预先做出履行准备的交易方。

现实交易中,许多人将留置金、担保金、保证金、订约金、押金或者订金之类款项误解成定金,但依据《合同编通则司法解释》(2023年)第六十七条的规定,"没有约定定金性质"则不产生定金效力。反之,"当事人约定了定金性质,但是未约定定金类型或者约定不明,一方主张为违约定金的,人民法院应予支持"。

而且,定金合同需要实际支付才能成立。约定了定金但没有支付,则定金合同依据本条规定并未成立。实际支付的定金金额如果与约定不同,对方同意接收则视为"变更约定的定金数额"。但如果双方约定了主合同以足额支付约定的定金为合同成立条件,则没有付足定金会被导致主合同未成立。

约定定金比例时,应以法定的不超过主合同标的额的 20% 为限。同违约金不同,定金不存在过分高于损失才可请求人民法院或仲裁机构调整的情形,因为"超过部分不产生定金的效力",但并不影响定金合同的效力。

具有双向担保功能是定金的特征之一。定金产生针对双方的担保效果,任何一方的违约都要承受定金罚则。《民法典》(2020 年)第五百八十七条规定:"债务人履行债务的,定金应当抵作价款或者收回。给付定金的一方不履行债务或者履行债务不符合约定,致使不能实现合同目的的,无权请求返还定金;收受定金的一方不履行债务或者履行债务不符合约定,致使不能实现合同目的的,应当双倍返还定金。"

定金除了用于担保主债权的履行,还有多种用途。在实际运用中,定金还可作为担保签订合同的立约定金、解除合同代价的解约定金等,有着广泛的用途。除了起到担保的作用,还可用于承担违约责任。因此,在合同实务中可以充分利用设立定金合同的机会,充分利用定金的各种功能。

实务中的定金在买卖合同、租赁合同、承揽合同、服务合同等方面均被广泛应用。作为提供标的物或交付工作成果的一方,尤其欢迎支付价款或报酬的一方预先支付首付款或定金,并以款项到账作为开始履行合同的条件。而支付价款或报酬的一方,也通常以支付定金或首付款作为开始履行合同的标志。

125. 第五百八十七条 〔定金的处理原则〕

债务人履行债务的,定金应当抵作价款或者收回。给付定金的一方不履行债务或者履行债务不符合约定,致使不能实现合同目的的,无权请求返还定金;收受定金的一方不履行债务或者履行债务不符合约定,致使不能实现合同目的的,应当双倍返还定金。

【合同实务解读】

本条规定了定金正常使用和出现违约时的基本规则。债务人履行债务后定金应抵作价款或收回;出具定金方不履行或履行不符合约定导致无法实现合同目的,则无权请求返还定金;接受定金方不履行或履行不符合约定导致无法实现合同目的,则应当双倍返还定金。

设立了定金的合同,如果正常履行则与普通合同并无区别,如果出现违约且导致合同目的无法实现,则违约方将面临无权要求返还定金或双倍返还定金的责任。

一、定金在履行债务过程中的正常使用

实务中的定金,往往作为合同开始履行的第一个行动。以买卖合同、建设工程合同为例,出卖人、承包人等需要交付标的物或工作成果的一方需要时间和人力、物力完成履行合同的准备。如果没有买受人、发包人等支付价款或报酬方预先支付的款项到位作为履约保障,他们的前期准备会因对方取消交易而变成经济损失。

为防止此类情形发生,重大交易都会在一方支付了首笔款项后才开始履行。而这些首笔款项,往往都是定金或包括定金。这种合同安排提高了违约成本,也提高了全面履行合同的概率。在法律层面,依据《民法典》(2020年)第五百八十六条的规定,"定金合同自实际交付定金时成立"。

定金在实际到账后会被用于生产经营。如果合同顺利履行,则定金在结算时会直接被作为价款或报酬的一部分,很少发生收回定金后再次付款的情形。

二、对违约导致不能实现合同目的的罚则

定金担保与其他担保所不同的是,定金可以同时构成双方当事人对于各自债务的担保。无论是给付定金的一方还是收受定金的一方,只要出现了不履行债务或履行债务不符合约定的情形而且导致合同目的的无法实现,违约方都会根据本条规定在定金方面承担责任。

如果因不履行或不全面履行导致相对方无法实现合同目的,给付定金方违约则给付定金方无权请求返还定金、收受定金方违约则收受定金方应双倍返还定金。两种方式原理相同,违约方损失相当于定金金额的资金。

"无权请求返还定金"意味着给付至对方的定金已被用于承担违约责任。"双倍返还定金"则意味着收受定金方因其违约行为不仅要返还定金,还要另行支付与定金金额相同的款项用于承担违约责任。

由于定金具有担保性质的同时也有一定的惩罚性,因此本条规定也被称为"定金罚则"。罚则本身并不复杂,但在实际运用中却有各式各样的场景,以至于最高人民法院的司法解释细分出许多具体问题的解决方案。

【风险点及建议】

同本条规定相关的法律风险,是出具定金方因不履行或履行不符合约定导致

对方无法实现合同目的而无权请求返还定金，或接受定金方因不履行或履行不符合约定导致对方无法实现合同目的而需双倍返还定金。

关于定金运用，《民法典》（2020年）和最高人民法院的司法解释均有多条相关规定，因而在实际使用中存在诸多注意事项。

一、必须明确款项性质是定金

在实际交易的合同中，除了定金还有订金、押金、担保金、保证金之类特殊性质的资金，而这些"金"又往往同时包含在首付款、预付款之中。因此只有明确约定所支付的款项中有多少份额或金额为定金或属于定金性质，该部分款项才能真正起到定金的作用，否则难以被法律认可。

对此，《合同编通则司法解释》（2023年）强调必须约定这些"金"属于定金性质。即：

第六十七条第一款　当事人交付留置金、担保金、保证金、订约金、押金或者订金等，但是没有约定定金性质，一方主张适用民法典第五百八十七条规定的定金罚则的，人民法院不予支持。当事人约定了定金性质，但是未约定定金类型或者约定不明，一方主张为违约定金的，人民法院应予支持。

换言之，没有约定当事人所交付的"留置金、担保金、保证金、订约金、押金或者订金等"为定金或属于定金性质，则不认为其是定金。反之，只要当事人约定了某一款项属于定金性质，即使对定金的类型没有约定或约定不明确，法院仍旧认定其属定金并按定金处理。

二、适用定金罚则时的特殊情形

定金合同在履行过程中很有可能出现某些特殊情况。这些特殊情况下的法律适用需要参照最高人民法院的司法解释。但该条款内容较为复杂，需要拆解才便于理解。

（一）最高人民法院的相关司法解释

《合同编通则司法解释》（2023年）第六十八条的三款内容分别规定了违约导致无法实现合同目的、部分履行被对方接受、不可抗力三种情形下的定金罚则适用。即：

第六十八条　双方当事人均具有致使不能实现合同目的的违约行为，其中一方请求适用定金罚则的，人民法院不予支持。当事人一方仅有轻微违约，对方具有致使不能实现合同目的的违约行为,轻微违约方主张适用定金罚则,对方以轻微违约方也构成违约为由抗辩的,人民法院对该抗辩不予支持"。

当事人一方已经部分履行合同,对方接受并主张按照未履行部分所占比例适用定金罚则的,人民法院应予支持。对方主张按照合同整体适用定金罚则的,人民法院不予支持,但是部分未履行致使不能实现合同目的的除外。

因不可抗力致使合同不能履行,非违约方主张适用定金罚则的,人民法院不予支持。

(二)相关条款中的几项规则

概括上述三款内容,该司法解释的规则主要为如下内容:

1. 双方均有导致不能实现合同目的的违约

合同双方均有致使合同目的不能实现的违约行为时,不适用定金罚则。即第一款规定的,"双方当事人均具有致使不能实现合同目的的违约行为,其中一方请求适用定金罚则的,人民法院不予支持"。

2. 一方轻微违约、一方违约导致不能实现合同目的

双方违约程度不同,对违约导致不能实现合同目的方适用定金罚则。即第一款规定的,"当事人一方仅有轻微违约,对方具有致使不能实现合同目的的违约行为,轻微违约方主张适用定金罚则,对方以轻微违约方也构成违约为由抗辩的,人民法院对该抗辩不予支持"。

3. 接受部分履行并主张按未履行比例适用定金罚则

一方部分履行、另一方接受,支持按未履行部分所占比例适用定金罚则。即第二款规定的,"当事人一方已经部分履行合同,对方接受并主张按照未履行部分所占比例适用定金罚则的,人民法院应予支持"。

4. 接受部分履行但主张按合同整体适用定金罚则

一方部分履行、另一方接受,除部分未履行部分不能实现合同目的者外,不支持按照合同整体适用定金罚则。即第二款规定的,"对方主张按照合同整体适用定金罚则的,人民法院不予支持,但是部分未履行致使不能实现合同目的的除外"。

5. 不可抗力导致合同不能履行的定金罚则

因不可抗力导致合同不能履行,不支持适用定金罚则。即第三款规定的:"因不可抗力致使合同不能履行,非违约方主张适用定金罚则的,人民法院不予支持"。

以上规定是当事人双方对于定金罚则的适用没有约定且无法达成一致时,法院裁决时适用的规则。实际处理中按照未履行部分所占比例适用定金罚则的情形

也很常见。

例如,卖方交付的是通用的工业原料,已履行部分与未履行部分可以分割,则按未履行部分的比例承担定金责任相对合理。如果已履行部分与未履行部分前后存在类似于配套设备的关联关系,则未履行部分足以使已履行部分失去意义,其结果必然是解除合同、退货还款,则按全款适用定金罚则才合理。

126. 第五百八十八条 〔定金和违约金〕

当事人既约定违约金,又约定定金的,一方违约时,对方可以选择适用违约金或者定金条款。

定金不足以弥补一方违约造成的损失的,对方可以请求赔偿超过定金数额的损失。

【合同实务解读】

本条款规定了同时约定了定金和违约金时,违约方的相对方可从中选择适用,同时还规定定金不足以弥补违约给对方造成的损失时对方可以请求赔偿超过定金数额的损失。

本条规定中,同时出现了违约金、定金、赔偿损失,汇集了追究违约责任的主要方式。其中的违约金和定金为选择适用,赔偿损失则是当损失超过定金时的补充适用。

一、定金与违约金的选择适用

定金与违约金在性质上非常不同。定金需要实际交付,违约金只需要约定;定金在履行之前交付,违约金在违约后产生;定金用于担保债务的履行,违约金用于承担违约责任;定金由对方收存,违约金需要向违约方发起主张;定金有具体比例上限,违约金没有具体上限规定;定金只规定超过20%部分不产生定金效力,违约金过高过低都有可能被调整;等等。因而定金与违约金,是性质完全不同的两种合同保障。

当事人有权"既约定违约金,又约定定金",但二者能够追究违约责任的上限不同。定金罚则的上限是定金金额,要么无权要求返还定金、要么双倍返还定金。而违约金的上限,依照最高人民法院对于"过分高于"违约损失的解释,是违约所造成损失的30%。但脱离具体的交易,很难判定适用哪一种对当事人更为有利。

唯有结合具体的合同条款、违约情况等要素,才能准确衡量出违约金和定金在具体适用上的结果差异。将条款适用选择权交给受损害方才能使其作出最为有利的选择,以更好地维护自身合法权益。

二、赔偿损失的补充适用

定金与赔偿损失的上限同样存在巨大差异。定金金额的上限是其自身金额,而其自身金额的上限,按照《民法典》(2020年)第五百八十六条的规定,"<u>不得超过主合同标的额的百分之二十</u>"。而赔偿损失的上限,依据《民法典》(2020年)第五百八十四条的规定,是"损失赔偿额应当<u>相当于因违约所造成的损失,包括合同履行后可以获得的利益</u>"。

但由于缺乏具体的合同条款约定及实际违约情况,很难判定在具体合同的违约责任中适用定金和赔偿损失所得的上限值。如果违约造成的损害轻微,则适用总标的额20%的定金比较合适。如果涉及可得利益损失、向第三人承担违约责任的损失等,定金金额往往不足以弥补损失,此时应补充适用赔偿损失的方式主张未获赔的部分。

正因如此,在"<u>定金不足以弥补一方违约造成的损失</u>"时,法律允许当事人主张超过定金数额部分的损失才能实现《民法典》(2020年)第五百八十四条所规定的"<u>损失赔偿额应当相当于因违约所造成的损失,包括合同履行后可以获得的利益</u>"。

【风险点及建议】

同本条规定相关的法律风险,是受损害方未能从违约金与定金之间选择最为有利的规定予以适用,或是在定金不足以弥补违约造成的损失时未请求超过定金部分的赔偿。

定金、违约金、赔偿损失等违约责任的设定,目的都是敦促对方依约履行,并在违约后由对方承担给己方造成的损失。因而违约责任的设计,其实离不开对自行违约可能性的考量。

对于违约责任范围及承担方式的设定,其出发点是己方的交易安全,包括对方违约会给己方造成哪些损害,以及对方违约给己方造成的损失能否得到全面赔偿。基于这些考虑,设定重点违约范围和责任承担方式时首先要将最担心出现的情形写入违约范围,并通过违约责任承担方式的设定增加对方的违约成本、转嫁对方违约给己方造成的损失。这些己方最为担心的对方违约情形可以通过简要分析己方的交易目的而得出。

例如,生产季节性商品的企业,在保障质量的前提下最为担心的是交货的延迟,采购生产设备的企业最担心设备无法正常运转或运转成本过高等。这些担忧或重点需求就是设定违约行为范围时的要点,同时也是安排违约责任承担方式的依据。在此基础之上,可以较有依据地判断究竟约定定金、违约金还是赔偿损失,以及具体的约定方式。

但在具体约定前,首先应当考虑的是自身在签订履行合同方面是否存在过错,以及违约概率的高低、违约损失的多少。如果自己一方违约的可能性更大、违约造成对方损失的可能性更高,除了以技术和管理手段自行控制,还需要考虑合同中设定的违约责任的范围、幅度是否在可控制或可承受范围内,以避免过重的违约责任可能给己方带来的不利后果。只有当己方的管理水平和技术力量足以将违约后果限制在可承受范围内或违约概率性小、损失小时才可以提高违约责任。

如果己方没有违约方面的后顾之忧,则对违约责任的约定可以就高不就低。较高的定金、违约金比例在发生争议时如果可以直接覆盖各类损失,则不必动用赔偿损失的方式解决问题。在约定时并不需要考虑违约金是否超过实际损失的30%,也不必在意赔偿损失是否会超过实际损失。这些约定在协商不成时均由人民法院或仲裁机构决定,而且实际损失只有在司法程序中才能有确切结论。

如果合同主体采用格式条款签订合同,则需要遵守更多的规则。详细的相关规则可参见对《民法典》(2020年)第四百九十六条到第四百九十八条的解读。

〔第三部分　特定情形的责任分配〕

127. 第五百八十九条　〔债权人受领迟延〕

债务人按照约定履行债务,债权人无正当理由拒绝受领的,债务人可以请求债权人赔偿增加的费用。

在债权人受领迟延期间,债务人无须支付利息。

【合同实务解读】

本条是对债权人无正当理由拒绝受领的法律后果所作的规定。无正当理由拒绝受领，债权人需要赔偿债务人增加的费用，债务人无须支付利息。

债权人拒绝受领的情形在现实中大多与标的物瑕疵、履行中的瑕疵有关，还有一些拒绝受领行为与双方间的其他冲突有关。拒绝的理由，可能是合同中的约定也可能完全属于"无正当理由"。

一、依约履行和拒绝受领

"债务人按照约定履行债务"，是指债务人按照合同约定的内容全面履行。《民法典》(2020年)第五百零九条第一款所规定的"当事人应当按照约定全面履行自己的义务"，包括了主给付义务和从给付义务。例如，发货时提前若干日通知的义务等，需要同交付一样全面履行。如果这些方面存在瑕疵，如在约定的交付期间内毫无征兆地交付，债权人因无法及时做好准备而拒绝受领便属于正当理由。

"无正当理由"在法律领域频繁出现，但并无专门的司法解释进行释义，因而应按通常方式理解。在本条规定的情形中，债权人拒绝债务人履行的理由如果并非基于债务人的履行违约或标的物违约，且无关于不可抗力、政府行为、法律调整、情势变更等导致债权人无法受领的合法理由或约定理由，一般可认为属于债权人无正当理由拒绝受领。

债权人拒绝受领的情形一旦发生，便会增加债务人的履行债务成本。例如，标的物的运输费、装卸费、保管费和运送人员的差旅费等。如果债务人不得不将标的物提存，还会产生提存、公证、通知和不宜保存的标的物的处理等费用。

由哪一方承担这些成本，取决于拒绝受领的理由是否正当。如果债权人的拒绝受领理由正当，如债务人因其标的物瑕疵或履行瑕疵而被拒绝受领，则由此产生的费用、风险等均由债务人承担。如果债权人拒绝受领的理由不正当，则由此产生的不利后果、相关费用等应由债权人承担，即"债务人可以请求债权人赔偿增加的费用"。

二、受领迟延及法律后果

"受领迟延"，也称债权人迟延，是指债权人对于债务人提出的正确给付应当及时受领而没有受领的事实。[①] 拒绝受领的发生是受领迟延的开始，体现在债权人对于应该及时受领的履行所处的未予受理的状态。

---

① 参见唐启光：《债权人受领迟延几个问题的研究》，载《法学杂志》2005年第3期。

"债务人无须支付利息",是因为债权人的受领迟延因无正当理由而存在过错,其损失不应由没有过错的债务人负担。在受领迟延期间债务人不再承担向债权人支付利息的义务,才能体现公平。

债权人拒绝受领时,债务人有权以提存的方式向债权人履行。依据《民法典》(2020年)第五百七十条第一款第(一)项,"债权人无正当理由拒绝受领"属于"有下列情形之一,难以履行债务的,债务人可以将标的物提存"的情形之一。

如果通过提存的方式履行,则因提存而产生的各类费用由债权人承担。《提存公证规则》(1995年)第二十五条第二款规定:"提存费用包括:提存公证费、公告费、邮电费、保管费、评估鉴定费、代管费、拍卖变卖费、保险费,以及为保管、处理、运输提存标的物所支出的其他费用。"

在债权人受领迟延期间,标的物的毁损、灭失风险也由债权人承担。《民法典》(2020年)第六百零五条规定:"因买受人的原因致使标的物未按照约定的期限交付的,买受人应当自违反约定时起承担标的物毁损、灭失的风险。"

【风险点及建议】

同本条规定相关的法律风险,是债权人无正当理由拒绝受领债务人向其履行的债务,以及债务人未向债权人主张赔偿因此而增加的费用,或债务人在债权人受领迟延期间向债权人支付了利息。

债权人完全无正当理由拒绝受领的情况不多,大多数的拒绝受领与合同约定不明确、标的物瑕疵、履行过程瑕疵或双方在其他事务上存在争议有关。

根据合同的相对性原则,除非另有法律依据或合同约定,一份合同的正常履行不应受到其他合同履行情况的影响。即使是行使不安抗辩权,也是将以前的合同履行情况作为依据在后面的主张权利过程中使用。

本条法律的两款处置原则均涉及费用,即因受领迟延而使债务人"增加的费用"和"利息",均可通过合同设定计算标准,前者还可以细分出不同的费用。债务人可以向债权人主张无正当理由拒绝受领而使债务人增加的费用,债权人无权要求债务人支付受领迟延时产生的利息,上述规则具有法定性,即使在合同中未作约定,债务人也可以在受领迟延发生时主张增加的费用、拒绝支付利息。但因合同中未作约定,可能会引发更多争议。

合同实务中更需要考虑的是,如何通过通知、协助义务的细化、强化并促进履行的顺利完成。例如,在买卖合同中,可以约定发货前应提前若干天发出包括详细的品种、数量、重量、车牌、驾驶员、联系方式等内容在内的通知单以便于买方准备，以及卖方有权在遇到仓库周转问题时通知买方调整交货时间，还可以约定除哪些理由外其他的拒绝受领均应承担增加的费用和迟延履行违约金。

对于债权人拒绝受领的行为也可以用提存的方式解决。提存的方式及相关规定、注意事项等，参见对《民法典》（2020年）第五百七十条至第五百七十四条关于提存问题的解读。

128. 第五百九十条 〔不可抗力及处置原则〕

当事人一方因不可抗力不能履行合同的，根据不可抗力的影响，部分或者全部免除责任，但是法律另有规定的除外。因不可抗力不能履行合同的，应当及时通知对方，以减轻可能给对方造成的损失，并应当在合理期限内提供证明。

当事人迟延履行后发生不可抗力的，不免除其违约责任。

【合同实务解读】

本条是不可抗力导致合同不能履行时的总体性处置规则，包括因不可抗力不能履行合同时履行责任的全部或部分免除、不能履行合同时的及时通知义务和提供证明义务，以及迟延履行后遭遇不可抗力不免除责任的规定。

不可抗力是在合同实务中频繁出现的合同条款。尽管现代科技和防灾水平已有长足进展但不可抗力的影响仍旧难以避免，疫情、战争类不可抗力的影响反而有增加的趋势。

一、不可抗力涉及的相关内容

"不可抗力"，依据《民法典》（2020年）第一百八十条第二款，"是不能预见、不能避免且不能克服的客观情况"。从学理上分，"不可抗力"可以包括自然灾害、政府行为、社会事件，即：

(1) 自然灾害，如洪水、地震、台风、不可控制的疫情等自然因素影响；

(2) 政府行为，如法律变更、强制标准变更、政府禁令等政府行为影响；

(3) 社会事件，如战争、灾难事故、社会动荡、突发事件等社会影响情形。

但这些分类目前尚未得到立法或司法解释的认可，只供参考，今后如有立法或司法解释则应以之为准。

"根据不可抗力的影响,部分或者全部免除责任,但是法律另有规定的除外……"是《民法典》(2020年)第一百八十条第一款规定的延续。该条第一款的规定为:"因不可抗力不能履行民事义务的,不承担民事责任。法律另有规定的,依照其规定。"而本条规定,则正是"法律另有规定的,依照其规定"的情形。

"根据不可抗力的影响,部分或者全部免除责任"细分了不可抗力的影响程度以及免除责任的程度。在现代科学技术和基础设施的保护之下,不可抗力对合同履行的影响已经越来越小,但仍旧无法精确预测其发生时间、损害结果等,亦难以防护,仍属"不能预见、不能避免且不能克服的客观情况"。依据影响程序决定部分或全部免除责任,更适合合同履行中的复杂情形。

"法律另有规定的除外",是法律所规定的不适用不可抗力条款免责的情形。例如,《邮政法》(2015年修正)第四十八条所规定的"因下列原因之一造成的给据邮件损失,邮政企业不承担赔偿责任"中,第(一)项的"(一)不可抗力,但因不可抗力造成的保价的给据邮件的损失除外",说明保价邮件如果因不可抗力受到了损失,邮政企业仍要承担责任。

遭遇不可抗力并非绝对不承担民事责任。例如,《民法典》(2020年)第五百九十条第二款规定:"当事人迟延履行后发生不可抗力的,不免除其违约责任。"

二、受不可抗力影响时的应有举措

依照本条法律规定,受到不可抗力影响的一方并不会理所当然地被免除或部分免除不能履行合同的责任。必须先采取一系列的行动,并符合一系列的要求。

首先,"及时通知对方,以减轻可能给对方造成的损失",是受到不可抗力影响方要采取的首要措施。及时通知对方,其实是合同无法正常履行时均需采用的、通用的减损措施。

因不可抗力而不能履行合同时,及早发出通知能使对方更早地采取适当措施防止损失的扩大并因此而减轻损失。如果对方接到通知后没有及时采取适当措施并导致损失扩大,则丧失就扩大部分请求赔偿的权利。即《民法典》(2020年)第五百九十一条第一款规定:"当事人一方违约后,对方应当采取适当措施防止损失的扩大;没有采取适当措施致使损失扩大的,不得就扩大的损失请求赔偿。"

其次,"在合理期限内提供证明"以证实不可抗力、受不可抗力影响情形的客观存在,是免除或部分免除不能履行合同责任的依据。前者证实不可抗力的真实发生,后者证实不可抗力对合同履行的具体影响程度,二者缺一不可。

因此，与不可抗力相关的责任免除的前提，一是不可抗力影响了合同的履行且不属于除外情形，二是及时通知对方以便减少其损失，三是及时提供受不可抗力影响的证明。

当事人对合同义务的迟延履行属于违约行为，因此而遭受不可抗力影响的根本原因并非不可抗力，而是其迟延履行。因迟延履行而受到不可抗力影响，自然不可以与正常履行时受到不可抗力同等对待，即不可免除其违约责任。而这一规定，也可视为法律另有规定的遭受不可抗力后不得免责的情形。

【风险点及建议】

同本条规定相关的法律风险，是因不可抗力不能履行合同时未及时通知对方、未在合理期限内提供证明，或当对方受到不可抗力影响且无除外情形时未免除或部分免除对方不能正常履行合同的责任，或是免除了因迟延履行而受到不可抗力影响方的违约责任。

(一)合同的变更或解除

不可抗力事件的发生未必会导致合同的履行受到影响，即使受到影响，既可能是完全不能履行也可能是部分不能履行。对于不能履行和不能完全履行，当事人可以选择变更合同继续履行或是解除合同不再履行，而这两种选择在合同中均可事先约定。

如果仍旧需要继续交易，则合同变更主要是围绕数量、期限的调整，以及受不可抗力因素而必须调整的其他条款，如因不可抗力影响而导致的价格、运输成本调整等。如果不再需要交易，则在合同中可以设定约定解除条款，在不可抗力事件发生、合同无法履行时解除合同。

因不可抗力影响的合同解除也可以援引法定解除条件，即《民法典》（2020年）第五百六十三条所规定的法定解除条件。该条第一款规定了"有下列情形之一的，当事人可以解除合同"，第一项情形即为"（一）因不可抗力致使不能实现合同目的"。

(二)围绕不可抗力主题的约定

在合同实务方面，不可抗力及具体处理程序上都有充分的约定空间。因为不可抗力的类型范围、判断依据、责任界限等目前均难以统一，不加约定则难以达成共识。如需以合同条款弥补这方面的不足，可从以下几个方面着手：

1. 不可抗力的范围

当前立法对于不可抗力的描述,仅为《民法典》(2020年)第一百八十条第二款的"是不能预见、不能避免且不能克服的客观情况"。由于其过于笼统,可视需要进一步明确不可抗力包括哪些具体情形,或约定将哪些情形视为不可抗力处理。

2. 发出通知的时限

对于法律规定的"及时通知对方",可进一步约定以小时为计量单位的具体发出通知的时限,其起算点可以为不可抗力的影响发生时、不可抗力事件结束时、当事人知悉实际影响时。

3. 不可抗力影响描述

通知的信息应让对方了解具体情形。其中对于不可抗力的描述,可包括但不限于发生的时间、受到影响的时间、受到影响的具体方面、受到影响的程度、对于合同履行的影响,以及不可抗力的发展趋势、不可抗力影响的发展趋势、排除不可抗力影响所需要的时间和资金等,以便于判断不可抗力的影响程度。

4. 明确的决定和请求

通知应明确基于不可抗力对合同履行的影响所作出的决定。如不可抗力已使合同无法履行,则应通知对方解除合同、免除责任、采取适当措施防止损失扩大。如希望继续履行,则需要说明可能恢复履行的时间以供对方选择继续履行还是解除合同,同时提醒对方免除己方不能正常履行合同的责任。

5. 应当提交的证明

提交证明的目的,是证明不可抗力事件的存在和对合同履行影响的存在。对于不可抗力,证据可以是相关部门发出的预报、通知、通报,以及公开的新闻报道、现场照片。对于影响程度,还可包括现场照片、相关部门的证明等,必要时还可以通过公证的方式加以证明。

上述内容可供受不可抗力影响方在通知对方、向对方提交证明过程时参考。细化这些具体要求更便于了解真实的影响程度,便于对方及时采取措施防止损害结果的发生或减轻其损失,也便于责任的分配。

129. 第五百九十一条 〔防止损失扩大原则〕

当事人一方违约后,对方应当采取适当措施防止损失的扩大;没有采取适当措施致使损失扩大的,不得就扩大的损失请求赔偿。

当事人因防止损失扩大而支出的合理费用,由违约方负担。

【合同实务解读】

本条规定了一方违约后另一方应采取适当措施防止损失扩大,否则不得请求赔偿扩大的损失、防止损失扩大的合理费用由违约方负担。

合同履行中的违约行为不仅影响交易的正常进行,还更易造成对方损失。违约发生后及时通知对方,有利于对方及时采取适当措施防止损失扩大,从而减少社会资源损耗、减轻违约方责任、降低争议解决难度。同时,也符合《民法典》(2020年)第九条所规定的绿色原则:"民事主体从事民事活动,应当有利于节约资源、保护生态环境。"

一、违约方的通知义务

对方"采取适当措施防止损失的扩大"的前提,是违约方的通知。通常情况下,一方当事人无法确定另一方是否会出现违约的情形。如果违约方不及时发出不履行或无法完全按照约定履行的通知,则另一方仍会按照合同能够正常履行的日程继续进行生产经营活动。未经事先告知的违约不仅会导致其生产准备等方面的损失,还可能导致其对第三方的违约。只有及时通知对方,对方才能确切知道违约的发生或即将发生,并采取适当措施防止损失扩大。

及时发出通知,也是当事人应尽的附随义务。即使合同中没有约定通知义务,当事人也应当依据《民法典》(2020年)第五百零九条第二款,"遵循诚信原则,根据合同的性质、目的和交易习惯履行通知、协助、保密等义务"。如果合同中已经明确约定了违约发生前或发生时的通知义务,则未履行该通知义务本身也构成违约。

出现违约情形或预期违约时,均应及时通知对方。违约情形的发生,有时双方均无法预见、有时违约方早已预知。前者如突发的港区灾害事故损毁了用于交付的货物,导致卖方无法按照约定的时间和数量交付;后者如因生产能力不足,制造商在履行期限届满前已经明知违约必然发生。无论哪种情形,及时通知对方均可为对方提供采取适当措施防止损失扩大的提前量,有利于损失的降低。

二、防止损失扩大的适当措施

"采取适当措施防止损失的扩大"有多种方法,其宗旨是以适当的成本降低违约的影响。可能采用的措施,包括批发商在上家供货违约时及时中止甚至终止与下家的供应合同;制造商在下家违约后及时停止原材料的采购和产品生产等。采取这些措施都会产生一定的成本或损失,如处理过剩原材料的损失、解除与其他方合同的损失、加急采购替代原材料的成本、加急处理各类事物的费用等。

"采取适当措施",通常意味着既要能有效地控制损失的扩大,又要合理地控制采取措施的成本。控制成本不能大于风险损失是风险控制领域的基本理念,在防止对方违约造成的损失扩大方面同样适用。如果采取的措施成本高昂却收效甚微,则面临"防止损失扩大而支出的合理费用"的合理性和适当性问题,并增加"由违约方负担"的难度。

违约方所需要承担的违约责任,主要是其违约给对方造成的损失,包括增加的费用和减少的收益。按照《民法典》(2020年)第五百八十四条的规定,"当事人一方不履行合同义务或者履行合同义务不符合约定,造成对方损失的,损失赔偿额应当相当于因违约所造成的损失,包括合同履行后可以获得的利益"。

由于这种损失可能会相当巨大,因而受损害方主动采取适当措施防止损失扩大可使违约方从中获益。正因如此,一方在无法依约履行时或预见到无法依约履行时应及时通知对方,另一方因防止损失扩大而支出的合理费用应由违约方负担。而有能力采取适当措施却未采取适当措施并因此致使损失扩大的,则无权就扩大部分的损失请求赔偿。

【风险点及建议】

同本条规定相关的法律风险,是当事人在违约时未通知对方采取适当措施防止损失扩大,或在对方违约后未采取适当措施防止损失扩大,以及当事人未就对方未采取适当措施导致的损失扩大提出抗辩,未要求对方承担防止损失扩大而支出的合理费用。

当对方出现违约情况后,现实中的另一方可能有多种反应。有的企业息事宁人自行承担防止损失扩大的成本、有的企业放任损失的扩大并向违约方索赔,但大多数企业只要影响不大或损失不大,并不会严格地去追究违约方的责任。

本条规定既确定了当事人减轻对方违约损害的法定义务,也赋予了他们要求对方承担防止损失扩大而支出的合理费用的权利。尽管属于强制性规范,并未授权当事人另行约定,但在合同中进行细化更有利于降低违约损失、处理违约纠纷。在合同中复述法律强制性规定的做法并不产生额外的法律后果,但更便于并不具备专业法律知识的合同执行人员的理解和执行。

在一些金额大、履行周期长且技术要求高的合同中已有这类条款,其他合同也可借鉴。例如：

（1）约定任何一方在发生或可能发生违约情形时应在合同约定的时限内通过双方约定的通信方式书面通知对方，以便于对方及时采取适当措施防止损失扩大；

（2）如果违约方的相对方所要采取的防止损失扩大的措施的成本较高，需要及时与违约方沟通以保证措施的有效性和经济性；

（3）违约方的相对方所采取的任何防止违约损失扩大的措施，均应及时发出通报并在约定的时限内向违约方提交证据加以证明；

（4）因防止违约损失扩大而产生的费用，违约方应在规定的期限内支付，违约方的相对方也有权从应向违约方支付的款项中直接扣除。

130. 第五百九十二条 〔双方违约各自承担责任〕

当事人都违反合同的，应当各自承担相应的责任。

当事人一方违约造成对方损失，对方对损失的发生有过错的，可以减少已方相应的损失赔偿额。

【合同实务解读】

本条规定了当事人均违反合同时的归责原则，包括各自承担相应的违约责任、另一方对损失的发生也有过错的可以减少已方相应的损失赔偿额。

当事人双方都不同程度违反合同的情形时有发生。而许多企业的思维误区是，认为彼此违约可以相互抵销、互不负责。尽管企业之间可以用粗略协商的方式解决互相违约问题，但这种方式并非正规化管理之道，甚至存在违规情形。

"各自承担相应的责任"的前提，是依照法律和约定准确地识别出各方应承担的违约责任。以诉讼或仲裁的方式解决争议时，更是如此。即使双方均同意按照《民法典》（2020年）第五百六十九条的规定以不相同债务合意抵销的方式处理，也需要首先明确可抵销的金额。当双方对于彼此损失的计算差距巨大且无法达成一致时，则更需要分别确定各方的违约责任并详细计算给对方造成的损失。

例如，某餐饮管理企业提供技术、某旅馆提供场地，共同投资举办餐饮企业。但旅馆未按约定出资、餐饮企业也未按约定支付租金，双方均违反了共同投资合同。其中的一方认为双方的违约可以"抵销"，直到另一方起诉要求支付房租。而按照"各自承担相应的责任"的原则，一方应承担未及时出资的违约责任、另一方承担未支付房租的违约责任。

另一方"对损失的发生有过错"的情形也时有发生。在这种情形中,违约损失由一方的违约和对方的过错共同造成。因而计算违约方承担的违约责任时,对方过错造成的损失应从违约责任总额中扣除,即"减少相应的损失赔偿额"。

例如,建设工程的承包方未能及时完成施工的原因之一是发包方中途一再修改图纸。则在计算承包方的违约损失赔偿额时应减去发包方一再修改图纸导致的延期责任,承包方仅对非发包方原因造成的工程延期承担违约责任。

【风险点及建议】

同本条规定相关的法律风险,是认为己方的违约可以与对方的违约互相抵销而非各自承担责任,以及在承担违约责任时未减去因对方过错造成的损失。

当事人都违反合同的情形应归责于契约精神的不足、合同管理的松懈,以及并不了解"各自承担相应的责任"的归责原则。但双方均有违约的情形,本可通过其他的有合法依据的方式解决。

《民法典》(2020年)中对于后履行抗辩权、同时履行抗辩权、不安抗辩权的相关规定,完全可以用于解决一方违约时是否继续履行的问题。相关条款分别为:

第五百二十五条 当事人互负债务,没有先后履行顺序的,应当同时履行。一方在对方履行之前有权拒绝其履行请求。一方在对方履行债务不符合约定时,有权拒绝其相应的履行请求。

第五百二十六条 当事人互负债务,有先后履行顺序,应当先履行债务一方未履行的,后履行一方有权拒绝其履行请求。先履行一方履行债务不符合约定的,后履行一方有权拒绝其相应的履行请求。

第五百二十七条 应当先履行债务的当事人,有确切证据证明对方有下列情形之一的,可以中止履行:

(一)经营状况严重恶化;
(二)转移财产、抽逃资金,以逃避债务;
(三)丧失商业信誉;
(四)有丧失或者可能丧失履行债务能力的其他情形。

当事人没有确切证据中止履行的,应当承担违约责任。

例如,出租人未按照投资协议向承租人支付股权转让款固然属于违约,但承租人如果因此而未按投资协议向出租人支付租金则同样属于违约。双方的违约发生在同一份合同的履行过程中，双方因此构成了"当事人都违反合同"的情形，属于本条所规定的"各自承担相应的责任"的情形。

但在出租人未依约支付投资协议后，承租人本可通过合法方式以停止支付租金的方式敦促出租人履行而不必承担违约责任。即：

（1）行使后履行抗辩权拒绝履行

当合同中约定的出租人出资在先时，承租人可援引《民法典》（2020年）第五百二十六条关于后履行抗辩权的规定拒绝支付租金，即"先履行债务一方未履行的，后履行一方有权拒绝其履行请求"。

（2）行使同时履行抗辩权拒绝履行

当合同中约定的出租人出资与承租人支付租金没有先后顺序时，承租人可援引《民法典》（2020年）第五百二十五条关于同时履行抗辩权的规定拒绝支付租金，即"对方履行之前有权拒绝其履行请求"。

（3）行使不安抗辩权拒绝履行

如果双方的投资协议约定承租人支付租金在先、出租人分期向承租人支付投资款。在轮到承租人先履行支付租金义务时，承租人可援引《民法典》（2020年）第五百二十七条的关于不安抗辩权的规定拒绝支付租金。

即以出租人"丧失商业信誉"或"丧失或者可能丧失履行债务能力的其他情形"为由中止履行并通知出租人且保留证据，直到出租人提供担保或恢复履行能力再恢复履行。

通过依法行使这些抗辩权，承租人可以既敦促出租人及时履行出租义务又不至于引发不履行支付房租义务的违约责任。

131. 第五百九十三条　〔第三人原因造成违约〕

当事人一方因第三人的原因造成违约的，应当依法向对方承担违约责任。当事人一方和第三人之间的纠纷，依照法律规定或者按照约定处理。

【合同实务解读】

本条规定了当事人一方因第三人的原因造成违约时的处理原则，即依法向对方承担违约责任，依据法律或约定处理与第三人之间的纠纷。

基于合同全面履行原则，一方在履行合同过程中如果不履行或履行不符合合同约定即要对相对方承担违约责任。作为民事法律活动的一部分，违约责任的承担通常只根据不履行或履行不符合约定的事实而并不根据动机、主观故意。

《民法典》（2020年）第五百七十七条对于违约责任的规定，也并不区分违约的原因、主观故意，而是只强调结果，构成违约即应承担违约责任。该规定为："当事人一方不履行合同义务或者履行合同义务不符合约定的，应当承担继续履行、采取补救措施或者赔偿损失等违约责任。"

因此，基于合同相对性原则，即使是因第三人的原因才导致了对合同相对方的违约，也同样应当依据法律和合同向对方承担违约责任。而处于合同之外、造成当事人违约的第三人，违约方只能依据与第三人之间的合同或依据法律规定，向其追究因向合同对方承担违约责任而形成的损失。

在诉讼法层面，这类合同之外的第三人也是诉讼中的第三人。依照《民事诉讼法》（2023年修正）第五十九条的规定，上述第三人作为诉讼意义上的第三人参加诉讼。即：

第五十九条　对当事人双方的诉讼标的，第三人认为有独立请求权的，有权提起诉讼。

对当事人双方的诉讼标的，第三人虽然没有独立请求权，但案件处理结果同他有法律上的利害关系的，可以申请参加诉讼，或者由人民法院通知他参加诉讼。人民法院判决承担民事责任的第三人，有当事人的诉讼权利义务。

……

除此之外，基于实际情形的不同，违约方也可依据法律或合同单独追究第三人的违约责任或侵权责任。而违约方向对方承担的违约责任，则可作为第三人原因造成的损失向第三人主张赔偿。

【风险点及建议】

同本条规定相关的法律风险，是第三人原因造成违约时未依法向对方承担违约责任，或是未依照法律或者约定向第三人追究责任。

对于第三人原因造成的违约，从合同实务角度和合同诉讼角度出发，有着不同的处理思路。从合同诉讼角度出发，可根据实际案情选择由第三人以无独立地位的第三人身份加入诉讼，或是单独向其追究责任。而从合同实务角度出发，则应考虑合同究竟涉及两方还是三方，或是如何规定合同以外第三人的权利义务。

受合同相对性的限制，合同仅能对双方当事人产生效力。即《民法典》（2020年）第四百六十五条所规定的"依法成立的合同，仅对当事人具有法律约束力，但是法律另有规定的除外"。其中的"法律另有规定的除外"，则可能正是处理此类问题的解决方案，包括向第三人履行和由第三人履行。

二者的法律依据为分别为《民法典》（2020年）的第五百二十二条第一款和第五百二十三条。即：

第五百二十二条　当事人约定由债务人向第三人履行债务，债务人未向第三人履行债务或者履行债务不符合约定的，应当向债权人承担违约责任。

法律规定或者当事人约定第三人可以直接请求债务人向其履行债务，第三人未在合理期限内明确拒绝，债务人未向第三人履行债务或者履行债务不符合约定的，第三人可以请求债务人承担违约责任；债务人对债权人的抗辩，可以向第三人主张。

第五百二十三条　当事人约定由第三人向债权人履行债务，第三人不履行债务或者履行债务不符合约定的，债务人应当向债权人承担违约责任。

因此，包括但不限于前面提及的情况，理论上可以在合同中以不同的方式处理第三人的法律地位与责任。

(1) 向第三人履行

合同中约定债务人向第三人履行，并约定第三人可直接请求债务人向其履行。同时，由第三人确认知悉并同意这一交易安排。

经此安排，如果债务人违约，第三人可直接追究债务人的违约责任。

(2) 由第三人履行

债务人在合同中约定由第三人向债权人履行债务，并与第三人以合同等方式约定由第三人向债权人履行。

(3) 签订三方合同

还可直接将第三人拉入合同形成三方合同。在一份合同中明确债权人、债务人与第三人之间的权利义务、违约责任，并划清各条款对第三人适用或不适用的界限，以厘清第三人的权利义务边界。

132. 第五百九十四条　〔特定争议时效期间〕

因国际货物买卖合同和技术进出口合同争议提起诉讼或者申请仲裁的时效期间为四年。

【合同实务解读】

本条规定了国际货物买卖和技术进出口两类合同争议的诉讼或仲裁时效期间为四年。

通常情况下,按照《民法典》(2020年)第一百八十八条的规定,诉讼时效期间为三年。即"向人民法院请求保护民事权利的诉讼时效期间为三年。法律另有规定的,依照其规定"。

《民法典》(2020年)第一百九十八条则对仲裁时效作出了专门规定,即:"法律对仲裁时效有规定的,依照其规定;没有规定的,适用诉讼时效的规定。"

同样,《仲裁法》(2017年修正)并未规定具体的仲裁时效,但其第七十四条规定:"法律对仲裁时效有规定的,适用该规定。法律对仲裁时效没有规定的,适用诉讼时效的规定。"

结合《民法典》(2020年)第一百九十八条、第五百九十四条的规定,和《仲裁法》(2017年修正)第七十四条的规定,本条所述两类合同争议提起诉讼或申请仲裁的时效期间为四年。

从合同名称可知,"国际货物买卖合同"和"技术进出口合同"均为涉外合同,其审理、仲裁过程中的通知、送达等需要更长的准备时间和周期,因此才特别规定了此两类合同的时效为"四年"。

而且,其适用争议解决方式为"提起诉讼或者申请仲裁"。这意味着当这两类合同争议在中华人民共和国境内解决时,无论是提起诉讼还是申请仲裁解决,时效期间为四年。

【风险点及建议】

同本条规定相关的法律风险,是在发生国际货物买卖合同或技术进出口合同争议时,误将在中国境内提起诉讼或申请仲裁的时效理解为统一规定的三年。

对于时效期间的起算,《民法典》(2020年)第一百八十八条第二款规定了"自权利人知道或者应当知道权利受到损害以及义务人之日起计算",即:

第一百八十八条第二款 诉讼时效期间自权利人知道或者应当知道权利受到损害以及义务人之日起计算。法律另有规定的,依照其规定。但是,自权利受到损害之日起超过二十年的,人民法院不予保护,有特殊情况的,人民法院可以根据权利人的申请决定延长。

对于本条所规定的四年时效,《总则编司法解释》(2022年)中未规定其可以中止、中断。即:

第三十五条　民法典第一百八十八条第一款规定的三年诉讼时效期间,可以适用民法典有关诉讼时效中止、中断的规定,不适用延长的规定。该条第二款规定的二十年期间不适用中止、中断的规定。

由于这两类合同诉讼的时效期间由本条法律所确立,且司法解释中并未规定其可以中止、中断,因此对于其提起诉讼或申请仲裁的时效期限没有可约定、干预的余地。

附录：《民法典》合同编通则相关司法解释
（增加条款标题版）

最高人民法院关于适用《中华人民共和国民法典》
总则编若干问题的解释

中华人民共和国最高人民法院公告

《最高人民法院关于适用〈中华人民共和国民法典〉总则编若干问题的解释》已于 2021 年 12 月 30 日由最高人民法院审判委员会第 1861 次会议通过，现予公布，自 2022 年 3 月 1 日起施行。

2022 年 2 月 24 日

最高人民法院关于适用《中华人民共和国民法典》
总则编若干问题的解释

（法释〔2022〕6 号）

为正确审理民事案件，依法保护民事主体的合法权益，维护社会和经济秩序，根据《中华人民共和国民法典》《中华人民共和国民事诉讼法》等相关法律规定，结合审判实践，制定本解释。

一、一般规定

第一条　〔民事法律适用原则〕

民法典第二编至第七编对民事关系有规定的，人民法院直接适用该规定；民法典第二编至第七编没有规定的,适用民法典第一编的规定,但是根据其性质不能适用的除外。

就同一民事关系,其他民事法律的规定属于对民法典相应规定的细化的,应当适用该民事法律的规定。民法典规定适用其他法律的,适用该法律的规定。

民法典及其他法律对民事关系没有具体规定的,可以遵循民法典关于基本原则的规定。

第二条 〔习惯及适用〕

在一定地域、行业范围内长期为一般人从事民事活动时普遍遵守的民间习俗、惯常做法等,可以认定为民法典第十条规定的习惯。

当事人主张适用习惯的,应当就习惯及其具体内容提供相应证据;必要时,人民法院可以依职权查明。

适用习惯,不得违背社会主义核心价值观,不得违背公序良俗。

第三条 〔滥用民事权利及处理〕

对于民法典第一百三十二条所称的滥用民事权利,人民法院可以根据权利行使的对象、目的、时间、方式、造成当事人之间利益失衡的程度等因素作出认定。

行为人以损害国家利益、社会公共利益、他人合法权益为主要目的行使民事权利的,人民法院应当认定构成滥用民事权利。

构成滥用民事权利的,人民法院应当认定该滥用行为不发生相应的法律效力。滥用民事权利造成损害的,依照民法典第七编等有关规定处理。

二、民事权利能力和民事行为能力

第四条 〔父母对胎儿的法定代理权〕

涉及遗产继承、接受赠与等胎儿利益保护,父母在胎儿娩出前作为法定代理人主张相应权利的,人民法院依法予以支持。

第五条 〔限制民事行为能力的行为认定〕

限制民事行为能力人实施的民事法律行为是否与其年龄、智力、精神健康状况相适应,人民法院可以从行为与本人生活相关联的程度,本人的智力、精神健康状况能否理解其行为并预见相应的后果,以及标的、数量、价款或者报酬等方面认定。

三、监护

第六条 〔监护人的能力认定〕

人民法院认定自然人的监护能力,应当根据其年龄、身心健康状况、经济条件等因素确定;认定有关组织的监护能力,应当根据其资质、信用、财产状况等因素确定。

第七条 〔法定监护人的遗嘱指定监护人〕

担任监护人的被监护人父母通过遗嘱指定监护人,遗嘱生效时被指定的人不同意担任监护人的,人民法院应当适用民法典第二十七条、第二十八条的规定确定监护人。

未成年人由父母担任监护人,父母中的一方通过遗嘱指定监护人,另一方在遗嘱生效时有监护能力,有关当事人对监护人的确定有争议的,人民法院应当适用民法典第二十七条第一款的规定确定监护人。

第八条 〔父母的监护职责与监护人之间的约定〕

未成年人的父母与其他依法具有监护资格的人订立协议,约定免除具有监护能力的父母的监护职责的,人民法院不予支持。协议约定在未成年人的父母丧失监护能力时由该具有监护资格的人担任监护人的,人民法院依法予以支持。

依法具有监护资格的人之间依据民法典第三十条的规定,约定由民法典第二十七条第二款、第二十八条规定的不同顺序的人共同担任监护人,或者由顺序在后的人担任监护人的,人民法院依法予以支持。

第九条 〔指定监护人时的参考因素〕

人民法院依据民法典第三十一条第二款、第三十六条第一款的规定指定监护人时,应当尊重被监护人的真实意愿,按照最有利于被监护人的原则指定,具体参考以下因素:

(一)与被监护人生活、情感联系的密切程度;

(二)依法具有监护资格的人的监护顺序;

(三)是否有不利于履行监护职责的违法犯罪等情形;

(四)依法具有监护资格的人的监护能力、意愿、品行等。

人民法院依法指定的监护人一般应当是一人,由数人共同担任监护人更有利于保护被监护人利益的,也可以是数人。

第十条 〔监护人的申请指定〕

有关当事人不服居民委员会、村民委员会或者民政部门的指定,在接到指定通知之日起三十日内向人民法院申请指定监护人的,人民法院经审理认为指定并无不当,依法裁定驳回申请;认为指定不当,依法判决撤销指定并另行指定监护人。

有关当事人在接到指定通知之日起三十日后提出申请的,人民法院应当按照变更监护关系处理。

第十一条 〔监护协议的解除与监护人资格的撤销〕

具有完全民事行为能力的成年人与他人依据民法典第三十三条的规定订立书面协议事先确定自己的监护人后,协议的任何一方在该成年人丧失或者部分丧失民事行为能力前请求解除协议的,人民法院依法予以支持。该成年人丧失或者部分丧失民事行为能力后,协议确定的监护人无正当理由请求解除协议的,人民法院不予支持。

该成年人丧失或者部分丧失民事行为能力后,协议确定的监护人有民法典第三十六条第一款规定的情形之一,该条第二款规定的有关个人、组织申请撤销其监护人资格的,人民法院依法予以支持。

第十二条 〔监护人的诉讼变更与协议变更〕

监护人、其他依法具有监护资格的人之间就监护人是否有民法典第三十九条第一款第二项、第四项规定的应当终止监护关系的情形发生争议,申请变更监护人的,人民法院应当依法受理。经审理认为理由成立的,人民法院依法予以支持。

被依法指定的监护人与其他具有监护资格的人之间协议变更监护人的,人民法院应当尊重被监护人的真实意愿,按照最有利于被监护人的原则作出裁判。

第十三条 〔受委托监护不成为监护人〕

监护人因患病、外出务工等原因在一定期限内不能完全履行监护职责,将全部或者部分监护职责委托给他人,当事人主张受托人因此成为监护人的,人民法院不予支持。

四、宣告失踪和宣告死亡

第十四条 〔宣告失踪案件的利害关系人〕

人民法院审理宣告失踪案件时,下列人员应当认定为民法典第四十条规定的利害关系人:

(一)被申请人的近亲属;

（二）依据民法典第一千一百二十八条、第一千一百二十九条规定对被申请人有继承权的亲属；

（三）债权人、债务人、合伙人等与被申请人有民事权利义务关系的民事主体，但是不申请宣告失踪不影响其权利行使、义务履行的除外。

第十五条 〔失踪人的债权债务处理〕

失踪人的财产代管人向失踪人的债务人请求偿还债务的，人民法院应当将财产代管人列为原告。

债权人提起诉讼，请求失踪人的财产代管人支付失踪人所欠的债务和其他费用的，人民法院应当将财产代管人列为被告。经审理认为债权人的诉讼请求成立的，人民法院应当判决财产代管人从失踪人的财产中支付失踪人所欠的债务和其他费用。

第十六条 〔宣告死亡案件的利害关系人〕

人民法院审理宣告死亡案件时，被申请人的配偶、父母、子女，以及依据民法典第一千一百二十九条规定对被申请人有继承权的亲属应当认定为民法典第四十六条规定的利害关系人。

符合下列情形之一的，被申请人的其他近亲属，以及依据民法典第一千一百二十八条规定对被申请人有继承权的亲属应当认定为民法典第四十六条规定的利害关系人：

（一）被申请人的配偶、父母、子女均已死亡或者下落不明的；

（二）不申请宣告死亡不能保护其相应合法权益的。

被申请人的债权人、债务人、合伙人等民事主体不能认定为民法典第四十六条规定的利害关系人，但是不申请宣告死亡不能保护其相应合法权益的除外。

第十七条 〔战争期间下落不明的宣告死亡〕

自然人在战争期间下落不明的，利害关系人申请宣告死亡的期间适用民法典第四十六条第一款第一项的规定，自战争结束之日或者有关机关确定的下落不明之日起计算。

五、民事法律行为

第十八条 〔采用其他形式的民事法律行为〕

当事人未采用书面形式或者口头形式，但是实施的行为本身表明已经作出相应意思表示，并符合民事法律行为成立条件的，人民法院可以认定为民法典第一百三十五条规定的采用其他形式实施的民事法律行为。

第十九条 〔重大误解及民事法律行为撤销〕

行为人对行为的性质、对方当事人或者标的物的品种、质量、规格、价格、数量等产生错误认识，按照通常理解如果不发生该错误认识行为人就不会作出相应意思表示的，人民法院可以认定为民法典第一百四十七条规定的重大误解。

行为人能够证明自己实施民事法律行为时存在重大误解，并请求撤销该民事法律行为的，人民法院依法予以支持；但是，根据交易习惯等认定行为人无权请求撤销的除外。

第二十条 〔转达错误的重大误解〕

行为人以其意思表示存在第三人转达错误为由请求撤销民事法律行为的，适用本解释第十九条的规定。

第二十一条 〔欺诈的认定〕

故意告知虚假情况，或者负有告知义务的人故意隐瞒真实情况，致使当事人基于错误认识作出意思表示的，人民法院可以认定为民法典第一百四十八条、第一百四十九条规定的欺诈。

第二十二条 〔胁迫的认定〕

以给自然人及其近亲属等的人身权利、财产权利以及其他合法权益造成损害或者以给法人、非法人组织的名誉、荣誉、财产权益等造成损害为要挟，迫使其基于恐惧心理作出意思表示的，人民法院可以认定为民法典第一百五十条规定的胁迫。

第二十三条 〔民事法律行为不成立的处理〕

民事法律行为不成立，当事人请求返还财产、折价补偿或者赔偿损失的，参照适用民法典第一百五十七条的规定。

第二十四条 〔附不可能发生的条件的民事法律行为〕

民事法律行为所附条件不可能发生，当事人约定为生效条件的，人民法院应当认定民事法律行为不发生效力；当事人约定为解除条件的，应当认定未附条件，民事法律行为是否失效，依照民法典和相关法律、行政法规的规定认定。

六、代理

第二十五条 〔未与其他委托代理人协商的代理行为〕

数个委托代理人共同行使代理权，其中一人或者数人未与其他委托代理人协商,擅自行使代理权的,依据民法典第一百七十一条、第一百七十二条等规定处理。

第二十六条 〔委托代理中的紧急情况〕

由于急病、通讯联络中断、疫情防控等特殊原因,委托代理人自己不能办理代理事项,又不能与被代理人及时取得联系,如不及时转委托第三人代理,会给被代理人的利益造成损失或者扩大损失的,人民法院应当认定为民法典第一百六十九条规定的紧急情况。

第二十七条 〔无权代理的举证与认定〕

无权代理行为未被追认,相对人请求行为人履行债务或者赔偿损失的,由行为人就相对人知道或者应当知道行为人无权代理承担举证责任。行为人不能证明的,人民法院依法支持相对人的相应诉讼请求;行为人能够证明的,人民法院应当按照各自的过错认定行为人与相对人的责任。

第二十八条 〔表见代理的构成〕

同时符合下列条件的,人民法院可以认定为民法典第一百七十二条规定的相对人有理由相信行为人有代理权:

(一)存在代理权的外观;

(二)相对人不知道行为人行为时没有代理权,且无过失。

因是否构成表见代理发生争议的,相对人应当就无权代理符合前款第一项规定的条件承担举证责任;被代理人应当就相对人不符合前款第二项规定的条件承担举证责任。

第二十九条 〔追认的意思表示生效时间〕

法定代理人、被代理人依据民法典第一百四十五条、第一百七十一条的规定向相对人作出追认的意思表示的,人民法院应当依据民法典第一百三十七条的规定确认其追认意思表示的生效时间。

七、民事责任

第三十条 〔正当防卫的认定〕

为了使国家利益、社会公共利益、本人或者他人的人身权利、财产权利以及其他合法权益免受正在进行的不法侵害,而针对实施侵害行为的人采取的制止不法侵害的行为,应当认定为民法典第一百八十一条规定的正当防卫。

第三十一条 〔正当防卫限度与责任认定〕

对于正当防卫是否超过必要的限度,人民法院应当综合不法侵害的性质、手段、强度、危害程度和防卫的时机、手段、强度、损害后果等因素判断。

经审理，正当防卫没有超过必要限度的，人民法院应当认定正当防卫人不承担责任。正当防卫超过必要限度的，人民法院应当认定正当防卫人在造成不应有的损害范围内承担部分责任；实施侵害行为的人请求正当防卫人承担全部责任的，人民法院不予支持。

实施侵害行为的人不能证明防卫行为造成不应有的损害，仅以正当防卫人采取的反击方式和强度与不法侵害不相当为由主张防卫过当的，人民法院不予支持。

第三十二条〔紧急避险的认定〕

为了使国家利益、社会公共利益、本人或者他人的人身权利、财产权利以及其他合法权益免受正在发生的急迫危险，不得已而采取紧急措施的，应当认定为民法典第一百八十二条规定的紧急避险。

第三十三条〔紧急避险限度与责任认定〕

对于紧急避险是否采取措施不当或者超过必要的限度，人民法院应当综合危险的性质、急迫程度、避险行为所保护的权益以及造成的损害后果等因素判断。

经审理，紧急避险采取措施并无不当且没有超过必要限度的，人民法院应当认定紧急避险人不承担责任。紧急避险采取措施不当或者超过必要限度的，人民法院应当根据紧急避险人的过错程度、避险措施造成不应有的损害的原因力大小、紧急避险人是否为受益人等因素认定紧急避险人在造成的不应有的损害范围内承担相应的责任。

第三十四条〔受害人请求受益人适当补偿〕

因保护他人民事权益使自己受到损害，受害人依据民法典第一百八十三条的规定请求受益人适当补偿的，人民法院可以根据受害人所受损失和已获赔偿的情况、受益人受益的多少及其经济条件等因素确定受益人承担的补偿数额。

八、诉讼时效

第三十五条〔诉讼时效的适用原则〕

民法典第一百八十八条第一款规定的三年诉讼时效期间，可以适用民法典有关诉讼时效中止、中断的规定，不适用延长的规定。该条第二款规定的二十年期间不适用中止、中断的规定。

第三十六条〔无行为能力人和限制行为能力人受损害的诉讼时效〕

无民事行为能力人或者限制民事行为能力人的权利受到损害的，诉讼时效期间自其法定代理人知道或者应当知道权利受到损害以及义务人之日起计算,但是法律另有规定的除外。

第三十七条 〔无民事行为能力和限制行为能力人被原法定代理人损害的诉讼时效〕

无民事行为能力人、限制民事行为能力人的权利受到原法定代理人损害,且在取得、恢复完全民事行为能力或者在原法定代理终止并确定新的法定代理人后,相应民事主体才知道或者应当知道权利受到损害的,有关请求权诉讼时效期间的计算适用民法典第一百八十八条第二款、本解释第三十六条的规定。

第三十八条 〔诉讼时效的再次中断〕

诉讼时效依据民法典第一百九十五条的规定中断后,在新的诉讼时效期间内,再次出现第一百九十五条规定的中断事由,可以认定为诉讼时效再次中断。

权利人向义务人的代理人、财产代管人或者遗产管理人等提出履行请求的,可以认定为民法典第一百九十五条规定的诉讼时效中断。

九、附则

第三十九条 〔施行日期及适用原则〕

本解释自 2022 年 3 月 1 日起施行。

民法典施行后的法律事实引起的民事案件,本解释施行后尚未终审的,适用本解释;本解释施行前已经终审,当事人申请再审或者按照审判监督程序决定再审的,不适用本解释。

最高人民法院关于适用《中华人民共和国民法典》合同编通则若干问题的解释

中华人民共和国最高人民法院公告

《最高人民法院关于适用〈中华人民共和国民法典〉合同编通则若干问题的解释》已于 2023 年 5 月 23 日由最高人民法院审判委员会第 1889 次会议通过,现予公布,自2023年12月5日起施行。

2023年12月4日

最高人民法院关于适用《中华人民共和国民法典》合同编通则若干问题的解释

(2023年5月23日最高人民法院审判委员会第1889次会议通过,自2023年12月5日起施行 法释〔2023〕13号)

为正确审理合同纠纷案件以及非因合同产生的债权债务关系纠纷案件,依法保护当事人的合法权益,根据《中华人民共和国民法典》《中华人民共和国民事诉讼法》等相关法律规定,结合审判实践,制定本解释。

一、一般规定

第一条 〔合同解释〕

人民法院依据民法典第一百四十二条第一款、第四百六十六条第一款的规定解释合同条款时,应当以词句的通常含义为基础,结合相关条款、合同的性质和目的、习惯以及诚信原则,参考缔约背景、磋商过程、履行行为等因素确定争议条款的含义。

有证据证明当事人之间对合同条款有不同于词句的通常含义的其他共同理解,一方主张按照词句的通常含义理解合同条款的,人民法院不予支持。

对合同条款有两种以上解释,可能影响该条款效力的,人民法院应当选择有利于该条款有效的解释;属于无偿合同的,应当选择对债务人负担较轻的解释。

第二条 〔交易习惯〕

下列情形,不违反法律、行政法规的强制性规定且不违背公序良俗的,人民法院可以认定为民法典所称的"交易习惯":

(一)当事人之间在交易活动中的惯常做法;

(二)在交易行为当地或者某一领域、某一行业通常采用并为交易对方订立合同时所知道或者应当知道的做法。

对于交易习惯,由提出主张的当事人一方承担举证责任。

二、合同的订立

第三条 〔合同成立〕

当事人对合同是否成立存在争议,人民法院能够确定当事人姓名或者名称、标的和数量的,一般应当认定合同成立。但是,法律另有规定或者当事人另有约定的除外。

根据前款规定能够认定合同已经成立的,对合同欠缺的内容,人民法院应当依据民法典第五百一十条、第五百一十一条等规定予以确定。

当事人主张合同无效或者请求撤销、解除合同等,人民法院认为合同不成立的,应当依据《最高人民法院关于民事诉讼证据的若干规定》第五十三条的规定将合同是否成立作为焦点问题进行审理,并可以根据案件的具体情况重新指定举证期限。

第四条 〔特定成立方式〕

采取招标方式订立合同,当事人请求确认合同自中标通知书到达中标人时成立的,人民法院应予支持。合同成立后,当事人拒绝签订书面合同的,人民法院应当依据招标文件、投标文件和中标通知书等确定合同内容。

采取现场拍卖、网络拍卖等公开竞价方式订立合同,当事人请求确认合同自拍卖师落槌、电子交易系统确认成交时成立的,人民法院应予支持。合同成立后,当事人拒绝签订成交确认书的,人民法院应当依据拍卖公告、竞买人的报价等确定合同内容。

产权交易所等机构主持拍卖、挂牌交易,其公布的拍卖公告、交易规则等文件公开确定了合同成立需要具备的条件,当事人请求确认合同自该条件具备时成立的,人民法院应予支持。

第五条 〔欺诈胁迫与违背诚信〕

第三人实施欺诈、胁迫行为,使当事人在违背真实意思的情况下订立合同,受到损失的当事人请求第三人承担赔偿责任的,人民法院依法予以支持;当事人亦有违背诚信原则的行为的,人民法院应当根据各自的过错确定相应的责任。但是,法律、司法解释对当事人与第三人的民事责任另有规定的,依照其规定。

第六条 〔预约与本约〕

当事人以认购书、订购书、预订书等形式约定在将来一定期限内订立合同,或者为担保在将来一定期限内订立合同交付了定金,能够确定将来所要订立合同的主体、标的等内容的,人民法院应当认定预约合同成立。

当事人通过签订意向书或者备忘录等方式,仅表达交易的意向,未约定在将来一定期限内订立合同,或者虽然有约定但是难以确定将来所要订立合同的主体、标的等内容,一方主张预约合同成立的,人民法院不予支持。

当事人订立的认购书、订购书、预订书等已就合同标的、数量、价款或者报酬等主要内容达成合意,符合本解释第三条第一款规定的合同成立条件,未明确约定在将来一定期限内另行订立合同,或者虽然有约定但是当事人一方已实施履行行为且对方接受的,人民法院应当认定本约合同成立。

第七条 〔预约合同的不履行〕

预约合同生效后,当事人一方拒绝订立本约合同或者在磋商订立本约合同时违背诚信原则导致未能订立本约合同的,人民法院应当认定该当事人不履行预约合同约定的义务。

人民法院认定当事人一方在磋商订立本约合同时是否违背诚信原则,应当综合考虑该当事人在磋商时提出的条件是否明显背离预约合同约定的内容以及是否已尽合理努力进行协商等因素。

第八条 〔预约合同违约赔偿〕

预约合同生效后,当事人一方不履行订立本约合同的义务,对方请求其赔偿因此造成的损失的,人民法院依法予以支持。

前款规定的损失赔偿,当事人有约定的,按照约定;没有约定的,人民法院应当综合考虑预约合同在内容上的完备程度以及订立本约合同的条件的成就程度等因素酌定。

第九条 〔格式条款的认定〕

合同条款符合民法典第四百九十六条第一款规定的情形,当事人仅以合同系依据合同示范文本制作或者双方已经明确约定合同条款不属于格式条款为由主张该条款不是格式条款的,人民法院不予支持。

从事经营活动的当事人一方仅以未实际重复使用为由主张其预先拟定且未与对方协商的合同条款不是格式条款的,人民法院不予支持。但是,有证据证明该条款不是为了重复使用而预先拟定的除外。

第十条 〔格式条款的提示或说明〕

提供格式条款的一方在合同订立时采用通常足以引起对方注意的文字、符号、字体等明显标识,提示对方注意免除或者减轻其责任、排除或者限制对方权利等与对方有重大利害关系的异常条款的,人民法院可以认定其已经履行民法典第四百九十六条第二款规定的提示义务。

提供格式条款的一方按照对方的要求,就与对方有重大利害关系的异常条款的概念、内容及其法律后果以书面或者口头形式向对方作出通常能够理解的解释说明的,人民法院可以认定其已经履行民法典第四百九十六条第二款规定的说明义务。

提供格式条款的一方对其已经尽到提示义务或者说明义务承担举证责任。对于通过互联网等信息网络订立的电子合同,提供格式条款的一方仅以采取了设置勾选、弹窗等方式为由主张其已经履行提示义务或者说明义务的,人民法院不予支持,但是其举证符合前两款规定的除外。

三、合同的效力

第十一条 〔自然人缺乏判断能力〕
当事人一方是自然人,根据该当事人的年龄、智力、知识、经验并结合交易的复杂程度,能够认定其对合同的性质、合同订立的法律后果或者交易中存在的特定风险缺乏应有的认知能力的,人民法院可以认定该情形构成民法典第一百五十一条规定的"缺乏判断能力"。

第十二条 〔报批义务与赔偿责任〕
合同依法成立后,负有报批义务的当事人不履行报批义务或者履行报批义务不符合合同的约定或者法律、行政法规的规定,对方请求其继续履行报批义务的,人民法院应予支持;对方主张解除合同并请求其承担违反报批义务的赔偿责任的,人民法院应予支持。

人民法院判决当事人一方履行报批义务后,其仍不履行,对方主张解除合同并参照违反合同的违约责任请求其承担赔偿责任的,人民法院应予支持。

合同获得批准前,当事人一方起诉请求对方履行合同约定的主要义务,经释明后拒绝变更诉讼请求的,人民法院应当判决驳回其诉讼请求,但是不影响其另行提起诉讼。

负有报批义务的当事人已经办理申请批准等手续或者已经履行生效判决确定的报批义务,批准机关决定不予批准,对方请求其承担赔偿责任的,人民法院不予支持。但是,因迟延履行报批义务等可归责于当事人的原因导致合同未获批准,对方请求赔偿因此受到的损失的,人民法院应当依据民法典第一百五十七条的规定处理。

第十三条 〔合同有效理由不成立〕

合同存在无效或者可撤销的情形，当事人以该合同已在有关行政管理部门办理备案、已经批准机关批准或者已依据该合同办理财产权利的变更登记、移转登记等为由主张合同有效的，人民法院不予支持。

第十四条 〔多份合同与虚假意思表示〕

当事人之间就同一交易订立多份合同，人民法院应当认定其中以虚假意思表示订立的合同无效。当事人为规避法律、行政法规的强制性规定，以虚假意思表示隐藏真实意思表示的，人民法院应当依据民法典第一百五十三条第一款的规定认定被隐藏合同的效力；当事人为规避法律、行政法规关于合同应当办理批准等手续的规定，以虚假意思表示隐藏真实意思表示的，人民法院应当依据民法典第五百零二条第二款的规定认定被隐藏合同的效力。

依据前款规定认定被隐藏合同无效或者确定不发生效力的，人民法院应当以被隐藏合同为事实基础，依据民法典第一百五十七条的规定确定当事人的民事责任。但是，法律另有规定的除外。

当事人就同一交易订立的多份合同均系真实意思表示，且不存在其他影响合同效力情形的，人民法院应当在查明各合同成立先后顺序和实际履行情况的基础上，认定合同内容是否发生变更。法律、行政法规禁止变更合同内容的，人民法院应当认定合同的相应变更无效。

第十五条 〔合同名称与实际法律关系〕

人民法院认定当事人之间的权利义务关系，不应当拘泥于合同使用的名称，而应当根据合同约定的内容。当事人主张的权利义务关系与根据合同内容认定的权利义务关系不一致的，人民法院应当结合缔约背景、交易目的、交易结构、履行行为以及当事人是否存在虚构交易标的等事实认定当事人之间的实际民事法律关系。

第十六条 〔强制性规定不导致无效〕

合同违反法律、行政法规的强制性规定，有下列情形之一，由行为人承担行政责任或者刑事责任能够实现强制性规定的立法目的的，人民法院可以依据民法典第一百五十三条第一款关于"该强制性规定不导致该民事法律行为无效的除外"的规定认定该合同不因违反强制性规定无效：

（一）强制性规定虽然旨在维护社会公共秩序，但是合同的实际履行对社会公共秩序造成的影响显著轻微，认定合同无效将导致案件处理结果有失公平公正；

(二)强制性规定旨在维护政府的税收、土地出让金等国家利益或者其他民事主体的合法利益而非合同当事人的民事权益,认定合同有效不会影响该规范目的的实现;

(三)强制性规定旨在要求当事人一方加强风险控制、内部管理等,对方无能力或者无义务审查合同是否违反强制性规定,认定合同无效将使其承担不利后果;

(四)当事人一方虽然在订立合同时违反强制性规定,但是在合同订立后其已经具备补正违反强制性规定的条件却违背诚信原则不予补正的;

(五)法律、司法解释规定的其他情形。

法律、行政法规的强制性规定旨在规制合同订立后的履行行为,当事人以合同违反强制性规定为由请求认定合同无效的,人民法院不予支持。但是,合同履行必然导致违反强制性规定或者法律、司法解释另有规定的除外。

依据前两款认定合同有效,但是当事人的违法行为未经处理的,人民法院应当向有关行政管理部门提出司法建议。当事人的行为涉嫌犯罪的,应当将案件线索移送刑事侦查机关;属于刑事自诉案件的,应当告知当事人可以向有管辖权的人民法院另行提起诉讼。

第十七条 〔不违法的合同无效〕

合同虽然不违反法律、行政法规的强制性规定,但是有下列情形之一,人民法院应当依据民法典第一百五十三条第二款的规定认定合同无效:

(一)合同影响政治安全、经济安全、军事安全等国家安全的;

(二)合同影响社会稳定、公平竞争秩序或者损害社会公共利益等违背社会公共秩序的;

(三)合同背离社会公德、家庭伦理或者有损人格尊严等违背善良风俗的。

人民法院在认定合同是否违背公序良俗时,应当以社会主义核心价值观为导向,综合考虑当事人的主观动机和交易目的、政府部门的监管强度、一定期限内当事人从事类似交易的频次、行为的社会后果等因素,并在裁判文书中充分说理。当事人确因生活需要进行交易,未给社会公共秩序造成重大影响,且不影响国家安全,也不违背善良风俗的,人民法院不应当认定合同无效。

第十八条 〔法律用语与合同效力〕

法律、行政法规的规定虽然有"应当""必须"或者"不得"等表述,但是该规定旨在限制或者赋予民事权利,行为人违反该规定将构成无权处分、无权代理、越权代表等,或者导致合同相对人、第三人因此获得撤销权、解除权等民事权利的,人民法院应当依据法律、行政法规规定的关于违反该规定的民事法律后果认定合同效力。

第十九条 〔处分权与合同效力〕

以转让或者设定财产权利为目的订立的合同,当事人或者真正权利人仅以让与人在订立合同时对标的物没有所有权或者处分权为由主张合同无效的,人民法院不予支持;因未取得真正权利人事后同意或者让与人事后未取得处分权导致合同不能履行,受让人主张解除合同并请求让与人承担违反合同的赔偿责任的,人民法院依法予以支持。

前款规定的合同被认定有效,且让与人已经将财产交付或者移转登记至受让人,真正权利人请求认定财产权利未发生变动或者请求返还财产的,人民法院应予支持。但是,受让人依据民法典第三百一十一条等规定善意取得财产权利的除外。

第二十条 〔代表权限制与合同效力〕

法律、行政法规为限制法人的法定代表人或者非法人组织的负责人的代表权,规定合同所涉事项应当由法人、非法人组织的权力机构或者决策机构决议,或者应当由法人、非法人组织的执行机构决定,法定代表人、负责人未取得授权而以法人、非法人组织的名义订立合同,未尽到合理审查义务的相对人主张该合同对法人、非法人组织发生效力并由其承担违约责任的,人民法院不予支持,但是法人、非法人组织有过错的,可以参照民法典第一百五十七条的规定判决其承担相应的赔偿责任。相对人已尽到合理审查义务,构成表见代表的,人民法院应当依据民法典第五百零四条的规定处理。

合同所涉事项未超越法律、行政法规规定的法定代表人或者负责人的代表权限,但是超越法人、非法人组织的章程或者权力机构等对代表权的限制,相对人主张该合同对法人、非法人组织发生效力并由其承担违约责任的,人民法院依法予以支持。但是,法人、非法人组织举证证明相对人知道或者应当知道该限制的除外。

法人、非法人组织承担民事责任后,向有过错的法定代表人、负责人追偿因越权代表行为造成的损失的,人民法院依法予以支持。法律、司法解释对法定代表人、负责人的民事责任另有规定的,依照其规定。

第二十一条 〔超越代理权限与合同效力〕

法人、非法人组织的工作人员就超越其职权范围的事项以法人、非法人组织的名义订立合同,相对人主张该合同对法人、非法人组织发生效力并由其承担违约责任的,人民法院不予支持。但是,法人、非法人组织有过错的,人民法院可以参照民法典第一百五十七条的规定判决其承担相应的赔偿责任。前述情形,构成表见代理的,人民法院应当依据民法典第一百七十二条的规定处理。

合同所涉事项有下列情形之一的,人民法院应当认定法人、非法人组织的工作人员在订立合同时超越其职权范围:

(一)依法应当由法人、非法人组织的权力机构或者决策机构决议的事项;

(二)依法应当由法人、非法人组织的执行机构决定的事项;

(三)依法应当由法定代表人、负责人代表法人、非法人组织实施的事项;

(四)不属于通常情形下依其职权可以处理的事项。

合同所涉事项未超越依据前款确定的职权范围,但是超越法人、非法人组织对工作人员职权范围的限制,相对人主张该合同对法人、非法人组织发生效力并由其承担违约责任的,人民法院应予支持。但是,法人、非法人组织举证证明相对人知道或者应当知道该限制的除外。

法人、非法人组织承担民事责任后,向故意或者有重大过失的工作人员追偿的,人民法院依法予以支持。

第二十二条 〔盖章、签名与合同效力〕

法定代表人、负责人或者工作人员以法人、非法人组织的名义订立合同且未超越权限,法人、非法人组织仅以合同加盖的印章不是备案印章或者系伪造的印章为由主张该合同对其不发生效力的,人民法院不予支持。

合同系以法人、非法人组织的名义订立,但是仅有法定代表人、负责人或者工作人员签名或者按指印而未加盖法人、非法人组织的印章,相对人能够证明法定代表人、负责人或者工作人员在订立合同时未超越权限的,人民法院应当认定合同对法人、非法人组织发生效力。但是,当事人约定以加盖印章作为合同成立条件的除外。

合同仅加盖法人、非法人组织的印章而无人员签名或者按指印,相对人能够证明合同系法定代表人、负责人或者工作人员在其权限范围内订立的,人民法院应当认定该合同对法人、非法人组织发生效力。

在前三款规定的情形下,法定代表人、负责人或者工作人员在订立合同时虽然超越代表或者代理权限,但是依据民法典第五百零四条的规定构成表见代表,或者依据民法典第一百七十二条的规定构成表见代理的,人民法院应当认定合同对法人、非法人组织发生效力。

第二十三条 〔恶意串通与合同效力〕

法定代表人、负责人或者代理人与相对人恶意串通,以法人、非法人组织的名义订立合同,损害法人、非法人组织的合法权益,法人、非法人组织主张不承担民事责任的,人民法院应予支持。法人、非法人组织请求法定代表人、负责人或者代理人与相对人对因此受到的损失承担连带赔偿责任的,人民法院应予支持。

根据法人、非法人组织的举证,综合考虑当事人之间的交易习惯、合同在订立时是否显失公平、相关人员是否获取了不正当利益、合同的履行情况等因素,人民法院能够认定法定代表人、负责人或者代理人与相对人存在恶意串通的高度可能性的,可以要求前述人员就合同订立、履行的过程等相关事实作出陈述或者提供相应的证据。其无正当理由拒绝作出陈述,或者所作陈述不具合理性又不能提供相应证据的,人民法院可以认定恶意串通的事实成立。

第二十四条 〔合同不成立、无效、被撤销或者不生效的处理〕

合同不成立、无效、被撤销或者确定不发生效力,当事人请求返还财产,经审查财产能够返还的,人民法院应当根据案件具体情况,单独或者合并适用返还占有的标的物、更正登记簿册记载等方式;经审查财产不能返还或者没有必要返还的,人民法院应当以认定合同不成立、无效、被撤销或者确定不发生效力之日该财产的市场价值或者以其他合理方式计算的价值为基准判决折价补偿。

除前款规定的情形外,当事人还请求赔偿损失的,人民法院应当结合财产返还或者折价补偿的情况,综合考虑财产增值收益和贬值损失、交易成本的支出等事实,按照双方当事人的过错程度及原因力大小,根据诚信原则和公平原则,合理确定损失赔偿额。

合同不成立、无效、被撤销或者确定不发生效力,当事人的行为涉嫌违法且未经处理,可能导致一方或者双方通过违法行为获得不当利益的,人民法院应当向有关行政管理部门提出司法建议。当事人的行为涉嫌犯罪的,应当将案件线索移送刑事侦查机关;属于刑事自诉案件的,应当告知当事人可以向有管辖权的人民法院另行提起诉讼。

第二十五条 〔返还与占用费、使用费〕

合同不成立、无效、被撤销或者确定不发生效力,有权请求返还价款或者报酬的当事人一方请求对方支付资金占用费的,人民法院应当在当事人请求的范围内按照中国人民银行授权全国银行间同业拆借中心公布的一年期贷款市场报价利率(LPR)计算。但是,占用资金的当事人对于合同不成立、无效、被撤销或者确定不发生效力没有过错的,应当以中国人民银行公布的同期同类存款基准利率计算。

双方互负返还义务,当事人主张同时履行的,人民法院应予支持;占有标的物的一方对标的物存在使用或者依法可以使用的情形，对方请求将其应支付的资金占用费与应收取的标的物使用费相互抵销的，人民法院应予支持，但是法律另有规定的除外。

四、合同的履行

第二十六条　〔未履行非主要债务的处置〕

当事人一方未根据法律规定或者合同约定履行开具发票、提供证明文件等非主要债务，对方请求继续履行该债务并赔偿因怠于履行该债务造成的损失的，人民法院依法予以支持；对方请求解除合同的，人民法院不予支持，但是不履行该债务致使不能实现合同目的或者当事人另有约定的除外。

第二十七条　〔以物抵债协议的效力〕

债务人或者第三人与债权人在债务履行期限届满后达成以物抵债协议，不存在影响合同效力情形的，人民法院应当认定该协议自当事人意思表示一致时生效。

债务人或者第三人履行以物抵债协议后，人民法院应当认定相应的原债务同时消灭；债务人或者第三人未按照约定履行以物抵债协议，经催告后在合理期限内仍不履行，债权人选择请求履行原债务或者以物抵债协议的，人民法院应予支持，但是法律另有规定或者当事人另有约定的除外。

前款规定的以物抵债协议经人民法院确认或者人民法院根据当事人达成的以物抵债协议制作成调解书，债权人主张财产权利自确认书、调解书生效时发生变动或者具有对抗善意第三人效力的，人民法院不予支持。

债务人或者第三人以自己不享有所有权或者处分权的财产权利订立以物抵债协议的，依据本解释第十九条的规定处理。

第二十八条　〔违反以物抵债协议的处理〕

债务人或者第三人与债权人在债务履行期限届满前达成以物抵债协议的，人民法院应当在审理债权债务关系的基础上认定该协议的效力。

当事人约定债务人到期没有清偿债务，债权人可以对抵债财产拍卖、变卖、折价以实现债权的，人民法院应当认定该约定有效。当事人约定债务人到期没有清偿债务，抵债财产归债权人所有的，人民法院应当认定该约定无效，但是不影响其他部分的效力；债权人请求对抵债财产拍卖、变卖、折价以实现债权的，人民法院应予支持。

当事人订立前款规定的以物抵债协议后，债务人或者第三人未将财产权利转移至债权人名下,债权人主张优先受偿的,人民法院不予支持;债务人或者第三人已将财产权利转移至债权人名下的,依据《最高人民法院关于适用〈中华人民共和国民法典〉有关担保制度的解释》第六十八条的规定处理。

第二十九条 〔向第三人履行债务所涉的权益〕

民法典第五百二十二条第二款规定的第三人请求债务人向自己履行债务的,人民法院应予支持;请求行使撤销权、解除权等民事权利的,人民法院不予支持,但是法律另有规定的除外。

合同依法被撤销或者被解除,债务人请求债权人返还财产的,人民法院应予支持。

债务人按照约定向第三人履行债务,第三人拒绝受领,债权人请求债务人向自己履行债务的,人民法院应予支持,但是债务人已经采取提存等方式消灭债务的除外。第三人拒绝受领或者受领迟延,债务人请求债权人赔偿因此造成的损失的,人民法院依法予以支持。

第三十条 〔对履行债务有合法利益的第三人〕

下列民事主体,人民法院可以认定为民法典第五百二十四条第一款规定的对履行债务具有合法利益的第三人:

(一)保证人或者提供物的担保的第三人;

(二)担保财产的受让人、用益物权人、合法占有人;

(三)担保财产上的后顺位担保权人;

(四)对债务人的财产享有合法权益且该权益将因财产被强制执行而丧失的第三人;

(五)债务人为法人或者非法人组织的,其出资人或者设立人;

(六)债务人为自然人的,其近亲属;

(七)其他对履行债务具有合法利益的第三人。

第三人在其已经代为履行的范围内取得对债务人的债权,但是不得损害债权人的利益。

担保人代为履行债务取得债权后,向其他担保人主张担保权利的,依据《最高人民法院关于适用〈中华人民共和国民法典〉有关担保制度的解释》第十三条、第十四条、第十八条第二款等规定处理。

第三十一条 〔互负债务时的抗辩权〕

当事人互负债务,一方以对方没有履行非主要债务为由拒绝履行自己的主要债务的,人民法院不予支持。但是,对方不履行非主要债务致使不能实现合同目的或者当事人另有约定的除外。

当事人一方起诉请求对方履行债务,被告依据民法典第五百二十五条的规定主张双方同时履行的抗辩且抗辩成立,被告未提起反诉的,人民法院应当判决被告在原告履行债务的同时履行自己的债务,并在判项中明确原告申请强制执行的,人民法院应当在原告履行自己的债务后对被告采取执行行为;被告提起反诉的,人民法院应当判决双方同时履行自己的债务,并在判项中明确任何一方申请强制执行的,人民法院应当在该当事人履行自己的债务后对对方采取执行行为。

当事人一方起诉请求对方履行债务,被告依据民法典第五百二十六条的规定主张原告应先履行的抗辩且抗辩成立的,人民法院应当驳回原告的诉讼请求,但是不影响原告履行债务后另行提起诉讼。

第三十二条 〔情势变更的认定和处置〕

合同成立后,因政策调整或者市场供求关系异常变动等原因导致价格发生当事人在订立合同时无法预见的、不属于商业风险的涨跌,继续履行合同对于当事人一方明显不公平的,人民法院应当认定合同的基础条件发生了民法典第五百三十三条第一款规定的"重大变化"。但是,合同涉及市场属性活跃、长期以来价格波动较大的大宗商品以及股票、期货等风险投资型金融产品的除外。

合同的基础条件发生了民法典第五百三十三条第一款规定的重大变化,当事人请求变更合同的,人民法院不得解除合同;当事人一方请求变更合同,对方请求解除合同的,或者当事人一方请求解除合同,对方请求变更合同的,人民法院应当结合案件的实际情况,根据公平原则判决变更或者解除合同。

人民法院依据民法典第五百三十三条的规定判决变更或者解除合同的,应当综合考虑合同基础条件发生重大变化的时间、当事人重新协商的情况以及因合同变更或者解除给当事人造成的损失等因素,在判项中明确合同变更或者解除的时间。

当事人事先约定排除民法典第五百三十三条适用的,人民法院应当认定该约定无效。

五、合同的保全

第三十三条 〔怠于行使债权的认定〕

债务人不履行其对债权人的到期债务,又不以诉讼或者仲裁方式向相对人主张其享有的债权或者与该债权有关的从权利,致使债权人的到期债权未能实现的,人民法院可以认定为民法典第五百三十五条规定的"债务人怠于行使其债权或者与该债权有关的从权利，影响债权人的到期债权实现"。

第三十四条 〔专属于债务人自身的权利〕

下列权利，人民法院可以认定为民法典第五百三十五条第一款规定的专属于债务人自身的权利：

（一）抚养费、赡养费或者扶养费请求权；

（二）人身损害赔偿请求权；

（三）劳动报酬请求权，但是超过债务人及其所扶养家属的生活必需费用的部分除外；

（四）请求支付基本养老保险金、失业保险金、最低生活保障金等保障当事人基本生活的权利；

（五）其他专属于债务人自身的权利。

第三十五条 〔代位权诉讼的管辖〕

债权人依据民法典第五百三十五条的规定对债务人的相对人提起代位诉讼的，由被告住所地人民法院管辖，但是依法应当适用专属管辖规定的除外。

债务人或者相对人以双方之间的债权债务关系订有管辖协议为由提出异议的，人民法院不予支持。

第三十六条 〔代位权诉讼与仲裁协议〕

债权人提起代位权诉讼后，债务人或者相对人以双方之间的债权债务关系订有仲裁协议为由对法院主管提出异议的，人民法院不予支持。但是，债务人或者相对人在首次开庭前就债务人与相对人之间的债权债务关系申请仲裁的，人民法院可以依法中止代位权诉讼。

第三十七条 〔代位权诉讼与合并审理〕

债权人以债务人的相对人为被告向人民法院提起代位权诉讼，未将债务人列为第三人的，人民法院应当追加债务人为第三人。

两个以上债权人以债务人的同一相对人为被告提起代位权诉讼的，人民法院可以合并审理。债务人对相对人享有的债权不足以清偿其对两个以上债权人负担的债务的，人民法院应当按照债权人享有的债权比例确定相对人的履行份额，但是法律另有规定的除外。

第三十八条 〔债务之诉与代位权之诉〕

债权人向人民法院起诉债务人后，又向同一人民法院对债务人的相对人提起代位权诉讼,属于该人民法院管辖的,可以合并审理。不属于该人民法院管辖的,应当告知其向有管辖权的人民法院另行起诉;在起诉债务人的诉讼终结前,代位权诉讼应当中止。

第三十九条 〔代位权诉讼的合并审理与另行起诉〕

在代位权诉讼中,债务人对超过债权人代位请求数额的债权部分起诉相对人,属于同一人民法院管辖的,可以合并审理。不属于同一人民法院管辖的,应当告知其向有管辖权的人民法院另行起诉;在代位权诉讼终结前,债务人对相对人的诉讼应当中止。

第四十条 〔代位权诉讼的驳回与抗辩〕

代位权诉讼中,人民法院经审理认为债权人的主张不符合代位权行使条件的,应当驳回诉讼请求,但是不影响债权人根据新的事实再次起诉。

债务人的相对人仅以债权人提起代位权诉讼时债权人与债务人之间的债权债务关系未经生效法律文书确认为由,主张债权人提起的诉讼不符合代位权行使条件的,人民法院不予支持。

第四十一条 〔代位权诉讼后债务人的不当处分〕

债权人提起代位权诉讼后,债务人无正当理由减免相对人的债务或者延长相对人的履行期限,相对人以此向债权人抗辩的,人民法院不予支持。

第四十二条 〔明显不合理的低价、高价及例外情况〕

对于民法典第五百三十九条规定的"明显不合理"的低价或者高价,人民法院应当按照交易当地一般经营者的判断,并参考交易时交易地的市场交易价或者物价部门指导价予以认定。

转让价格未达到交易时交易地的市场交易价或者指导价百分之七十的,一般可以认定为"明显不合理的低价";受让价格高于交易时交易地的市场交易价或者指导价百分之三十的,一般可以认定为"明显不合理的高价"。

债务人与相对人存在亲属关系、关联关系的,不受前款规定的百分之七十、百分之三十的限制。

第四十三条 〔对债务人明显不合理价格处分财产行为的撤销〕

债务人以明显不合理的价格,实施互易财产、以物抵债、出租或者承租财产、知识产权许可使用等行为,影响债权人的债权实现,债务人的相对人知道或者应当知道该情形,债权人请求撤销债务人的行为的,人民法院应当依据民法典第五百三十九条的规定予以支持。

第四十四条 〔撤销权诉讼的提起与合并审理〕

债权人依据民法典第五百三十八条、第五百三十九条的规定提起撤销权诉讼的,应当以债务人和债务人的相对人为共同被告,由债务人或者相对人的住所地人民法院管辖,但是依法应当适用专属管辖规定的除外。

两个以上债权人就债务人的同一行为提起撤销权诉讼的,人民法院可以合并审理。

第四十五条 〔标的的可分、不可分及必要费用〕

在债权人撤销权诉讼中,被撤销行为的标的可分,当事人主张在受影响的债权范围内撤销债务人的行为的,人民法院应予支持;被撤销行为的标的不可分,债权人主张将债务人的行为全部撤销的,人民法院应予支持。

债权人行使撤销权所支付的合理的律师代理费、差旅费等费用,可以认定为民法典第五百四十条规定的"必要费用"。

第四十六条 〔债权人撤销权诉讼的请求〕

债权人在撤销权诉讼中同时请求债务人的相对人向债务人承担返还财产、折价补偿、履行到期债务等法律后果的,人民法院依法予以支持。

债权人请求受理撤销权诉讼的人民法院一并审理其与债务人之间的债权债务关系,属于该人民法院管辖的,可以合并审理。不属于该人民法院管辖的,应当告知其向有管辖权的人民法院另行起诉。

债权人依据其与债务人的诉讼、撤销权诉讼产生的生效法律文书申请强制执行的,人民法院可以就债务人对相对人享有的权利采取强制执行措施以实现债权人的债权。债权人在撤销权诉讼中,申请对相对人的财产采取保全措施的,人民法院依法予以准许。

六、合同的变更和转让

第四十七条 〔债权转让与追加第三人〕

债权转让后,债务人向受让人主张其对让与人的抗辩的,人民法院可以追加让与人为第三人。

债务转移后,新债务人主张原债务人对债权人的抗辩的,人民法院可以追加原债务人为第三人。

当事人一方将合同权利义务一并转让后,对方就合同权利义务向受让人主张抗辩或者受让人就合同权利义务向对方主张抗辩的,人民法院可以追加让与人为第三人。

第四十八条　〔债权转让通知与债务履行〕

债务人在接到债权转让通知前已经向让与人履行，受让人请求债务人履行的，人民法院不予支持；债务人接到债权转让通知后仍然向让与人履行，受让人请求债务人履行的，人民法院应予支持。

让与人未通知债务人，受让人直接起诉债务人请求履行债务，人民法院经审理确认债权转让事实的，应当认定债权转让自起诉状副本送达时对债务人发生效力。债务人主张因未通知而给其增加的费用或者造成的损失从认定的债权数额中扣除的，人民法院依法予以支持。

第四十九条　〔债权转让通知与让与人、债务人〕

债务人接到债权转让通知后，让与人以债权转让合同不成立、无效、被撤销或者确定不发生效力为由请求债务人向其履行的，人民法院不予支持。但是，该债权转让通知被依法撤销的除外。

受让人基于债务人对债权真实存在的确认受让债权后，债务人又以该债权不存在为由拒绝向受让人履行的，人民法院不予支持。但是，受让人知道或者应当知道该债权不存在的除外。

第五十条　〔债权重复转让的效力确认〕

让与人将同一债权转让给两个以上受让人，债务人以已经向最先通知的受让人履行为由主张其不再履行债务的，人民法院应予支持。债务人明知接受履行的受让人不是最先通知的受让人，最先通知的受让人请求债务人继续履行债务或者依据债权转让协议请求让与人承担违约责任的，人民法院应予支持；最先通知的受让人请求接受履行的受让人返还其接受的财产的，人民法院不予支持，但是接受履行的受让人明知该债权在其受让前已经转让给其他受让人的除外。

前款所称最先通知的受让人，是指最先到达债务人的转让通知中载明的受让人。当事人之间对通知到达时间有争议的，人民法院应当结合通知的方式等因素综合判断，而不能仅根据债务人认可的通知时间或者通知记载的时间予以认定。当事人采用邮寄、通讯电子系统等方式发出通知的，人民法院应当以邮戳时间或者通讯电子系统记载的时间等作为认定通知到达时间的依据。

第五十一条　〔第三人加入债务及追偿〕

第三人加入债务并与债务人约定了追偿权，其履行债务后主张向债务人追偿的，人民法院应予支持；没有约定追偿权，第三人依照民法典关于不当得利等的规定,在其已经向债权人履行债务的范围内请求债务人向其履行的,人民法院应予支持,但是第三人知道或者应当知道加入债务会损害债务人利益的除外。

债务人就其对债权人享有的抗辩向加入债务的第三人主张的,人民法院应予支持。

七、合同的权利义务终止

第五十二条　〔违约、结算和清理〕

当事人就解除合同协商一致时未对合同解除后的违约责任、结算和清理等问题作出处理,一方主张合同已经解除的,人民法院应予支持。但是,当事人另有约定的除外。

有下列情形之一的,除当事人一方另有意思表示外,人民法院可以认定合同解除:

(一)当事人一方主张行使法律规定或者合同约定的解除权,经审理认为不符合解除权行使条件但是对方同意解除;

(二)双方当事人均不符合解除权行使的条件但是均主张解除合同。

前两款情形下的违约责任、结算和清理等问题,人民法院应当依据民法典第五百六十六条、第五百六十七条和有关违约责任的规定处理。

第五十三条　〔通知解除的生效时间〕

当事人一方以通知方式解除合同,并以对方未在约定的异议期限或者其他合理期限内提出异议为由主张合同已经解除的,人民法院应当对其是否享有法律规定或者合同约定的解除权进行审查。经审查,享有解除权的,合同自通知到达对方时解除;不享有解除权的,不发生合同解除的效力。

第五十四条　〔再次起诉的解除时间〕

当事人一方未通知对方,直接以提起诉讼的方式主张解除合同,撤诉后再次起诉主张解除合同,人民法院经审理支持该主张的,合同自再次起诉的起诉状副本送达对方时解除。但是,当事人一方撤诉后又通知对方解除合同且该通知已经到达对方的除外。

第五十五条　〔抵销的成立时间及后果〕

当事人一方依据民法典第五百六十八条的规定主张抵销,人民法院经审理认为抵销权成立的,应当认定通知到达对方时双方互负的主债务、利息、违约金或者损害赔偿金等债务在同等数额内消灭。

第五十六条 〔不足以全部抵销时的顺序〕

行使抵销权的一方负担的数项债务种类相同,但是享有的债权不足以抵销全部债务,当事人因抵销的顺序发生争议的,人民法院可以参照民法典第五百六十条的规定处理。

行使抵销权的一方享有的债权不足以抵销其负担的包括主债务、利息、实现债权的有关费用在内的全部债务,当事人因抵销的顺序发生争议的,人民法院可以参照民法典第五百六十一条的规定处理。

第五十七条 〔不得抵销的情形〕

因侵害自然人人身权益,或者故意、重大过失侵害他人财产权益产生的损害赔偿债务,侵权人主张抵销的,人民法院不予支持。

第五十八条 〔抵销与诉讼时效〕

当事人互负债务,一方以其诉讼时效期间已经届满的债权通知对方主张抵销,对方提出诉讼时效抗辩的,人民法院对该抗辩应予支持。一方的债权诉讼时效期间已经届满,对方主张抵销的,人民法院应予支持。

八、违约责任

第五十九条 〔合同权利义务终止时间〕

当事人一方依据民法典第五百八十条第二款的规定请求终止合同权利义务关系的,人民法院一般应当以起诉状副本送达对方的时间作为合同权利义务关系终止的时间。根据案件的具体情况,以其他时间作为合同权利义务关系终止的时间更加符合公平原则和诚信原则的,人民法院可以以该时间作为合同权利义务关系终止的时间,但是应当在裁判文书中充分说明理由。

第六十条 〔可得利益及替代交易〕

人民法院依据民法典第五百八十四条的规定确定合同履行后可以获得的利益时,可以在扣除非违约方为订立、履行合同支出的费用等合理成本后,按照非违约方能够获得的生产利润、经营利润或者转售利润等计算。

非违约方依法行使合同解除权并实施了替代交易,主张按照替代交易价格与合同价格的差额确定合同履行后可以获得的利益的,人民法院依法予以支持;替代交易价格明显偏离替代交易发生时当地的市场价格,违约方主张按照市场价格与合同价格的差额确定合同履行后可以获得的利益的,人民法院应予支持。

非违约方依法行使合同解除权但是未实施替代交易,主张按照违约行为发生后合理期间内合同履行地的市场价格与合同价格的差额确定合同履行后可以获得的利益的，人民法院应予支持。

第六十一条　〔持续履行债务的可得利益〕

在以持续履行的债务为内容的定期合同中，一方不履行支付价款、租金等金钱债务，对方请求解除合同，人民法院经审理认为合同应当依法解除的，可以根据当事人的主张，参考合同主体、交易类型、市场价格变化、剩余履行期限等因素确定非违约方寻找替代交易的合理期限，并按照该期限对应的价款、租金等扣除非违约方应当支付的相应履约成本确定合同履行后可以获得的利益。

非违约方主张按照合同解除后剩余履行期限相应的价款、租金等扣除履约成本确定合同履行后可以获得的利益的，人民法院不予支持。但是，剩余履行期限少于寻找替代交易的合理期限的除外。

第六十二条　〔可得利益的公平诚信判断〕

非违约方在合同履行后可以获得的利益难以根据本解释第六十条、第六十一条的规定予以确定的，人民法院可以综合考虑违约方因违约获得的利益、违约方的过错程度、其他违约情节等因素，遵循公平原则和诚信原则确定。

第六十三条　〔违约可能造成损失的预见〕

在认定民法典第五百八十四条规定的"违约一方订立合同时预见到或者应当预见到的因违约可能造成的损失"时，人民法院应当根据当事人订立合同的目的，综合考虑合同主体、合同内容、交易类型、交易习惯、磋商过程等因素，按照与违约方处于相同或者类似情况的民事主体在订立合同时预见到或者应当预见到的损失予以确定。

除合同履行后可以获得的利益外，非违约方主张还有其向第三人承担违约责任应当支出的额外费用等其他因违约所造成的损失，并请求违约方赔偿，经审理认为该损失系违约一方订立合同时预见到或者应当预见到的，人民法院应予支持。

在确定违约损失赔偿额时，违约方主张扣除非违约方未采取适当措施导致的扩大损失、非违约方也有过错造成的相应损失、非违约方因违约获得的额外利益或者减少的必要支出的，人民法院依法予以支持。

第六十四条　〔违约金调整的基本规定〕

当事人一方通过反诉或者抗辩的方式，请求调整违约金的，人民法院依法予以支持。

违约方主张约定的违约金过分高于违约造成的损失，请求予以适当减少的，应当承担举证责任。非违约方主张约定的违约金合理的，也应当提供相应的证据。

当事人仅以合同约定不得对违约金进行调整为由主张不予调整违约金的,人民法院不予支持。

第六十五条 〔违约金过高的判断与调整〕

当事人主张约定的违约金过分高于违约造成的损失,请求予以适当减少的,人民法院应当以民法典第五百八十四条规定的损失为基础,兼顾合同主体、交易类型、合同的履行情况、当事人的过错程度、履约背景等因素,遵循公平原则和诚信原则进行衡量,并作出裁判。

约定的违约金超过造成损失的百分之三十的,人民法院一般可以认定为过分高于造成的损失。

恶意违约的当事人一方请求减少违约金的,人民法院一般不予支持。

第六十六条 〔适当减少违约金的基本规定〕

当事人一方请求对方支付违约金,对方以合同不成立、无效、被撤销、确定不发生效力、不构成违约或者非违约方不存在损失等为由抗辩,未主张调整过高的违约金的,人民法院应当就若不支持该抗辩,当事人是否请求调整违约金进行释明。第一审人民法院认为抗辩成立且未予释明,第二审人民法院认为应当判决支付违约金的,可以直接释明,并根据当事人的请求,在当事人就是否应当调整违约金充分举证、质证、辩论后,依法判决适当减少违约金。

被告因客观原因在第一审程序中未到庭参加诉讼,但是在第二审程序中到庭参加诉讼并请求减少违约金的,第二审人民法院可以在当事人就是否应当调整违约金充分举证、质证、辩论后,依法判决适当减少违约金。

第六十七条 〔定金罚则的认定〕

当事人交付留置金、担保金、保证金、订约金、押金或者订金等,但是没有约定定金性质,一方主张适用民法典第五百八十七条规定的定金罚则的,人民法院不予支持。当事人约定了定金性质,但是未约定定金类型或者约定不明,一方主张为违约定金的,人民法院应予支持。

当事人约定以交付定金作为订立合同的担保,一方拒绝订立合同或者在磋商订立合同时违背诚信原则导致未能订立合同,对方主张适用民法典第五百八十七条规定的定金罚则的,人民法院应予支持。

当事人约定以交付定金作为合同成立或者生效条件,应当交付定金的一方未交付定金,但是合同主要义务已经履行完毕并为对方所接受的,人民法院应当认定合同在对方接受履行时已经成立或者生效。

当事人约定定金性质为解约定金,交付定金的一方主张以丧失定金为代价解除合同的,或者收受定金的一方主张以双倍返还定金为代价解除合同的,人民法院应予支持。

第六十八条 〔定金罚则的适用〕

双方当事人均具有致使不能实现合同目的的违约行为,其中一方请求适用定金罚则的,人民法院不予支持。当事人一方仅有轻微违约,对方具有致使不能实现合同目的的违约行为,轻微违约方主张适用定金罚则,对方以轻微违约方也构成违约为由抗辩的,人民法院对该抗辩不予支持。

当事人一方已经部分履行合同,对方接受并主张按照未履行部分所占比例适用定金罚则的,人民法院应予支持。对方主张按照合同整体适用定金罚则的,人民法院不予支持,但是部分未履行致使不能实现合同目的的除外。

因不可抗力致使合同不能履行,非违约方主张适用定金罚则的,人民法院不予支持。

九、附则

第六十九条 〔施行及适用〕

本解释自2023年12月5日起施行。

民法典施行后的法律事实引起的民事案件,本解释施行后尚未终审的,适用本解释;本解释施行前已经终审,当事人申请再审或者按照审判监督程序决定再审的,不适用本解释。

最高人民法院关于适用《中华人民共和国民法典》有关担保制度的解释

中华人民共和国最高人民法院公告

《最高人民法院关于适用〈中华人民共和国民法典〉有关担保制度的解释》已于2020年12月25日由最高人民法院审判委员会第1824次会议通过,现予公布,自

2021年1月1日起施行。

2020 年 12 月 31 日

最高人民法院关于适用《中华人民共和国民法典》有关担保制度的解释

（法释〔2020〕28 号）

为正确适用《中华人民共和国民法典》有关担保制度的规定,结合民事审判实践,制定本解释。

一、关于一般规定

第一条 〔本解释的适用范围〕

因抵押、质押、留置、保证等担保发生的纠纷,适用本解释。所有权保留买卖、融资租赁、保理等涉及担保功能发生的纠纷,适用本解释的有关规定。

第二条 〔担保合同的非独立性〕

当事人在担保合同中约定担保合同的效力独立于主合同,或者约定担保人对主合同无效的法律后果承担担保责任,该有关担保独立性的约定无效。主合同有效的,有关担保独立性的约定无效不影响担保合同的效力;主合同无效的,人民法院应当认定担保合同无效,但是法律另有规定的除外。

因金融机构开立的独立保函发生的纠纷,适用《最高人民法院关于审理独立保函纠纷案件若干问题的规定》。

第三条 〔担保责任超出债务范围〕

当事人对担保责任的承担约定专门的违约责任,或者约定的担保责任范围超出债务人应当承担的责任范围,担保人主张仅在债务人应当承担的责任范围内承担责任的,人民法院应予支持。

担保人承担的责任超出债务人应当承担的责任范围,担保人向债务人追偿,债务人主张仅在其应当承担的责任范围内承担责任的,人民法院应予支持;担保人请求债权人返还超出部分的,人民法院依法予以支持。

第四条 〔登记于他人名下的担保物权〕

有下列情形之一,当事人将担保物权登记在他人名下,债务人不履行到期债务

或者发生当事人约定的实现担保物权的情形,债权人或者其受托人主张就该财产优先受偿的,人民法院依法予以支持:

(一)为债券持有人提供的担保物权登记在债券受托管理人名下;

(二)为委托贷款人提供的担保物权登记在受托人名下;

(三)担保人知道债权人与他人之间存在委托关系的其他情形。

第五条 〔特别法人的担保责任〕

机关法人提供担保的,人民法院应当认定担保合同无效,但是经国务院批准为使用外国政府或者国际经济组织贷款进行转贷的除外。

居民委员会、村民委员会提供担保的,人民法院应当认定担保合同无效,但是依法代行村集体经济组织职能的村民委员会,依照村民委员会组织法规定的讨论决定程序对外提供担保的除外。

第六条 〔公益性非营利机构的担保责任〕

以公益为目的的非营利性学校、幼儿园、医疗机构、养老机构等提供担保的,人民法院应当认定担保合同无效,但是有下列情形之一的除外:

(一)在购入或者以融资租赁方式承租教育设施、医疗卫生设施、养老服务设施和其他公益设施时,出卖人、出租人为担保价款或者租金实现而在该公益设施上保留所有权;

(二)以教育设施、医疗卫生设施、养老服务设施和其他公益设施以外的不动产、动产或者财产权利设立担保物权。

登记为营利法人的学校、幼儿园、医疗机构、养老机构等提供担保,当事人以其不具有担保资格为由主张担保合同无效的,人民法院不予支持。

第七条 〔法定代表人超越权限代表公司对外担保〕

公司的法定代表人违反公司法关于公司对外担保决议程序的规定,超越权限代表公司与相对人订立担保合同,人民法院应当依照民法典第六十一条和第五百零四条等规定处理:

(一)相对人善意的,担保合同对公司发生效力;相对人请求公司承担担保责任的,人民法院应予支持。

(二)相对人非善意的,担保合同对公司不发生效力;相对人请求公司承担赔偿责任的,参照适用本解释第十七条的有关规定。

法定代表人超越权限提供担保造成公司损失,公司请求法定代表人承担赔偿责任的,人民法院应予支持。

第一款所称善意,是指相对人在订立担保合同时不知道且不应当知道法定代表人超越权限。相对人有证据证明已对公司决议进行了合理审查,人民法院应当认定其构成善意,但是公司有证据证明相对人知道或者应当知道决议系伪造、变造的除外。

第八条 〔因违反公司规定拒绝担保责任〕

有下列情形之一,公司以其未依照公司法关于公司对外担保的规定作出决议为由主张不承担担保责任的,人民法院不予支持:

(一)金融机构开立保函或者担保公司提供担保;

(二)公司为其全资子公司开展经营活动提供担保;

(三)担保合同系由单独或者共同持有公司三分之二以上对担保事项有表决权的股东签字同意。

上市公司对外提供担保,不适用前款第二项、第三项的规定。

第九条 〔相对人与上市公司订立的担保合同〕

相对人根据上市公司公开披露的关于担保事项已经董事会或者股东大会决议通过的信息,与上市公司订立担保合同,相对人主张担保合同对上市公司发生效力,并由上市公司承担担保责任的,人民法院应予支持。

相对人未根据上市公司公开披露的关于担保事项已经董事会或者股东大会决议通过的信息,与上市公司订立担保合同,上市公司主张担保合同对其不发生效力,且不承担担保责任或者赔偿责任的,人民法院应予支持。

相对人与上市公司已公开披露的控股子公司订立的担保合同,或者相对人与股票在国务院批准的其他全国性证券交易场所交易的公司订立的担保合同,适用前两款规定。

第十条 〔一人公司为股东提供担保〕

一人有限责任公司为其股东提供担保,公司以违反公司法关于公司对外担保决议程序的规定为由主张不承担担保责任的,人民法院不予支持。公司因承担担保责任导致无法清偿其他债务,提供担保时的股东不能证明公司财产独立于自己的财产,其他债权人请求该股东承担连带责任的,人民法院应予支持。

第十一条 〔分支机构对外担保的效力〕

公司的分支机构未经公司股东(大)会或者董事会决议以自己的名义对外提供担保,相对人请求公司或者其分支机构承担担保责任的,人民法院不予支持,但是相对人不知道且不应当知道分支机构对外提供担保未经公司决议程序的除外。

金融机构的分支机构在其营业执照记载的经营范围内开立保函,或者经有权从事担保业务的上级机构授权开立保函,金融机构或者其分支机构以违反公司法关于公司对外担保决议程序的规定为由主张不承担担保责任的,人民法院不予支持。金融机构的分支机构未经金融机构授权提供保函之外的担保,金融机构或者其分支机构主张不承担担保责任的,人民法院应予支持,但是相对人不知道且不应当知道分支机构对外提供担保未经金融机构授权的除外。

担保公司的分支机构未经担保公司授权对外提供担保,担保公司或者其分支机构主张不承担担保责任的,人民法院应予支持,但是相对人不知道且不应当知道分支机构对外提供担保未经担保公司授权的除外。

公司的分支机构对外提供担保,相对人非善意,请求公司承担赔偿责任的,参照本解释第十七条的有关规定处理。

第十二条 〔法定代表人以公司名义加入债务〕

法定代表人依照民法典第五百五十二条的规定以公司名义加入债务的,人民法院在认定该行为的效力时,可以参照本解释关于公司为他人提供担保的有关规则处理。

第十三条 〔共同担保人的份额与追偿〕

同一债务有两个以上第三人提供担保,担保人之间约定相互追偿及分担份额,承担了担保责任的担保人请求其他担保人按照约定分担份额的,人民法院应予支持;担保人之间约定承担连带共同担保,或者约定相互追偿但是未约定分担份额的,各担保人按照比例分担向债务人不能追偿的部分。

同一债务有两个以上第三人提供担保,担保人之间未对相互追偿作出约定且未约定承担连带共同担保,但是各担保人在同一份合同书上签字、盖章或者按指印,承担了担保责任的担保人请求其他担保人按照比例分担向债务人不能追偿部分的,人民法院应予支持。

除前两款规定的情形外,承担了担保责任的担保人请求其他担保人分担向债务人不能追偿部分的,人民法院不予支持。

第十四条 〔部分共同担保人受让债权〕

同一债务有两个以上第三人提供担保,担保人受让债权的,人民法院应当认定该行为系承担担保责任。受让债权的担保人作为债权人请求其他担保人承担担保责任的,人民法院不予支持;该担保人请求其他担保人分担相应份额的,依照本解释第十三条的规定处理。

第十五条 〔最高额担保与最高债权额〕

最高额担保中的最高债权额,是指包括主债权及其利息、违约金、损害赔偿金、保管担保财产的费用、实现债权或者实现担保物权的费用等在内的全部债权,但是当事人另有约定的除外。

登记的最高债权额与当事人约定的最高债权额不一致的,人民法院应当依据登记的最高债权额确定债权人优先受偿的范围。

第十六条 〔贷新还旧时新旧担保人的责任〕

主合同当事人协议以新贷偿还旧贷,债权人请求旧贷的担保人承担担保责任的,人民法院不予支持;债权人请求新贷的担保人承担担保责任的,按照下列情形处理:

(一)新贷与旧贷的担保人相同的,人民法院应予支持;

(二)新贷与旧贷的担保人不同,或者旧贷无担保新贷有担保的,人民法院不予支持,但是债权人有证据证明新贷的担保人提供担保时对以新贷偿还旧贷的事实知道或者应当知道的除外。

主合同当事人协议以新贷偿还旧贷,旧贷的物的担保人在登记尚未注销的情形下同意继续为新贷提供担保,在订立新的贷款合同前又以该担保财产为其他债权人设立担保物权,其他债权人主张其担保物权顺位优先于新贷债权人的,人民法院不予支持。

第十七条 〔主合同有效而担保合同无效〕

主合同有效而第三人提供的担保合同无效,人民法院应当区分不同情形确定担保人的赔偿责任:

(一)债权人与担保人均有过错的,担保人承担的赔偿责任不应超过债务人不能清偿部分的二分之一;

(二)担保人有过错而债权人无过错的,担保人对债务人不能清偿的部分承担赔偿责任;

(三)债权人有过错而担保人无过错的,担保人不承担赔偿责任。

主合同无效导致第三人提供的担保合同无效,担保人无过错的,不承担赔偿责任;担保人有过错的,其承担的赔偿责任不应超过债务人不能清偿部分的三分之一。

第十八条 〔担保人的追偿权与债务人物的担保〕

承担了担保责任或者赔偿责任的担保人,在其承担责任的范围内向债务人追偿的,人民法院应予支持。

同一债权既有债务人自己提供的物的担保,又有第三人提供的担保,承担了担保责任或者赔偿责任的第三人,主张行使债权人对债务人享有的担保物权的,人民法院应予支持。

第十九条 〔担保合同效力与反担保合同效力〕

担保合同无效,承担了赔偿责任的担保人按照反担保合同的约定,在其承担赔偿责任的范围内请求反担保人承担担保责任的,人民法院应予支持。

反担保合同无效的,依照本解释第十七条的有关规定处理。当事人仅以担保合同无效为由主张反担保合同无效的,人民法院不予支持。

第二十条 〔第三人物的担保的保证合同效力〕

人民法院在审理第三人提供的物的担保纠纷案件时,可以适用民法典第六百九十五条第一款、第六百九十六条第一款、第六百九十七条第二款、第六百九十九条、第七百条、第七百零一条、第七百零二条等关于保证合同的规定。

第二十一条 〔担保合同的法院管辖权〕

主合同或者担保合同约定了仲裁条款的,人民法院对约定仲裁条款的合同当事人之间的纠纷无管辖权。

债权人一并起诉债务人和担保人的,应当根据主合同确定管辖法院。

债权人依法可以单独起诉担保人且仅起诉担保人的,应当根据担保合同确定管辖法院。

第二十二条 〔债务人破产案受理后的停止担保计息〕

人民法院受理债务人破产案件后,债权人请求担保人承担担保责任,担保人主张担保债务自人民法院受理破产申请之日起停止计息的,人民法院对担保人的主张应予支持。

第二十三条 〔债务人破产案件与担保人责任〕

人民法院受理债务人破产案件,债权人在破产程序中申报债权后又向人民法院提起诉讼,请求担保人承担担保责任的,人民法院依法予以支持。

担保人清偿债权人的全部债权后,可以代替债权人在破产程序中受偿;在债权人的债权未获全部清偿前,担保人不得代替债权人在破产程序中受偿,但是有权就债权人通过破产分配和实现担保债权等方式获得清偿总额中超出债权的部分,在其承担担保责任的范围内请求债权人返还。

债权人在债务人破产程序中未获全部清偿,请求担保人继续承担担保责任的,人民法院应予支持;担保人承担担保责任后,向和解协议或者重整计划执行完毕后的债务人追偿的,人民法院不予支持。

第二十四条 〔债权人原因的担保责任免除〕

债权人知道或者应当知道债务人破产,既未申报债权也未通知担保人,致使担保人不能预先行使追偿权的,担保人就该债权在破产程序中可能受偿的范围内免除担保责任,但是担保人因自身过错未行使追偿权的除外。

二、关于保证合同

第二十五条 〔一般保证与连带责任保证的认定〕

当事人在保证合同中约定了保证人在债务人不能履行债务或者无力偿还债务时才承担保证责任等类似内容,具有债务人应当先承担责任的意思表示的,人民法院应当将其认定为一般保证。

当事人在保证合同中约定了保证人在债务人不履行债务或者未偿还债务时即承担保证责任、无条件承担保证责任等类似内容,不具有债务人应当先承担责任的意思表示的,人民法院应当将其认定为连带责任保证。

第二十六条 〔一般保证的诉讼地位〕

一般保证中,债权人以债务人为被告提起诉讼的,人民法院应予受理。债权人未就主合同纠纷提起诉讼或者申请仲裁,仅起诉一般保证人的,人民法院应当驳回起诉。

一般保证中,债权人一并起诉债务人和保证人的,人民法院可以受理,但是在作出判决时,除有民法典第六百八十七条第二款但书规定的情形外,应当在判决书主文中明确,保证人仅对债务人财产依法强制执行后仍不能履行的部分承担保证责任。

债权人未对债务人的财产申请保全,或者保全的债务人的财产足以清偿债务,债权人申请对一般保证人的财产进行保全的,人民法院不予准许。

第二十七条 〔一般保证与赋予强制执行效力的债权公证〕

一般保证的债权人取得对债务人赋予强制执行效力的公证债权文书后,在保证期间内向人民法院申请强制执行,保证人以债权人未在保证期间内对债务人提起诉讼或者申请仲裁为由主张不承担保证责任的,人民法院不予支持。

第二十八条 〔一般保证的诉讼时效〕

一般保证中,债权人依据生效法律文书对债务人的财产依法申请强制执行,保证债务诉讼时效的起算时间按照下列规则确定:

(一)人民法院作出终结本次执行程序裁定,或者依照民事诉讼法第二百五十七条第三项、第五项的规定作出终结执行裁定的,自裁定送达债权人之日起开始计算;

(二)人民法院自收到申请执行书之日起一年内未作出前项裁定的,自人民法院收到申请执行书满一年之日起开始计算,但是保证人有证据证明债务人仍有财产可供执行的除外。

一般保证的债权人在保证期间届满前对债务人提起诉讼或者申请仲裁,债权人举证证明存在民法典第六百八十七条第二款但书规定情形的,保证债务的诉讼时效自债权人知道或者应当知道该情形之日起开始计算。

第二十九条 〔对多个保证人的权利行使〕

同一债务有两个以上保证人,债权人以其已经在保证期间内依法向部分保证人行使权利为由,主张已经在保证期间内向其他保证人行使权利的,人民法院不予支持。

同一债务有两个以上保证人,保证人之间相互有追偿权,债权人未在保证期间内依法向部分保证人行使权利,导致其他保证人在承担保证责任后丧失追偿权,其他保证人主张在其不能追偿的范围内免除保证责任的,人民法院应予支持。

第三十条 〔最高额保证合同的期间和起算〕

最高额保证合同对保证期间的计算方式、起算时间等有约定的,按照其约定。

最高额保证合同对保证期间的计算方式、起算时间等没有约定或者约定不明,被担保债权的履行期限均已届满的,保证期间自债权确定之日起开始计算;被担保债权的履行期限尚未届满的,保证期间自最后到期债权的履行期限届满之日起开始计算。

前款所称债权确定之日,依照民法典第四百二十三条的规定认定。

第三十一条 〔一般保证、连带责任保证与保证期间〕

一般保证的债权人在保证期间内对债务人提起诉讼或者申请仲裁后,又撤回起诉或者仲裁申请,债权人在保证期间届满前未再行提起诉讼或者申请仲裁,保证人主张不再承担保证责任的,人民法院应予支持。

连带责任保证的债权人在保证期间内对保证人提起诉讼或者申请仲裁后,又撤回起诉或者仲裁申请,起诉状副本或者仲裁申请书副本已经送达保证人的,人民法院应当认定债权人已经在保证期间内向保证人行使了权利。

第三十二条 〔保证期间的约定不明〕

保证合同约定保证人承担保证责任直至主债务本息还清时为止等类似内容的,视为约定不明,保证期间为主债务履行期限届满之日起六个月。

第三十三条 〔保证合同无效且债权人未依法行使权利〕

保证合同无效,债权人未在约定或者法定的保证期间内依法行使权利,保证人主张不承担赔偿责任的,人民法院应予支持。

第三十四条　〔保证责任消灭〕

人民法院在审理保证合同纠纷案件时,应当将保证期间是否届满、债权人是否在保证期间内依法行使权利等事实作为案件基本事实予以查明。

债权人在保证期间内未依法行使权利的,保证责任消灭。保证责任消灭后,债权人书面通知保证人要求承担保证责任,保证人在通知书上签字、盖章或者按指印,债权人请求保证人继续承担保证责任的,人民法院不予支持,但是债权人有证据证明成立了新的保证合同的除外。

第三十五条　〔主债权诉讼时效届满后提供的保证〕

保证人知道或者应当知道主债权诉讼时效期间届满仍然提供保证或者承担保证责任,又以诉讼时效期间届满为由拒绝承担保证责任或者请求返还财产的,人民法院不予支持;保证人承担保证责任后向债务人追偿的,人民法院不予支持,但是债务人放弃诉讼时效抗辩的除外。

第三十六条　〔作为增信措施的承诺性文件与担保〕

第三人向债权人提供差额补足、流动性支持等类似承诺文件作为增信措施,具有提供担保的意思表示,债权人请求第三人承担保证责任的,人民法院应当依照保证的有关规定处理。

第三人向债权人提供的承诺文件,具有加入债务或者与债务人共同承担债务等意思表示的,人民法院应当认定为民法典第五百五十二条规定的债务加入。

前两款中第三人提供的承诺文件难以确定是保证还是债务加入的,人民法院应当将其认定为保证。

第三人向债权人提供的承诺文件不符合前三款规定的情形,债权人请求第三人承担保证责任或者连带责任的,人民法院不予支持,但是不影响其依据承诺文件请求第三人履行约定的义务或者承担相应的民事责任。

三、关于担保物权

(一)担保合同与担保物权的效力

第三十七条　〔无处分权财产、查封扣押财产的抵押〕

当事人以所有权、使用权不明或者有争议的财产抵押,经审查构成无权处分的,人民法院应当依照民法典第三百一十一条的规定处理。

当事人以依法被查封或者扣押的财产抵押,抵押权人请求行使抵押权,经审查查封或者扣押措施已经解除的,人民法院应予支持。抵押人以抵押权设立时财产被查封或者扣押为由主张抵押合同无效的,人民法院不予支持。

以依法被监管的财产抵押的,适用前款规定。

第三十八条 〔担保财产与留置权、分割或转让〕

主债权未受全部清偿,担保物权人主张就担保财产的全部行使担保物权的,人民法院应予支持,但是留置权人行使留置权的,应当依照民法典第四百五十条的规定处理。

担保财产被分割或者部分转让,担保物权人主张就分割或者转让后的担保财产行使担保物权的,人民法院应予支持,但是法律或者司法解释另有规定的除外。

第三十九条 〔主债权、主债务被分割、部分转让或转移〕

主债权被分割或者部分转让,各债权人主张就其享有的债权份额行使担保权的,人民法院应予支持,但是法律另有规定或者当事人另有约定的除外。

主债务被分割或者部分转移,债务人自己提供物的担保,债权人请求以该担保财产担保全部债务履行的,人民法院应予支持;第三人提供物的担保,主张对未经其书面同意转移的债务不再承担担保责任的,人民法院应予支持。

第四十条 〔对从物的处分与抵押权〕

从物产生于抵押权依法设立前,抵押权人主张抵押权的效力及于从物的,人民法院应予支持,但是当事人另有约定的除外。

从物产生于抵押权依法设立后,抵押权人主张抵押权的效力及于从物的,人民法院不予支持,但是在抵押权实现时可以一并处分。

第四十一条 〔抵押财产的添附物〕

抵押权依法设立后,抵押财产被添附,添附物归第三人所有,抵押权人主张抵押权效力及于补偿金的,人民法院应予支持。

抵押权依法设立后,抵押财产被添附,抵押人对添附物享有所有权,抵押权人主张抵押权的效力及于添附物的,人民法院应予支持,但是添附导致抵押财产价值增加的,抵押权的效力不及于增加的价值部分。

抵押权依法设立后,抵押人与第三人因添附成为添附物的共有人,抵押权人主张抵押权的效力及于抵押人对共有物享有的份额的,人民法院应予支持。

本条所称添附,包括附合、混合与加工。

第四十二条 〔抵押物毁损、灭失或被征收〕

抵押权依法设立后,抵押财产毁损、灭失或者被征收等,抵押权人请求按照原抵押权的顺位就保险金、赔偿金或者补偿金等优先受偿的,人民法院应予支持。

给付义务人已经向抵押人给付了保险金、赔偿金或者补偿金,抵押权人请求给付义务人向其给付保险金、赔偿金或者补偿金的,人民法院不予支持,但是给付义务人接到抵押权人要求向其给付的通知后仍然向抵押人给付的除外。

抵押权人请求给付义务人向其给付保险金、赔偿金或者补偿金的,人民法院可以通知抵押人作为第三人参加诉讼。

第四十三条 〔抵押人违反约定转让抵押物〕

当事人约定禁止或者限制转让抵押财产但是未将约定登记,抵押人违反约定转让抵押财产,抵押权人请求确认转让合同无效的,人民法院不予支持;抵押财产已经交付或者登记,抵押权人请求确认转让不发生物权效力的,人民法院不予支持,但是抵押权人有证据证明受让人知道的除外;抵押权人请求抵押人承担违约责任的,人民法院依法予以支持。

当事人约定禁止或者限制转让抵押财产且已经将约定登记,抵押人违反约定转让抵押财产,抵押权人请求确认转让合同无效的,人民法院不予支持;抵押财产已经交付或者登记,抵押权人主张转让不发生物权效力的,人民法院应予支持,但是因受让人代替债务人清偿债务导致抵押权消灭的除外。

第四十四条 〔主债权诉讼时效届满后的担保物处理〕

主债权诉讼时效期间届满后,抵押权人主张行使抵押权的,人民法院不予支持;抵押人以主债权诉讼时效期间届满为由,主张不承担担保责任的,人民法院应予支持。主债权诉讼时效期间届满前,债权人仅对债务人提起诉讼,经人民法院判决或者调解后未在民事诉讼法规定的申请执行时效期间内对债务人申请强制执行,其向抵押人主张行使抵押权的,人民法院不予支持。

主债权诉讼时效期间届满后,财产被留置的债务人或者对留置财产享有所有权的第三人请求债权人返还留置财产的,人民法院不予支持;债务人或者第三人请求拍卖、变卖留置财产并以所得价款清偿债务的,人民法院应予支持。

主债权诉讼时效期间届满的法律后果,以登记作为公示方式的权利质权,参照适用第一款的规定;动产质权、以交付权利凭证作为公示方式的权利质权,参照适用第二款的规定。

第四十五条 〔实现担保物权时的争议处理〕

当事人约定当债务人不履行到期债务或者发生当事人约定的实现担保物权的情形,担保物权人有权将担保财产自行拍卖、变卖并就所得的价款优先受偿的,该约定有效。因担保人的原因导致担保物权人无法自行对担保财产进行拍卖、变卖,担保物权人请求担保人承担因此增加的费用的,人民法院应予支持。

当事人依照民事诉讼法有关"实现担保物权案件"的规定,申请拍卖、变卖担保财产,被申请人以担保合同约定仲裁条款为由主张驳回申请的,人民法院经审查后,应当按照以下情形分别处理:

(一)当事人对担保物权无实质性争议且实现担保物权条件已经成就的,应当裁定准许拍卖、变卖担保财产;

(二)当事人对实现担保物权有部分实质性争议的,可以就无争议的部分裁定准许拍卖、变卖担保财产,并告知可以就有争议的部分申请仲裁;

(三)当事人对实现担保物权有实质性争议的,裁定驳回申请,并告知可以向仲裁机构申请仲裁。

债权人以诉讼方式行使担保物权的,应当以债务人和担保人作为共同被告。

(二)不动产抵押

第四十六条 〔不动产抵押与抵押登记〕

不动产抵押合同生效后未办理抵押登记手续,债权人请求抵押人办理抵押登记手续的,人民法院应予支持。

抵押财产因不可归责于抵押人自身的原因灭失或者被征收等导致不能办理抵押登记,债权人请求抵押人在约定的担保范围内承担责任的,人民法院不予支持;但是抵押人已经获得保险金、赔偿金或者补偿金等,债权人请求抵押人在其所获金额范围内承担赔偿责任的,人民法院依法予以支持。

因抵押人转让抵押财产或者其他可归责于抵押人自身的原因导致不能办理抵押登记,债权人请求抵押人在约定的担保范围内承担责任的,人民法院依法予以支持,但是不得超过抵押权能够设立时抵押人应当承担的责任范围。

第四十七条 〔不动产登记与抵押合同不一致〕

不动产登记簿就抵押财产、被担保的债权范围等所作的记载与抵押合同约定不一致的,人民法院应当根据登记簿的记载确定抵押财产、被担保的债权范围等事项。

第四十八条 〔登记机构抵押登记过错责任〕

当事人申请办理抵押登记手续时,因登记机构的过错致使其不能办理抵押登记,当事人请求登记机构承担赔偿责任的,人民法院依法予以支持。

第四十九条 〔违法建筑物与抵押合同效力〕

以违法的建筑物抵押的,抵押合同无效,但是一审法庭辩论终结前已经办理合法手续的除外。抵押合同无效的法律后果,依照本解释第十七条的有关规定处理。

当事人以建设用地使用权依法设立抵押,抵押人以土地上存在违法的建筑物为由主张抵押合同无效的,人民法院不予支持。

第五十条 〔划拨土地建筑物或使用权的抵押〕

抵押人以划拨建设用地上的建筑物抵押,当事人以该建设用地使用权不能抵押或者未办理批准手续为由主张抵押合同无效或者不生效的,人民法院不予支持。抵押权依法实现时,拍卖、变卖建筑物所得的价款,应当优先用于补缴建设用地使用权出让金。

当事人以划拨方式取得的建设用地使用权抵押,抵押人以未办理批准手续为由主张抵押合同无效或者不生效的,人民法院不予支持。已经依法办理抵押登记,抵押权人主张行使抵押权的,人民法院应予支持。抵押权依法实现时所得的价款,参照前款有关规定处理。

第五十一条 〔抵押权与地上建筑物及在建建筑物〕

当事人仅以建设用地使用权抵押,债权人主张抵押权的效力及于土地上已有的建筑物以及正在建造的建筑物已完成部分的,人民法院应予支持。债权人主张抵押权的效力及于正在建造的建筑物的续建部分以及新增建筑物的,人民法院不予支持。

当事人以正在建造的建筑物抵押,抵押权的效力范围限于已办理抵押登记的部分。当事人按照担保合同的约定,主张抵押权的效力及于续建部分、新增建筑物以及规划中尚未建造的建筑物的,人民法院不予支持。

抵押人将建设用地使用权、土地上的建筑物或者正在建造的建筑物分别抵押给不同债权人的,人民法院应当根据抵押登记的时间先后确定清偿顺序。

第五十二条 〔抵押预告登记的效力〕

当事人办理抵押预告登记后,预告登记权利人请求就抵押财产优先受偿,经审查存在尚未办理建筑物所有权首次登记、预告登记的财产与办理建筑物所有权首次登记时的财产不一致、抵押预告登记已经失效等情形,导致不具备办理抵押登记条件的,人民法院不予支持;经审查已经办理建筑物所有权首次登记,且不存在预告登记失效等情形的,人民法院应予支持,并应当认定抵押权自预告登记之日起设立。

当事人办理了抵押预告登记,抵押人破产,经审查抵押财产属于破产财产,预告登记权利人主张就抵押财产优先受偿的,人民法院应当在受理破产申请时抵押财产的价值范围内予以支持,但是在人民法院受理破产申请前一年内,债务人对没有财产担保的债务设立抵押预告登记的除外。

(三)动产与权利担保

第五十三条 〔概括描述担保财产的担保成立〕

当事人在动产和权利担保合同中对担保财产进行概括描述,该描述能够合理识别担保财产的,人民法院应当认定担保成立。

第五十四条 〔动产抵押未办理登记的效力〕

动产抵押合同订立后未办理抵押登记,动产抵押权的效力按照下列情形分别处理:

(一)抵押人转让抵押财产,受让人占有抵押财产后,抵押权人向受让人请求行使抵押权的,人民法院不予支持,但是抵押权人能够举证证明受让人知道或者应当知道已经订立抵押合同的除外;

(二)抵押人将抵押财产出租给他人并移转占有,抵押权人行使抵押权的,租赁关系不受影响,但是抵押权人能够举证证明承租人知道或者应当知道已经订立抵押合同的除外;

(三)抵押人的其他债权人向人民法院申请保全或者执行抵押财产,人民法院已经作出财产保全裁定或者采取执行措施,抵押权人主张对抵押财产优先受偿的,人民法院不予支持;

(四)抵押人破产,抵押权人主张对抵押财产优先受偿的,人民法院不予支持。

第五十五条 〔质权担保与监管人责任〕

债权人、出质人与监管人订立三方协议,出质人以通过一定数量、品种等概括描述能够确定范围的货物为债务的履行提供担保,当事人有证据证明监管人系受债权人的委托监管并实际控制该货物的,人民法院应当认定质权于监管人实际控制货物之日起设立。监管人违反约定向出质人或者其他人放货、因保管不善导致货物毁损灭失,债权人请求监管人承担违约责任的,人民法院依法予以支持。

在前款规定情形下，当事人有证据证明监管人系受出质人委托监管该货物，或者虽然受债权人委托但是未实际履行监管职责，导致货物仍由出质人实际控制的，人民法院应当认定质权未设立。债权人可以基于质押合同的约定请求出质人承担违约责任，但是不得超过质权有效设立时出质人应当承担的责任范围。监管人未履行监管职责，债权人请求监管人承担责任的，人民法院依法予以支持。

第五十六条　〔动产担保物权与善意取得〕

买受人在出卖人正常经营活动中通过支付合理对价取得已被设立担保物权的动产，担保物权人请求就该动产优先受偿的，人民法院不予支持，但是有下列情形之一的除外：

（一）购买商品的数量明显超过一般买受人；

（二）购买出卖人的生产设备；

（三）订立买卖合同的目的在于担保出卖人或者第三人履行债务；

（四）买受人与出卖人存在直接或者间接的控制关系；

（五）买受人应当查询抵押登记而未查询的其他情形。

前款所称出卖人正常经营活动，是指出卖人的经营活动属于其营业执照明确记载的经营范围，且出卖人持续销售同类商品。前款所称担保物权人，是指已经办理登记的抵押权人、所有权保留买卖的出卖人、融资租赁合同的出租人。

第五十七条　〔动产浮动抵押后融资租赁承租〕

担保人在设立动产浮动抵押并办理抵押登记后又购入或者以融资租赁方式承租新的动产，下列权利人为担保价款债权或者租金的实现而订立担保合同，并在该动产交付后十日内办理登记，主张其权利优先于在先设立的浮动抵押权的，人民法院应予支持：

（一）在该动产上设立抵押权或者保留所有权的出卖人；

（二）为价款支付提供融资而在该动产上设立抵押权的债权人；

（三）以融资租赁方式出租该动产的出租人。

买受人取得动产但未付清价款或者承租人以融资租赁方式占有租赁物但是未付清全部租金，又以标的物为他人设立担保物权，前款所列权利人为担保价款债权或者租金的实现而订立担保合同，并在该动产交付后十日内办理登记，主张其权利优先于买受人为他人设立的担保物权的，人民法院应予支持。

同一动产上存在多个价款优先权的，人民法院应当按照登记的时间先后确定清偿顺序。

第五十八条 〔汇票质权的设立〕

以汇票出质,当事人以背书记载"质押"字样并在汇票上签章,汇票已经交付质权人的,人民法院应当认定质权自汇票交付质权人时设立。

第五十九条 〔仓单质权的设立与受偿〕

存货人或者仓单持有人在仓单上以背书记载"质押"字样,并经保管人签章,仓单已经交付质权人的,人民法院应当认定质权自仓单交付质权人时设立。没有权利凭证的仓单,依法可以办理出质登记的,仓单质权自办理出质登记时设立。

出质人既以仓单出质,又以仓储物设立担保,按照公示的先后确定清偿顺序;难以确定先后的,按照债权比例清偿。

保管人为同一货物签发多份仓单,出质人在多份仓单上设立多个质权,按照公示的先后确定清偿顺序;难以确定先后的,按照债权比例受偿。

存在第二款、第三款规定的情形,债权人举证证明其损失系由出质人与保管人的共同行为所致,请求出质人与保管人承担连带赔偿责任的,人民法院应予支持。

第六十条 〔跟单信用证的质权及货物〕

在跟单信用证交易中,开证行与开证申请人之间约定以提单作为担保的,人民法院应当依照民法典关于质权的有关规定处理。

在跟单信用证交易中,开证行依据其与开证申请人之间的约定或者跟单信用证的惯例持有提单,开证申请人未按照约定付款赎单,开证行主张对提单项下货物优先受偿的,人民法院应予支持;开证行主张对提单项下货物享有所有权的,人民法院不予支持。

在跟单信用证交易中,开证行依据其与开证申请人之间的约定或者跟单信用证的惯例,通过转让提单或者提单项下货物取得价款,开证申请人请求返还超出债权部分的,人民法院应予支持。

前三款规定不影响合法持有提单的开证行以提单持有人身份主张运输合同项下的权利。

第六十一条 〔应收账款出质与优先受偿〕

以现有的应收账款出质,应收账款债务人向质权人确认应收账款的真实性后,又以应收账款不存在或者已经消灭为由主张不承担责任的,人民法院不予支持。

以现有的应收账款出质,应收账款债务人未确认应收账款的真实性,质权人以应收账款债务人为被告,请求就应收账款优先受偿,能够举证证明办理出质登记时应收账款真实存在的,人民法院应予支持;质权人不能举证证明办理出质登记时应收账款真实存在,仅以已经办理出质登记为由,请求就应收账款优先受偿的,人民法院不予支持。

以现有的应收账款出质,应收账款债务人已经向应收账款债权人履行了债务,质权人请求应收账款债务人履行债务的,人民法院不予支持,但是应收账款债务人接到质权人要求向其履行的通知后,仍然向应收账款债权人履行的除外。

以基础设施和公用事业项目收益权、提供服务或者劳务产生的债权以及其他将有的应收账款出质,当事人为应收账款设立特定账户,发生法定或者约定的质权实现事由时,质权人请求就该特定账户内的款项优先受偿的,人民法院应予支持;特定账户内的款项不足以清偿债务或者未设立特定账户,质权人请求折价或者拍卖、变卖项目收益权等将有的应收账款,并以所得的价款优先受偿的,人民法院依法予以支持。

第六十二条 〔债权人留置的第三人财产〕

债务人不履行到期债务,债权人因同一法律关系留置合法占有的第三人的动产,并主张就该留置财产优先受偿的,人民法院应予支持。第三人以该留置财产并非债务人的财产为由请求返还的,人民法院不予支持。

企业之间留置的动产与债权并非同一法律关系,债务人以该债权不属于企业持续经营中发生的债权为由请求债权人返还留置财产的,人民法院应予支持。

企业之间留置的动产与债权并非同一法律关系,债权人留置第三人的财产,第三人请求债权人返还留置财产的,人民法院应予支持。

四、关于非典型担保

第六十三条 〔非法定担保物担保和非法定机构登记〕

债权人与担保人订立担保合同,约定以法律、行政法规尚未规定可以担保的财产权利设立担保,当事人主张合同无效的,人民法院不予支持。当事人未在法定的登记机构依法进行登记,主张该担保具有物权效力的,人民法院不予支持。

第六十四条 〔所有权保留标的物的取回〕

在所有权保留买卖中,出卖人依法有权取回标的物,但是与买受人协商不成,当事人请求参照民事诉讼法"实现担保物权案件"的有关规定,拍卖、变卖标的物的,人民法院应予准许。

出卖人请求取回标的物,符合民法典第六百四十二条规定的,人民法院应予支持;买受人以抗辩或者反诉的方式主张拍卖、变卖标的物,并在扣除买受人未支付的价款以及必要费用后返还剩余款项的,人民法院应当一并处理。

第六十五条 〔融资租赁合同承租人违约〕

在融资租赁合同中,承租人未按照约定支付租金,经催告后在合理期限内仍不支付,出租人请求承租人支付全部剩余租金,并以拍卖、变卖租赁物所得的价款受偿的,人民法院应予支持;当事人请求参照民事诉讼法"实现担保物权案件"的有关规定,以拍卖、变卖租赁物所得价款支付租金的,人民法院应予准许。

出租人请求解除融资租赁合同并收回租赁物,承租人以抗辩或者反诉的方式主张返还租赁物价值超过欠付租金以及其他费用的,人民法院应当一并处理。当事人对租赁物的价值有争议的,应当按照下列规则确定租赁物的价值:

(一)融资租赁合同有约定的,按照其约定;

(二)融资租赁合同未约定或者约定不明的,根据约定的租赁物折旧以及合同到期后租赁物的残值来确定;

(三)根据前两项规定的方法仍然难以确定,或者当事人认为根据前两项规定的方法确定的价值严重偏离租赁物实际价值的,根据当事人的申请委托有资质的机构评估。

第六十六条 〔保理与应收账款质押、债权转让〕

同一应收账款同时存在保理、应收账款质押和债权转让,当事人主张参照民法典第七百六十八条的规定确定优先顺序的,人民法院应予支持。

在有追索权的保理中,保理人以应收账款债权人或者应收账款债务人为被告提起诉讼,人民法院应予受理;保理人一并起诉应收账款债权人和应收账款债务人的,人民法院可以受理。

应收账款债权人向保理人返还保理融资款本息或者回购应收账款债权后,请求应收账款债务人向其履行应收账款债务的,人民法院应予支持。

第六十七条 〔善意第三人范围及效力〕

在所有权保留买卖、融资租赁等合同中,出卖人、出租人的所有权未经登记不得对抗的"善意第三人"的范围及其效力,参照本解释第五十四条的规定处理。

第六十八条 〔财产形式上转移至债权人名下的担保〕

债务人或者第三人与债权人约定将财产形式上转移至债权人名下,债务人不履行到期债务,债权人有权对财产折价或者以拍卖、变卖该财产所得价款偿还债务的,人民法院应当认定该约定有效。当事人已经完成财产权利变动的公示,债务人不履行到期债务,债权人请求参照民法典关于担保物权的有关规定就该财产优先受偿的,人民法院应予支持。

债务人或者第三人与债权人约定将财产形式上转移至债权人名下,债务人不履行到期债务,财产归债权人所有的,人民法院应当认定该约定无效,但是不影响当事人有关提供担保的意思表示的效力。当事人已经完成财产权利变动的公示,债务人不履行到期债务,债权人请求对该财产享有所有权的,人民法院不予支持;债权人请求参照民法典关于担保物权的规定对财产折价或者以拍卖、变卖该财产所得的价款优先受偿的,人民法院应予支持;债务人履行债务后请求返还财产,或者请求对财产折价或者以拍卖、变卖所得的价款清偿债务的,人民法院应予支持。

债务人与债权人约定将财产转移至债权人名下,在一定期间后再由债务人或者其指定的第三人以交易本金加上溢价款回购,债务人到期不履行回购义务,财产归债权人所有的,人民法院应当参照第二款规定处理。回购对象自始不存在的,人民法院应当依照民法典第一百四十六条第二款的规定,按照其实际构成的法律关系处理。

第六十九条　〔股权转移至债权人名下的担保〕

股东以将其股权转移至债权人名下的方式为债务履行提供担保,公司或者公司的债权人以股东未履行或者未全面履行出资义务、抽逃出资等为由,请求作为名义股东的债权人与股东承担连带责任的,人民法院不予支持。

第七十条　〔保证金的优先受偿权〕

债务人或者第三人为担保债务的履行,设立专门的保证金账户并由债权人实际控制,或者将其资金存入债权人设立的保证金账户,债权人主张就账户内的款项优先受偿的,人民法院应予支持。当事人以保证金账户内的款项浮动为由,主张实际控制该账户的债权人对账户内的款项不享有优先受偿权的,人民法院不予支持。

在银行账户下设立的保证金分户,参照前款规定处理。

当事人约定的保证金并非为担保债务的履行设立,或者不符合前两款规定的情形,债权人主张就保证金优先受偿的,人民法院不予支持,但是不影响当事人依照法律的规定或者按照当事人的约定主张权利。

五、附则

第七十一条　〔本解释的施行日期〕

本解释自 2021 年 1 月 1 日起施行。

关键词索引

A

按份债权　307
按份债务　307

B

办理批准等手续　208,212
保密义务　196
报酬　186,272
本约合同　153
必要的准备时间　67,274
变卖　319,487
变更合同　392
标的　303,305
标的物　292,317,485
表述质量　182
不产生　48,541
不得撤销　400
不定期合同　460,465
不动产　268
部分履行　356
不符合约定　47,155
不合理　13,380
补救措施　195,204
不可撤销　91
不可抗力　362,550

不履行　357
不能履行　348,541
不能实现　542
不适于　517
不生效　238
不完全履行　523
不正当　197

C

超过承诺期限　121
超越经营范围　222
超越权限　220
撤销权　376
撤销要约　91
成立　6,131
承诺　98
承诺方式　76,100
承诺期限　103,104,106
承诺生效　110,115
承诺的行为　91,110
承诺的撤回　118
诚信原则　17,191
迟延履行　536
持续履行　460,530
从权利　366,403,445
从债务　422,449

催告　217,467

D

代位权代为履行　334,366
怠于行使　366
担保　322,336,349
当事人　12,113,134,208
到达受要约人　93
地点　145,148,272,281
第三人　327,397,414,521,558
抵销　318
缔约过失责任　188
电子合同　290
电子数据交换　31
定金　529
订立合同　29
对方接受　30,131,544
对话方式　17,87,254
对抗　218

E

恶意串通　171
恶意磋商　190

F

法定代表人　57,134,218
法定货币　300
法律另有规定　113,208
返还　325
防止损失扩大　553
份额相同　307
非典型合同　22
非对话方式　17,87

非法人组织　5,135
非金钱债务　516
非实质性变更　129
非因合同产生　26
赋予强制执行力的公证　313
负责人　218

G

盖章或者按指印　132
格式条款　158,165,175
各自承担　556
公共利益　240,363
公平原则　158,361
公序良俗　20,171
公开方式　186
过错　220,417
国家标准　39,269
国家订货　150
国家利益　363

H

合理的方式　158
合理的要约　150
合理期限　103,303,467
合理选择　524
合同成立　6,110,140,145
合同被撤销　242
合同不成立　250
合同不生效　238
合同订立　29
合同解除　452
合同目的　20,455
合同示范文本　51,74

合同书 132
合同生效 206
合同文本 7,19
合同无效 167,172,240
合同效力 227,253
合同性质 474
合同义务 25,46,526
合同终止 244,248
后履行一方 341
互负债务 479
毁损 44,67,494
恢复原状 474

J

价款 272,279
加入债务 414
减轻 158,165
交付时间 290
交易规则 24,144
交易目的 37,40,60,279
交易习惯 116,524
及时通知 348
继续履行 360,516
计算方法 534
解除合同 349,440,468,517
解除权 455,466
解除行为 468
解决争议的方法 49
接受货币一方 273
结算和清理条款 249,478
金钱债务 514
金钱之债 300
经营者 291

旧物回收 443
拒绝受领 548
举证责任 205,216

K

抗辩 338
可得利益 529
可以获得的利益 69,529
快速通讯方式 107
口头形式 7,29
扩大的损失 511,553

L

连带债权 309,325
连带债务 309,314,316
领取 495
另有规定 113,208
履行报批等义务 206
履行方式 45
履行地点 44
履行费用 276,289,410
履行合同 259
履行期限 44
履行义务一方 43,273
履行债务 327
履行主要义务 101,140

M

没有约定 8,176
免除责任 232,550
免除债务 248,432,500
免责条款 232,241
灭失 44,296

民事法律行为无效 166
民事行为能力 10,168
名称和住所 36,126
明确表示 102,512
明显不公平 360
明显不合理的低价 380
明显不合理的高价 380

丧失履行债务能力 345
丧失民事行为能力 353,487
善意第三人 219,397
善意相对人 218
商业风险 360
商业秘密 192,196
涉他合同 12,15,331
市场价格 70,272,530
市场主体 223
适当措施 554
实现债权的有关费用 437,451
适用 5,9,252
实质性变更 125,129
身份关系协议 7
声明 187
生效时间 86,115
受领迟延 320,324,547
受要约人 79,90,92,121
数据电文 146
数量 38
书面形式 32,34,132
双倍返还定金 542,592
说明义务 160
随时履行 274,282
随时请求履行 212,274
损害第三人利益 190,320,481
损害赔偿 194,204
损失扩大 553
损失赔偿额 531,534
所在地 37,73,146,273,281

P

排除 174
拍卖 82,490
赔偿损失 546
批准等手续 208

Q

期间 108,294,370,560
期限 103,106,273,466
其他方式 77
其他金钱债务 514
其他损失 526
其他形式 29
其他应当保密的信息 196,203
签名 134
强制性规定 170,227
强制履行 521
情势变更 359
取回提存物 497
确认书 141
全面履行 260,331
权利义务关系终止 441,477

S

丧失商业信誉 345

T

逃避债务 346

特定标准　271
提存　317,485
提供服务　37,290
提交订单　142
替代履行　522
提供格式条款　158
提前履行　354
提示　160
调整范围　1
通常标准　271
通常理解　6,178,359
同归于一人　320,499
通过行为作出　30,101,115
同时履行　338
通知　115,305,348,400,468
通知义务　554

相对人　194,218,384
相对性　9,329
相应的责任　211,556
泄露　197
协议补充　265,524
协助义务　261
信件或者电报　107
新要约　97,118,121,125
新债务人　418
姓名　8,36,126,357
行为表明　348,455,512
虚假　169,190
许可经营　55,229
选择适用　545
悬赏人　186
选择权　303,305

W

网络平台　144
违约方　70,473,506
违约金　533,545
违约金低于　536
违约金过分高于　535
违约所造成的损失　155,531
违约责任　155,349,505
无偿处分　376
无法预见　42,359
无权代理　214

X

瑕疵　54,194,399
先履行　285,344
向第三人履行　327

Y

要约　78
要约撤回　88
要约人　80
要约生效　86
要约失效　96
要约要求　78
要约邀请　81
一般包括的条款　35
一并转让　423
依法成立　9,14,238
意思表示　17,78,87,406
因第三人　558
隐瞒　190
应分担份额　314
由第三人　331

有先后履行顺序　341
优先履行　447
预期违约　512
语言歧义　182
预见到或者应当预见到　529
预约合同　153
约定不明确　262
越权代理　218

Z

载明的日期　107
造成对方　162,188,235,529
债务种类品质相同　480
债权转让　396
债务转移　412
债权债务　26,320,430
债务种类相同　447
主合同　16,473,538

政府定价　297
政府指导价　297
指定的特定系统　90,290
知道或者应当知道　218,380
指令性任务　150
自甘风险　236
终止合同权利义务　430
中止履行　348,352
主债务　422,449
转委托　12,331
专属于债权人自身　404
专属于债务人自身　367
转让　392
转移债务　412
追偿　323,415
追认　12,214
孳息　494

后 记

以前"行走江湖"时,常有朋友客气地介绍说:"这位是搞合同法的吴律师!"每当此时我都赶紧纠正:"我只是搞合同实务研究。"因为那时从未系统、深入地逐条研究《合同法》条款以及条款间的关系、条款与其他法律间的关系。

从 2020 年年初起,世界的方方面面都发生了巨大改变,合同法律环境也同样发生了巨大的变化。第一版始于 2005 年的《完美的合同》,也终于到了需要将法律背景从《合同法》切换到《民法典》的时候。而在结合《民法典》、最高人民法院司法解释修订《完美的合同》的过程中,也让我感受到了法律环境变化之大和全面、系统加以研究的必要性。

尤其是在尝试着开发合同合规风险管理数据库时,对合同通则进行逐条分析和解读时体会到了从实务角度深度读懂不易、熟练运用更难。更加觉得需要花更大的精力从实务角度彻底加以解读,同时分享相关工作经验、使用技能,以弥补《完美的合同》因体例问题而无法涉及的不足。

撰写的过程令人精疲力竭。从 2023 年 9 月中旬正式开始动笔,一直到 2024 年 5 月 7 日最后交稿,近乎是"停止一切娱乐活动"式的全身心投入。除了吃饭、遛狗、参加敬拜活动以及邻居间的每月例行聚会,每天十余小时、全程无休。那是真正的"烧脑",大把时间的 research、令人抓狂的布局谋篇、想不完的内涵外延、无休止的循环往复,以至于空有相机在手却错过了秋色、耽误了春光。一如 1982 年的春节,别人在看电视、我在看书。

脱稿后再也不想看任何专业上的内容,把电工、木工、油漆工、园丁做了个遍。既是完成写书耽误的活计,也算是独特方式的休息。甚至觉得这种动手为主、成果立现的工作,远比写书有趣得多、形象得多,且成果立现、成就感满满。

若论收益,写书出版比不上找份动手不动脑的工作。支撑下来的决心,纯属一点专业情怀。四十年前的大学时代,是个"在希望的田野上"激情迸发的时代,当年憧憬未来的情景至今仍历历在目。但书还没有写完,退休年龄却先到了。岁月的消逝和写作的煎熬带给我满头银发,但未曾改变的初心,还是想为这个世界留下我的思考,能够帮到别人更好。

完稿之余不禁哑然失笑:历经九个月的研究和解读,对合同法律体系的了解达到人生巅峰之日,却是退休归隐之时。但也没有什么遗憾,因为我想到了、我做到了。尽管我不知道这本书能有多大用途、尽管有机会我还会继续修订,但我从未虚度时光,美好的仗打完了。天下万物都有定期,凡事都有定时。拆毁有时,建造有时。

谨以此书献给我的父亲!感恩他对我的养育,感恩他带我走出小城,供我读完大学,让我能走向世界!同时也将此书献给我的母亲,作为20世纪50年代的大学生,她传给了我理科思维和批判精神。愿来自天上的怜悯归于他们!

同时,在此感谢杨建律师为本书提供基础资料、邢真律师提供基础校对、薛冰莹律师提供英文目录,以及本书编辑人员精心、细致的校对和核实。

愿世界平安、变好,愿灵魂纯洁、高尚!

荣耀归于全能者!

吴江水

2024年7月30日

于密歇根湖畔